中国社会科学论坛文集

CASS FORUM
中国社会科学论坛

第三届近代中国与世界国际学术研讨会论文集

·第二卷·

政治·外交（下）

中国社会科学院近代史研究所　编

社会科学文献出版社
SOCIAL SCIENCES ACADEMIC PRESS (CHINA)

第二卷

政治·外交（下）

北伐后蒋冯关系之探讨（1928～1930）

陈进金*

一 前言

1928 年底国民革命军完成北伐，开启权力集中、国家统一的契机；可惜的是，在国民革命军北伐的过程中，许多地方军人为了保存自身实力，纷纷加入国民革命的行列；他们虽然摇身一变成为国民革命军，却仍是不折不扣的旧军阀队伍。有鉴于此，国民政府主席蒋中正为了抑制地方军人势力的发展，使国家建设能步上轨道，曾特别指出："我们中国内部，尤其是本党党员个个要能够明了主义，共同一致来拥护中央，服从中央的命令；个个武装同志能牺牲个人的地位权力，奉还中央，完全由中央来统一财政、军政"。①

北伐完成后，军政结束，进入训政时期，南京政府乃试图提升党权，推行党治，以消除北伐时期过度膨胀的军权与军人分治的局面。由军权过渡到党权再实行民权，是孙中山早年的设计，也是国民革命军革命的目标。《国民政府建国大纲》是孙中山建设国家的总纲领，其中"建设之程序"即分为军政、训政和宪政三个时期。孙中山在《训政之解释》的演说中曾指出：

> 现在我不单是用革命去扫除那恶劣政治，还要用革命的手段去建设，所以叫做"训政"。这"训政"，好像就是帝制时代用的名词，但是与帝制实在绝不相同。须知共和国，皇帝就是人民，以五千年来被压作奴隶的人民，一旦抬他做起皇帝，定然是不会作的，所以我们革命党人

* 台湾东华大学历史学系副教授。

① 蒋中正：《北伐成功后最紧要的工作》，《革命文献》第 21 辑（合订本），中国国民党中央委员会党史编纂委员会编印，1968，第 4128 页。

应该来教训他，如伊尹训太甲样。这个“训”字，就是从“伊训”上“训”字用得来的。①

此处的“训政”可以说是建立“由上而下型”之民族国家所必经的过渡阶段；相当于英文中的 Political Tutelage，有政治的教育、指导和监护的意思，亦即海法特（H. Herrfahrbt）所谓的“政治保姆权”。②

不过，国民革命军完成北伐后，在由军权过渡到党权的规划中，却得不到地方军人的信任。北伐后新的党政组织过于忽视不同派系的地位，反而造成党内派系联合地方军人反抗中央的情势不断发生，1929 年的“两湖事变”“护党救国军”和 1930 年的“中原大战”皆是显著的例子。在这些地方实力派军人挑战中央的过程中，冯玉祥都扮演着极为重要的角色。以 1929 年的“两湖事变”为例，冯玉祥第二集团军驻守在河南、山东、陕西一带，就地理位置而论，实为南京中央与桂系胜负的关键。国民革命军开始北伐前后，冯氏与蒋中正曾经亲如手足，但却在北伐后逐渐变成视如寇仇；事实上，蒋冯关系的演变，不仅仅只是私人情感的亲疏，也是北伐后地方与中央关系的具体呈现。是以，本文即欲探讨北伐后蒋冯关系，包括蒋冯由亲而疏到视彼此如寇仇的历程；其次，透过蒋冯关系的演变的历程，来检讨抗战前地方实力派军人不断挑战南京中央的缘由。

有关蒋冯关系的研究，以往已有学者着重于北伐前期的分析，如刘凤翰、王正华等；③ 至于北伐后的研究，学者大多着重于地方实力派军人与中央的重大事件之探讨，如编遣会议、两湖事变、中原大战等。④ 学界较少以北伐后的蒋冯关系为研究主题，借北伐后蒋冯关系来检讨地方与中央关系者

---

① 孙中山：《训政之解释》，《国父全集》第 3 册，近代中国出版社，1989，第 219 页；中国社会科学院近代史研究所中华民国史研究室等合编《孙中山全集》第 5 卷，中华书局，1981，第 400 ~ 401 页。

② 陈仪深：《中山先生的民主理论》，台湾商务印书馆，1980，第 244 页；海法特（H. Herrfahradt）著《孙中山传》，王家鸿译，台湾商务印书馆，1968，第 97 页。

③ 刘凤翰：《冯玉祥与北伐》，《中华军史学会会刊》第 2 期，1997 年 5 月；王正华：《北伐前期的蒋冯关系（民国 15 年至 16 年）——以〈蒋中正总统档案〉为中心的考查》，《国史馆学术集刊》第 7 期，2006 年 3 月，第 196 页。

④ 刘维开：《编遣会议的实施与影响》，台湾商务印书馆，1989；陈进金：《地方实力派与中原大战》，“国史馆”，2002；陈进金：《机变巧诈：两湖事变前后军系互动的分析》，台北：辅仁大学出版社，2007；曾业英：《蒋介石 1929 年讨桂战争中的军事谋略》，《近代史研究》2000 年第 2 期，第 1 ~ 39 页。

更少。研究民国史的学者，总是在思考抗战前的中央与地方为何总是处于紧张状态，地方军人为何总是选择以军事行动来对抗中央。本文主要是运用“国史馆”所典藏的《蒋中正总统档案》（以下简称“蒋档”）、《阎锡山档案》（以下简称“阎档”）以及《冯玉祥日记》① 等原始文献资料，透过对北伐后的蒋冯关系的分析，来试图回答上述问题。

二 由亲而疏：北伐后的蒋冯关系

冯玉祥，字焕章，安徽巢县人。1896 年，冯玉祥正式入营，从一位清军小士兵到民国一个军系的领导者。冯氏皈信基督教并于军中努力宣传，故有“基督将军”（Christian General）的称号。② 1911 年武昌革命爆发，冯玉祥参与滦州举事，事败遭禁于海阳镇，后经陆建章协助得以返回保定。③ 翌年（1912年），袁世凯被选为临时大总统，令陆建章编练备补军五营。陆氏委派冯玉祥为第二营营长，赴直隶招兵。陆续来投效者有李鸣钟、张维玺、韩复榘、孙良诚、刘汝明、过之纲、冯治安、孙连仲等，皆为日后“国民军系”的得力干部。④

1924 年 9 月，北方发生第二次直奉战争，冯玉祥奉曹锟命令督兵热河讨奉，但冯突然于 10 月 19 日班师回京。22 日，与黄郛密会决定倒曹以组织摄政内阁。23 日，冯师占领北京，曹锟随即兵败被囚，史称“首都革命”或“北京政变”。⑤

---

① 刘凤翰先生认为《冯玉祥日记》作伪，有些事情故意不记。参阅刘凤翰《冯玉祥与北伐》,《中华军史学会会刊》第 2 期，1997 年 5 月，第 464 页。但《日记》不致于全伪，仍可与其他资料相互印证，可参阅王正华《北伐前期的蒋冯关系（民国 15 年至 16 年）——以〈蒋中正总统档案〉为中心的考察》,《国史馆学术集刊》第 7 期，2006 年 3 月，第 196 页。

② James E. Sheridan, *Chinese Warlord: The Career of Feng Yu－hsiang*（Stanford University Press, 1966), pp. 52, 283.

③ 影响冯玉祥思想改变，走向革命之路的因素可能有：一是友人孙谏声致赠《嘉定屠城记》和《扬州十日记》二书，让冯氏了解满清入主中国时屠杀汉人之惨状；二是徐世昌被参劾卸任东三省总督，由锡良继任，让冯氏体认到满汉种族的轸域；三是 1909 年中日签定安奉铁路协约，日本在华获得修建安奉铁路特权，让冯氏明白清廷的腐败无能。此外，还有朋友、同事间的相互影响，如“武学研究会”等。参阅冯玉祥《我的生活》，第98～104 页；James E. Sheridan, *Chinese Warlord: The Career of Feng Yu－hsiang*, pp. 42－44。

④ 李泰棻:《国民军史稿》，沈云龙主编《近代中国史料丛刊》第 66 辑，文海出版社，出版年月不详，第 63～64 页。简又文:《冯玉祥传》上册，第 62～63 页；高兴亚:《冯玉祥将军》，第 10 页。

⑤ 《冯玉祥日记》第 1 册，第 631、633 页；沈亦云:《亦云回忆》上册，传记文学出版社，1971，第 190～195 页。

翌年（1925 年）4 月，国民军在直、奉两军夹击下，由北京撤往西北；之后，冯玉祥经由蒙古前往苏联求援。James E. Sheridan 认为，冯玉祥游历蒙古、苏联，除了提高其政治思想水平、扩大视野外，也让冯氏慎重考虑加入南方的国民党。① 7 月，国民革命军誓师北伐。8 月，冯玉祥与国民党取得联系。9 月，冯氏乃于绥远五原誓师，组织国民军联军总司令部，支持国民革命军的北伐。1927 年 5 月 1 日，冯玉祥在西安宣誓就任国民革命军第二集团军总司令，积极参与北伐战争。②

事实上，在各地方军事领袖中，冯玉祥与南京国府关系较为密切。从 1926 年 7 月国民革命军北伐开始，蒋中正就和冯玉祥携手合作，取得北伐第一阶段的胜利。蒋冯的关系随着北伐战事的开展由疏而亲，冯玉祥在蒋中正的心目中的分量逐渐加重，而蒋氏要在南京立足，也有赖冯氏的相挺；两人形成战略上、政治上和经济上的盟友。③ 1928 年 2 月 18 日，蒋冯二人接受老将马福祥的建议，在郑州互换兰谱，结为生死兄弟，两人公私情谊更为亲密。④ 但是，蒋冯的伙伴关系并没有维持多久。

1928 年 5 月 3 日，发生了济南惨案。为因应此一情势的演变，南京国民政府决定绕道北上直取京、津，并由冯玉祥负责总指挥。当时奉张的主力是张学良、杨宇霆所统率的第三、四面军，兵力集中在京汉线。因此，蒋中正把北进的重兵部署于京汉线及其以东地区；19 日，蒋中正、冯玉祥等人于郑州商议军事前进方策，决定第一集团军由津浦线北进，冯玉祥的第二集团军由津浦线以西、京汉线以东地区向北推进，阎锡山的第三集团军北路由京绥线向东推进、南路由正太线向东再转京汉线北进，桂系的第四集团军沿京汉线北进。⑤ 这样的军事部署，系由冯玉祥第二集团军负责主力攻击，再配合由两湖而来的桂

---

① 冯玉祥于 1926 年 3 月 20 日，由平地泉动身，经库伦抵蒙古、苏联访问，于 8 月 17 日由莫斯科返国，参阅《冯玉祥日记》第 2 册，第 155 ~ 215 页；James E. Sheridan，*Chinese Warlord*：*The Career of Feng Yu－hsiang*，pp. 195－197。

② 李泰棻：《国民军史稿》，第 386 ~ 387 页。

③ 王正华：《北伐前期的蒋冯关系（民国 15 年至 16 年）——以〈蒋中正总统档案〉为中心的考查》，第 217 页。

④ 蒋介石与冯玉祥在郑州互换兰谱时，蒋给冯的帖子云：“安危共仗，甘苦同尝，海枯石烂，生死不渝。敬奉焕章如胞兄惠存。谱弟蒋中正谨订。”而冯写给蒋的帖子为：“结盟真意，是为主义，碎尸万段，在所不计。敬奉介石如胞弟惠存。谱兄冯玉祥谨订。”参阅蒋铁生编著《冯玉祥年谱》，齐鲁书社，2003，第 84 页。

⑤ 王宇高编，周美华编注《蒋中正总统档案：事略稿本（民国 17 年 4 月至 7 月）》第 3 册，“国史馆”，2003，第 379 ~ 381 页。

系部队，故冯氏的部队伤亡较重。[1] 不料，国民革命军攻克京、津后，蒋中正却委任第三集团军的阎锡山负责善后。这样的安排让冯氏愤愤不平，冯乃称病赴辉县百泉“休养”，请假不参加蒋中正所邀请之善后会议。简又文在《冯玉祥传》一书中有非常生动的描述，他说：

> 先于六月中旬，北平克复以后，蒋总司令发电分邀冯、阎、李三位集团军总司令同到北平举行“善后会议”，冯氏即复电托病不能参加。时，李宗仁在汉口，亟派代表赴豫问病并力劝其参加会议。冯氏感其诚意，答允参加。蒋氏亦派请李担任调处中央与冯氏之隔膜，旋得李复电报告，冯氏已允参加，遂由南京经汉口乘车北上，拟偕同其它三总司令联袂入北平也。不料，蒋氏于七月三日到新乡时，冯氏不来迎，盖已赴道口养病去矣。临走时，瞩秘书黄少谷发电中央请病假。据黄谓其这两天不大高兴，在闹脾气，乃劝其勿发此电。究竟这时冯氏所闹的是什么“脾气”呢？大概是因此次北伐成功，北京克复后，他对于中央酬功颁赏愤愤不平，以为中央把北平、天津两市和察、直两省的政权完全分给晋方，而战功最著、牺牲最大的冯军只分得北平崇文门税局一所，是不公平的，乃怀怨望。想不到这一问题就是以后冯氏与中央发生裂痕的开始。[2]

简又文这段叙述，不仅描绘出北伐后冯玉祥怨怼的心情，也充分说明其与中央已经有了裂痕，而对蒋中正有所不满；国民革命军克服京、津后，中央的酬功颁赏不公平，更是让冯氏气愤不已。北伐期间，围攻北京城的第二、三、四集团军中，就属主力攻击的冯玉祥第二集团军收获最少，其对南京中央的不满，不言而喻。四五个月前（1928 年 2 月），蒋冯才互换兰谱，声称彼此是生死相共的兄弟，却因为北伐后接收京、津问题而有了心结。

除了接收京、津问题之外，对奉军的善后处理，也引发冯玉祥对蒋氏的不满。1924 年冯玉祥发动首都政变后，于翌（1925）年 4 月在直、奉两军夹击下撤往西北，而后前往苏联求援，这是冯氏的奇耻大辱，吴佩孚与张作霖二人更成为冯玉祥生平的两大“寇仇”。吴佩孚兵败后，冯氏以消灭奉军为己任，曾与奉军将领郭松龄签订密约，合力倒奉，却因郭松龄发动讨张政变

① 在郑州举行军事会议前，冯玉祥的部队血战于豫北战场，死伤惨重。参阅冯玉祥《我的生活》第 3 册，出版者不详，1974，第 733～747 页；简又文：《冯玉祥传》下册，第 312～317 页。

② 简又文：《冯玉祥传》下册，第 317～318 页。

失败被杀而止。[①] 国民革命军围攻京、津期间，奉军也是以冯军为主要的攻击目标，而对阎军采取守势；1928 年 4 月，冯军与奉军正在进行豫北血战之际，在保定的街上出现由张学良和杨宇霆会衔的公告，强调对晋阎固须讨伐，而最主要者仍须讨冯，并详述冯之罪状。[②] 更有甚者，根据当时美国驻华公使马慕瑞（J. V. A. MacMurray）的观察，张作霖当时有意跳过冯玉祥而直接与蒋中正、阎锡山谈判妥协。[③] 事实上，济南惨案发生后，国民政府与奉方的谈判交涉几乎从无间断。5 月 22 日，阎锡山电告蒋中正：奉军表示如晋军能和平接收京、津，则可退出关外，一致对外。[④] 蒋中正对此提议担心的是冯玉祥的态度，但仍然表示如果奉方能于一星期内撤出关外，则我军可以不加追击。[⑤] 5 月 30 日，南京国民政府派孔繁蔚、尹扶一和奉军代表邢士廉、葛光庭由上海到北京，与张学良、杨宇霆数次接洽，对国奉合作、奉晋友好以及不追击奉军等问题进行磋商。南京国府的先决条件为：政治上奉军易帜，军事上奉军出关。[⑥] 国府与奉军的多次谈判，蒋氏虽曾知会冯玉祥，但讨论的议题及京、津的善后，冯氏皆无发言权，其内心当然气愤不平。

再者，南京国府将以“政治上易帜，军事上出关”作为对于奉军的处理原则，更让冯玉祥无法苟同：冯氏认为奉军勾结日本帝国主义，其对于日本帝国主义，尤为痛恨。长期以来，奉张与冯玉祥相互仇视，彼此积怨甚深。因此，当 1928 年 6 月初冯氏听闻张氏被炸于皇姑屯时，顿时觉得任务已经完了，还因此生了一场重病。[⑦] 冯氏认为奉张与日本帝国主义者勾结，而奉张则认为冯氏有中共和苏联背景；事实上，冯玉祥虽然已经与中共和苏联分道

---

① 冯玉祥与郭松龄于 1925 年 11 月 20 日签订密约，该密约声明：双方系同志结合，并支持郭松龄改造东三省政府。密约原件藏于南京第二历史档案馆，本文转引自蒋铁生编著《冯玉祥年谱》，第 71 ~ 72 页。

② 张友坤、钱进主编《张学良年谱》上册，第 271 页。

③ James E. Sheridan, *Chinese Warlord: The Career of Feng Yu - hsiang*, pp. 238, 348.

④ 王宇高编，周美华编注《蒋中正总统档案：事略稿本（民国 17 年 4 月至 7 月）》第 3 册，第 392 ~ 393 页。

⑤ 王宇高编，周美华编注《蒋中正总统档案：事略稿本（民国 17 年 4 月至 7 月）》第 3 册，第 396 页。

⑥ 张友坤、钱进主编《张学良年谱》上册，第 279、281 页。

⑦ 冯玉祥回忆其听闻张作霖在皇姑屯被日军炸死后，“忽然病倒了，浑身发烧，咳嗽头痛，上吐下泻，四肢无力。”参阅冯玉祥《我的生活》第 3 册，第 752 ~ 753 页。不过，冯氏此段回忆时间可能略有出入，因张作霖被炸时，外界并不知其生死，直到 6 月 21 日才正式公布其死讯，当时冯氏应无法知晓张作霖已经被炸“死”。参阅张友坤、钱进主编《张学良年谱》上册，第 283 页。

扬镳，但其“过激派”的形象，一直不为奉张与外人所喜爱，所以在华的许多外国人并不乐见冯氏接收京、津。①

北伐军攻克京、津后，冯玉祥于6月16日在百泉“休养”期间曾与十位百姓谈话，“百姓告以我国已亡二次，幸经恢复，现在又要亡国，请大家合力救国云云”。冯氏因而赋诗一首，从诗句内容可以理解其时时以民生为念，尤其痛恨日本帝国主义对中国的侵略的想法。② 因此，他认为张作霖勾结日本，卖国媚外，甘为日本帝国主义鹰犬，死有余辜；国府则应该除恶务尽，不应放任奉军出关、不予以追击。③ 对于出关后的奉军，冯氏也一样不假辞色，1928年7月中旬，张学良派代表洪维国、李文鼎携带亲笔专函入关拜见阎锡山、冯玉祥，结果洪维国见到了阎锡山，但李文鼎却遭到冯玉祥拒绝接见。冯氏并云：“关外事业，由蒋总司令主持办理，本人惟中央命令是从，可不必别有接洽，转多枝节。”④ 冯氏对东北军及南京中央的处理态度的不满，仍然溢于言表。国民革命军完成北伐后，冯玉祥与南京中央因为接收京、津和对奉军善后等问题，而开始有了裂痕。

另一个让蒋冯关系濒于破裂的是1929年初的国军编遣会议。国民革命军北伐期间，蒋中正即已思考裁兵问题，冀图达成孙中山化兵为工，为国家建设之用的目标。因此，为了解决兵额过多、军费过巨的问题，乃于1929年1月召开国军编遣会议，蒋中正于会中宣示：“编遣会议开幕之时，这就是表示中国的新生命、军人的新生命从兹开始。”⑤ 蒋中正认为若财政权与军事权无法国家化、中央化，奢谈国民党训政或国家统一，无异于缘木求鱼。但在编遣会议之初，蒋中正就曾颇为感叹地记下：“军阀习惯性成，除不胜除，余乃为内外夹攻之人，思之但有郁闷而已。”⑥ 自1月5日至25日，国军编

① James E. Sheridan, *Chinese Warlord: The Career of Feng Yu－hsiang*, p. 238.

② 诗云：“四位商人两位工，同行并有四位农。先问姓名与职业，十人所答各不同。工人便说终日苦，农人又说旱得凶，商人便盼交通便，车通买卖自兴隆。为谈异族元清事，惨杀压迫无不至。十人闻之心顿明，咬牙切齿几裂眦。又谈济南五三案，个个痛恨不能置。墙上一幅苍蝇图，只是告与卫生意。他云敌人纪律坏，吃喝嫖赌四字备。并说我军官与兵，割麦灌田助民利，虽然一切琐碎事，有关民情堪一记。从此作事更勤慎，民心如此知所畏。”参阅《冯玉祥日记》第2册，第472～473页。

③ 冯玉祥：《我的生活》第3册，第752～753页。

④ 张友坤、钱进主编《张学良年谱》上册，第295页。

⑤ 《革命文献》第24辑（合订本），中国国民党党史会编印，1968，第4839～4841页。

⑥ 袁惠常编，吴淑凤编注《蒋中正总统档案：事略稿本（民国18年1月至5月）》第5册，第54页。

遣会议历经六次大会终于通过《国军编遣委员会进行程序大纲》，准备召开国军编遣实施会议，中国似有实质统一的契机；但是，各地方军事领袖无法开诚布公，对蒋中正与南京中央仍存有疑忌。因此，国军编遣委员会会议闭幕后几天内，李济深、冯玉祥、阎锡山等急欲返回粤、陕、晋根据地，而蒋氏也只能喟叹且无奈地答应他们。[①] 李、冯、阎相继离京，正代表着中央与地方的隔阂仍深；彼此互信基础薄弱，是以难免因为些微的摩擦而引发更大的争端。

冯玉祥认为南京中央对于各军的裁汰，是基于势力均衡原则的“齐头式”裁兵方式，这样的方式并不被冯玉祥所认同。冯氏认为裁兵的准则应为：“第一在不收兵，其办法应以强壮者编，老弱者裁；有枪者编，无枪者裁；有训练者编，无训练者裁；有革命功绩者编，无革命功绩者裁。”[②] 因此，1929 年元月冯氏参加国军编遣会议后，2 月 5 日即以胃疾为由，请假回河南根据地。[③] 同一时间，南京中接获消息指出冯氏的部属在上海积极活动。[④] 这时的蒋冯关系已不若北伐初期的亲密，而第二集团军的种种活动，似已说明情势不甚乐观。

三　形同陌路：两湖事变时的蒋冯关系

1929 年 1 月，蒋中正在南京主持国军编遣会议。2 月 5 日，国军编遣委员会举行第一次常务委员会议，正式展开各项工作。1929 年 2 月，中国国民党第三次全国代表大会也即将召开，李宗仁深知蒋中正将裁撤各地政治分会，如此桂系在湖南定失凭借；同时，李氏又接获何键密报，蒋氏以军械接济湖南省主席鲁涤平，形势似乎对桂系不利。因此，李宗仁控制的武汉政治分会乃于 2 月 19 日决议改组湖南省政府，撤换省主席鲁涤平，以何键继任；同时派第五十二师师长叶琪、第十五师师长夏威率兵由鄂入湘，进占长沙，

---

① 袁惠常编，吴淑凤编注《蒋中正总统档案：事略稿本（民国 18 年 1 月至 5 月）》第 5 册，第 82 ~ 83 页。

② 《冯玉祥日记》第 2 册，第 486 页。

③ “患胃病”应只是冯氏离京的借口，其返回河南开封后，直到 2 月底却未再有胃痛病症。参阅《冯玉祥日记》第 2 册，第 567 ~ 582 页。

④ 《何参军长致阎锡山庚电》，民国 18 年 2 月 8 日，“国史馆”藏（下同），《阎档·处理西北军事冯氏兴戎案》，档号：1372. 42/2116 - 1 - 3，微卷第 4 卷。

迫使鲁氏遁走江西。此一事变史称“湘变”或“两湖事变”。[①]

1929年的两湖事变，被视为桂系军人对南京中央统治权威的挑衅，是桂系军人挑战蒋中正的一场战役，虽然其双方的胜负系于战术与谋略的运用。[②] 不过，其他地方实力派军人的态度，也是影响战局的关键因素之一。其中冯玉祥因具军事实力又占地利位置，立刻成为南京中央与桂系拉拢的对象。冯玉祥第二集团军驻守在河南、山东、陕西一带，若冯氏与桂系合作，南京必须面对来自平汉线、粤汉线及西北全面的威胁；相反的，若冯氏选择与蒋中正合作，桂系的两湖部队将无法与白崇禧北平地区的部队连成一气，则桂系的势力有被拦腰切断之虞，实有利于南京中央的各个击破。是以，蒋中正由奉化返京后，认为冯玉祥的态度最为关键，积极寻求冯的支持。2月25日，蒋氏立即致电冯玉祥表示：“按照政治分会条例，不容直接改组省政府，任免省政府主席及委员。此事就应如何处置，务望迅赐指示。”[③] 此一文电虽为征询冯玉祥关于处置两湖事变之意见，实则争取冯氏支持南京中央。

在各军事领袖中，冯玉祥原本与南京国府关系较为密切，但此时冯玉祥对于蒋氏亦有所不满，尤其是部队军饷的问题。[④] 因此，蒋中正乃力谋补救，给予冯较阎锡山第三集团军较多的军饷。[⑤] 3月初，蒋中正又立即派遣邵力子、马福祥二人赴百泉，以保荐冯为行政院院长及两湖主席为条件，以进行游说工作。[⑥] 此外，蒋氏曾多次致电冯玉祥，强调只有彼此共患难才能力挽危局，3月4日蒋给冯两封电文就曾经提到：“时局混沌，革命已至险境，若复隐忍迁就，必误党国。弟已准备牺牲，凡能共患难到底，益感大谊。”[⑦] 蒋氏多管齐下的努力，终于发挥了效果，3月11日，冯

---

① 有关两湖事变的分析，可参阅陈进金《机变巧诈：两湖事变前后军系互动的分析》。

② 陈进金：《“两湖事变”中蒋介石态度之探讨（1929）》，《国史馆学术集刊》第8期，2006年6月，第45～72页。

③ 袁惠常编，吴淑凤编注《蒋中正总统档案：事略稿本（民国18年1月至5月）》第5册，第141～142页。

④ 《冯玉祥日记》第2册，第581页。

⑤ 曾业英：《蒋介石1929年讨桂战争中的军事谋略》，《近代史研究》2000年2期，第18页。

⑥ 袁惠常编，吴淑凤编注《蒋中正总统档案：事略稿本（民国18年1月至5月）》第5册，第169～170页；《冯玉祥日记》第2册，第603页。

⑦ 《蒋中正致冯玉祥支亥电》，民国18年3月4日，“国史馆”藏，《蒋档·革命文献·统一时期》第2册“湘鄂事变”，编号12、13。

氏致电表明“服从中央之态度”。[①] 获得冯氏的支持后，蒋对于解决两湖事变更具信心。因此，当胡宗铎、陶钧等桂系将领发表《铣电》后，蒋立即电告冯氏云：“处置湘变虽经三全大会制止，仍未收效；为维持中央威信计，唯有武力制裁，以我二人通力合作，必能排除万难”。[②] 中央在发布讨伐令前夕（3 月 25 日），蒋还是致电冯氏云：“时局日急，患难日长，吾人惟有共负艰巨，平此祸乱，以固党国。”并请冯氏驻郑主持一切。[③]

在蒋中正积极联络冯玉祥的同一时间，李宗仁也于 3 月 9 日致电白崇禧云：

> 某（按：指蒋中正）根本消灭我方，两年来捣乱经过，已详电季宽矣。现状武汉欲渡难关，为自卫计必须与冯联络，不必顾虑将来。至兄在平，须与各方敷衍又当别论，但不宜对马（按：指冯）有不好表示，做事以变通为要，不比个人交友，可以求全责备。如我方在长江目前必须联络某师及赣朱，且不宜对汪精卫再加抨击，盖诸事不能概由我占尽便宜也。[④]

李宗仁此一《佳电》，已与白崇禧商议如何因应变局，他认为首先要联络冯玉祥；同时，也不宜再对汪兆铭有所抨击，目的在于联合各界力量来对抗蒋。但是，此时冯氏的态度不明，使得桂系在军事上的部署，有了种种的顾虑。[⑤] 李宗仁甚至建议白崇禧驻北平部队，“试以一部乘车回汉，冯如制止，亦可由此决定其态度，则我之部署更易矣。”或是“明白表示请冯氏接

---

① 曾业英认为蒋中正在拉拢冯玉祥的过程中充满挫折，直到 3 月 28 日冯氏才表示拥蒋。事实上，3 月 11 日蒋即接获冯氏表示拥护中央的电文，3 月 28 日是冯即表示愿意出兵拥蒋讨桂。参阅曾业英《蒋介石 1929 年讨桂战争中的军事谋略》,《近代史研究》2000 年 2 期，第 18 页；袁惠常编，吴淑凤编注《蒋中正总统档案：事略稿本（民国 18 年 1 月至 5 月）》第 5 册，第 169 - 170 页。

② 《蒋中正致冯玉祥养电》，民国 18 年 3 月 22 日，“国史馆”藏，《蒋档·革命文献·统一时期》第 2 册“湘鄂事变”，编号 27。

③ 《蒋中正致冯玉祥有电》，民国 18 年 3 月 25 日，《蒋档·革命文献·统一时期》第 2 册“湘鄂事变”，编号 40；袁惠常编，吴淑凤编注《蒋中正总统档案：事略稿本（民国 18 年 1 月至 5 月）》第 5 册，第 141 页。

④ 《李宗仁致白崇禧佳电》，民国 18 年 3 月 9 日，《阎档·杂派民国 18 年 3 月往来电文录存》，档号：18.0372.42/0032 - 3，微卷第 43 卷。

⑤ 《白崇禧致胡宗铎等寒电》，民国 18 年 3 月 14 日，《阎档·杂派民国 18 年 3 月往来电文录存》，档号：18.0372.42/0032 - 3，微卷第 43 卷。

防北平，我军南下，积极合彼之口吻，或更有效也。”[①] 为了联络冯玉祥，白崇禧派其驻北平代表俞星槎等人，与冯玉祥驻北平代表何克之接洽；冯氏曾透过其代表何克之表示：“只要健公有决心，即投袂而起，仍请此间先发。”[②] 同一天（3月15日），有一位署名“挺修”者由河南辉县致电白崇禧，冯玉祥支持桂系似有更明确的态度，该电文云：

> 挺午抵百泉，冯公表示河北情形复杂，难得□□□□。不得已时，我军宜向南移动，最好即由唐山赴塘沽渡河，赴马厂、沧州至德州，我再循河至道口，则安全亦活动矣。并云：若能集结二万人一体行动，他人亦不敢动也；至对于全局之事，亦必与我方共存亡，如长江战事起，渠亦必出兵津浦路上制止后方。但此时宜一面从党的方面，反对者大联合一致攻击中央，亦是一对抗彼方之策也。[③]

此外，冯玉祥的代表黄少谷也到上海与李宗仁会面，商议双方合作方案，强调反对国民党三全大会，须与军事、政治上反蒋一致。李氏致电胡宗铎等人云：“黄少谷决定到百泉报告冯氏，主张双方有力师长署名反对三全大会，或准我方部队经豫回汉，蒋倒必对汪谅解，开三全大会解决一切”。[④] 3月18日，桂系军人已认定冯氏将与其合作倒蒋，胡、陶、夏等人曾明确告诉廖磊：“冯现已辞军政部部长职，决心与我合作，已集中兵力至豫东，并拟以奇兵取金陵。”[⑤] 至此，桂系军人认定冯氏已表明共同合作倒蒋，其联络冯氏工作已初步完成，遂决定积极备战。

在战略上，桂系积极联合冯玉祥，进行第二、四集团军合作，其对于与南京开战时，可免后顾之忧，同时有利于北平部队经豫回汉参与作战。就桂系而言，这是最佳的战略部署。不过，此时的冯玉祥却是采取两面策略，一

---

① 《李宗仁致白崇禧寒申电》，民国18年3月14日，《阎档·杂派民国18年3月往来电文录存》，档号：18.0372.42/0032－3，微卷第43卷。

② 《俞星槎致白崇禧删子电》，民国18年3月15日，《阎档·杂派民国18年3月往来电文录存》，档号：18.0372.42/0032－3，微卷第43卷。

③ 《挺修致白崇禧删酉电》，民国18年3月15日，《阎档·杂派民国18年3月往来电文录存》，档号：18.0372.42/0032－3，微卷第43卷。

④ 《李宗仁致胡宗铎陶钧夏威筱午电》，民国18年3月17日，《阎档·杂派民国18年3月往来电文录存》，档号：18.0372.42/0032－3，微卷第43卷。

⑤ 《夏威胡宗铎陶钧致廖磊皓午电》，民国18年3月18日，《阎档·杂派民国18年3月往来电文录存》，档号：18.0372.42/0032－3，微卷第43卷。

方面致电蒋中正表示“服从中央”①，另一方面又与李宗仁会商合作方案。②因此，才让桂系误认冯氏已表明共同合作倒蒋，而决定积极备战。不料，3月26日蒋中正下令讨伐桂系时，28日冯玉祥随即表示可以出兵协助南京中央讨桂，出乎桂系军人的意料。事实上，冯军并无助蒋讨桂之举，只是坐观鹬蚌相争，乘机获渔翁之利而已。③

1929年3月，冯玉祥虽然通电表示协助中央讨桂，实际上其对于蒋氏早已诸多不满。他曾于1929年2月12日与邓飞黄谈及蒋时，云：“蒋专弄权术，不尚诚意，既联甲以倒乙，复拉丙以图甲，似此办法，决非国家长治久安之象。”④ 2月19日，冯氏与陈继淹、黄中汉等人会谈时，对于中央的宣传大纲中，竟然有“打倒破坏统一之桂系军阀”的词句，表示不满。⑤ 事实上，就在冯氏与陈继淹、黄中汉等人谈话的当天，湖南已经爆发事变，桂系与蒋氏即将兵戎相向了。

蒋中正急欲解决第四集团军，冯玉祥曾于2月23日的《日记》上云：“目下政府当务之急，只求得民心可耳，徒亟亟以消灭异己是务。吾恐方灭一秦，又生一仇也。”⑥ 26日，冯氏再于《日记》上对蒋氏的施政大肆批评，他说：

> 一、三全大会代表，多由圈定指派，较之曹锟贿选，尚糟一着。二、年来日望统一，所以忍所难免，现在将党及主义离开，而为一己一系争权，国家分裂之象，又经形成，同室之戈，一操再操，黄台之瓜，

① 袁惠常编，吴淑凤编注《蒋中正总统档案：事略稿本（民国18年1月至5月）》第5册，第169～170页。

② 《李宗仁致胡宗铎陶钧夏威筱午电》，民国18年3月17日，《阎档·杂派民国18年3月往来电文录存》，档号：18.0372.42/0032－3，微卷第43卷。

③ 依违两端一向是冯玉祥的行事作风，也是地方实力派军人的自保之道。1925年10月张作霖与孙传芳的奉浙战争中，冯玉祥一面敷衍张作霖，一面敷衍孙传芳，试图坐收渔人之利，因而错过反奉的最佳时机。1925年11月，冯玉祥又私下结合奉系的郭松龄，与之签订奉密约，但却在郭松龄倒戈反奉时，趁机攻打郭松龄的盟友李景林，使李氏转而支持张作霖，冯玉祥再次错失倒奉良机。1927年7月宁汉分裂时期，蒋介石亲自率领国民革命军攻打徐州时，曾要求冯玉祥协助制止武汉部队东下，冯氏态度依然依违两端，竟然通电称武汉政权为中央政府。蒋氏对此一通电，非常不满，曾云：“焕章此电，殊失体统，军人岂能执持两端？“参阅孙诒编，王正华编注《蒋中正总统档案：事略稿本（民国18年1月至5月）》第1册，第622页。

④ 《冯玉祥日记》第2册，第571页。

⑤ 《冯玉祥日记》第2册，第571页。

⑥ 《冯玉祥日记》第2册，第578页。

三摘四摘，瞻念国家前途，殊为伤心。三、吾屡代请北伐受伤官兵恤金，当局者辄漠然置之，一钱不名。而北伐后新收各部，却按月三十万、二十万关饷，未免有失不平也。①

冯玉祥氏甚至当面告诉蒋中正的代表马福祥、邵力子表示：“本军士兵，连年作战，一钱莫名，满冀北伐成功以后，为谋幸福，聊尽寸心，孰料今则训政开始，仍是无衣无食，余为领袖，时觉良心不安。又现在许多杂军，皆已编为国军，按月关饷，而方振武等，转战万里，迭着勋劳，反竟无立锥之地，殊属失平，似此措置欠当，恐将不平则鸣。”② 除了批评蒋中正的党政领导外，此时冯氏对蒋最大的不满应该是有关济南惨案的交涉。

国府与日本有关济案的交涉，外界谣传纷纷，有谓国府外交部部长不愿意解决济案，是唯恐山东省将落入第二集团军手中。冯玉祥对此一传言极度不满，认为：“政府果如是，殊不识大体也”。③ 另一方面则派何其巩赴山西，与阎锡山洽商解决济案，他同时告诉何氏：“解决济案，一方固凭外交，一方还须预备一种力量作为后盾。今兄弟阋墙，外引其侮，日本焉肯撤兵耶。”④ 冯氏对于蒋中正怯于外交，却勇于内斗的行径，颇不以为然，曾当面告诉邵力子云：“唯蒋不惮敛天下之怨，而党权一人独握，纵能战胜桂派，吾恐继之而起者，仍将大有人在，殊令人不无怅怅耳。”⑤ 1929 年 4 月，蒋、桂战事正式爆发，而蒋冯关系也已濒临决裂；4 月 6 日，他曾告诉友人说：

蒋氏骄奢淫逸，固不能无过失处，但国内各实力派，除彼以外，尚无有能统率者。故我自五原誓师以后，始则禁止共党在西北作反蒋之宣传，继则苦心调和宁汉，又继则联合阎总司令请其复职，终则首先至南京，力邀各总司令集中首都，真诚合作，即稍有不满意处，亦竭力忍耐以拥护之。……讵伊自编遣会议以来，极端偏私，排除异己，对于三全大会，又复指派圈定，形同贿选，致引起全国之反对。余虽有爱于蒋氏，亦苦不复能相助也。⑥

① 《冯玉祥日记》第 2 册，第 581 页。
② 《冯玉祥日记》第 2 册，第 586 页。
③ 《冯玉祥日记》第 2 册，第 591 页。
④ 《冯玉祥日记》第 2 册，第 595 页。
⑤ 《冯玉祥日记》第 2 册，第 602 页。
⑥ 《冯玉祥日记》第 2 册，第 608 页。

两湖事变期间，蒋氏扣押李济深一事，也让冯玉祥心寒。① 他曾说："蒋之扣李任潮，犹如袁世凯之扣蔡松坡也。""今之中央，固有用人之权，然不得其当，又与袁氏何异。现今军阀余孽，多居要职，革命巨子，反遭摒弃，如之何不令人愤懑耶。""李任潮因调停大局，为蒋监禁，此后孰敢入京。"②有鉴于李济深入京后的遭遇，是以当蒋中正于4月22日透过邵力子邀请冯氏入京时，冯氏以"病势沉重，亟静养一二年"为由，拒绝入京。③

1929年4月，又发生冯部孙良诚部队接防山东问题。蒋中正反对孙良诚与日方商订的分段接收办法，主张由国民政府统筹办理，国府决定孙部接收济南及潍县一带，潍县以东则暂由中央方振武部和新降中央的刘珍年部接防。此举让亟欲拥有海港的第二集团军失望至极，而且还有方、刘两军在山东地区牵制西北军。冯氏乃决议所部向豫西及陕西一带集中，孙良诚部驻防山东部队则开赴河南，并请辞山东省主席职，同时西北军驻南京要员鹿锺麟、熊斌等人避往上海，似有风雨欲来征兆。④ 事实上，此时的冯玉祥已有反蒋的准备，并且说明"反蒋并不代表反中央"，他说：

> 中央政府无论如何总有余一份，余实无反对中央之必要，造谣者谓我反抗政府，实不必介意。不过中央与蒋非属一事，要先认清，中央乃全国人共有之中央，非少数人长久包办之中央，尤须认清。⑤

可见此时蒋冯双方不仅形同陌路，其关系更已降至冰点。

---

① 1929年3月8日，李济深由香港搭乘安特诺号轮船赴上海；11日安抵上海，随即与蔡元培、李煜瀛、吴敬恒、张静江四人晤谈湘变一事。会后李济深向上海各记者表示：湘事决不致引起战事，本人专担保汉口无轨外行动。自3月11日起，蔡、李、吴、张四人与二李足足谈了近两天，四人一致建议二李齐赴南京商议解决之道，李济深同意随蔡、李、吴、张四人到南京；13日晨，李济深抵达南京，立即出席中国国民党中央政治会议，讨论解决湘变方案。当各界大都认为湘变将和平落幕之际，蒋介石却于3月21日决定扣押李济深。参阅国闻周报社辑《一周间国内外大事述评》,《国闻周报》第6卷第10期，民国18年3月17日，第1~3页；袁惠常编，吴淑凤编注《蒋中正总统档案：事略稿本(民国18年1月至5月)》第5册，第240~241页。

② 《冯玉祥日记》第2册，第610~611页。

③ 《冯玉祥日记》第2册，第618~619页。

④ 陈存恭:《李、冯、阎等乱事之平定》，载"教育部"主编《中华民国建国史》第3篇"统一与建设"(3)，"国立编译馆"，1989，第1537~1538页；刘维开:《编遣会议的实施与影响》，第150~151页。

⑤ 《冯玉祥日记》第2册，第626页。

四 视如寇仇：中原大战前后的蒋冯关系

1929年5月，南京国府克扣河南赈粮，使得冯玉祥仅剩的一点点“爱蒋”之心也荡然无存。冯氏云：“吾自来对中央、对蒋氏，无不忍气吞声，委曲求全，无非冀为国家保元气，为民众舒残喘耳。今竟硬逼我军走到绝路，人之无良，一至于此。”又说：“万一相煎太急，只有全军撤至关内，拓险固守，强中更有强中手，看他横行到几时也。”① 上述对蒋氏不满的言论，似乎已预告“方灭一秦，又生一仇”的“仇”即将产生矣，而此一“仇”正是冯玉祥本人。5月15日，西北军将领刘郁芬、孙良诚等联名通电，自称“护党救国军”，推冯玉祥为“护党救国军西北军总司令”，要求蒋中正下野，公开与南京中央决裂。② 5月20日，冯玉祥集合连长以上官兵讲话，历数蒋中正四大罪状云：

> 蒋有四罪，何以言之。党务方面，三全大会代表，蒋以私意圈定指派，违反党纲，罪一；国家方面，日本出兵山东，占据济南，此为我国奇耻大辱，为人所延颈企踵而切望解决者，交涉既妥，其中秘密条件如何，姑置忽问，但日本既定期撤兵矣，而蒋竟请缓期，丧权辱国，莫此为甚，罪二；军事方面，各军同属国军，而待遇显不平等，犹且挑拨离间拆散革命阵线，罪三；民众方面，恻隐之心，人皆有之，今豫、陕、甘灾情奇重，蒋氏不闻不问，已失爱民之心，顾又将丰台、保定赈粮，悉数扣留，坐视饥民饿死不救，且加速焉，罪四。③

同一天（5月20日），冯氏致电各国公使馆，要求他们保持中立，宣言保护外人生命财产，并请各国勿借款给南京政府；冯、蒋大战有一触即发之势。④ 不料，5月22日，西北军大将韩复榘、石友三通电服从南京中央；冯玉祥变生肘腋，震惊异常，于是接受阎锡山建议，通电下野出洋。⑤ 但冯玉祥仍要求西

① 《冯玉祥日记》第2册，第629页。

② 郭廷以：《中华民国史事日志》，第2册，第436页。

③ 《冯玉祥日记》第2册，第637页。

④ James E. Sheridan, *Chinese Warlord: The Career of Feng Yu-hsiang*, p. 260.

⑤ 冯玉祥1929年5月28日《日记》云：“八点，石敬亭、宋哲元、曹浩森、魏书香、刘汝明、秦德纯来，告以余对韩复榘事伤心已极，决意通电下野，即日出洋。”参阅《冯玉祥日记》第2册，第640页。

北军官兵，养精蓄锐，伺机而动；① 并且准备由蒙古转赴苏联，或由青海、西藏转赴海外。冯氏或有乞援于苏联之意，这不是蒋中正所愿意见到的。② 经南京中央与冯玉祥再三磋商，冯氏才同意赴山西，于6月21日抵达运城，旋赴太原。来到山西的冯玉祥，与阎锡山二人似无相偕出洋之意，反而相互商议合作反蒋，遂有1929年10月西北军再变一役。

1929年10月3日，阎锡山、冯玉祥经多次磋商，确定反蒋行动的顺序，冯氏于《日记》上记载该事云：

> 十时，定五（按：即刘治洲，曾任陕西省长、河南省政府委员）、晓圆（按：即李书城，曾任湖北省政府委员兼建设厅长）来，报告与百川商确结果：一、百川已允任总司令，余副之。二、仍用旧日国民军名义。三、由二集（指第二集团军）将领先发出拥戴电，俟得三集（指第三集团军）及东北将领赞成后，即赴北平就职。四、总部组成后，组代行政府职权。五、将来仍委张（学良）为国民军东北边防司令长官。六、电西北将领即日发动。至进行程序，系先由西北将领来电，指摘现在政治不良，财政不公开。百公复以安心编遣，以达救国初衷。西北将领再通电，述蒋包办三中全会及中东路与济案失败等罪状，并请百川与余示机宜。百川再复以主张和平统一，国事由国人解决。西北将领再来电，拥百川与余为国民军总、副司令。百川然后一面辞，一面电蒋请其下野，将国军交国人云云。③

阎、冯编定了一套“倒蒋剧本”，阎氏又答允充分供应粮秣，冯玉祥乃派李炘、陈琢如转告宋哲元，尽速集结兵力先占郑州，伺机进攻武汉，直捣南京。④ 不料，晋阎不按剧本演出，迟迟不发通电表明态度，又纵容太原国民党部张贴“驱逐冯玉祥及无耻政客标语”，遂使西北军陷入进退维谷的窘境。⑤

---

① 《蒋中正致阎锡山支午电》民国18年6月4日，《阎档·处理西北军事斡旋和平案》，档号：0372.42/2116.2-1-3，微卷第10卷。

② 冯玉祥1929年5月29日《日记》云：“十点，与马福祥谈话如下：一、百川来电，约余到运城一同出洋，余志在游青海、西藏，考查其风俗人情，以备将来有献于国家。”参阅《冯玉祥日记》第2册，第641页。《蒋中正致阎锡山元亥电》民国18年6月13日，《阎档·处理西北军事斡旋和平案》，档号：0372.42/2116.2-1-3，微卷第10卷。

③ 《冯玉祥日记》第3册，第58页。

④ 《冯玉祥日记》第3册，第63页。

⑤ 根据《冯玉祥日记》1929年10月20日记载云：“百川作事，向极模棱，一方欲领袖各方反蒋，一方又纵使太原蒋系党部张贴驱逐冯某及无耻政客标语，并利用山西《民国日报》发表反动文字，利用省党部无线电与蒋方秘通消息。”参阅《冯玉祥日记》第3册，第66~67页。

1929年10月，西北军再度对抗南京中央，却因阎锡山迟迟不发通电支持，而功亏一篑，冯氏愤恨不已；但在反蒋的大前提下，冯玉祥似乎对晋阎一再出尔反尔，仍不以为忤。1930年2月10日，阎锡山致宁蒋《蒸电》，约蒋氏共同下野，冯玉祥对于阎锡山反蒋已有所期待。3月初，由于赵戴文居间斡旋，与韩复榘、石友三通电主张和平，阎锡山反蒋决心动摇，而于3月5日通电表示愿意下野出洋。事实上，此时阎锡山的态度仍然犹豫不决，而最大的关键在于西北军的态度。盖因阎氏担心西北军记恨其前一年的反复与软禁冯玉祥八个多月等事，深恐西北军与南京合作夹击晋阎。

阎锡山踌躇不决之际，冯玉祥坚定反蒋的态度，让阎锡山下了决心；3月6日，阎锡山到五台会晤冯玉祥，冯氏向阎剀切申明应尽速倒蒋，其理由如下：

> 一、如二、三集团能巩固团结，蒋未有不能倒者。韩、石和平通电，固云受蒋包围，亦由我方态度闪烁不定，有以致之。若二、三集团此刻能迅速前进，以释其疑，转圜颇易。倘再犹豫数日，使蒋得以金钱地盘相饵，则益不可为矣。二、党务方面，无论二届复统，或三届续统，均无不可。因余二人及子良（薛笃弼）、瑞伯（鹿钟麟）、次陇（赵戴文）皆为三届执委，固可另组织一特别委员会，主持北方党务也。三、军事方面，陇海暂取守势，津浦路则令傅作义由德州直趋济南，必要时余等可共赴郑州一行，以壮士气。高桂滋、刘珍年二部刻正被围，尤应赶速救援。万一第三团一刻不便发动，即由二集团选六师精兵，先行出关，以便与各方倒蒋势力取得切实联络。四、倒蒋成功以后，余决出洋考察各国政治或督办实业、水利，不问国事。不幸失败，余等可退至甘肃，待机再举。现蒋方军事早经预备妥当，我等倘再观望，无异束手就戮也。……语云：先下手为强。亟应当机立断，制人而勿为人所制，实为当应变之惟一策略。①

翌日（3月7日），贾景德又到五台会见冯玉祥，冯氏重申第二、三集团军切实合作倒蒋，并表示就军事而论，握有七分胜算，且一再要求晋阎不应畏首畏尾，坐误时机。② 阎锡山原本已于3月5日通电决定下野出洋，但经

① 《冯玉祥日记》第3册，第134～135页。

② 《冯玉祥日记》第3册，第135页。

6、7日与冯玉祥两次长谈后，阎氏态度已明显改变；过去研究者不太能理解，何以5日才通电表示下野的阎锡山，会在短短48小时内改变态度，冯氏这两席话应为重要的关键之一。① 阎、冯商谈后，阎氏已充分了解了冯氏反蒋的态度，遂坚定倒蒋的决心，乃请冯氏回潼关主持军事。

3月9日，冯玉祥抵达潼关，第二天即召开军事会议，宣布其联阎反蒋的理由和决心。冯玉祥认为当前首务在打倒南京蒋中正，而要讨伐蒋氏就必须联合晋阎，否则西北军陷于腹背受敌，反蒋战争必败无疑。② 但鹿锺麟、孙连仲等将领反对联阎讨蒋，主张联蒋打阎，先除肘腋之患，西北军才能巩固根据地。孙连仲在会议上曾对冯玉祥说："孙殿英、刘镇华靠不住，阎锡山更靠不住，我们自己的实力足够，再说西北境内的土匪也没全平，实在不应该打。"③ 但冯氏已有与蒋氏决战之心，据当时冯部参谋处处长张寿龄的回忆，冯玉祥看到大家不赞成他的主张时，曾气愤地说："你们不愿干，我和鹿锺麟两人一人一支手枪也要和蒋介石打到底。"④ 众将领了解了冯氏决心，只得表示服从。

潼关军事会议决定联阎倒蒋，当天即由李炘致电石友三；⑤ 石氏立即复电表示愿意重回西北军阵营，共除国贼。⑥ 除石友三外，万选才、孙殿英、刘春荣等均发表通电，声明服从冯玉祥的指挥。⑦ 1930年4月1日，冯玉祥在潼关

---

① 陈存恭就曾云："不知是阎氏为了收宣传方面的效益？抑或他仍然犹豫不决？"参阅陈存恭《阎锡山的异动与中原大战》，载"教育部"主编《中华民国建国史》第3篇"统一与建设"(3)，第1550页。

② 有关冯玉祥在潼关召开军事会议的日期，各家记述不一，简又文《冯玉祥传》记3月11日，刘凤翰《孙连仲先生年谱长篇》记3月12日，郭绪印《国民党派系斗争史》记冯玉祥回到潼关的第二天，却记冯氏于3月14日抵潼关。参阅简又文《冯玉祥传》下册，第410页；刘凤翰编著《孙连仲先生年谱长篇》第3册，"国史馆"，1993，第1764页；郭绪印主编《国民党派系斗争史》，上海人民出版社，1992，第267~268页。本文系根据《冯玉祥日记》，冯氏于3月9日抵达潼关，第二天（即3月10日）召集军事会议。参见《冯玉祥日记》第3册，第138页。

③ 孙连仲：《我在冯军经过及对冯玉祥的认识》，载简又文《冯玉祥传》下册，附录三，第410~411页。

④ 张寿龄口述，转引自郭绪印主编《国民党派系斗争史》，第269页。

⑤ 《李炘致石友三蒸电》民国19年3月10日；《石友三致李炘蒸午电》民国19年3月10日，上述二电见《北平特讯》民国19年3月11日，《阎档·杂派民国18年3月至12月往来电文》，档号：19.0372.42/0032-1-12，微卷第45卷。

⑥ 《石友三致鹿锺麟灰亥电》民国19年3月10日；《石友三致庞炳勋真电》民国19年3月11日，上述二电见《北平特讯》民国19年3月12日，《阎档·杂派民国18年3月至12月往来电文》，档号：19.0372.42/0032-1-12，微卷第45卷。

⑦ 张同新编著《国民党新军阀混乱史略》，黑龙江人民出版社，1982，第338页。

就任中华民国陆海空军副司令，随即展开与蒋中正的军事冲突。

1930年5月中旬，中原大战正式展开，分为南北两战场：北方的主战场在河南，支战场在山东，分别沿平汉、陇海、津浦三条铁路进行，以陇海铁路为决战区，平汉、津浦两铁路为其两翼；南方战场在湖南，沿湘江进行，以衡阳附近为决战区。蒋冯的军事冲突集中于北方战场，反蒋联军的主力包括冯玉祥第二方面军、阎锡山第三方面军和石友三的第四方面军。① 反蒋联军的战略目标是：沿津浦线南下之第三方面军之一部，在第四方面军的配合下，攻占济南，会师徐州，进兵南京；第一方面军沿粤汉线北上，与沿平汉线南下之第二方面军南北夹击两湖，会师武汉，控制长江中下，一举推翻南京国民政府。为因应反蒋联军的战略部署，南京中央组织讨逆军，② 由总司令蒋中正策定攻击计划，于5月1日颁令各部队遵照实施；8日，蒋氏由南京北上徐州，即赴各线阅兵，并通令各军限于5月10日前完成战备；11日，蒋中正下总攻击令。讨蒋联军与讨逆军在北方的交战首先发生在河南境内。

宁蒋下总攻击令后，即以第二军团主力向归德方面沿陇海线进攻，归德扼陇海线入豫的咽喉，位居山东、安徽、河南三省要冲；反蒋联军以石友三、万选才等部为前锋，冯玉祥第二方面军、阎锡山第三方面军为主力，相对抗。南京中央讨逆军自发动攻势后，先后攻下马牧集、归德、宁陵、民权等地。5月20日，刘茂恩倒戈，把万选才押往徐州宁蒋总司令部。22日，讨逆军第二军团司令部进驻野鸡岗；随即在兰封、杞县与反蒋联军主力接触，讨逆军遭到阎、冯两军夹击，被迫退至旧考城、民权一线构筑阵地，与反蒋联军进行阵地战，双方在此线形成长久对峙的局面，直到8月中旬陇海战场的形势仍没有多大改变。③

平汉线的攻击行动，主要在策应陇海线的行动。宁蒋的计划是以第三军团分为平汉线左、中、右三路军齐头并进：左翼军由方城、舞阳攻击叶县张维玺部；中路军沿铁路线北进，进攻许昌；右翼军则出太康、杞县，绕攻许昌背后，企图攻占许昌、新郑、郑州，将河南战场的西北军分割成东西两半。讨逆军在克复小商桥、临颍后，在许昌与反蒋联主力接触，南京中央讨

---

① 刘凤翰编著《孙连仲先生年谱长编》第4册，第1839～1848页。

② 刘凤翰编著《孙连仲先生年谱长编》第4册，第1848～1855页。

③ 有关北方战场情形，主要是参阅存萃学社编集《1927—1934年的反蒋战争》上册，香港大东图书公司，1978，第205～231页；张同新《国民党新军阀混乱史略》，第342～359、374～379、385～391页；刘维开《编遣会议的实施与影响》，第171～174页。

逆军配合飞机轰炸，何成浚决心攻下许昌；虽然炸死了第八方面总司令樊锺秀，但冯玉祥亲自指挥许昌之役，连派西北军主力张维玺、张自忠、宋哲元、冯治安等部向讨逆军正面反攻；又以高树勋、葛云龙、石振青、王振、任应岐等部，由右翼侧攻讨逆军，何成浚第三军团全线败退，伤亡极重。6月中旬，第三军团为配合陇海线情势，退守漯河、北舞渡一线，与反蒋联军展开阵地战，形成对峙。

北方另一战场在山东，主要集中在津浦线北段，晋阎自5月下旬即派傅作义、石友三部进攻德州、东明等处。宁蒋以韩复榘第一军团和十一军马鸿逵部为主力，配合陈调元总预备军团负责警备铁路沿线及鲁南地区。晋阎第三方面军以正面攻击不易，乃改变战略，令傅作义、王靖国、李生达、李服膺、冯鹏翥等五个军，分左右两侧渡河抄袭济南，6月2日攻下禹城，济南城岌岌可危。此时宁蒋正派遣李煜瀛以祝寿专使身份赴沈阳，游说张学良率东北军入关。6月25日，晋军攻入济南城；韩复榘退守周村、潍县一线，马鸿逵退守泰安之县。[①] 7月7日马鸿逵由滕县电呈蒋氏表示：“兖州城固，尚可支持；曲阜城甚安，有兵三团，已历五日，或能固守；最好待教导第一师集中后再行反攻，于最短期间即须歼敌，否则互相对峙，旷日持久，殊为不利。”[②] 因此，湖南战场结束后，南京中央即决定在津浦线展开反攻，并以济南为第一目标；宁蒋决定调五十三师李韫珩部登陆青岛，以协助韩复榘夹击晋军。由于当时青岛港为东北海军沈鸿烈所控制，经宁蒋与张学良一再折冲，李韫珩部才于8月初陆续登陆青岛。[③] 又配合十九路军蒋光鼐部援助，三路进攻济南，遂于8月15日克复济南，晋军撤往黄河北岸，津浦线战事乃告一段落。

南京中央讨逆军在津浦线战事结束后，得以将兵力集中于平汉、陇海两线；在陇海线战场组织左翼军、右翼军和中央突破军，在太原、杞县、兰封至河岸以东地区集结重兵，对冯玉祥西北军采取攻势；在平汉线战场，蒋也加强兵力，刘峙部、夏斗寅部、蒋光鼐部及刘茂恩部，均绕过柘城，转进到平汉线，与原何成浚所辖各军组成五个纵队和一个总预备队。8月底至9月初，蒋连续发出三号总作战令，陇海、平汉两线同时向冯玉祥西北军发动总

① 王玉贵：《西北马家军》，江苏古籍出版社，1999，第142~143页。

② 陈训正：《国民革命军战史初稿》第2辑第3卷，第779~780页。

③ 陈进金：《〈蒋中正总统档案〉的史料价值及其运用——以民国19年中原大战为例》，第1302~1303页。

攻击。

9月18日，张学良通电支持南京中央，率兵入关，遂使战局急转直下。阎锡山的第三方面军向黄河以北撤退，冯玉祥本欲集中兵力南下攻武汉，但其内部发生变化，吉鸿昌、梁冠英、张维玺、庞炳勋、张印相、石振清等先后归顺南京中央，至9月底西北军已全线崩溃。宁蒋相继占领兰封、杞县，陇海线和平汉线兵力合一，向西北追击；10月6日占领郑州，9日克复洛阳，25日下潼关，29日入西安。11月4日，阎锡山、冯玉祥通电表示“释权归田”，相持半载的中原大战终告结束。

五 结论

自1926年冯玉祥于绥远五原誓师参加国民革命军以来，其与蒋中正的关系由疏而亲；北伐完成后，因接收京、津与对奉军善后等问题，蒋冯关系由亲转疏，尤其是国军编遣会议的召开以及济南惨案的交涉问题，让蒋冯关系更加疏离。1929年2月，爆发两湖事变，冯玉祥西北军的态度成为影响这一场战役胜负的关键；因此，此时的冯玉祥选择助蒋或助桂，都将影响战局的演变。不过，此时的冯玉祥却采取两面策略，虽然声称服从中央，却又密派代表与桂系联系合作，试图坐收渔翁之利，以扩大其在两湖的势力。就在蒋、桂的战事冲突中，蒋冯矛盾日益激烈，终至兵戎相向。

1929年5月，爆发西北军反蒋事件，却因韩复榘、石友三阵前倒戈，使得冯玉祥下野而蛰居于山西五台山；10月，再爆西北军反蒋事件，又因阎锡山踌躇不前而失败。直到1930年3月，阎锡山、冯玉祥、李宗仁等人联合国民党的改组派、西山会议派一起倒蒋的中原大战，蒋冯终于武力相向，在北方分别沿平汉、陇海、津浦三条铁路展开大战。9月18日，张学良发表通电，东北军入关助蒋，相持半载的中原大战终告结束，北伐后的蒋冯关系终告一段落。

综观北伐后蒋冯关系由亲而疏，终至视如寇仇，正反映出北伐后地方与中央的关系。为了解决北伐后中央与地方的矛盾，国民政府于1928年10月开始试行五院制，试图透过建立制度来解决军权扩张的情形，却得不到地方军人的信任。以北伐后的第二集团军为例，冯玉祥于1928年10月赴南京担任行政院副院长兼军政部部长，冯系的鹿锺麟为军政部次长，薛笃弼为内政部部长；此外，冯玉祥虽然辞去河南省主席，但主持开封政治分会，北平市长暨河南、山东、陕西、甘肃、宁夏、青海等六省省主席均出自冯系，冯玉祥实拥有中央与地方的军政权势。① 但是，1929 年 1 月国军编遣会议期间，冯氏因不满会议结果，即离京返回河南根据地，与中央关系开始恶化，终至兵戎相见。事实上，北伐后相继爆发几次大规模的地方反抗中央的事件的共通性，就是地方军人不信任以蒋中正为首的南京中央。即抗战前的中国，客观制度的设计比不上蒋中正与地方军人主观态度，中央与地方关系总是处于紧张状态，地方军人总是选择以军事行动来对抗中央。

在这些地方与中央的冲突中，地方军人只关心其地盘与派系利益，使得北伐后难以建立完善的政治制度；蒋中正也就用地盘、金钱来拉拢这些地方军人，以孤立主要敌人，便于武力讨伐时取得先机。两湖事变期间，蒋中正联冯（玉祥）制桂；之后西北军反蒋，蒋又联阎（锡山）制冯；中原大战阎锡山反蒋时，蒋又联张（学良）制阎，如此循环不已，反而对国家发展或政治制度化、现代化，产生不良的影响。此外，由北伐后蒋冯关系的演变，可以发现蒋中正过于迷思中央集权式的“国家统一”，也是导致内战不断的因素之一。由以上论述可知，抗战前国民政府“以党治国”（训政）制度的设计，并无法取得地方军人的充分信任，这才是抗战前中央与地方冲突的关键。

---

① 王正华：《南京时期国民政府的中央政制（1927～1937）》，第 221～222 页。

国共第三次“围剿”与反“围剿”探微

黄道炫*

1931年7月，蒋介石亲自指挥，出动麾下精悍部队，发动第三次“围剿”。这次“围剿”历时近3个月，时间超过此前的两次“围剿”及后来的第四次“围剿”。双方对垒的结果，蒋介石深刻体会到中共和毛泽东的非同寻常，对“剿共”战争的艰巨性有了更加充分的切身认识；红军则利用灵活、大胆、机动的战术渡过难关，但自身的重大损失及生存发展方式中的隐忧，在国民党优势兵力压迫下，也逐渐显现。这场“围剿”和反“围剿”一个非常重要的特点是：除国共两个主角外，宁粤冲突的因素始终牵动着整个事件的进程，而“九一八”事变，则直接成为“围剿”的终结者。事实上，离开国内外诸多因素复杂互动的背景，当年发生的许多事情，或许都难以有一个相对全面的解释。①

一

第一、二次对江西红军的“围剿”连遭挫败后，蒋介石不得不认真面对眼前的对手。第二次“围剿”失败后半个多月，1931年6月22日他亲至南昌，自任“围剿”军总司令，此后两个多月时间长期驻在江西，就近指挥战事。此时，苏区核心地域位于赣西南的东固地区，这也是前两次“围剿”国民党军的伤心地；而红军主力由于担负筹款、开辟新区等任务，正集中在赣闽交界地区，“围剿”进攻方向在此两点中如何抉择，颇费思

---

* 中国社会科学院近代史研究所研究员。

① 关于第三次“围剿”和反“围剿”的研究，可谓汗牛充栋，本文不拟对此一一做出说明，应指出的是，杨奎松的《国民党的联共与反共》（社会科学文献出版社，2008），关于这次“围剿”的描述和分析对本文有重要的启发和参考意义。

量。20日，在致何应钦、熊式辉电中，蒋提出的初步计划是："第一、不在阵前集中，应预定目标，纵长配备，相连续进，出匪不意，使其不能详悉我之部队与兵力为主。第二、主力部队专任进击，占其全力随地集中，不使分留后方，而另派后继部队以防剿各区，如此占领宁都广昌后对粤或援闽皆不致误时失机也。第三、先将其老巢击破，确实占领，再将其赣南各县城占领，然后再定第二步计划。"① 反复权衡之后，6月下旬，蒋决定不以苏区核心区域为主攻方向，将主攻击点放在其所判断的红军主力所在方向，即赣东左翼一线。6月底，蒋介石任命何应钦为前敌总司令官兼左翼集团军总司令，辖第三军团、第四军团、第一路进击军、第二路进击军共7个师及闽西北各部从南丰进攻；陈铭枢为右翼集团军总司令，辖第一军团、第二军团、第三路进击军共7个师从吉安进攻；第十师及攻城旅为总预备军。第二十八师、第七十七师及第十二师之三十四旅，为吉、泰、万、赣四县守备军。第二十三师、七十九师、骑兵第一师位于南城、宜黄、临川、樟树地区，担"清剿"和维护后方之责。当时报章报道："赣省现有军队，合计不下二十万人。"② 蒋介石计划采用"长驱直入""分路围剿"的战法，左右两翼形成钳形攻势，企图先击破红军主力，然后再深入"清剿"，捣毁苏区。

从展开对苏区大规模的军事"围剿"以来，面对政治不良导致的中共革命"星星之火，若将燎原"③ 的局面，国民党方面也在力图改进统治，与中共展开政治争夺，准备"围剿"时，十分注意加强政治工作。1931年初，在南京中央政治学校开办特别训练班，下分"剿匪宣传队"，施以政治宣传训练，再以团为单位分配到前方部队，指导政治和宣传工作。在给特别训练班的训话中，蒋介石数次提到："剿匪的实施宣传要占六分力量，军事只能占四分力量"，④ 这应可视为其后来提出的"三分军事，七分政治"的原始版。6月，南昌行营设置"党政委员会"，蒋自兼委员长，将江西全省"剿匪"区域共43县划分为9个分区，每区设置党政委员会分

① 《蒋介石致何应钦、熊式辉电》（1931年6月20日），秦孝仪主编《中华民国重要史料初编——对日抗战时期》绪编（二），中国国民党中央党史委员会，1981，第373页。

② 《剿赤军各路布置完妥》，《申报》1931年6月28日。

③ 《中国国民党第三届中央执行委员会第五次全体会议为一致协力扑灭赤匪告全国同胞书》（1931年6月15日），秦孝仪主编《中华民国重要史料初编——对日抗战时期》绪编（二），第364页。

④ 《蒋中正总统档案·事略稿本》第10册，第50页。

会，负责指导各区军事、政治、经济等事务。[①] 7月，蒋介石通令各“进剿”部队“关于宣传事项，应由党政委员会指导施行，俾收统一之效”。[②]

与国民党方面积极准备相比，红军方面当时多少显得有些放松。第二次反“围剿”结束后，红一方面军总前委判断：“两广反蒋军队正想急进湖南，蒋有先对付两广的必要，对我们有改守势的可能。”[③] 6月22日，在国民党第三次“围剿”已剑拔弩张时，红军总前委一方面判断“目前蒋介石准备三次进攻革命，已是事实”，另一方面又认为：“如果广东军去打长沙，而红军又不打抚州，则蒋自然也会先打广东的。因此目前我们不再向抚州逼。如敌退出南丰，也只用少数部队进南丰，而不以大部队逼抚州。我们的队伍只在蒋介石的偏僻地方，而不去广东政府的地方。这样就使蒋不得不对红军转处守势，去对付广东政府”。[④] 毛泽东进一步提出：“敌人如由南丰前进，只能在广昌以北有船运输，所以敌人八月十五号以前只能进到广昌。以后有新谷了，才能再进。七月以前我们可以努力筹款。八月也可以不管他，主要在于、瑞、石、汀四县布置巩固苏区做战场。”[⑤] 显然，红军对国民党军如此之快地发动第三次“围剿”缺乏充分估计，之所以如此，一是认为第二次“围剿”失败后，国民党方面短期内很难再次组织起大规模的“围剿”；二是注意到宁粤间爆发冲突的可能，判断此一事态势必影响蒋介石对苏区的进攻。

1931年2月，因在约法等问题上的冲突，蒋介石拘禁胡汉民，引起两广方面反蒋行动不断发酵。5月初，两广方面连续发出反蒋通电，迫蒋引咎下野。5月28日，粤方以非常会议名义成立国民政府，国民党内政争有向武力冲突演化的趋势。此前有国民党内争予红军发展良机的先例，宁粤冲突的爆发，相当程度上使中共放松了对蒋介石的警惕。但是，令中共始料未及的是，惯于在国内政争中纵横捭阖的蒋介石，却有其自己的出牌方式：即在政治上全力应付两广攻势的同时，军事上不是停止而是加紧准备对江西苏区的

① 《党政委员会组织成立呈报中央文》1931年7月13日，“国史馆”藏，蒋中正文物档案，002060500009012，以下不一一注明藏处。

② 《蒋中正总统档案·事略稿本》第11册，第419页。

③ 《总前委第六次会议纪要》（1931年6月2日），《兴国文史资料选辑》第3辑《中央革命根据地第三次反“围剿”专辑》，兴国县政协文史资料研究委员会，1990，第151页。

④ 《总前委第九次会议纪要》（1931年6月22日），《兴国文史资料选辑》第3辑《中央革命根据地第三次反“围剿”专辑》，第158～159页。

⑤ 《红军一方面军总前委第一次扩大会议记录》（1931年6月22日），《兴国文史资料选辑》第3辑《中央革命根据地第三次反“围剿”专辑》，第162页。

围攻。蒋介石此举，初看似涉行险，细究起来却有一石数鸟之效：大批部队南调至与广东接壤的江西，既可参与对中共的“围剿”，又可防范两广部队北进，还可保持对广东的威胁。中共方面注意到，蒋介石计划在消灭红军后，“乘胜南进，攻打广东，达到一箭双雕的目的。我们缴获敌军绝密命令和很多赣南、广东东北部军事地图，证明进剿军确曾有此意图”。[①] 陈铭枢也回忆，他从两广出走经日本再到南京后，蒋介石告诉他：“共匪不是短期所能消灭的，到进剿到一定阶段时，就要你担负起打回广东的任务。”[②] 就连《大公报》也在时评中质疑南京中央：“实欲借出师剿共以平粤。”[③]

更重要的是，此时展开“剿共”军事对蒋摆脱政治上的不利形势大有裨益。拘禁胡汉民后，蒋介石因逾越常轨，遭到各方怀疑、指责，政治上十分被动，急需制造事端，转移视线，如粤方发动后他在日记中所写：“此次粤变之来，其祸因当不能避免，但胡（汉民）事（件）发生后，如果即亲往江西剿共，使陈济棠、古应芬无所借口，则其变或可暂缓。”[④] 循着这一思路，迅速发动新一轮“围剿”对其可谓亡羊补牢之举。的确，当时国民党内能够使各方无法反对的举措即为“剿共”，粤方在反蒋同时，也绝不敢放低“剿共”的声音，宣称：“今日我国民革命军人之最大责任，一曰剿共，二曰讨蒋”，[⑤] 明确表态，“即使为国人所共弃如蒋中正者，若能以剿共自效，国府亦断不加以一兵”。[⑥] 因此，当蒋出现在“剿共”战场时，粤方很难在其与中共作战时贸然北进，这等于蒋在政治上先给自己上了一道保险。所以，此时发动“围剿”战争，成为蒋介石应付各方攻击的挡箭牌，在蒋居然有不得不然之理。

对于在夹缝中生存的中共武装而言，国民党内部争斗的走向和自身的发展息息相关，他们对此自然会保持高度关注。毛泽东曾明确指出，反“围剿”准备的时机，“要从敌我双方情况和二者间的关系着眼。为着了解敌人

---

① 郭化若：《粉碎蒋介石亲自指挥的第三次“围剿”》，《兴国文史资料选辑》第3辑《中央革命根据地第三次反“围剿”专辑》，第12页。

② 《陈铭枢回忆录》，中国文史出版社，1997，第70页。

③ 《对粤与剿共》，天津《大公报》1931年6月20日。

④ 《蒋介石日记》，1931年6月10日。

⑤ 《国民政府慰劳剿共将士通电》，《中国国民党历次代表大会及中央全会资料》上，光明日报出版社，1984，第973页。

⑥ 《国府告全国武装同志电》（1931年6月10日），《中国国民党历次代表大会及中央全会资料》上，第975页。

的情况，须从敌人方面的政治、军事、财政和社会舆论等方面搜集材料。分析这些材料的时候，要足够地估计敌人的整个力量，不可夸大敌人过去失败的程度，但也决不可不估计到敌人内部的矛盾、财政的困难、过去失败的影响等等”。[①] 1931 年 6 月底，毛泽东在解释为什么要将主力移向闽西开展群众工作时分析了中共、南京、广东三方的特殊关系：“依大局来看，过去所拟三军团去宜黄、崇仁，四军去寻乌、安远的计划，不但客观上帮助了蒋介石打击两广，为蒋介石所大愿，并且要很快引起两广的对共行动，乃由我们一身遮断两广反蒋视线，使之集注于我们自己，必然要促进蒋粤妥协对共的进程，我们不应如此蠢。”[②] 这是说不去触动两广这一方面，同时，毛泽东还指出：“去南丰以北，目前事实上即不许，整个策略上也不宜。因一则无巩固政权可能，二则威胁长江太甚。西南北三面都不可，便只有东方是好区域”。[③] 避免威胁长江太甚，当然指的是尽可能不去触动蒋介石，这和前述总前委会议的分析是一致的。毛泽东不想触动两广，甚至希望避免与南京正面相向的想法，很容易被指责为机会主义的策略，其实这是洞悉局势的高明之举，只要稍微对中共当年的发展历史有所了解，就应该可以理解毛泽东的思路。

只是，在当时的国共对垒中，中共毕竟是弱势和被动的一方，出牌的主动权握在蒋介石手里，而在蒋看来，中共乃是国内政争诸多棋子中比较重要的一枚，他如何出牌、出什么牌，并不会以中共的动向为转移。7 月，当蒋介石的“围剿”发动起来后，从广西长途跋涉到江西的红七军对蒋介石此举的目的做了分析：“在政治方面积极进攻，提出‘专力剿匪’的口号，削弱粤桂反蒋行动的影响，阴谋拆散反蒋的结合。”[④] 至于“粤桂方面，亦明知内部组织成分的复杂，无论在军事上、经济上及政治上，均极力巩固广州第二国民政府的基础，等待北方冯阎张继起反蒋，再会师长江，争取天下”。[⑤] 红七军不愧是经过国民党内部政争的历练，对宁粤冲突、对蒋介石出牌方式的

---

① 《中国革命战争的战略问题》，《毛泽东选集》第 1 卷，人民出版社，1991，第 201 页。

② 《毛泽东致以栗、震林等同志信》（1931 年 6 月 28 日），《江西党史资料》第 19 辑（中央苏区第三次反“围剿”），中共江西省委党史资料征集委员会、中共江西省委党史研究室，1991，第 41 页。

③ 《毛泽东致以栗、震林等同志信》（1931 年 6 月 28 日），《江西党史资料》第 19 辑《中央苏区第三次反“围剿”》，第 41 ~ 42 页。

④ 《军阀混战的形势与前途》，红七军政治部编《火炉》第 1 期，1931 年 7 月 18 日。

⑤ 《军阀混战的形势与前途》，红七军政治部编《火炉》第 1 期，1931 年 7 月 18 日。

观察有细致入微之处，可惜第七军7月初才到达江西，无法为中共当时的反“围剿”决策提供帮助。

在各方追求最大利益的算计下，蒋介石在前一次“围剿”失败后1个月内迅速开始了第三次“围剿”，这一对蒋而言主要基于政治算计的决策，却意外地误打误撞，出乎中共意料之外，使政治经验毕竟还欠丰富的中共显得有点措手不及，在军事上一度造成对国民党方面有利的局面。后来毛泽东客观反省道：“第三次战役，因为不料敌人经过第二次战役那么惨败之后，新的进攻来得那么快……红军仓卒地绕道集中，就弄得十分疲劳。”① 这应该是坦率而负责的总结。

二

1931年7月1日，蒋介石发出“进剿”命令，左翼陈诚、赵观涛、朱绍良兵分三路由南城、南丰、黎川分向宁都、头陂、黄陂攻击前进，第三次“围剿”开始。由于中共没有估计到蒋介石会如此迅速发动新一轮“围剿”，事先准备不够充分，红军主力当时集中在赣东和闽西北，红三军团在黎川、红四军在南丰、红三军在宜黄及南丰以西地区，红十二军在建泰地区，开辟新区、进行筹款、兵员补充和战争动员等主要任务均未有效展开。当国民党军发动进攻后，整个根据地实际处于开放状态，而国民党军在左翼南城、南丰一带厚集兵力，又使红军难以由所在地直趋赣西南老根据地，不得不绕道闽西南地区。

对红军主力此时滞留闽西北，国民党方面相当清楚，6月20日蒋已注意到红军主力“向赣东闽北转移”。② 6月下旬，蒋介石在给朱培德、宋子文的电报中再次提到：“赤共主力向赣闽移动。”③ 正因如此，蒋介石在左翼厚集兵力，陈诚的第十八军及第六师等精锐部队放在这一方向，蒋本人也在此路亲自督阵。3日，蒋介石致电左翼朱绍良等：“此次我军左翼兵力数倍于赤匪，对于侧背之掩护兵力尤为雄厚，故我前方各路之进击部队，尽可能专心

① 《中国革命战争的战略问题》,《毛泽东选集》第1卷，第213页。

② 《蒋介石致何应钦、熊式辉电》（1931年6月20日），秦孝仪主编《中华民国重要史料初编——对日抗战时期》绪编（二），第373页。

③ 《蒋中正电朱培德宋子文赤共主力向赣闽移本军月内集中完毕即进攻》（1931年6月23日），蒋中正文物档案，002020200011117。

挺进，决无后顾之忧。且挺进部队以寻求匪军主力为目的，故进度愈急速愈为得机。”[①] 4日，在赴左翼部队督阵之前，蒋在日记中写道：“彭德怀自硝石口猛向朱绍良部力冲以来，近且朱毛亦猛冲南丰、南城，图窜闽浙，吾须亲赴南城督战。”[②]

7月10日，红军主力从福建建宁出发，绕道闽西地区千里回师赣西南老根据地。7月中旬，到达瑞金壬田后决定继续往西北集中，于都北部山区隐蔽，等待战机。这一段时间，国民党军进展顺利，7月19日，占领宁都。25日，进占龙冈。30日，蒋介石向南京方面报告：“赣南东固龙冈黄陂小布古龙冈皆已为我军占领”。[③] 不过，这样的占领之不足为喜，蒋介石清楚，前方将领更心知肚明，陈诚在给未婚妻的信中道出：“至于进展之速及屡克各城，盖非出匪不意，不但不能肃清土匪，且为匪所算也。”[④]

其实，真正的问题是交手双方对彼此的动态有多少了解，就此而言，客观地看，国民党方面在这一时期似并不处于劣势。7月11日蒋介石日记载：“探知赤匪仍欲以全力攻我右翼，击破一点，以摇动全局也。”[⑤] 此所谓右翼，指的是相对南丰、南城、广昌左翼一线的吉安、富田、东固一线，这确实是中共主力准备集结的方向，证明国民党方面的情报不是空穴来风。对于正在于都一带隐蔽待机的红军主力，国民党方面这时也有察觉。7月17日，上官云相报告，彭德怀部已进至沙溪、中村、黄陂，准备引诱国民党军深入。[⑥] 23日，罗卓英进一步报告，红军计划“在龙岗东固一带集结主力”[⑦]，诱敌深入实施决战。当时蒋的日记记下了其对红军动向的准确了解。7月20日记有：“闻赤匪十日来由老巢向古龙岗窜去者有三万人之众，乃决心即向龙岗

---

① 《蒋介石致左翼朱绍良、孙连仲、陈诚等电》（1931年7月3日），秦孝仪主编《中华民国重要史料初编—对日抗战时期》绪编（二），第375页。

② 《蒋中正总统档案·事略稿本》第11册，第356页。

③ 《蒋中正电王树翰朱培德叶楚伧》（1931年7月30日），蒋中正文物档案，002020200011134。

④ 《此次剿匪非出匪不意不但不能肃清土匪且为匪所算也》（1931年8月6日），《陈诚先生书信集·家书》上，“国史馆”，2006，第59页。

⑤ 《蒋介石日记》（手稿），1931年7月11日。

⑥ 《上官云相电蒋中正据降匪供称彭德怀三师分至沙溪中村黄陂欲诱深入再决战已饬属严防以待》（1931年7月17日），蒋中正文物档案，002090300027109。

⑦ 《罗卓英电蒋中正据俘匪供述匪仍图诱我深入在龙岗东固一带集结主力与我决战等匪情》（1931年7月23日），蒋中正文物档案，002090300027164。

东固攻击前进。”[①] 28日日记中明确写道：“知第六师已克黄陂、小布矣。第十九路昨日亦克东固，则其所谓老巢者，皆已为我占领，惟其主力尚未击破，仍麇集于平安寨、马鞍石一带，乃必设法击破之。粤桂虽将逼近湘赣，扰乱我战略，以助赤匪，而我仍先击破赤匪为第一任务。粤桂石逆实皆不足平也。”[②] 可见，此时蒋介石对红军主力的动向掌握确实相当清楚。

如国民党方面所发现的，7月中下旬，红军主力向西北方向开动。7月22日到达于都北部银坑、桥头地区。7月28日，进至兴国高兴地区，在长途跋涉之后进行短暂的休整。7月31日，朱德、毛泽东判断富田方面国民党军力量薄弱，指挥红军主力由兴国高兴圩地区向富田开进，“以绕入敌背捣其后路，使敌动摇震恐，然后消灭其大部队之企图，决定先夺取富田、新安”[③]，试图在此打开缺口，重演第二次反“围剿”由西向东横扫的一幕。以龙冈为中心的老根据地具有良好的群众基础，是红军击败国民党第一、二次“围剿”的福地，朱德、毛泽东不惜千里回师，选择在此发动战略反攻，主要即基于此。

但是，红军此次千里回师，目标太大，很难不被察觉，加之国民党方面拥有空中力量，更增加了红军大部队隐蔽行动的困难。[④] 长时间的长途行军，对红军保持战斗力也是一个巨大考验：“这时早稻还没有收割，正是青黄不接的时候，大兵团行动，有时粮食不足，部队只好喝点稀饭充饥。尤其困难的是病员增多了，中暑的、发疟疾的、拉痢疾的，这个没好，那个又病倒了，收容队一天天在扩大。”[⑤] 而红军的进军方向，虽然有其不得不然之理，却也在蒋介石意料之中，使其可以从容应对。因此，当红军发出进攻命令后，形势其实不容乐观。右翼赣西南地区，虽然不是初期国民党方面的主攻方向，却是其钳形攻势的落剪之处，早在7月2日，蒋介石即致电右翼集团军总司令陈铭枢：“中午本巡视左翼，拟先到抚州，再往南城，处置妥后，

---

① 《蒋介石日记》（手稿），1931年7月20日。

② 《蒋介石日记》（手稿），1931年7月28日。

③ 《夺取富田新安的命令》（1931年7月31日），《兴国文史资料选辑》第3辑《中央革命根据地第三次反“围剿”专辑》，第220页。

④ 第三次反“围剿”结束后，苏区中央局谈到国民党空中力量的影响：“敌飞机轰炸威力颇大，一年来我军被其损伤者近千人。侦察亦有相当作用。”（《苏区中央局十月三日自瑞金来的长电》，《兴国文史资料选辑》第3辑《中央革命根据地第三次反“围剿”专辑》，第49页）

⑤ 李志民：《奇兵致胜》，《中国人民解放军历史资料丛书·红军反“围剿”回忆史料》，解放军出版社，1994，第59页。

当来右翼。请兄如期进行，并望留精强一旅之众控置吉安，以防赤匪施行大迂回来袭打吉城。”[①] 当国民党军左翼顺着广昌、宁都、于都“清剿”一圈后，虽然疲惫不堪，但其所谓钳形攻势已经有合拢之势，此前1日，陈诚的第十八军主力由宁都开至龙冈一带，正“待命龙冈”,[②] 随时可以向富田进发，十九路军更是在此蓄势已久。红军出动当天，国民党方面又侦得动静，做出一系列严密部署。十九路军和十八军这两支“进剿”军中最精锐部队分扼南北，东边有第三路进击军及正赶往兴国的第六、第九师，西边是赣江天险，红军大有堕入对方包围圈之虞。正因如此，蒋介石在日记中信心十足：“今晨有匪之主力二万人由兴国经沙村、洞口向新安、富田方向前进，思来抄袭我十九路军之侧背，幸发觉尚早，布置或尚能及也。乃重下第九次命令，严令六、九两师星夜进攻兴国，俾得夹攻，如能如计，则赣南赤匪或能于此一网打尽也。”[③]

8月初，国民党军纷纷逼向高兴地区，试图在此逼迫红军主力决战。3日，蒋介石在日记中写道：“赤匪主力尚游魂于兴国西北、石陂、沙村之间，扬言由小布来攻白沙，其实乃欺诈我兵力而已。第六师到太平寨，围剿未破，分兵监视，而直攻兴国，颇得法，明知其为牵制兵力而已。惟决战未定，心实忧虑，恐被其漏网也。”[④] 蒋此时虽也自称忧虑，但担心的乃是红军是否会漏网，已经很有几分鱼已上钩的激动。反观红军，人困马乏、四面皆敌，处境十分艰危。生死存亡，几在毫发之间。

三

面对危机，朱德、毛泽东保持了清醒的头脑。当察觉富田一带国民党军已有严密防范时，红军立即改变计划，折回高兴圩地区。毛泽东后来回忆：“我不得不改变计划，回到兴国西部之高兴圩，此时仅剩此一个圩场及其附近地区几十个方里容许我军集中。集中一天后，乃决计向东面兴国县东部之

---

① 《蒋中正电陈铭枢本午巡视左翼拟先到抚州再往南城再来右翼》（1931年7月2日），蒋中正文物档案，002020200011122。

② 《何应钦电蒋中正据陈诚电军情近况现待命龙冈急候钧令指示进止》（1931年7月30日），蒋中正文物档案，002090300027184。

③ 《蒋介石日记》（手稿），1931年7月31日。

④ 《蒋介石日记》（手稿），1931年8月3日。

莲塘、永丰县南部之良村、宁都县北部之黄陂方向突进。”① 苏区中央局在稍后的电报中对此描绘得简单明了：“两月奔驰，全无休息，疲困已极，疾病甚多。既入兴国，仓卒应战，初向富田，折回兴国，由西向东，深入黄陂，又疾驰五百里。”②

敏锐察觉不利形势并毅然改变计划，对当事者而言，需要识力、胆魄和果断。8 月 5 日，红军在对方重重大军中，采取中间突破方法，向国军相对较弱且尚未合围的东部突进，在与国军相隔仅 20 公里的空隙地带衔枚疾走、乘夜穿越，安全进入莲塘地区。红军能做出并成功实施这一决策，是朱德、毛泽东审时度势、大胆用兵的体现，同时和其长期在此活动，对地形地势有充分了解及该地区良好的群众基础直接相关。由此看，红军千里回师赣西南初时或不免有胶柱鼓瑟之嫌，此时却又见未雨绸缪之利。放弃原定攻击计划，改而向东突进，是红军摆脱第三次“围剿”以来窘迫局面、化被动为主动的关键一步，意义非同寻常。

红军在虎口中及时撤离、遁去，使国民党军失去决战良机。陈诚在写给未婚妻的信中透露：“此次剿匪，土匪总是逃避而不与我战。以前、昨两日情况，应可遇匪主力，拟一举而歼灭之。但据报匪军朱、毛、彭、黄闻我军到达富田，极形恐慌。原定集中全力，今日取富田，明日进占水南、白沙；据我军俘获之匪供称，昨日集合师长以上开会，认为此次作战计划完全失败，决定退却。如确，则一时又无仗可打矣。然我军如不能将匪之主力歼灭，终不能安心。”③ 由于蒋介石出于政治目的而提早出兵，第三次“围剿”之初，国共两方孰主动、孰被动，应该十分清楚，但当红军几乎已陷入包围圈时，国民党方面却未能因时制宜、主动出击，把握这一天赐良机，而是坐等红军上钩，结果被朱德、毛泽东抓住一线之机，兔脱而去，局部的主客关系瞬间易手。国共双方战斗精神的差异及战术运用的高低，于此尽可一览无余。

红军向东突破后，战场形势为之一变。国民党方面虽然对红军动向有所掌握，8 月 6 日蔡廷锴向蒋介石报告红军已于前一夜进军莲塘，但已无法及

① 《中国革命战争的战略问题》,《毛泽东选集》第 1 卷，第 219 页。

② 《苏区中央局十月三日自瑞金来的长电》,《兴国文史资料选辑》第 3 辑《中央革命根据地第三次反“围剿”专辑》，第 47 页。文中“仓卒”应为“仓促”之误。

③ 《此次剿匪土匪总是逃避而不与我战》（1931 年 8 月 3 日）,《陈诚先生书信集·家书》上，第 58 页。

时做出反应。7日，红军在莲塘主动出击国民党军上官云相四十七师，该师在第二次“围剿”时已遭红军打击，是国民党军链条中较弱部分，红军发起攻击，迅速歼其两个团，接着又乘胜在良村追歼退却中的郝梦龄第五十四师两个团。此役，据国民党方面战报记载：“上官云相部分防六处，相距过远，且以四昼夜前进四百五十里，深入匪区，突破该匪进犯，致陷重围……卒以调援不及，众寡悬殊，不得已退驻沙溪。”①

莲塘、良村之战后，红军兼程东进，8月11日，一举突入黄陂，歼毛炳文部两个团。此两役作战结果，据红军方面的统计，俘虏军官708名，士兵3193名。② 和国民党军出动的庞大兵力相比，这两次战斗对国民党军实力打击尚属有限，但红军居然可以在绝境中反戈一击，让一心渴望胜利而又向来三心二意的蒋介石心间蒙上浓厚的阴影，使其清楚地认识到“剿共”必须要付出重大代价。8月10日蒋在日记中计划今后作战应“注重据点，不多追剿，俾得节省兵力，免得疲于奔命也”。③ 黄陂战斗后次日，他再次在日记中表示：“剿匪之难，甚于大战，彼利用地形熟识，与民众协从，故避实击虚随其所欲，而我官兵则来往追逐疲于奔命。”因此，他调整今后的计划为：“如欲剿灭赤匪，决非一朝一夕之故，必集中兵力，构筑据点，开阔道路，发展交通，使匪无所藏窝，而官兵行动自如，乃可制其死命也。”④ 显然，其进剿信心已严重动摇，不再期望一举“剿灭”红军。

蒋介石之所以如此突兀地修改其“进剿”思路，军事上的挫败及“剿共”遇到的困难自是直接诱因。同时，在第一线实地接触中共后，其对红军原来多少存有的轻视心理终于一扫而空，意识到解决红军绝非一朝一夕所可致的。更重要的，正如他发动“围剿”与政治需要密不可分一样，其立场改变和政治考虑也息息相关。无论表面唱出多少高调，蒋内心很明白，此时对其最高统治地位形成直接威胁的并不是中共，而是国民党内有可能取他而代

① 《关于第三次赣南“围剿”经过史稿（1931年7～9月）》，中国第二历史档案馆编《中华民国史档案资料汇编》第5辑第1编，“军事”（3），江苏古籍出版社，1994，第75页。

② 《红三军团作战统计》（1931年8月16日），《红三军作战统计》（1931年8月17日），《红军第一军团第四军八月七日战斗结束统计表》（1931年8月22日），《红三军团作战统计》（1931年8月18日），《红军第一军团第四军八月十一日战斗结束统计表》（1931年8月24日），《红七军作战统计》（1931年8月22日），《兴国文史资料选辑》第3辑《中央革命根据地第三次反“围剿”专辑》，第224～226、255～256、265页。

③ 《蒋介石日记》（手稿），1931年8月10日。

④ 《蒋介石日记》（手稿），1931年8月12日。

之的地方实力派。就蒋而言，如果能在“剿共”战争中轻松取胜，形成国内政争中的重大加分因素，自然求之不得，但如付出实力代价又并无多大进展可能，则一定要细加掂量。所以，虽然蒋在接到两广方面诋其“剿共”不力讯息时大声喊冤：“闻粤伪府已下讨伐令谓余联共，谓余剿匪不力，呜呼，天下尚有此忍心之叛徒，以诬陷人过至此者乎！”① 但两广方面的这种说法其实也未必纯为诛心之论，同样的怀疑处处可见。即连他的亲信部下陈诚对其态度似也并无把握，曾在家书中说到，对中共“如能继续追剿，不出一月当可根本肃清。惟不知中央能具此决心否？”②

历史真是十分有趣，莲塘、黄陂两役后，当蒋介石唉声叹气、忧惶动摇时，中共方面自身评判也不乐观。苏区中央局指出，7月底以来，红军“在约三个星期中，出入敌军重围之中，争取良村、黄陂两役胜利，至八月十六日二次被敌包围，是为一年来三次战争中最艰苦的时刻”。③ 也就是说，虽然莲塘、黄陂两役红军取得歼灭战的胜利，但红军总体上的被动态势仍未彻底改变，当国民党军以绝对优势兵力转向东面的黄陂，密集压向红军时，红军处境仍然十分艰难。究其原因，首先当然是由于国民党军兵员上的绝对优势；其次红军活动范围局限于老根据地，活动空间有限，这也使红军和国民党军始终如影随形。

当时，蒋介石并不知道红军的真实处境，或者说，即使内心明白也无暇顾及。宁粤冲突日渐激化，粤方扬言北进，同时北方石友三及阎锡山、冯玉祥动作频频，令蒋介石颇为头疼。在各方巨大压力下，8月初，蒋一度认真考虑辞职问题，并对辞职后的政军系统布置提出计划：“顾长苏，蒋长浙，朱长闽，熊长赣，鲁长沪。”④ 8月上、中旬，蒋对红军基本处于围而不攻状态，其中原因，固有对红军战斗力惧怕的因素，更有怕与红军作战实力受损，影响其应对广东的进攻，同时国内政局不明，蒋自身进退出处难定，红军的存在对蒋也实在难言祸福。8月16日他在日记中写道：“阎回晋后北方尚在酝酿中，江西赤匪未平，豫南吉部谋叛，两广逆军思逞，湖南态度不

① 《蒋介石日记》（手稿），1931年8月8日。

② 《现社会之不满军人实无怪其然即我自己亦时有此种感想》（1931年9月12日），《陈诚先生书信集·家书》上，第67页。

③ 《苏区中央局十月三日自瑞金来的长电》，《兴国文史资料选辑》第3辑《中央革命根据地第三次反“围剿”专辑》，第47页。

④ 《蒋介石日记》（手稿），1931年8月6日。

明，此五者应研究而熟虑之。”① 8 月 20 日蒋日记中记有：“近日最急者为吉鸿昌部处置问题，其次为商震，杨爱源、孙楚之位置。”② 看来，又到了蒋通盘考虑抉择的时候了。

在对红军围而不攻的同时，蒋介石命令各部对已占领的中共老根据地大肆烧杀。16 日，蒋电陈铭枢，表示：“清野焚毁之策，中极赞成。请兄详细计划准备完妥后即令各部队切实施行。限十五日内焚平完毕可也。”③ 同时指示焚烧办法和地区：“毁平匪区办法应切实计划派员负责监督，分区施行。如今日得将中坪之匪击破，则第一纵队担任龙冈城冈以南古龙冈、琵琶陇（含内）、江背洞、龙冈头以北地区；第三纵队担任安福硕田江口以北至大金竹南坑地区，其在龙冈东固西北地区由第二纵队与该守备队任之。”④ 对赣西南根据地中心东固更为残酷，具体执行的指挥官汇报：“奉层峰电令，以东固匪巢人民匪化已深，无法挽救，着以东固为中心点，纵横二十五里一律平毁净尽，格杀无余。”⑤

置红军主力于不顾，却一心拿普通民众开刀，蒋在日记中对此提出的解释是：“此时一面烧山焚巢，一面分饬构筑据点，一面开路，不计其时日，不问其地区，求歼灭主匪可也。以计度之，老巢皆为我占领焚毁，匪乃不得设施活动，其粮秣亦必不多，如展其时日，则未有不为我军歼灭也。”⑥ 这粗看很像是守株待兔的近代版，不过如想到另一个成语敲山震虎，或许就可以对蒋介石此时的“烧山焚巢”有更深一层的理解。在判断无法消灭红军后，赶走红军于蒋而言其实也是一个不错的选择，如他在给熊式辉的焚烧命令中所说：“对匪巢只有焚烧，才能解决，请派飞机设法暂停轰炸，而专用火油在欲烧之区域内……每区约焚三日，使匪恐慌，不能立足。”⑦ 如此看，8 月

---

① 《蒋介石日记》（手稿），1931 年 8 月 16 日。

② 《蒋介石日记》（手稿），1931 年 8 月 20 日。

③ 《蒋中正电陈铭枢赞成清野焚毁之策请详订计划五日内毁平完毕》（1931 年 8 月 16 日），蒋中正文物档案，002020200011136。

④ 《蒋中正电陈铭枢详订毁平匪区办法分区施行及击破中坪匪后部队部署》（1931 年 8 月 16 日），蒋中正文物档案，002010200060033。

⑤ 《国民党军第五十三师李韬珩部配备东固移防赣东情形的报告》（1931 年 8 月 17 日），《中华民国史档案资料汇编》第 5 辑第 1 编，“军事”（3），第 78 页。原标题中“李韬珩”应为李韫珩之误。

⑥ 《蒋介石日记》（手稿），1931 年 8 月 22 日。

⑦ 《蒋中正电示熊式辉派飞机散布火油令各部准备焚烧匪巢》（1931 年 8 月 21 日），蒋中正文物档案，002010200060038。

中旬蒋介石日记所写："据报匪向东窜，果不出所料，但无兵可派，恐其漏网耳"，[①] 此中含义，似不无可琢磨之处。

蒋介石的用心，当年正与其交手的中共自无可能想到，短暂向东后，8月中旬，中共又从国民党军十里缝隙中折回兴国均村地区。国共两军在互不摸底的情况下，继续在老根据地赣西南的大山中周旋。

四

8月底，形势再变，因蒋介石恋栈不肯下野，粤方动员日急。9月1日，粤桂联军下入湘动员令，并联合反蒋的唐生智军队，开始进兵湖南。4日，南昌行营决定大规模收缩兵力，国民党军开始全面的战略收缩。历史的因果有时其实难以截然厘清，表面看，是广东的出动使蒋停止了进一步的"进剿"，但实际上，从前述蒋的种种动作看，有理由相信，这也未尝不是为蒋提供了一个下台阶的机会。所以，9月1日，当蒋得到两广出动消息时，他的反应是："据报两广逆军果已于上月杪集中攻湘。闻之忧乐交集，以果不出我所料，而灾情如此，赤匪未消，而彼叛逆冒此大不韪，不惟加重灾黎苦痛，且为外部敌国所轻笑，如此乘灾乐祸背叛革命，非使国亡种灭而不止，岂不可痛。"[②] "忧乐交集"这四个字，或许并不仅仅如他自己解释的那么简单。

9月，红军抓住国民党军战略收缩的机会，于7日与第十九路军蔡廷锴的第六十师、蒋鼎文的第九师在高兴圩地区发生激战。关于此役，蔡廷锴报告，与红军"三四万人激战肉搏数十次"终将红军"击溃"。[③] 国民党方面后来编辑的战报称此次战斗"实为剿匪以来最胜利最激烈之血战"。[④] 红四军林彪、聂荣臻战斗刚结束时报告："此次战役损失较大，职军及三十五军、三十五师，现收容之伤病已有六百左右，但还有一小部分在阵地未及收容。阵亡的数目不知……全军共计伤团长六名，阵亡两名，其它尚未统计。"[⑤] 据

① 《蒋介石日记》（手稿），1931年8月10日。

② 《蒋介石日记》（手稿），1931年9月1日。

③ 《蔡廷锴电蒋中正何应钦等》（1931年9月9日），蒋中正文物档案，002090300044176。

④ 《关于第三次赣南"围剿"经过史稿》（1931年7~9月），《中华民国史档案资料汇编》第5辑第1编，"军事"（3），第76页。

⑤ 《红四军关于作战情况的报告》（1931年9月9日），《兴国文史资料选辑》第3辑《中央革命根据地第三次反"围剿"专辑》，第274页。

红一方面军战斗结束后统计，此役红军阵亡军官 121 名，士兵 794 名，负伤军官 268 名，士兵 1672 名，失踪被俘官兵 333 名，伤亡被俘总数达三千余人。[①] 如此损失对于当时实力非常有限的中央红军而言，确实不可谓不惨重。苏区中央局的报告对此战的说法是：“因侦察不考究，力不集中，左翼虽消灭蒋鼎文三团，但我中右两路与蒋蔡两师血战七昼夜，成相持之局，敌我伤亡各二千余人。”[②] 毛泽东后来曾明确表示：“一九三一年九月的江西兴国县高兴圩地区打十九路军的作战……吃了兵力不集中的亏。”[③] 而在早期毛泽东著作的版本中，他还有更进一步的说法：“高兴圩、水口圩一类的战役是不足为法的，历来都认为是失本生意，我们的经典是必须有所缴获。”[④]

高兴圩战斗，再一次给了国民党方面扭转战局的契机，但一如“围剿”之初，蒋介石仍然没有表现出把握机会的敏感和果断。十九路军很快退回兴国，各方面的撤退仍然按部就班继续，这固然和粤方正加紧进攻湖南有关，但蒋介石和国民党方面应变能力的严重不足也是重要原因。倒是红军方面没有为一时挫折所吓阻，仍在继续寻求机会打击退却中的国民党军。15 日，红军在方石岭一带向蒋鼎文的第九师、韩德勤的第五十二师发起进攻。蒋鼎文部一个炮团和辎重部队被歼，韩德勤部被击溃。韩德勤报告称：“赤匪侦知职师与九师向东固前进，遂以全力向老营盘方面星夜东移，向我袭击。职师苦战竟日，率以弹尽援绝至遭惨败。”[⑤] 据接战的红军部队战斗结束后统计，此役俘虏军官 71 人，士兵 3187 人，自己阵亡官兵仅 63 人，伤 234 人。[⑥] 方石岭一战，红军方面以极小的代价获得全胜，堪称第三次反“围剿”以来扬眉吐气的一仗。

当蒋介石选择在“剿共”战场全面后撤时，针对粤方的布置却在加紧展开。9 月 12 日，蒋介石通过同桂系李、白关系密切的吴忠信联络汪、桂，嘱

---

① 《红一方面军九月七、八两日战斗结束统计表》（1931 年 9 月 30 日），《兴国文史资料选辑》第 3 辑《中央革命根据地第三次反“围剿”专辑》，第 272 ~ 273 页。

② 《苏区中央局十月三日自瑞金来的长电》，《兴国文史资料选辑》第 3 辑《中央革命根据地第三次反“围剿”专辑》，第 47 页。

③ 《中国革命战争的战略问题》，《毛泽东选集》第 1 卷，第 225 页。

④ 《中国革命战争的战略问题》，《毛泽东选集》第 4 卷，东北书店，1948，第 645 页。

⑤ 《何应钦电蒋中正据蒋鼎文韩德勤面陈向东固途中匪由老营盘来袭五十二师遭惨败经过》（1931 年 9 月 28 日），蒋中正文物档案，002090300027063。

⑥ 《红军第一军团第四军九月十五日战斗结束统计表》（1、2）（1931 年 9 月 18 日），《红三军团及七军九月十五日战斗结束统计表》（1931 年 9 月 19 日），《江西党史资料》第 19 辑《中央苏区第三次反“围剿”》，第 114 ~ 117 页。

其告粤桂方面自己愿意下野:“介石望和之意甚切,惟望不用武力强迫方式,更易进行。”① 粤方收到蒋介石的示意后,随即将部队后撤。9 月 17 日,陈诚写道:“昨接各方情报,粤逆已撤兵,果是,一时或不致动干戈。惟此不过迟早问题,终非党国之福也……闻总司令明日可抵赣,此后或先行讨逆,或继续剿匪,均待总司令到达后方能决定。”② 陈诚的疑问,在次日蒋介石的日记中有明确的答案:“对匪决取包围策略,以重兵掩护修路,以大款赶修道路,待路成,再剿赤匪”,暂停“剿共”军事已成定局;“对粤决令十九路先占潮汕,十八军集中赣南,余再宣言以第一、二、三届委员共为四届委员,余在四全会中引咎辞职,而属陈蒋蔡等应之,如粤不从,则以武力牵制之。”③ 这是蒋日记中罕见的自曝阴谋的一段,别具意味,透露出其对粤方承诺的所谓下野纯属缓兵之计,真实意图是准备以十九路军和陈诚十八军南下钳制广东,再演一出假意下野、武力拥戴、逼粤就范的好戏。显然,蒋介石对付党内纷争比对付中共更有办法,而他 9 月 18 日重返江西的目标已不在中共而在粤方。

在蒋介石预定的这场戏中,衔命准备南下的陈铭枢是唱红脸拥蒋的绝对主角,不过,蒋介石不会想到,此前不久,陈铭枢正跟邓演达联系,“决定利用蒋要我出兵图粤的机会,另开局面……占领东港和闽南一带,然后推蔡元培领衔,我与择生共同署名,发表对时局宣言,呼吁和平,以停止内战,一致对外相号召;对宁粤双方则采武装调停办法,建立第三势力,以图控制整个局势。”④ 虽然邓演达被捕后,该谋划即告中断,但陈此时提出十九路军南下潮汕,不排除是其为实现原计划而耸动蒋介石做出的决策。如果事态真的如此发展下去,这场戏又不知该如何收场了。

九一八事变终止了这一切。事变给了蒋介石冠冕堂皇停止第三次“围剿”的理由,也使宁粤间包括陈铭枢不再抱其他想法,只能在一致对外的旗帜下坐到谈判桌前。与此同时,红军“因各次战役,特别高兴一役,损失过大,若继续作战,必然精华过损,决定结束三期战争。各部退却之敌,只以

---

① 《蒋介石日记》(手稿),1931 年 9 月 12 日。

② 《粤逆已撤兵一时或不致动干戈》(1931 年 9 月 17 日),《陈诚先生书信集·家书》上,第 69 页。

③ 《蒋介石日记》(手稿),1931 年 9 月 18 日。

④ 陈铭枢:《“宁粤合作”亲历记》,全国政协文史资料研究委员会编《文史资料选辑》第 9 辑,1981,第 55 页。关于蒋介石与陈铭枢关系,金以林《国民党高层的派系政治》(社会科学文献出版社,2009),论之甚详,可参阅。

地方武装担任追击，主力则移瑞金整理”。[①] 第三次“围剿”和反“围剿”就此结束。

第三次“围剿”和反“围剿”是在国民党内部再一次发生严重分裂的背景下进行的，虽然相对中原大战前，这次分裂没有演变为宁粤双方的军事冲突，但武力相向的可能性始终存在。冲突刺激了第三次“围剿”的迅速展开，并意外造成国民党军有利的形势，但也严重影响着蒋介石的“进剿”决心，使其在遭遇挫折后立即选择保存实力。这其中的曲折变化，鲜明地印证了毛泽东当年所论述的红军之存在与发展在很大程度上依靠国民党内部的冲突：“因为有了白色政权间的长期的分裂和战争，便给了一种条件，使一小块或若干小块的共产党领导的红色区域，能够在四围白色政权包围的中间发生和坚持下来。”[②] 第三次“围剿”和反“围剿”的进程与国民党内部的动荡离合密不可分。

由于指挥者对自身优势的善加运用及战争决策中的天才表现，中共方面第三次反“围剿”涉险过关，结局堪称圆满，但也存在不能不正视的问题。反“围剿”期间，红军损伤“约六千人”,[③] 这对于总数仅为三万的红军来说显得大了一些，如果没有宁粤冲突的因素，红军独力打破“围剿”的难度应可想见。从第三次反“围剿”的经过可以看出，其成败常在一线之间，内线的根据地内的作战虽然有地利人和的优势，但在国民党军日益增强的军事力量压迫下，充分发挥的可能性已经受到相当制约，单纯依靠大胆、灵活的指挥其实也隐含着失手的巨大风险。所以，毛泽东后来说：“在三次战争以后，我们的军事战略，大规模上决不应再采取防御式的内线作战战略，相反要采取进攻的外线作战战略。”“在现时的敌我形势下，在我军的给养条件下，均必须跳出敌人的包围之外，采取进攻的外线作战，才能达到目的。”[④] 这既是针对第三次反“围剿”后国民党内部整合加强，红军作战环境更为艰难而言，同时也应是大战之后的有感而发、经验之谈，论史者切切不可等闲视之。

---

① 《苏区中央局十月三日自瑞金来的长电》,《兴国文史资料选辑》第3辑《中央革命根据地第三次反“围剿”专辑》，第47~48页。

② 毛泽东：《中国的红色政权为什么能够存在?》,《毛泽东选集》第1卷，第49页。

③ 《苏区中央局十月三日自瑞金来的长电》,《兴国文史资料选辑》第3辑《中央革命根据地第三次反“围剿”专辑》，第48页。

④ 《毛泽东关于对政治估量、军事战略和东西路军任务的意见致电苏区中央局》（1932年5月3日）,《毛泽东年谱》上，中共中央文献出版社，2002，第374页。

苏区地域有限，资源不足，面对国民党军的压迫，可主动选择的余地不大。国民党方面如利用其整体优势，对苏区采取封锁政策有一矢中的之效。第三次反“围剿”结束后不久，国民党方面从中共被俘人员口供中获悉：“匪区内除瑞金一县有少数货物买卖外，在他各县荒凉万分，若我中央能以此时一面给予政治上之宣传打击一面施坚壁清野封锁外物运入，则不出一年，不打自灭。”① 这确非危言耸听。准备第三次“围剿”时，蒋介石已经针对红军这一弱点，指示派出的宣传人员：“调查敌人所需要的东西，如同盐的来源等。现在匪区都给我们包围了，如果过一两个月不许使他们和外面交通，那他就没有盐吃了。”② 随着战争的进行，蒋这一想法不断强化，围困红军的设想在其日记中时常出现，虽然这其中不无拖延“剿共”的政治用心，但并不妨碍其在蒋思想中留下印迹。国民党、蒋介石所做的如上诸种转变和思考，将为接下来国共间的“围剿”与反“围剿”战争，增添更为复杂的内容。

① 李一之：《剿共随军日记》，第二军政治训练处，1932，第131页。

② 蒋介石：《剿匪铲共宣传的种类及方法》，《蒋中正总统档案·事略稿本》第10册，第107页。

汪精卫与西安事变

——以其对日态度为中心

裴京汉 *

一 序言

1936 年西安事变爆发时，汪精卫以治病为名逗留在欧洲。因此汪精卫看起来似乎与西安事变没有直接关系。但是，从汪精卫的政治阅历来看，西安事变却具有非常重要的意义。汪精卫在国民党六中全会中被刺，从而导致其欧洲之行。刺杀其实是针对以蒋汪联合体制为基础的国民政府对日政策的不满而引起的，同时西安事变的爆发最终也是因为对以蒋介石为中心的国民政府对日政策的不满而产生的。另外，西安事变也是汪精卫归国企图回归到政治一线的契机。从这一角度来看，西安事变的爆发及其结果应该说与汪精卫的对日态度及其政治活动行迹有着密切的关系。

本文的首要目的是对汪精卫在西安事变前后的政治活动行迹进行重构。然后以此为基础，对汪精卫对日态度的变化过程以及他跟蒋介石在对日态度上有怎样的关系进行考察，进而探讨他的对日态度的变化与 1938 年末之后亲日傀儡政权的出现如何关联的问题。另外，汪精卫的政治生平中需要全面考察的问题，即汪精卫与蒋介石的关系，具体说来，就如何认识蒋汪联合体制的性质这一问题也是本文要探讨的焦点之一。最后，本文还要就汪精卫研究中始终出现的问题，即汪精卫的频繁的出洋以及因此而导致的政治活动的断续性之间的关系提出一个观点。

---

* 韩国新罗大学历史系教授。

二 被刺事件与“亲日派”

在召开国民党第四届六中全会的1935年11月1日早上7点多，中央执行委员会成员们集体到南京中山陵进行参拜。9点他们回到中央党部大礼堂，参加了开幕式。汪精卫在开幕式的演说中强调了国难的严重性，然后表达了为安定国内局势，剿匪取得了相当的成果，[①] 从而重新明确强调了安内攘外的立场。9点35分在开幕式结束后，中央执行委员会成员在大礼堂前台进行了集体摄影。然后在为了进行预备会议进入会场的过程中，有一人从记者群中跑出来用手枪向队伍最前面的汪精卫射击。汪精卫当场倒地。射击者受到张学良和张继等的制止并在卫兵的射击下倒下。

犯人射击的3发子弹全部命中汪精卫。一发子弹射进汪精卫的左臂，一发命中面部，最后一发射在他的背里。汪精卫的夫人陈璧君和汪精卫的亲信陈公博立即把他送进医院。伤情很重，汪精卫本人和陈璧君都认为他可能活不过来了。但是经医院检查，发现伤势没有那么严重。左臂的枪伤比较轻微，只是进行了缝合手术。击中面部的子弹穿过颊骨，碎片刺进了眼部。经过三次手术，大部分碎片都取了出来。但是射入背部的子弹穿过第五和第六条肋骨嵌入脊柱附近。以当时的医疗技术还不能取出那颗子弹。[②] 11月20日，汪精卫被转送到上海的医院，接受德国医生的诊断，但是仍然未能取出那颗子弹。[③] 第二年的1936年3月中旬，汪精卫去德国治疗，但也未能取出子弹。时隔9年后的1944年8月，汪精卫死于这颗子弹引起的骨髓瘤。虽然拖了这么久的时间，但是还是可以说那个刺客最终成功刺杀了汪精卫。

刺杀发生后六中全会全面中断。南京采取非常措施，下了戒严令。宪兵司令部和警察厅对中央党部的所有职员和记者进行了严格的审查。在刺杀事件发生后，就犯人的身份及其背景出现了大量的猜测。甚至出现了特务部队是刺杀汪精卫的背后操纵者的主张。[④] 汪精卫被击当时，蒋介石正在中央党

---

① 汪精卫：《第六次全体会议开会词》,《中央党务月刊》第88期，1935年11月，第1012~1013页。

② 对被击事件的详情参考《汪院长遇刺详情》，《大公报》1935年11月2日，第1版；雷鸣：《汪精卫先生传》，政治月刊社，1944，第262~264页；陈公博：《苦笑录》，第321页等。

③ 蔡德金、王升编著《汪精卫生平纪事》，中国文史出版社，1993，第225页。

④ 雷鸣：《汪精卫先生传》，第264页。

部2楼办公室与中央党部秘书长叶楚伧进行交谈。根据后来蒋介石的主张，他在参拜中山陵后，贴身保安人员通报他保安有问题，所以故意没有参加集体摄影。

刺客与汪精卫一起被送到医院。他胸部被击中两枪。虽然在医院进行了手术，但是几小时后还是死掉。[①] 后来查清，犯人是南京的晨光通信社记者孙凤鸣。虽然是后来查清的，但是给孙凤鸣送手枪的是晨光通信社总经理胡云卿。晨光通信社是1934年10月创设的。胡云卿曾任过南京市党部青年部部长。采访部主任贺光坡是右翼团体社会科学家联盟的成员。[②] 这些成员强烈不满于国民政府对日本侵略的默认态度，从而策划刺杀行动。开始他们的刺杀对象是蒋介石。[③] 他们打算如果条件允许的话，同时刺杀蒋介石和汪精卫。当日蒋介石正好没有参加集体摄影，结果他们只好对第二目标汪精卫下了手。他们后来被捕。在起诉过程中，他们承认因为对政府对日的柔和政策不满，从而计划除掉‘亲日派’代表蒋介石和汪精卫。[④] 因此，他们暗杀汪精卫的企图是对1931年12月以后建立的蒋汪联合体制为基础的国民党政府的对日政策不满而开始的。

那么以蒋汪联合为中心的国民政府对日政策是如何的呢？另外汪精卫对日本的侵略所采取的立场和对应战略在国民政府的对日政策上是如何体现的呢？首先，1931年爆发的九一八事变，即日本占领东三省地区时期，国民政府的基本立场是不抵抗主义。负责东北防卫的张学良在九一八事变爆发之前的8月中旬，给他麾下的东北军下达了禁止与日军发生冲突的密令。[⑤] 这种不抵抗主义的基本政策据说是根据蒋介石的命令而实行的。[⑥] 结果日军对东

---

① 有举事之前犯人已经吃了毒药的说法。张同新编著《蒋汪合作的国民政府》，黑龙江人民出版社，1988，第370页。

② 根据当时南京市公安局长陈焯的报告，事发之后警察去了新光通讯社调查，但是所有职员都已逃跑，文件也都烧毁。《汪院长遇刺详情》；《国民党四届六中全会记节录》，荣孟源主编《中国国民党历次代表大会及中央全会资料》下册，光明日报出版社，1986，第275~277页。

③ 《目的似在蒋》,《大公报》1935年11月2日，第2版。

④ 陈公博说此事件被起诉之后没有任何人知道结果。《苦笑录》，第324页。

⑤ 《致东北各军事长官电（1931.8.16）》，毕万闻主编《张学良文集1》，新华出版社，1992，第473页。

⑥ 在蒋介石于1931年8月16日给张学良的电报中命令“此后即使日军侵占东北，我方也不要抵抗，避免正面冲突。决不能因为忍受不了一时之愤，而犯下使国家和民族无法挽回的错误”。张友坤、钱进 主编《张学良年谱（上）》，社会科学文献出版社，1996，第569页。

北的全面占领，爆发了九一八事变。之后6天内中国丢失了吉林和辽宁大部；两个月内东三省的主要城市都被日军占领。①

但是观察一下这一时期国民政府的对日政策，即不抵抗政策的内面，可以看到这一政策是因为如果与日本全面开战，中国并不具备战胜的保证。1932年1月蒋介石在一次讲演中提到，九一八事变以来，许多国民忍受不了悲愤情绪，不考虑具体的现实情况，而提出对日宣战或与日本绝交；但是，考虑日本在24小时内蹂躏辽宁和吉林大部地区的现实，如果重新开战，战争有可能在3天内延伸到沿海地区和长江流域。② 汪精卫也在1932年3月初召开的二中全会开幕式上主张“靠现在中国的军事力量，不可能抗衡日本，因此中国要想展开抗战，必需相当的准备时间”，同时他还认为克服物力不足的唯一办法是用精神力量弥补。③ 汪精卫于1934年1月召开的四中全会中又强调因为中国国力落后，当前不可能进行军事抵抗。④

不仅如此，批判蒋介石或国民政府的不抵抗立场的人士们也承认中日之间军力相差悬殊、全面开战没有胜算的事实。从这一点可以看出，国民政府采取的是‘不得已不抵抗’，而非虽然具备条件也不抵抗的政策。⑤ 在军事方面对日基本上是不抵抗，因此国民政府的对日政策只能是采取外交交涉论和抗战准备论。首先，外交交涉论是说向国际联盟起诉日本的侵略。在九一八事变后，国民政府正好向国际联盟理事会就日本对满洲的侵略提出申诉。国际联盟方面首先劝告日军从满洲撤军。但是这一要求的效力不过是一纸劝告。之后的数次报告和决议案也没有任何实效性。但是国民政府最寄希望的李顿（Lytton）调查团的调查报告认为，应该承认日本在满洲的既得利益，满洲也应该实施自治。这一柔和性的立场，使国民政府的期待破灭。不仅如此，日本拒绝了由19个国委员会通过的要求日军从满洲撤军的议案。随后，日本宣布退出国际联盟。⑥ 即便如此，国民政府方面仍然继续努力，希望国

① 张宪文主编《中国抗日战争史（1931—1945）》，南京大学出版社，2001，第75～79页。

② 蒋介石：《东北问题与对日方针（1932年1月11日，奉化武岭学校纪念周讲演）》，罗家伦主编《革命文献》第35辑，中央文物供应社，1979，第7959页。

③ 《汪委员精卫在二中全会致开会辞》，国民党党史会所藏档案，档案番号：240/1192。

④ 《国民党中央执行委员会第四届第四次全体会议政治报告（1934.1.23）》，中国国民党党史会所藏档案，档案番号：240/12.2。

⑤ 裴京汉：《国民政府对日本侵略满洲华北的对应》，《首尔大学东洋史学科论集》第10辑，1997。

⑥ 张宪文主编《中国抗日战争史（1931—1945）》，第109～113页。

际联盟发起国际舆论。例如，1933 年 5 月，日本正式发动战争进攻华东时，汪精卫在发给何应钦的电文中，体现了恳切希望英国和美国能够干涉日本，从而制止日本对中国的侵略的内容。①

但是如同在通过国际联盟的活动一样，通过外交活动来制止日本侵略的努力，即外交交涉论明显有其局限性。汪精卫一方面认识到这种外交交涉的局限性，同时为了对应抗战主张，他提出了同时并行外交交涉和抗战，即‘一面交涉，一面抵抗’的主张。② 其实这一主张强调的是为了抗战，最重要的是做长期准备，即所谓‘抗战准备论’的立场。1932 年 1 月的淞沪抗战爆发之后不久，他再一次强调长期抗战才是唯一的出路，③ 并主张为了长期抗战，要集中全国的力量，同时要积蓄这种抗战力量。④

汪精卫主张因为当时不具备进行抗战的条件，所以要同时进行外交交涉和长期抗战的准备。为了长期抗战积蓄力量，首先要统一国内力量，并建立强大的中央政权。这一逻辑似乎顺理成章。⑤ 为了统一国内力量，首要的是剿共。虽然是出于为时已久的国共对立关系，但从汪精卫的立场上看，“剿共”是实现集中国内军事力量的第一道关卡。⑥ 对于“先安内后攘外”政策妥当与否，汪精卫认为“没有比扫荡共匪更重要的‘治表’，也没有比提高生产力更重要的‘治本’”。⑦ 他同时主张“部分人认为攘外比起安内更为重要，但是实际上，安内和攘外是一体，因此，剿共即是抗战（攘外）”。⑧

不抵抗、“一面交涉，一面抵抗”、抗战准备论，以及“安内攘外”和随之而来的对日态度的政策即成为国民政府对日政策的基调。但是，众所周知，国民政府的这种对日政策在国民党内外都受到了广泛的批判。本文在此

---

① 《行政院长汪兆铭致代理军事委员会北平分会委员长何应钦等电（1933. 5. 23）》,《革命文献》第 38 辑，第 8789 ~ 8790 页。

② 《汪精卫先生在中央党部纪念周演说词（1933. 3. 20）》，中国国民党党史会所藏档案，档案番号：240/1163。

③ 《汪兆铭为政府迁洛致唐绍仪萧佛成等电（1932. 1. 31）》,《革命文献》第 36 辑，第 8225 页。

④ 《国民党中央执行委员会第四届第四次全体会议政治报告（1934. 1. 23）》。

⑤ 家近亮子：《蒋介石と南京国民政府》，庆应义塾大学出版会，2002，第 170 ~ 171 页。

⑥ 蒋介石也在九一八之后对没能阻止日本侵略满洲表示痛心的同时，谈到“剿共”的重要性。《蒋介石日记》，1931 年 9 月 20 日；杨天石：《找寻真实的蒋介石——蒋介石日记解读》，香港三联书店，2008，第 202 页。

⑦ 前揭《国民党中央执行委员会第四届第四次全体会议政治报告（1934. 1. 23）》。

⑧ 《汪委员兆铭在中央纪念周报告词（1932. 6. 27）》，中国国民党党史会所藏档案，档案番号：240/1155。

没必要对共产党、民主党派、学生团体等各方面对国民党的对日政策的批判一一举论。[①] 但是，为了帮助理解汪精卫被刺事件，要探讨一下国民党内部对国民政府乃至汪精卫的批判，看一下1932年5月监察院对汪精卫的弹劾事件。这一弹劾事件虽然背后具有复杂的背景关系，但是第一因素是汪精卫对日的柔和性态度。淞沪抗战后，根据国民政府组织法规定，停战协议要通过立法院的审议。但是监察院以这一停战协议没有通过立法院审议而强行通过为由，决议弹劾汪精卫。对此，汪精卫主张停战协议本身不是讲和条约，所以只需要行政院事后向立法院通报即可，从而否决了弹劾决议。[②]

围绕这一问题，双方进行了持久的争执。最后，汪精卫于1932年8月初辞去了行政院院长的职务，以治病为由去了欧洲。当时，汪精卫在给中央执行委员会的辞职书中，露骨地透露了他本人在对日问题上与蒋介石的意见冲突和在财政问题上与宋子文的冲突，[③] 以及对蒋介石的私下组织的不满。如前所述，这是汪精卫对蒋汪联合体制不满的体现。但是在另一方面，这可以看作是他对关于国民政府的对日政策的非难集中于自身的强烈不满的表达。对于汪精卫的对日态度，当时国民党内部甚至出现了打倒汪精卫的运动（倒汪风潮）。被推到刀口的汪精卫被骂成‘媚日卖国的亲日派’，从而陷入困境。[④]

因此，以抗战准备论和安内攘外为基调的国民政府的对日政策，自然成为把汪精卫推向亲日派的理由。此时，积极主张抗日，批判国民政府的对日政策的集团就有了充分的理由把汪精卫视为攻击对象。因此可以认为，汪精卫的被刺事件是由于对蒋汪联合体制为基础的国民政府稳健或微温的对日态度的反对舆论引发的。

三　出洋与蒋汪联合体制的中断

汪精卫被刺后在中央医院住了20天后，于11月20日去上海接受了德国医生的手术治疗。但是，仅仅能够摘除留在左侧面部的部分单片，而背部的

---

① 参考张宪文主编《中国抗日战争史（1931—1945)》，第81~86页。

② 孟真：《监察院与汪精卫》,《独立评论》第4辑，1933年6月12日，第2~3页。

③ 《汪兆铭自叙传》，安藤德器编译，1941，第140页。

④ 徐天一：《汪精卫的辞职与复职》,《三民主义月刊》第6卷第3期，1935年9月，第13~14页。这是重新引用许育铭，《汪兆铭与国民政府》，“国史馆”，1999，pp. 340。

子弹并未能取出。在他移送到上海之前的记者会上，汪精卫披露，在国难当头，能够活过来就已是万幸，打算奉献余生，从而表达了复归政界的强烈意志。[①] 但是到达上海后，他判断不可能实现政治复归，因此打算退出政治一线。他于 12 月 1 日给在南京召开的国民党第五届一中全会发电文，请求辞去他所担当的行政院院长和外交部部长的职务。[②] 一中全会选出了汪精卫、胡汉明、蒋介石等为中央执行委员常务委员，并推选汪精卫为中央政治会议主席。

汪精卫在被刺前一直担任行政院院长、外交部部长和中央政治会议主席等职务。他被刺后，行政院院长由副院长孔祥熙代理，外交部部长有副部长唐有壬代理。汪精卫向一中全会提出辞职后，在汪精卫缺席的情况下，政界广泛地议论有关改编的话题。这意味着从前的蒋汪联合体制需要全面的重构，结果确立了以蒋介石为中心的权力体系。一中全会后发表的党政改编结果是，蒋介石本人担任行政院院长，任命孔祥熙为行政院副院长。根据汪精卫的亲信陈公博的主张，在开始时，蒋介石曾向陈提议任命汪精卫派系的顾孟余为副院长。但是根据陈的判断，这其实从一开始就是不可能实现的事情，而顾孟余也如料辞去了副院长职务，[③] 然后由孔祥熙担任了副院长。

与此同时，空缺的外交部部长一职任命由张群担任。张群担任外交部部长也是按照蒋介石的意图促进的。蒋介石在维持着汪精卫在任时执行的对日的稳健平和政策的基调的同时，任命与日本关系不错的张群为外交部部长，从而通过剿共，企图统一国内力量。[④]

通过第五届一中全会所形成的新的党政组织，最终可以说是由蒋介石一人独揽大权，同时也致使汪精卫派系的没落。这一趋势在五全大会已经露出端倪。全体中央执委会成员由 72 人曾至 120 人，但是增加的是广东、广西、四川等边境地区出身的人员和军人出身的成员，而丝毫没有汪精卫派系的人员。全体 120 人中，汪精卫派系人员不过是陈公博、王法勤、顾孟余、谷正纲、唐有壬、彭学沛等人。60 名候补中央执行委员中，也只有曾仲鸣、王懋功等 6 人而已。25 名中央政治委员会（中央政治会议的改名）委员中只有陈璧君、陈公博、顾孟余 3 人是汪精卫派系的人物。[⑤] 虽然汪精卫当选为中央

① 《申报》1935 年 11 月 17 日。
② 《汪精卫生平纪事》，第 225 页。
③ 《苦笑录》，第 325 页。
④ 张同新编著《蒋汪合作的国民政府》，第 375 页。
⑤ 许育铭:《汪兆铭与国民政府》，第 369 ~ 370 页。

政治委员会主席，胡汉民当选为中央执行委员会常务委员会主席，蒋介石当选为中央政治委员会和中央执行委员会常务委员会副主席，但是这种结构实际上在汪精卫无法参与政治活动，胡汉民也在欧洲滞留的情况下，可以看出不过是政治性的照顾。① 结果蒋介石掌握了行政院院长、中央执委会常务委员会和中央政治委员会的全部权力。从而蒋介石派系人物，尤其是黄埔军官学校出身的军人，即 CC 系的人物大举占领了中央执行委员会等位置，实现了蒋介石对权力的垄断。

蒋介石独揽大权的行为和汪精卫派系的政治没落，其实在汪精卫被刺之前就在已经蒋汪联合体制中体现出来。具体说来，蒋汪联合体制可以说是蒋介石的军权和汪精卫的党权之间的联合体。但是，作为中央政治会议主席的汪精卫的实际权力非常有限。这一事实在当时也普遍得到承认。② 根据陈公博的回忆，汪精卫在就任行政院院长而来南京时，财政部部长宋子文就劝诫他不要干预蒋介石的军权。虽然说是蒋汪联合体制，但据说实际上党政的主要部门都是在蒋介石的直接统治之下。即军事是掌握在蒋介石的手里，财政是掌握在宋子文的手里，党务是掌握在蒋介石的心腹陈果夫和陈立夫二人手中，因此汪精卫没有得到任何干预的余地。③

汪精卫本人也多次提到自身作为行政院院长，在南京无法实施任何实权，而处于无力的状态。例如，汪精卫在 1934 年 1 月下旬召开的四届四中全会的政治报告中批判道，在“一·二八”事变后，国民政府企划把全国分为 4 个防卫区和一个预备区，调动驻扎在其中长江一带的第 3 战区的兵力参与淞沪抗战，但是指挥官何应钦和陈铭枢完全没有听从自己的指挥，其它战区的情况也是如此。④ 汪精卫在军事上无力的情况在对 1936 年 6 月初，日本驻上海领事馆职员失踪事件的不满透露中也明显体现出来。当时日方的抗议几乎导致军事冲突。而汪精卫管辖的首都南京完全没有防御军队，几乎是座‘空城’。⑤ 另外在国防委员会成立后，所有事情都由国防委员会处理，然后只需要向政治会议报告即可。在 1933 年 11 月初召开的中央政治会议的谈话

① 张同新编著《蒋汪合作的国民政府》，第 373 ~ 374 页。

② 王克文：《汪精卫、国民党、南京政权》，“国史馆”，2001，第 220 ~ 226 页。

③ 陈公博《苦笑录》，第 327 – 329 页。

④ 《国民党中央执行委员会第四届第四次全体会议政治报告（1934. 1. 23）》，国民党党史会所藏档案，档案番号：240/12. 2。

⑤ 《汪精卫电函璧君（1936 年 7 月 13 日）》，蔡德金辑《西安事变前后汪精卫与陈璧君等来往电函》，《近代史资料》第 60 号，1986 年 1 月，第 119 ~ 120 页。

会中，汪精卫对此提出强烈不满，强调国防委员会只是负责集中处理中央党部和各级政治、军事机关事务，而有关法律、条约、预算和重要的政策等，仍然需要通过政治会议来决定。①

从这个角度来看，可以充分地看出汪精卫被刺后，蒋介石以此为机会排挤汪精卫派系的人物，从而实现蒋派对权力的霸占。同时也可以看出汪精卫出游欧洲，也不仅仅是为了休养治疗。汪精卫在自己因健康无法正常参与政治活动以及本人和他的派系受到排挤和反对的压力下，判断自己在南京的政治舞台不可能有立足之地，因此可能是不得不选择出游欧洲这条出路。

1936 年 12 月 19 日，汪精卫与曾仲鸣等亲信在严密的护卫下从广州出发，在香港乘上去德国的轮船去了欧洲。当然，汪精卫在欧洲表面是通过休养恢复健康。但是他在被刺之前就开始构想着树立中、日、德三国力量共同防共条约，从而在此期间，着手与德国进行着外交交涉，并借此来解决或缓解与日本的敌对关系。② 因此可以说恢复健康不是他出游欧洲的唯一目的。但是在 3 月 17 日，到达马赛后，汪精卫收到蒋介石的电报，通知他停止与德国的谈判，从而停止了这方面的活动。所以，汪精卫出游欧洲的目的虽然不仅仅是恢复健康，但是结果只能在那里进行疗养，恢复健康。③ 汪精卫经法国和捷克，最后在 4 月初到达德国北部的温泉疗养地罗痕（Lochen）。④

四　西安事变的爆发与汪精卫的归国

虽然要详细追踪汪精卫在欧洲的行迹很困难，但大体上，他是在罗痕逗留了三个月左右后，在捷克、英国、法国、德国等地进行旅行和疗养。⑤ 不过很有趣的是可以通过他与留在国内的妻子陈璧君，还有王懋功、谷正纲等

---

① 参考《在中央政治会议谈话会报告（1933. 11. 9）》，国民党党史会所藏档案，档案番号：240/1235；王正华：《国防委员会的成立与运作（1933 ~ 1937）》，中国社会科学院近代史研究所民国史研究室编《一九三〇年代的中国》上册，社会科学文献出版社，2006，第 105 ~ 108 页。

② 对于汪精卫的中德同盟构想参考许育铭《汪兆铭与国民政府》，第 372 ~ 382 页。

③ 《十年来和平运动之经过（1942 年 7 月）》，国民党党史会所藏档案，档案番号：715. 1/174。

④ 有关汪精卫的资料上都仅仅记载为罗痕，因此难以正确表明地名，通过其路径捷克，又是温泉地等信息推测为如今的奥地利北部的 Lochen（罗痕）。

⑤ 《汪精卫生平纪事》，第 227 ~ 234 页。

亲信之间的电文,[①] 来推测他在到达罗痕直到归国之前的活动和政治立场。

这些电报内容可以归结为以下三类。第一是关于汪精卫的枪伤治疗，以及糖尿、肝炎等疾病治疗方面的内容。[②] 第二是在国内的陈璧君或谷正纲等向汪精卫报告有关国内的政治局势的汇报，以及汪精卫的对应。第三是根据这些政治动向，议论有关汪精卫何时归国的内容。

汪精卫的国内亲信们对国内政治动向的报告内容比较详细。例如 1936 年 5 月 14 日汪精卫发给陈璧君的电文里，明确要求与西南两广的胡汉民势力最好继续保持友好关系，但是不宜带有政治关系，从而阐明对西南势力的反蒋活动的反对立场。[③] 这是接到 5 月 12 日胡汉民在广州去世的消息后，汪精卫对他与陈济棠、李宗仁等保持何等关系的表态，从而可以说是汪精卫一方对于胡汉民的去世这一事态的对应立场的表态。汪精卫对西南方面的如此立场，是针对 6 月 1 日陈济棠为中心的西南方面要单独成立军事委员会、组织抗日救国军的，即两广事变爆发后，他的反对立场。他同时强调“我反对通过武力镇压两广，但也反对以抗日为名引发内争”[④] 的态度。汪精卫及其亲信对于西南势力的关心，在陈璧君向汪精卫报告的有关中央军试图对两广进行武力镇压，以及陈济棠与蒋介石的谈判的内容等方面也可以得到确认。[⑤] 这些资料也体现了汪精卫对当时最为重要的问题，即与日本谈判的问题最为关心的事实。陈璧君和谷正纲等就与日本的外交交涉和日军动静、日本政府的外交政策、蒋介石和国民政府对此的对应以及战争爆发的可能性等，都做了详细的报告[⑥]。

---

① 中国学界最为代表的汪精卫研究者蔡德金教授收集整理的当时汪精卫与国内人物的来往书信和电报文，是以南京的中国第二历史档案馆所藏的汪精卫档案资料为根据而整理的。估计有不少缺失，但是不能否认是研究汪精卫政治活动或立场的最为重要的资料。蔡德金辑《西安事变前后汪精卫与陈璧君等来往电函》,《近代史资料》第 60 号，1986 年 1 月，第 115 ~ 136 页，(以下略称为《来往函电》)。

② 《陈璧君，王懋功，谷正纲等电汪精卫（1936 年 12 月 4 日)》;《陈璧君电汪精卫（1936 年 12 月 7 日)》;《陈璧君电汪精卫（1936 年 12 月 8 日)》,《来往函电》，第 129 ~ 131 页。

③ 《汪精卫电陈璧君（1936 年 6 月 16 日)》,《来往函电》，第 115 ~ 116 页。

④ 《汪精卫电陈璧君（1936 年 7 月 12 日)》,《来往函电》，第 118 页。

⑤ 《陈璧君电汪精卫（1936 年 7 月 18 日)》;《陈璧君电汪精卫（1936 年 7 月 20 日)》;《陈璧君电汪精卫（1936 年 7 月 21 日)》,《来往函电》，第 119 ~ 122 页。

⑥ 《陈璧君谷正纲等电汪精卫（1936 年 8 月 24 日)》;《陈璧君电汪精卫（1936 年 8 月 26 日)》;《陈璧君电汪精卫（1936 年 10 月 3 日)》;《陈璧君王懋功谷正纲等电汪精卫（1936 年 10 月 5 日)》,《来往函电》，第 122 ~ 127 页。

有关汪精卫的归国日期及其相关的议论在他们来往的信件和电文中出现的最为频繁。因此可以说何时归国的问题对汪精卫本人来说也是最重要的问题。如前所述，突发的遇刺事件后由于健康恶化而外游是他表面上的理由，但是对于汪精卫在自身和自己的亲信都受到牵制和排挤的情况下，不得不选择外游。在这种情况下，找到合适的机会归国，对汪精卫的政治活动来说当然是非常重要的。在陈璧君谈到汪精卫归国日期的问题时曾经说过“因为（汪精卫）不是被赶出来去外游的，因此不必要任何人的归国邀请，而随时可以回国的”。① 这从侧面体现出汪精卫对归国日期过于顾虑的状况。

事实上，蒋介石和国民政府领导人曾多次邀请汪精卫早日回国。8 月中旬蒋介石通过外交部部长张群，转达了邀请汪精卫早日归国的立场。② 9 月下旬张群给汪精卫发去电报，邀请他早日归国，同时也暗示是蒋介石的意图。③ 但是汪精卫对于这些要求丝毫没有认真考虑。这大概是因为汪精卫认为这些邀请没有经过国民党或国民政府的正式程序，而且虽然说是蒋介石的意图，但实际上与其说是反映蒋介石的本意，不如说是礼节性的姿态。从汪精卫的立场来看，被扣上“亲日派”的帽子、自己的势力受到牵制的情况下，加上蒋介石一侧的反对和牵制自己才不得不出洋。在这种情况下没有蒋介石本人的直接邀请，或国民党中央或国民政府的正式程序，是不足信的；外交部部长的邀请，不过是为了照顾自己的面子而已。

由此看来，汪精卫迫切需要某种恰当的归国理由，例如国民党内外督促汪精卫归国的舆论等。因此，汪精卫及其势力所考虑的最合适的归国日期是 1936 年 11 月召开的国民大会代表的选举。④ 国民大会是根据 1936 年 5 月 5 日公布的中华民国宪法草案（五五宪草）为依据而新设立的机构。通过国民大会，将选出总统和五院院长，同时对法律议案进行审议和决议。⑤ 当然，当时国民大会是由国民党中央执行委员会、中央监察委员会以及国民党所指定的代表所组成，所以实际上是国民党的独裁统治在宪政时期的继续延伸。因此免不了受到通过名义上的宪政来延长党国体制的评价。⑥ 但是，国民对

① 《陈璧君电汪精卫（1936 年 8 月 28 日）》,《来往函电》，第 124 页。
② 《陈璧君电汪精卫（1936 年 8 月 26 日）》,《来往函电》，第 123 页。
③ 《陈璧君电汪精卫（1936 年 8 月 28 日）》,《来往函电》，第 124 页。
④ 《陈璧君电汪精卫（1936 年 8 月 28 日）》；《陈璧君王懋功等电汪精卫（1936 年 9 月 21 日）》,《来往函电》，第 124 页。
⑤ 张国福：《民国宪法史》，华文出版社，1991，第 351 ~ 361 页。
⑥ 王永祥：《中国现代宪政运动史》，人民出版社，1996，第 120 ~ 122 页。

宪政寄予了厚望，因此对国民大会也寄予非常的期待。

汪精卫及其亲信们也期待通过对宪政和政治革新的舆论力量复归政界。陈璧君和王懋功认为虽然国民大会前归国也不错，但是如果在国民大会闭幕后归国的话，会被认为是对蒋介石和国民大会表示巨大的信任，因此效果会更好。他们甚至劝诫汪精卫如果归国的话，不要在上海停留而直接去南京，这样会更有力于获得国民的同情。① 因此可以看出他们把国民的舆论和动情作为归国最重要的考虑因素。

但是，随着国民大会的延期，汪精卫的归国日期也先是从 1936 年 11 月推到 12 月，之后又推到 1937 年 1 月，② 然后是 2 月。陈璧君等在 1936 年 12 月初给汪精卫的电报中提到了 1937 年 1 月份乘船归国的详细日程，并强烈推荐 2 月份归国最为有利。③

以此可以看出 1936 年 12 月 12 日爆发的西安事变对汪精卫一方来说自然会是千载难逢的机会。④ 西汉事变爆发当日晚上 9 点 40 分，陈璧君发给汪精卫的电报里提到“西安的张学良发兵变，真相不明。有无线通讯都已停止，蒋介石去向不明。根据（南京市长）彭学沛传来的消息，蒋介石现在还在西安市内，还没有发生（蒋介石死亡等）重大事件”。⑤ 汪精卫是在科隆接到这封电报的。他当时是 11 月中旬后离开罗痕，去了英国伦敦和法国尼斯等地，然后回到德国逗留在科隆的。

考虑到在西安扣押蒋介石的行动是在 12 月 12 日清早 5 点 30 分开始的这一点，⑥ 陈璧君的电报是事件爆发 15 小时后在南京发出的。当时有无线通信，但是从西安发出的电报都受到国民政府的严密控制。⑦ 因此可以说陈的消息是非常迅速的。而且陈璧君在第二天 12 月 13 日正午发的电报里准确地转达了以张学良的名义发表的 8 项要求，即对南京政府的改造和对各党派的

---

① 《陈璧君王懋功等电汪精卫（1936 年 9 月 21 日）》,《来往函电》，第 124 页。

② 《陈璧君电汪精卫（1936 年 10 月 9 日）》;《陈璧君电汪精卫（1936 年 10 月 15 日）》,《来往函电》，第 127 ~ 128 页。

③ 《陈璧君王懋功谷正纲等电汪精卫（1936 年 12 月 4 日）》,《来往函电》，第 129 页。

④ 王克文《汪精卫、国民党、南京政权》，第 238 页。

⑤ 《陈璧君电汪精卫（1936 年 12 月 12 日）》,《来往函电》，第 131 页。

⑥ 《蒋介石日记》，1936 年 12 月 12 日（Box 39 – 5）。

⑦ 在事变发生后《大公报》所刊的只有南京中央通讯社发来的情报，因此，可以确认一直到 12 月 20 日前张学良方面的通电内容没有传到其他地方。参考《中央社南京电》,《大公报》1936 年 12 月 13 日、14、16 日，p. 3。在 14 日的《张学良通电》为题的新闻里也只有通电署名者，而丝毫没有通电内容。

救国活动的自由性的保障；停止所有内战；释放所有政治犯；允许所有政治活动等。电文同时还报告了对张学良军职的解除，由何应钦接管军权等国民政府的决定。[①] 然后在同日的电报里，陈璧君还通告了陈诚、邵力子等随行人员也被拘禁的消息，还有国民政府内传出两周后西安可以平静的消息等内容。另外还提到根据飞机侦察，西安挂出共产党的红旗，次日 14 日下达了讨伐张学良的命令等消息[②]。从而可以看出西安事变的消息对汪精卫或是陈璧君等是多么重要。

汪精卫一接到西安事变的消息就决定归国。虽然陈璧君提议 14 日国民党中央执行委员会会邀请他早日归国，但是汪精卫等不及电报，表达了“不管中央是否来电都要归国”的立场。汪精卫同时要求顾孟余和陈公博去新加坡迎接他，并要求陈璧君也尽可能一同来新加坡。然后，汪精卫发表了时局安定并非容易的见解，表达了归国后可能参与政务，也可能“只有见危投命”,[③] 从而在表达乐观论的同时，也小心地表达了悲观论。在同一日 14 号，汪精卫给中央执行委员会发电，表示对事态感到心痛，同时表达要立即登上归程。[④] 中央执行委员会是在发去督促汪精卫归国的电报之后的 16 日才公开了汪精卫的电文。

12 月 18 日，汪精卫登上了归程，从科隆动身去了意大利的热那亚。在离开科隆之前，汪精卫邀请中国驻德国大使程天放、驻英国大使郭泰祺、驻法国大使顾维钧等来热那亚，于 12 月 20 日与他们一起进行了会谈。[⑤] 郭泰祺和顾维钧在汪精卫被刺之前，不管是因为汪精卫担任行政院院长的同时也担任外交部部长，还是因有私下关系，都是他的亲信人物。汪精卫在与他们的谈话中主要议论了西安事变引起的国内政局的对策和对外政策的基调。汪精卫认为西安事变使蒋介石的立场变得十分困难，即使蒋介石很快得到释放，其权力也会受到很大的打击；如果蒋介石得不到释放（而死）的话，中国将会发生内战。在对日政策和外交政策上，汪精卫仍然保持反共先于抗日的老套子。但是顾维钧等与会者强烈劝诫，抗日是首要任务，为此有必要积

① 《陈璧君电汪精卫（1936 年 12 月 13 日）》,《来往函电》，第 131 ~ 132 页。

② 《陈璧君电汪精卫（1936 年 12 月 13 日下午 2 时发）》；《陈璧君电汪精卫（1936 年 12 月 13 日下午 4 时半发）》,《来往函电》，第 132 ~ 133 页。

③ 《汪精卫电陈璧君（1936 年 12 月 14 日）》,《来往函电》，第 133 页。

④ 《汪精卫电陈璧君（1936 年 12 月 14 日下午 5 时发）》,《来往函电》，第 133 页。

⑤ 《汪精卫生平纪事》，第 234 页。

极接受包括苏联在内的外国的援助的立场。[①] 以会谈结果为基础，汪精卫于12月22日发表了宣言，强调要求保障蒋介石的安全，早日恢复其自由，为了解决当前的难局打算尽早归国的两点内容。[②]

汪精卫于12月21日在热那亚登上归国的轮船。同时，在西安经过几番谈判，蒋介石于12月25日被释放回到南京。张学良也与蒋介石一起飞到南京自请处分，从而结束了事变。汪精卫在所乘船只经过苏伊士运河期间收到顾维钧的电报，得知蒋介石已经被释回到南京的消息。[③] 12月29日和30日，他的亲信褚民谊发来电报转告了其会见蒋介石一事，并报告了蒋介石的健康状态，同时还告诉蒋介石询问汪精卫何时到达国内等内容。[④] 汪精卫是如何接受蒋介石被释放的消息无法详细得知，但是，从事后政局发展的状况来看，汪精卫预测即使蒋介石被释放，其权力也会受到创伤的想法可以说不过是推测而已了。因此，打算以西安事变为契机而归国的汪精卫，正如自己所言，落得个《见危投命》的结果。

五 蒋汪联合体制的回复与对日态度的困境

1937年1月7日，汪精卫到达新加坡之后发表了谈话。其内容与12月22日离开热那亚时发表的宣言相同。但是这次发表添加了要求赦免刺杀事件的犯人，以此打算减轻被袭事件引发的有关‘亲日派’的争论。[⑤] 接着他在1月10日到达菲律宾的马尼拉后在菲律宾总统奎松的欢迎会上，透露自己不是中国根据新宪法将选出的总统适合人物，中国有许多比自己有能力的人物。[⑥] 这话虽然是针对将要召开的国民大会上汪精卫将被选为总统的传说的谦让回应，但是另一方面可以看出他对总统位置的想望。

1月14日，汪精卫到达上海，受到国民党中央党部秘书长叶楚伧、行政

---

① 《顾维钧回忆录》第2分册，中华书局，1985，第369~374页。

② 《离欧宣言文（1936.12.22)》，国民党党史会所藏 档案，档案番号：480/2.1；《汪精卫通电（1936.12.22)》,《来往函电》，第135页。

③ 《顾维钧回忆录》第2分册，第375页。

④ 《褚民谊电汪精卫（1936年12月29日）》；《褚民谊电汪精卫（1936年12月30日）》，《来往函电》，第134~135页。

⑤ 《汪精卫氏昨夜抵星（1937.1.7日字 南洋商报号外)》，国民党党史会所藏 档案，档案番号：480/2.1；《一月十日过马尼喇谈话大要》，国民党党史会所藏档案，档案番号：480/2.4。

⑥ 《汪精卫生平纪事》，第236页。

院副院长孔祥熙、外交部部长陈诚等人的欢迎，并发表了到达声明。其中提到“目前当务之急是救国于危亡之际，即救亡。而救亡除了增强民众力量之外没有其它办法”，从而重新提出之前抗战准备论中主张的原则性的立场。① 然后于1月18日去南京中央党部参加了纪念总理（孙文）的会议并发表演讲。他在讲演中批判了“先攘外后安内”的见解，认为“安内和攘外不是二事，而为一体，因此不安内就无法攘外”。另外对共产党方面的共同抗日（共同御侮）的主张进行了猛烈批判。汪精卫质问道“从以前的经验来看，还能相信共产党吗?”。他同时非难道“共产党人是为了革命不择手段的人，把守约守信视为封建道德的人”。②

据说蒋介石从西安释放后在洛阳对张学良和杨虎城的训词中，一面质责二人要承担责任，同时也承认自己也有一部分责任，并表示张、杨二人并没有强迫自己在协议书上签名，而把自己送回南京，这是“中华民国转祸为福的机会，同时也是中华民族高尚的人格文化的结果”。③ 蒋介石此言可以说意味着在被释放的过程中，接受了张学良提出的停止剿共、一致抗日等基本要求。之后通告将于1937年1月初，为了处理西安事变引发的事态，即停止内战、一致抗日，将国民党第五届三中全会推迟到1937年2月15日。④ 在这种情况下，汪精卫正面提出的增进民众力量以长期抗战，安内先于攘外，以及对共产党的不信任和批判等主张，可以说是与当时的趋势发生了正面的冲突。

1月24日，汪精卫为了会见蒋介石去了蒋介石的故乡浙江奉化的溪口。蒋介石到宁波迎接，并于25、26日在溪口与之会谈。其内容在最近公开的蒋介石日记中有比较详细的记录。蒋介石在1月10日~22日期间，为了与汪精卫的数次会同，做了日程和谈话顺序等细致的准备。⑤ 在蒋介石1月18日的日记中可以看出他非常重视与汪精卫的会谈。日记中记载的会谈主题是：①关于把党务托给汪精卫的问题，②政府改编与否，③关于国民会议和国民党中央执行委员会全体会议的召开问题，④左倾思想和对共产党的方针，⑤

---

① 《一月十四日到上海谈话》，国民党党史会所藏档案，档案番号：480/2.2。

② 《一月十四日到上海谈话》，国民党党史会所藏档案，档案番号：480/2.2。

③ 蒋中正：《西安事变对张学良杨虎城之训词》，蒋夫人笔录，《党务月刊》第101期，1936年12月，第1293~1295页。

④ 《函各中央委员二十六年二月十五日举行第五届第三次全体会议》，《党务月刊》第101期，1936年12月，第1243页。

⑤ 《蒋介石日记》，1937年1月10、14、16、18日（Box 39-6）。

安定西部（西安事件发生地区）的问题和各省的问题，⑥外交方针，⑦其他国家政策问题等。[①] 即二人就当时的问题进行了非常广泛的讨论。

另一方面，蒋介石透露对汪派人物希望接手行政院工作、积极处理组织问题及对他们光是着眼于官职之争的不满态度。蒋介石同时还认为汪精卫虽然对经济政策很热心，但是缺乏能力，因而有所担心。[②] 从这一点来看出，蒋介石对汪精卫及其派系人物并没有充分信任。即使如此，蒋介石在将从2月15日开始召开的三中全会上，打算让汪精卫主管政务，以恢复从前的蒋汪联合体制。

但是，蒋介石要把汪精卫推为中央执行委员会常务委主席一事，却意料之外地受到党内的反对意见。三中全会召开的前一天2月14日，蒋介石决定促进把汪精卫为常务委员会主席一事。可是在2月18日会议上围绕着汪精卫任职问题产生纷纷议论。这一来，他在2月19日的日记中透露因此事而费心而仍然没有结果的心境。2月20日日记中记录他召集居正、张继等人议论此事，但是仍然没能得到他们的同意，从而很痛心的内容。[③] 结果在三中全会闭幕当日22日，汪精卫才终于被推选为常务委员会主席。这些事态可以从被刺事件发生之后，党内产生的对汪精卫的否认和反对等事态来理解。不管如何，汪精卫恢复了常务委员主席职务，被刺事件后中断的蒋汪联合体制也正式复原。

另一方面，三中全会是为了解决西安事变导致的停止内战、一致抗日、政府改编等要求而召开的。蒋介石在2月初的日记里有关于三中全会议题的整理。其内容用一句话来概括，就是剿共还是容共的问题和抗日和外交等问题。[④] 对于停止内战和一致抗日等要求，蒋介石以及国民党内部的立场并非友好，因此，把这些议题接受为国民党的基本政策还是经历了相当的迂回曲折的过程。但是在2月21日的第6次全体会议通过了‘关于根除赤祸的决议’，从而事实上迂回地承认了国共合作。这一决议内容是对军队进行全国性整合，即把红军编入国民政府麾下；通过废除苏维埃建立统一政权；停止赤化宣传；停止阶级斗争的主张；以这些内容为前提，与共产党实施实际上

① 《蒋介石日记》，1937年1月18日。

② 《蒋介石日记》，1937年1月3日；《本月反省录（1937年1月）》，《蒋介石日记》，1937年1月31日。

③ 《蒋介石日记》，1937年2月14、18、20日（Box 39－8）。

④ 《本月反省录（1937年1月）》，《蒋介石日记》，1937年1月31日。

的共存政策。[①] 这可以看作是相当部分地接受了 2 月 10 日共产党向国民党提出的“5 项要求 4 项保证”，从而履行了西安事变时张学良方面的要求和与共产党的协议。[②] 也就是说，三中全会可以说虽然不很充分，但是基本上奠定了实施国共合作的基本条件。

在如此变化的政局之下，汪精卫采取了如何的对应呢？在三中全会的开幕致辞中汪精卫说“今天是国难时期国民党和全国人民要解决的基本问题，即恢复失去的领土，坚守未丢失领土，同时要争取国内安定，同时还要立即解决剿共的问题”。[③] 同一天，他发表的文章里也提到“对于外国侵略要忍耐到底，（为了长期抵抗）要积蓄各方势力”。[④] 2 月 22 日，在参加外交部纪念活动的演讲上，他重新强调了内定（剿共）和外交（抗日）原本就是一回事的主张，并认为容共是不考虑后果的“饮鸩止渴”的行为。[⑤] 在 3 月末的另一次演讲中，汪精卫又强调攘外与安内是一体的观点。[⑥]

当然，三中全会后，汪精卫不得不促进国共间的实际性合作。他督促共产党诚恳接受三中全会的结果，说如果这样的话，国民党将会给共产党一个“自新之路”。[⑦] 从这一点看，三全会议是汪精卫对日立场的转折点，但是，本文始终要强调，笔者认为即使是三中全会之后，汪精卫的对日态度，即以抗战准备论、一面抵抗一面交涉的主张，以及安内攘外为基础的对日态度基本上没有变化。对于这一观点需要许多其他议论，在此不再详述。但是笔者认为汪精卫的如此态度一直延续到七七事变的中日全面战争爆发之后。到了 1938 年武汉沦陷阶段，汪精卫产生了对日抗战实际上没有希望的悲观论。这进而有可能演化为对日和平运动，乃至构想亲日政权的地步。

---

① 《关于根绝赤祸之决议（1937. 2. 21）》，荣孟源主编《中国国民党历次代表大会及中央全会资料》下册，第 433 ~ 435 页。

② 《蒋汪合作的国民政府》，第 464 ~ 466 页；刘维开，《国难期间应变图存问题之研究》，“国史馆”，1995，第 566 ~ 567 页。

③ 参考《三中全会开幕词（1937. 2. 15）》，《中国国民党历次代表大会及中央全会资料》下册，第 426 ~ 427 页。

④ 《救国日报》1937 年 2 月 28 日，这是再引《蒋汪合作的国民政府》，第 464 页。

⑤ 《汪兆铭在外交部纪念周演讲词（1937. 2. 22）》，国民党党史会所藏档案，档案番号：240/14。

⑥ 《汪兆铭在中央纪念周报告山西绥远情形原稿（1937. 3. 26）》，国民党党史会所藏档案资料，档案番号：240/20。

⑦ 《汪精卫生平纪事》，第 239 ~ 240 页。

六 结论

上面文章考察了1935年11月汪精卫被刺事件到1937年2月国民党第5届三中全会期间汪精卫的政治活动及其立场，尤其是以其对日态度为中心，尽可能详细地复原当时的面貌。总结这些内容可以归纳如下。

1936年11月的汪精卫被刺事件，其实是始发于对蒋汪联合体制为基础的国民政府的对日柔和政策的不满。对于日本的侵略，汪精卫的基本立场可以简要概括为不抵抗、抗战准备论以及一面抵抗一面交涉等。对此，国民党内外都产生了巨大的批判和反对舆论，尤其是签署淞沪抗战停战协议后，汪精卫在国民党内部受到大量的批判，被视为“亲日派”，甚至受到监察院的弹劾提案。因此，党内对汪精卫的对日态度的不满和批判导致其被刺。

被刺事件后，汪精卫不得不退出政治一线，以疗养为名动身去欧洲。其实质原因也是因为当时党内的批判和抵抗而不得不采取的选择。被袭事件及其之后的外游不但对汪精卫本人，而且对其周边的派系人物，也都带来了巨大的打击，使作为国民政府的基本骨架的蒋汪联合体制也得以中断。蒋汪联合体制因为以蒋介石为中心的权力体系和汪精卫对其不满，从开始就存在着结构上的问题。这一矛盾通过汪精卫被刺事件爆发出来，从而导致蒋汪联合体制的中断。

在德国、法国、英国等地外游的汪精卫，为了归国及恢复政治生命，潜心等待着机会。他与国内的亲信都把1936年11月召开的国民大会选举判断为最佳归国时机。但是随着国民大会的延期，对于不得不推迟归期的汪精卫，1936年12月爆发的西安事件成为他动身归国的最佳契机。他接到西安事变的消息后，立即决定动身归国。但是半个月后蒋介石从西安被释放回到南京。汪精卫对“华丽的复归”期待也不得不大打折扣。

归国后汪精卫采取的政治立场没有能够跟上急剧变化的政治局势。在停止内战、一致抗日的框架下，国共合作路线正在形成。但是汪精卫仍固守着先安内后攘外的立场，仍然强调剿共路线。通过1937年2月中旬的国民党五届三中全会，国共合作的基本框架逐渐形成，蒋汪联合体制虽然恢复，但是汪精卫仍然坚持自己从前的对日态度。这不仅在国民政府内部引起不和谐音，结果也把汪精卫本人推向对日和平论者。

蒋介石与中日三原则谈判

臧运祜*

全面抗战爆发前夕的1935年初到1936年初，中日两国先在东京、后主要在南京，分别由中国驻日大使蒋作宾、外交部长张群，与日本外相广田弘毅、驻华大使有吉明，进行过关于两国关系之三原则的谈判，结果以破裂而告终。中日之间在应对“华北事变”的同时而进行的如此重要内容和高级别的外交谈判，又与当时的中国最高领导人蒋介石，具有非常密切的关系。因此，继续深入研究这些谈判以及蒋氏与这些谈判的关系，不但对于研析中日最终走向全面战争的原因，而且对于深化蒋介石与日本关系的研究，其在学术上的重要意义都是不言而喻的。

中日外交谈判，当时即在国内外引起了高度关注。但抗战以后的相当长时期里，有关的学术研究却非常缺乏。① 直到1980年代以后，随着台湾和大陆有关档案史料的相继开放和部分出版，中国学者对此进行过较多且深入的研究，并基本厘清了国民政府外交史的概貌。② 关于蒋介石与这些谈判的关系问题，虽然早在

---

* 北京大学历史系教授。

① 1937年5月，周开庆先生依据为数不下百余种的国内外报章杂志以及有关方面提供的珍贵材料，以年鉴式体例而编著的《一九三六年之中日关系》，对于九一八以后特别是1935～1936年间的中日外交关系，进行过较好的论述（南京，正中书局，1937）。该书后来在台湾被改名为《抗战以前之中日关系》（自由出版社，1962；台湾学生书局，1985），成为战后中国学界关于此一问题研究的主要论著。

② 相关论文主要有：蒋永敬《张群与调整中日关系》，张海鹏主编《第二届近百年中日关系史国际研讨会论文集》，中华书局，1995，第272～280页；陈鸣钟《试论1935、1936年中日会谈》，《民国档案》1989年第2期；佘子道《蒋作宾与广田弘毅东京会谈论述》，《江海学刊》1990年第6期；齐福霖《“广田三原则”与国民政府的对策》，《近代史研究》1994年第3期；彭敦文《中日“广田三原则”交涉中的国民政府的外交策略》，《民国档案》2001年第3期。相关著作主要有：刘维开著《国难期间应变图存问题之研究：从九一八到七七》，“国史馆”，1995；彭敦文著《国民政府对日政策及其变化——从九一八事变到七七事变》，社会科学文献出版社，2007；李君山著《全面抗战前的中日关系（1931～1936）》，文津出版社，2010。

《蒋总统秘录》中即有所反映，[①] 但主要由于资料的限制，中国学者迄今的有关研究也并不充分。[②] 而且，中国学者主要依据有限的中方史料而进行的上述研究，由于缺乏日方相关史料的运用和研究，仍然难以展现中日外交谈判的互动过程和全貌。而近年蒋介石相关资料的公开和出版，无疑又为中方的继续研究提供了必要和可能。因此，笔者拟在中国学界既有的研究基础之上，依据最新的蒋氏资料，并参考日本出版的最新资料，重新进行一次粗浅的再论述。

一 蒋氏推动国民政府转变对日政策，中方首先主动提出“三原则”

九一八事变后，国民政府对日采取“不抵抗、不交涉”的方针；淞沪抗战以至长城抗战期间，采取“一面抵抗、一面交涉”的方针；《塘沽协定》之后，又奉行“攘外必先安内”的国策，重点在于“剿共”。[③] 1934 年 10 月，在基本完成对于中央苏区的第五次“围剿”之后，蒋介石在病榻上口述，由陈布雷笔录，写作了《敌乎？友乎？——中日关系的检讨》的长篇文章，后以“徐道邻”的名义，发表在 12 月 10 日南京出版的《外交评论》上；该文在论述中日关系的历史与现状的基础上，为两国朝野作“最后之忠告”，并向日方发出了打破僵局、改善关系的呼吁。[④] 当时的中日两国关系，主要是以黄郛为首的华北当局与日本关东军之间进行的关于塘沽协定的善后谈判，并即将接近尾声。[⑤] 因此有学者指出：蒋介石写作该文的意图，主要是为了将华北当局与关东军进

---

① 日本产经新闻古屋奎二编著、中央日报译印《蒋总统秘录——中日关系八十年之证言》，中央日报出版部，第 9、10 册，1986。

② 杨天石：《卢沟桥事变前蒋介石的对日谋略——以蒋氏日记为中心所作的考察》（《近代史研究》2001 年第 2 期），因主要依据 1933 ~ 1934 年的蒋氏日记，而较少涉及 1935 ~ 1936 年间的谈判问题。吕芳上《面对强邻：1935 年〈蒋介石日记〉的考察》（黄自进主编《蒋中正与近代中日关系》，稻乡出版社，2006，第 195 ~ 218 页），是目前笔者所见比较集中的论述。

③ 外交部长张群在国民党五届二中全会的外交报告（1936 年 7 月 10 日），秦孝仪主编《中华民国重要史料初编——对日抗战时期》绪编（三），中国国民党中央委员会党史委员会，1981，第 660 – 661 页。

④ 该文发表于《外交评论》第三卷第 11、12 期合刊，1934 年 12 月 10 日出版。关于该文的写作来由等，参见蒋氏在 1950 年 9 月的补记，《中华民国重要史料初编——对日抗战时期》绪编（三），第 637 页。

⑤ 参见杨天石《黄郛与〈塘沽协定〉的善后谈判——读美国所藏黄郛档案》，《历史研究》1993 年第 3 期。

行的地方交涉，转变为国民政府与日本政府外交部门的外交交涉。[①] 这预示着国民政府的对日政策即将发生重大转变。而推动蒋介石对日政策转变的另外一个国际因素，则是日、苏关系的变化和他对于日、苏冲突的设想。[②] 在10月派遣蒋廷黻赴苏秘密谈判之后，11月27日，蒋氏在日记中写道："对日乃为中国存亡之转机，……应急与倭寇乘机谅解，以促进倭、俄之冲突。"28日，他在会见王宠惠、孔祥熙等人时再次指出"对倭谅解，使其对俄。"[③] 凡此，均表明了他的上述设想。

11月27日，蒋介石会见了大阪每日新闻社记者，并发表了谈话，表示："中国不愿世界有战争，遵守国联盟约，解决中日问题，以道德和信义为基础"。[④] 12月1日，他认为该谈话的发表，"实为政治之新阶段"。[⑤] 1935年1月2日，他再次提出了"对倭策动缓和或妥协"的政治方针。[⑥] 4日下午，他与陈布雷"畅谈对日外交与中倭之利害关系，嘱其撰稿以促倭方之醒悟甚详。"[⑦] 11日，"与陈布雷补述文稿未尽之意"。[⑧] 因此，中国的各大报章26日纷纷转载的《敌乎？友乎?》的文章，显然又经过了蒋氏与陈布雷的继续修改。[⑨] 17日，蒋介石亲自拟订了"对倭原则"如下："一、对倭说明以华制华之谬见与以夷制夷之诬妄，以及以华制夷之得计。二、对倭以不妨碍统一与不利用及制造汉奸、贩卖毒品为改正排日教育之交换条件。三、注意经济合作上外交常规。四、利用四国银行团与停付赔欠债款。五、亚洲主义与日俄问题均势问题。"[⑩] 19日、21日，蒋氏分别拜访了国民政府主席林森、行政院长兼外交部长汪精

---

① 彭敦文：《30年代蒋介石的对日思维——以〈敌乎？友乎？——中日关系的检讨〉一文为中心的考察》,《民国档案》2009年第2期。

② 详见鹿锡俊《蒋介石的中日苏关系观与"制俄攘日"构想——兼论蒋汪分歧的一个重要侧面》,《近代史研究》2003年第4期；《蒋介石与1935年中日苏关系的转化》,《近代史研究》2009年第3期。

③ 《蒋介石日记》（美国斯坦福大学胡佛研究院藏，以下同），1934年11月27日、28日。

④ 周美华编注《蒋中正总统档案：事略稿本》（28）民国二十三年九月（下）至十二月，"国史馆"，2007，第492页。

⑤ 《蒋介石日记》1934年12月1日。

⑥ 《蒋介石日记》1935年1月2日。

⑦ 《蒋介石日记》1935年1月4日。

⑧ 高明芳编注《蒋中正总统档案：事略稿本》（29）民国二十四年一月至二月，"国史馆"，2007，第71页。

⑨ 笔者尚未对于1934年12月10日《外交评论》和1935年1月26日各大报纸发表的《敌乎？友乎?》进行版本上的认真比对，故此处暂时存疑。

⑩ 《蒋介石日记》1935年1月19日"补抄十七日注意栏"。

卫、黄郛三人，与之商讨对日问题。①

上述这一切都表明，1935 年初，蒋介石以发表《敌乎？友乎?》为契机，基本确立了新的对日方针，并推动国民政府转变对日政策。

就在中国方面首先发出了上述呼吁的同时，1 月 22 日，日本外相广田弘毅在第 67 次帝国议会上，发表了关于外交政策的演说；26 日，他在回答众议院议员的质问时，又发表了对于日中关系的见解。② 广田的议会演说，很快受到了正在研讨对日关系的中方舆论的关注，被它们解读为日本对于中国“不侵略、不威胁”的演说。蒋介石甚至不无主观地认定这表明日方受到了他的《敌乎？友乎?》一文的影响。③ 29 日，汪精卫与来访的日本驻华公使有吉明会谈时，表示对于广田的演说，“甚为欣喜”；30 日，蒋介石在会见有吉明时，也说对于广田演说，“颇为钦佩”，并表示他将发表一个宣言，表明中国政府打开中日关系的诚意和决心。④ 为此，2 月 2 日，中国各大报纸均发表了中央社南京 1 日电的蒋介石谈话，蒋表示广田外相的演说出于诚意，我国朝野对此当有深刻之了解。⑤ 20 日，汪精卫在国民党中央政治会议上发表关于对日方针的谈话，认为广田的演说，“和我们素来的主张，精神上大致吻合”，并表示“我们愿以满腔的诚意，以和平的方法和正常的步调，来解决中日之间之一切纠纷。”⑥ 3 月 2 日，蒋介石又致电汪精卫，对于他在中央政治会议上的上述见解，称“卓见宏猷，至深钦佩。……自当本此方针，共策进行。”⑦

上述可见，日本广田外相的议会演说，无疑为中方找到了主动调整两国关系的契机。中国方面在未必知悉日本对华政策内幕的情况下，仅根据广田的演说，就准备转变对日政策、主动调整对日关系。1 月 29 日下午，蒋介石在南京召集党政干部，讨论外交方针；30 日晚宴党政人员，继续讨论对日方针。⑧ 据参加过 30 日晚宴的国民党中央宣传部长邵元冲在日记中的记载：此次讨论决定了由汪精卫提出、黄郛力陈的对外方针，“内容大致在不丧权原则之下，谋

① 《蒋中正总统档案：事略稿本》（29）民国二十四年一月至二月，第 102、107 页。

② 〔日〕外务省编纂《日本外交文书》昭和期Ⅱ第 1 部第 4 卷（昭和十年对中国关系），东京，外务省，2006，第 10 ~ 12 页。

③ 《蒋总统秘录——中日关系八十年之证言》第 9 册，第 188 页。

④ 〔日〕外务省东亚局第一课：《最近支那关系诸问题摘要》（第 68 议会用），1935 年 12 月，美国国会图书馆复制、中国国家图书馆藏《日本外务省档案》（缩微胶卷），SP66。

⑤ 《日本外交文书》昭和期Ⅱ第 1 部第 4 卷（昭和十年对中国关系），第 18 ~ 19 页。

⑥ 中央社南京 2 月 21 日电，《外交评论》第 4 卷第 2 期。

⑦ 《中央日报》1935 年 3 月 3 日。

⑧ 《蒋中正总统档案：事略稿本》（29）民国二十四年一月至二月，第 185、187 页。

中日之亲善，以打开目前之难关。”①

但是，对于日方的对华真意如何？蒋氏仍然不无疑虑。故还在决定上述方针的同时，蒋介石在1月间即预定要派王宠惠赴日。② 2月8日，蒋氏致电汪精卫：拟请王宠惠在离国回任途中，“便在东京历访日当局，交换意见，以探明日方之真意。”③ 同时，蒋介石在8、9日日记中的“雪耻”项目下，再次提出了“对日外交”的如下方针：“一、对日外交以日本外务省为主体，不可四出接洽，自乱步骤。二、对日外交应付处之，不可忘却英美关系与国际立场。三、不可上亚洲主义之当，对日与国际均取敦善。四，对日妥协之程度须有一定之限度，对英美亦须有一种特别活动。五、目前对日外交只可处被动地位，若欲自动谋痛快解决，为不可能。”④ 这其实就准备了王宠惠访日之后的继续应对方针。蒋氏此举，可谓深谋远虑。

根据蒋氏此意，中国政府决定派遣国际法庭大法官王宠惠，在离国赴海牙上任之前，先到日本进行一次访问。16日，蒋介石致电驻日公使蒋作宾，称王宠惠来东京，“是政府与弟之意。请介绍日本当局与之接洽，并望兄一致进行。”并致电王宠惠，指示其对日交涉的方法。⑤

根据蒋氏和国民政府的上述旨意，王宠惠在2月19日到达东京，3月5日离开日本。他此次访日，历时两周多，时间充裕。其间最重要的活动，是在2月20、26日，与广田外相进行的两次会谈。会谈期间，他实际上代表中国政府，向日本政府提出了改善中日关系的三项原则：（1）以和平方法处理中日关系；（2）两国进行对等的交流；（3）两国以友谊相交。⑥ 由此，中国政府首先提出了和平、平等、友谊的对日关系“三原则”，并主动开启了此

① 邵元冲著、王仰清、许映湖标注《邵元冲日记》，上海人民出版社，1990，第1206－1207页。

② 《蒋介石日记》1935年1月“本月大事预定表”。

③ 《蒋中正总统档案：事略稿本》（29）民国二十四年一月至二月，第294页。

④ 《蒋介石日记》1935年2月8日、9日。

⑤ 《蒋中正总统档案：事略稿本》（29）民国二十四年一月至二月，“二月十六日条”，第413页。

⑥ 东亚局第一课《广田大臣王宠惠会谈要录》（2月20日、26日于外务省），《日本外交文书》昭和期Ⅱ第1部第4卷（昭和十年对中国关系），第25页。关于王宠惠所提出的上述“三原则”，中方的资料显示为“两大原则”：“一、第一大原则为中日两国完全立于平等之地位，互相尊重对方在国际间之完全独立，故日本应首先取消对华一切不平等条约，尤应先取消在华领事裁判权。二、第二大原则为中日两国应互相维持真正之友谊，凡一切非友谊行为如破坏统一治安及妨害人民卫生等，皆不得施之于对方。又中日外交方式应归正规，绝不用外交和平手段以外之压迫或暴力。”（中华民国外交问题研究会编纂《中日外交史料丛编》（四）“芦沟桥事变前后的中日外交关系”，中国国民党中央委员会党史委员会，1995，第16页），但内容上的区别并不大。

后调整中日关系的步伐："中日两国南京交涉调整邦交一案，实源于民国二十四年春王亮畴博士与日本广田外相之会晤。"① 不过，对于王宠惠与广田外相的会晤，蒋氏仍有清醒的认识，他在26日的日记中曾写道："倭寇方针决不能变更，吾人惟在争得时间，望其略为缓和耳。"②

1934年底1935年初，蒋介石以发表《敌乎？友乎?》为开端、以日本广田外相发表的议会演说为契机，推动国民政府转变对日策略、拟定对日方针，并派遣王宠惠赴日，首先提出了发展两国关系的"三原则"。对于这一阶段的对日策略，蒋介石曾在2月28日的"本月反省录"中，不无自豪地总结道："发表对日本朝日新闻谈话，与对中央社记者谈话，表明对日外交方针与态度，实为余一生政治生命之大关针［键］，国民竟谅解，并多赞成，一月之间外交形势大变，欧美震动，自信所谋不误，此心既决，任何毁谤危害所不计也。"③ 3月初的"本周反省录"中指出："英美外交态度渐变，盖恐中日真团结也。"④

二 中国再次提出"三原则"，日本的回应

蒋介石的上述自我评估，就其对苏、英美的策略而言有所意义，但是对于日本而言，显然太过乐观了。因为几乎就在中国政府转变对日政策的同时，日本方面在广田外相发表演说之前，就已经拟订了新的对华政策。

根据战后公开的外交资料显示：日本政府早在广田弘毅1933年9月出任外相之后，即根据10月21日"五相会议"决定的对华方策和秘密决定，⑤由外务省、陆军省、海军省共同研究、制订新的对华政策，历时一年有余，直到1934年12月7日，由外务省东亚局第一课长与陆军省、海军省军务局

① 《外交部关于中日外交问题的节略》（1936年12月），中国第二历史档案馆编《中华民国史档案资料汇编》第五辑第一编 外交（二），江苏古籍出版社，1994，第926－927页。

② 《蒋介石日记》1935年2月26日。

③ 《蒋介石日记》1935年2月28日"本月反省录"四。1935年2月2日，中国各大报纸发表了蒋介石2月1日对中央社记者的谈话；2月14日，蒋介石对大阪朝日新闻社记者发表谈话。

④ 《蒋介石日记》1935年3月2日"本月反省录"五。

⑤ "外务省记录"A.1.0.0.6－3：《帝国ノ对外政策关系一件·五相会议关系》，日本外务省外交史料馆藏。

军事课长，共同决定了《关于对华政策的文件》。[①] 该文件提出了日本对华政策的宗旨，并具体规定了各项对华方策的纲要；其中对于南京政权的策略是“最终要把南京政权逼到这样一种境地，即该政权的存亡，系于它是否表明打开日中关系的诚意。”[②] 1935 年 1 月 12 日，外务、陆军、海军三省分别将该文件向其驻华机关进行了传达贯彻。21 日，汪精卫主动约见了日本驻南京总领事须磨弥吉郎，说蒋介石和黄郛正在研究对日根本政策，希望得知日本政府的意向，并称自己曾向蒋、黄建议不要丧失了广田外相在任的大好时机；须磨则表达了日本要中国政府实行的三点要求：1. 根除排日和排斥日货；2. 引渡不法鲜人，并阻止其非法活动；3. 停止从国外招聘顾问、教官、购买武器、输入资本等，而要与日本进行合作。[③] 以须磨弥吉郎的身份和地位而言，他提出的要求应该表明了日本上述对华政策的精神。而广田外相不久在议会上的演说，其实只不过是一种呼应中方的外交辞令，而并非其对华政策之实质所在。

正是在上述对华政策的影响下，日本在华驻军（关东军、中国驻屯军）于 1935 年初，从察东开始，在春夏之交的华北，制造了一系列事端，并迫使中国华北当局与之签订了《何梅协定》、《秦土协定》，达到了驱逐国民党中央势力于冀、察两省的目的，为继续策划华北“自治”，奠定了军事与政治的条件。而日本外交方面，不但配合了军部策动的“华北事变”，而且对于中国首先提出的上述所谓“三原则”，并不给予理会和呼应，其唯一的举动则不过是在 5 月 17 日将对华公使升格为大使这样一件早已拟议中的象征性的形式。早在 4 月 24 日，王宠惠曾将其访日行动进行了总结，并向南京报告其结论如下：“甲、不许谈东北问题。乙、要求共同防俄，进一步对俄同盟，军事受其统制。丙、要求经济合作，进一步即经济受其统制。是倭所要我者，为土地、军事、经济与民族之生命，其最后则在统制文化，制我民族死命也。”[④] 王氏的上述总结，点出了日本对华政策的本质。

华北事变的发生，实际上宣布了中国政府将对日交涉转归外交途径、进

---

① “外务省记录” A. 1. 1. 0. 10：《帝国ノ对支外交政策关系一件》（第三卷），日本外务省外交史料馆藏。

② 〔日〕外务省编纂《日本外交文书》昭和期Ⅱ第 1 部第 3 卷（昭和九年对中国关系），外务省，2000，第 55 ~ 58 页。

③ 须磨总领事致广田外相电，1935 年 1 月 23 日，《日本外交文书》昭和期Ⅱ第 1 部第 4 卷（昭和十年对中国关系），第 6 ~ 10 页。

④ 《蒋介石日记》1935 年 4 月 24 日。

而以“三原则”来调整国交的企图的初步失败。6月1日，蒋介石在日记中写道：“倭寇蛮横，非理可喻，未到最后关头，当忍耐之。”① 他在6月初的“本周反省录”中也表示：“倭寇进逼日急，而此心泰然，乃决心至最后时与之一战，非此可能图存，战则尚有一线之希望，但万一之转机与万分之忍耐则仍须慎重也。”② 可见，蒋氏此时的对日策略仍然还是忍耐待机。华北日军提出无理要求后，蒋介石虽然觉得“冀于既去，察宋又撤，党部取消，军队南移，华北实已等于灭亡”，③“我处被动地位，而彼得寸进尺，漫无止境，决不能照吾人方针进行”，但他仍然坚持1月30日国民党中央决定的方针“原则可不变”，④ 并指出：“与其抗战失败而失平津，不如自动撤退免倭借口，以期保全平津而图挽救，此总退却之胜利也。”⑤

根据蒋氏的上述忍耐、退却策略，中国政府在华北事变上采取了妥协退让的方针，先后与日本军方达成了秦土、何梅两协定。在此期间，国民政府仍然企图循外交途径，继续改善对日关系：6月14、17日，国民政府外交部长汪精卫及次长唐有壬，分别向来华上任的有吉明大使提出了上述要求；驻日大使蒋作宾到东京上任后，6月22日、7月1日与广田外相进行会谈时，也表达了上述愿望。7月5日，蒋氏在日记中关于“倭寇对策”指出：“今日形势主动将在于我也。甲、以退为进，乙、稳定基点。”⑥ 21日的日记中云：“倭态渐变，似有缓和趋势，应十分注意运用方法，毋忘转入主动地位。”⑦ 因此，中国政府的上述外交行动，可谓华北事变后在对日政策上“以退为进”的主动之举。

针对中国政府的上述愿望和要求，日本在军部发动了华北事变之后，才由外务省方面开始研讨对策。6月27日，外务次官重光葵主持召开了对华政策的讨论会，商讨了有关问题。⑧ 7月2日，外务省东亚局拟订了对华政策的

① 高素兰编注《蒋中正总统档案：事略稿本》（31）民国二十四年五月至七月（上），“国史馆”，2008，第187页。

② 《蒋介石日记》1935年6月8日。

③ 蒋介石致何应钦电，1935年6月21日，《中华民国重要史料初编——对日抗战时期》绪编（一），第688页。

④ 蒋介石致何应钦电，1935年6月26日，《中华民国重要史料初编——对日抗战时期》绪编（一），第690页。

⑤ 《蒋介石日记》1935年6月22日“本周反省录”。

⑥ 《蒋中正总统档案：事略稿本》（31）民国二十四年五月至七月（上），第611页。

⑦ 《蒋介石日记》1935年7月21日。

⑧ 《日本外交文书》昭和期Ⅱ第1部第4卷（昭和十年对中国关系），第45~48页。

草案，到31日，外务、陆、海军三省的有关当局，召开了第一次对华政策协调会议；8月10日，三省之间经过协商，达成了一致的对华政策。①

蒋作宾大使在回国请训、返回东京之后，9月7日，与广田外相举行了第二次会谈，郑重要求日方履行此前向王宠惠许诺的三项原则：“（1）中日两国彼此尊重对方在国际法上之完全独立，即完全立于平等地位，如对于中国取消一切不平等条约是也。（2）中日两国彼此维持真正友谊，凡非真正友谊如破坏统一、扰乱治安或毁谤诬蔑等类之行为，不得施于对方。（3）今后中日两国间之一切事件及问题，均须以平和的外交手段从事解决。上海停战协定、塘沽协定以及华北事件等须一律撤销，恢复九一八以前状态。”广田外相答以当报告政府详细研究，再行奉答。② 这是中国政府在此前王宠惠提出的三原则的基础上，正式向日本政府提出的“三原则”；蒋作宾在会谈中还特别说明这是蒋介石对于日本的希望。③

在中国政府正式提出上述“三原则”之后，9月28日，日本外务、陆、海军三省通过了有关部门此前研究的对华政策文件。在此基础上，10月4日，冈田启介内阁召开“阁议”，决定了《外、陆、海三相关于对华政策的谅解》，规定了日本对华政策的三项原则分别是：“1. 中国方面彻底取缔排日的言论和行动，摆脱依赖欧美的政策，对于日本采取亲善的政策，并要在实际上推行该政策，更在具体问题上与日本合作；2. 虽然最后中国必须正式承认满洲国，但在目前，中国不仅要在事实上默认满洲国的独立，停止反满政策，并且至少要在与满洲国毗连的华北地区，与满洲国进行经济、文化上的交往与合作；3. 鉴于来自外蒙古等地区的赤化势力的威胁已经成为日、满、华三国的共同威胁，为了排除上述威胁起见，中国要在与外蒙接境的地区，对于我方所希望的各项措施进行合作。”④ 日本方面的上述对华政策“三原则”，后来又被称为“广田三原则”。⑤

---

① 〔日〕岛田俊彦、稻叶正夫编《现代史资料 8 · 日中战争 1》，みすず书房，1964，第102～107页。

② 蒋作宾致南京外交部电（1935年9月8日），《中华民国重要史料初编——对日抗战时期》绪编（三），第640～641页。

③ 《广田大臣蒋大使会谈录（第二回）》，《日本外交文书》昭和期Ⅱ第1部第4卷（昭和十年对中国关系），第57～65页。

④ 《日本外交文书》昭和期Ⅱ第1部第4卷（昭和十年对中国关系），第65～68页。

⑤ 1936年1月21日，广田弘毅外相在日本第68次议会上发表的外交政策演说，对于以上三项原则进行了解释和公开。外务省编纂《日本外交年表及主要文书》下卷，原书房，1978，《主要文书》，第324～329页。

在日本政府做出上述决定之后，10 月 7 日，广田外相与蒋作宾举行了第三次会谈。他向中方提示了日本上述三原则的方针，并表示中国政府必须首先同意日方的三原则，日方才会谈判中方的三原则。① 至此，在中方首先由王宠惠提出，后来由蒋作宾正式提出自己的“三原则”之后，日本终于提出了自己的“三原则”，并且将中国同意其三原则作为进行谈判的前提条件。与此同时，外务省东亚局长、陆军省、海军省军务局长之间，又在一份关于三原则的《附属文书》中规定：1934 年 12 月 7 日三省有关当局制订的《关于对华政策的文件》，在今后研究制定出其替代者之前，与该三原则继续并行而有效。② 这表明日本在交涉“三原则”的同时，仍将继续贯彻既定的对华政策。

从 1934 年 10 月蒋介石写作《敌乎？友乎？》到 1935 年 10 月日本决定“三原则”，中国方面首先“以进为退”，借广田演说之机，由王宠惠提出“三原则”而调整中日关系；在华北事变之后，又“以退为进”，继续以蒋作宾明确提出对日“三原则”。日本则首先静观而不予回应，在华北事变之后，又开始了外交上的进攻：明确提出自己的“三原则”，并首先否决中方的“三原则”。一年来，中国对日外交虽保持了主动地位，但终以空泛抽象的对日原则而在华北进退失据。一场本来是中方首先以“三原则”而主动发起的对日外交斗争，最后竟转换为被动应对日本的“广田三原则”，对于中国政府而言，出师不利。

三　无果而终的东京谈判

在双方明确提出了各自的“三原则”之后，中日首先在东京，继续展开了外交谈判。

10 月 8 日，蒋作宾向外交部报告了 7 日与广田的会谈情况。③ 9、10 日，南京政府以汪精卫为首的少数干部，对此进行了研究，并于 10 日向蒋作宾发出了“蒸电”；但汪精卫对于日方三原则的回答暂时犹豫，并指派唐有壬

---

① 蒋作宾致南京外交部电（1935 年 10 月 8 日），《中华民国重要史料初编——对日抗战时期》绪编（三），第 641 ~ 642 页。《大臣、蒋大使会谈要录（第三回）》，《日本外交文书》昭和期Ⅱ第 1 部第 4 卷（昭和十年对中国关系），第 68 ~ 70 页。

② 《日本外交文书》昭和期Ⅱ第 1 部第 4 卷（昭和十年对中国关系），第 67 ~ 68 页。

③ 《中华民国重要史料初编——对日抗战时期》绪编（三），第 641 ~ 642 页。

向须磨总领事传达了此意。[①] 13 日，蒋介石在未收到蒋作宾报告而收悉汪精卫“蒸电”后，急电汪精卫，指出：如果广田三原则“为所传要求放弃以夷制夷之外交，尊重伪满与联盟防赤之三条，则形式似较减轻，而其内容即为脱退国联，承认伪国与联盟对俄之变相，亦即实施此内容之第一步也。故其意义深重，不得不郑重考虑”，并认为“我方应立对案之原则”；他同时还请杨永泰致电蒋作宾，转达其意：在对日交涉中，“不可现急情之态，此时只有自立自求不求于人，乃为惟一救国之道。”[②] 14 日回到南京的蒋介石，在当日日记中继续分析道：“倭之对华国策，其为缓和之先声乎，抑为诱欺之张本乎，但以此范围之内，当与之讨论办法以应之，冀其延缓时间也。”[③]

根据蒋介石的上述指示，南京政府以极其慎重的态度，经过反复考虑，研究出了对案，并于 18 日由外交部训令蒋作宾大使。同日，蒋致电蒋作宾，“以倭方所提之对案颇费踌躇与思索也。”[④] 同日，蒋氏又以杨永泰的名义，两次致电蒋作宾，对于外交部的上述指示进行了多处重要的修正：“愿与日本协议有效之方法”之“愿”字改为“拟”字；“但应于互尊主权独立原则下行之”改为“但必须于不妨碍中国之主权独立原则下行之”；“至于中国所提三大原则，切盼早日商议实行”改为“但必须于中国所提三大原则为实施之前提”；将“至于中国北部边境一带至独立原则之下行之”删去，改为“故依次原则可与日本协议有效之方法”；删去“对于在各省滋扰之赤匪”；对于“中国北部边境一带应如何防范，中国拟与日本协议有效之方法，但必须不妨碍中国主权独立原则下行之”一句，只可以作为口头说明，若其有备忘录，则依照以上所说修改之。[⑤] 蒋氏的上述修正，恰是攸关华北问题的重要之处，说明他非常关注该问题。与此同时，他在期间还多次致电华北将领阎锡山、宋哲元、韩复榘等人，告知日本召开的大连会议的精神，说明日方已经决定以中国中央政府作为交涉对手，以劝阻他们的对日交往。20 日，唐有壬根据汪精卫的秘密指示，先行访问了有吉明大使，向其通报了中国政府

---

① 须磨总领事致广田外相电，1935 年 10 月 10 日，《日本外交文书》昭和期Ⅱ第 1 部第 4 卷（昭和十年对中国关系），第 71 ~ 73 页。

② 《中华民国重要史料初编——对日抗战时期》绪编（三），第 642 ~ 643 页。

③ 周美华编注《蒋中正总统档案：事略稿本》（33）民国二十四年九月（下）至十月，“国史馆”，2008，第 571 ~ 572 页。

④ 《蒋介石日记》1935 年 10 月 18 日。

⑤ 《蒋中正总统档案：事略稿本》（33）民国二十四年九月（下）至十月，第 584 ~ 586 页。

的上述决定。①

以上可见，对于即将在东京展开的谈判，中国政府高度重视。

10月21日，蒋作宾大使与广田外相在东京进行了第四次会谈。蒋作宾首先宣读了国民政府20日的文字答复，其中再次复述了9月7日中方提出的三原则、日方10月7日提出的三点要求，并表示如果日本完全实行中方三原则，中国也对于日方三原则表明答复意见；最后并严正指出：他本人9月7日代表中国政府提出的一切条项，日本必须实行，除满洲问题以外，一切必须恢复到九一八以前的状态。② 这是中国政府第一次正式以文字照会的形式，向日方表示的答复意见。③ 随后，广田外相与蒋作宾进行了会谈。④ 但对于中国政府的正式明确回答，广田“概括的谓为空无一物”；并再次指出：中方以日方首先同意中国三原则之后再来承认日方三原则，这与日方的考虑恰好相反，“与日本政府之意思相差尚远”。⑤

此次会谈，是中日在东京进行的最重要的一次谈判。中方以再次明确三原则并要求日方首先实行中方三原则，拒绝了日方的三原则；日方既未接受之，并仍然坚持自己的三原则。因此，此次谈判并无结果，只不过成为中日各自表达立场的机会。

对于与日方的此次谈判，蒋氏早在19日日记中即提起注意“试倭外务省能否代表其外交权与其所派何人”。⑥ 在显然是已经得知此次谈判结果之后，24日，蒋氏致电汪精卫，关于与日方的上海—福冈通航及华北自由飞行的谈判问题，指出：“如彼方果能依照前允三大原则实行，则根本方针既定，此等小问题自当迎刃而解，何必如此急急。彼方外交真实态度，于此可以试见。吾人当一本既定方针进行，其所言善者，不必为喜；而其所言恶与力者，亦无足为惧。如期不恢复外交正规，而订其他航空协定，弟意以为不可

① 有吉大使致广田外相电，1935年10月21日，《日本外交文书》昭和期Ⅱ第1部第4卷（昭和十年对中国关系），第82~83页。

② 《中华民国重要史料初编——对日抗战时期》绪编（三），第643~645页。

③ 黄郛10月24日与日方的谈话中透露：这些答复基本上是蒋介石的意思。有吉大使致广田外相电，1935年10月25日，《日本外交文书》昭和期Ⅱ第1部第4卷（昭和十年对中国关系），第84~85页。

④ 此次会谈的记录及中方答复的日文译件，参见《日本外交文书》昭和期Ⅱ第1部第4卷（昭和十年对中国关系），第78~83页。

⑤ 《中日外交史料丛编》（四）“芦沟桥事变前后的中日外交关系”，第20页。

⑥ 《蒋中正总统档案：事略稿本》（33）民国二十四年九月（下）至十月，第592页。

行也。"[①] 蒋氏显然已经深刻质疑日方所进行的三原则谈判的真意了。

10 月 28 日，蒋作宾大使因奉命将于 31 日回国，在向广田外相辞行时，双方进行了第五次会谈。在谈到“三原则”问题时，广田指出：中方三原则之宗旨，与此前王宠惠所提大致相同；他并特别说明：日方三原则系经外务省与陆海军等部门充分协商后决定的，今后仍将据此进行。[②] 同日，广田外相致电有吉大使，要其特别注意日方并未承认以承认中方三原则作为实行日方三原则的前提。[③] 可见日方态度仍未改变。

得知蒋作宾的谈判情况后，29 日，蒋介石与阎锡山谈话两次，研究外交问题，他称：对倭应主动与之谈判，及对国民宣布方针，至最后不得已时，决心为最后之牺牲，如此或可移转倭寇外交之方针。[④] 这说明，尽管蒋作宾在东京的谈判无果而终，但在“最后关头”到来之前，蒋氏仍然坚持对日进行外交谈判的方针。

蒋作宾大使回国之后，中国驻日使馆代办丁绍伋与日本外务次官重光葵，继续在东京进行谈判；但他们的商谈均为谈判的手续问题及协商之准备事项等次要的问题。[⑤] 因为中日会谈的主要舞台，已逐渐转到了南京。

四 姗姗来迟的南京谈判及其破裂

蒋作宾回国后，国民政府内部因忙于国民党四届六中全会和五全大会的召开，对日政策方针尚在酝酿之中，关于“三原则”的谈判问题一时沉寂下来。11 月 1 日六中全会开幕后，蒋氏在 11 月 2 日的“本周反省录”即提出“对倭外交决定双方派员进行协商。”但鉴于以往谈判的教训，4 日日记的“雪耻”又提出“对倭少谈原则，详谈条款为宜。”[⑥] 5 日，蒋氏到六中全会，与蒋作宾商议外交事；6 日闭幕的六中全会决定了“对倭准其协商原则”的

① 《蒋中正总统档案：事略稿本》（33）民国二十四年九月（下）至十月，第 610 ~ 611 页。

② 《广田大臣蒋大使会谈录（第五回）》,《日本外交文书》昭和期Ⅱ第 1 部第 4 卷（昭和十年对中国关系），第 85 ~ 89 页。

③ 《日本外交文书》昭和期Ⅱ第 1 部第 4 卷（昭和十年对中国关系），第 89 ~ 90 页。

④ 《蒋介石日记》1935 年 11 月 2 日、4 日。

⑤ 《中日外交史料丛编》（四）“芦沟桥事变前后的中日外交关系”，第 21 ~ 24 页。

⑥ 《蒋介石日记》1935 年 10 月 29 日。

方针。[①] 显然，在东京谈判失败之后，蒋氏推动国民党四届六中全会决定了继续与日本进行三原则谈判的方针。

11 月 9 日，黄郛在对须磨总领事的谈话中透露：虽然蒋介石有准备谈判的想法，但因汪精卫已负伤，蒋作宾的信用薄，张群陷入水灾对策而不得脱身，自己已经辞退，唐有壬的威信不足，因此暂时还看不到结果。[②] 但是，日本方面鉴于华北局势的迅速发展，此时却急于开始同南京政府进行谈判。蒋氏 11 月 8 日日记中称“有吉求见”、“对倭设法缓和”等。[③] 虽不知蒋氏此次是否接见了有吉明大使，但是针对 9 日有吉大使向东京的请训，11 日，广田外相训令其迅速赶赴南京，向以蒋介石为首的中国方面要人，说明日本方面的三原则，以努力实现我方的目的。[④] 这表明日方主动将三原则谈判的舞台，转移到了南京。

对于日本当时之急于推行的三原则谈判，蒋介石后来称“当时的情势是很明白的，我们拒绝他的原则，就是战争；我们接受他的要求，就是灭亡。”[⑤] 因此，当时的中国政府在既不能拒绝、又不能接受“广田三原则”的情况下，只有以“拖延”战术，继续与之进行外交谈判，以此挽救华北局势。蒋介石继 13 日日记中预定“对倭谈判之进行”之后，在 14 日的日记中预定“属蒋（蒋作宾——笔者注）拟具进行方法与途径”，并称“对倭以准备牺牲精神而力求和平之保障”；对于即将召开的国民党五大，他认为“此次大会必使对倭外交得到相当之作用”，并指出“对倭以挽救华北为唯一宗旨”；当晚，他与人研讨对倭外交方针，“几无暇晷矣”。[⑥] 19 日，蒋介石在五全大会上做外交报告，宣布了国民政府的对外方针：“和平未到完全绝望之时，决不放弃和平，牺牲未到最后关头，亦决不轻言牺牲。……以抱定最后牺牲之决心，而为和平最大之努力。”并建议“大会如以上述方针为是，请大会授权政府在不违背方针之下，政府应有进退伸缩之全权，以应此非常

---

① 王正华编注《蒋中正总统档案：事略稿本》(34) 民国二十四年十一月至十二月，“国史馆”，2009，第 42、102 页。

② 须磨总领事致广田外相电，1935 年 11 月 9 日，《日本外交文书》昭和期Ⅱ第 1 部第 4 卷（昭和十年对中国关系），第 98 页。

③ 《蒋介石日记》1935 年 11 月 8 日。

④ 有吉大使致广田外相电，1935 年 11 月 9 日；广田外相致有吉大使电，1935 年 11 月 11 日，《日本外交文书》昭和期Ⅱ第 1 部第 4 卷（昭和十年对中国关系），第 96 ~ 99 页。

⑤ 蒋中正：《苏俄在中国》，秦孝仪主编《先总统蒋公思想言论总集》卷 9，中国国民党中央委员会党史委员会，1984，第 65 页。

⑥ 《蒋介石日记》1935 年 11 月 13 日、14 日。

时期外交之需要。”对此建议，全场一致起立接受。①

在确定了上述对日方针并获得了五全大会的外交授权之后，20 日，蒋介石在南京接见了有吉明大使，张群、唐有壬在座。蒋介石除了谈到华北问题之外，对于日本的三原则，表示“个人意见赞成，无有对案。但三原则中之二、三两项交涉华北问题，故必须中央派大员赴华北主持军民两政，方能与日方负责人员进行商讨。”② 显然，蒋介石企图以个人同意日本的三原则，借以制止日本在华北策动的“自治”，并实质上否认其三原则的根本实行。对此，他在当日日记中，不无满意地写道：“下午见有吉对华北事，力排其妄言与威胁，乃得相当之结果。”③

日本政府与军部虽然在 20 日最终否决了华北“高度自治”的方案，但是又抓住其曲解的蒋介石在上述谈话中同意其“三原则”这一点，企图加速进行外交谈判，以求中方首先认可其“三原则”，来掩护其“华北自治工作”的继续进行。为此，22 日，广田外相训令有吉大使，提醒他不要被中方的上述策略所利用，要抓住蒋介石既已同意的事实，继续推进关于三原则的谈判；并特别说明：此电已经与陆、海军方面进行了协商。④ 这表明，日本之主动发起的在南京的三原则谈判，其根本目的还是为了在外交上配合军部正在推进的“华北自治”工作。对此，蒋氏在 24 日的日记中判断“倭寇仍欲以威胁华北为谈判三原则之起点”，并决定“外交先在上海交换意见”。⑤ 南京的谈判至此暂告中止。但在获悉 27 日日本外务省训令有吉大使开始中日交涉之后，蒋氏在 12 月 1 日的日记中关于对倭方针指出“如华北具体方案，则可与速谈，在所不惜也”。⑥ 2 日日记称“告倭如河北划特别区，三原则无法谈起”。⑦

五全大会之后，国民政府在五届一中全会后进行了较大的改组。12 月 16

① 《中华民国重要史料初编——对日抗战时期》绪编（三），第 657 ~ 659 页。

② 《蒋委员长会晤有吉大使谈话记录》，1935 年 11 月 20 日，《中日外交史料丛编》（五）“日本制造伪组织与国联的制裁”，中国国民党中央委员会党史委员会，1995，第 471 ~ 474 页。日方的会谈记录，载《日本外交文书》昭和期Ⅱ第 1 部第 4 卷（昭和十年对中国关系），第 105 ~ 106、386 ~ 389 页。

③ 《蒋介石日记》，1935 年 11 月 20 日。

④ 广田外相致有吉大使电，1935 年 11 月 22 日，《日本外交文书》昭和期Ⅱ第 1 部第 4 卷（昭和十年对中国关系），第 391 ~ 392 页。

⑤ 《蒋中正总统档案：事略稿本》（34）民国二十四年十一月至十二月，第 473 页。

⑥ 《蒋中正总统档案：事略稿本》（34）民国二十四年十一月至十二月，第 486、505 页。

⑦ 《蒋介石日记》1935 年 12 月 2 日。

日兼任行政院长的蒋介石，选派张群出任外交部长，此外还有内政部长蒋作宾、军政部长何应钦、实业部长吴鼎昌、铁道部长张嘉璈，“希望能运用这些人的对日关系，直接与日本办交涉，调整中日关系与日本暂时取得妥协，设法延缓中日间的紧张情势。”① 18 日，张群在接见中外新闻记者的谈话中表示：“中国决以不侵犯主权为限度，谋友邦之政治协调；以互惠平等为原则，谋友邦之经济合作。抱定最后牺牲之决心，而为和平最大之努力，期达奠定国家复兴民族之目的。”② 为此，张群决定采取主动与日本外交当局谈判的战略：在交涉方式上，继续由两国外交官以外交方式办理；但在交涉内容上则有较大的转变，即进行中日两国关系的整体调整。③ 张群的这些主张，其实也来自于当时外交部亚洲司司长高宗武的建议。④ 于是，中国政府在此前的“三原则”谈判基础上，在南京主动发起了与日本的调整国交谈判。

12 月 20 日，张群部长主动约见了有吉明大使，与其进行了“调整中日关系”的首次会谈。根据中方的记录，⑤ 张群首先表示“愿以最大之努力商讨中日间整个关系之调整”，有吉则以现在许多小问题未解决而难求整个问题之解决，进而提出继续谈判三原则，并提出 11 月 20 日蒋介石表示过无条件赞成日本三原则的问题，张群答曰：“蒋委员长言无对案，系对三原则之实施而言，绝非无条件的赞同。”他再次提议“与其谈抽象之原则，不如谈具体之办法”，并在与有吉就华北问题进行商谈后表示：日本必须停止在华北的一切活动，否则一切问题将无从解决。可见，张群是以首先解决华北问题，再次打破了日本纠缠于“三原则”问题以及“先决定原则，再解决具体问题”的谈判企图。但是对于中方提议的调整国交谈判，有吉明先以其并无全权、将转达于政府，继以其不常驻南京等由，作为搪

---

① 张群著《我与日本七十年》，中日关系研究会，1980，第 47 ~48 页。

② 《一九三六年之中日关系》，第 33 页。

③ 《我与日本七十年》，第 49 ~50 页。

④ 高宗武遗著、夏侯叙五整理注释《日本真相》，湖南教育出版社，2008，第 39 页。高宗武在美国撰写的回忆录，学界所知仅为其英文本《Into the Tiger's Den》（中译“深入虎穴”）。该书被陶恒生先生发现于美国斯坦福大学胡佛研究所，并被其译为中文，高宗武著、陶恒生译《高宗武回忆录》，中国大百科全书出版社，2009。但是高宗武的遗属在整理其遗著时，发现了上述英文本的中文原稿《日本真相》（This is Japan），并将其在大陆出版。笔者鉴于该两书在内容与史实上均有出入，故以高氏中文原稿为准。

⑤ 《张群与有吉大使谈话记录》（1935 年 12 月 20 日），《中华民国史档案资料汇编》第五辑第一编外交（二），第 883 ~886 页。

塞敷衍。他在会谈后，认为中国在三原则和华北问题上，表示出了拖延之策，为此建议日本政府将华北问题和三原则问题分开，与中国政府继续进行谈判。①

1935～1936年的岁末年初，在中国政府的推动下，中日“调整两国国交的声浪喧传一时”。② 对此充满疑虑的日本，作为对策的研究，关于三原则的问题，在须磨总领事回国后，由外务省与陆海军方面进行了协商；关于华北问题，陆军省在1936年1月13日对于中国驻屯军司令官发出了《处理华北纲要》的指示，③ 并获得了政府的同意，后被称为“第一次处理华北纲要”。日本在确定了“华北五省自治”的国策之后，为了应对中国政府的调整国交谈判，而再次提起了“三原则”的谈判问题。

为了配合此次谈判，1月21日，广田外相在第68次议会上发表外交政策的演说，公开明确其对华“三原则”，并宣称：“中国政府对此已充分谅解，并表示了赞成的意思”。④ 对此，中国外交部发言人在22日明确指出：广田所谓对华三原则，应系指去年9月中广田外相对我蒋大使所提出之三点而言；广田外相演说谓中国业已同意，殊非事实。⑤ 与此同时，须磨总领事22日回到南京任上后，即到外交部会晤了张群，宣称日本政府对于中国的调整国交甚为赞同，并将派遣有田八郎出任驻华大使，且常驻南京，就此问题与中方进行谈判。⑥

1月29日，有吉大使在奉调回国之前，到南京辞行。张群在会见时表示：“本部对三原则之商谈虽未拒绝，亦未赞成。如续谈此事，当然应根据蒋大使之谈话。”30日，有吉拜会蒋介石，蒋氏亦称：“余对此事之意见与张部长完全相同。”⑦ 至此，中日关于“三原则”的谈判，在历经三个多月之后，又回到了原点，并随着有吉明大使的离任而宣告破裂。

---

① 有吉大使致广田外相电，1935年12月21日、28日，《日本外交文书》昭和期Ⅱ第1部第4卷（昭和十年对中国关系），第114～116、119～121页。

② 《一九三六年之中日关系》，第34页。

③ 〔日〕外务省编纂《日本外交文书》昭和期Ⅱ第1部第5卷（昭和十一—十二年七月对中国关系），外务省，2008，第677～679页。

④ 《主要文书》下卷，第324～326页。

⑤ 《中华民国重要史料初编——对日抗战时期》绪编（三），第646页。

⑥ 《张群与须磨秘书谈话记录》（1936年1月22日），《中华民国史档案资料汇编》第五辑第一编 外交（二），第888～889页。

⑦ 《中日外交史料丛编》（四）“卢沟桥事变前后的中日外交关系”，第29～30页。

五　尾声与余论

1936 年 2 月初，日本改派有田八郎担任驻华大使，中国派遣许世英为驻日大使。在有田大使来华上任之前，日本外务省与陆、海军省的主管当局于 2 月 19 日共同决定了给予该大使上任之后与南京政府进行谈判的指示，要求其继续进行“广田三原则”的谈判，而在华北问题上则要参照军部此前制订的《处理华北纲要》。为了便利与南京政府的谈判，外务省决定其驻中国大使馆人员由上海转往南京，驻华大使常驻南京。①

在日本为南京会谈进行了充分的外交准备之后，当 2 月 26 日有田八郎到达上海时，日本国内突发的“二·二六”政变，很快改变了政局，并影响了此次谈判。3 月 9 日，前外相广田弘毅组阁，并暂时兼任外相。有田大使 3 月 5 日到达南京后，6 日，向国民政府主席林森递交了国书；12 日，拜会行政院长蒋介石，就调整中日关系问题，“交换基础的意见”。② 但正当有田八郎准备进行会谈之时，由于广田内阁决定他回国就任外相，致使中日既定的调整国交会谈，“暂归停搁”。

有田大使回国之前，3 月 16～19 日，在南京与其旧友张群外长进行了四次会谈。他们每日会谈一次、每次二至三个小时，而且没有第三者在场、也不留会谈记录，纯为非正式的交换个人意见而已。③ 其会谈的内容应该为关于调整中日国交的问题。据张群在会谈后口述、高宗武笔录的未公开的会谈文件，双方会谈的重点内容仍然集中在广田三原则及华北问题上。④ 双方在 19 日会谈后发表的对外公告称：“此次晤谈之目的，乃欲调整两国关系之会商圆满进行……双方见解虽未能全部一致，但可认为有裨益于彼此意思之疏通匪鲜也。”⑤ 关于双方见解的不同之处，张群在后来的回忆中指出：他在 17 日的第二次会谈中告诉有田，“不赞同以广田三原则为调整中日关系之基

① 《日本外交文书》昭和期Ⅱ第 1 部第 5 卷（昭和十一—十二年七月对中国关系），第 23～25、28～29 页。

② 《一九三六年之中日关系》，第 45 页。

③ 《一九三六年之中日关系》，第 45～46 页。

④ “国史馆”藏《蒋中正总统档案》：“特交档案”，中日战争——调整国交，第二卷。转引自刘维开著《国难期间应变图存问题之研究——从九一八到七七》，第 447～450 页。

⑤ 《一九三六年之中日关系》，第 46 页。

础”。[①] 可见，与此前不同的是，中方在今后的调整国交谈判中，已经排除了日本的广田三原则。

有田大使与张群会谈之后，20 日，向蒋介石辞行。23 日，在上海召集了日本驻华总领事会议，听取其驻广东、福建、天津、汉口各地总领事的报告。25 日到天津，出席日本驻华北各地总领事会议，研讨华北问题。28 日在长春，与关东军首脑与驻“满”大使交换意见。4 月 1 日回到东京。[②] 有田八郎大使此次短暂的中国之行，对于他回国后日本的对华政策，产生了一定的影响。4 月 2 日，有田八郎就任广田内阁的外相之初，就表明对于广田三原则，将不拘泥于形式。[③] 因此，有田大使的中国之行，实际上结束了中日三原则的谈判，而应该开启了调整国交的谈判。但此后，由于日本 4 月 17 日任命的驻华大使、前驻天津总领事川越茂，直到 7 月初才来华上任，中日调整国交的谈判，实际上陷入了长期的停顿状态，直到 1936 年 9 月初。

从 1935 年 10 月到 1936 年 1 月，中日从东京到南京，先由蒋作宾大使与广田弘毅外相、后由有吉明大使与张群部长，分别进行了关于“三原则”的多次谈判。其间，中方首先坚持己方的三原则并要求日本履行承诺、加以实行，日方则否定中方三原则、并要求中方首先实行其“广田三原则”，并将三原则的谈判，主动转移到了南京。中方随后在不拒绝、不承认的原则下，勉强与之进行谈判，并在五全大会之后，以调整国交和解决华北问题来阻碍日本三原则，日方则以其片面理解的蒋介石之“承认”作为突破口，强迫中方实行其三原则，并继续进行其“华北工作”。由于双方在华北问题上的进退得失，作为空洞、抽象之对外政策的“三原则”及其形式上的外交谈判，终于随着中方发起的调整国交谈判而最终宣告结束。对此，时任外交部亚洲司长的高宗武后来总结道：“日本本其一向之策略——崇尚原则，以期可以由此空泛之原则，随意地产生一切他所说不出来的内容。中国则因过去之教训，十分畏惧会上日本人的当，故若无具体内容，则不愿多谈。所以此‘广田三原则’之谈判，毫无结果。”[④]

1935 年上半年，蒋介石推动国民政府调整对日关系，并由王宠惠首先主

① 《我与日本七十年》，第 53 页。

② 《一九三六年之中日关系》，第 47 页。

③ 《一九三六年之中日关系》，第 47 ~ 48 页；《日本外交文书》昭和期Ⅱ第 1 部第 5 卷（昭和十一—十二年七月对中国关系），第 52 ~ 53 页。

④ 高宗武遗著、夏侯叙五整理注释《日本真相》，第 35 页。

动提出了中方的“三原则”；日本首先不予回应，在军部发动了“华北事变”之后，乃提出了旨在利用外交手段征服中国的“广田三原则”。① 9月起先在东京、后主要在南京进行的“三原则”谈判，中日双方各自坚持自己的“三原则”，并要求对方首先承诺、接受之，导致了谈判的最终破裂。中日双方在谈判中的主动与被动之不断移位、攻守与进退之互相转换，使得彼此在成败与得失之间各有千秋。中国通过谈判宣传了自己的三原则和正当要求，并在一定程度上延缓了“最后关头”的到来时限，因而可称为是蒋介石“政略服从于战略”的退却策略②之下的外交“伐谋”之成功。③ 日本在其近代军政体制所固有的“双重外交”（或“二元外交”）之下，虽然外交征服中国的企图与努力未达，但也使得军事征服的侵华战争，终将成为其必然和唯一的选择；而直到卢沟桥事变后不久日本政府仍然继续坚持其“广田三原则”④这一事实也印证其坚持“三原则”谈判的本质所在。因此，1935年开始的中日三原则谈判以及在华北问题上的斗争，应是中国迅速走向“抗倭”的根本近因。⑤

① 《远东国际军事法庭判决书》，张效林译，群众出版社，1986，第323～324页。

② 1935年12月12日，蒋氏在国民党中央政治委员会第一次会议上所做《论政略与战略之运用》的报告，《蒋中正总统档案：事略稿本》(34) 民国二十四年十一月至十二月，第636～660页。

③ 蒋氏关于1935年的“本年反省录”称：“今年……倭寇阴狠险阻，虽云已极，卒不得逞，最后华北自治亦未实现，皆为精神战争之胜利。甚矣国人徒觉抗倭之难，而不知伐谋之战为更难也。”

④ 1937年7月15日，近卫内阁的情报委员会发表了一份由外务省编辑、标记为“绝密”的《关于对华政策》的文件，其中仍将“广田三原则”作为日本对华政策的三项原则。“外务省记录”A. 1. 1. 0. 10：《帝国ノ対支外交政策关系一件》(第七卷)，日本外务省外交史料馆藏。

⑤ 蒋氏在1935年之“反省录”中称：“今年中心工作是为剿匪，可说已达到七分之成功，明年则可以抗倭为中心。”1937年初拟制的本年“大事年表”也称：“对倭寇以抗倭而不排倭，应战而不求战。”《蒋介石日记》1935年12月、1937年1月。

争取西方的援助
评孔祥熙 1937 年的欧美之行

郑会欣 *

1937 年 4 月，行政院副院长兼财政部部长孔祥熙前往欧美各国进行国事访问，时间长达半年之久，其间孔祥熙先后访问了英国、瑞士、意大利、法国、比利时、德国、捷克、美国等欧美主要国家，并与张伯伦、希特勒、墨索里尼、罗斯福等各国领袖会面。表面上看，他是以国民政府特使的名义参加英国乔治六世的加冕典礼，并顺道访问欧美各国，是抗战前夕中国政府争取西方援助的一次重要外交活动。正如孔祥熙在回国后的国民党五届五中全会财政报告中所说，此次出访乃“秉承总理利用外资遗教，吸收国际资金，以充国内生产建设之用，并以年来内债数目几于二十多万万元，拟设法借于低利外资，偿还高利内债，俾社会金融益形活泼，国库支出亦得以稍资弥补”。① 而实际上孔祥熙欧美之行的目的不仅是要吸收外资，以配合国内正在进行的国民经济建设运动，同时亦在暗中购买军火，加强国防力量，从而为中国政府在即将爆发的对日抗战中争取外援发挥了积极的作用。

孔祥熙出访欧美的背景

要了解孔祥熙此次出访的目的，首先应注意的是抗战前夕复杂的国内外政治与经济背景。

从国际方面分析，自 1929 年即困扰西方国家多年的全球性经济危机此时已开始复苏，欧美各大财团又开始寻找和开辟海外市场，中国则正是投资者

* 香港中文大学中国文化研究所研究员。

① 《国民党五届五中全会财政报告》（1939 年 1 月），《民国档案》1986 年第 2 期，第 70 页。

的重要目标。在这场争夺对华投资的竞争中，由于德国不是新银行团的成员，不受对华投资借款种种条款的约束，再加上当时正值德国复兴之际，也刺激其积极寻找向海外投资和扩张的机会，因此德国财团率先进军中国。1934 年 5 月，德国奥托 · 华尔夫公司与铁道部签订玉（山）南（昌）铁路借款，成为 30 年代西方国家第一个向中国提供贷款修建铁路的国家。[①] 在这之后，英、法、比等国财团亦蜂拥而至，相继与中国签订了宝成铁路（比）、京赣铁路（英）、湘黔铁路（德）、成渝铁路（法）等借款，原本为控制对华借款而成立的新银行团已形同虚设，名存实亡，再也发挥不了垄断的作用，就连一向对中国提供借款极为冷淡的美国财团此刻态度也发生了变化。1937 年春天，美国进出口银行总裁皮尔逊专程访问中国，并与铁道部部长张嘉璈多次洽谈，表示愿意向中国提供大额度的信贷。[②] 美国驻华大使约翰逊在致国务院的电报中表示，很多外国人都不得不对近年来中国在农业、工业、交通等方面所取得的成绩产生深刻的印象，他相信，“在国民政府领导之下，一个经济发展的时期已经到来”。约翰逊还报告，中国已得到英国、法国和德国的大笔贷款，因此他建议，美国政府是否也应积极参加对中国的投资。[③] 所有这一切都充分说明，当时西方国家不论是政府还是财团，在对华投资的意向上已发生深刻的变化。[④]

在国内，政治与经济局势亦朝着有利的方向转化，出现了国民政府成立后难得的安定和繁荣的局面。

从政治形势来看，自两广事变、特别是西安事变和平解决后，国民党逐步停止内战，国共两党开始进行秘密谈判，政治局势趋于统一，中央政府的威望亦有所提高。1937 年 2 月，国民党五届三中全会召开，对内对外政策都发生了重大改变：在对内政策方面，确立了“和平统一”的方针；对外方面则表示，若日本的侵略“超过忍耐之限度”，中国政府惟有“出于抗战之一

---

① William C. Kirby, *Germany and Republic China* (California: Stanford University Press, 1984), pp. 194 – 198.

② 姚崧龄编著《张公权先生年谱初稿》上册，传记文学出版社，1982，第 177 ~ 178 页。

③ “Johnson to the Secretary of State” (May 7, 1937), The U. S. Department of State, ed., *Foreign Relations of the United States*, *Diplomatic Papers*, 1937, Vol. IV (Washington: GPO, 1954), pp. 592 – 595.

④ 关于这个问题可参阅拙文《试论战前西方对中国投资意向转变的原因》，载《史林》2005 年第 1 期，第 109 ~ 114 页；后又收入张东刚等主编《世界经济体制下的民国时期经济》，中国财政经济出版社，2005，第 258 ~ 269 页。

途”。[1]

此刻经济形势的变化更为明显，由于1935年11月币制改革的成功实施，带动了整个国民经济的发展，具体表现为物价缓缓上升，失业率明显下降，工农业生产逐步恢复；与此同时，由于政府全面整理外债，开始清还拖欠多年的外债，债信有所提高，国民经济和投资环境都发生了重大的改变。

但从另一个方面来看，此时中国的经济发展也存在若干困难。首先，政府推动的国民经济建设运动刚刚开始，国家计划兴建众多大型现代化企业，在在需要资金，特别是铁路建设急需大批投资；其次，由于南京政府成立之初无法举借外债，只能依靠向国内银行借款，然而历年来内债发行过多，且利息较高，已对国家财政造成严重影响，虽然财政部对于内债刚刚加以整理（发行统一公债），但并未能解决所有问题，需要有强有力的资金作为发展经济的后盾。更重要的是，此刻日本正逐步加紧对华北进行蚕食，侵略中国的野心日益明显，对此国民党内高层亦有较清醒的认识。

处于这种局势之下，国民政府必须在国际上积极开展外交活动，一方面是介绍中国政府的对外政策，了解欧美各国对远东局势的态度，并赢得他们对中国的同情，更重要的则是争取西方列强在财政、经济与军事方面提供援助。时任驻法国大使顾维钧即认为，中国政府目前的注意力就是要满足军事和外交上的需要，重点则是转向欧洲市场，特别是从伦敦、柏林、巴黎和罗马那里寻求财政信贷和借款。[2]

此时正好乔治六世刚刚继爱德华八世成为英国国王，预定于1937年5月举行加冕典礼。这是英国一项极为隆重的仪式，不仅要邀请欧洲各国君主和王室人员出席，世界各国亦都会派出重要领袖参加这一盛典。顾维钧听说日本皇太子不仅亲自参加，还计划访问德国，因此他建议南京政府选派重要领导人前往英国，并顺便出访欧洲各国。在顾维钧眼中看来，孔祥熙、宋子文、孙科、王正廷、颜惠庆等都是恰当的人选。[3] 国民政府立即抓住这一机会，组织代表团出席典礼，而作为行政院副院长兼财政部部长和中央银行总裁的孔祥熙，更是担任国家特使的最佳人选，至于副使，最初除了陈绍宽之

---

① 陈兴唐主编《中国国民党大事典》，中国华侨出版社，1993，第504页。

② 《顾维钧回忆录》第2分册，中华书局，1985，第337页。

③ 《顾维钧回忆录》第2分册，第368页。

外，军政部常务次长陈诚、军事委员会委员长侍从室主任钱大钧亦曾是蒋介石考虑的对象。①

1937年3月20日，国民政府下令，派孔祥熙为庆贺英皇加冕典礼特使，并以海军部部长陈绍宽、驻英大使郭泰祺为副特使。随后孔祥熙便开始准备出访，他首先组织了一个庞大的代表团，主要人员包括秘书长翁文灏（行政院秘书长）；参赞曾镕甫（铁道部常务次长）、诸昌年（江海关监督）、张福运（原财政部关务署署长）、郭秉文（实业部国际贸易局局长）、梅乐和（海关总税务司）；秘书张平群、吴景超、杨光泩、陈炳章、陈立廷、胡诒谷；专员唐海安、陈祀邦、乔晋梁、李骏耀、郭泰桢；武官桂永清、温应星、胡献华、周应骢、林遵、沈德燮、王承黻、林献炘；技术人员王家鸿、齐焌、吴健、徐善祥、刘荫茀；译电员原顺伯。② 孔祥熙的长女孔令仪和次子孔令杰亦都随团前往欧洲。

孔祥熙此次出访其实包含着深远的政治与经济目的：首先是寻求西方的财政借款，一方面是为了配合国内的国民经济建设计划，完成新建铁路的融资，同时他还设想向西方举借大批低息外债，用以偿还高息内债；其次是为白银国有化之后的白银寻找出路，这样既可以将白银作为发行货币的准备，又可以此作为抵押，举借新的外债；第三，就是积极向西方各国购买军事物资，为国家增加国防力量，防止和抵御可能发生的外来侵略。

4月2日，孔祥熙率代表团一行30余人自上海搭乘意大利邮轮“维多利亚”号出发，行前蒋介石曾亲自接见代表团，并嘱托孔祥熙：“此行使命极为重大，望勉力以赴”，表示孔出国期间国内财政事务都将由他本人“亲加注意，务使各事照常进行”。③ 孔祥熙刚刚启程没有几天，财政部秘书鲁佩璋即给他发去密电，称驻瑞典暨挪威公使王景岐来电报告知，瑞典存银甚丰，且该国银行与实业界均有意对中国进行援助，因而建议“如向此无野心之国家告贷，可济急无患”。④ 这就说明孔祥熙此行的真正目的就是寻求欧美各国的借款，对象十分广泛。

---

① 李学通等整理《翁文灏日记》，中华书局，2010，第122页。

② 《孔祥熙关于修订后随行赴英人员名单致外交部函稿》（1937年3月25日），中国第二历史档案馆藏财政部档案，档案号：三（2）/4885。翁文灏所记的名单与此略有不同，见《翁文灏日记》（1937年4月3日），第125页。

③ 《孔祥熙等首途赴英》，《国闻周报》第14卷第14期，1937年4月12日，第55~56页。

④ 《鲁佩璋致孔祥熙密电》（1937年4月6日），《民国档案》1992年第1期，第22页。

此次行程甚长，孔一行先抵达香港，途经菲律宾的马尼拉、新加坡、锡兰的科伦坡、印度的孟买、埃及的赛特港，再经意大利、捷克和德国。沿途孔祥熙一行先是乘船各处游览，并会见各国领袖，到了欧洲再换乘火车，终于在二十多天后的4月27日抵达英国的维多利亚车站，受到英国政府的官式欢迎。5月4日，郭泰祺大使在酒店设宴为代表团接风，多位英国内阁成员出席。宴会中外相艾登表示，英国非常愿意协助中国振兴，中国需要甚么方面的援助，英国都会考虑；但他又提醒“经济建设尚系试验时期，西方方法可学，中国旧法亦可存”。① 其后孔氏一行参加了英皇乔治六世的加冕典礼，并与英方进行多次会谈，同时还在伦敦参观演讲，5月25日离开伦敦前往日内瓦，② 开始了他对欧美各国的正式访问。

与英国洽商借款

5月12日孔祥熙率领中国代表团参加了英皇乔治六世的加冕典礼，随后便开始进行其他官式活动。5月21日起，孔祥熙偕郭泰祺大使访问英国财政大臣张伯伦，就中英经济合作事宜开始进行谈判，而铁路借款则是谈判的主要内容。

1935年11月国民政府行政院改组后，张嘉璈出任铁道部部长，随即开始全面清理铁路债务，目的是计划大规模引进外资修筑铁路，其中与英资有关的就是兴建广（州）梅（县）铁路和浦（口）襄（阳）铁路。然而除了资金之外，修建铁路还面临着其他几个重大的难题。

首先是如何避免日本的干扰。日本早就企图在华南投资兴建铁路，而且潮汕铁路历史上亦存在日本借款的遗留问题。中方深恐日本以共同投资的理由将势力侵入广东，决定仿照川黔铁路公司办法，成立商办的广东铁路公司，再由中国建设银公司与汇丰银行在香港和英国发行债券。1937年1月2日，张嘉璈开始与汇丰银行代表卡塞尔、中英银公司代表台维斯及英国驻华大使馆财政参赞霍伯器等人洽商具体借款条件，然而借款谈判刚刚开始，日

① 《翁文灏日记》(1937年5月4日)，第132～133页。

② 郭荣生编著《民国孔庸之先生祥熙年谱》，台湾商务印书馆，1981，第122～125页。本文引述孔祥熙欧美之行的具体行程，基本参照此书，但该书与《翁文灏日记》对照，有许多记载是错误的，如孔到伦敦的时间应是4月27日，《年谱》却说是5月3日；孔离开伦敦的时间是5月25日，《年谱》则记为5月20日。

本驻南京总领事就向张嘉璈询问详细情形，日本驻广州总领事更公开向广州市市长曾养甫（同时兼任铁道部政务次长）表示要参加广梅铁路借款，他甚至宣称日本完全可以单独提供筑路材料。①

其次就是四国银行团问题。第一次世界大战结束后英、美、法、日四国成立新银行团，其目的就是要垄断对华借款。虽然此时德国已率先向中国提供铁路借款，其他各国亦都相继开始对华投资，但新银行团的存在，始终是中国大规模引进外资的一个重大障碍。此时英国已意识到这一问题，1937 年 2 月，英国曾向美国发出照会，认为银行团的存在不但没有完成其创立时促进中国经济发展的宗旨，相反却成为其中的障碍。② 因此英方希望以广梅铁路为契机，取消四国银行团这样一个名存实亡的机构。

第三个问题来自于国内。原先铁道部商议广梅铁路借款将以盐税附加税作为第一担保，但这一建议却遭到财政部的反对，孔祥熙主张借款应集中进行，不要各自洽谈。因此正在国内与英方谈判借款修建广梅、浦襄铁路的张嘉璈致电孔祥熙，称已将浦襄铁路借款暂缓签字，“留待吾公大计划成立，归并办理”。③

蒋介石非常关心孔祥熙在英国的谈判，并经常予以指示。孔祥熙曾向驻德大使程天放提及，他在英国的三个星期中，就曾与蒋介石亲自通过四次长途电话，声音很清晰。④ 虽然没有提及谈话内容，但肯定涉及借款的问题。孔祥熙刚到伦敦不久，蒋介石就致电孔，说他已在上海与英国大使会面，英方对于中英“经济、军事合作甚表赞成”，只要双方“在英开诚谈判，必有效果”；但是英方还是强调两点：“甲、经济合作须有担保品；乙、合作注重精神，不在文字，以免各国嫉忌。期能以此奠定两国永久友好之基础，确保东亚之和平。”蒋在电报中还特别提到对日本的外交方针，即“决不放弃正当交涉之途径，只要日本放弃其无条约所夺取之权利及其非法活动，如彼能取消冀东、察北伪组织与彻底停止走私等事，不妨碍中国在华北行政主权之完整勿使华北特殊化，则其它一切我政府必经合法手续与正当途径进行”。

---

① 张公权：《抗战前后中国铁路建设的奋斗》，传记文学出版社，1974 年修订本，第 73 ~ 74 页。

② “The Charge in the United Kingdom to the Secretary of State”（February 10，1937），*Foreign Relations*，1937，Vol. IV，pp. 568 – 569.

③ 《张嘉璈致孔祥熙电》（1937 年 5 月 12 日），载《民国档案》1992 年第 1 期，第 24 页。

④ 程天放：《使德回忆录》，正中书局，1967，第 173 页。

并指示孔“可在英表示即如以上之意，如日愿英从中保证，则中国亦所愿矣”。[①]

除了铁路借款之外，孔祥熙其实更关注的还是金融借款，而军方亦希望得到军事方面的援助。5月14日，训练总监部交通兵监兼通信兵监徐庭瑶致电孔祥熙，说是接到蒋介石的命令，今年要成立战车营，因而请他速向英国威克鄞厂订购“六吨车三十四辆，四吨车十八辆，每车均装无线电”，同时再向英国马太公司订购一批修车机器。[②] 5月15日，蒋介石再次电告孔，称已正式通知英国大使，“关于中英合作之谈判，已授兄在英全权协商，嘱其转告英政府”。他还指示孔应尽量争取军事方面的援助，譬如“海军部份可属厚甫［陈绍宽］酌拟办法，然最多先订小号潜水艇一队，共四艘，其它如要塞炮、高射炮、鱼雷快艇、水雷、坦克、战车等，须待其英国首相顾问来华后面商再决，顾问员额亦然。但其军械价目总数大约在五百万镑至一千万镑之数，言明六年以后开始还本”。[③]

孔祥熙在英国的谈判尚未结束，5月25日就离开英国前往欧洲其他国家进行访问，但他对谈判的结果似乎相当乐观。孔祥熙在日内瓦致外交部长王宠惠的密电中称：“此次使英，所有印象甚好，各方对我态度极佳，此固因我年来诸事进步，然复初兄（郭泰祺）联络力亦不少。艾登迭次对我表示好感，谓英日谈判由日主动，但英必以有利吾国为前提。新任首相张百伦亦谓，无论如何，决不使有损吾国主权，且当乘机为我臂助。至与日谈判情形，将对我一切公开。”接着孔祥熙告诉王宠惠他到日内瓦的任务是：“一、借机与各国代表联络感情；二、借晤驻欧各使，报告国情；三、探询各国实情及其对外方策，以备参考。”[④] 5月29日他在罗马发给财政部政务次长邹琳和常务次长徐堪的电报中亦称：“此次来京，甚受欢迎，我国信用现已恢复，向我投资不成问题，惟其条件则待研究。伦敦市面近因所得税纠纷及罢工风潮，稍受影响，惟不久即可过去，无关大局。”[⑤] 同日他又致电张嘉璈，称“铁路借款，英欲正式以关、盐担保，此事关整个问题，似不宜枝节处理，且急则条件苛，于我无利。现正积极进行，不久当有具体决定，

① 《蒋介石致孔祥熙电》（1937年5月9日），载秦孝仪总编纂《总统蒋公大事长编初稿》卷4（上），财团法人中正文教基金会，1978，第36页。

② 《徐庭瑶致孔祥熙电》（1937年5月14日），《民国档案》1992年第1期，第24页。

③ 《蒋介石致孔祥熙电》（1937年5月15日），《总统蒋公大事长编初稿》卷4（上），第37～38页。

④ 《孔祥熙致王宠惠电》（1937年5月27日），中国第二历史档案馆藏财政部档案，档案号：三（1）/98。

⑤ 《孔祥熙致邹琳、徐堪电》（1937年5月29日），中国第二历史档案馆藏财政部档案，档案号：三（1）/98。

已嘱镕甫兄在英斟酌办理，将来如何，再行电达”。①

孔祥熙在访欧期间曾向其他国家通报了他在英国借款的情形，美国驻法国大使布里特在向国务院的报告中说，孔祥熙于6月2日晚间两人会晤时曾向他透露，英国表示愿意提供长期借款资助中国各种修建铁路的计划，条件是必须购买英国的器材和设备；孔回答说，除非英国提供的条件要比其他国家优惠，否则他不会对这类借款感兴趣，因为在分期付款的原则下，中国可以从世界各国购买铁路器材。孔认为，只有英国提供大约12000万镑（约合20亿元法币）的借款，方可以收回国内发行的高息内债。当时内债利率多为6厘或8厘以上，孔希望举借年息4厘的大批外债，这样仅支付利息每年就可以节省8000万元国币，同时也可以平衡国家预算。孔祥熙还说，英国政府原则上已经同意他的建议，因为这确实对中英两国都有利；但英方又表示，鉴于目前英国的财政状况以及欧洲动荡的局势，他们最多只能提供二千万镑的信贷，并邀请孔访美回程时即予签署协定。因此，孔祥熙向布里特提出，若美国能提供相当于一亿镑的借款，那就一定会加强中国政府的地位。②

英方提出的借款条件相当苛刻，包括借款以海关税收为担保；保持并加强现行的海关行政制度，并重新聘用外国人担任海关职员；使用借款必须与中央准备银行顾问商量等。③ 蒋介石接到孔祥熙6月5日发来的电报后，立即致电驻德国大使程天放并让他转告孔，关于“外汇准备借款三项条件，第二项在借款未偿清以前，税务司仍由英人担任一节，可改为‘中国税务司如雇外员，则先雇英人’，但只可口头约定，不可签订文字，其它两项亦只可口头约定，万不能签约，否则彼显有束缚与监督我财政方针，则不如不借也。而且国民亦不能了解”。蒋介石还提出，除了这笔外汇准备借款之外，是否还能再借一二千万镑的信用物品借款。④

6月15日，孔祥熙于德国的巴特诺恒致电张嘉璈，告诉他广梅借款谈判现仍在积极进行中，但对方提出必须要以铁路收入和盐税余款作为借款的本

---

① 《孔祥熙致张嘉璈电》（1937年5月29日），中国第二历史档案馆藏财政部档案，档案号：三（1）/98。

② “Bullitt to the Secretary of State”（June 3，1937），*Foreign Relations*，1937，Vol. IV.，pp. 603 – 605.

③ “Bingham to the Secretary of State”（June 21，1937），*Foreign Relations*，1937，Vol. IV，pp. 605 – 607.

④ 《蒋介石致程天放转孔祥熙电》（1937年6月8日），载《总统蒋公大事长编初稿》卷4（上），第44～45页。

息担保，“是其条件愈趋苛烈，如开此例，将来贻害甚大，此不能不虑也”。[①] 张嘉璈收电后即刻回电提出他的意见，“利息以粤省增收盐税为担保，璈意以为与盐余并无分别，深盼英方谅解，仍维原意，勿再坚持，至本则无论如何必须以铁路收入为担保，否则一经开例，其它合同必将无法办理矣”。张在电报的结尾还忘不了赞扬孔几句：“吾公负国际重望，旌旗所至，各国莫不响风，想一言九鼎，必能俯赐斡旋，俾此事得迅速解决也。”[②] 孔祥熙回电称：“广梅案英变更原意，对铁部担保不信任，[要] 求加盐税担保本息，恶例难开。诚如所云，不如静处，徐图转圜。”孔祥熙甚至怀疑英方变更原意“是否沪方有人阴谋破坏”，要求张嘉璈秘密进行探查。[③]

6月21日，美国驻英国大使贝克汉姆向国务院转呈了英国外交部的一份备忘录，证实了孔祥熙与英国借款的绝密谈判内容。备忘录称，英国政府同意向中国提供借款以稳定中国的货币及健全财政政策，这笔借款的数额应为一千万至二千万镑之间，并在伦敦发行债券，希望美国政府对此予以同情和支持。英国外交次官贾德干还说，他曾与日本驻英大使交换过意见，并声明英国政府赞成为了远东的和平与安定，愿与美国、中国和日本进行合作，但决不考虑签订任何形式的特殊协议。[④]

美国国务院远东司司长霍恩贝克在这份文件上签注，他认为不论从什么角度来看，美国都没有理由不支持这一计划，但是否采取同样的行动，他还是建议应予审慎的考虑。至于英国方面提出解散四国银行团的建议，而据他们观察，其实用不着政府出面干预，美国财团早就有此想法了。霍恩贝克最后还强调，即将前往美国访问的孔祥熙一定会提出借款的问题，他的意见是，至少在开始时，国务院应采取中立的态度。[⑤]

此时英国正秘密与日本进行谈判，刚由财政大臣升任首相的张伯伦和外相艾登告诉翁文灏，日本要单独在华北投资，但在华南如果有投资的机会，则要求履行四国银行团的协议，必须通知日本共同参加。张伯伦他们虽然表示，英国不论在华北还是华南都有权投资，但若中日交战，“英国立即远避，

① 《孔祥熙致张嘉璈电》（1937年6月15日），《民国档案》1992年第1期，第26页。

② 《张嘉璈致孔祥熙电》（1937年6月16日），《民国档案》1992年第1期，第26页。

③ 《孔祥熙致张嘉璈电》（1937年6月17日），《民国档案》1992年第1期，第26页。

④ “Bingham to the Secretary of State” (June 21, 1937), *Foreign Relations*, 1937, Vol. IV, pp. 605 – 607.

⑤ “Memorandum by Hornbeck)” (June 25, 1937), *Foreign Relations*, 1937, Vol. IV, pp. 608 – 609.

中国不可空望帮助”。[①] 这就说明，虽然英国有意向中国投资，但为了自身的利益，英国是绝对不愿意卷入远东危机的。

订购军火的秘密谈判

5月25日，孔祥熙结束了英国的访问转赴瑞士日内瓦，在这里他召集顾维钧（法国）、郭泰祺（英国）、程天放（德国）、胡世泽（瑞士兼国联）、钱泰（西班牙）、王景岐（挪威及瑞典）、朱鹤翔（比利时）、金问泗（荷兰）及龚安庆（丹麦）等中国驻欧各国使节，向他们报告国内形势及在英国谈判的细节，顾维钧等人亦分别汇报了各国的外交状况及其对华政策。在瑞士期间，孔除了拜访瑞士联邦行政委员会主席摩太之外，还在胡世泽的安排下举行宴会，宴请英国外相艾登、法国外交部长德尔博斯、苏联外交部长利瓦伊诺夫、埃及总理那哈斯、荷兰外交部长格来夫、拉脱维亚外交部长曼特士、厄瓜多尔代表葛佛陀等各国外交领袖。[②] 其后，孔祥熙又访问了意大利、法国和比利时，并先后与意大利首相墨索里尼、外交部长齐亚诺，法国总统勒白伦、外交部长台尔、财政部长奥利沃尔，比利时总理齐兰、外交部长斯巴克等人会晤。孔祥熙一行6月9日抵达柏林，开始对德国进行正式访问，这也是他此次欧美之行的重点。

战前德国与中国的关系十分密切，德国除了率先向中国提供铁路借款、派遣军事顾问之外，还秘密与中国政府签订易货协议，向中方实施10000万马克的无限期信贷,[③] 并答应投资建造大型的钢铁厂、汽车制造厂和飞机装配厂。[④] 1937年初，德国政府就表示，希望中国政府派遣重要领导人前往德国会谈今后的合作问题，并允诺赠送给中方两艘潜水艇。[⑤] 因此此次孔祥熙访德，正是向德国寻求合作，特别是争取军事援助的重要外交活动。

在孔祥熙尚未抵达德国之前，蒋介石即致电驻德大使程天放、武官桂永

---

① 翁文灏：《一九三七年访问英、德和苏联的回忆》，《文史资料选辑》第1辑，中国文史出版社，1986，第58页。

② 程天放：《使德回忆录》，第172~176页。

③ 有关第二次世界大战前德国与中国的政治与经济关系，可参阅中国第二历史档案馆编《中德外交密档（1927~1947）》，广西师范大学出版社，1994。

④ 请参阅 William C. Kirby, *Germany and Republic China*, pp. 193 - 206。

⑤ 《翁文灏致蒋介石呈》（1937年2月28日），中国第二历史档案馆藏资源委员会档案，档案号：二八（2）/3642。

清，查询购买德国军械事宜，电文曰："前订德械，急要之件，皆未如期交货，究为何故？希立催二公分高射炮与鱼雷、水雷速运来华，并示启运日期，以此等雷炮，德皆存有，如无他故，必能速运也。又孔特使可全权代表政府，如果有合作可能，嘱克兰顾问转告德方，当先与孔特使接洽后，再派军事代表可也。"①

在德国，孔祥熙曾参观了克虏伯兵工厂和容克飞机制造厂，并先后与经济部长兼国家银行总裁沙赫特、空军部长戈林、外交部次长麦刚森（外长里宾特洛甫出国）等人进行了会谈。6月10日在与沙赫特的会谈中，双方除了提到当前的国际关系以及德日两国签订协议的内容外，主要是讨论双方继续进行的易货业务。沙赫特表示，德国在远东没有任何政治利益，并不想在中国获得势力范围，而只希望有一个强有力的中央政府领导下的中国政府，它将为德国的商业提供日益扩大的市场。②

6月13日，孔祥熙前往上沙尔兹堡的"鹰巢别墅"晋见德国元首希特勒，中方同行者包括陈绍宽、翁文灏、桂永清及驻德大使程天放，双方会谈了大约一个半小时。关于中德关系两人只是泛泛交换了各自意见，并未深入洽谈，希特勒只是认为："德国与中国乃至所有远东国家的关系，是建立在商业基础上的，德国是工业国，中国则富有原料和农产品，两国关系自然有赖于互利的货物交换。"他指出，德国在远东没有任何政治上领土上的目的，唯一的愿望就是开展商业活动。希特勒还强调共产主义对全世界，特别是对西欧的威胁，因此必须要与布尔什维克作战。③

6月14日，蒋介石在致孔祥熙的电报中指示，关于中德以货易货之事，中国应有驻德主办人，要求立即指定驻德商务专员谭伯羽担任，并通告德方，以后易货手续皆由谭伯羽负责主持。④ 6月19日，蒋介石又致电翁文灏，嘱其与德妥商"续购轻战车一百二十辆，零件在内，十五榴加农炮八门，炮弹照配如前"。⑤

---

① 《蒋介石致程天放、桂永清电》（1937年6月2日），《总统蒋公大事长编初稿》卷4（上），第42页。

② 《沙赫特备忘录》（1937年6月10日），《民国档案》1994年第3期，第60~61页。

③ 《德国外交部第八司司长施密登备忘录》（1937年6月15日），《民国档案》1994年第3期，第61~62页。关于希特勒与孔祥熙的会谈经过，还可参阅程天放《使德回忆录》，第190~192页。

④ 《总统蒋公大事长编初稿》卷4（上），第50页。

⑤ 《总统蒋公大事长编初稿》卷4（上），第52页。

尽管孔祥熙访问德国期间曾遇到过一段不愉快的插曲（主要是与戈林的会晤），但总的来说，此行还是取得预期效果，既得到德国最高元首维持两国外交关系的许诺，同时又获得财政经济，特别是军事物资方面的支持。孔祥熙离开德国前往美国继续访问之后，6 月 28 日，在中德易货贸易中具有重要地位的德国商人克兰亲自给蒋介石发来一封长电，详细介绍了孔祥熙此次德国之行的收获。具体包括：德国同意继续以合步楼公司出面向中国提供武器，并统一由中国军政部或由其指定机关接洽办理，中国则以国内农矿产品予以补偿；同时德方还同意派遣军事和技术专家来华工作。此外双方还需洽谈成立中德银行以及德国援助中国兴建钢铁厂与炼油厂等具体事宜。① 顺便提及的是，孔祥熙此刻在德国洽购的军火，不久后即运往中国，对于抗战初期中国军队的抵抗侵略发挥了重要贡献。

除了德国，捷克也是中国在欧洲购买军火的另一个重要国家。捷克在欧洲虽然是个小国，但其机械制造业却相当发达，特别是布尔诺、斯科达等兵工厂生产的武器更是久负盛名，而且价格较为低廉，因此早在 20 年代东北军和中国的其他军阀就曾向捷克购买过大批军火。据统计，1927 年至 1928 年间，捷克向国外出售的武器总价值为 8500 万克朗，其中卖给中国的武器就高达 6200 万克朗。南京国民政府成立后，新政权不仅积极向捷克的兵工厂购买武器，而且还计划在湖广铁路沿线建立一个年产 6000 挺机枪的兵工厂，要求捷克的布尔诺工厂提供技术合作。经过谈判，布尔诺厂同意提供其生产的 Zb－26 型轻机枪的技术数据，并派遣专家来华指导工厂的设计工作。②

6 月 19 日，军政部兵工署署长俞大维致电孔祥熙，说蒋介石原有计划向捷克洽商建造机关枪工厂之事，现又同意先向捷克定购 5000 挺轻机关枪。因为三年前孔祥熙就曾代军政部订购该款轻机关枪，因其“价既廉，质尤优良，至今为各师长所称道”。③ 因此孔祥熙在结束欧美访问之前，又曾于 8 月 2 日代军事委员会向捷克兵工厂订购一批军械，总价值为 1611000 英镑。④

孔祥熙在欧洲之行的最后回程中，于 8 月 14 日访问了布拉格，并与捷克

---

① 《克兰致蒋介石电译文（影印原件）》（1937 年 6 月 30 日），《近代中国》第 45 期，1985 年 2 月 28 日，第 109～113 页。

② 伊凡娜·巴凯绍娃：《抗日战争时期（1937～1944）的捷中关系》，《国外中国近代史研究》第 17 辑，中国社会科学出版社，1990，第 196～200 页。

③ 《俞大维致孔祥熙密电》（1937 年 6 月 19 日），《民国档案》1992 年第 1 期，第 26 页。

④ 《孔祥熙手谕》（1937 年 8 月 2 日），转引自洪葭管主编《中央银行史料》上册，中国金融出版社，2005，第 229 页。

总统爱德华·贝奈斯在总统别墅里进行了会谈，此刻淞沪战争刚刚爆发。其后孔祥熙即与斯科达工厂签订了新的协议，根据这一协议，中国将得到捷方 1000 万英镑的信贷，并可用这笔信贷支付从捷克斯洛伐克购买的铁路、飞机、采矿及钢铁厂等机械设备，以及“斯科达工厂生产的其它商品”（其实就是军事武器）的款项。日本在得悉这一情报后立即进行阻挠，日本驻布拉格公使对斯科达工厂提出，在中日冲突结束之前，上述信贷不能兑现。尽管捷方对于日本的无理要求感到吃惊，但最后还是表示同意，因此这笔信贷最终并没有实现。①

9 月 3 日，孔祥熙在结束访问德国之后曾致信希特勒表示感谢，并希望他注意日本在东亚的强权政策给德国经济所带来的不利后果，因为这样德国会失去东亚的原料来源和销售市场。孔祥熙还指出，为了进一步发展两国之间的经济关系，中国政府愿意相对于德国商品供应，而特许德国在华开采重要矿藏，并平衡外汇交易逆差。② 但其时日本已开始发动全面侵华战争，德国对中国的政策亦出现微妙的变化。

寻求与苏联的合作

自从 1933 年中苏两国恢复外交关系之后，中国政府即开始加强对苏联的联系。面对着日本对华侵略的步步紧逼，蒋介石希望能与苏联签订一项两国结盟的互助条约，即缔结反对日本的军事同盟；但苏联却拒绝这一建议，他们认为，在目前面临德国入侵的威胁之下，苏联必须避免同时在两条战线上作战，因此只同意与中国签订互不侵犯条约。同时，由于苏联在世界危机冲击下不但经济没有衰落，反而稳步上升，引起国府高层中对其实施的计划经济体制大感兴趣，因此孔祥熙原计划趁此次外访的机会顺道访问苏联，没想到却遭到苏联政府的婉拒。但是孔仍然坚持约见苏联驻华大使鲍格莫洛夫，就在孔祥熙正式出访的前一天（4 月 1 日）晚上，两人在上海进行了秘密会晤，其间孔详细询问并记录了苏方关于供货的建议。据鲍观察，看得出孔对于苏方婉言谢绝其赴苏访问而感到失望，但他还是非常希望与苏联外长利瓦

① 转引自伊凡娜·巴凯绍娃《抗日战争时期（1937～1944）的捷中关系》，《国外中国近代史研究》第 17 辑，第 200 页。

② 郭恒钰、罗梅君主编《德国外交档案：1928～1938 年之中德关系》，许琳菲、孙豪书译，中研院近代史研究所，1991，第 60 页。

伊诺夫在伦敦叙谈。[①] 虽然5月27日孔祥熙曾在日内瓦宴请欧洲各国首脑时与利瓦伊诺夫相见，但在这公开的外交场合下，双方并未有任何深入的交谈。

6月3日，蒋介石通过驻意大利大使刘文岛转告孔祥熙，指示应派遣特使团的秘书长翁文灏先行前往苏俄访问，主要考察苏联五年计划的设计、考核、管理以及组织等方法，及其最初筹办及着手情形，希望翁文灏在苏联期间设法与主持设计五年计划的负责人与实际指挥监督者面谈，尽可能了解苏联在实施五年计划中的具体情形及其所遇到的困难。考察日期大约为一至二个月，并于访问完毕后立即回国。[②] 6月19日，孔祥熙电告蒋，赴苏考察人员除翁文灏秘书长外，还加派吴景超（行政院秘书）、沈德燮（航空委员会第一处处长）随同前往。蒋介石立即致电翁，指示沈德燮赴苏考察空军时，应特别注意苏联与其他各国创办飞机制造厂和自造发动机的经过，以及训练人才学习制造的办法等方面，并对其详加研究。[③]

翁文灏早年留学比利时，获鲁汶大学博士，是一位著名的地质学家。30年代初曾与丁文江、胡适等人在北平创办《独立评论》，后被国民政府聘任国防设计委员会（资源委员会的前身）秘书长。1935年11月国民党五全大会后改组政府，聘请部分社会精英到政府各部门出任要职，翁文灏即担任行政院秘书长，从此正式弃文从政。1937年春，当孔祥熙出任赴英特使、而任命翁文灏为代表团秘书长时，他事先对此却毫不知晓。翁文灏害怕与孔祥熙无法合作，曾向蒋介石提出改任参赞，但蒋却对他说，他和孔负有不同的任务，彼此之间互不干涉，但翁的工作必须直接对蒋负责。蒋介石认为目前的局势十分紧张，日本必将会对中国发动侵略战争，他希望利用翁在欧洲的声誉和关系，告知各国领袖当前远东的危机，询问他们的意见及方针，并随时向蒋报告。因此翁文灏在结束了对英国等国的官式访问后，即以参加在莫斯科举行的国际地质学会的名义，来到苏联，开始进行秘密访问。

6月27日翁文灏抵达苏联，8月9日方离开苏联飞往瑞典。在苏联的40多天中，翁文灏除了参加国际地质学会议外，还曾与苏联外交部、重工业部

---

① 《苏驻华大使鲍格莫洛夫致外交人民委员部电报》（1937年4月3日于上海），转引自李玉贞译《中苏外交文件》选译（下），《近代史资料》第80辑，中国社会科学出版社，1992，第188~190页。

② 《总统蒋公大事长编初稿》卷4（上），第42页。

③ 《总统蒋公大事长编初稿》卷4（上），第52页。

的首脑进行会谈，并参观苏联的工厂和研究所，详细了解工厂的生产计划、技术人员与工人的比例、经营销售及成本价格等具体情形。7 月 3 日下午，在驻苏大使蒋廷黻的协助下，翁文灏与苏联外交部长利瓦伊诺夫进行会谈，“言及交换货物事”。[①] 翁文灏在会谈中首先表示，日本对东北的入侵不但让中国的国土沦丧，也同样危害了苏联在远东的利益。据翁后来回忆，利瓦伊诺夫的态度相当痛快，他指出，中苏之间关系原本相当紧张，现在必须从头做起，方能建立交情。而他认为首要的工作就是尽快签订互不侵犯条约，一旦签订了条约，苏联便会向中国提供援助，最合适的方法就是双方先订立交换货物的合同，这样苏联就可以先向中国提供一些设备。翁对此建议十分赞同，认为不虚此行，因此立即向蒋介石报告，并建议完全接受。然而蒋介石却回电说，互不侵犯条约已令外交部与苏联驻华大使洽谈，易货协议则暂缓议决。[②] 翁文灏当时并不理解蒋介石为什么不同意立即与苏联签订易货合约，然而正是因为翁曾于战争爆发前的关键时刻到苏联进行秘密活动，并初步洽谈有关交换货物的具体事宜，所以日本发动的侵华战争刚一爆发，中苏两国便立即开始谈判，并签订互不侵犯条约及易货协议，在抗战初期最艰苦的岁月中，苏联率先向中国伸出援助之手。

在美国的活动

孔祥熙一行于英国参加英皇加冕典礼后又先后访问瑞士、法国、比利时、意大利、德国等国家，6 月 16 日由法国查尔堡港搭乘“玛丽皇后”号邮轮，于21 日抵达美国纽约港，中国驻美大使王正廷、美国国务院交际司司长哈密顿等在码头欢迎。

出访美国也是孔祥熙此次寻求援助的一个重要任务。孔祥熙到美国谈判，主要的目的是为了得到美方的允诺，收购币制改革后中国政府收归国有的白银，将其作为法币发行的准备，同时还希望以此为抵押，向国际财团举借新的借款。中央银行业务局局长席德懋于 1937 年 4 月 13 日在致孔祥熙的一封信中称：“我国通货非银本位，而为管理本位，需将大部分白银换成外

① 《翁文灏日记》（1937 年 7 月 3 日），第 149 页。

② 翁文灏：《一九三七年访问英、德和苏联的回忆》，《文史资料选辑》第 1 辑，第 57 ~ 64 页。

汇。"[①] 实际上自1935年11月至1937年7月大约20个月的时间中，中国曾先后三次向美国出售白银，第一次为1935年11月币制改革刚刚实行之后，美国承购5000万盎司白银；第二次为1936年5月，根据中美白银协议，美国财政部以每盎司白银50美分的价格，向中国收购白银7500万盎司；[②] 而第三次就是此次孔祥熙出访美国，与美国财政部长摩根索签订的购银协议，中国再次出售5000万盎司白银给美国，换取美国的黄金，并存放于美国的联邦储蓄银行，其目的就是使"中国中央银行在双方利益互相维护之原则下得到美汇，以作稳定货币之用"。[③] 与此同时，中国还额外运往美国白银1200万盎司。1937年8月2日席德懋在致孔祥熙的信中透露，自币制改革后至抗战爆发的这段时间内，中国共向美国出售白银18835万盎司，约值美金9442万元。[④]

孔祥熙到埠后便与美国财政部及金融界领袖开始会谈，6月30日，孔致电蒋介石并转铁道部部长张嘉璈和实业部部长吴鼎昌，说他已于昨日与美国财政部部长摩根索及金融复兴公司董事长琼斯进行初步谈判，双方"意见甚洽，有成立五千万美金购贷借款之可能，专供购置建设机材之用"；孔还询问"国内实业需要何种机器，现有铁路需要何种车辆、材料，希详示，以便商洽"。[⑤] 蒋介石接电后即于7月2日复电，指示孔祥熙在美国"洽购建设机材，以电力发动机、炼钢厂、人工炼油厂、机关车头制造厂、造船厂、飞机制造厂及各种开矿及水利等机器"，因为这些设备对于中国的经济建设"皆极需用"，然而"还本付息期限，最好能延长十年以上"。第二天，蒋再致电孔，表示对美信用借款物资，"如能加入煤油与汽车两项，则三年之内至少有五千万元；又钢轨一千公里与机关车头百个，亦可列入"。[⑥]

---

① 转引自杨培新《旧中国的通货膨胀》，三联书店，1963，第37页。

② 关于1936年陈光甫赴美洽谈出售白银的经过可参阅拙文《〈中美白银协议〉述评》，《民国档案》1986年第2期。

③ 转引自刘慧宇《中国中央银行研究（1928～1949）》，中国经济出版社，1999，第164页。

④ 转引自〔美〕入江昭、孔华润主编《巨大的转变：美国与东亚（1931～1949）》，复旦大学出版社，1991，第57页。时任国民政府财政顾问的美国人杨格则称这一时期中国出售给美国的白银总数为18700万盎司，价值9400万美元。详见阿瑟·恩·杨格著《一九二七至一九三七年中国财政经济状况》，陈泽宪、陈霞飞译，中国社会科学出版社，1981，第275页。

⑤ 《孔祥熙致蒋介石等电》（1937年6月30日），《民国档案》1992年第1期，第27页。

⑥ 《蒋介石致孔祥熙电》（1937年7月2日、3日），《总统蒋公大事长编初稿》卷4（上），第63页。

7 月 6 日晚，就在中美两国正式签订购银协议之前，孔祥熙在纽约应美国广播公司之邀请，对美国的广大民众发表了十五分钟的演讲，孔公开声明："我的政府衷心欢迎外国投资，并将为它提供充分保障。"①

7 月 7 日，孔祥熙抵达华盛顿，中午美国总统罗斯福设宴招待，双方谈话的气氛相当融洽。7 月 8 日，孔祥熙与摩根索正式签署购银协议，其主要内容为："（一）我国在美所有存储之白银计六千二百万两，按每两四角五分售与美方；（二）同时我国售银之所得，按每两卅五元买进生金三千万美元，存储联邦储备银行，作为发行准备；（三）美联邦储备银行以我所存同额生金为担保，抵用美币五千万元。"孔祥熙还告知，协议主要内容将于次日由他与摩根索同时公布。② 然而孔祥熙和摩根索不知道的是，几乎就在他们签字的同时，日本军队已经在北平附近的卢沟桥发动了对中国的侵略战争。

7 月 9 日，中美两国财政部长孔祥熙和摩根索在纽约发表共同声明，表示一年前中美双方签订的货币合作协议"对于中国新币制之顺利进行极有贡献，中国国内经济及美国贸易双方均蒙其利"，因此两国同意进行更进一步的合作。美方声明，同意"向中国中央银行购买大量白银，并使中国中央银行可在保障中美两国利益之条件下，获得美汇，安定金融"；中方则保证向美国购买大量黄金，作为增加中国政府的黄金准备。因此"中美两国财政部长对于两国均有利益之结果深感满意"云云，然而却没有宣布双方购买白银和黄金的确切数量，其目的是不要让"投机家引为有价值之数据"。③

《华盛顿邮报》1937 年 7 月 10 日公布了中美两国政府关于购买白银的声明，同日该报还发表了沃特曼的署名文章，其大标题即为"美国以生金售于中国，并购买白银以增发纸币，摩根索氏与孔氏所订协定，冀以充实中国实力，抵抗日本侵略"。而且中美两国财长对于 1936 年 5 月签订货币协议所产生的结果均感到满意，由于中国币制的稳定，促进了两国间的贸易增长。该文并透露，1937 年 1 ~ 4 月四个月内，两国间的贸易额有了大幅度的增加，

① 转引自杨格《一九二七至一九三七年中国财政经济状况》，《字林西报》1937 年 7 月 8 日，第 405 页。

② 《孔祥熙致邹琳、徐堪转呈蒋介石密电》（1937 年 7 月 9 日），中国第二历史档案馆藏孔祥熙个人全宗，档案号：2009（2）/133。

③ 《现代史料》，《东方杂志》第 34 卷第 16、17 号，1937 年 9 月 1 日，第 79 页。

其中中国输入美国的货物价值较去年同期增加了30%，而美国更上升了65%。[①] 至此，孔祥熙出访欧美的任务基本完成。

出访结果

孔祥熙刚抵达美国时，蒋介石就发来电报，要他鼓励海外华侨回国投资，并“应速作有组织有系统之计划，积极进行，并注重宣传，一面扩充信托局之机能，以调整华侨货物之输出与输入，同时对于各国以货易货之组合，亦可利用华侨货物之销运，而其清算手续，亦由信托局为之经理，此事若成，必收大效”。同时还指示孔祥熙在美国期间以及将来回国途中，对于各国华侨“一面联络感情，一面从事组织与宣传，最好在各处派妥员先往调查、宣传、联络”，这样等到孔祥熙到达时“即可着手进行”。[②] 卢沟桥事变爆发后，孔祥熙仍出访在外。7月26日孔祥熙接到蒋介石的密电，告其中日之间大战业已开始，和平亦已绝望，嘱其趁此机会在国外多多接触各国领袖，以争取更多的援助。[③]

孔祥熙完成对美国的正式访问后，7月14日乘船离开美国重返欧洲。7月30日，孔祥熙与铁道部次长曾镕浦以及中英银公司代表培诺、中国建设银公司代表李德燏共同在伦敦正式签订广梅铁路借款协议，债款总额为300万英镑，年息五厘，期限30年，协议规定还款于建筑期内由盐税项下支付，建筑完成后由铁路收入项下支付。[④] 8月4日，孔祥熙、曾镕浦又与英资华中铁路公司及中国建设银公司代表，仿照广梅铁路借款的方式，共同签订了浦襄铁路的借款协议，借款总额为400万英镑。

此时国内的情形极为严峻，7月底，平津相继沦陷。8月3日蒋介石致电仍在伦敦的孔祥熙，嘱其在英洽购飞机及各项装备。[⑤] 孔祥熙接到这一指示后又到法国洽谈借款协议，并于8月10日抵达柏林。此时日本早已扩大对华入侵的规模，相比之下，德国政府对孔的第二次来访就冷淡得多。就在孔离

---

① 中国第二历史档案馆藏孔祥熙个人全宗，档案号：2009（2）/135。

② 《蒋介石致孔祥熙密电》（1937年6月23日），载《中华民国史档案资料汇编》第五辑第二编（财政经济）（三），江苏古籍出版社，1997，第110～111页。

③ 郭荣生编著《民国孔庸之先生祥熙年谱》，第134页。

④ 张公权：《抗战前后中国铁路建设的奋斗》，第76页。

⑤ 《总统蒋公大事长编初稿》卷4（上），第95页。

开柏林的那天，淞沪战争爆发，中国开始进行全面抗战。

8 月 15 日，孔祥熙在国外致电蒋介石，报告欧美各主要国家目前的态度："英方态度在实力未充足前，似怕多事。德国希氏表示，伊与日携手，即为谋中日妥协。美罗总统密称，满洲国成立已有六年，兹不问法理若何，其存在已为事实。……当此中日战争开始之际，除我以武力抵抗自求生存外，似不无考虑其它运用途径之必要。"①

8 月 18 日，孔祥熙致电财政部次长邹琳并转告蒋介石，称其即于次日乘船返国，并详细报告此次出访欧美各国的收获：

（1）美国：（甲）我售银六千二百万，购值美金三千万元之纯金，借增吾国外汇准备金，足以成立有担保之信用借款五千万美金；（乙）议定购货借款五千万美金。

（2）英国：（甲）订定广梅铁路借款三百万镑，浦襄借款四百万镑；（乙）大体决定金融借款二千万镑。

（3）法国：（甲）购机信用借款一万万法郎；（乙）以银作抵，外汇基金借款二万万法郎。

（4）瑞士：（甲）以银作抵之信用借款一千万瑞士法郎；（乙）发行准备借款五千万瑞士法郎；（丙）购买信用借款五千万瑞士法郎。

（5）捷克：购买信用借款一千万英镑。

（6）荷兰：（甲）以银作抵之信用借款荷币一千万盾；（乙）发行准佣借款一千五百万盾。②

孔祥熙原计划 8 月 19 日启程回国，但因其心脏病宿疾尚未好转，遵医嘱又到德国巴德那海疗养，一个多月后方从意大利乘"维多利亚"号轮返程。途经菲律宾时，因据情报称日本军舰准备中途袭击邮轮，故而转乘飞机抵达香港，再改乘轮船，10 月 18 日抵达上海的吴淞口，终于结束了他长达 200 天的欧美之行。

此次孔祥熙出访欧美是国民政府成立后规格最高、时间最长、成绩也是最大的一次外交活动，孔祥熙此行先后访问了欧美各主要国家，介绍了中国

---

① 转引自蒋永敬《革命与抗战史事》，台湾商务印书馆，1979，第 105 页。

② 台北"国史馆"藏"蒋中正总统档案"：特交档案 002080109019003；中国第二历史档案馆藏孔祥熙个人全宗［3009（2）/131］有一份孔祥熙致蒋介石的英文电报，其数额亦完全相同。不过，孔祥熙其后在国民党五届五中全会关于财政问题的报告中，关于他出访欧美所签订的借款数目则与之略有出入。详见《民国档案》1986 年第 2 期，第 70 页。

的经济发展计划和对外政策，更与各国签订了多项援助与贷款协议，引起了外国财团投资中国的兴趣，对于中国的经济建设，特别是抗战初期抵御日军的侵略发挥了深远的影响。

抗战爆发后，军政部兵工署长俞大维报告，“国内子弹只勉可支持至明年一月底，现瞬即十月，莫可明言，此事为胜负所系，迟则不能接济，轻机枪待用亦急如星火”，因而急切询问孔祥熙在德国易货项下以及与捷克所订购的子弹何时启程。① 孔祥熙长子、时任财政部秘书的孔令侃即回复说，孔祥熙部长此次在欧洲共向德、捷、英、比各国订购大批子弹约三亿颗，还有捷克制机枪 10000 挺，但按合同规定，这批枪弹均要到明年 6 月以后才会分批付运。② 接着孔又致电其父称，目前国内抗战急需武器弹药，“轻机枪待用尤急”，如果真的要等到明年 6 月交货，那就“急不待缓”。在电报发完之后，孔令侃再重复说了一句：“若无法运来及加速，恐戎机不堪设想”。③ 实际情形是，孔祥熙当时在德国和捷克购买的一批武器军火及时得以运回国内，可以想象，这批武器对于抗战初期中国军队抵抗日军的侵略发挥了多么大的作用。而中国与美国签订的货币协议，从而使中国的白银得以出售，并以此举借新的贷款，这对于稳定中国的货币制度以及坚持抗战更是发挥了重要的作用。更重要的是，抗战爆发后的最初几年，美国政府继续援引购银协议，先后购入中国的白银 36200 万盎司，价值 13700 万美元，这是对独力坚持抵抗的中国政府的重大支持。④ 虽然孔祥熙在欧美签订的许多借款协议，如广梅、浦襄铁路借款以及英、法等国的金融借款后来大都因抗日战争的突然爆发而胎死腹中，未能如期执行，但总的来讲，孔祥熙此次出访还是取得了一定的成绩。

与孔祥熙出访欧美的情形极为相似的是，1933 年宋子文也有一次时间长达五个多月的欧美之行，而两人的身份（行政院副院长兼财政部部长）、目的（寻求和争取西方的援助），以及访问的国家及路线都基本相同，但他们所得到的效果却大不一样。宋子文出访虽然曾与美国签订了价值五亿美元的

---

① 《俞大维致孔令侃电》（1937 年 9 月 28 日），转引自洪葭管主编《中央银行史料》上册，第 213 页。

② 《孔令侃覆俞大维电》（1937 年 10 月 1 日），转引自洪葭管主编《中央银行史料》上册，第 214 页。

③ 《孔令侃致孔祥熙电》（1937 年 10 月 2 日），转引自洪葭管主编《中央银行史料》上册，第 214 页。

④ 杨格：《一九二七至一九三七年中国财政经济状况》，第 275 页。

棉麦借款，并与英、法等国洽商成立一个金融组织，负责对中国的投资，然而最终却因日本的阻挠和破坏，宋子文联合欧美、抵御日本的设想未能实现。[①] 可以肯定地说，若不是日本突然发动对中国的侵略战争，孔祥熙的此次出访一定会对中国的建设发挥重要的作用。

孔祥熙、宋子文欧美之行的成败并不意味着他们二人的外交经验或个人魅力有什么高下之分，关键完全在于此刻国际和国内局势所发生的变化，特别是币制改革后中国国民经济的发展与投资环境的改善，赢得了外国投资者的信心，这才出现战前各国竞相对华投资的高潮。孔祥熙的出访也正是利用当时国际国内形势的变化，有意识地宣传和介绍中国的现状和发展计划，从而得到国际的信任。虽然抗战的突然爆发打破了中国政府原有的设想，孔祥熙出访期间所签订的诸多协议后来亦无法执行，但我们不能因此而否定其争取西方援助的努力。更重要的是，正是由于战前国民政府在恢复经济、改革币制、提高债信方面所作出的种种努力，以及孔祥熙出访欧美国家所进行的大力宣传，才为日后在抗日战争最艰苦的岁月中为争取英、美等西方国家的援助奠定了基础。

---

① 关于宋子文出访欧美的经过和结局可参阅拙文《寻求西方援助的尝试——评宋子文 1933 年的欧美之行》，载《中国文化研究所学报》新第 7 期，中文大学中国文化研究所，1998。

中国抗战与第二次世界大战的历史进程

胡德坤*

中国是世界反法西斯四大国之一，中国战场是世界反法西斯四大战场之一。中国战场是世界上开辟最早、持续时间最长的反法西斯战场，以巨大的民族牺牲，通过抗击日本法西斯，推动了第二次世界大战走向胜利的历史进程，为第二次世界大战的胜利做出了杰出贡献，并在战后国际秩序的重建中发挥了重要作用。

一

中国是世界上最早起来反抗法西斯侵略的国家，也是最先举起了反法西斯战争的大旗的国家，开辟了世界上第一个反法西斯战场，坚持持久抗战，在一个新的历史时期，站在世界历史最前列，代表着世界反法西斯战争历史前进的方向。

以 1931 年的九一八事变为起点，中国打响了抗日战争的第一枪，也打响了世界反法西斯战争的第一枪。自九一八事变至七七事变前，中国的武装抗日主要以两种形式进行。第一种形式是以中共在东北开展的武装抵抗为主体的抗日游击战争，在世界上最早创造了以游击战争抗击法西斯侵略的新型战争形式。第二种形式是国民党内抗战派进行的局部抗战。这些局部抗战为中国走向全面抗战起了重大的推动作用。

九一八事变表明，法西斯国家争霸称霸世界的战争开始了，法西斯已成为世界各国的最大威胁，因此，反抗和制止法西斯侵略已成为世界各国的首要任务。在大敌当前的形势下，世界各国理应团结一致共同遏制法西斯国家

* 武汉大学历史学院教授。

的侵略。但令人遗憾的是，英法美等西方大国，没有认识到法西斯国家侵略的危险性，没有支持中国的抗战，反而对日本侵华战争实施了妥协退让，乃至纵容的绥靖政策，助长了日本的侵略野心。不仅如此，西方大国对日绥靖还助长了德意法西斯的气焰，使德意继日本之后在非洲和欧洲发动了一系列的局部战争。

1937 年 7 月 7 日，日本法西斯发动七七事变，开始了全面侵华战争，中国也就从局部抗战转变为全面抗战。同九一八事变时相比，中国最大的变化是：国民党政府从对日妥协退让转向坚决抵抗，国共实现了第二次合作，团结全国人民共同抗战。在这种情况下，日本法西斯的挑衅必然会遭受中国的顽强抵抗。在开战之初，日本法西斯认为中国不堪一击，狂妄宣称，只要出动三四个师团的兵力，速战速决，中国就会屈服。[①] 但战端一启，中国的顽强抵抗打破了日本速战速决的侵华战略，日本不得不将陆军主力和海军部分兵力投入到中国战场。在敌强我弱的情况下，中国采取持久战战略，并迅速形成了国民党政府领导的正面战场和中国共产党开辟的敌后战场。这两个战场互相呼应，内外结合，共同构成了中国抗日战场。即是说，以七七事变为起点，中国开辟了世界上第一个反法西斯战场。这也造成了第二次世界大战史，也是人类战争史上的奇观：积贫积弱的中国在世界上开辟了最早的反法西斯战场，这是对世界反法西斯战争的巨大贡献。美国总统罗斯福曾高度赞扬说："中国人民在这次战争中是首先站起来同侵略者战斗的。"[②]

1939 年 9 月 1 日，德国法西斯进攻波兰，9 月 3 日，英法对德宣战，第二次世界大战全面爆发。此时，中国从 1937 年 7 月 7 日全面抗战以来，孤军抗战长达两年多之久，波兰战争的爆发终于使中国看到了结束孤军抗战的希望。但英法宣而不战，在德国的西部边境按兵不动，以期待将德国这股祸水引向苏联，因而出现了法德边境无战事的"奇怪战争"。然而，德国并未先发动对苏战争，却在 1940 年 5、6 月进攻法国，英法联军遭到惨败，导致法国投降，英国困守英伦三岛。面对德国的侵略，以英法为主体的受害国未能组织起有效抵抗，更未能形成欧洲反法西斯战场，这种后果为中国始料不及。英法对德绥靖政策的实施和抵抗的失败，对日本法西斯是巨大鼓舞，给中国抗战带来了严重的负面影响，中国仍未摆脱孤军作战的局面，处境更加

---

① 〔日〕堀场一雄：《中国事变战争指导史》，时事通讯社，1962，第 85 页。

② 《罗斯福选集》，关在汉译，商务印书馆，1982，第 361 页。

艰难。

1941年6月22日，德国以优势兵力闪击苏联，苏德战争爆发。在战争之初，德军重创苏军，迅速推进。在苏联共产党的领导下，苏联军民在极端不利的情况下，奋起反击，经过3个多月的激战，重创德军，终于稳定了战线，阻止住了德军的快速推进。此后，苏联举国一致，全力抗击德军主力，才真正开辟了欧洲反法西斯战场。即是说，直到中国开辟亚洲反法西斯战场已近4年之际，世界上才开辟了第二个反法西斯战场——苏德战场。苏德战场的开辟，终于使中国结束了在世界上孤军奋战的局面，这对中国抗战是有利的。但是，另一方面，由于苏联的全力抗德，无暇东顾，反而使日本解除了来自北方苏联的后顾之忧，因而在实际上中国仍在独自抗击着日本法西斯，所承受的压力并未减轻。

1941年12月8日，日本偷袭珍珠港美军太平洋舰队，太平洋战争爆发，美国向日德意宣战，结束了中国在东方长达十年孤军奋战局面。但在太平洋战争爆发之初，由于日本军队采取突然袭击的战略战术，使美英等国损失惨重。在日本联合舰队偷袭珍珠港的事件中，美军太平洋舰队遭受重创，几乎失去了作战能力。在东南亚作战中，日军以10个师团的兵力，横扫美英等国军队，至1942年3~4月，相继攻占马来半岛、菲律宾、印度尼西亚、缅甸等国家和地区。在这一时期内，日本急欲利用太平洋战场的胜利解决中国问题，便加紧了对中国战场的军事行动。尤其是1941~1942年，在华日军将作战重点指向中共领导的敌后战场，使敌后抗日根据地进入了最困难时期。直到1943年，美军在太平洋战场转入反攻，中国战场的压力才有所减缓。可见，即便在太平洋战争爆发及其后的一段时间内，中国战场实际上仍是孤军奋战。

从德国进攻波兰、击败英法、闪击苏联，到日本偷袭珍珠港发动太平洋战争，遭受侵略的世界强国在战争之初无一例外地遭受重创，而中国是一个贫穷落后的弱国，能够开辟世界上最早的反法西斯战场，尤其是在反法西斯国家遭受重挫之时，敢于独自同强大的日本法西斯抗争达四年之久，可以说是二次大战史上的一个奇迹。更重要的是，中国抗日战场的开辟和持久抗战，在二次大战的局部战争时期和全面爆发时期，对遭受侵略的各国给予了宝贵的支持，有利于这些国家重组力量，渡过难关，扭转战局，从战略防御转换到战略反攻。中国的抗战得到了美国总统罗斯福的高度评价。1942年2月，罗斯福在致蒋介石委员长的电文中指出："中国人民，武装起来的和没有武装的都一样，在十分不利的情况下，对于在装备上占极大优势的敌人，进行了差不多五年坚决抗击所表现出的顽强，乃是对其他联合国家军队和全体人民的鼓舞。”同年 2 月 23 日，罗斯福在“炉边谈话”中又指出，中国“在将近五年的时间里，顶住了日本的进攻，歼灭了几十万日本军人，消耗了大量的日本军需。我们必须帮助中国进行现在的卓越抵抗和以后必然到来的反攻——因为这是最后打败日本的一个重要因素。”①

二

中国抗战主要是通过对日本法西斯的打击，影响和牵制着日本的世界战略，有力地支援了反法西斯盟国，推动了世界反法西斯战争的历史进程。具体而言，中国的持久抗战有力地制约了日本北进战略、南进战略、西进战略和外交战略等世界战略的展开，有效地支援了美英苏盟国的反法西斯战争。

中国抗战挫败了日本的北进政策，有力地支援了苏联的抗德战争。苏德战场是欧洲反法西斯的主战场，苏德战场开辟前后，苏联希望能有一个安定的远东。如果日本实施北进政策，进攻苏联远东地区，苏联面临日德两国东西夹击，就难以集中力量对付德国。正如斯大林对苏联驻华军事总顾问崔可夫将军所言：“我们驻华全体人员的任务就是要紧紧束缚日本侵略者的手脚。只有当日本侵略者手脚被捆住的时候，我们才能在德国侵略者一旦进攻我国的时候避免两线作战。”② 斯大林的判断很准确，日本确有北进政策，即以中国为基地，北攻苏联，南攻美英，夺取亚太地区霸权。日本要进攻苏联必须先打中国，再攻苏联。但中日战争全面爆发后，由于中国的顽强抗击，日本不得不将陆军主力投入到中国战场，据统计，1938 年 10 月，日本陆军总兵力为 34 个师团，其中，朝鲜 1 个、中国东北 8 个、中国本部 24 个，日本本土仅 1 个，日本陆军总兵力的 94% 投入了中国战场，③ 表明日本将用于对苏作战的陆军兵力投入了对华作战，从而无法将北进政策提上日程。

尽管如此，由于日本的世界战略中确实存在北进政策，因此，在中日战争前期，日军多次在中苏、中蒙边境挑起日苏冲突，意在对苏联进行“武力

① 《罗斯福选集》，关在汉译，第 345、348 页。

② 〔苏〕崔可夫：《在华使命》，万成才、崔可夫译，新华出版社，1980，第 36 页。

③ 日本历史学研究会：《太平洋战争史 3 · 日中战争 2》，青木书店，1972，第 120 页。

侦察”，为北进攻苏做准备。1938 年 7 月，驻朝鲜日军在中苏边境张鼓峰与苏联军队发生冲突，于 7 月底到 8 月上旬，同苏军展开激战，被苏军击败，损失惨重。张鼓峰事件使日本大本营十分不安，认为是进行武汉会战的后顾之忧，便严令日军撤退。[①] 可见，是中国抗战牵制了日本，使日本北进的第一次尝试便遭到失败。1939 年 5 月，日本关东军第二十三师团在中蒙边境的诺门坎与苏军发生冲突，虽然日本关东军妄图挑起“第二次日俄战争”，但日本当局却忧心忡忡。8 月 10 日，日本大本营陆军部制订《诺门坎事件处理要纲》，认为中国事变正在进行时，只能对苏警戒而不能扩大纠纷，所以，对诺门坎事件限定在局部地区主动撤兵加以解决，而不许进行“惩罚作战”，以求用外交手段解决事件。[②] 正是由于日本陆军主力深陷于中国战场，使日本北进的第二次尝试又遭到失败。8 月 30 日，日本大本营在《大陆命第 343 号命令》中指令日本关东军：“大本营的意图是，在处理中国事变期间，以帝国军队的一部在满洲戒备苏联，维持北方的平静。为此，在诺门坎方面尽量不扩大战争，并迅速结束之。”[③]

1941 年 6 月，苏德战争爆发，苏联全力应对德国的进攻，为日本提供了北进的最佳时机。当时，日本外相松冈洋佑力主北进，配合德国夹击苏联，参谋总长杉山元立即反驳说，“现在，日本将重兵用于中国，（北进）实际上不可能。”[④] 可见，正是由于日本将重兵用于中国，北进实际上不可能，这是日本北进政策破产的根本原因。此后，日本当局在一系列文件中声称，“如果苏德战争进展对帝国极为有利时，则行使武力解决北方问题。”[⑤] 但这种机会始终没有出现。从而使苏联在二次大战期间能够避免东西两面作战，集中力量抵抗和打击德国法西斯。

中国抗战牵制了日本的南进战略，对美国在太平洋战场的作战给予了巨大支持。南进是日本世界战略最重要的组成部分，其主要对手是美、英等国，目标是夺取东南亚和西南太平洋地区。日本发动全面侵华战争也是为南进夺取和建立前进基地，但直到德波战争爆发，日本还迟迟不能将南进战略提上日程。究其原因，又是中国战场成为日本南进的最大后顾之忧。1940 年

① 〔日〕防卫厅防卫研究所战史室：《战史丛书 8 · 大本营陆军部 1》，第 562 页。
② 〔日〕角田顺：《现代史资料 10 · 日中战争 3》，美铃书房，1973，第 121 页。
③ 〔日〕角田顺：《现代史资料 10 · 日中战争 3》，第 141 页。
④ 〔日〕服部卓四郎：《大东亚战争全史》，原书房，1982，第 82 页。
⑤ 〔日〕实松让：《现代史资料 35 · 太平洋战争 2》，美铃书房，1978，第 121 页。

5、6月，德国以迅雷不及掩耳之势向西扩张，击败英法联军，继而法国投降，英国岌岌可危，使英法等国无力顾及东南亚和太平洋地区的防务，为日本提供了南进的最佳时机，日本当局深感是“千载一遇”的良机。7月26日，日本内阁在《基本国策要纲》中，将日本的战争目标从建立“东亚新秩序”修改为“大东亚新秩序”，即“大东亚共荣圈”，它包括中国、东南亚和西南太平洋地区，表明日本正式将南进战略提上了日程。7月27日，日本大本营、政府联席会议在《适应世界形势的时局处理要纲》中指出，日本当前的目标是“在促进中国事变迅速解决的同时，捕捉良机，解决南方问题”。[①] 尽管日本确立了南进战略，但却迟迟不能实施，其最大的后顾之忧仍是中国的持久抗战。到1941年9月，日本南进战略的主要决策人、首相近卫文麿却提出辞职，其原因是在中国问题未得到解决的情况下，对南进“没有信心。”[②] 可见，太平洋战争爆发前，正是中国战场的牵制，才使日本迟迟未能实施南进战略，为美英等国赢得了宝贵的备战时间。

太平洋战争期间，中国抗战给了美国强有力的支持。太平洋战争爆发时，日本陆军总兵力为51个师团，其中，日本本土4个、朝鲜2个、中国东北13个、中国本部22个、东南亚10个，即是说，日本陆军近70%的兵力在中国战场作战，而用于太平洋战场的兵力不足20%。[③] 这就极大地牵制了日本在太平洋战场的作战。1942年2～3月，日本大本营内部就如何防止美军以澳洲为基地发动反攻问题展开了激烈争论。海军认为只有攻占澳大利亚才能遏止美军反攻。陆军认为，进攻澳大利亚需要12个师团的兵力，[④] 这就要从中国抽调大量兵力，是不现实的。由于陆军兵力不足，日本被迫放弃进攻澳大利亚的企图，从而使美军能充分地利用澳大利亚作为稳固的后方基地，在西南太平洋地区展开反击作战。1943年初，日本在太平洋战场开始转入战略防御，急需大量的陆军。此时，日本陆军在中国战场为66万，太平洋战场仅为48万。[⑤] 可见，此时日本陆军主力仍在中国战场作战，这就为美军在太平洋的反攻创造了良好的条件。9月30日，日本御前会议通过了《今后应采

① 〔日〕外务省：《日本外交年表及主要文书》下册，《文书》，第436页。

② 〔日〕历史学研究会：《太平洋战争史4·太平洋战争1》，青木书店，1972，第117页。

③ 〔日〕服部卓四郎：《大东亚战争全史》，第194～195页。

④ 〔日〕服部卓四郎：《大东亚战争全史》，第292页。

⑤ 〔日〕防卫厅防卫研究所战史室：《战史丛书66·大本营陆军部6》，朝云新闻社，1973，第10页。〔日〕防卫厅防卫研究所战史室：《战史丛书67·大本营陆军部7》，朝云新闻社，1973，第189页。

取的战争指导大纲》，决定放弃一些地域，退守“绝对防御圈”，主要原因之一是陆军兵力不足。当时，日本陆军兵力部署是：太平洋战场22个师团，中国战场26个师团。日本外相重光葵指出，“在目前的战局下，要使战争的形势向有利于帝国方面转化，解决中国问题很重要……假若中国问题趋向解决，帝国的处境将会大大改善”。①日本中国派遣军总司令官畑俊六说得更直接，“中国问题没解决，大东亚战争就不能解决。”1943年10月，日本大本营决定从中国战场抽调5个师团到太平洋战场，另以5个师团为预备队，后由于在华发动“一号作战”，实际上只有3个师团转到太平洋战场，而给中国战场却增加了8个旅团的兵力。②1944年4月至1945年1月，日本出动15个师团、40余万人的庞大兵力，在中国大陆发动了“一号作战”，企图打通大陆交通线，以挽救其在太平洋战场的败势。日本这一行动，不仅未能遏止太平洋战场的败势，反而加快了其失败的步伐。到1945年8月15日，日本在中美苏盟国的共同打击下，不得不宣布投降。

中国抗战还使日本西进战略胎死腹中。日本的所谓西进战略，是企图进军印度、印度洋，在中东地区与德意会师，迫使英国屈服，再全力对付美国。日本取得太平洋战争初期胜利后，就企图利用初战胜利，实施西进战略。1942年春，隆美尔指挥的德国“非洲兵团”在北非向英军发动攻势，英军败退。5月下旬，德军进入埃及，与英军在阿拉曼对峙，大有攻占中东之势。德军的胜利，促使日本提出了西进作战计划。7月11日，日本陆海军就中途岛战役失败后的作战计划上奏天皇，决定将作战重点从太平洋转向印度洋。日本大本营认为，德意军队在地中海和北非作战进展迅速，英国已丧失地中海的制海权和制空权，其舰艇大部分从地中海撤退到红海或印度洋。此时，德意军队有可能向中东挺进，确立不败态势。根据这种形势，日本应与德意相呼应，进入西印度洋。③1942年夏秋以后，太平洋战争进入战略转折时期，日本开始从战略进攻向战略防御转变，形势对日本愈来愈不利。此时，日本仍希望通过西进迫使英国屈服，以改善在太平洋战场的战略态势。但中国战场的持久抗战，始终抗击着日本陆军主力，使日本无力西进，日本西进战略也就最终化为了泡影。1943年2月27日，日本大本营、政府联席

① 〔日〕防卫厅防卫研究所战史室：《战史丛书66·大本营陆军部6》，第404页。
② 〔日〕防卫厅防卫研究所战史室：《战史丛书67·大本营陆军部7》，第545页。
③ 〔日〕防卫厅防卫研究所战史室：《战史丛书59·大本营陆军部4》，朝云新闻社，1972，第343～344页。

会议在《世界形势判断》中指出，鉴于德意在北非、地中海作战的失利，认为德意不可能进入西亚，日本也不可能与德意会师，便删除了关于“德意军企图向中亚、西亚推进”的内容，最终放弃了西进战略，从而使德日在中东会师的战略计划胎死腹中。

不仅如此，中国抗战对日本的外交战略也有巨大的牵制作用。一是对日本与德意结盟外交的影响。日本发动全面侵华战争后，遭到了世界各国的强烈反对，它在国际上更加孤立。日本政府敏锐地感到，苏联和英美等国家对中国的同情和支持，是中国能坚持抗战的重要原因。为此，日本企图通过日德结盟，在欧亚两洲威胁牵制苏美英等国，迫使苏美英减少或断绝对中国的援助和支持，达到孤立中国，使中国屈服的目的。1938 年 7 月 19 日，日本内阁五相会议决定，迅速强化同德意的关系，建立对苏军事同盟，“以有利于迅速解决中国事变”。[①] 此时，德国继吞并奥地利之后正图谋吞并捷克，极希望日本在远东牵制英国，因而对日本的提议，不感兴趣。1939 年 9 月 1 日，德国闪击波兰，英法对德宣战，二次大战全面爆发，为日本南进提供了良机。但日本陆军主力被牵制在中国，海军尚未做好南进准备，只好眼睁睁地坐失良机。1940 年 5 ~6 月，德国闪击西欧，击败英法军队，迫使法国投降。德国在短时间内取得的戏剧性胜利，大大提高了它在日本的影响力，日本感到只有依靠德国，才能达到称霸亚太地区的目的；同时，英法的惨败，使它无力控制东南亚地区，为日本南进提供了千载难逢的良机，便迅速推进与德意的结盟。1940 年 9 月 27 日，日德意三国同盟条约在柏林签字，三国军事同盟正式成立，日本全力准备南进。正当日本紧锣密鼓推动南进时，1941 年 6 月 22 日，苏德战争的爆发，给日本北进带来了最佳良机，德国也极力劝诱日本北进。但日本陆军主力正在中国作战，没有余力北进，使日德配合失败。1941 年 12 月，苏联顶住了德国的闪击战，德国急切盼望日本北进配合对苏作战，但日本却反其道而行之，不顾德国的反对，断然发动了太平洋战争。日本的南进使德意日法西斯集团兵力分散，战线延长，迫使德国对美宣战，增加了德国的负担。此后，日德两国只能各自为战，被盟国围而歼之，直至投降。

上述种种，就是由于中国抗日战场对日本的制约。即是说，中国的抗战

① 〔日〕日本国际政治学会：《走向太平洋战争之路 5 · 三国同盟、日苏中立条约》，朝日新闻社，1963，第 67 页。

牵制了日本世界战略的展开，有力地支援了其他国家的反法西斯战争，加速了法西斯轴心集团的崩溃，也加快了反法西斯战争的胜利步伐。

三

中国抗战推动了世界反法西斯联盟的建立和巩固，在国际舞台上发挥着重要作用，加快了世界反法西斯战争胜利的步伐。

中国是最早遭受法西斯侵略的国家，也是最早倡导和推动建立反法西斯联盟的国家。自九一八事变起，中国政府将制止日本侵略的希望寄托于英法美等大国及国际联盟身上。但英法美及国联既不敢谴责和制裁侵略国日本，又不敢支持和援助被侵略国中国，使中国朝野大失所望。七七事变爆发后，中国在进行全民族抗战的同时，急盼建立国际反法西斯统一战线，以共同抗击日本。7 月 29 日，在庐山谈话会上，著名的哲学家吴康教授在发言中，剖析了当时的国际形势及列国可能采取的态度，提出了“南联英美，北结苏俄”的外交方针，反映了知识界和民众的呼声。1938 年 3 月 29 日至 4 月 1 日，国民党临时全国代表大会上通过的《抗战建国纲领》，对战时外交方针作了明确规定。主要内容，一是本独立自主之精神，联合世界同情于我之国家及民族，为世界之和平与正义共同奋斗；二是对于国际和平机构及保障国际和平之公约，尽力维护，并充实其权威；三是联合一切反对日本帝国主义侵略之势力，制止日本侵略，树立并保障东亚之永久和平。① 表明国民政府确立了联络与国、结盟抗日的外交方针，这也是中国最初的建立世界反法西斯联盟的方针。

按照这一方针，中国积极寻求同美英法苏等大国的合作。但除了苏联之外，美英法等国仍对日本采取了不同程度的绥靖政策。在这种形势下，在以持久抗战的实际行动抵制西方大国绥靖政策的同时，又利用媒体揭露绥靖政策，目的是阻止对中国抗战的危害。

迫于日本的压力，1939 年 7 月 24 日，日英两国签订了《有田—克莱琪协定》，英国在实际上承认了日本侵略中国的现状。协定一发表，立即遭到国共两党和全国人民的强烈谴责。7 月 25 日，延安《新中华报》发表社论，

① 彭明主编《中国现代史资料选辑（1937～1945）》上册，中国人民大学出版社，1989，第 159 页。

严正警告英国政府："你们的妥协政策，只是自掘坟墓。"7 月 29 日，中共中央发出反对东方慕尼黑阴谋的指示，强调自力更生，树立抗战到底的决心及民族自信心。[①] 7 月 26 日，国民政府外交部发表声明，对英方的态度表示失望。28 日，蒋介石致电《伦敦新闻纪事报》，他严正指出，中国不是捷克，中国为独立生存而自立奋斗，任何牺牲，在所不辞，"任何协定如不得中国政府之承诺，无论在法律上、在事实上均丝毫不能生效。"[②]

迫于日本的压力，1940 年 7 月 17 日，英国与日本签署了关于关闭滇缅路三个月的协定，这是对中国抗战的极大伤害。国民政府外交部发表声明，认为英国"此种举动，不独极不友谊，且属违法"，而英国屈服于日本的要求，"实已违反国际公法之原则。"声明还进一步表明了中国不会屈服于外力而放弃抗战的决心。[③] 在中国的抗议之下，3 个月后，英国宣布恢复滇缅公路通车。

1941 年 4 月，美日两国政府间开始了非正式谈判，日本希望通过谈判使美国承认其对中国的侵略成果，并减轻乃至取消美国对日的经济压力。对于美日间的会谈，国共两党保持了高度警惕。1941 年 5 月 25 日，毛泽东在《揭破远东慕尼黑阴谋》的指示中指出："日美妥协，牺牲中国，造成反共、反苏局面的东方慕尼黑的新阴谋，正在日美蒋之间酝酿着。我们必须揭穿它，反对它。"[④] 8 月下旬，美日谈判的消息披露之后，国民政府表示严重关切。11 月 24 日，蒋介石致电胡适，严厉指出："此次美日谈话，如果在中国侵略之日军撤退问题没有得到根本解决以前，而美国对日经济封锁政策，无论有任何一点之放松或改变，则中国抗战必立见崩溃，以后美国即使对华有任何之援助，皆属虚妄，中国亦决不能再望友邦之援助，从此国际信义与人类道德亦不可复问"。[⑤] 26 日，宋子文会见罗斯福时指出，如果现在美国改

---

① 复旦大学历史系中国近代史教研组编《中国近代对外关系史资料选辑（1840～1949）》下卷第 2 分册，上海人民出版社，1977，第 131～133 页。

② 《蒋委员长自重庆致电伦敦新闻纪事报发表对于英日东京谈判之感想及对英国之期望电》，1939 年 7 月 28 日。秦孝仪主编《战时外交》（二），中国国民党中央委员会党史委员会编印，1981，第 102～103 页。

③ 复旦大学历史系中国近代史教研组编《中国近代对外关系史资料选辑（1840～1949）》下卷第 2 分册，第 143～145 页。

④ 《毛泽东选集》第 3 卷，人民出版社，1967，第 762 页。

⑤ 《蒋委员长自重庆致驻美大使胡适嘱转告赫尔国务卿在日本侵华军队撤退问题未得根本解决之前美对日经济封锁不可放松电》，1941 年 11 月 24 日。秦孝仪主编《战时外交》（一），第 149 页。

变封锁政策，其结果不仅是中国受害，而且整个亚洲的士气都将受到损害，美国的道义地位也将从此不复存在。① 中国的强烈反对，是美日谈判未果的重要原因之一。

中国在抵制西方大国绥靖政策的同时，仍在积极寻求同美英法苏等大国的合作。1939 年，日军占领海南岛后，严重威胁到英、美、法等国在亚洲和太平洋属地的安全，蒋介石利用这一时机先后向英、美、法和苏联提出了军事、经济合作方案，但未得到这些国家的响应而作罢。1940 年 9 月 27 日，德意日三国同盟条约的签订标志着法西斯军事同盟的建立，也预示着法西斯国家的侵略必将进一步扩大。在这种情况下，中国政府不失时机地展开了外交攻势，企图推动中、美、英三国结盟来对抗日本。由于这种主张超出了英美当时所能接受的限度，再次遭到英美的拒绝，但两国此时的态度已经有了积极的变化，英国主动提出愿意与中国进行军事合作。美国采取了一些积极措施支持中国的抗战。1940 年 12 月 15 日，罗斯福颁布法令，允许美国飞行人员离职到中国作战。他并要求国务院、陆海军部队和财政部等为此一援助计划制定具体方案。1941 年 6 月上旬，先后两批总计 100 余人的美国志愿空军人员启程赴华，组织起美国志愿航空队，开始参加运输和对日作战。同年 10 月，美国派遣以马格鲁德将军为团长的军事代表团到中国，协助中国政府按照租借法案争取美国的军事援助。美英对华政策的这些变化，实际上是对中国政府结盟抗日主张的一种积极反应。

1941 年 12 月 8 日太平洋战争的爆发加快了中国倡导的国际结盟主张的步伐。战争爆发的当天上午，蒋介石即召集中国国民党中央常务委员举行特别会议，决定：（1）对日正式宣战。（2）太平洋反侵略各国，应即成立正式同盟，由美国领导。（3）要求英、美、苏与中国一致实行对德、意、日宣战。（4）联盟各国应相互约定：在太平洋战争胜利结束以前，不对日单独媾和。当天下午，蒋介石又分别召见美国驻华大使高思、英国驻华大使卡尔（Archibald C. Kerr）、苏联驻华大使潘友新，建议各友邦（中、美、英、苏等）成立以美国为领导的军事同盟，并缔结不单独媾和之条约。② 12 月 9 日，蒋介石致电罗斯福、丘吉尔、斯大林，建议在重庆召集联合军事会议，

① 陶文钊等著《抗战时期的中国对外关系》，第 251 页。

② 〔日〕古屋奎二著、中央日报译《蒋总统秘录》第 12 册，中央日报社，1977，第 197 ~ 200 页。

协调各国作战。美国国务院认为蒋介石的建议“从理论上讲是非常正确的”。对召开军事会议一事，罗斯福复电蒋介石表示，“立即发动步骤，准备一致行动以御共同敌人，应视为异常重要之举。”他建议英、中、荷、苏、美在重庆举行联合军事会议，“交换情报，并讨论在东亚战区最有效之陆、海军行动，以击败日本及其同盟国。”① 丘吉尔也于12月8日向蒋介石表示，“我们一向是朋友，而现在，我们面对一个共同的敌人。”② 在中美英苏的共同努力下，1942年1月1日，反法西斯国家在华盛顿发表《联合国家宣言》，世界反法西斯联盟终于正式建立了，中国多年的努力和愿望终于成为现实，这为世界反法西斯战争胜利提供了可靠的保证，也为中国夺取抗日战争的胜利提供了国际保证。在世界反法西斯联盟的形成过程中，中国起到了重要的推动作用，也被公认为世界反法西斯四大国之一。

在战时，中国还发挥了世界反法西斯大国的作用，为联合国和其他重要的国际组织的建立，也为战后世界国际新秩序的建立，做出了重要贡献。在战时，美英苏三大国为协调战略配合，相继召开了德黑兰会议、雅尔塔会议和波茨坦会议，中国虽因种种原因未被邀请与会，但围绕三大会议的相关会议及会议公告发表，大多有中国参加。如1943年10月，在莫斯科召开了美英苏三国外长会议，会议发表的《关于普遍安全的宣言》，以美英苏中四国名义发表。又如德黑兰会议前，美英中三国首脑在开罗召开会议，发表的开罗宣言得到苏联同意与认可。宣言宣布三国决心把战争进行到日本无条件投降为止，决定在打败日本后，将被日本霸占的满洲、台湾、澎湖列岛等归还中国等，至今仍具有重大的现实意义。1945年7月，美英苏三国首脑在波茨坦会晤，26日发表了由美英中三国签署的《波茨坦公告》，敦促日本无条件投降，后来，苏联对日作战时也在宣言上签了字，成为四国宣言。在联合国创建问题上，中国参加了筹划、筹备到成立的全过程。1944年8至10月，在美国华盛顿郊区敦巴顿橡胶园召开了由美英苏中四国共同邀请的联合国筹备会议，勾画出未来联合国的蓝图。也是由美英苏中四大国共同邀请，1945年4月25日，在美国旧金山举行联合国成立大会，美英苏中四国代表团团长轮流担任会议主席。6月26日宣布成立联合国，中国自然成为安理会常任理

① 《美国总统罗斯福自华盛顿致蒋委员长建议由委员长在重庆召集联合军事会议电》，1941年12月16日。秦孝仪主编《战时外交》（三），第66页。

② 〔英〕丘吉尔著《第二次世界大战回忆录》第3卷，韦凡译，《伟大的同盟》，第519页。

事国。

为避免因经济危机引发世界大战，在战时盟国就积极筹划建立战后世界经济新秩序。1944 年 7 月，包括中国在内的联合国家共 44 国代表，通过了《布雷顿森林协定》，决定成立“国际货币基金组织”和“国际复兴开发银行”（即世界银行），标志着以美元为中心的国际货币体系正式确立。1947 年，在联合国主持下，中国等 23 国签署了《关税及贸易总协定》，标志着世界贸易体系的确立。至此，以国际货币基金组织、世界银行和关税及贸易总协定为三大支柱的世界经济新秩序宣告成立，为战后世界经济的协调发展提供了保证。

上述表明，盟国在战时及战后一系列的重大决定，都是由美英苏中四大国共同完成的。由于中国是一个弱国，不可能同美英苏三大强国平起平坐，但盟国的所有重大决定都请中国参加或征询中国的意见，表明中国在战时就受到美英苏等大国的重视。即是说，中国在二次大战中就开始走向世界，在国际舞台上发挥着重要作用。

综上所述，我们不难看出，中国抗日战争在世界上最早举起了反法西斯战争的大旗，代表了世界历史前进的方向。中国以巨大的民族牺牲，通过抗击日本法西斯，有力地支援了美英苏等盟国的作战，推动着反法西斯国家走向联合，不仅加快了第二次世界大战胜利的步伐，也为战后国际新秩序的建立做出了重要贡献。换言之，中国抗战推动了第二次世界大战走向胜利的历史进程。

1938 年国民党对日和战态度述评

——以蒋介石日记为中心的考察

吴景平*

在抗日战争史的研究中，国民党的对日和战态度是一个重要的方面。近年来问世的诸多论著，均涉及这个问题。① 整体看来，研究者们较多关注抗战爆发前国民党对日态度的转变，② 而对中日战事全面爆发之后国民党和战态度较为深入的研究，见有以中日德关系及陶德曼调停为个案的论著，③ 也有对较长时间国民党的抗战立场均有表述的论著。④ 近年来，随着斯坦福大学胡佛研究所藏蒋介石日记手稿本的开放，通过该日记来研究蒋介石对日态

* 复旦大学历史系教授。

① 这方面的著作较多，如张宪文等著《中华民国史》第 3 卷，南京大学出版社，2006；王建朗、曾景忠著《中国近代通史》第 9 卷，江苏人民出版社，2007。

② 有关的论文见有：刘维开《蒋中正委员长在庐山谈话会讲话的新资料》,《近代中国》第 118 期，1997 年 4 月；王建朗：《卢沟桥事件后国民政府的战和抉择》,《近代史研究》1998 年第 5 期。

③ 陈仁霞：《中德日三角关系研究》，三联书店，2003；左双文：《德国承认伪满问题与国民政府的外交方针》,《史学月刊》2008 年第 11 期。

④ 可参见邵铭煌《战端一起，绝不妥协：蒋中正委员长之和战立场》,《近代中国》第 163 期，2005 年 12 月 31 日。该文述及抗战爆发之后诸多重要关头蒋介石的对日立场，但是缺乏对其曲折反复的立场的分析以及与其他国民党高层人士的比较。张宪文等著《中华民国史》第 3 卷，在叙述自卢沟桥事变到汪精卫集团投敌期间战局演变过程中，多处述及国民政府的抗日立场，如 1938 年 1 月日本提出不以国民政府为对手，“事实上，日本此项政策确实使国民政府对中日媾和的前景有了更清醒的认识，而以徐州会战和武汉会战显示了它的决心。”（第 64 – 65 页）1938 年 7 月日本政府确定了力图使中国中央政府崩溃的政策，“除了促使国民政府更加坚定地抗日外，并无其他作用。”（第 65 页）1938 年 11 月南岳会议期间“蒋介石反复表达的抗战必胜的信心和决心被此后的实践所证明，尽管他也有过动摇与游移。”（第 90 页）1939 年 1 月蒋介石颁布了第二期作战指导方案，表明“他对靠自身力量赢得战争胜利并不自信，这和他一面坚持抗战、一面等待国际局势变化以解决中国问题的‘苦撑待变’思想是一致的。”（第 97 页）

度的成果，得到学界的关注。[①] 海内外陆续开放、公布和出版的多种名人日记，提供了战时官方文书之外的另一种重要史料，它不仅可以补充一些重要叙事的不足，更记述了有关人物自身和相关人士在对日和战问题上的态度乃至心路历程。笔者梳理了以蒋介石日记为主的数种战时日记，[②] 适当结合其他类别史料，认为自陶德曼调停失败至1938年底汪精卫出走近一年的时间里，包括蒋介石在内的国民党高层人士，在对日和战问题上的具体态度不尽相同，情况颇为复杂。1938年1月的陶德曼调停失败后，虽然中日双方都公开表示了强硬的立场，但就整体而言，国民党的和战态度并没有真正解决。同年4月国民党临时全国大会通过了抗战建国纲领，蒋介石被推为国民党总裁，可是包括蒋介石在内的国民党高层人士之间，依然有重大分歧。在国际社会无法有效制止日本侵略、不能积极援助中国抵抗的背景下，中国抗战正面战场接连遭遇重大失利，战局前景十分严峻；在日本交互使用军事逼降和政治诱和手段之下，国民党内部的和战抉择颇为曲折，时有反复。直至1938年底汪精卫集团出走，抵抗与拒降才成为国民党内难以撼动的基本方针。在此期间，蒋介石作为战时体制中最高、最后的决策者，虽然对战局也有过消极的看法，对于外来的调处有过幻想，也不反对与日方进行虚与委蛇的接触，但守住了抵抗侵略、拒绝投降的底线，从而为国民党政权的主体部分留在抗日营垒，起到了十分重要的作用。

一

1938年1月初，即德国驻华大使陶德曼调停中日关系破局前夕，国民党高层对于是否接受日方条件的分歧公开化，蒋介石自认可以对“汪阎与白刘王，和战二派”，进行“调剂与运用，表里互用”，应对日本方面的逼迫。[③] 蒋介石本人一方面对日方逼和的本质有清醒的认识：“倭寇所提条件等于灭亡与征服，应即严拒”；“与其屈服而亡，不如战败而亡——晚接倭寇条件，

① 杨天石：《找寻真实的蒋介石》，山西人民出版社，2008。

② 主要有：《蒋介石日记》（斯坦福大学胡佛研究所藏手稿影印件）；《张嘉璈日记》（斯坦福大学胡佛研究所藏手稿原件）；《王世杰日记》（手稿本，中研院近代史研究所，1990）；《陈布雷日记》（东南印务出版社刊印本）；《周佛海日记全编》（中国文联出版社，2003）；《胡适日记全编》（安徽教育出版社，2001）；《翁文灏日记》（中华书局，2010）等。

③ 《蒋介石日记》，1938年1月1日。

即严词拒绝”。[①] 另一方面，蒋介石一度仍以为“对德大使所传消息，倭寇求和之意甚切乎？”[②] “倭寇求和甚切。”[③] 至于国际组织能否出面干涉、有效制止日本进一步的侵略战争，经过 1937 年 10 月的国联大会和 11 月布鲁塞尔会议，蒋介石已有较清醒的认识：“不患国际形势不生变化，而患我国无持久抗战之决心。”[④] 可以说，蒋介石认为中国应以持久抗战的决心，包括不接受名和实降的停战条件，争取国际社会尤其是英美的积极反应。

笔者见到的其他名人日记，亦可说明当时国民党高层在时局判断与和战态度的复杂情况。如 1938 年 1 月 3 日陈布雷便有如下记载：“八时卅分渡江至中央银行参加第四十次常会，顾大使有长电来，剖析国外情形，断言国际形势无可利赖，谓德、意劝我和平，英、苏勖我抗战，均是各为其私，所言极沉痛。席上交换关于外交意见甚多，无结论。”[⑤] 而 1 月 5 日王世杰在同一天日记中提到孔祥熙时，既认为孔“对大局似甚悲观”，又记载其“坚以共赴国难为言”。[⑥] 他还记载了蒋介石向政府要员表示过主战的态度：“闻蒋先生近日与阎锡山及其他政府中人商谈，仍主继续抗战，而以川、滇、黔为最后根据地。日方以所提媾和办法与条件（即德使转来之条款，见前）未被我方接受，其内阁中陆、海、外及总理四相会议后，又发表官式声明，将继续向中国作军事压迫。”[⑦]

1 月 13 日，陶德曼向中方转达了日本政府的要求：中国方面须于 1 月 15 日前作出答复，否则日本保留自由行动的权利。当天，中国外长王宠惠向陶德曼递交了正式答复：“经过适当的考虑后，我们觉得，改变了的条件，范围是太广泛了。因此中国政府希望知道这些新提出的条件的性质和内容，以便加以仔细的研究，作出确切的决定。”陶德曼提出，中方的答复没有表示希望和解的意愿，会被日本认为是在搪塞。王宠惠答称：除非知道了日本的要求的详细内容，中国政府不能做出决定，也不能表示意见。[⑧] 王宠惠的答

① 《蒋介石日记》，1938 年 1 月 2 日。
② 《蒋介石日记》，1938 年 1 月 7 日。
③ 《蒋介石日记》，1938 年 1 月 9 日。
④ 《蒋介石日记》，1938 年 1 月 10 日。
⑤ 《陈布雷日记》第 2 册，第 257 页。
⑥ 《王世杰日记》第 1 册，第 160～161 页。
⑦ 《王世杰日记》第 1 册，第 162 页。
⑧ 《陶德曼给德外交部电》，1938 年 1 月 13 日，《中国近代对外关系史资料选辑》下卷第 2 分册，第 47～48 页。

复究竟表明了什么？实际上既没有接受但也没有明确拒绝日方的条件，不宜做更多的解读，因为当时国民政府高层尚未经过决策程序。据有关当事人的日记，1 月 14 日的国防最高会议常务会商议过如何应对日方的逼和。如陈布雷当日所记："九时到中央银行参加第四十三次常会。王外长报告德使转来消息，知敌方以十五日为期限，欲胁我屈服。席间汪、孔、张发言甚多，汪所言大意可以'战无把握和无保障'（即谓敌方不守信义且贪欲无厌）八字概括之"。[①] 陈布雷只提到汪精卫对和战问题的悲观看法，而翁文灏所记虽然更简洁，但对国民党高层人士的和战取舍的记述，却更为明确："国防最高会议开会，到者汪、张、孔、王、陈、何、于、居、邵、陈、翁。汪、孔、张、何、王讨论中日大局，多主和。"[②] 据笔者所见诸人日记，蒋介石没有参加 1 月 14 日的第 43 次国防最高会议常务会议。但同一天蒋介石充分考虑了对于拒绝日方条件可能导致的严峻后果："注意一、倭寇之反响如何，甲、宣战，乙、否认，丙、威逼强求，限期答复，5 丁、不再复，戊、再行续议。"[③] 然而，蒋介石最终决定明确拒绝日本的逼降条件。1 月 16 日，蒋介石明确指示外交当局"对德大使明言，如倭再提苛刻原则，则拒绝其转达"。[④] 这就使得德国方面当时无法继续在中日之间充当调停者的角色了。

由于国民政府始终没有正式接受日方的迫降条件，日本政府遂于 1938 年 1 月 16 日发表声明："帝国政府今后不以国民政府为对手，而期望真能与帝国合作的中国新政权的建立与发展，并将与此新政权调整两国邦交，协助建设复兴的中国。"[⑤] 这是自卢沟桥事变以来日本政府公开对国民政府表示的最严厉的声明。只是蒋介石并没有感到更多的压力，他在 17 日的日记中写道："倭政府昨日宣布不与国民政府作交涉对手而未明言否认二字，此乃敌人无法之法，但有一笑而已。"不仅如此，反而觉得有助于"安内"："拒绝倭寇媾和之条件，使主和者断念，稳定内部矣。"[⑥] 而陈布雷同一天日记记载了国防最高会议常委会情况："八时卅分起。到中央银行参加第四十四次常会，王外长报告许大使来电多件。敌方声明书昨午发表，大致谓日政府于南京失

① 《陈布雷日记》第 2 册，第 259 页。
② 《翁文灏日记》，第 203 页。
③ 《蒋介石日记》，1938 年 1 月 14 日。
④ 《蒋介石日记》，1938 年 1 月 16 日。
⑤ 《日本帝国主义对外侵略史料选编》，上海人民出版社，1983，第 261 ~ 262 页。
⑥ 《蒋介石日记》，1938 年 1 月 17 日。

陷后与国府以最后反省机会，迄今国府不解日本真意，仍策动抗战，内不恤人民之涂炭，外不顾东亚之和平，因此日本政府今后不以国民政府为对手，期待真能与日提携之新政府之成立于发展，与之调整两国国交，并协力建设更生之新中国。日政府尊重中国领土主权与列强在华权益之方针，毫无变更，现在日本对东亚和平之责任愈重，切望国民更为发奋，实行此项重大任务云。并闻敌已召还川越，通电各驻外使馆，声明与国府外交关系业已停止云。讨论许久，决定由外交部起草一声明书。——夜整理积件，九时渡江，往汉口与汪、孔、张、王、徐讨论对日声明书之内容，至十一时定稿。”① 1 月 18 日，蒋介石自河南视察回到武汉，陈布雷“即往官邸晋谒。核定国府声明书稿，以电话告徐次长发表之。”② 可以认为，正是蒋介石决定并指令外交当局拒绝日本的“苛刻原则”，使得国民党高层的“主和者”暂时断念，“内部”得到暂时的稳定，并且为国民政府的声明定了基调，且予以最后核定。

于是，1 月 18 日国民政府发表宣言，驳斥日本对华政策，并且声明：“（一）中国政府虽始终极愿和平解决中日冲突，但不能接受破坏中国领土主权与行政完整之条件。（二）一切在日军占领区域内之傀儡组织，当然无效。”③ 这场由德国居间调停的中日之间的“议和”画上了句号。不仅如此，1 月 20 日，日本调回其驻华大使川越茂，中国遂亦调回驻日大使许世英。中日两国的殊死较量，已经显现出长期化的趋向。

以陶德曼调停为代表的中日之间议和之门关闭之后，国民党高层对抗战前途并未形成真正共识，在和战抉择问题上的分歧也没有真正解决。

蒋介石当时表现的态度颇为积极和坚定。据王世杰记载，1 月 26 日蒋对在武汉的中央执监委员发表谈话：“蒋谓长江方面作战军力虽经京沪之大损失，至本月底，整理补充约可恢复原来力量十分之七；晋方兵力经过近来两月来之整理补充，已恢复原来力量十分之八，如果经过两月，均可完全恢复，武汉当可固守，如日方不能增加生力军至十师团之众，将无法夺取武汉。彼劝中央同人，对军事前途抱乐观态度。关于外交，蒋谓彼决不签订丧

---

① 《陈布雷日记》第 2 册，第 259 ~ 260 页。汪、孔、张、王、徐，即汪精卫、孔祥熙、张群、王宠惠和外交部次长徐谟。

② 《陈布雷日记》第 2 册，第 260 页。

③ 《王世杰日记》第 1 册，第 166 ~ 167 页。

权辱国之和约，现时绝无与日秘密议和之事。”① 同样根据王世杰的记载，在1月28日的国防最高会议常务会议上，“席间，孔院长庸之对大局前途表示悲观。”② 而陈布雷根据平时观察得出的印象是：“委员长近日励精图治之意更切，命注意政治经济及党务改革，余深惧衰庸无以副其望也。”③ 蒋介石还指示陈改定“抵御外侮与复兴民族之讲稿，拟付发表”。④

从陶德曼调停中止到同年3月底国民党临时全国大会前后，蒋介石日记对国际局势和中日和战问题的记述更多。

2月2日，国联行政院通过关于中日战事的决议案，其中完全不提对于侵华的谴责，遑论制裁，只是笼统地说：“深信行政院中对远东形势特别关注的各会员国，必将不失时机地与利害相同的大国进行磋商，进一步采取步骤，俾使远东冲突获得公正解决。”⑤ 对此决议案中国方面非常不满，蒋介石的判断便是“国际形势（如此次国联对华之决议案）恶劣已至极点。”⑥ 以后的事态发展印证了这一判断，蒋介石也有进一步的看法。

与陶德曼调停期间德方基本恪守中立不同，2月20日德国不顾中国政府反对、决定承认伪满洲国。德国的这一明显倒向亲日举措，无疑极大助长了日本侵略的气焰，引起国民党高层很大的震动。陈布雷便有如下记载：“闻德国竟承认伪满，此为外交形势上一大变迁。吾国今后之应付愈艰矣。”“闻德大使已来见，不过解释其承认伪满为不满意国际联盟，以及中德邦交丝毫不变更而已。”“十时举行国防最高会议第七次全会，出席者二十余人。外、军、财三部，均有详尽报告，讨论德国承认伪满事。汪、邵、朱、孔、王（雪艇）等均有意见发表。委员长作结论，决定外交方针不变更，仍尊重国联，一时四十分始散会。”⑦ 蒋介石除了在国防最高会议上做出“外交方针不变更”的决定外，在日记中谈道：“（2月22日）下午德国大使来说德国仍维持旧日邦交之意。——本日以内政外交形势险恶为虑，唯有抗战到底而已。”⑧ 可以认为，即便德国在政治上公开站在日本一边、对于中国外交造成

① 《王世杰日记》）第1册，第170~171页。
② 《王世杰日记》第1册，第171页。
③ 《陈布雷日记》第2册，第260页。
④ 《陈布雷日记》第2册，第261页。
⑤ 《顾维钧回忆录》第3分册，中华书局，1985，第57页。
⑥ 《蒋介石日记》，1938年2月4日。
⑦ 《陈布雷日记》第2册，第266页。
⑧ 《蒋介石日记》，1938年2月23日。

了重大压力，蒋介石的决心与表态，对于稳住高层阵脚所起的作用，不容忽视。

除了外交领域之外，蒋介石当时“励精图治之意更切”和“注意政治经济及党务改革”，则是其“抗战到底”立场的另一重要体现。

1 月 16 日日本政府发表“不以国民政府为对手”的声明之后，蒋介石在确定国民政府对日声明基本原则的同时，1 月 18 日已经在考虑设立“民意代表机关”和召开“全国代表大会日期”。① 在 1 月 23 日的日记中，他明确提及要对国民党进行政治改革的设想，如“改称党名”、“收容新党员”，并与高层人士“商议改组本党方针”。② 1 月 30 日，蒋介石写到“改造本党”的四方面内容：“甲、容纳各派组成大党，乙、职业团体，产业与劳工团体，文化团体，准予公开组织，但由政府领导；丙、民意机关之产生；丁、经济政策之研究。”同日，蒋介石与高层人士“商决召开全国代表大会”。③ 2 月初，蒋介石在日记中提到了“全国人民抗倭行动纲要 内政外交整个计划之方针与办法”，④ 这个纲要，当为日后正式定名的《抗战救国纲领》。据陈布雷记载，在《抗战救国纲领》成文和定稿过程中，蒋介石确立了“纲领之主旨”，⑤ 张群与陈公博曾参与修改，陈布雷与周佛海共同审阅，最后呈交蒋介石。⑥

另一方面，蒋介石关注着即将召开的国民党临时代表大会将涉及的“党政问题”，具体又包括两大方面：“甲、党务改制与对共问题；乙、国府改选与政府五院制存废之利弊。”⑦ 他甚至考虑过实施战时体制，主要包括：五院院长停止职权之行使，任为最高会议之委员；政府有紧急处分权；最高会议以命令为便宜之处施；议长有最后决定权；党政领袖制；各党最高领袖。最后一点蒋介石与汪精卫商议时，“彼实不愿有党魁也。”⑧ 但是蒋介石对于设立国民党总裁以及他本人是否应出任总裁，除了其他方面的因素之外，在其日记中还体现出从抗日全局出发的考虑。如：“此时设立总裁，至少可表示

① 《蒋介石日记》，1938 年 1 月 18 日。
② 《蒋介石日记》，1938 年 1 月 29 日。
③ 《蒋介石日记》，1938 年 1 月 30 日。
④ 《蒋介石日记》，1938 年 2 月 3 日。
⑤ 《蒋介石日记》，1938 年 3 月 17 日。
⑥ 《陈布雷日记》第 2 册，第 272 页。
⑦ 《蒋介石日记》，1938 年 2 月 24 日。
⑧ 《蒋介石日记》，1938 年 3 月 11 日。

本党不妥协，决心与敌以精神打击。——本日本党临时全国代表大会提案多主张确定总裁制，为抗战与党国计则有益，为个人则有损也。”① “（4月1日）本晚大会推余为总裁，诚惶惭愧，明知责任重大，然不敢谦辞也。——对总裁责任应当仁不辞，以救国与对外之道已无他法，此为最后一着，实与抗战增加实力不少，而且确定党国重心，无异与敌精神与其策略上一大打击也。”② 同一天陈布雷日记中也写道：国民党临时全国代表大会“决议设总裁副总裁，一致选任蒋汪二先生担任，由吴稚晖先生登台说明，词意沈挚，全场感动。继通过抗战时期纲领及大会宣言。”③

一般言之，主张实施高度集权的政治体制和领袖制，与专制和个人独裁是否有必然的联系，笔者不作简单的结论；但在日本军事压力空前急迫、中国所处国际环境日趋严峻的危局下，恰恰是不愿妥协投降、愿意承担“抗战到底”后果的民族主义立场的体现。

然而，历史现象往往是错综复杂的，有些甚至是十分矛盾的。就在国民党临时全国代表大会前后，蒋介石在日记中记有其本人在对日“战乎和乎”抉择上的想法：

3月22日 “言和条件，如仅以东北为限，且有保障，则不惜一和。昔之不能解决之东北问题，以其政府不使掌握军队，若果当时解决，则仍不能免于一战，于我国地位更坏也。”

3月23日 “如敌果有和平诚意，若无致命伤之条件，以仅解决满洲问题为限，则不惜与之言和。然未到其时也。”

3月24日 “此时将到可和可战时期，不难转入主动地位。戒之慎之，勿失战机。”

3月28日 “倭寇制造南方伪组织，将为终止军事行动之预备乎？观乎鲁南倭寇之战也，实呈强弩之末之象，断定倭寇不敢再进矣。——视察沿路人民生活与行动之幼稚，及军人精神与行动之散漫，时起不能久战之意。”

3月29日 “倭对求和问题又停顿，其故不明，或待津浦路战事之解决乎？”

---

① 《蒋介石日记》，1938年3月29日。

② 《蒋介石日记》，1938年4月1日。

③ 《陈布雷日记》第2册，第273页。

3 月 30 日 “宁使民心悲壮而牺牲，毋使民气消沉而屈服。”

4 月 2 日 “倭寇上月杪不能打通津浦线，或将变计，军事至今险恶时期已过其半乎——台儿庄战局已呈胶着之象，甚可虑也。”

4 月 5 日 “上午听高司长报告，乃知倭急欲求和，而其急于攻俄之意，亦昭然若揭矣。”

4 月 9 日 “对倭和战方针，——准备大战。——此时可战可和，应注重和局与准备。与汪张谈对倭策略。”

上述反反复复的甚至是前后矛盾的想法，正是当时中日双方在军事与政治方面进行复杂较量的体现。从军事上看，当时正值徐州会战期间，中国军事上取得了以台儿庄战役为代表的重大胜利。从政治上来看，抗战爆发后不久已经形成的“低调”派中的骨干分子——外交部亚洲司第一科科长董道宁和亚洲司司长高宗武，在 1938 年 2、3 月间，已经在与日本方面频频接触，并且把进展情况报告给了周佛海。蒋介石本人也知道高宗武在与日本方面接触，甚至也做过指示。① 这一点，除了日方相关人士的回忆录外，蒋介石日记也有较明确的记载：“上午听高司长报告，乃知倭急欲求和，而其急于攻俄之意，亦昭然若揭矣。”② 可见，结合战局进展状况和其他资讯，对于来自高宗武的有明确导向性报告，蒋介石主要解读为日本急于与重庆政府休战议和。至于如何应对，蒋介石在稍后的日记中提到“对倭和战方针”之时，既写到要“准备大战”，又指出“此时可战可和，应注重和局与准备”，并且“与汪（精卫）张（群）谈对倭策略”。③ 可以认为，当时蒋介石乃至整个国民党决策层都认为，以津浦线为主要区域的徐州会战的有利态势，已经挫败日军自攻占南京以来的新一轮军事战略目的，中方大可乘势在较有利的条件下实现停战乃至达成和局。

① 《今井武夫回忆录》，中国文史出版社，1987，第 69 ~ 70 页。根据该书，是汪精卫提出应让蒋介石知道日本方面的重要意见，遂通过侍从室第二处主任陈布雷，把影佐的两封信交给了蒋介石。蒋命高宗武再去香港，并向他指示：“把这一主要意思传给日本：我们并不是反对和平，不过先反共然后和平，这是不可能的。只要停战，我们自然会反共的。”另据西义显《悲剧的证人——日华和平工作秘史》（日本东京文献社，1962，第 135 ~ 136 页），1938 年 4 月高宗武在香港向日方转述了蒋介石的如下态度：原则上可承认日本对中国作战之两个意图：一、对俄关系之安全保障，二、对中国经济发展及依存之确保；希望先行停战，然后以上述条件为基础，进入和平细目的交涉。

② 《蒋介石日记》，1938 年 4 月 5 日。

③ 《蒋介石日记》，1938 年 4 月 9 日。

二

从1938年4月初国民党临时全国代表大会结束到同年10月武汉广州失陷，中国正面战场遭受到又一轮重大挫折，正面战场主要战线不得不继1937年底之后再次大幅度的西撤。从日本方面来看，在加大对华军事压力以冀直接逼降的同时，还频频对国民政府内部的关键性人物开展诱和工作。这就不可避免地引起包括蒋介石在内国民党高层对于和战态度的重大反复。

原先蒋介石对于德、意两国出面协调解决中日关系，已经不抱任何幻想。对于英美方面的调停介入，一度也持消极态度："敌国对华不许第三国干涉政策不变更，故英美空言调和决无效果。"① "英国欲以德意问题与远东问题同时解决，于我殊为不利。"② 但是，当4月初面见高宗武之后，蒋介石认为日本急于求和以便实施北进攻俄，于是重新考虑通过英国来调解中日冲突。4月中旬，蒋介石曾经有过一个方案，即国民政府委派高层官员出任驻英大使，在英国进行此事。他甚至已经考虑到了新的驻英大使人选——张群，在连续四天的日记中有明确的记载："派（张）岳军赴欧任英使，派（宋）子文任不驻国大使，任孙（科）为俄使。"③ "岳军子文赴欧之使命"④ "岳军之使命与（郭）复初之调回"⑤ "中倭和平交涉，以在英国进行为便，使英从中安心斡旋与保障，故决派岳军使英。"⑥ 蒋认为，他这是在探寻"和平进行之路"。⑦ 而当时张群本人也是把"英国出面调解"作为中日实现和平的必要前提的。⑧ 以后张群还表示过："英大使来调解时，不宜拒绝。"⑨

到了5月份宇垣一成出任日本外相并且发出若干对华议和的言论之后，同时德国在停止军事物资运华、召回在华军事顾问等问题上执意亲日疏华，

① 《蒋介石日记》，1938年1月29日。

② 《蒋介石日记》，1938年2月23日。

③ 《蒋介石日记》，1938年4月15日。

④ 《蒋介石日记》，1938年4月16日。

⑤ 《蒋介石日记》，1938年4月17日。

⑥ 《蒋介石日记》，1938年4月18日。

⑦ 《蒋介石日记》，1938年4月26日。

⑧ "本日，岳军谈须在英国出面调解及中日双方均知难而退之条件，和平始有可能。" 见《周佛海日记全编》上册，第118页。

⑨ 《翁文灏日记》，第250页。

蒋介石进一步考虑“应用英美之力以解决中日问题”。[①] 在 6 月 3 日的国防最高会议第八次全体会议上，蒋介石宣布两点：“一、军事前途今后（第二期抗战）之决战地域将在平汉路以西，大别山脉以北（豫南皖北），至于开封、郑州等地，以在大平原中将不固守，免受无益之牺牲。蒋先生并谓武汉可固守。二、德意既已决定联日，在势已无可挽回，我国今后外交方针应重新改订，与英、美、法、苏联结。”[②] 嗣后他还认为“倭寇求和甚急，此时应刚柔得宜，方不失机，言论尤应慎重。”“对英美俄法应积极运用，美国反倭之形势日加矣。”[③] 当时其他国民党高层人士也一度看好宇垣出任外相后中日议和的前景。据翁文灏记载：“孔寓晚餐。张岳军论日本宇垣任外相之意义。此君在日资望极高，前次拟任首相时，拟与中国言和，但须中国反俄随日。”[④] 而此前一直与董道宁、高宗武保持联系的“低调”分子周佛海也写道：“饭后，与希圣略谈外交动向。德使陶德曼又拟劝和，而宇垣复发表松动谈话，和平尚有一微弱曙光也。”[⑤] 这也看出，当时中国方面密切关注着日本政局与重要人士变动，期盼日本能够自行调整其对华政策，而对于中国自身“以战致和”的实力明显不抱希望。

不过，对于英美等国出面调停的乐观没有持续多久。当时王世杰已经有较清醒的认识：“目前英国能否调停尚属问题，即令出面调停，亦决不能成功。因英、法、美等国既无共同压迫日本决意，日方条件决非我方所能接受。”[⑥] 而当英国在中国海关和天津租界等问题上显示出不顾中国权益而对日妥协的倾向后，蒋介石进一步意识到寄望英国出面调停是不可靠的，决定：“令郭使通知英政府，若无英国参加调停则中国必不与倭言和，英国更应负责使中倭战争早日停止。如倭向英妥协，必以英国整个政策与之谈判也。”[⑦] 进而得出结论：“对英外交方针勿使其与倭妥协以牺牲中国。”[⑧] 按照蒋介石本人的说法，这个时候他依然希望西方大国介入中日停战议和问题，旨在“严防敌军停战后背约失信，故必欲使第三国参加调解，或召集国际会议解

① 《蒋介石日记》，1938 年 6 月 8 日。
② 《王世杰日记》第 1 册，第 273 ~ 274 页。
③ 《蒋介石日记》，1938 年 6 月 28 日。
④ 《翁文灏日记》，第 240 页。
⑤ 《周佛海日记全编》上册，第 136 ~ 137 页。
⑥ 《王世杰日记》第 1 册，第 300 ~ 301 页。
⑦ 《蒋介石日记》，1938 年 7 月 28 日。
⑧ 《蒋介石日记》，1938 年 8 月 21 日。

决远东整个问题也。”①

再来看看该时期蒋介石和国民党高层对于中日直接议和的态度。

如前所述，关于高宗武与日方有接触一事，蒋介石是知晓的。据陈布雷日记记载，蒋介石在1938年6月5日曾约见高宗武近一个小时。② 第二天，蒋再次约见高。③ 只是这两次约谈的内容，陈布雷在日记中只字未提。值得注意的是，高宗武是6月23日自香港启程，经上海，于7月2日抵达日本横滨的。④ 但蒋介石在6月24日的日记中便提到：“高宗武荒谬妄动，擅自赴倭，此人荒唐，然亦可谓大胆矣。”6月26日的日记提到：“高宗武行踪与处置。”7月9日高宗武自日本回到香港，他的赴日情况报告送抵重庆后，由周佛海送呈蒋介石，其内容包括日本希望以汪精卫取代蒋介石来实现中日和平。蒋介石看了之后，在其日记中写道：“接高报告，知其误事不浅也。——倭阀对我变更态度者，其果误认吾内部之动摇而与高之荒谬赴倭实有关系也。”⑤ 7月25日，蒋介石“与汪谈高宗武报告内容，觉汪神情皆不自然，岂果有愧怍之心乎?”⑥ 总之蒋介石对高宗武擅自赴日的结果十分不满，下令停止向高提供活动经费。而“低调”集团日后便由梅思平出面与日方秘密接洽，谋划汪精卫出走。

蒋介石还制止时任行政院长的孔祥熙自行与日方接洽和议。1938年5月宇垣一成替代广田弘毅出任外相，向新设立的五相会议提出修改对华方针的建议，再次向中国政府伸出招降之手。宇垣主持外交，曾引起国民党高层的高度关注。待到日本外务省发表关于“不以国民政府为对手”并非不承认国民政府的谈话后，连蒋介石也感到意外：“倭外务省发言，以其一月十六日所发表不以国民政府为对手之意义，不过不与往来并非不承认蒋政权之意。此或其欲转圜自圆其说之意乎？危哉。”⑦ 不过，宇垣一成发起的对国民政府

---

① 《蒋介石日记》，1938年8月22日。

② 陈布雷日记1938年6月5日：“四时卅分偕宗武同谒委员长。五时卅分归胭脂坪，宗武谈至六时后始去。”见《陈布雷日记》第2册，第283页。周佛海同日亦记：“晚，武兄来，云奉命明日飞港。”见《周佛海日记全编》上册，第132页。

③ 《陈布雷日记》第2册，第283页。

④ 邵铭煌：《战端一起，绝不妥协：蒋中正委员长之和战立场》，《近代中国》第163期，2005年12月31日，第25页。

⑤ 《蒋介石日记》，1938年7月22日。

⑥ 《蒋介石日记》，1938年7月25日。同日周佛海日记载：“与周隆庠谈委座阅宗武报告后之态度及处置。”见于《周佛海日记全编》上册，第148~149页。

⑦ 《蒋介石日记》，1938年6月9日。

方面的秘密接洽，主要是以孔祥熙为对象的。孔祥熙曾分别安排僚属在上海和香港与日方人士洽晤，但事后把有关情况向蒋介石报告。[①] 蒋介石即“嘱孔不可另自接洽”，认为“对倭事亟须统一。”[②] 事后，蒋介石在日记中彻底否定了孔祥熙主持的对日接洽活动：“庸之对敌工作，行同求和，彼犹不知，误事，可叹。”[③] 并且决定“严禁一切公私人员与倭人交接，否则即作私通敌军，以汉奸论罪。”[④]

当时蒋介石否定高宗武的访日报告和孔祥熙方面与日本的接洽，不仅是由于日本方面明确表示了反对蒋介石、拟以汪精卫为交涉对手的态度，从军事上看，还在于日本步步进逼，武汉态势日趋严峻。从6月下旬到7月初，日军接连攻占了马当、彭泽、湖口。中国在军事上也进行了应对部署。由于武汉三镇无险可守，军事委员会于7月11日颁布作战指导方针，决定将国军主力集中于武汉外围地区，尤其是将兵力重点置于长江南北之第五、第九战区，希望通过利用鄱阳湖、大别山地障及长江两岸丘陵、湖泊施行战略持久战，“消耗敌人，以换取至少四个月之时间”。[⑤] 大战在即，蒋介石清醒地认识到不可对实现可以接受的和议抱有幻想。他在日记中写到：“倭寇以后对和战之动向，彼必恼羞成怒，舍和求战乎?”[⑥] 在对各种情况进行了研判后，他认为：“此时应研究抗战到底，而不可稍作和平之望也。”[⑦] 根据蒋的日记，当时日方甚至直接派人与重庆方面接触，但蒋的立场颇为坚定：“倭寇一面声明重申其一月十六日申明有效，非蒋下野不可，而一面又多方派人来探条件通消息求和，此种卑劣状态几无国格可言矣。”[⑧] “此时莫望敌来言和，应专心作打击敌军之准备。”[⑨] “倭寇军阀不倒，决无和平可言。惟有中国持久抗战，不可言和，乃可使倭阀失败，中国独立，方有和平之道也。”[⑩] “敌将

① 邵铭煌：《战端一起，绝不妥协：蒋中正委员长之和战立场》,《近代中国》第163期，第24页。
② 《蒋介石日记》，1938年6月23日。
③ 《蒋介石日记》，1938年7月12日。
④ 《蒋介石日记》，1938年8月20日。
⑤ 《抗日战史》第5册，《华中地区作战》（上），“国防部”史政编译局编印，1992，第30页。
⑥ 《蒋介石日记》，1938年7月21日。
⑦ 《蒋介石日记》，1938年8月22日。
⑧ 《蒋介石日记》，1938年7月8日。
⑨ 《蒋介石日记》，1938年8月19日。
⑩ 《蒋介石日记》，1938年9月3日。

以武汉未陷之前求得一停战协定而罢兵乎？此则无异城下之盟也，应严防。”①

对于守卫武汉、击退日军来犯的前景，蒋介石也有不少的考虑。

一方面，蒋介石对于军事上能否抗击日军对于武汉的进犯抱有信心，亦有相当的决心。在1938年6月4日的国防最高会议上，蒋介石称：“敌人即欲攻武汉亦需添四五师人，并须相当时日。”② 蒋介石不仅向其高层僚属鼓气，在其日记中同样颇为乐观：“彼若冒大险以进攻武汉，以敌情与敌力而论，不难被我击破，转危为安，最后胜利之机，其在是乎？”③ “敌军战略展开并未发现，本月十五日之前未见敌军之积极行动，则其进攻武汉之企图已受顿挫乎？”④ “敌之进攻武汉企图似已遭受顿挫之势，应特注重。”⑤ 蒋介石还看到了中国军队坚守武汉具有战局本身之外的重要意义：“我军固守武汉之作用，重在第三国之调停与国际之变化也。如能固守核心三月，则我南北野战军整补就绪，又可在武汉与敌持久抗战也。”为此，他甚至考虑到了在武汉地区与日军进行“最后决战兵力与武器之准备。”⑥ 认为“转守为攻之时机已到。决心全力加强武汉核心工事，搜集一切材料为要。”⑦ 在决心军事上守卫武汉的同时，蒋介石已经在构想“五年抗战计划之原则，甲、根据地，乙、经济改造，丙、政治改造，丁、党与军之改造，戊、教育与社会改造，己、实行三民主义。”⑧ 也就是说，无论武汉会战结局如何，抗日战争将是长期的持久作战，军事之外诸方面的改造与进步，对于支撑抗日战争是至关重要的。

另一方面，在武汉会战期间，由日本军部主导的“萧振瀛工作”即直接针对国民政府军政部长何应钦的谋和活动，也在若暗若明的推进。据有关研究成果，日方派出的代表和知鹰二，与何应钦的代表萧振瀛，在香港进行了两个阶段的会谈，即9月25－26日，10月15至20日。⑨ 而蒋介石在8月下

① 《蒋介石日记》，1938年9月5日。
② 《张嘉璈日记》，1938年6月4日。
③ 《蒋介石日记》，1938年7月30日。
④ 《蒋介石日记》，1938年8月12日。
⑤ 《蒋介石日记》，1938年8月14日。
⑥ 《蒋介石日记》，1938年9月5日。
⑦ 《蒋介石日记》，1938年9月6日。
⑧ 《蒋介石日记》，1938年9月10日。
⑨ 邵铭煌：《萧振瀛工作——抗战初期日本以何应钦为对象的谋和触角》，《纪念七七抗战六十周年学术研讨会论文集》，“国史馆”，1998，第215页。

旬的日记中便提到："和知来牒之应付方针。"[①]"和知应拒绝。——与季宽谈对敌来意之研究。"[②]可以认为，自"萧振瀛工作"的起始阶段起，蒋介石便密切关注，同时也知会过汪精卫。待到 1938 年 9 月中下旬德国与英国、法国在捷克问题上达成妥协，欧洲局势的暂时平静，曾使得蒋介石对于武汉这一华中大都市能否免于一场血战，乃至中日之间能否实现议和、如何实现议和，又有所考虑了。从蒋介石的日记来看，9 月 23 日他还写到"对倭来求和条件绝对拒绝，其军事协定而以不提第三国保证为其旋回余地，以捷克近情英法无力保证可做殷鉴也。"然而接下来几天里，蒋在日记中多次谈到对于议和的企望："敌军攻势之顿挫内容，廿五日以前不能攻陷汉口，彼或以欧局关系攻汉企图之受影响乎？"[③]"若欧战不起则可和当和。"[④]"欧战如不能即起，对倭有机即和。"[⑤]他甚至考虑到了"停战撤兵之要点"，包括六个方面："甲、分区交代；乙、交接时期，地方治安维持方法；丙、交接时防制误会与冲突之手段；丁、察绥问题之预防；戊、冀东问题；己、伪组织之处置。"[⑥]这份"停战撤兵之要点"成为 10 月初开始的萧振瀛与和知鹰二会谈的中方"腹案大纲"的基本内容。[⑦]至于此时议和，是否实质为投降，蒋介石没有正面提出这个问题，而是寄望得到上帝的启示："布置已毕，兵力已尽，时间亦已到，凡人能为之事已尽其在我，此后自当宁静澹泊，静听上帝之天命，以完成上帝之使命。"而同日的日记里，记有"对庸兄复电，先问对方之具体办法。"[⑧]可以认为，此时是"萧振瀛工作"与"孔祥熙工作"的交集之时。在以后几天的日记中，蒋介石反复谈到了对日方"求和"的看法，如："和知约八日回信之用意。"[⑨]"敌百武要求我响应其和平宣言，以我为取消其一一六宣言旋转之余地，可知其求和之急与切也。——敌既欲求和而又延稽不决，以探我军虚实缓急之情，小鬼可鄙，何能施其伎俩也。余

① 《蒋介石日记》，1938 年 8 月 25 日。
② 《蒋介石日记》，1938 年 8 月 26 日。
③ 《蒋介石日记》，1938 年 9 月 10 日。
④ 《蒋介石日记》，1938 年 9 月 10 日。
⑤ 《蒋介石日记》，1938 年 9 月 10 日。
⑥ 《蒋介石日记》，1938 年 10 月 1 日。
⑦ 邵铭煌：《萧振瀛工作——抗战初期日本以何应钦为对象的谋和触角》，《纪念七七抗战六十周年学术研讨会论文集》，第 220 页。
⑧ 《蒋介石日记》，1938 年 10 月 2 日。
⑨ 《蒋介石日记》，1938 年 10 月 2 日。

惟有以拙制动而已。”① “注意一、敌来求和是否为缓兵消耗我主力之计，二、应与其限期，三、警告其反宣传，四、绝对拒绝之件。五、不可约期限，六、和平之门始终未闭。”② “四强调解中倭战争之消息。对敌和约之研究与宣言稿之修改。”③ “对倭战略与政略，自觉胜算可操也。”④ 总之，在日军发起对武汉的最后进攻前夕，对于日方的诱和试探，蒋介石没有决然否定，他仍然盼望出现和平，虽然他不赞成也没有向日方乞和。

但是，蒋介石的希望很快破灭了。10 月中旬，日军调动两个师团从广东省大亚湾登陆，10 天后即进占广州。10 月 13 日即日军登陆广东的第二天，蒋介石日记有较多的篇幅谈到军事部署与相应的考虑：“倭在粤登陆，我军在武汉附近之战线应重新部署。与其南北两岸并守，不如单守南岸，与之持久，一面准备大别山脉之游击部署。”“注意 一、敌既在粤登陆，我应决心持久抗战，使之不能撤兵。二、勿以国际外交之关系而影响作战方针。三、勿忘三年前以四川为抗战根据地之准备。平汉粤路以东地区抗战至十五月之久而敌犹不能占领武汉，则以后抗战必更易为力。敌军侵粤实已达成余第三步之计划矣。”在第二天的日记中，蒋继续写道：“若敌不在粤登陆，则胜不可为也，今敌既在粤登陆，是胜可为也，只要我人不被敌威胁而已。——日决定转移兵力及部署甚觉从容裕如，敌在粤登陆实与我以最后胜利之基点，增加我胜心、协助我抗力非渺。”必须指出的是，蒋在该日的日记中还分别写道：“电萧取消谅解条款”、“电萧烧毁原稿”。⑤ 这可以说明，正是日军的军事进犯戳破了日方的诱和骗局，使得蒋介石彻底抛弃了议和之念，虽然形式上“萧振瀛工作”还在进行中。

三

1938 年 10 月下旬广州武汉相继失陷后，国民党高层人士中失败主义、悲观主义弥漫，在 10 月 26 日的国防最高会议上，“会场中各人均有垂头丧

① 《蒋介石日记》，1938 年 10 月 2 日。
② 《蒋介石日记》，1938 年 10 月 2 日。
③ 《蒋介石日记》，1938 年 10 月 10 日。
④ 《蒋介石日记》，1938 年 10 月 12 日。
⑤ 《蒋介石日记》，1938 年 10 月 13、14 日。

气之情形，惟孙科似不在乎。”① 在以汪精卫代表的“低调”集团看来，“除共党外，一般人心里几乎全部望和，——惟日本既不能取消一月十六日声明；蒋先生又不能、且不可下野，和将从何谈起?”② 他们以“不求谅于天下，自必见谅于后世”自诩，③ 由此“出走”即走上民族投降主义的不归之途。而以蒋介石为代表的主战派则对和议前景不再抱幻想，并从军事失利的阴霾中走了出来，坚守了抗日的立场。

当蒋介石决定放弃武汉之际，10 月 24 日，在重庆的部分国民党高层人士对于和战问题发生了争执。据王世杰日记所载：“今日在汪精卫先生处参加谈话会，汪、孔均倾向于和平，孙哲生力称决不可和，言时声色俱厉。余谓政府欲祛一般人对于抗战前途之疑惧，当向参政会提出一个比较切实的继续抗战计画，空洞的主张不足以镇定人心。”④ 不同的意见相持不下。据唐纵日记记载，10 月 28 日“孔院长有一电来，似与日人有和议接洽模样。英大使来湘，与此事似亦有关。”⑤ 蒋介石在湖南前线致电在重庆的国民党中央常委，“征询今后方针，闻孙哲生电复主战，并主接收共产党所提意见，以加紧团结；汪精卫先生主张设法请英德出任调停，陈果夫亦然。”⑥ 蒋介石本人则认为，中国到了对日宣战的时候了，他在日记中则写道：“对敌宣战之利害，此时海口全被封锁，吾国已无顾忌，若我宣战，美国应实施中立法，乃可断敌军向美购油钢之路，实于我为有利。”⑦ “此后抗战建国必须从新做起，彻底检讨过去之缺点与将来之改革。”⑧ 他还致电张群“属参政会讨论宣战案”,⑨ “宣传宣战事”。⑩ 10 月 31 日，蒋介石在湖南南岳发表《为国军退出武汉告全国国民书》，明申政府保卫武汉军事，其主要意义原在于“阻滞敌军西进，消耗敌军实力，准备后方交通，运积必要武器，迁移我东南与中部之工业，以进行西北西南之建设”，“抗战军事胜负之关键，不在武汉一地之得失，而在保持我继续抗战持久之力量”，并号召全国同胞抱定“宁为玉碎，

① 《周佛海日记全编》上册，第 187 页。
② 《周佛海日记全编》上册，第 188 页。
③ 《周佛海日记全编》上册，第 193 页。
④ 《王世杰日记》第 1 册，第 410 页。
⑤ 《在蒋介石身边八年——侍从室高级幕僚唐纵日记》，群众出版社，1992，第 78 页。
⑥ 《王世杰日记》第 1 册，第 416 页。
⑦ 《蒋介石日记》，1938 年 10 月 28 日。
⑧ 《蒋介石日记》，1938 年 11 月 6 日。
⑨ 《蒋介石日记》，1938 年 11 月 2 日。
⑩ 《蒋介石日记》，1938 年 11 月 10 日。

毋为瓦全”之决心，争取国家与民族的彻底解放。① 次日，他还指示陈布雷：“告国民书可即发外电，使敌知我抗战到底之决意也。”②

对于蒋介石的上述声明，国民参政会反响热烈。据王世杰记载：“蒋先生发表告国民书，主张继续抗战。国民参政会于本日通过决议，拥护蒋先生继续抗战之表示。在讨论前，共产党陈绍禹等提出一案，拥护蒋先生继续抗战之宣言，并指斥一切言和者为国贼汉奸。陈嘉庚来电亦有同样词句。会场中颇有纷扰。”③ 翁文灏在其日记中也有相同的记载：“国民参政会开会，余为经济工作报告，讲二时有余。该会通过议决案，拥护蒋告国民书，持久、全面、主动的继续抵抗。”④ 蒋介石表明的坚定立场和国民参政会的拥护决议，对于及时稳定军心民意，起到了重要的作用。

至于在国民党高层，蒋介石的表态并没有立即产生效果，疑虑、动摇甚至公开主和者，不乏其人。对此，翁文灏日记有较多的记载：

> 11 月 4 日　孔宅谈话，闻日本首相近卫（明治节）广播词内言，日本愿消灭蒋政权下之反日共产力量，不拒与建立东亚和平之国府和平。陈立夫、蒋雨岩（作宾）等皆主中国亦应有所表示，请孔发言。孔嘱魏伯聪（道明）、蒋廷黻起草，实系由廷黻起草。⑤
>
> 11 月 11 日　胡适来佳电言，和比战更难百倍，除苦撑待变，别无路走，国际形势正好转，密呈汪、孔诸位，须立定脚跟。汪言，盼美、英、法有决心，或迫日言和，满足中国，或迫华迁就日方，或如英对捷克问题，由第三者定办法，迫中日照行，要以美、英、法能切实表示决心为必需条件，美不必引苏联为同调。孔言，日方私自表示和平条件，亦不恶，但中方切盼美作切实调停，庶较可信。⑥
>
> 11 月 12 日　复胡适之文电，告以汪、孔对和战意见，孔仍力主和。⑦
>
> 11 月 15 日　孔宅晚餐。孔谈，蒋在长沙见英大使时，切询英对远

① 《为国军退出武汉告全国国民书》，1937 年 10 月 31 日，《总统蒋公思想言论总集》第 30 卷，《书告》，第 301～306 页。

② 《陈布雷日记》第 2 册，第 312 页。

③ 《王世杰日记》第 1 册，第 416 页。

④ 《翁文灏日记》，第 280 页。

⑤ 《翁文灏日记》，第 281 页。

⑥ 《翁文灏日记》，第 282 页。

⑦ 《翁文灏日记》，第 283 页。

东问题真正方针。[①]

12月2日　孔宅晚餐谈话，多数主速和，孔及陈立夫尤力。[②]

张嘉璈的日记记述得较为含蓄："行政院开会，曾讨论及今后大局，毫无结果。"[③] 但后来与蒋介石谈话时却坦告了实情，蒋日记写道："见公权，知政府中人仍对抗战全局多作悲观者。此种心理当急改正，勿使其滋蔓也。"[④]

王世杰的日记也印证当时国民党高层人士的和战主张："今日杭君立武为予言，近日国民党中倾向于和议者渐多。"[⑤] 他还记述了蒋介石、孔祥熙和汪精卫三人一起商议时局的情况："今（12月9日）午由重庆渡江往江南岸黄山晤蒋先生。蒋先生对继续抗战方针持之极坚。孔庸之在座，仍表示和议亦当考虑，并以敌人由桂攻黔为可惧为言。蒋先生坚称半年内不可稍涉犹豫，与日人谈妥协，惟政府对于后方政治、经济建设应立即确定一年半或两年计划。汪先生在座，询问我们将认何项条件为媾和条件，蒋先生答对外表示，当以恢复卢沟桥事变以前情形为条件，惟措词仍当慎重。"[⑥] 陈布雷对于该日会务的情况记述较略："餐毕谈党务，外交及今后抗战要务。汪、孔、朱、王均有意见陈述，委员长综合解答甚详。"[⑦] 而蒋介石本人在同一天的日记中写道："下午与党政各同志谈话，指示以后对倭方针，言明只要我政府不与倭言和，则倭无法亡我，并明告其只要我政府不与言和，则我政府即使失败，国家必可因此复兴，况政府至今决无失败之理，且革命政府只在主义成功，而不怕一时失败也。"他还考虑了正式确立大本营的建制："大本营名称建立对敌利害之作用如何。若大本营成立可带宣战性质，则使敌知所戒惧。"[⑧] 而10天前蒋在日记中提到"发表东北各主席"，[⑨] 则表明他对于中日停战议和的最低条件，已经从恢复卢沟桥事变前的状态，考虑到收复东北了。另外，蒋介石还向美国驻华大使表示了希望罗斯福总统出面调解的愿

---

① 《翁文灏日记》，第284页。
② 《翁文灏日记》，第288页。
③ 《张嘉璈日记》，1938年11月2日。
④ 《蒋介石日记》，1938年1月28日。
⑤ 《王世杰日记》第1册，第440页。
⑥ 《王世杰日记》第1册，第444～445页。
⑦ 《陈布雷日记》第2册，第319页。
⑧ 《蒋介石日记》，1938年12月9日。
⑨ 《蒋介石日记》，1938年11月29日。

望："本日与美使谈话，属转其总统之意：甲、中倭战事非美总统出面而作公平之调解，中国决不言和。乙、中倭能否得公道之和平，全视美总统能否负责尽职，以此为其责任与职业也。丙、中国必争为太平洋上独立自由之一国，期与美国共任世界和平之责也。丁、余深信在其任内必能由其解决中倭两国战争协助我中国成为独立自由之国也。"① 应当说，蒋介石此时所提出的美国出面调解，已经不是接受日方条件的求和，而是希望美国政府出面向日本施加压力，促使其停止野蛮的侵华战争。

王世杰本人在会见国际人士时，也表示出了反对求和的立场："今晚晤汇丰银行顾问 Cassells 氏，彼主张国民政府向日表示愿和，似代表英国在华商人最近意见。彼意我国法币已入极端危险状态，趁此时或尚能挽救，迟则无及。余告以中国如向敌人请和，则无论敌人之条件如何，结果便只有接受之一法，因一经表示求和，则吾军政领袖将无法督导军队继续抗战；至于货币问题，只要英美略一援手，给我一二万万美金之借款，即可继续维持至少一年以上。"②

在此，还想补充一下武汉失陷前后胡适的和战态度。在卢沟桥事变爆发后约半年的时间里，胡适与周佛海等"低调"分子走得很近，曾数度表示主和立场，甚至上书蒋介石，敦促主动谋和。然而，自 1937 年底受国民政府委派赴美争取国际舆论同情支持，他的态度发生了明显转变，这一转变在该时期胡适的日记中颇多记述。试据两例。在 1938 年 8 月 13 日的日记中，胡适写道：

> （蒋）廷黻前有信来，其意似欲令孔肩负和议。此事是妄想。我故有长电，说我六载主和，然十个月来观察国际形势，深信和比战更难百倍。欧战时，威尔逊谋调解，三年不成，而参战反易做到，可为明鉴。西班牙事也是和比战难。适信苏美两国均不欲我议和。英人虽有调解，亦决不敢提。英首相廿六日明说英政府不能独立调解，可证。故我惟有咬牙苦撑。③

11 月 8 日，胡适收到翁文灏的来电并即致复电："晚上咏霓来一电，说

① 《蒋介石日记》，1938 年 12 月 11 日。

② 《王世杰日记》第 1 册，第 438 ~ 439 页。

③ 《胡适日记全编》第 6 卷，第 151 ~ 152 页。

国内有‘一部（分）人鉴于实力难久持，愿乘此媾和。’拟长电答咏霓，致介公，又致复初。复初今早来电，甚使我安慰。”① 11 月 12 日，胡适记述了收到翁文灏回电的内容：“回寓时已十二点四十五，建文给我一电，写着‘亲译’，是咏霓来的文电。我译出全文，已二点多钟了。是答我的佳电，说汪、孔甚主和，蒋‘尚未为所动。’文中有使我甚着急之消息，故译完后，我拟长电复他。”②

11 月 13 日，胡适在日记中记述了复翁文灏电的基本观点：“复咏霓文电，有云，‘六年之中，时时可和，但事至今日已不能和。六年中，主战是误国，不肯负责主和是误国，但今日屈伏更是误国。’”③

以后，在汪精卫出走后，胡适曾致电汪等“勿公开主和”。正如与胡适颇为熟识的王世杰在日记中评议到：“适之在开战前极力反对战事，近一年来则力主‘苦撑’，反对妥协。”④

1938 年 12 月 18 日汪精卫出走，在此前后，汪集团的主要骨干分子先后潜离大后方，与汪精卫会合；22 日日本首相近卫发表声明；12 月 29 日汪精卫在香港发表呼应近卫声明的“艳电”。这一系列事件发生后，国民党高层的相关立场很快取得一致，即坚决驳斥日本方面的种种谬论，严厉谴责汪精卫的行径。

蒋介石于 12 月 26 日发表演讲。据陈布雷日记记载：“出席纪念周。总裁亲临训话，对近卫廿二日声明阐述甚详。指示抗战到底，绝不妥协屈服，乃可免于危亡之至理，并报告汪先生离渝养病之真相，历一小时卅分始毕。”⑤王世杰同一天的日记写道：“今晨中央党部举行纪念周时，蒋先生声明两点：一、近卫最近谈话之不合理，国民政府无与日本媾和之意；二、汪先生出国系养病，无政治意味，尤无如外间所传代表军委会或政府与日人议和之使命。”⑥ 王世杰还记载了重庆方面对于汪精卫“艳电”的反应：“今日午后中央及蒋先生接到汪先生二十九日通电，主张以近卫本月二十二日声明为商洽和平之根据。电文共分三点：第一点认近卫声明系以善邻友好旨，不要求中

---

① 《胡适日记全编》第 6 卷，第 186 页。
② 《胡适日记全编》第 6 卷，第 187 页。
③ 《胡适日记全编》第 6 卷，第 188 页。
④ 《王世杰日记》第 2 册，1939 年 1 月 4 日，第 6 页。
⑤ 《陈布雷日记》第 2 册，第 322 页。
⑥ 《王世杰日记》第 1 册，第 459 ~ 460 页。

国割地或赔款；第二点认近卫之所谓中日共同防共，并无干涉中国军事或政治之条件；第三点认为近卫所言之经济提携系以平等为原则。党中同志闻此电后，甚激昂，因汪先生此电已在香港公开发表。”①

1939年1月1日，国民党中央党部在重庆国民政府礼堂召集中央执委委员谈话会，讨论汪精卫“艳电”事，蒋介石担任主席。根据王世杰记载：“开会后旋即声明改开中央执行委员会常务会议。会议时张继、覃振、吴敬恒、孙科、方觉慧、狄膺、焦易堂、刘文岛、冯玉祥、邹鲁诸委员及林主席，均主张执行党纪开除党籍，或更通缉以彰国法，孔庸之委员主张设法令其赴欧。蒋先生谓拟先以私人名义去电劝告；或由中央决议予以警告；对于通缉则语为无意义。讨论历两小时余。但发言者仍主开除党籍。于是蒋先生以举手法征询大家意见，于是到会六十八人，举手者六十四人。”王世杰还把表决的结果与国民党的对日和战立场联系在一起：“汪先生事，如不召开会议，则蒋先生处置之法尽有多种。现经召集会议则在一般人心目中，问题的中心，便是和或战；至少在党内无数党员，党外的共产党人，前敌的将士，将由此以断定本党对于和战问题是否一致。假使当时不通过请求制裁者之提议（或通过而有不少的反对票），外间必认本党内部显有主战主和两大派，其影响极大。今日在会议时，大家对于汪先生之攻击，实多不实不尽之词，与泄怨之语，惟既经召集会议，则为中央抗战国策之稳定计，只好接受执行党纪者之请求。”② 翁文灏日记记载：“汪精卫自港发艳电（上月廿九日），主张近卫十二月廿二日所言调整中日关系，中国应接受议和。今日，中央议决除籍、撤职，以蒋十二月廿六日所言为唯一标准。”③ 蒋介石本人也有如下记载：“下午召集临时中央常会及驻渝各中委讨论汪电，决议开除其党籍，解除其一切职权。元旦决定此案，实足为党国之大幸也。”④ 稍后，蒋介石在日记中重新提出了中日实现和平的条件：“和平条件 甲、领土行政主权之完整，乙、以九国公约与国联盟约为保证有效，丙、非先恢复七七以前原状，无恢复和平之根据可言。（以恢复七七战前原状为恢复和平之先决条件）”⑤ 他并且进一步说明：“汪已向倭直接公开求和，中央更应坚

① 《王世杰日记》第1册，第463～464页。

② 《王世杰日记》第1册，第438～439页。

③ 《翁文灏日记》，第298页。

④ 《蒋介石日记》，1939年1月1日。

⑤ 《蒋介石日记》，1939年1月9日。

持九国公约会议解决也。”① 显然，这个时候蒋介石所提出的和平条件，已经是昭示抗战的立场，即中国期盼和平，但决不乞求和平；只要上述条件不满足，中国决不停止抗战。虽然以后重庆方面仍与日本方面有过一些接触，国民党高层内部对于如何真正实现全面抗战、全民族的抗战，如何遏制与反对民族投降主义，依然有着分歧甚至矛盾；但是就整体而言，要不要抗战的问题，能不能向侵略者求和的问题，毕竟已经基本解决。

在历史研究中，要做到尊重历史并不容易，要理解历史更难。本文以蒋介石日记为中心，结合其他名人日记和其他史料，梳理了自陶德曼调停失败至汪精卫出走近一年时间里国民党对日和战态度。笔者认为，蒋介石日记及其他名人日记，并没有改变迄今为止学术界关于抗战初期国民党对日政策的基本叙事和主要评价，但使得我们可以进一步了解到，以蒋介石为代表的国民党高层人士，究竟是如何看待抗日战争第二个年头里中国所处的国际环境，如何评估正面战场的进退得失，特别是如何看待和处理对日和战问题的。进入 1938 年之后，国联和西方大国在制止日本侵华方面无所作为，中国方面不仅恢复卢沟桥事变前状态这一最低要求变得渺渺无期，又遭遇了徐州和武汉两大会战的失利，正面战场战线不得不大幅度西移。“以此情势，而言继续抗战，长期战争，论者每现悲观。瞻念前途，自力更生有益趋黯淡之势。”② 军事上的失败和外交上的困境，对国民党高层人士造成压力之大，蒋介石等人在对日和战态度方面的曲折反复，是时人更是后人难以具体想见的。尤其是蒋介石本人，虽然其内心有过对战局的消极看法，有过对外来调停的期盼，也有过对在最低限度条件下实现停战的向往，知晓甚至掌控对日秘密接触；但是蒋介石作为战时体制中最高、最后的决策者，所承受的压力和承担的责任无疑也最大，在引领国民党高层在对日和战问题上达成共识、做出决策的过程中颇为不易。从根本上来看，蒋介石最终坚持了抵抗侵略、拒绝投降的基本立场，保证了国民党政权的主体部分留在抗日营垒，起到了十分重要的作用。这与某些国民党高层人士的畏战、乞和立场以及彷徨、避责的心态相比，尤其是与“低调”始而“出走”终的汪精卫集团相比，其高下和是非，还是很清楚的。

---

① 《蒋介石日记》，1939 年 1 月 13 日。

② 《王子壮日记》（手稿本）第 4 册，中研院近代史研究所，1990，第 570 ~ 571 页。

有关毛泽东对国民政府抗战态度评价的研讨

曾景忠*

抗日战争时期，毛泽东对国民政府抗战态度的评价，除了当时直接影响到他对时局的判断和对国共关系的处置外，对于后来抗日战争史的研究也有深重影响。中国大陆地区史学界长期奉行“以论带史”的方针，毛泽东的许多论断直接指导着史学研究，影响直到现在。因此，对毛泽东有关国民政府抗战态度论断的演变进行研讨，无疑具有学术意义。本文试对此题探析，敬祈识者指正。

抗日战争初期，毛泽东肯定国民政府积极抗战

抗日战争初期，毛泽东和中共中央对于国民政府的抗战态度和它在抗日战争中的地位和作用作了较高的评价。

“七七”卢沟桥抗战是中国抗日战争的开始。1937 年 7 月 21 日，中共中央向党内发布的文件说：“南京政府与蒋介石氏对于此次事变表示了前所未有的强硬态度，在军事上亦已调动军队向河北晋绥边境集中增援，并已下令全国准备应战。”① 23 日，毛泽东肯定了蒋介石 7 月 17 日庐山讲话所宣示的决心应战的态度：“这个谈话确定了准备抗战的方针，为国民党多年以来对外问题上的第一次正确的宣言，因此受到了我们和全国同胞的欢迎。”② 8 月 25 日，毛泽东写道：“蒋介石先生七月十七日在庐山关于抗日的谈话，和他

---

* 中国社会科学院近代史研究所编审。

① 《中央关于目前形势的指示》，1937 年 7 月 21 日，中央档案馆编《中共中央文件选集》第 11 册，中共中央党校出版社，1991，第 291 ~292 页。

② 毛泽东：《反对日本进攻的方针、办法和前途》，1937 年 7 月 23 日，《毛泽东选集》（合订本），人民出版社，1964，第 316 页。

在国防上的许多措施，是值得赞许的。所有前线的军队，不论陆军、空军和地方部队，都进行了英勇的抗战，表示（现）了中华民族的英雄气概。”①10月，毛泽东写道：“这一次同‘九·一八’不同，它（日本）所占领的每一寸土地都付了极大的代价，遭到了有力的抵抗。”②

毛泽东极力称赞蒋介石坚决抗战的态度。他于11月1日说：“我们完全赞成蒋介石先生在十月九日的演说，坚决打到底，一直打到最后一个人一根枪还要再打……”③

1938年3月12日，毛泽东说：“从卢沟桥事变以来……八个月来，陆空两军都做了英勇的奋战，全国实现了伟大的团结，几百万军队与无数人民都加入了火线，其中几十万人就在执行他们神圣任务当中光荣地壮烈地牺牲了。这些人中间，许多是国民党人，许多是共产党人，许多是其他党派及无党无派的人……从郝梦麟、佟麟阁、赵登禹、饶国华、刘家骐、姜玉贞、陈锦秀、李桂丹、黄梅兴、姚子香（青）、潘占魁诸将领，到每一个战士，无不给了全中国人以崇高伟大的模范。”④

毛泽东和中共中央不仅肯定国民政府积极抗战的态度，而且肯定国民政府和国民党领袖蒋介石在抗日战争中的领导地位。1937年12月25日，《中国共产党对时局宣言》中说：“自芦（卢）沟桥事变以来，我国军民在国民政府军事委员会委员长蒋先生的领导下，对暴敌已经进行了五个半月的英勇抗战……五个月英勇的抗战，表示出我中华民族空前未有的觉醒，造成了我民族力量空前未有的团结……”⑤ 1938年7月6日，中共中央发出《为抗战

---

① 毛泽东：《为动员一切力量为争取抗战胜利而斗争》，1937年8月23日，《毛泽东选集》（合订本），第324页。

② 毛泽东：《目前抗战形势与党的任务报告提纲》，1937年10月，《毛泽东文集》第2卷，人民出版社，1993，第48页。

③ 毛泽东：《目前的时局和方针》，1937年11月1日，《毛泽东文集》第2卷，第63页。毛所云蒋氏10月9日演说，疑指蒋氏10月10日书告，其中云：“我个人既受中央的托付和国民的期望，必定始终追随全国同胞，领导全体将士，矢忠矢勇，虽仅余一兵一卒，亦必奋斗到底。”见蒋氏《中华民国二十六年国庆纪念告全国同胞书》，载《总统蒋公思想言论总集》卷三十，中国国民党中央委员会党史委员会编印，1984，第246页。

④ 毛泽东：《在纪念孙中山逝世十三周年及追悼抗战阵亡将士大会上的讲话》，《毛泽东文集》第2卷，第113页。毛泽东这里列出的抗战初期牺牲的烈士中，只有陈锦秀、潘占魁为中共八路军的团营级军官，其他都是国民政府军队的军官，多为旅长、师长乃至军长。

⑤ 《中国共产党对时局宣言》，1937年12月25日，《中共中央文件选集》第11册，第410页。

一周年给蒋委员长及全国抗战将士电》，明确提出：抗日战争“溯自卢沟桥事变以来，蒋委员长统筹全局，前线将士英勇奋战……当此伟大抗战周年纪念之日，中国共产党中央委员会谨向最高统帅蒋委员长暨全国抗战将士致以无限热诚之慰问与无限崇高之敬礼，并向一切死难烈士致以无限之哀悼。”①10月，毛泽东向中共六届六中全会报告说：

> 去年七月七日芦（卢）沟桥事变发生之后，全中国就在民族领袖与最高统帅蒋委员长的统一领导之下，发出了神圣的正义的炮声，全中国形成了伟大的抗日大团结，形成了伟大的抗日民族统一战线。②

当然，这一阶段，毛泽东也批评国民政府实行“片面抗战”，即“单纯依靠政府和军队抗战”，而未充分发动全体人民抗战；军事上“打的大半都是被动的仗，军事术语叫做‘单纯防御’”③，“许多甚至多数的运动战战役，打成了消耗战”，然而，他说：“我们赞成一切反对日本帝国主义进攻的抗战，即使是片面的抗战，因为它比不抵抗主义进一步，它是带着革命性的，因为它也是在为保卫祖国而战。”④

可见，抗日战争初期，毛泽东基本上是肯定国民政府和军队积极抗战，并且承认蒋介石之领导全国抗战的地位。

这种情况，一直延续到武汉失守，抗日战争转入与敌战略相持阶段之初一段时间。1939年1月2日，毛泽东在《〈八路军军政杂志〉发刊词》中写道：“八路军在抗战一年半中，在蒋委员长与战区司令长官领导之下，在朱（德）、彭（德怀）总副司令及各部各级长官与共产党员的领导之下，协同各部友军，进行了英勇的抗战……”他分析，“友军（指国民政府军）的协助”是八路军取得成绩的原因之一：“其中友军的协助是明显的，没有正面主力军的英勇抗战，便无从顺利地开展敌人后方的游击战争；没有同处于敌后的友军之配合，也不能得到这样伟大的成绩。”⑤ 这反映了国共两党在抗日战争初期联合抗日，

---

① 《中共中央文件选集》第11册，第533页。

② 毛泽东：《论新阶段》,《中共中央文件选集》第11册，第560页。

③ 毛泽东：《和英国记者贝特兰的谈话》，1937年10月25日，《毛泽东选集》（合订本），第347页。

④ 毛泽东：《上海太原失陷以后抗日战争的形势和任务》1937年11月12日，《毛泽东选集》（合订本），第357页。

⑤ 毛泽东：《〈八路军军政杂志〉发刊词》，1939年1月2日，《毛泽东文集》第2卷，第139、140页。

关系较好。

毛泽东指斥国民政府“反共即准备投降”

中日战争转入战略相持阶段后不久，毛泽东不仅不承认国民政府积极抗战，而且给予其抗战态度以负面评价，指斥其“反共，即准备投降”。

至抗日战争进入相持阶段时，中国共产党在敌后的武装力量和根据地已经获得了相当大的发展，国民政府欲加限制，双方不时发生冲突。1938 年底，国民党副总裁汪精卫叛国投敌，举国一致声讨。1939 年 1 月 5 日，中共中央在反汪运动中指示：“他（汪精卫）的反共主张，即为他的汉奸理论的组成部分。打击汪时，连带指出目前一切反对八路军、新四军、边区与共产党的主张，实为汪精卫之应声虫，只是从事实上帮助汪精卫帮助日寇的行为，这样直接来回击国民党方面顽固分子的反共活动。”① 这种将反共与对日投降联系起来进行批判的策略，得到共产国际的认可。共产国际亦指示把反共与投降挂起钩来。5 月 20 日，季米特洛夫与任弼时、林彪谈中国党的问题时，对即将于 5 月末举行的中共中央会议提出建议：“主要火力集中对付投降派。对共产党人的迫害问题，在中国人民面前要作为投降计划的组成部分来看待。基本问题是巩固共产党和国民党的联盟。与国民党内的爱国人士联系，依靠群众，孤立国民党内的投降分子，这是上策。”② 5 月 28 日，中共中央即发出指示：“利用反汪运动机会进行反对一切投降派的活动，并着重指明反共与投降问题的密切联系，证明反共是投降派的阴谋，是亲日恐日分子准备投降的一种步骤。”③ 5 月 31 日，中共中央书记处会议讨论共产国际关于现在有新的慕尼黑阴谋和国民党反共投降的主要危险的指示，准备进行反对妥协投降、反对国民党压迫的斗争。④ 自此，中共中央即发出“反对投降活动”的指示，大力宣传“反共即准备投降”的观点。

1939 年 2 月 28 日，毛泽东还对国民政府抗战有所肯定。他说：日本提出建立“东亚新秩序”后，“江浙资产阶级主和，国民党也有一些人赞成‘东亚新秩

① 《中央关于汪精卫出走后时局的指示》，1939 年 1 月 5 日，《中共中央文件选编》第 12 册，第 4 页。

② 《季米特洛夫日记中有关中国革命重大事件的记述》，华谱编译，载《中共党史研究》2001 年第 5 期。

③ 《中央关于与国民党共同进行反汪运动给南方局的指示》，1939 年 5 月 28 日，《中共中央文件选编》第 12 册，第 76 页。

④ 张培森主编《张闻天年谱》上卷，中共党史出版社，2000，第 610 页。

序’，在和、战问题上存在着两面性，但战是主要的”。① 但三个多月后，6月10日，毛泽东在延安高级干部会议上做报告时认定：“国民党投降可能与继续抗战是两个可能。”“国民党已在进行其投降的主要准备工作，即是反共，反共是投降准备工作中最重要的组成部分。”“国民党投降已经成为最大的危险，而其反共活动则是准备投降的步骤。”他甚至说：“国民党投降的可能从抗战开始就存在的，不是今天突然发生的。但成为时局的最大危险，则是目前政局中的现象。”② 这与以前肯定国民政府和军队积极抗战和蒋介石领导抗战，提法发生了根本性变化。6月30日，毛泽东说：“投降的可能就成了当前政治形势中的主要危险。而反共即分裂国共合作，分裂抗日团结，就成了那班投降派准备投降的首要步骤……必须认识当前形势中投降是主要危险，反共即准备投降这一主要的特点。”③

毛泽东将国民政府的投降危险看得越来越严重。6月13日他还说：“争取多数抗日，拥护并帮助并监督并批评国民党与蒋介石，使之能够从反汪精卫斗争中，从今后发展中克服投降倾向，这是目前的中心任务。”④ 但到8月，他却说：“国际帝国主义帮助日本也更加积极了，中国内部的汉奸，公开的汪精卫和暗藏的汪精卫，他们破坏抗战，破坏团结，向后倒退，也更加积极了。他们想使中国大部投降，内部分裂，国内打仗。”⑤ 他批判国内“主和派即投降派”正在策动投降活动，“不但汪精卫在演出，更严重的就是还有许多的张精卫、李精卫，他们暗藏在抗日阵线内部，也在和汪精卫里应外合地演出，有些演双簧，有些装红白脸。”⑥ 谁是暗藏的汪精卫、张精卫、李精卫呢？按照权威的解释，指的就是蒋介石：“当时汪精卫是公开投降的主要头目，蒋介石则是暗藏在抗日阵线内部的投降派的主要头目，也即是毛泽东同志所说的‘暗藏的汪精卫’，或‘张精卫、李精卫’。”⑦ 毛泽东把“投降派”、“反动派”、“顽固派”混同一起。他明确表示：“不论是公开的汪精卫和（或）暗藏的汪精卫，都应该给以坚决的打击。”⑧ 按照毛泽东的观点，已经投降的汪精卫固然是投降派，没有投降的蒋介石等人则

---

① 中共中央文献研究室编《毛泽东年谱（1893～1949）》中卷，人民出版社，1993，第113页。
② 毛泽东：《反投降提纲》，1939年6月，《毛泽东文集》第2卷，第196、209、211页。
③ 毛泽东：《反对投降活动》，1939年6月30日，《毛泽东选集》（合订本），第536页。
④ 《毛泽东年谱》中卷，第127页。
⑤ 毛泽东：《必须制裁反动派》，1939年8月1日，《毛泽东选集》（合订本），第541页。
⑥ 毛泽东：《反对投降活动》，1939年6月30日，《毛泽东选集》（合订本），第535页。
⑦ 《毛泽东选集》中《反对投降活动》一文的注释，《毛泽东选集》（合订本），第538页注4。
⑧ 毛泽东：《必须制裁反动派》，1939年8月1日；《关于国际新局势对〈新华日报〉记者的谈话》，1939年9月1日；《毛泽东选集》（合订本），第541、547页。

是“暗藏的投降派”。毛泽东说：“现在阎锡山表面上未投降，心中已投降，他在打新军便是投降，样子上还未投降，实际上已反共，样子上还没公开反共。”① 他有时又说：“蒋介石投降不是马上的事。”② 显然，他确实是把蒋介石认定为“暗藏的投降派”的。

1939 年冬起，国共武装摩擦加剧。继晋西事变之后，1940 年初又发生河北摩擦武装冲突。中共中央文件指示说：“反摩擦就是反对反共派投降派的斗争”，“只有发展力量，给摩擦者以反打击”，才能“克服投降危险”。③ 文件称反共摩擦者为“汉奸”。④ 而反摩擦的战术，“就是攻势防御，而决不可采取单纯防御”⑤。这是在指导，可以主动进攻国民政府军。

中共在“反摩擦”斗争中出现了许多左的错误。1940 年 7 月，中共中央文件说：“一年多以来，在反摩擦斗争中发生了许多错误。例如在军事斗争中，有些地方未能坚持自卫原则，乱打汉奸……把国民党看成都是顽固派，甚至把顽固分子看作汉奸。……以及杀戮被捕的顽固分子，杀戮侦探等等。”⑥ 1940 年 5 月后，中共开始提出纠正这种左倾错误。有迹象表明，这与共产国际的指示有关。⑦

---

① 《毛泽东年谱（1893～1949）》中卷，第 150 页。

② 《毛泽东年谱（1893～1949）》中卷，第 156 页。

③ 《中央对新四军发展方针的指示》,1940 年 1 月 19 日，《中共中央文件选编》第 12 册，第 239 页。

④ 《中央关于武装自卫反顽进攻的指示》，1940 年 1 月 30 日，《中共中央文件选编》第 12 册，第 255 页。

⑤ 《中央关于反摩擦斗争中应采取攻势防御战术的指示》，1940 年 3 月 5 日，《中共中央文件选编》第 12 册，第 322～333 页。

⑥ 《中共中央关于目前形势与党的任务的决定》，1940 年 7 月 7 日，《中共中央文件选编》第 12 册，第 422～423 页。

⑦ 1940 年初，周恩来从苏联回国前，共产国际曾指示：“承认在继续反对日本帝国主义的事业上国民政府及其首脑蒋介石之威权……中国共产党用一切力量以求得在为民族解放共同事业的斗争中和国民党军队建立起兄弟的关系。”“共产党不仅要保持边区和八路军利益，而且要保持中国人民民族解放运动的利益。”（《共产国际执委会主席团关于中共代表团的决议》，1940 年 2 月，引自《中共中央文件选编》第 12 册，第 642～643 页）这隐含指出中共党内存在某种左的倾向。周恩来于 3 月下旬回到延安后，3 月底至 5 月上旬，中共中央接连举行会议，听取周恩来的汇报，讨论一系列重大问题，并对各项工作进行调整，作出具体部署。见《周恩来年谱》，第 464 页；金冲及主编《周恩来传（1898～1949）》，人民出版社、中央文献出版社，1989，第 467 页。现在我们没有见到周恩来传达共产国际指示和这一个半月中中共中央会议内容的披露，但从迹象看，内容似为纠正“左”倾错误。5 月 29 日，中共中央书记处会议听取朱德关于华北八路军“反摩擦”情况的报告，决定要争取中间势力，对顽固派要争取和分化，不能把中间派当顽固派打，要反对统一战线中的关门主义（中共中央文献研究室编《任弼时年谱》，人民出版社，1993，第 381 页）。1940 年 11 月 25 日，共产国际致电中共中央，还批评中共的工作和政策中左的倾向：蒋介石没有下作贝当的决心……无论是对蒋介石，还是对国民党，投降和分裂危险都被夸大了（杨云若、杨奎松：《共产国际和中国革命》，上海人民出版社，1988，第 518 页）。

1940年6月10日，中共中央书记处会议明确提出：目前党内错误倾向主要是“左”倾。[①] 7月7日，中共中央发布指示，要求“纠正在执行统一战线政策中的左倾错误”。[②]

“反共、投降”与“反共、抗日”两种提法交替变换

1940年5月底起，虽然中共开始纠正左的错误倾向，但自从在与国民党斗争中运用了“反共即投降”的逻辑后，“投降”与反共即成为毛泽东分析国共关系时习惯的伴用语。不过，他对国民党蒋介石时而指斥其反共、“投降”，时而又承认其既抗日，也反共，出现了随时变换这些词语的编组情况。毛泽东并不时强调国民党的“投降”危机。

1940年5月29日，毛泽东分析：目前顽固势力削弱，中间派的势力增大，国民党军队的大多数也是中间派。[③] 7月5日，他发表的文章中又说：投降危险是空前地加重了。[④] 次日（6日），他分析，国民党中央军的大部分是中间势力，要“争取国民党主体（即蒋介石）延长合作时间，而孤立与驱逐一切投降派”。这里，他不将蒋介石看作“暗藏的投降派”了。既然国民党主体（即蒋介石），国民党军队的大多数，特别是蒋介石的中央军都不是投降派，那么，怎么理解“投降危险空前地加重”了呢？

类似这样矛盾的判断和分析，不断在他的讲话和文章、电文中重复出现。请看他的各种说法：日本企图以截断中国西南交通迫使中国言和，而蒋介石没有外援将不能继续抗战，所以中国抗战有和平妥协的可能（1940年8月6日）。[⑤] “蒋介石现在是待价而沽，一方面准备加入英美同盟，一方面也准备加入德意日同盟。”（10月29日）[⑥] 10月19日何应钦、白崇禧命令新四军、八路军限期移至黄河以北的“皓电”发出后，毛泽东分析：“此次反共是国民党发动的，投降危险是严重的。”（11月2日）[⑦] “蒋介石准备投降，

---

① 《毛泽东年谱（1893～1949）》中卷，第192页。

② 《中共中央关于目前形势与党的任务的决定》，1940年7月7日，《中共中央文件选编》第12册，第422页。

③ 《毛泽东年谱（1893～1949）》中卷，第191页。

④ 《毛泽东年谱（1893～1949）》中卷，第196页。

⑤ 《毛泽东年谱（1893～1949）》中卷，第202页。

⑥ 《毛泽东年谱（1893～1949）》中卷，第216页。

⑦ 《毛泽东年谱（1893～1949）》中卷，第218页。

决心驱我军于黄河以北。”（11 月 3 日）① “蒋介石准备投降，加入英美集团的宣传是掩护投降的烟幕弹。”“反对直接投降，是目前全国的中心任务。”（11 月 3 日）② 不到十天，毛泽东又开始改变判断了：“彼方（指国民党）目前尚无投降与全面剿共的决心，我方反投降反内战的活动如果有力，制止投降、内战尚有可能性。”（11 月 12 日）③ “蒋介石要实行反共的统一战线，进行两面战争，既要抗日，又要反共。”（11 月 27 日）④ “蒋介石既不能投降，又不能剿共，这种可能性依然存在。”（11 月 30 日）⑤ “蒋介石在没有真正投降以前，向我大举进攻是不可能的。”（12 月 23 日）⑥

对于复杂变化着的时局作判断，人们很难做到完全准确，也难免前后发生矛盾，但是对于蒋介石国民党政府的抗战态度，是抗战，还是投降（包括准备投降），应有基本的估计。可是毛泽东时而说他既反共，又抗战，时而说他反共，即投降（或准备投降，或直接投降）。

1940 年初华北国共摩擦高潮告一段落后，国共摩擦中心转移到华中。新四军在华中猛烈发展，华中国共摩擦加剧。1940 年 10 月发生黄桥战役。国民政府发出皓电，令中共军队限期移至黄河以北。1941 年 1 月皖南事变发生后，国共关系几近破裂。毛泽东一度准备对国民党政府实行军事报复，苏联方面明确反对，共产国际劝导中共与国民党联合抗日。⑦ 除了共产国际的劝

---

① 《毛泽东年谱（1893～1949）》中卷，第 219 页。

② 《毛泽东年谱（1893～1949）》中卷，第 220 页。

③ 《毛泽东年谱（1893～1949）》中卷，第 223 页。

④ 《毛泽东年谱（1893～1949）》中卷，第 229 页。

⑤ 《毛泽东年谱（1893～1949）》中卷，第 231 页。

⑥ 《毛泽东年谱（1893～1949）》中卷，第 243 页。

⑦ 毛泽东曾要求苏联立即“停止接济重庆武器”，立即准备“公开接济我们”，特别是“援助我们夺取兰州”，接通苏联。共产国际要求中共，继续利用日蒋矛盾，将火力打击中国亲日派，不要另起炉灶，不要主动破裂与国民党的关系，以免上亲日派的当。（《毛泽东关于询崔可夫公开援助致周恩来电》，1941 年 1 月 25 日，引自杨奎松《毛泽东与莫斯科的恩恩怨怨》，江西人民出版社，1999，第 108、109 页；周文琪、褚良如《特殊而复杂的课题——共产国际、苏联和中国共产党关系编年史》，湖北人民出版社，1993，第 373 页）。1941 年 6 月初，季米特洛夫致电毛：“尽管你们有困难，你们也务必坚决采取各种积极行动来反击日本人的进攻。这关系到中国人民的民族战争以后的命运，而且也关系到共产党和军队的未来。”（俄罗斯现代史文献保管与研究中心档案，引自《俄罗斯书刊中披露的与中共有关的档案资料》,《中共党史研究》2003 年第 2 期，第 85 页）1941 年 7 月 20 日，季氏根据来自重庆的关于国共军队发生新的冲突的情报，紧急电询毛泽东，这些情报有何根据，以及在同国民政府的相互关系中，采取了哪些措施（《季米特洛夫日记中有关中国革命重大事件的记述》，载《中共党史研究》2001 年第 5 期，第 79～80 页）。

导外，国际形势对国共关系也发生了重要影响。1941 年 6 月 22 日苏德战争爆发，国际反法西斯阵线明朗。再过半年后，太平洋战争爆发。因日军的进攻和封锁，中国抗战面临更大困难。国共关系有所缓和。于是，毛泽东对国民党政府抗战态度又有所肯定。

1941 年 2 月 14 日，毛泽东分析：“蒋不会对敌举行反攻，他的主意仍是保存实力。但日本向蒋进攻的可能性甚大，蒋亦不得不被迫应战，实力仍不能保存。”①

5 月 26 日，毛泽东与朱德致电卫立煌，表示：“目前惟有国共团结，并在蒋委员长领导之下实行亲苏外交，坚持抗日到底，方能挽救危亡。”② 8 月，中共中央指示八路军：从大局着眼，目前争取以蒋（介石）为统帅仍继续抗战局面，十分重要。③

当然，毛泽东对国民政府抗战的评价是有保留的。1941 年 5 月 14 日毛泽东分别指示廖承志和周恩来，对外国人和党外人士谈话时，作这样的表示：“武汉失守后，主要抗战的是我党，国民党打得很少。”（对美国援华委员会委员鲁斯说）“两年半来，国民党对日本打得很少，它也和日本一样，主要对共，放松对日，发动两次自毁藩篱的反共高潮给日本看，希望日本不再进攻，这个政策是根本错误了。”（对苏联驻华武官兼国民政府军事总顾问崔可夫和党外人士说）④

6 月 7 日，毛泽东说：现在国民党的方针，也不是大打（指抗日）。⑤ 9 月 9 日，毛又说：“敌攻湘北，又犯河洛，国民党正集中力量抗敌。”（当时正当第二次长沙会战）⑥ 10 月 11 日，毛在一电中说：“依国内外大局看，蒋及国民党不会投降，亦不可能大举剿共。”⑦ 11 月 21 日，毛泽东说：“这个抗战是由国共两党的合作和各阶级各党派各民族的合作来支持的。”⑧

1942 年夏，毛泽东表示愿见蒋介石面谈国共关系，后来派林彪到重庆与蒋

---

① 毛泽东：《目前的国共关系和我们的策略》,《毛泽东文集》第 2 卷，第 329 页。
② 《毛泽东年谱（1893～1949)》中卷，第 301 页。
③ 《毛泽东年谱（1893～1949)》中卷，第 304 页。
④ 《毛泽东年谱（1893～1949)》中卷，第 296 页。
⑤ 《毛泽东年谱（1893～1949)》中卷，第 304 页。
⑥ 《毛泽东年谱（1893～1949)》中卷，第 326 页。
⑦ 《毛泽东年谱（1893～1949)》中卷，第 331 页。
⑧ 毛泽东：《在陕甘宁边区参议会的演说》，1941 年 11 月 21 日，《毛泽东选集》（合订本），第 765 页。

谈判（1942年9月~1943年6月）。1942年9月15日，毛泽东曾说："自苏德战起，英美苏（关系）好转，直到今天，国共间即没有大的冲突。"10月19日毛说："从去年夏天苏德战争爆发后，国共关系是比较好的。"①

1943年3月16日，毛泽东在党内说："如果日本继续进攻，国民党政府可能迁都成都，还不会投降。"② 6月16日，毛说："两年来我党采取'和国'方针，不刺激国民党，也没有在报纸上反对国民党。"③ 确实，在相当长一段时间内，毛泽东再未提蒋介石国民党"投降"二字。是年7月中共发表的公开宣言中，则更加强调正面战场和敌后战场都很重要："这两个战场的作用，是互相援助的……必须增强这两个战场互相援助的作用。"但他又批评说："而在过去数年中，（国民政府）对于敌后战场上的绝对大多数抗战军民，是没有什么援助的，正面战场作战的积极性也是很不够的。""应该加强团结。"④

毛泽东批判国民政府进入战略相持阶段后消极抗战、不抗战

然而，1943年5月22日，共产国际宣告解散。7月6日，国民政府统治区出现要求"解散共党组织，放弃边区割据"的新闻报道。蒋介石做进攻中共陕甘宁边区的准备。国共关系复呈紧张。毛泽东又开始批评国民政府不抗战了。

7月12日，毛泽东为《解放日报》撰写的社论中，指斥国民政府军队"拿背对着日本人"，"丢下河（黄河）防不管，让它大段空着"，"将大门敞开"。⑤ 不过，毛泽东偶尔也承认国民党还在抗战。8月30日，他在党内会议上分析：国民党的政策是两面政策，抗日与反共。⑥

10月5日，毛泽东分析：国民政府主张盟国"先亚后欧"，是为了"叫英美不要在欧洲闹什么第二第三战场，而把全力搬到东方，先把日本打垮，再把中国共产党打垮"。而盟国在欧洲的战况好转，国民党政府"以为欧洲

---

① 《毛泽东年谱（1893~1949）》中卷，第403、408页。

② 毛泽东：《在中央政治局会议上的讲话》，1943年3月16日，《毛泽东文集》第3卷，第9页。

③ 《毛泽东年谱（1893~1949）》中卷，第446页。

④ 《中共中央为抗战六周年纪念宣言》，1943年7月2日，《毛泽东文集》第3卷，第41、42页。

⑤ 毛泽东：《质问国民党》，1943年7月12日，《毛泽东选集》（合订本），第859页。

⑥ 《毛泽东年谱（1893~1949）》中卷，第468页。

解决，英美可以腾出手来替他们打日本，他们可以不费气力地搬回南京”。他认为，国民党政府军队“名曰三百万兵，实际上士气颓丧已极，有人比作一担鸡蛋，碰一下就要垮。所有中条山战役、太行山战役、浙赣战役、鄂西战役、大别山战役，无不如此”。他说，国民党“在行动上早已由抗战改为观战”。① 毛泽东说国民党政府等英美“替他们打日本”，国民党“由抗战改为观战”，这岂非将国民政府在太平洋战争爆发前后的抗战作为一笔否定了？

1944 年 4 月，毛泽东全面总结国民政府的抗战态度：“国民党在一九三七年和一九三八年内，抗战是比较努力的，同我党的关系也比较好……自从武汉失守后，由于战争失败和仇视共产党这种情绪的发展，国民党就逐渐反动，反共活动逐渐积极，对日抗战逐渐消极。”进而，他论述，中国抗日战争依靠中共开辟的敌后战场，才得以支持：“几年内，我党开辟了一个大的解放区战场，以至于能够停止日寇主力向国民党作战略进攻至五年半之久，将日军主力吸引到自己周围，挽救了国民党战场的危机，支持了长期的抗战。”②

1944 年春，日军发动向河南的进攻。4 月 12 日，毛泽东分析：“河南战役已打了一个多月，敌人不过几个师团，国民党几十万军队不战而溃，只有杂牌军还能打一下。汤恩伯部官脱离兵，军脱离民，混乱不堪，损失三分之二以上。胡宗南派到河南的几个师，也是一触即溃。”他称，“国民党以五年半的袖手旁观，得到了丧失战斗力的结果。”③ 毛泽东这里咬定，国民政府自武汉失守后五年半时间中，对抗日战争是“袖手旁观”。

1944 年 5 月 21 日，毛泽东在一次讲话中说：“（抗日战争）第一阶段是一九三七年至一九四〇年。这一阶段的头两年，日本以主力对付国民党，国民党也比较有朝气，国共关系也比较好。”“第二阶段是一九四一年至一九四二年。日本以主力对付共产党……对国民党采取以政治诱降为主、军事打击为辅的政策……日本对国民党差不多没有大的军事行动。国民党则日趋反

① 毛泽东：《评国民党十一中全会和三届二次国民参政会》，1943 年 10 月 5 日，《毛泽东选集》（合订本），第 870、872、875 页。

② 毛泽东：《学习和时局》，1944 年 4 月 12 日，《毛泽东选集》（合订本），第 895 ~ 896 页。

③ 毛泽东：《学习和时局》,《毛泽东选集》（合订本），第 898、899 页。此文中说：河南战役已打了一个多月。《毛泽东选集》该文后注：豫中战役于 3 月开始。但一般记载：豫中会战开始于 4 月 17 日。

动，对日本的进攻采取消极的态度，对共产党和人民大众发动进攻则是积极的。”① 毛泽东这里又说，国民党政府在武汉失守后至1940年，还是“比较有朝气”（还积极抗日吧?），1941年至1942年才“对日本的进攻采取消极的态度”。这与四十天前他所讲的，武汉失守后国民政府对抗日就开始“袖手旁观”，不大吻合吧。

1944年4月起，日本发起的“一号作战”，进攻河南、湖南和广西。毛泽东这样评价国民政府军的作战：“国民党的三个主力之一的汤恩伯如何完全无能，日寇乱冲一顿，他们就乱跑一顿。胡宗南有两个师在河南也只剩下一个团。……战斗力完全瓦解，一击即溃。”② 毛泽东分析：“敌情起了变化，四月十八日以后，过去以政治诱降为主的政策，改变为以军事进攻为主的政策。……可是我们的政府与国民党统治人士，却因长期执行不适宜的政策，而陷于几乎丧失战斗力与束手无策的境地，军队不战而溃，或一触即溃……”③国民政府“大部分军队充满失败情绪，失去战斗意志。蒋军在河南、湖南作战中，绝大多数均不战而溃或一触即溃，损失在四十万以上。进攻河南敌军不过四个师团，蒋军近四十万，除少数武器较差、待遇较坏的杂牌军比较能作战外，几乎无不望风而逃。”④ “豫湘战役，敌人如入无人之境，情形极为严重。”⑤ “大部分国民党军队是打不得仗、一触即溃的。”⑥ 12月25日，毛泽东说：“蒋介石军队溃败不堪。重庆及国民党区域人心惶惶。如果日本再向西南及西北进攻，国民党崩溃甚至投降是可能发生的。”⑦

毛泽东最后全盘否定国民政府抗战

经过抗日战争时期七八个年头的消耗，国民政府的统治遭到重创。与之相反，中国共产党在敌后的武装和根据地有了巨大发展。特别是豫湘桂战役

---

① 毛泽东：《在中共六届七中全会上的工作报告》，1944年5月21日，《毛泽东文集》第3卷，第139~140页。

② 毛泽东：《在中共六届七中全会上的工作报告》，1944年5月21日，《毛泽东文集》第3卷，第137页。

③ 毛泽东：《纪念联合国日，保卫西安与西北》，1944年6月14日，《毛泽东文集》第3卷，第174页。

④ 毛泽东：《关于时局近况的通知》，1944年7月15日，《毛泽东文集》第3卷，第195页。

⑤ 毛泽东：《坚持为人民服务》，1944年9月18日，《毛泽东文集》第3卷，第209页。

⑥ 毛泽东：《同赫尔利的谈话》，1944年11月8日，《毛泽东文集》第3卷，第221页。

⑦ 《毛泽东年谱（1893~1949）》，中卷，第568页。

后，国共双方的力量和威望对比发生重大变化。1944 年 12 月 25 日，毛泽东修改审定的一份中共中央指示说："最近八个月，中国政治形势起了一个大变化，国共力量对比，已由过去多年的国强共弱，达到现在的国共力量几乎平衡，并正在走向共强国弱的地位。我党现在已确实成了抗日救国的决定因素。"① 在与国民政府的谈判中，中共提出的条件逐步提高，已从过去要求对方承认自己的武装 5 个军，16 个师，至全部承认 47 万武装，进一步要求改组政府和统帅部，废除国民党一党专政，成立联合政府。1945 年中共"七大"，明确提出，要建立一个新民主主义的中国，即推翻国民党统治，夺取全国政权的目标。1945 年 4 月 21 日，毛泽东已经将国民党与日本并列为敌人："我们的敌人还很强大，有强大的日本帝国主义，还有国民党，这两个敌人不是一个类型的，一个守着我们的前门，一个守着后门。"②

既然国民党与日本都是敌人，还有必要承认它在抗日吗？于是，至抗日战争胜利前夕，毛泽东几乎全盘否定进入战略相持阶段后国民政府抗日。1945 年 4 月 24 日，他说：抗日战争中，"在中国有两条不同的指导战线：一条是能够打败日本侵略者的，一条是不能打败日本侵略者，而且在某些方面说来，它是在实际上帮助日本侵略者危害抗日战争的。"抗战初期，国民党政府抗战比较努力，但进入战略相持阶段后，国民党政府"采取了对日消极作战的政策，保存军事实力，而把作战的重担放在解放区战场上，让日寇大举进攻解放区，它自己则'坐山观虎斗'"。③ "在这几年内，国民党战场实际上没有严重的战争。日本侵略者的刀锋，主要地向着解放区。"他说："一九三八年十月武汉失守后，日本侵略者停止了向国民党战场的战略性进攻，逐渐将其主要军事力量转移到了解放区战场。""从这时起，国民党政府开始了它的政策上的变化，将其重点由抗日，逐渐转移到反共反人民。"毛泽东还分析说：国民政府中央系军队的武器比地方系军队要好得多，"但是比起战斗力来，中央系却多数劣于地方系。"④ 毛泽东至此否定了武汉失守后国民党政府还在继续抗战，说它"保存实力"，"坐山观虎斗"，又说到中央军的战斗力反不如地方军，甚至说国民党在某些方面"实际上帮助日本侵略者危

---

① 《毛泽东年谱（1893～1949）》，中卷，第 568～569 页。

② 毛泽东：《中国共产党第七次全国代表大会的工作方针》，1945 年 4 月 21 日，《毛泽东文集》第 3 卷，第 295 页。

③ 毛泽东：《论联合政府》，1945 年 4 月 24 日，《毛泽东选集》（合订本），第 934、943 页。

④ 毛泽东：《论联合政府》，1945 年 4 月 24 日，《毛泽东选集》（合订本），第 944、949 页。

害抗日战争”。

他对1932年淞沪抗战和1933年长城抗战中国民政府的作用也是完全否定的。他说：对1932年“一·二八”淞沪抗战和1933年长城抗战，“国民党政府根据其不抵抗政策，是没有给任何援助的”。[①]

抗日战争胜利结束时，国共两党为争夺收复沦陷区国土展开斗争。毛泽东索性根本否认国民党政府在抗战中有任何贡献。他说：“中国大地主大资产阶级的政治代表蒋介石……他的政策是袖手旁观，等待胜利，保存实力，准备内战。果然胜利等来了。这位‘委员长’现在要下山了。……要下山来抢夺抗战胜利果实了。”“八年来……蒋介石躲在峨眉山上，前面有给他守卫的，这就是解放区，就是解放区的人民和军队。我们保卫了大后方的二万万人民，同时也就保卫了这位‘委员长’，给了他袖手旁观、坐待胜利的时间和地方。时间——八年零一个月，地方——二万万人民所在的地方。”[②] 毛泽东还说：“抗战胜利的果实应该属谁？这是很明白的。比如一棵桃树，树上结了桃子，这桃子就是胜利果实。桃子该由谁摘？这要问桃树是谁栽的，谁挑水浇的。蒋介石蹲在山上一担水也不挑，现在他却把手伸得老长老长地要摘桃子。他说：此桃子的所有权属于我蒋介石，我是地主，你们是农奴，我不准你们摘。……抗战胜利是人民流血牺牲得来的，抗战的胜利应当是人民的胜利，抗战的果实应当归给人民。至于蒋介石呢，他消极抗战，积极反共，是人民抗战的绊脚石。现在这块绊脚石却要出来垄断胜利果实，要使抗战胜利后的中国，仍然回到抗战前的老样子，不许有丝毫的改变。这样就发生了斗争。”[③]

毛泽东在一篇评论中说：“在中国境内，只有解放区抗日军队才有接受敌伪军投降的权利。至于蒋介石，他的政策是袖手旁观，坐待胜利，实在没有丝毫权利接受敌伪投降。”[④] 他在代朱德总司令所拟致蒋介石的电报中，则指责：“你的政府和军队，却一向采取袖手旁观、坐待胜利、保存实力、准备内战的方针”。[⑤]

---

① 毛泽东：《论联合政府》，1945年4月24日，《毛泽东选集》（合订本），第935~936页。

② 毛泽东：《抗日战争胜利后的形势和我们的方针》，1945年8月13日，《毛泽东选集》（合订本），第1022~1023页。

③ 毛泽东：《抗日战争胜利后的形势和我们的方针》，1945年8月13日，《毛泽东选集》（合订本），第1026~1027页。

④ 毛泽东：《蒋介石在挑动内战》，1945年8月13日，《毛泽东选集》（合订本），第1037页。

⑤ 第十八集团军总司令给蒋介石的两个电报，8月16日的电报，《毛泽东选集》（合订本），第1041页。

毛泽东在另一篇评论中写道："他（蒋介石）将中国人民推入了十年内战的血海，因而引来了日本帝国主义的侵略。然后，他失魂落魄地拔腿便跑，率领一群人，从黑龙江一直退到贵州省。他袖手旁观，坐待胜利。"①

毛泽东对国民政府抗战态度评价的变化出于政治需要

毛泽东对国民政府抗战态度的评价，大致经历积极抗战，"反共即准备投降"，"反共、投降" 和 "反共、抗战" 交替变换，进入战略相持阶段后 "积极反共，消极抗战"，和 "峨眉山上观战"、"下山摘桃子" 几个阶段。

毛泽东所谓的 "反共即准备投降" 的说法，除了将国内国共两党的冲突与中日两国间的战降简单地联系并等同起来，在逻辑上似难成立外，也与当时抗日战争的实际情况不相符合。以 1939 年言，国民政府军在正面战场上与日军进行了几次会战；同时，国共摩擦也逐步加剧，是年冬发生了 "晋西事变" 和俗称的 "第一次反共高潮"。然而，恰在这时，国民政府军还发起了主动进攻日军的 1939 年冬季攻势。可见，国民党政府虽然反共，但并未准备投降，并且是积极抗日的。毛泽东指责国民党 "反共即准备投降"，显然出于与国民党政治斗争需要而创造出来，因为在一场民族战争进行的过程中，全民族爱国主义情绪高涨，若是投降民族敌人，那是会受全民族痛恨的。指斥政敌投降（或准备投降）敌人，那是政治斗争中最有力的利器。因此，只要国共关系紧张，毛泽东就发出国民党 "反共即投降" 的指责。同时，它又像一个魔幻般的法宝，随时可以变换，所以才发生一会儿说国民党政府 "反共即投降"，一会儿又说国民党政府既反共，又抗日，这种像玩把戏的情况。

至于毛泽东指斥蒋介石抗战八年中 "躲在峨眉山上观战"，"坐山观虎斗"，抗战胜利后 "下山摘桃子" 等说法，完全否认国民政府有任何抗战功绩，甚至说它 "实际上帮助日本侵略者危害抗日战争"。这是在抗日战争胜利前后，中共为与国民党政府争夺抗战胜利果实，而抨击国民政府蒋

① 毛泽东：《评蒋介石发言人谈话》，1945 年 8 月 16 日，《毛泽东选集》（合订本），第 1047 页。

介石的手法，这也是无须分析，一眼就能看清的。

而毛泽东指责国民党政府在进入战略相持阶段后“积极反共、消极抗日”的说法，影响甚广，传留至今。这个说法中有些内容似能找到根据，因为：国共两党间确实发生过武装摩擦。不过，抗日战争时期国共武装摩擦（毛所称国民党政府反共），情况相当复杂，这里不予讨论。此处需要研讨的是，国民党政府进入战略相持阶段后果真“消极抗日”了没有？

抗战史学界经过多年的研究，逐步弄清：国民政府不仅发动了全国性抗战，也不仅在抗日战争初期积极抗战，就是进入战略相持阶段后，仍继续坚持抗战。国民政府军队一面整顿训练，一面在正面战线继续抗击日军的进攻。自1939年初至太平洋战争爆发，历经南昌会战、随枣会战、第一次长沙会战、桂南会战、枣宜会战、豫南会战、上高会战、中条山会战和第二次长沙会战诸役，除南昌、宜昌失守，中条山抗战基地丧失外，中国军队每役均击退日军的进攻，大致恢复战役前的阵势。中国军队各战区还于1939年冬季发动对日军大规模的攻势。国民政府一部分军队留在敌后进行抗日游击战。不过，中国军队战力仍然弱于日军，尚不能转入反攻。中国独力抗战，艰苦支撑四年多，等待着有利的国际形势来临。

太平洋战争爆发后，中日战争与第二次世界大战融为一体，中国与美、英、苏结盟，共同对日作战。中国抗日战争从此摆脱了孤军对日作战的境地。但由于美、英实行“先欧后亚”方针，未能大力援华作战，中国的对日作战仍很艰难。加以日本进攻缅甸和滇西，中国不得不抽调精锐之师至滇缅战场作战，中国除原先东线战场作战外，又增加了西南战线对日作战。中国处于腹背受敌的局面。战争日久，兵疲民困，财政竭蹶。在国家精华地区沿海和中部陷敌，日本不断进攻和到处封锁的情况下，国民政府坚持八年抗战，艰辛备尝，顽强苦撑，殊属非易。抗日战争后期，敌强我弱的总态势尚未改观，中国军队的装备和战力仍比日军差，但依靠英勇顽强的拼斗，在第三次长沙会战、浙赣、鄂西、常德诸役中基本上击退了日军攻势，大致恢复战役前的态势。至1944年，日军投入远比参加武汉会战更多的兵力，发动打通大陆交通线的“一号作战”，对平汉路南段，粤汉路中段，湘桂路和桂黔路发起大规模进攻。中国军队虽英勇抗击，但仍丧失了豫湘桂地区的重要城市和交通线。对以前通称的“豫湘桂大溃败”，也要具体分析，河南战役，湘桂战役，国民政府军队的广大官兵作战，还是比较积极的。中国战场出现了黎明前的黑暗。① 特别是衡阳保卫战，方先觉第十军坚守孤城47昼夜，是中国抗日战争史上的光辉一页。同年，中国远征军在缅北滇西反攻作战取得了完全的胜利。国民政府军1945年还进行过豫西鄂北、湘西两次抗日会战，准备全面反攻，并开始收复了部分失地。

我们不能单纯从战绩来判断国民政府抗战态度是积极还是消极。一场战争或战役的胜负命运取决于各种复杂的因素。当一个国家或民族在与外敌作战时，战争胜负除与本国本民族的政治、经济、军事、外交各方面的状况相关外，还与国际环境有关。军队的战况和战绩，间接取决于非军事因素，直接取决于军事因素，诸如战略指导、战役指挥、战术运用，军队的素质、训练、装备、士气及军政、军民、官兵关系等。中国抗日战争艰苦而持久，战争过程中暴露出国民政府政治军事各方面存在许多弱点和弊端，国民政府军队中存在若干缺陷和弊病。战争过程中出现多次丧师失地的情况，但不能简单归结为国民党政府“消极抗战”。

对于抗日战争进入战略相持阶段后，国民政府是否消极抗战，战争的对手日方的反应也许是最有说服力的。武汉失守后，1938年11月，日本大本营判断：“蒋政权依然迷梦未醒，残存于西边数省，力图恢复其战力，建设新的补给路线，且在法属印度支那寻求补给港口，继续坚持抗战以挽回颓势。”② 1939年9月4日，日本新首相阿部判断：蒋介石知日军攻势力量已成强弩之末，判断今后将开始对日正式作战，因而转向攻势，企图一面稳步准备，同时以小部出击及扰乱后方，消耗日军战力。即由避战转向寻求总反攻的时机，以期扭转战局。③ 日本战史记载：自1941年春以来，重庆政权抗日意志高昂，不容轻视。④

1942年5月18日，日本参谋本部田中第一部长记载：对重庆施策：试

---

① 近年，一些论者对豫湘桂之战有新的评价，如认为：该战对日本来说当然是一次胜利，却是一次得不偿失的“皮洛士胜利”，中国才是真正的胜利者。日本的战略意图并未完全实现，日本胜仗的代价却是总崩溃的加速。中国有力地支援、配合了盟军在太平洋战场的作战。中国已处于反攻的前夜，它是中国正面战场从战役失败到战略反攻的转折。见黄爱军《近年来抗日战争研究若干创新观点综述》（载《党史研究与教学》2009年第3期）一文中，介绍姜良芹、余安平、徐江虹等人的观点，引自中国人民大学书报复印资料《中国现代史》2009年第12期，第150页。

② 日本防卫厅战史研究室编《大本营陆军部》，中译本《日本军国主义侵华资料长编》上，天津市政协编译委员会译，四川人民出版社，1987，第458页。

③ 《日本军国主义侵华资料长编》上，第495页。

④ 《日本军国主义侵华资料长编》上，第630页。

图利用大东亚战争的成果，摧毁重庆继续战斗的意志，其结局并未取得任何效果。重庆坚决抗战的意志并未动摇，今已明显。[①] 6月1日，第一、第二两部就重庆问题商谈。中国情报课长铃木卓尔大佐：即使武力进攻重庆、昆明，对华战争也不会迅速解决。……即使武力攻占重庆，也不会立即解决问题。……在政治上，中国基于最后胜利在反轴心国方面的信念，依靠英美及本国地广人多，即使重庆被攻占，蒋介石的抗战意志也不会改变，甚至即使和战两派对立，形成军阀割据的局面，能否屈服，也成问题。[②] 11月2日、4日、7日，日本大本营政府联络会议，对世界形势的判断认为：重庆之抗战力量虽逐步下降，但相信美英之最后胜利，仍不放弃其继续抗战的意志。[③]

1943年6月7日日本大本营第二课研究对中国方面作战方案，对华积极作战意见纷纭，说明大本营对于对华作战的苦恼。[④] 1944年8月9日，湘桂战役期间，日本最高战争指导会议判断世界形势认为："重庆将竭力抗战，并力图维持华南方面航空基地，阻止我进攻内地；同时，继续顽强实施打通印中路线之作战。以后随同战力恢复与加强，将实行反攻。"[⑤]

中国抗战对手日本对国民政府抗战态度的认知，由其作战真实感受而得，对于我们的研究极富参考价值。

总之，指责国民政府"反共即投降"，"消极抗战"和"观战"，"下山摘桃子"等，并不符合事实。但是，为什么毛泽东对于国民政府抗战态度，做出这样一些评断，并且变化多端呢？显然，那是出于政治需要。毛泽东对于国民政府抗战态度的评价随着国共关系的变化而变化：国共关系较好或者和缓时，就承认国民政府是抗战的；国共关系对立、紧张时，就指责国民政府准备投降，消极抗战，不抗战。同时，毛泽东对于国民政府抗战态度的评价也随着国共力量的对比而变化：中共力量弱时，肯定国民党积极抗日，甚至可以承认在国民政府领导下抗日；中共力量发展壮大，以至可以与国民党相颉颃时，乃对国民政府的抗日态度进行负面评价和指责（投降，消极抗战，以至全盘否定）。

毛泽东自己也承认，他对于国民政府抗战态度的评论是因时而异的。他

---

① 《日本军国主义侵华资料长编》中，第368页。
② 《日本军国主义侵华资料长编》中，第375页。
③ 《日本军国主义侵华资料长编》中，第606页。
④ 《日本军国主义侵华资料长编》中，第792页。
⑤ 《日本军国主义侵华资料长编》下，第323页。

在中共“七大”前夕对《论联合政府》一文作说明时说：“对国民党抗战成绩我没有多说。从科学的意义上，应说国民党是半法西斯主义，我没有说，免得为他们张目。对他们的说法我是随地（随时）而异的。其基本精神是我们的独立性更强了，但对蒋介石仍留有余地。”① 后来，他又对自己前后的说法不一致进行解释：“抗战初期，我们说在蒋委员长领导下抗战到底，这个话错了没有呢？我说没有错。因为要打日本，就要有个头子。中国当时的头子就是蒋介石，他有那么多军队，外国也承认他。但是他后来要反共，这句话我们就少讲了，以至于不讲了，改为要建立一个联合政府，把他那个政府改组一下。……国共两党谈判还有没有希望？我们从来是主张要谈的，‘七大’的文件上也规定了要谈。至于谈拢的希望是一丝一毫也没有。但现在我们还不向全国人民宣布，因为一宣布，下文必然是要打倒蒋介石。”②

毛泽东有关国民政府消极抗战论断的巨大影响

毛泽东对于国民政府抗日态度的消极评价，特别是关于国民政府在进入战略相持阶段后“积极反共，消极抗战”的论断，对大陆抗日战争史研究的影响是巨大的。

1949 年后，毛泽东的这一论断和胡乔木按照毛泽东的论断撰写的一本权威著作，支配了中共党史、革命史和现代史体系。

1951 年，胡乔木发表的《中国共产党的三十年》一书，在论及蒋介石国民政府的抗战态度时说：国民党政府“在战争初期也曾表现了他的某种程度的积极性，并希望能够速胜”。但是，“他们的军队则在抗战中大部被击溃，并受到很大的损失……从此以后，他就实行消极抗日，积极反共反人民，避战观战，保存力量，聚集力量，以待其他抗日力量战胜日本后，坐收渔人之利，然后以保存和聚集起来的力量，消灭共产党和人民力量。这就是蒋介石集团在抗日战争中的基本立场和政策。”③ 这简要概括了毛泽东的有关论断。

一本中国革命史教材分析抗日战争中国民政府的抗战态度时写道：“（抗

---

① 毛泽东：《对〈论联合政府〉的说明》，1945 年 3 月 31 日，《毛泽东文集》第 3 卷，第 273 页。

② 毛泽东：《在中国共产党第七次全国代表大会上的结论》，1945 年 5 月 31 日，《毛泽东文集》第 3 卷，第 413 ~414 页。

③ 胡乔木：《中国共产党的三十年》，人民出版社，1951，第 38、39 页。

日战争）第一阶段，国民党的军队虽有较大的数量，却因为在以蒋介石为首的上层反动集团的反人民路线的指导下，不能起其应有的作用，致使正面战场在日寇的进攻下造成第一次的大溃败，从平、津、上海，一直退到武汉。”“相持阶段，人民军队抗击侵华日军的六分之五，所以解放区的战场，是中国八年抗战的主要战场，解放区军队是中国八年抗战的主力，而所谓相持阶段，实际上是解放区战场与敌寇的相持。”“国民党反动派在相持阶段中，采取了消极观战、积极反共反人民的政策。七年中，仅仅担负抵挡六分之一、而且是停止不进的敌人，还在一九四四年敌人稍一发动较大进攻下，就形成了第二次大溃退——从豫湘桂，一直退到贵州的独山。国民党反动派在此七年中的主要工作，是每两年发动一次反共高潮，前后发动三次反共高潮（一九三九、一九四一、一九四三），以作为与敌人勾搭准备投降的步骤；同时指使其大批将领率军队投敌，以伪军名义，配合日寇在解放区实行惨无人道三光政策（烧光、抢光、杀光），自己则缩在四川峨眉山上，观望风色，待机取利。”①

1965 年纪念抗日战争胜利四十周年时，以林彪署名发表的《人民战争胜利万岁》为抗日战争定义：“抗日战争是中国共产党和毛泽东同志领导的一场真正的人民战争。”② 此文根本一字不提国民政府抗战。而当年《解放军报》发表的社论中，只有一笔提到抗日战争初期国民政府的抗战，但也是一笔否定：“抗战初起……害着‘恐日病’的国民党反动派，对日本帝国主义怕得要死。蒋介石到处散布‘亡国论’……在日本侵略进攻面前，精神上完全解除了武装的国民党反动军队，丧师失地，一溃千里。”③

李新等主编的《中国新民主主义革命时期通史》认为：“自武汉撤退之后，国民党战场上便没有发生严重的战争。而当日军为了辅助诱降稍有进攻时，国民党军队仍继续丢城失地，溃不成军。”“在日本诱降、英美劝降的情况下，蒋介石对抗战更加动摇了。”1941 年 1 月发生的皖南事变，是国民党“反共投降的阴谋”。“从此蒋介石的积极反共、消极抗战的面目更加暴露”。“正当解放区军民在中国共产党的领导下对日本大举反攻时，蒋介石国民党在它的主子美帝国主义的全力帮助之下，从峨眉山猛扑下来疯狂地抢夺人民

① 胡华：《中国新民主主义革命史》，人民教育出版社，1950、1955，第 265、266 页。

② 林彪：《人民战争胜利万岁》，人民出版社，1967，第 2 页。

③ 《胜在政治，胜在毛泽东思想》,《解放日报》社论，1965 年 9 月 1 日，引自《人民战争胜利万岁》，第 123 页。

的胜利果实。”①

20世纪50年代初，刘大年曾经在一本著作中写道：“中国抗日民族解放战争，本是中国共产党领导着中国人民进行的。只有共产党领导下的人民武装，才是中国抗日的主力，而国民党则是一贯的消极抗日，积极反共，后来更成了中国人民争取抗日战争胜利的严重障碍。这是铁一般的重要历史事实。”②“蒋介石这个大流氓，早在太平洋战争爆发以前，就已经把抗日重担推卸在中国人民军队身上，实行了保存自己武装力量，向日本与美国两方面讨价还价的政策：对日本是讨论投降的时机和条件，对美国则是用‘不支持，就拆伙’的流氓手段，索取大量军火和金钱，准备用来反对人民革命力量。”③ 但40年后，刘大年于1991年在一篇论文中说：“消极抗日也还是抗日。退出抗日阵线是他（指蒋介石）的阶级利益所不许可的。他主观上希望抗日、反共两个第一，然而实际行动上办不到。结果他实行的还是抗日第一，反共第二。”④ 作为几十年专门研究日本侵华史和抗日战争史的学者，张振鹍先生对刘大年观点的变化大为惊异。他回忆说：“我在会场里静听，当听到这一段话时，吓了一大跳……从来人们引用毛泽东的‘消极抗日，积极反共’八个字，都是说蒋介石不再抗日或不抗日，刘大年本人也是这样讲的。……现在他把‘消极抗日’解释为‘也还是抗日’，而且是‘抗日第一’，真是石破天惊。”⑤ 张先生产生这样强烈的惊异感受，正好说明了毛泽东评价国民政府抗日战争中“积极反共，消极抗日”的论断，在大陆史学界有着多么深重的影响！

史学界对毛泽东批判国民政府“积极反共，消极抗战”说的修正趋势

20世纪70年代末，实行改革开放后，学术研究，包括中国抗日战争史研究，开始改变以往过左的观点，逐步走向实事求是。大量史料的公布挖

---

① 李新、彭明、孙思白、蔡尚思、陈旭麓：《中国新民主主义革命时期通史》第3卷，人民出版社，1961，第133、182、319、372－373页。

② 刘大年：《美国侵华史》，1951，第160页；1954，第171页。

③ 刘大年：《美国侵华史》，1951，第158页；1954，第168页。

④ 刘大年：《抗日战争与中华民族的统一》（纪念九一八事变六十周年国际学术讨论会论文），载《抗日战争研究》1992年第1期。

⑤ 张振鹍：《刘大年与抗日战争研究》，在刘大年追思会上的发言，2010年2月4日。

掘，推进了研究的进展，对于国民政府抗日态度的评价，也逐步趋向客观真实。

上述1991年刘大年有关中国抗日战争中国民政府抗战态度的观点，与50年代相比发生巨大的变化，或可视为大陆史学界在抗日战争史研究中学术观点变化的一个典型。刘大年《照唯物论思考》一文中提出，抗日战争中国民党、共产党两个领导中心并存。据张振鹍先生介绍说，胡绳看此文时，对此观点作批语："有深意存焉"。[①] 这表明，老一代革命史学工作者已经对客观评价国民政府在抗日战争中的领导作用勇敢迈步。

李新、陈铁健主编的《中国新民主主义革命史长编》中将抗日战争时期的内容分成三卷，单从书名即可看出，与"文革"前李新等主编的《中国新民主主义革命时期通史》观点也有明显变化。这三卷的书名是："全民抗战，气壮山河"、"坚持抗战，苦撑待变"和"同盟作战，赢得胜利"。[②] 这实际上是要肯定国民政府在武汉失守后继续坚持抗战，直到最后胜利。

中共十一届三中全会后30年来，随着抗日战争史研究的蓬勃深入开展，学术观念也发生了巨大变化，对既往有些观点有所突破。史学界对毛泽东关于国民政府抗战态度的评价，尤其是关于国民政府在抗日战争进入相持阶段后"积极反共，消极抗日"的论断，出现了修正趋势。这具体表现于以下几种情况。

1. 基本上维护国民政府"积极反共，消极抗日"说，但对其继续抗战略作补充

一些中共党史著作基本上维护武汉失守后，国民政府"积极反共，消极抗战"的观点，但对其继续抗战略作补充。胡绳主编的《中国共产党的七十年》写道："国民党的主要领导人蒋介石，一直没有像汪精卫那样放下抗战的旗帜。但当抗日相持阶段到来后，他对抗日是消极的，甚至同日本侵略者秘密进行谋求妥协的活动。他所实行的反民主的政策，是不利于团结抗日的。他还开始推行积极反共的政策……""在这期间，国民党军对日军……也进行了抵抗，并组织中国远征军进军缅甸，支援反法西斯同盟国作战。但是，太平洋战争爆发后，蒋介石集团认为可以依靠英美力量来进行抗日战

---

① 张振鹍：《刘大年与抗日战争研究》，在刘大年追思会上的发言，2010年2月4日。

② 李新、陈铁健主编《中国新民主主义革命史长编》中，李良志、王树荫、秦英君主编《全民抗战，气壮山河》，李隆基、王玉祥主编《坚持抗战，苦撑待变》和李良志、李隆基主编《同盟作战，赢得胜利》三书，上海人民出版社，1995。

争，因而继续加紧反共摩擦。”①

中共中央党史研究室著《中国共产党历史》称：“抗日战争进入相持阶段后，以蒋介石为代表的国民党亲英美派集团，表现出很大的妥协倒退倾向。由于日本的诱降和英美对日本的侵略采取绥靖主义政策，也由于国民党对共产党领导的人民武装力量的发展和壮大的畏惧，蒋介石集团的反共倾向明显增长。……国民党统治集团的主要注意力已逐步由对外转向对内，对抗日的态度日趋消极，而对人民抗日运动的限制则日益加强。”“相持阶段到来后，国民党当局虽然逐步失去抗战初期的抗日积极性，但还在继续抗战。”太平洋战争爆发后，“1941 年至 1942 年……国民党军队对日军的进行抵抗，有些战役还取得了局部胜利，但有些战役……遭到了很大损失。”“国民党统治集团对于抗战的总方针，是保存实力，消极防御，等待胜利。特别是美、英等国参战后，以为只要依赖美、英盟军的作战，国民党军队不必做多少努力，就可以坐享抗日的成功。因此，在正面战场上极少采取主动的军事行动。国民党竭力争取盟国的经济、军事援助，主要不是用来准备对日反攻，而是用来扩充实力，以对付共产党。”“代表大地主、大资产阶级利益的国民党统治集团……一方面对日军继续采取避战观战为主的政策，把抗战最后胜利的希望完全寄托于美、英、苏等国际力量，尽量保存自己的实力；另一方面，力图削弱和消灭共产党领导的人民革命力量，准备抢夺抗日战争的胜利果实，以求在战后继续维持其独裁统治。”②

2. 基本上维护国民政府“积极反共，消极抗日”说，但承认并大量增加其继续抗战的史实的叙述

军事科学院编《中国抗日战争史》一书，既承认进入抗日战争战略相持阶段后，国民政府有积极抗战一面，又说它“消极抗战”，甚至说它“上山”“观战”：国民政府“调整后的策略既有整顿内部、抵制日本分化中国阴谋，培植力量以继续持久抗战的积极方面，又有限共、溶共，打击国内进步力量等不利于团结抗战的消极方面”。“1943 年，在国际形势日益有利于中国的情况下，蒋介石集团仍然推行消极抗日、积极反共，既抗日，又反共和‘上山’、观战政策。”③ 不过，该书也用了相当大的篇幅叙述到国民政府在抗日

---

① 胡绳主编《中国共产党的七十年》，中共党史出版社，1991，第 199、211、222 页。

② 中共中央党史研究室著《中国共产党历史》第 1 卷下册，第 671、672、726 ~ 737、803 页。

③ 军事科学院军事历史研究部：《中国抗日战争史》，解放军出版社，1995，中卷，第 423 页；下卷，第 456 页。

战争中期和后期各次大的战役，包括跨国的缅甸战场作战。

3. 修补国民党政府“积极反共，消极抗日”说

前引刘大年一篇论文中所说：“消极抗日也还是抗日。退出抗日阵线是他（指蒋介石）的阶级利益所不许可的。他主观上希望抗日、反共两个第一，然而实际行动上办不到。结果他实行的还是抗日第一，反共第二。”①

“消极抗日也还是抗日”说，比起“一贯的消极抗日，积极反共”，“成了中国人民争取抗日战争胜利的严重障碍”，“保存自己武装力量”，以及不抗日、避战、观战、摘桃子等观点，显然是极大的进步，然而，既然“抗日第一，反共第二”，那么，还能称“积极反共，消极抗日”吗？可见，对“积极反共，消极抗日”说进行修补是困难的。

4. 表面上沿袭国民政府“积极反共，消极抗日”说，但实质上肯定其继续坚持抗战

有的抗日战争史著作谨慎地继续承认，国民政府在进入战略相持阶段后“消极抗战”，但竭力说明国民政府军的广大官兵英勇、艰苦作战，似在表示，国民政府军抗战还是积极的（并非“消极抗战”）：“蒋介石对抗战的态度，虽然时有动摇，并坚持反共政策，但是……国共两党的合作没有破裂，团结抗日的局面一直坚持到抗战胜利。以蒋介石为首的一派力量，始终留在抗日阵营，坚持抗战。”“抗日战争的正面战场，是整个中国战场的重要组成部分，在相当长的时间内，发挥着主战场的作用。只是后来国民党主要当权者采取了消极抗战的政策，因而使正面战场的作用受到严重影响。但是，从整个抗日战争看，广大官兵是爱国的，作战也是英勇的，并给日军以沉重的打击。……就是在战略相持阶段进行的南昌、随枣、枣宜、长沙、上高、常德等战役，战斗亦十分激烈，牺牲也是惨重的。1944 年反抗日军打通大陆交通线的豫中、长衡、桂柳作战，表现了国民党主要当权者的消极避战思想……但是大批爱国军队艰苦作战，表现了强烈的抗敌御侮精神。”书中并说：“正面战场上的中国军队……多数能以民族大义为重，积极投入抗战。”②

过去将 1939 年 1 月国民党五届五中全会作为国民政府“积极反共、消极抗日”的一个标志，但现在有的著作作新的解读：“国民党五届五中全会后

① 刘大年：《抗日战争与中华民族的统一》（纪念九一八事变六十周年国际学术讨论会论文），载《抗日战争研究》1992 年第 1 期。

② 张宪文主编《中国抗日战争史》，南京大学出版社，2001，第 10、13 ~ 14 页。

的主要方针，仍是继续抗战和联共抗战，在提高抗战信心、打击悲观情绪以及企图使国民党本身进步、发展与强化等方面，作了相当的努力。”此书接着写道：“从1938年底到1941年秋的近三年里……中国当时还是单独对日作战，处于最困难时期……中国对日军的沿海封锁和空中攻势，虽还击乏力，军事设施经济活动和人民生命财产蒙受巨大损失，但其持久抗战的潜力正日益发挥，其战略政略上的优势正日益显露，终于熬过难关，迎来了与盟国共同抗击日本法西斯侵略的大好局面。”太平洋战争爆发后，“已经坚持多年、并已进入战略相持（阶段）的中国抗日战争，成为世界反法西斯战争的重要组成部分。中国军民有了盟军并肩战斗，而且中国国际地位也得到空前的提高，更加坚定了自己的抗战决心和获得最后胜利的信心。”① 此书论述的，虽然并非专指国民政府的抗战态度，但至少包括了，或主要地正是指的国民政府的抗战态度。

5. 避开国民政府“积极反共，消极抗日”说，肯定其始终坚持抗战

有的论者，尽管没有明确对抗日战争进入战略相持阶段后，国民政府“积极反共，消极抗日”的观点提出异议，但具体论述中，已经作出了与之相异的论断。如在全面评析国民党政府军担负的正面战场作战时指出：“正面战场担负着较大规模的正规战任务，抗击敌人的较大规模进攻。在八年抗战中，正面战场共进行会战22次，重要战斗1117次，小战斗38931次。其中大部分为防御作战，一部分为反击战。正面作战虽然从华北、华东一直撤退到华南和西南，后撤几千公里，失地一百多万平方公里，但这是‘以空间换时间’的战略方针所估计到了的……达到了分散敌之兵力，消耗与迟滞敌人，掩护大后方等战略目标。”②

从上述可知，毛泽东关于国民政府在抗日战争进入战略相持阶段后“积极反共，消极抗日”的论断，至今仍在影响着抗日战争史和中共党史的研究。不过，澄清“积极反共，消极抗战”的论点，是正确评价国民政府抗战态度的一个关键性问题。现在史学界已出现了对此论断的修正趋势。

---

① 郭汝瑰、黄玉章主编《中国抗日战争正面战场作战记》下册，江苏人民出版社，2002，第910、1065、1082页。

② 阮家新：《关于抗日战争两个战场的再研讨》，《抗日战争研究》编辑部编《抗日战争胜利五十周年纪念集》，1995，第103页。

结束语

国民政府领导国民革命军坚持艰苦卓绝的八年抗战。对国民政府的抗战态度必须根据史料给予实事求是的评价。

毛泽东对国民政府抗战态度评价的论断，是出于当时政治斗争的需要，是政治斗争的产物。他不是在做严谨的历史学术研究。学术研究与政治斗争有根本的区别。以毛泽东对国民政府抗战态度评价为例，研究历史，必须从史实出发，而不能以领袖人物的论断为依据。领袖人物的论断正确与否，也必须经受历史事实的检验。广义而言，对毛泽东所有论断，我们都应当采取科学的分析态度。

文末，这里想提起一点情况。1995 年，刘大年为“中国抗日战争史丛书”所写的总序中写道：“抗日战争一是民族战争，二是人民战争。抗日战争爆发前，国家权力基本上掌握在蒋介石、国民党及其各派系手里，有蒋介石、国民党的参加，才有了全民族的抗战。否则，全民族的抗战就无从实现，一时实现了也无法坚持下去。抗战期间蒋介石没有放弃反共，也没有放弃抗战。从全民族战争这个方面看，蒋介石、国民党在抗战中的重要地位和作用，应当得到客观的全面的理解。”① 据张振鹍先生介绍，此序文写成后，某领导机关及其上一级机关要求将其中有关蒋介石、国民党的话删掉，因刘大年的坚持，那个领导机关最后提出有条件地同意保留原话，条件就是在文中必须加上“抗日战争是在中国共产党倡导的抗日民族统一战线的旗帜下进行的”这样的话。② 这既反映了史学界抗日战争观念的变化，同时也反映了要改变既成的观点，会遇到障碍，而这种障碍不只是可能来自学术界本身，而且也来自学术界以外的干预。这种干预之存在，又容易诱发对学术界观念更新的障碍。像刘大年这样老一辈的革命史学工作者，过去遵循毛泽东的论断评价历史，在经过深入研究逐步弄清历史真相后，又尽量圆合毛泽东论断与历史事实之间的距离。而某些居于权力岗位而对学术并无研究者，却随意

① 刘大年、白介夫主编《中国复兴枢纽——抗日战争的八年》总序，北京出版社，1995，第 2 页。

② 张振鹍：《刘大年与抗日战争研究》，在刘大年追思会上的发言，2010 年 2 月 4 日。

裁断学术是非，对于学术界的权威人物尚且如此，对于一般研究者就更不用说了。这样的状况必须改变。

（本文引用了张振鹍先生介绍刘大年对蒋介石抗战态度评价前后发生变化的资料，对张先生表示谢意。）

2010 年 4 月 8 日，8 月 18 日改定

《苏日中立条约》与国民政府的内外肆应

左双文*

1941年4月，苏联与日本签订了严重损害中国主权的《苏日中立条约》，对正进行艰难抗战的中国军民造成了极大的伤害，日本作为中国的敌人，这样做不足为怪，但作为中国盟友的苏联采取此一步骤，则令人大感意外。关于条约签订对中国的影响及中国的反应问题，已有一些学者论及，① 但对于国民政府的内外肆应，笔者觉得还有一些值得更进一步梳理之处，以下从几个方面略作探讨。

一　对苏不满，但避免造成反苏之印象

日本发动全面侵华战争之后，随着战事的不断扩大，发现原来设想的迅速解决中国事变的预计完全落空，为尽快结束中国战事，扭转苏联援华制日的政策，并作对付英美的准备，乃加紧了对苏的外交谋略，1940年7月和10月两次主动向苏提出签订中立条约或互不侵犯条约，但因双方在北库页岛等问题上的分歧太大，未能达成协议。到1941年春，日本从其全盘战略考虑，

---

*　华南师范大学历史文化学院教授。

①　涉及战时及战后中苏关系的重要著作有：李嘉谷：《合作与冲突——1931～1945年的中苏关系》，广西师范大学出版社，1996；罗志刚：《中苏外交关系研究（1931～1945）》，武汉大学出版社，1999；王永祥：《雅尔达密约与中苏日苏关系》，东大图书公司，2003。涉及《苏日中立条约》的重要论文有：陆文培：《试论〈苏日中立条约〉对中国抗战的影响》，《社会科学战线》1994年第1期；王真：《〈苏日中立条约〉与战时中国》，《民国档案》1995年第3期；李嘉谷：《论〈苏日中立条约〉的签订及其对中国抗战的实际影响》，《抗日战争研究》1998年第1期；李嘉谷：《〈苏日中立条约〉签订的国际背景及其对中苏关系的影响》，《世界历史》2002年第4期；金东吉：《〈苏日中立条约〉的缔结与影响》，《中共党史研究》2008年第1期。

决定主动打破僵局。3月，日本外相松冈洋右出访德意苏三国，意图借助德意促进苏日谈判的进程。3月23日，松冈抵达莫斯科，与苏外长莫洛托夫举行了首轮会谈；4月7日松冈重返莫斯科，又进行了三轮会谈，但双方各不相让，谈判再度陷入停顿。松冈沮丧地准备于13日返回日本。谁知4月12日，松冈向斯大林辞行时，风云突变，斯大林突然主动让步，同意暂不提有争议的问题，双方很快达成协议，据松冈自己称，“此次日苏中立条约之签订初非始料所及，会议系在一小室中举行，一切繁文完全取消，会议十分钟后即成立谅解。”① 4月13日，双方正式签订《苏日中立条约》。该约全文如下：

大日本帝国及苏维埃联邦为巩固两国间和平及友好关系之希望，决定缔结中立条约，协定如下：第一条，缔约国双方保证维持相互间之和平与友好邦交，互相尊重对方领土完整与神圣不可侵犯性。第二条，倘缔约国之一方成为一个或数个第三国敌对行动之对象时，则缔约国之他方，在冲突期间，即应始终遵守中立。第三条，现行条约自缔约国双方批准之日起生效，有效期限定为五年，在期满前一年倘缔约双方均未宣告废弃本约，则有效期限自动再行延长五年。第四条，现行条约当从速呈请批准。批准证件当从速在东京交换。

又于同时发表下述宣言：

苏日双方政府为保证两国和平与邦交起见，兹特郑重宣言，苏联誓当尊重“满洲国”之领土完整与神圣不可侵犯性，日本誓当尊重“蒙古人民共和国”之领土完整与神圣不可侵犯性。②

4月13日晚10时，国民党中宣部长王世杰接到《苏日中立条约》签订的消息，当即以电话报告蒋介石，“并对通讯社及检查局有所指示。”③

蒋介石得知条约内容后的第一反应，是对苏联的做法倍觉失望，亦相当不满，其在13日的日记中称：“俄倭在莫斯科十四时签订中立友好条约，闻

① 《徐永昌日记》第6册，1941年4月21日，中研院近代史研究所，1991。

② 《徐永昌日记》第6册，1941年4月14日。《外交部关于苏日共同宣言的声明》,《中华民国史档案资料汇编》第5辑第2编（外交），江苏古籍出版社，1997，第219页。

③ 《王世杰日记》第3册，1941年4月13日，中研院近代史研究所，1990。

其内容有互认满蒙、伪领土完整之条，此俄损人利己必有之惯技，自在意中。如果属实，于我实质上并无所□，然形式上倭国乃得一时之优胜，此为俄国信义与国际上之最大损失，而非我之害也。”①

蒋介石愤恨地觉得：“苏俄外交方针，渐渐显白矣！其偏袒侵略国，反对英美，且诱引日寇，使加入彼之集团，左日右德，辅助其称霸欧亚两洲之企图；其素所自诩扶助民族独立之口号，至是乃完全放弃而不提矣。”② 这使蒋感到深受刺激：“俄倭协定，在事实上明知不能为害我抗战于毫末，但精神上之刺激不可名状。此二星期来心中沉闷悲惧，不知所自，孰知即为此。”③

14 日晨，国民党举行中央常会，讨论达 3 小时，“多数意见仍主我方应避免以刺激性之言论刺激苏联，惟对满蒙事不能不从法理上作一声明。”王世杰“亦主张慎重”，并于午后向蒋介石“详陈我方态度必须冷静之理由。”④

14 日中午，蒋介石约程白张贺刘卫顾熊（应即程潜、白崇禧、张治中、贺耀祖、刘斐、卫立煌、顾祝同、熊式辉）等及徐永昌午餐，“研究苏日新协定之动机与将来”，徐永昌判断：“德国近来压迫苏联，十之四由于骄气，十之六为有意（明知苏联避战乐得藉此运用外交使苏联及其他小国相继就范）。苏日新约，在日是夙愿，在苏是十之六为德所迫（苏并不十分相信德能对苏开战，但亦不妨作一种对德双关的表示，即也示威也助德），十之四是先拉住日本，俾便今后行动格外自如，且多少有助于中共。”至于苏联对华政策暂时不会改变：“最近之将来，苏必仍照过去之援华政策继续履行（待必要时将移此种物资援中共，仍号称援华，其时期则视国际环境与我之前途情形而定），目前则仅增长倭寇勇气与侥幸心（南进须待时机，此时充其量不过在东北能抽出三分之一兵力耳）。”

蒋介石判断：“德国战略常重于政略，今夏必对苏作战，占领莫斯科以西地带，压迫其退到乌拉山以东，英更无如德何。”蒋这个判断是正确的，但徐永昌认为不会，说：“德果如此行之，势必因力量之转移，欧陆已倒将

---

① 《蒋介石日记》，1941 年 4 月 13 日，美国斯坦福大学胡佛研究院档案馆藏（笔者所引为王奇生先生提供，下同）。

② 转引自傅启学《中国外交史》下册，商务印书馆，1983，第 568 页。

③ 《蒋介石日记》，1941 年 4 月 14 日。

④ 《王世杰日记》第 3 册，1941 年 4 月 14 日。

倒之各国，群起以乘其后，德恐不冒此险。”蒋介石认为“德之力量有余，绝无斯虑。”对与蒋判断上的分歧，徐在日记中表示：“此种判断只好证之将来而已。”①

“最后决定对苏日协约发表宣言并请苏联政府解释苏日新约”。徐永昌还主张“宜乘苏联阴谋偶露之机会，宣传方面应有所建白，俾我愚顽之学者与青年稍悟其过去之错误。”② 亦即要借机搞一点反共宣传。

当日，国民政府外交部发表声明，未对条约本身多作评论，但对所附损害中国主权的宣言，表示决不承认：“查东北四省及外蒙之为中华民国之一部，而为中华民国之领土，无待赘言，中国政府与人民，对于第三国间所为妨害中国领土与行政完整之任何约定，决不能承认。并郑重声明，苏日两国公布之共同宣言，对于中国绝对无效。”③

4 月 14 日，国民政府军委会政治部也向各宣传机关和报纸发出《苏日中立条约宣传要点代电》，要求各宣传机关及言论界评论条约时，只可“根据外交部之声明及左列事实，表示惋惜与不满之意”，包括三点：（1）该约违反了 1937 年 8 月 21 日《中苏互不侵犯条约》的有关规定；（2）根据苏联“立国之精神，”以及苏联屡次发表之外交政策声明，苏联有不在法理上及事实上承认“满洲国”之义务；（3）该约违反了 1924 年 5 月 31 日中苏协定关于尊重与承认“外蒙为完全中华民国之一部分”的规定。“仪电”并指示“一切评论此事之文字，对苏应力避攻击口吻，以免损伤苏联之感情，造成反苏之印象，且不必连篇累牍评述此事”。④

4 月 15 日，王世杰召集政治部、三青团、中央通讯社、新闻检查局等机关负责人员谈话，“坚嘱各方言论务极慎重，以免造成反苏之印象。”与会者中颇有对王之决定不以为然者，但王“坚嘱必须如此。”⑤

① 《徐永昌日记》第 6 册，1941 年 4 月 14 日。

② 《徐永昌日记》第 6 册，1941 年 4 月 14 日。

③ 《外交部关于苏日共同宣言的声明》,《中华民国史档案资料汇编》第 5 辑第 2 编（外交），第 219 页。

④ 《军委会政治部颁发苏日中立条约宣传要点代电》,《中华民国史档案资料汇编》第 5 辑第 2 编（外交），第 228－229 页。另档案整理者判定的文件时间为“1941 年 4 月”，未注明日期，实际上，代电末尾的“卯寒”已清晰标明，“卯”即 4 月，“寒”即 14 日。亦可见国民政府有关部门很迅速地拟定了此大致还算妥当的宣传纲要。

⑤ 《王世杰日记》第 3 册，1941 年 4 月 15 日。

二 对苏探询，关于苏联动机之研判

15 日下午，驻苏大使邵力子往见苏外长莫洛托夫，“询苏日条约第二条是否适用于中、日战局”，这是国民政府关心的又一重点，因为如果按条约本身解释，苏联就应对中日战争也保持中立，那就不能继续给予中国抗战以援助，这甚至比满蒙问题更具现实威胁。稍后，邵力子向外交部报告称，苏方表示“该约专为苏联保持和平，与中国无涉。谈判时亦未提及中国，不影响中国抗战。”① “其意似谓苏联对华接济将不中止也。”但邵力子也报告称，斯大林亲往车站为松冈送行，“并与之行苏联‘亲颊’礼！”②

4 月 19 日，苏驻华大使潘友新也向蒋介石表示：条约“未有涉及任何中国问题；俄国对华政策始终一贯，毫无改变”。蒋请潘友新转告苏联政府，今后讨论俄、日关系时，“应于事前与我政府开诚磋商，以免造成严重误解。”③ 另外，国民政府从外交渠道得来的情报，也获悉苏联并不完全相信日本，还寄望于中国牵制日本的力量，所以苏联签约时“根本没有提到中国”，④ 换言之，条约没有规定苏联停止援助中国抗战。稍后，又从英美等国大使处获知苏日两国没有签订任何秘密条款或作出任何口头承诺。⑤

4 月 20 日，蒋介石约中央常委再商对苏日协定之态度，“于右任等均以敌将先移满洲驻兵向我攻击为虑。冯玉祥欲再派大员赴苏，蒋先生笑语之曰，恐见不着苏联政府当局。”⑥

4 月 24 日，蒋介石密电各战区将领和各省党部、省政府，对苏日签约各自的动机及可能产生的影响作了较为详尽的分析，指出苏日签约后已过十日，“经此十日来之观察，真相渐明。故其利害得失，亦不难分析判别而获得一正确之概念。”自订约以来，“苏联对我各种武器之接济，一切如常，均

---

① 《邵力子致胡适电》（1941 年 4 月 17 日），《胡适任驻美大使期间往来电稿》，中华书局，1978，第 102 页。

② 《王世杰日记》第 3 册，1941 年 4 月 17 日，4 月 15 日。

③ 《总统蒋公大事长编初稿》卷 4（下），第 673 ~ 674 页。

④ 《顾维钧回忆录》（4），中华书局，1986，第 561 页。

⑤ 邵力子：《出使苏联的回忆》，傅学文编《邵力子文集》（下），中华书局，1985，第 1150 页；〔美〕约瑟夫 · C. 格鲁：《使日十年——1932 ~ 1942 年美国驻日大使格鲁的日记及公私文件摘录》，商务印书馆，1983，第 386 页。

⑥ 《王世杰日记》第 3 册，1941 年 4 月 20 日。

无异于往时。”15日莫洛托夫约见邵大使，19日潘友新来见我，都表示不会改变对华政策。故此约对于“我国方面至少在抗战之现阶段上，实无任何之影响”。且指出此约之订立，“其主动全在苏联，亦可谓为苏联对日计划之成功，其于敌寇，实有害无利”。后面这个说法，与中共所言是苏联外交胜利的说明，几近一致。蒋也对苏联此举损害中国利益之处委婉提出了批评："其最足遗憾者，当然为苏联与我敌国承认所谓‘外蒙共和国’与‘满洲国’领土完整"，但强调只要我能独立自强，战胜暴敌，此区区一纸不法声明，岂能成为我收复主权之障碍。蒋还就此事所反映的各国外交政策的本质谈了自己的感悟，鼓励军民要奋勉自强：苏日签约这件事的发生，“且可使我军民知立国于今日，所有外交政策，固均以本国利害为首位”，“吾全国军民唯当正视森严之事实……无所冀幸，无所倚赖，乃能善用国际变化而不为国际任何变化所支配。”①

三 争取美国加大对华援助

在苏联有可能背弃中国的情况下，争取美国扩大援华的必要性进一步增大（此前数日，美方还告诉宋子文由于南斯拉夫战况紧急暂时还只能予华以小量援助），14日，蒋介石致电在美的宋子文，让其急询美方态度，希望能得到美方援华的切实承诺和保证，电称：“俄日中立友好条约，据日讯，其中有互认外蒙与满洲二伪国领土完整之条，此必属实无疑，以后俄对华外交方针自当更恶也。请急问美当局对华方针，如其果真援华，则望速提具体有效之整个计划与保证，以慰我人民怀疑之心理。”②

15日，驻美大使胡适致电国内，报告14日曾探访美财长摩根索，摩根索表示，“自苏、日协定后，美国政府对中国之同情只有增浓，绝无减退。”并建议就此即与罗斯福总统一晤。15日午，胡适与宋子文同访罗斯福，罗斯福称，“苏、日协定并非全出意外。所不可知者，苏俄此后是否仍继续资助中国抗战。甚盼中国政府有确切消息见告。”宋子文向罗斯福表示，中国及远东之形势极其严重，中国急需要得到美国切实的援助，希望罗斯福总统能

① 《蒋介石关于苏联签订苏日中立条约之用意致各战区将领及各省党部省政府密电》，《中华民国史档案资料汇编》第5辑第2编（外交），第220～227页。

② 《中华民国重要史料初编——对日抗战时期》第三编《战时外交》（一），中央文物供应社，1981，第129页。

于最近期中发表援华的具体方案。罗斯福允予考虑。谈话时间约15分钟。当日下午，罗斯福在白宫对报界谈话时即声言：美政府援助被侵略国家之政策绝无变更，当然中国亦在其列，今晨与中国大使胡适及宋子文先生商洽援华详细办法。中国所需各项物资已加以分析考虑，现正在筹办中。①

15日宋子文亦为此事两次致电蒋介石，一是报告争取援助及罗斯福总统答复情况，另一电报似为上一报告之补充，告以见面时罗斯福谓，苏日条约之重点有二：(1)"苏俄是否继续援华?"(2)"中共以后所采取态度"。"总统附称，有人告以中共亦服遵三民主义，如此我政府或容纳之。"宋子文则表示，标榜与事实不尽相符，又觉得意犹未尽，说要再找时间"托人将中共实情报告总统。"②

十几分钟的谈话，作为战略家的罗斯福态度很明确，表态也颇高明：苏日签约，你们国民政府很着急，跑来求援，但签约不全在意外（潜台词是也没什么大不了的），关键一是看苏联是否继续援华（这才是实质性的），二是与苏意识形态一致的中共此后的态度（是否会跟着苏联一同和日、亲日甚至降日？苏联如果仅是暂时麻痹日本，中共就不会放弃抗日），听说中共也服从三民主义，政府可否将之拉过来，以壮大抗日力量。这实际上是除允予扩大援助之外，又给了蒋介石缓解这次危机的另外两点提示，特别是后者，可能也意在提醒国民党人，不要因对苏不满而借机反共，制造新的摩擦，影响对日作战的全局。

对罗斯福的提示，蒋的答复也是从两个方面着手。关于苏联态度，蒋介石17日电告宋子文，"俄接济武器，至此刻止仍照常运华，并无变更。俄大使接其政府今日来电，并未有对华变更政策之表示云。"

关于中共问题，蒋介石就要苛刻得多了，"至于中共则惟俄国第三国际之命是从，而其所谓信仰三民主义者，完全为烟幕欺人之谈。此次俄日协定发表后，全国青年与智识阶级对苏俄与中共发生重大刺激，中共过去之宣传皆归失败，此后中共内部亦必分裂，殆无疑义。至于中共在抗战兵力上，可谓毫无实力，更不能阻碍我抗战耳。"③

4月17日，美国决定以价值四千五百万美元之军用器材对华军援，此为美

---

① 《胡适致陈布雷转蒋介石、孔祥熙、王宠惠、王世杰电》（1941年4月15日），《胡适任驻美大使期间往来电稿》，第102页。

② 《中华民国重要史料初编——对日抗战时期》第三编《战时外交》（一），第447～448、第129页。

③ 《中华民国重要史料初编——对日抗战时期》第三编《战时外交》（一），第135～136页。

国对华军援之始。

4 月 24 日，蒋介石又经过居里转电罗斯福，表示“盼望美国援华行动能速有积极而决定之表现”。25 日下午，美国批准借予中国五千万平准基金协议正式签字。5 月 3 日，罗斯福就蒋 24 日电复电蒋介石，解释美国军火供应暂不能完全满足的原因，并表示要予中国以尽力援助：“最后鄙人敢对阁下保证，当尽能力之所能及，尽速以必需之物资供给贵国，而苏日条约之缔结，实益促成鄙国之决心也。”①

四 借机攻击中共，但有所克制

由于苏联是世界上第一个社会主义国家，又一直以主持国际正义、扶持弱小民族为号召，曾获得不少国际同情和向往。但自此次国际危机以来，先是与法西斯德国签约，并共同瓜分波兰，继之又与中华民族的死敌日本法西斯签约，这在一般人看来，其所宣传的意识形态与实际行为间的反差确实不小，如果说，苏日签约仅是为了苏联本身的安全，避免东西两线作战的威胁，是其内部事务，外人不必多所议论，还勉强可以解释得通的话，协议中苏日相互交叉承认的外蒙古与满洲却都是中国的领土，是中华民族的心头惨痛，不惜牺牲中国的民族利益来换取苏联的民族利益，这是让不少中间及进步人士很难想通的。而对于相当一批国民党人来说，这真是一个借以打击中共、使其形象受损的良机，也欲有所利用。除上述蒋介石向美国人所做的评断外，4 月 23 日，唐纵日记称：“中共对日苏条约之态度。（一）此为苏联之外交胜利。（二）使苏联之国际地位提高，增大其发言权。（三）此约不限制苏联援华，没有使中国失望。（四）日苏宣言中对外蒙甚有利，对东四省与苏联之承认无关。（五）仍须坚持抗战团结进步。以上为延安对中共之指示，闻向日同情中共之青年，莫不痛哭流涕。”② 5 月 17 日，王世杰在日记中亦称“余近日最大苦恼，为宣传政策问题。予觉共党问题如在本党报纸予以激烈的攻击，初不能使共党警觉，徒引起国内外之恐慌，并且使中苏关系益陷危境。但何敬之极主在报端攻击。党中干部同志亦多如此”。5 月 22 日日记

① 《中华民国重要史料初编——对日抗战时期》第三编《战时外交》（一），第 620 ~ 622 页。

② 《在蒋介石身边八年——侍从室高级幕僚唐纵日记》，群众出版社，1991，第 203 页。

又提到，“近自日苏中立条约成立后，中国共产党辄为苏联辩护，即对该约承认满蒙两傀儡之声明亦然，一般舆论，群以共党不要祖国为言也。”①

中间党派也受到影响，据黄炎培日记：4 月 17 日，“11 时，招周恩来、董必武来，舜生、伯钧亦到。请中共表示态度。周极言苏联此约乃其一贯政策，与对华毫无关系。至中共态度，绝不因此变更云云。董略同。”此处的“招”，颇有意思，“请中共表示态度”，似已含有质询之意，“极言”，竭力辩解也，寥寥数语，颇能传神，中间人士担心苏日已拥抱亲颊，中共对抗日是否还坚持呢？周恩来的回答，说是条约“与对华毫无关系”，但因为有互相承认外蒙与伪满的内容，中间人士恐怕也是将信将疑。这段时间，天平会稍稍偏向国民党方面，应不算意外。如18 日晚，黄炎培未能安眠，乃决心上书蒋介石：“昨夜睡差适，四时顷醒，想及今日蒋公到党政委员会，何不面递一函，直陈所见。乃于平明即起身，请徐子为君笔录吾语成上蒋委员长书，日苏协约签订后对外交、军事、外通之意见。十时，出席战地党政委员会听蒋委员长致词毕，于临行面递所作书。”这里的“外通”不知是否指对外交通、对外通道，因日本极力封锁，这在当时已变得格外重要；也不知蒋档中是否还能找到这份上书，使我们得以一窥黄在此一特定时间的具体态度和立场。② 4 月 19 日，沈钧儒、王造时、张申府、史良等 9 人“素以亲苏著名，今日致一函于苏联大使潘又新，询问日苏协定之意义，意存责问。”③

5 月中，因国民党宣传中共对晋南战役未肯配合，黄炎培于 5 月 23 日“草公电致中共周恩来等转延安毛润之等，请迅与中央军协力抗敌，御西犯敌军”。这种言行，在中共看来，应该也是一种动摇的表现。④

周恩来在 4 月 19 日致毛泽东并中央书记处的电报中即谈到，条约使中间派悲观，进步派中一部分人发生动摇，“看起来他们是在狭隘的民族情绪之下的一时的冲动表现，而顽固派则利用之以反苏，亲日派利用之以悲观，英

---

① 《王世杰日记》第 3 册，1941 年 5 月 17 日，5 月 22 日。

② 中国社会科学院近代史研究所中华民国史研究室编《黄炎培日记摘录》（中华民国史资料丛稿增刊第五辑），中华书局，1979，第 27 ~ 28 页。《黄炎培日记》（华文出版社，2008），第 7 卷“周极言”印成“固极言”，“战地党政委员会”印成“战地常政委员会”，似不如 1979 年中华书局整理本准确。不过，旧本“对外交、军事、外通之意见”一语，今本作“对外交、军事、交通之意见”，此处则今本似可靠些。可见两种版本各有所长，惟今本整理者不知是否参阅过旧本，那样当可免去若干失误。期将来有学者能根据原本对照两种已出版本再加校订，使该日记能以更真实完整的面貌呈现给学术界。

③ 《王世杰日记》第 3 册，1941 年 4 月 19 日。

④ 中国社会科学院近代史研究所中华民国史研究室编《黄炎培日记摘录》，第 27 ~ 28 页。

美派利用之以亲美，虽然这都是一时现象”。①

4 月 26 日，周恩来致电毛泽东，对国民党反共的可能趋势作进一步的分析，认为会继续反共，但控制在一定的范围。电报根据日、苏签约后重庆反共宣传加强的情况，估计国民党反苏反共还会加紧，但反苏不至于表面化，反共不至于全面化。分析从利害上看蒋非求助于苏和求助于共不可，但表面上却装着不理会；从阶级思想上看，蒋非反苏反共不可，但表面上却又装着不刺激苏联和不愿国共分裂。②

但这件事情，中共当时也只能多作解释，摆脱被动，好在其后国际国内局势迅速变化，关注的焦点转移，事情没有持续发酵。

五　万不得已时，做“联德和日之准备”

除上述较为公开的一些应对外，国民党高层一度还有一种最机密、最不足为外人道的准备，即在事起之初情况不明，又十分愤激的情绪下，蒋介石可能也表示过、提过如下一种设想，即：在万不得已的情况下（苏竟与日勾结、轴心集团实力大增，③ 英美又不肯对我提供一点像样的援助），也倒向德

① 《日苏缔约后英美及中国各派政治力量态度的分析》,《毛泽东文集》第 2 卷，人民出版社，1993，第 333 页注 2。

② 《周恩来年谱（1898～1949）》，中央文献出版社，1998，第 512 页。

③ 此种判断并非完全是“以小人之心度君子之腹”的杞忧之见，据李嘉谷《关于 1941 年苏日签订中立条约谈判的新揭秘档案》（《世界历史》1998 年第 5 期）一文，苏联学者斯拉温斯基著《苏日中立条约：1941～1945 年外交史》一书首次披露了苏日签订中立条约谈判的苏联外交档案文件，其中 4 月 12 日斯大林与日本外相松冈洋右的谈话记录表明，斯大林认为，签订苏日中立条约是第一步，是进一步在“ 大问题”上合作，使“ 三国条约”变成“ 四国条约”，即用德、意、日、苏联盟对付英、美的一个步骤。（斯大林说：“苏联认为在大问题方面原则上容许同日本、德国与意大利合作。关于这一点，莫洛托夫同志访问柏林时已告知希特勒与里宾特洛甫，当时提出的问题是使三国条约成为四国条约。”斯大林指出，但希特勒声称，暂时不需要别国的军事援助。“斯大林同志认为，因此只要德国与日本的处境变坏，就会提出四国条约问题与在大问题方面同苏联合作的问题。所以，斯大林同志指出，我们现在仅限于同日本签订中立条约的问题。这个问题无疑已成熟。这将是走向未来在大问题上合作的第一步，也是重要的一步。”见《1941 年 4 月 12 日斯大林同志与日本外相松冈会谈记录》）这是过去许多史学著作中未曾提及的。自然，世界局势并未依斯大林的意志发展，由于德国突然进攻苏联，历史的发展使苏联与美、英、中等国建立了反法西斯统一战线。但这一被隐藏达 50 多年的苏联历史档案资料的公布，将有助于进一步了解苏德战争前的国际关系的复杂性，并有助于对苏日中立条约问题研究的深入。过去学者一般认为，1941 年苏联与日本签订中立条约 （转下页注）

日一边！作为最后的退路。实际上，自30年代日本加紧侵华以来，这个念头如鬼魅般在蒋的心头闪闪烁烁不止一次，[①] 据徐永昌4月15日日记称，晚饭时听魏道明郑毓秀夫妇谈及，蒋介石决定请魏道明（伯聪）“继顾大使任驻法大使，渐行准备将来欧战和会工作及必要时联德和日之准备等等。”[②] 这种万不得已就“和日”的说法，在与蒋接近的人员中，可能不止一人听到，蒋侍从室的唐纵在同一天的日记中也有透露：“为日苏中立协约，我驻美大使胡适与宋子文氏往见美总统罗斯福。事后日方广播，谓我似以美国苟不大规模给予中国援助，则唯有驰向日华和平之途为理由逼迫罗斯福云。此虽推测，但近于实际。宋子良之赴美，即有传达此意之任务。”[③] 唐纵这个话的来历，是蒋有可能在私下议论时，愤愤而言：苏俄如此不顾信义，英国更是滑头，这次美国人如果再不给点像样的援助，大家都玩花样，我也与日本人讲和算了！

这期间，国民党内主张以“和日”、“对日缓和”作为外交谋略甚至是战略预备的不止蒋介石一人。4月18日11时，白崇禧、刘斐、贺耀祖、张治中、顾祝同、陈诚、卫立煌、徐永昌等到黄山蒋介石官邸“讨论对敌对共及国际诸问题”，刘斐即提出以“和日”要挟美苏：“今日美苏皆惧我抗战缓和，宜以和日要挟之。”蒋答：“我国民及军队智识太低，行之碍难。”徐永昌则赞同刘斐：“如能乘苏联之机而巧用之，以后和战问题或多少能获得一点自由，亦计之得者。”最后，蒋表示，“只要日美苏德相战，只要我们力量

(接上页注③)的目的是为了避免两线作战，即当德国在苏联西线发动进攻时，东线能保持和平，并不惜拿中国的领土主权作交易，以便苏联能集中力量对付德国法西斯的入侵。第二次世界大战历史的实际进程似乎也是如此。这已是定论。但现在看来是不全面的。历史真相要复杂得多（另见李嘉谷《〈苏日中立条约〉签订的国际背景及其对中苏关系的影响》，《世界历史》2002年第4期）。当然，笔者以为，像斯大林这种什么话都有可能说，什么事都有可能做的人，单以他对松冈的谈话还不足以证实他确有诚意与法西斯国家结盟，也完全有可能是“忽悠”松冈的把戏，但如果未来局势发展需要的话，他与德意日真的变成四国同盟，与全世界民主国家、全世界人民为敌，也是完全可能的事。值得注意的是，在上述谈话中，松冈居然以赞同社会主义共产主义、反对盎格鲁撒克逊的资本主义、说蒋介石是盎格鲁撒克逊资本主义的走狗来为日本的侵华行径辩护，这一方面是想投斯大林之所好，另一方面也充分暴露了日本法西斯外交人员之极端无耻、伪善的面目。

① 至少1935年9月一次，1940年7月一次。参见左双文《德国承认伪满问题与国民政府的外交方针》，《史学月刊》2008年11期；《转向联德，还是继续亲英美》，《近代史研究》2008年第2期。

② 《徐永昌日记》第6册，1941年4月15日。

③ 《在蒋介石身边八年——侍从室高级幕僚唐纵日记》，1941年4月15日。

不先消耗了”（言外之意即：我们就还可以坚持下去——引者）。[①] 4月21日午后，徐永昌再语蒋，要求英美与我发共同宣言，“以防彼等单独和日（过去英之封闭缅滇路即其证也），此最低限度之事，不然，即须有对日缓和之预备”，也就是真的不抗日了。针对蒋前日说的军民难于理解和接受的问题，徐还说：“不能完全要人民同意，须知人民只可乐成，不能同始也。”[②] 昔中共尝言，除汪精卫之外，抗日阵营中还暗藏有张精卫、李精卫，从徐的主张看，此言亦并非空穴来风。尤可异者，对如此高层级的尚无结论的计议，中共似乎也能“感知”，据云“凡陕晋共匪区已将抗日标语撕去，代以打倒何顾标语及宣传中央即将降日之标语。”[③] 堪称神奇。

但随着苏联做出解释、罗斯福态度明显积极后，蒋的态度有所缓和，而且对晋阎因此而擅自与敌暗通款曲极力斥责：“阎锡山以俄倭协定发生以后，共匪必将明白叛变，俄对华必断绝接济，倭寇侵华必更进一步，其抗倭局势必败，故令其所部准备突变，与伪军共匪连系，向敌后转进，降敌求生。此种无耻恶劣之思想，而且见之于文字，余不料其卑污至此，是诚古今之巨奸。”[④] 对于前述派魏道明去法国的事也延后了，5月8日，“午饭在郑魏寓……悉蒋先生令伯聪缓走（余早料及），先往香港制装，将来由此飞俄经德往法。”[⑤] 同时，蒋对国际局势的判断也更为自信，5月18日上午，蒋约程潜、何应钦、白崇禧、张治中、熊式辉、刘斐、徐永昌等谈话，“关于国际，蒋先生认为德必攻苏，日必南进，美必参战（坚决认定）。”徐永昌则认为，蒋说的三种情况，无论任何一项发生，皆于我有利，并判断“德只要在未和英前攻苏，美必参战，即等于苏联加入英美，久之必渐形成似第一次欧战之情形，是倭之南进北进皆成问题。”“特恐德不攻苏耳。”[⑥] 此时离苏德战争爆发还差一个月零四天。

总之，在《苏日中立条约》签订后，经过短暂的愤激、混乱甚至动摇，

---

① 《徐永昌日记》第6册，1941年4月18日、19日。

② 《徐永昌日记》第6册，1941年4月21日。

③ 《徐永昌日记》第6册，1941年4月25日。

④ 《蒋介石日记》，1941年4月21日。

⑤ 《徐永昌日记》第6册，1941年5月8日。

⑥ 《徐永昌日记》第6册，1941年5月18日。此时国民党内抱悲观态度的不止上述几人，魏道明到香港后，5月18日，在港的颜惠庆“和魏道明共进茶点，他带来了孔祥熙的便笺，里面有一些关于国内外局势的内部情况和观点。结论是：没有出路。”（上海市档案馆译《颜惠庆日记》第三卷，中国档案出版社，1996，第340页）

国民政府高层做出了大体正确的研判与应对，力争将危机带来的破坏降低到较小的程度，引导局势朝有利于坚持大后方抗战、有利于稳定民心士气的方向发展，既未使中苏关系因之恶化，又争得了美国的扩大援助；在舆情汹汹之际，对共攻击的现象虽有增多，但也受到了一定的控制和限制；并对国际局势的未来走向做出了较为准确的预测。作为在外交上处于劣势的弱国，面对突发的外交危机，基本上实现了化被动为主动的战略目的。

1942 年蒋介石访问印度之分析

段瑞聪 *

引 言

1942 年 2 月 4 日，蒋介石以同盟国中国战区最高统帅的身份与夫人宋美龄、国防最高委员会秘书长王宠惠、中央政治学校教育长张道藩、中宣部副部长董显光以及英国驻华大使卡尔（Archibald Clark Kerr）等从重庆出发赴印度访问。一行途经昆明，于 4 日晚到达缅甸腊戍，第二天抵达印度加尔各答，8 日到达新德里，21 日自加尔各答返回昆明，结束访问。这是蒋介石作为国民党和国民政府领导人第一次出访，而且时值太平洋战争爆发不久，足见此行意义重大。

那么，蒋介石为什么选择这一时期访问印度，其出访的目的有哪些呢？以往的研究多强调蒋为了说服印度国民大会党（the Indian National Congress，亦称“国民会议”，以下简称“国大党”）等各党派与英国合作，共同抵抗日本的侵略，同时加强中印军事合作。①

但是，通过蒋介石日记②可以看出其访问印度还有更重要的目的和深远

---

* 日本庆应义塾大学商学部教授。

① 吴俊才：《蒋中正先生访印与印度独立》，《蒋中正先生与现代中国学术讨论集》第四册，蒋中正先生与现代中国学术讨论集编辑委员会编辑出版，1986，第 186 ~ 212 页；巴塔查亚：《蒋中正先生对印度独立之贡献》，同前书，第 213 ~ 227 页。陈谦平：《1942 年蒋介石访印与调停英印关系的失败》，《南京大学学报（哲学·人文科学·社会科学）》1991 年第 3 期，第 90 页；徐旭阳《1942 年蒋介石访印述评》，《文史杂志》1999 年第 4 期，第 47 页；季鹏：《抗战期间蒋介石访问印度述论》，《民国档案》2002 年第 4 期，第 78 ~ 82 页。

② 本文所引用蒋介石日记全部为美国斯坦福大学胡佛研究院所藏。在此对提供蒋介石日记的蒋方智怡女士以及胡佛研究院表示感谢。

的意义。蒋在日记里最早提到访问缅甸和印度是 1942 年 1 月 23 日。他在当天日记里写道："此时访缅访印最为相宜，为战后对英植一重要政策之根基"。由此可知，蒋决定访问印缅，最先考虑的是战后如何处理与英帝国主义之间关系的问题。1 月 30 日蒋在日记里进一步明确写道："访印目的：甲、劝英印互让合作，乙、劝印多出兵出力，丙、劝英允许印自治，丁、为将来中印合作基础，戊、宣传三民主义"。由此可知，蒋介石访问印度的目的不仅仅是为了改善英印关系，还有加强将来中印合作，宣传三民主义等目的。蒋在同一天日记的"预定"栏里还写有"总理大亚主义讲稿"。所谓"大亚主义讲稿"是指 1924 年 11 月 28 日孙中山在日本神户所作的"大亚洲主义"演讲。[①] 笔者认为蒋要对印度宣传的"三民主义"，主要是指民族主义，具体来说就是孙中山所强调的中国革命要帮助亚洲被压迫民族获得解放这一政治理念。本文之主要目的就是根据蒋介石日记等新史料，分析蒋介石访问印度之目的、背景和意义。

众所周知，太平洋战争时期印度是英国的殖民地。根据当时任侍从室第 6 组组长唐纵日记，最初是英国政府要求蒋介石劝说国大党等领导人与英国合作，共同抵抗敌人，蒋介石接受英国方面的要求并提出愿意亲自赴印度一行，于是英方表示欢迎，所以才有印度之行。[②] 但是，蒋介石支持印度独立的态度，引起了英国政府的不满，致使中英关系处于紧张状态。[③] 在这种情况下，蒋介石的革命理念与英国帝国主义发生了冲突。支持印度民族独立，还是与同盟国一起反抗侵略，孰重孰轻，蒋介石陷于两难境地。面对英国的压力，蒋虽然没有放弃解放亚洲被压迫民族这一理念，但是不得不对英国做出让步，表明不干涉英印内政。这是蒋介石为了顾全同盟国利益，或者说为了打败日本而不得不做出的让步。但是，从蒋介石访印期间的言论以及其日记可以看出他对英国殖民统治，乃至帝国主义的批判。从这个意义上来说，1942 年访问印度是蒋介石对英国帝国主义的一次挑战，在中华民国外交史以及中国革命史上具有深远的意义。

---

① 《大亚洲主义》，国父全集编辑委员会编《国父全集》第 3 册，近代中国出版社，1989，第 535～542 页。

② 唐纵：《在蒋介石身边八年》，群众出版社，1991，第 255 页。另外，根据王世杰 1942 年 2 月 11 日日记，蒋介石访问印度"发议之人为罗斯福"，见《王世杰日记手稿本》第 3 册，中研院近代史研究所，1990，第 246 页。

③ 参见林孝庭《二战时期中英关系再探讨：以南亚问题为中心》，《近代史研究》2005 年第 4 期，第 32～56 页。

一　中印两国的历史渊源

1942年1月31日，蒋介石在日记里写道："中印两国历史之关系已二千年，边疆接壤界限甚长，民族亦为世界上之最大者。然而从未发生冲突或武力战争之时，只有文化之沟通，礼义之往来，岂非全世界和平民族之最著者乎？吾愿珍重此两国之历史而发扬光大之"。中印两国的这种历史渊源是促成蒋介石访问印度的重要因素之一。特别是近代以来，中印两国同为被压迫民族，早自孙中山时代开始，如何摆脱帝国主义的压迫就成了两国共同的奋斗目标。

1905年8月20日中国同盟会在东京成立，11月《民报》创刊，章太炎担任主编，发表了很多支持印度独立运动的文章，并主张中印联合。① 1907年3月章太炎等人与在日本的印度志士在东京成立了"亚洲和亲会"，② 其宗旨就是"反对帝国主义，期使亚洲已失主权之民族，各得独立"。后来陆续加入的有越南、缅甸、菲律宾、朝鲜等国家的人士，可以说形成了亚洲民族解放统一战线。

1911年3月孙中山在温哥华会见日本记者时谈到建立亚洲同盟的主张，强调要"唤醒亚洲各国，尤其是中国和印度"。③ 1913年8月，二次革命失败以后，孙中山流亡日本。根据当时监视孙中山在日活动的日本警视厅的统计，1914~1915年期间孙中山和印度志士共会见29次。④ 其中包括印度著名的革命家巴拉卡茨拉、拉希·比哈里·鲍斯（Rash Behari Bose）、纳伦德拉·巴塔查尔亚（即后来的罗易 M. N. Roy）等人。在此期间，孙中山同印度志士密商相互支持和通过运送军火到印度发动反英起义等问题⑤。

孙中山在他的《三民主义》讲演里也讲到康第（甘地，Mohandas K. Gandhi）的不合作运动⑥，指出"假若全体国民都能够和印度人一样的不

---

① 彭树智：《〈民报〉与印度的独立运动》，《南亚研究》1982年第1期，第1~10页。

② 汤志钧编《章太炎年谱长编》上册，中华书局，1979，第243~244页。

③ 陈锡祺主编《孙中山年谱长编》上册，中华书局，1991，第529页。

④ 《孙中山在日活动密录（1913年8月~1916年4月）》，俞辛焞、王振锁等译，南开大学出版社，1990，第83~584页。

⑤ 林承节、林立：《孙中山与印度革命》，《南亚研究》1991年第4期，第13~20页；段云章：《放眼世界的孙中山》，中山大学出版社，1996，第293页。

⑥ 国父全集编辑委员会编《国父全集》第3册，第44页。

合作，又用宗族团体做基础，联成一个大民族团体，无论外国用甚么兵力、经济和人口来压迫，我们都不怕他”。

1924 年 11 月 28 日，孙中山在神户高等女学校对神户商业会议所等 5 团体以“大亚洲主义”为题演讲时指出：“我们要讲大亚洲主义，恢复亚洲民族的地位，只用仁义道德做基础，联合各部的民族，亚洲全部民族便很有势力”。[①] 孙中山去世后，他的帮助被压迫民族获得解放的政治理念被国民党继承下来。

为促进中印文化交流，1935 年 5 月 3 日在南京成立中印学会。[②] 中央研究院院长蔡元培任理事长，戴季陶任监事长。1937 年 3 月泰戈尔（Tagore, Robindra Nath）主办的国际大学开设中国学院，戴季陶与蔡元培联名给泰戈尔发去贺电，[③] 蒋介石为中国学院捐献了很多书籍。

1937 年 7 月，抗日战争爆发。中国军民奋力抵抗日本侵略对谋求民族独立的印度产生了很大影响。1939 年 8 月 23 日印度国大党主席尼赫鲁（Jawaharlal Nehru）抵达重庆，对中国进行访问。其访华目的主要有两个，一是考察中国抗战的实际情形，以其经验与教训，来作为印度民族解放运动的借鉴；一是代表全印国民大会以及全印人民，向中国抗战表示关怀和同情，以示中印两大民族联合起来，为争取民族独立与解放而奋斗。

关于尼赫鲁访问中国，蒋介石在日记里的记述有 4 则。分别是：（1）1939年 8 月 26 日：“正午宴尼哈鲁”。（2）8 月 26 日“本星期预定工作课目”里写道：“研究对印度合作计划”。（3）8 月 28 日：“晚约印度同志尼哈鲁来黄山宿，夜畅谈印度革命方略。印度同志来我家住宿以尼为最先也”。（4）9 月 2 日：“与尼哈鲁谈话叙别，商定中印合作与组织办法。其人思想与言行皆有条理也”。

蒋日记里提到的“黄山”是指位于重庆郊外的蒋介石官邸。蒋介石请尼赫鲁留宿，足见其对尼赫鲁的重视。那么，蒋介石与尼赫鲁具体谈了哪些问题呢？蒋在日记里没有详细记述。但是，笔者从美国斯坦福大学胡佛研究院

---

① 《大亚洲主义》，国父全集编辑委员会编《国父全集》第 3 册，第 535 ~ 542 页。

② 但是，据戴季陶讲由于种种顾虑，中印学会在中国的事业并未着手。而印度方面的中印学会规模既大，成绩亦斐然可观。陈天锡编订《戴季陶先生文存》第 4 册，中国国民党中央委员会党史史料编纂委员会，1959，第 386 页。

③ 陈天锡编辑《戴季陶先生文存续编》，中国国民党中央委员会党史史料编纂委员会，1967，第 326 页。

最近开放的“国民党特种档案”里发现了1940年8月29日尼赫鲁提出的《发展中印关系意见书》，其英文原稿长达10页。① 这份意见书被翻译成中文，译文封面注有“极密件”字样，同时蒋介石在译文封面上亲笔批示到：“可照此意见从速研究具体办法”，“请朱骝先、陈立夫、郑彦棻、李维果、叶溯中五同志与之讨论实行办法及组织”。②

经过陈立夫等与尼赫鲁协商讨论，中印双方决定按以下3个原则进行合作：③（1）国民党所领导之国民革命与国大党所领导之印度独立运动目的相同，休戚与共。对日本抗战之胜利，实为印度独立运动成功之先决条件。印度在此时期宜以全力协助中国反对日本，并阻止英日合作。（2）国民党与国大党应暗中密切联系，先从宣传方面谋取一致，进而发展政治上之实际合作。在表面上则借托种种文化合作事业之方式，一面树立中印合作之根本基础，一面便利中印间政治合作之实际进行。（3）一切中印合作之种种活动由国民党和国大党负实际策动之职。在表面上可利用原有中印学会之组织，由两党指定参加人选，改组充实。对外一切即以该会名义行之。此外，再各指定若干现有之宗教、学术、教育及社会等机关团体与该会密切联络，参加各项文化合作事业之工作。由此可知，早在太平洋战争爆发以前，国民党与国大党之间就已经建立了合作关系。④

1941年8月24日、蒋介石会见印度革命女志士卡拉戴维夫人，进一步激发了蒋解放亚洲被压迫民族特别是帮助印度独立的使命感。⑤ 蒋在当天的日记里写道：“余妻见之，心理发生极端悲伤。只见其笑时亦现一种悲惨之情景，可谓悲惨极矣。见此则更觉御侮之不可或怠，否则世代子孙亦将患印度亡国之悲剧矣。夫妻同叹，不自由，无宁死也。能不自强乎？”。

1941年8月29日，蒋在日记中写道：“中国与印度两国人口合计为九万

① A Note on the Development of Contact Between China and India，中国国民党特种档案缩微胶片（以下简称“特种档案”）13－1－14. Hoover Institution，Stanford University，U. S. A. 以下同。

② 《尼赫鲁先生发展中印关系意见书译文》，特种档案13－1－14。

③ 《关于尼赫鲁发展中印关系意见书拟定试行办法请予鉴核施行》，特种档案13－1－2。

④ 第二次世界大战爆发后，英国政府苦于印度的不合作运动，希望中国从中调解，蒋介石决定派戴季陶访问印度。戴季陶于1940年10月19日出发，12月23日回国。先后访问了缅甸仰光、印度加尔各答、新德里、孟买等地，会见了泰戈尔、甘地等人。关于戴如何调节英印关系有待进一步研究。参见黎洁华、虞苇著《戴季陶传》，广东人民出版社，2003，第295～297页。

⑤ 秦孝仪总编纂《总统蒋公大事长编初稿》卷4（下），1978，第716页。

万员名，占全世界人口十分之六以上，必使此二国能完全独立与平等，然后世界与人类方得真正之和平，中国革命必以此为目的”。第二天，蒋在日记中又写道：“中国得到独立解放以后，第一要务为协助印度之解放与独立，而朝鲜自与中国共同解放与独立耳。否则不足谈中国之国民革命矣”。

1942 年初蒋介石列出该年度 10 项“重要工作”，其中一项就是“印度民族自治之促成”。[①] 他在 1 月 31 日后的《上星期反省录》又写道：“决定访问缅甸与印度方针与准备。此于将来亚洲前途必发生大影响也”。3 月 21 日蒋在日记里更明确写道：“力求解放亚洲各民族为我今后惟一之责任”。从以上这些日记可以看出蒋介石把帮助亚洲被压迫民族解放作为中国革命的主要任务，其使命感十分强烈。

二 太平洋战争爆发后之中国与印度

1941 年 12 月 8 日太平洋战争爆发，蒋介石马上约见美、英、苏三国驻中国大使，建议各友邦（中、英、美、苏、澳、荷、加拿大、新西兰）成立军事同盟，由美国领导指挥，共同作战。12 月 9 日国民政府正式对日本、德国和意大利宣战。在蒋介石看来，这样做能够得到“对俄、对英、对美皆有发言权之地位”。[②] 12 月 23 日中、美、英三国军事代表会议在重庆召开，蒋认为这是中国外交史上“空前之创例”。[③] 12 月 31 日罗斯福总统致电蒋介石，建议成立中国战区盟军最高统帅部，并请蒋介石担任最高统帅，指挥中国、泰国和越南各地区同盟军队作战。[④] 1942 年 1 月 2 日蒋介石电复罗斯福，同意就任中国战区盟军最高统帅。[⑤] 在此前一天即 1 月 1 日中国与美、英、苏等 26 个国家于华盛顿签订反侵略共同宣言，声明对轴心国联合作战[⑥]。该宣言首先由美、英、苏、中 4 国签字，罗斯福表示欢迎中国成为四强（Four

① 蒋介石日记，1942 年，Vol. 1，General。

② 蒋介石日记，1941 年 12 月 9 日。

③ 蒋介石日记，1941 年 12 月 27 日后《上星期反省录》。

④ 秦孝仪总编纂《总统蒋公大事长编初稿》卷 4（下），1978，第 790 ~ 791 页。秦孝仪主编《中华民国重要史料初编——对日抗战时期》第三编战时外交（三）（以下简称《战时外交》3），中国国民党中央委员会党史委员会，1981，第 97 页。

⑤《战时外交》3，第 98 页。

⑥ 秦孝仪总编纂《总统蒋公大事长编初稿》卷 5（上），第 1 页。

Powers）之一。① 蒋介石认为这是“国家与个人之声誉与地位实为有史以来开空前惟一优胜之局”。② 但是，蒋介石同时又担心这种声誉与地位“有名无实，盗虚名而受实祸”。

蒋介石的担心不无道理。因为，当时英美对中国甚至太平洋地区并不重视。对此，蒋介石在他的日记里有很多记述。比如，1942 年 1 月 7 日蒋在日记里写道：“英美战略思想以大西洋为主，太平洋为从之观念……应使之彻底改变，尤其使美国全力注重太平洋，解决日本为第一要旨也”。此后，蒋在 1 月 9 、14 、17、20 日日记里均有类似记述。③ 笔者认为正是在这种情况下，蒋介石才决定访问印度，以引起英美对中国的重视。换句话说，蒋通过加强与印度的关系，可以加大与英美交涉时的筹码，提高中国的国际地位。

太平洋战争爆发后，印度在军事战略上的重要性进一步加强。首先，印度地处南亚，幅员辽阔，资源丰富。1939 年 9 月 3 日，第二次世界大战爆发后，身兼印度皇帝的英王对德国宣战，因此印度也成为交战国之一。第一次世界大战期间，印度动员了 145 万军队，94 万人被派往欧洲战场，其中 3. 7 万人战死，11 万人受伤。④ 但是一战后印度人并没有获得独立。所以国大党不希望再次受骗，1940 年 3 月召开年会，决定拒绝参加战争，要求完全独立。正因为如此，英国政府要求蒋介石出面调解英印关系。

截至 1941 年，印度人口有 38880 万人。⑤ 从人力、物力动员的角度来看，印度具有十分重要的战略地位。根据英国印度军总司令哈特莱将军的报告，⑥ 当时印度兵员数共有 100 多万人。如何充分发挥印度民众与军队的作用，对同盟国来说十分重要。

---

① 《胡适日记》1942 年 1 月 1 日。季羡林主编《胡适全集》第 33 卷，安徽教育出版社，2003，第 449 页。

② 蒋介石日记，1942 年 1 月《本月反省录》。

③ 例如，1 月 9 日日记里写道：“英美皆对我军轻视，虽欲奋发自救，亦不可得，只有消极处之，以待时机之到来”。1 月 14 日日记：“转移英美先德后倭之心理，应告其东亚战局果延长，则其殖民地民族必动摇，且必为倭军利用，则大局不堪问矣”。1 月 17 日日记：“英美先解决德国，而后对倭之方略错误，应使之彻底改正”。1 月 20 日日记：“英美海长皆谈先解决德国而后对倭，此为最无常识之军略。英国邱吉尔此次亲访华盛顿，其目的全在要求美国主力集中大西洋而放弃太平洋之决战。而美国政府对此种最大关键漫无方针，一任英国之玩弄，可危极矣”。

④ 浅井治平：《立ち上がる印度の全貌》，帝国书院，1944，第 93 页。

⑤ 浅井治平：《立ち上がる印度の全貌》，第 43 页。

⑥ 《战时外交》3，第 343 ~ 345 页。

其次，印度与中国接壤，印度的安危直接影响到中国西南边疆。当时美国等国家的援华物资几乎全靠滇缅公路运输。但是，1940 年 7 月英国迫于日本的压力，将滇缅公路关闭 3 个月，使中国失去外援通道。在这种情况下，国民政府于 1941 年 2 月决定开辟新的国际运输线，修筑康印公路。[①] 太平洋战争爆发后，日本在东南亚地区势力迅速扩大，滇缅公路受到极大威胁。蒋介石希望尽快开辟中印之间的陆路交通和空中航线，以确保援华物资能够顺利运入国内。[②] 这也是蒋决定访问印度的主要因素之一。

最后，防止日本势力对印度渗透也是蒋介石决定出访的主因之一。早在太平洋战争爆发以前，日本就已经开始对东南亚地区的伊斯兰教徒以及印度移民进行策反工作。1940 年代，在马来半岛的印度移民有 90 多万人[③]。同时在新加坡、马来亚的英国军队主要由印度人组成。所以，早在 1941 年 7 月日本参谋本部负责宣传谋略部门（第二部第八课）就开始在马来半岛作间谍工作，[④] 他们希望通过怀柔那些印度军人来打败英军。

与此同时，1941 年 7 月日本参谋本部负责印度工作的门松正一到泰国日本大使馆跟武官田村浩商量，决定利用在泰国曼谷的印度独立联盟（India Independence League）开展工作。[⑤] 太平洋战争爆发后，印度独立联盟等开始对马来亚的印度民间人士和英军里的印度人进行反英宣传。在他们的影响下，1941 年 12 月印度人英军大尉 Singh，Mohan 成立了印度国民军（Indian National Army），[⑥] 并决定与日军合作。1942 年 2 月 15 日新加坡失陷以后，印度国民军人数已经达到 25000 人。

面对日本对东南亚的渗透，蒋介石认识到问题的严重性。1942 年 1 月 2 日他在日记里写道："托罗斯福总统转达丘吉尔，对确保印度与大战期中，

---

① 蒋耘：《西藏地方政府阻挠修筑康印公路与抗战期间的中英关系》，《中国藏学》2006 年第 1 期，第 12 页。

② 1941 年 12 月 27 日，蒋介石在日记"本星期预定工作课目"里写道："中印公路之督促"。在 1942 年 1 月"本月大事预定表"里写道"康印公路之督促"。在 2 月 7 日后之"本星期预定工作课目"里也写道："中印公路交涉"、"中印航空联系与运输通信交通"。

③ 长崎畅子：《东南アジアとインド国民军》，《岩波讲座近代日本と植民地 5 膨张する帝国の人流》，岩波书店，1993，第 159 页。

④ 中岛岳志：《中村屋のボース》，白水社，2006，第 266 页。

⑤ 长崎畅子：《インド国民军の形成》，长崎畅子编《南アジアの民族运动と日本》，アジア经济研究所，1980，第 15 页。

⑥ 长崎畅子：《インド国民军の形成》，长崎畅子编《南アジアの民族运动と日本》，第 21 页。

如何使印度及南洋各殖民地民族贡献其人力物力，而不为敌国所煽惑甚至发生叛乱”。“否则，各殖民地最后必被敌国利用倒戈。此比军事计划更应注重”。1 月 7 日，蒋介石正式致电罗斯福，强调在殖民地区战争的复杂性，请罗斯福转告丘吉尔，劝勉英国改变旧日对殖民地的态度。①

正因为如此，2 月 10 日蒋介石同印度总督林里资哥（Lord Linlithgow）会谈时强调指出：“此次战争，宣传战的力量极大，敌人用直接间接或明或暗之宣传，即可发生极大影响”。② 所以蒋希望总督能转告英国政府“在殖民地作战要用七、八分宣传战，二、三分军事战”。

三 蒋调停英印关系之努力

太平洋战争时期，印度国内政治势力如果按党派来划分的话，主要由国大党、回教同盟（Muslim League）和土邦 3 部分组成，此外还有缺乏生活能力的贫苦阶级，约 1000 多万人。

国大党主要代表印度教徒的利益，当时其内部分为三派。（1）甘地派，主张非暴力不合作运动。（2）尼赫鲁派，主张跟同盟国合作，但条件是承认印度完全独立。（3）以博斯（Subhas Chandra Bose）为首的激进派。1939 年 9 月欧战爆发以后，当时的国大党主席博斯认为敌人的敌人就是朋友，所以主张跟德国、日本联合起来，反抗英国，但是遭到甘地反对，所以博斯离开国大党，重新组织反英活动，1940 年 7 月被英印当局逮捕。③ 1941 年 1 月逃亡德国，开始反英宣传并组织印度人军队。日本从 1941 年 8 月开始跟博斯接触。

真纳（Muhammad Ali Jinnah）所领导的回教同盟是英国在 1906 年所扶植创立的团体，其目的在于制衡国大党的势力。④ 回教同盟约代表印度 75% 的回教徒。国大党和回教同盟都各自希望获得全印度的领导权。所以二者之间对立十分尖锐。2 月 12 日，蒋介石接见印度劳工部部长费乐士 · 甘 · 诺翁

---

① 秦孝仪主编《中华民国重要史料初编——对日抗战时期》第三编战时外交（一），中国国民党中央委员会党史委员会，1981，第 154 ~ 155 页。

② 《战时外交》3，第 357 页。

③ 长崎畅子《东南アジアとインド国民军》,《岩波讲座近代日本と植民地 5 膨张する帝国の人流》，第 158 ~ 159 页。

④ 林孝庭：《二战时期中英关系再探讨：以南亚问题为中心》，《近代史研究》2005 年第 4 期，第 43 页。

爵士（Sir Firoz Khan Noon）。诺翁讲到印度教人和回教徒之间的关系时说："如果由印度教人统治印度，一定要压迫回教徒，而回教徒的地位将比现在更加恶劣。现在统治权在英国人手里，大家表面上似乎都一致反英，倘使政权一旦落在印度教人的掌中，必引起内部的自相残杀。……印回间的感情，实在恶劣到了极点。回人固反对英人统治，但决不愿把英人的统治权，以暴易暴，交给印度教人"。[①]"尼赫鲁以为阁下此来为帮助国民大会，压迫英政府取得地位。但我回教徒一定反对他独霸印度政权的企图，希望阁下不会妨碍回教徒的利益"。由此可知，蒋介石与尼赫鲁的密切关系引起了回教徒势力的反感。

2 月 17 日蒋介石在加尔各答会见印度回教同盟会长真纳。真纳对蒋介石强调说印度教人对回教徒的歧视日益加强，所以如果印度教人统治整个印度，印度土邦的王公与回教徒一定会起而反抗。另外，真纳还说："回教徒的主张，除非把英属印度分为印回两国，否则任何办法都不愿接受"。[②] 具体来说，回教徒要求在孟加拉和判查布（Punjab）两省建立回教政府，因为这两省有 65% 是回教徒。真纳还表明回教徒虽然对英国的统治不满意，但是他们愿意参加反侵略的作战努力。

但是，蒋介石对真纳的印象十分不佳。蒋在当天的日记里写道："此人言行实为下等无赖之流，殊堪嫌憎，勉强与之闲谈半小时而别。英人利用之人乃如此者，更可证明英人所宣传印度教与回教不能一致之非事实。真正爱国之回教多倾向国民大会与甘地主义也"。蒋在 2 月日记《本月反省录》里又称真纳"是一市侩流氓之伦，则无足道也"。

蒋介石之所以认为印度教与回教不能一致并非事实，很可能是因为他相信阿柴德和尼赫鲁对他的解释。2 月 11 日蒋介石会见阿柴德和尼赫鲁时，阿柴德告诉蒋介石"所谓内部政治纠纷的问题，在印度实际上并不存在。凡是开明的印度教人及回教徒，其基本的见解并没有什么分歧之处。而英国人则竭力挑拨离间，造成双方的猜疑与嫌隙"。[③] 尼赫鲁告诉蒋介石说阿柴德本人就是回教徒，"然而他和印度教人一样，所要求者也是印度的自由，纵使英国人努力离间，也不能改变他的意见"。但是，2 月 12 日回教徒印度劳工部

① 《战时外交》3，第 372 ~ 373 页。

② 《战时外交》3，第 404 页。

③ 《战时外交》3，第 363 页。

长费乐士·甘·诺翁特意上书蒋介石，强调指出“尼氏必谓阿柴德为回教徒，故回人亦拥护国民大会。此乃无稽之谈”。[①] 尽管如此，蒋还是认为印回之间的对立，是由于英国人煽动所造成的。

那么，土邦王公对英国殖民统治以及印回关系持什么样的态度呢？2 月 12 日，蒋介石会见诺华勃·鲍普尔（Nowab Bhopoll）土邦王公。鲍普尔指出：“英国人的统治，我们当然并不完全满意。……如果英国人提出任何诺言，必引起印回的争执，而且我们各土邦也不会接受的。……我以为印度国民第一须要对日、德侵略者作战，暂时不必与英国人去争政权，等到战争结束之后，再来讨论交还政权的问题”。[②] 2 月 13 日印度土邦贵族联合会主席拉斯尔·衣·萨尔顿尼上书蒋介石，也强调指出印度国民应该暂时忘记对英国的不满，待打倒共同敌人之后，再以友好之态度商谈解决。[③] 由此可知，在反抗侵略这一点土邦王公与印度政府是一致的。

通过与印度各党派政界人士的会谈，蒋介石逐渐认识到印度内部政情的复杂性。于是他把调节的重点放在说服印度总督林里资哥、尼赫鲁和甘地上。

2 月 10 日下午，蒋介石会见印度总督林里资哥。[④] 在谈到英政府能否让印度完全独立时，总督说：“英国不能做到，盖恐独立后另有国家来操纵印度。并且将来印度的国防费用，一定很大，我相信大部分的印度国民不愿有这样负担而完全独立”。“所以印度完全独立，此刻实嫌太早”。但是总督讲到：“若以自治领之地位而言，当不成问题”。不过，总督强调说印度没有一党或一派可以圆满执政，他认为最好的办法就是将政权逐渐地、部分地交还，否则一定会引起印回间的自相残杀。而且总督认为交还政权的期间愈近，印回间的冲突也日益迫切。对于总督所说的英方战时对印度所采取的态度，蒋介石表示“大体赞同”，但是蒋强调说：“假使我是英政府，现在必立刻宣布印度实行自治领之日期，假使我是印度国民，此时绝不要求完全独立”。这句话可以说是蒋介石对战时英印关系的基本观点。

接下来的问题是如何说服尼赫鲁、甘地等与英国合作。2 月 5 日蒋介石抵达加尔各答后开始审阅尼赫鲁 1940 年访华时提出的《发展中印关系意见

---

① 《战时外交》3，第 383 页。

② 《战时外交》3，第 378 页。

③ 《战时外交》3，第 385 页。

④ 谈话记录见《战时外交》3，第 351 ~358 页。

书》，蒋觉得尼赫鲁的“见解与学问非凡”。[①] 2 月 21 日蒋介石发表《告印度国民书》之前，还特意征求尼赫鲁的意见。[②] 由此可知蒋对尼赫鲁的重视。正因为如此，蒋介石访印期间与尼赫鲁进行了多次会谈。

2 月 11 日蒋介石接见国大党主席阿柴德和其执行委员尼赫鲁。蒋介石指出实行革命有两种方法，即直接方法和间接方法。[③] 直接方法就是用武力推翻政府，而间接方法则是用政治的方法达到目的。在蒋介石看来，印度革命应该用间接方法完成。因为他认为武力革命牺牲太大。蒋介石以中国革命为例解释说：“自从我国孙总理发动革命以来，已五十年于兹。……我们固已推翻满清政府，然而外国的帝国主义仍旧牢牢桎梏着我们。……我们并没有得到完全的自由，经济与政治的帝国主义仍旧存在。而我们的牺牲究有多少？说起牺牲，那是非常大的，除空袭受难者不计外，人民牺牲生命的已有数百万。这是武力革命的惨痛注解”。蒋介石建议印度应该先取得自治领地位，然后再独立。但是，阿柴德和尼赫鲁都坚持要求英政府立刻将主权交还印度国民。

2 月 12 日蒋介石再次建议尼赫鲁在战时先接受自治领地位，而不作任何别的要求，以此来获得战后和平会议时派遣代表的资格。[④] 2 月 17 日晚蒋介石在加尔各答会见尼赫鲁，谈话达 3 小时之久。[⑤] 蒋介石首先指出中印两国革命的环境不同。具体来说，有以下 3 点：（1）印度的交通非常发达，革命活动不容易得到根据地，所以不容易进行武力革命。（2）武力革命必须有军队作基础，但是国大党还没有自己的军队。（3）一般人民的知识程度不够，缺乏革命人才。[⑥] 但是，蒋介石认为印度革命也具备以下两个有利条件：（1）全世界知识分子百分之八九十都同情印度独立与自由的要求，这种同情为促成革命的最大力量。（2）现在印度的英国政权，已成强弩之末。

鉴于这种情况，蒋介石向尼赫鲁建议“用教育与外交两方面来同英国斗争。一面乘世界大战的机会，积极参战，与同盟国发生密切的关系，取得世界同情；对内则乘英人无暇横加阻挠的时候，发展教育，培养军政两方面的

---

① 蒋介石日记，1942 年 2 月 5 日。

② 蒋介石日记，1942 年 2 月 21 日。

③ 《战时外交》3，第 358 ~ 365 页。

④ 《战时外交》3，第 377 页。

⑤ 《战时外交》3，第 405 ~ 411 页。

⑥ 当时，印度受过教育的男子只占 13%，女子 97% 不识字。会英语的男子不到 2%，而女子会英语的只占 2‰。参见浅井治平著《立ち上がる印度の全貌》，第 349 页。

干部人才，作积极的准备”。因为蒋介石认为“在世界战争中如能得到同盟国的同情，在和平会议席间，各国自必出力帮助”。“如果不利用今日世界大战的机会，除非坐待今日所有的帝国主义者自行消灭，否则革命永无成功之望”。“此次若不积极参战、积极合作，不但不能增加同盟国对印的同情，且将失去过去已有的同情”。但是，尼赫鲁却认为甘地提倡的非暴力不合作运动很有成效。对于蒋介石提出能否考虑暂时对英印政府不加攻击的要求，尼赫鲁的回答是：“这一点恐怕做不到，因为这是我们唯一的武器”。

蒋介石与甘地的会晤可谓一波三折。蒋原计划亲自到华尔达（Wardha）访问甘地，但是，2 月 10 日卡尔大使见蒋介石并转达印度总督之意，希望蒋不要亲自往华尔达访问甘地，而请甘地来新德里相晤。① 因为总督认为如果蒋介石亲访甘地，会提高甘地的地位而使总督失去体面，甚至英国政府会处分总督而使其地位难保。蒋介石听后“甚觉奇异，而且失望”。因蒋赴印之前英印政府同意蒋往访甘地，所以蒋认为受到欺骗，乃严词批评卡尔，并决定不与甘地见面。2 月 12 日晚蒋介石又接到丘吉尔来电，劝蒋万勿往华尔达亲访甘地。第二天蒋介石手拟丘吉尔复电，告知已决心放弃华尔达之行，但是蒋终日觉得十分遗憾。2 月 14 日蒋介石接到甘地的函电，“读之悲怆，不能成眠”。② 于是蒋决定离印之前与甘地见面，希望“以彼对余之感念，转移其对英所取之态度，而于吾共同作战大有裨益”。由此可知，蒋在这时的确希望甘地能支持同盟国共同作战。

2 月 18 日蒋介石在加尔各答白尔拉公园甘地友人比拉（Birla）家与甘地会晤，会谈长达 5 个小时。③ 甘地强调他发动的非暴力不合作运动为第一号武器，并说“这种方法是百分之百的正确”。蒋介石则表明“如印度不能独立自由，中国也不能独立自由，而若中印两大民族不能得到独立自由，全世界人类亦无自由，且不能有真正的和平。我两大民族苟不参加此次战争，将来即不能参加和会，世界真正和平亦无由建立”。所以蒋“希望印度国民大会能改变主张，作参战的决定，如此则将来和会派遣代表一节，资格上可以绝不发生任何问题”。蒋同时还强调“若仅中国参战，而印度袖手旁观或取中立两可态度，此不特中印两民族今日之损失，实亦人类解放史中最大之缺

① 蒋介石日记，1942 年 2 月 10 日、11 日。

② 蒋介石日记，1942 年 2 月 15 日。另外，甘地致蒋介石函全文见《战时外交》3，第 365 页。

③ 会谈记录见《战时外交》3，第 411 ~ 423 页。

憾”。对此，甘地虽然对中国抗战表示同情，同时也表明不妨碍英国援助中国，但是对于蒋提议中印两国共同奋斗，以求得共同自由之基础一点却置而不答，而用纺织机纺起棉花来。[①] 蒋与甘地的会晤就这样不欢而散。

蒋介石对于甘地的态度感到失望，他在日记中写道：“此或余热望过度之故，亦未可知。彼受英人统治之苦痛而演成今日铁石心肠，无论任何革命热忱，亦不能转移其忍心之毫末。余对其观念之综论，彼惟知爱印度有印度，而不知有世界及其他之人类也，可谓忍心极矣。此乃印度哲学与传统精神所造成，只知忍痛而毫无热忱，实非革命首领之特性。余乃断言印度革命之不易成功也”[②]。蒋在 2 月日记《本月反省录》里又写道：“甘地之虚伪与自私乎？余不敢臆断。而其冷刻与隐忍之性则甚深也”。在 1942 年日记《总反省录》里，蒋甚至批判甘地“太褊隘固执”，认为印度民族之解放会因此稽延。由此可知，蒋介石和甘地之间缺乏互信，这是造成调停失败的主要原因之一。

四　英印关系的恶化与调停的失败

1942 年 2 月 21 日下午五点半，蒋介石一行飞离印度，10 点半抵达昆明，结束了印度访问。归国之前，蒋介石通过全印电台（All - India Radio）加尔各答分台发表了《告印度国民书》,[③] 由宋美龄用英文代读。按照英国方面的事先要求，蒋在告书里强调了日本军阀的暴行，也呼吁印度国民“应共同一致拥护大西洋宪章、罗邱宣言与华盛顿二十六国反侵略共同宣言，积极的参加此次反侵略战线，联合中、英、美、苏等各同盟国，一致奋斗，携手同登此争取自由世界之战场，获得最后之胜利”。蒋在这里呼吁印度国民拥护大西洋宪章，表面上是为了获得印度国民对同盟国的支持，但其背后还有另一层用意，那就是希望英美能把大西洋宪章的理念应用于全世界，尊重各民族自由选择其所赖以生存的政府形式的权利。[④]

正是基于这样的目的，蒋在告书最后一段呼吁英国政府“从速赋予印度

① 蒋介石日记，1942 年 2 月 18 日。
② 蒋介石日记，1942 年 2 月 19 日。
③ 《战时外交》3，第 431 ~ 433 页。
④ 当时，丘吉尔及其政府认为大西洋宪章的原则不适用于印度，甚至中国。参见中国社会科学院近代史研究所译《顾维钧回忆录》第五分册，中华书局，1987，第 70 页。

国民政治上之实权，使更能发挥其精神与物资无限之伟力”。蒋在当天的日记里写道：“余发此告别书完全协助印度之解放。英国政府或不甚谅解，但余深信于英实有益也。故不计一切利害”。可见蒋帮助印度独立决心之坚定。

蒋介石回到国内后，从 2 月 22 日起多次给驻英大使顾维钧发电报，令其转告丘吉尔印度问题的严重性，希望英国尽速解决。[①] 同时，2 月 26 日蒋介石致电在美国的外交部长宋子文，令其转告罗斯福蒋对印度问题的意见，并请罗斯福劝告英国改变对印政策。[②] 蒋介石指出：“印度问题之能否合理与应时之解决，乃为太平洋与地中海战争胜负惟一之关键”。在蒋介石看来，印度各派之不一致，与英、印间之不合作，皆为不自然之事，其结症就在于英国对印度内部的分化政策。所以蒋介石强调：“此时惟有改变印度之政治现状，予印度国民以政治上之实权，方能领导印度共同抵抗轴心，以阻暴日之侵略。否则万一印度动摇，不仅大英危殆，而东方战局亦全盘失败”。但是，罗斯福并没有做出积极的反应。

英国方面认识到印度问题的严重性，1942 年 3 月 11 日，英国政府决定派掌印大臣克利浦斯（Stafford Cripps）赴印，与国大党等党派进行谈判。[③] 克利浦斯 3 月 23 日抵达新德里，25 日开始与阿沙德、真纳、尼赫鲁、甘地等进行谈判。克利浦斯答应大战结束后，立即制定新宪法，成立新印度联邦，并给予自治领地位。但是，国大党拒绝接受克利浦斯的提案，坚持成立国民政府，要求“其功能须为负责之内阁，以总督为宪政组织上之元首，而不得干涉政府之一切政策”。[④] 但是，英国政府不同意，1942 年 4 月 12 日克利浦斯返回英国，谈判彻底决裂。

蒋介石一直关注英印谈判，他认为“英印关系破裂乃为大局与我东亚最不幸之事。英国政策顽拙已极，宁为敌占，而不愿归还印民，其用心不正，惟有受害自受而已”。[⑤] 从此可以看出蒋对英国政策的不满，他认为英国“自私之心毒极矣”。[⑥] 英印谈判破裂以后，有人主张中美应出面调解。但是，蒋认为“未至其时，应静观”。[⑦] 由此可知，蒋介石虽然从理念上支持印度独

---

① 这一时期蒋介石致顾维钧电，见《战时外交》3，第 434 ~ 438 页。

② 蒋介石致宋子文电，见《战时外交》3，第 439 ~ 440 页。

③ 岛田巽：《最近の印度》，朝日新闻社，1942，第 100 页。

④ 《战时外交》3，第 448 页。

⑤ 蒋介石日记，1942 年 3 月《本月反省录》。

⑥ 蒋介石日记，1942 年 4 月 12 日。

⑦ 蒋介石日记，1942 年 4 月 13 日。

立，但是面对英国的压力，而且没有得到罗斯福的支持，不得不采取静观的态度。

6 月 14 日甘地致函蒋介石，向蒋解释要求英国退出印度之理由，强调印度人民获得自由之重要，并保证自由印度之政府必同意同盟国家军队留驻印度，以印度为抵抗日本进攻之基地。① 但是，蒋认为甘地要求英国退出印度之“革命策略与态度殊为错误”。② 同时，蒋认为甘地之所以致函于己，是希望中美干预英印问题，但蒋还是认为是“不可能之事”。③ 不仅如此，6 月 22 日蒋介石接连给宋子文发去两封电报，令宋将甘地来信之事转告罗斯福，并请罗斯福或宋子文转告英国，中国无意干涉英国内政。④ 但是，蒋介石仍然希望美国能出面交涉，使印度问题有一公平合理之解决。

6 月 25 日蒋介石接见英国驻华大使薛穆（Sir Horace Seymour）。薛穆告诉蒋，如果甘地发动反抗运动，印度政府将会取缔。对此，蒋表明“印度之事属于英国内政问题，故余不欲有所表白”。⑤ 同时，6 月 26 日蒋介石致函甘地，强调“目前日本侵略，最为吾人迫切之祸患，我亚洲国家与反侵略盟国均须共同一致，首谋应付此一大患。故盟国之利益即为中印两国之利益，而印度之利益亦即为整个盟邦之利益，此点当为同盟各国所了解”。⑥ 与此同时，蒋介石还将甘地信函通过宋子文转交罗斯福，征求罗斯福的意见。⑦ 但是，罗斯福希望蒋介石劝告甘地，勿走极端，以免为敌利用，危害中印数万万人民。⑧ 7 月 6 日蒋介石致电外交部驻印专员沈士华令其密告尼赫鲁并转达甘地此时国民大会应极端忍耐，以增进同盟国对印度的同情。

但是，蒋的建议并没有被采纳。7 月 6 日国大党执行委员会在瓦尔达举行会议，14 日通过了由甘地起草的《英国政权退出印度》的决议，⑨ 英印矛盾进一步激化。7 月 24 日 蒋介石再次致电罗斯福，表明“此时美国应以公

① 《战时外交》3，第 457 ~ 460 页。

② 蒋介石日记，1942 年 6 月 18 日。

③ 蒋介石日记，1942 年 6 月 20 日后《上星期反省录》。

④ 《战时外交》3，第 460 ~ 461 页。6 月 19 日蒋介石曾手书宋子文，文意与两封电报大致相同。见 T. V. Soong Collecting，58 – 16，Hoover Institution，Stanford University，U. S. A。

⑤ 《战时外交》3，第 462 页。

⑥ 《战时外交》3，第 465 页。

⑦ 《战时外交》3，第 466 页。

⑧ 《战时外交》3，第 467 页。

⑨ 陶文钊、杨奎松、王健朗《抗日战争时期中国对外关系》，中国社会科学出版社，2009 年，第 363 页。

正之态度劝导英印，谋得合理与妥善之解决”。[①] 但是，8 月 8 日罗斯福致电蒋介石，表示不作类似劝导之举动较为明智。[②]

8 月 8 日国大党全国代表大会以绝对多数票通过《英国政权退出印度》决议，甘地并发出展开不合作运动的指令。第二天甘地和尼赫鲁等国大党执委被逮捕，英国与国大党的关系彻底破裂。8 月 10 日蒋介石得知甘地和尼赫鲁被捕入狱的消息后，马上致电罗斯福，呼吁其出而主持正义，以缓和印度之局势。[③] 8 月 11 日蒋介石致电外交部驻印度专员沈士华，令其将慰问甘地等人的函件面交尼赫鲁或口头转达慰问之意，以表示中国对印度友人始终一贯之态度。[④]

同一天，蒋介石接见英国驻华大使薛穆，[⑤] 蒋首先声明印度问题为英印间之内政问题，没有干涉之意。同时也指出印度对英所提立即撤退之要求，太不实际。但是，蒋承认对印度人民求取自由之期望十分同情。同时，蒋介石担心如果英印关系破裂，中国也跟随英国与印度对立的话，势必使印度感到绝望而投入日本之怀抱。所以蒋强调中国对印态度不能与英国一致，希望得到英方理解。

8 月 12 日罗斯福致电蒋介石，表示对于调解英印关系，“如为双方所邀请，自当乐为协助”。[⑥] 但是，8 月 31 日丘吉尔亲自致电蒋介石，表明在其任首相或政府成员期间，英国政府绝对不接受影响英国国王兼印度皇帝全权的问题的调解。[⑦] 同时还指出国大党不能代表印度，而且盟国之间最好遵守不干涉内部事务的原则。

9 月 14 日蒋介石在日记里写道：“英国邱首相致余之电，表示其对印度政策顽梗之决心，而且带有威胁性之词意，并以印度问题比之我国之共党内政问题。此等拟不于伦之说，只有置之一笑也”。[⑧] 第二天（9 月 15 日），蒋在日记里写道：“本日为英美外交现状与方法之研究思虑甚切。吾人应以印

---

① 《战时外交》3，第 472 页。

② 《战时外交》3，第 474 页。

③ 《战时外交》3，第 475 页。

④ 《战时外交》3，第 476 页。

⑤ 谈话记录见《战时外交》3，第 476～481 页。据蒋介石日记记载与英使会见时间为 11 日，但是，《战时外交》谈话记录日期为 12 日。本文以日记日期为准。

⑥ 《战时外交》3，第 483 页。

⑦ 《战时外交》3，第 485～487 页。

⑧ 蒋介石日记，1942 年 9 月 14 日。

度自由与亚洲各民族平等协和为对英美外交方针之基础”。由此可知，蒋仍然没有放弃帮助印度独立的理想。但是，此后蒋不再积极干预英印关系，英印问题至此告一段落。

那么，蒋介石调停英印关系失败的原因何在呢？陈谦平先生指出其原因主要有以下5个方面：[①] 第一，英国执意维护其殖民统治，在印度独立问题上缺乏诚意。第二，印度国内各派政见不一。第三，国大党政治决策的失误。第四，蒋介石本人的失策。第五，美国的不合作。

笔者基本上同意陈先生的观点。但是，对于第四点笔者认为还有商榷的余地。陈先生从两个方面指出蒋的失策：其一，蒋对中国的国际地位盲目乐观；其二，蒋过分看重国大党，忽视了回教同盟的力量。关于前者，如前文所述，太平洋战争爆发后，中国名义上虽然成为四强之一，但是，蒋深知中国的实力以及英美对中国的轻视，所以笔者认为蒋对当时中国的国际地位并不乐观。关于后者，笔者也认为蒋过分重视国大党，而忽视了回教同盟等势力。1942年8月12日蒋介石接见英国驻华大使薛穆时指出：“就余个人而言，确以为国民会议为解决印度问题之关键，但能解决国民会议之结症，印度其他问题，自可迎刃而解”。[②] 如前所述，蒋对回教同盟会长真纳印象十分不佳，蒋的这种态度引起了回教同盟的不满。蒋从印度回国后，真纳发表宣言，批判蒋“对印度政局之复杂似未窥其全豹”。[③]

究其深层原因，笔者认为蒋介石对印度政情判断不当是导致调停失败的主要原因。蒋认为印度各派之不一致，与英、印间之不合作，其结症全在于英国对印度内部的分化政策。[④] 所以他认为如果英国转变政策，“则印人对英之反感，不惟可随之消除，而且其全印人民，亦可由英之精诚感召而效忠英国”。[⑤] 可是，现实并非蒋所想象的那么容易。

另外，尼赫鲁对蒋介石以及国民政府并不完全信任。1939年尼赫鲁访问中国以后，曾对他的英国朋友说在中国“看到的无非是另一个独裁者（指蒋

---

① 陈谦平：《1942年蒋介石访印与调停英印关系的失败》，《南京大学学报（哲学，人文，社会科学）》1991年第3期，第94～95页。另外，徐旭阳先生在其文章中也提出了三点失败的原因，与上述陈先生的观点基本一致。参见徐旭阳《1942年蒋介石访印述评》，《文史杂志》1999年第4期，第49页。

② 《战时外交》3，第478页。

③ 《战时外交》3，第436页。

④ 《战时外交》3，第437页。

⑤ 《战时外交》3，第437～438页。

介石，笔者注），政府根本没有真正的民主精神”。[①] 这也许才是尼赫鲁、甘地没有接受蒋之调停的主要原因。

但是，蒋介石从印度回国以后，并没有放弃帮助印度独立以及解放亚洲各民族的理想。1942 年 3 月 21 日，蒋介石在日记中写道：“力求解放亚洲各民族为我今后惟一之责任”。同年 9 月 15 日，蒋在日记里还写道：“吾人应以印度自由与亚洲各民族平等协和为对英美外交方针之基础”。1947 年印度获得独立。蒋认为这是“亚洲最大之进步与平生之愿望”，[②] 他一方面承认这是“英国政策之高明”，但同时又认为“中国抗战之影响为其决策最大之因素”。由此可知，蒋介石对印度独立运动的支持是始终如一的。[③]

余　论

蒋介石回到中国以后，特别重视国内外对其访问印度的评价。从印度起程回国时，蒋曾问宋美龄离印是否有惜别之感，宋回答说“毫无此感”。蒋在 2 月 22 日日记里也写道：“余每离一地，必有恋惜之意，惟于印度亦不觉有此感念也”。可见，印度之行给蒋留下的印象并不好。但是，蒋认为访问印度为其“平生不可多得之阅历”。[④]

蒋介石访问印度有形的成果就是促进了中印之间的合作。1942 年 2 月 16 日蒋往访印度军总司令哈特莱，讨论开辟中印陆路和空中交通线问题。初步决定在印度阿萨姆邦（Assam）塞地亚附近修建一个大型飞机场，运输物资。4 月 2 日，滇缅路封闭，同一天中英成立《中印航空协定》。[⑤] 8 日，美国空军运输机首次飞越喜马拉雅山脉，开通了从重庆、昆明到加尔各答的“驼峰”航线，成为中国获取外援的重要生命线。[⑥] 另外，印度把 2 月 15 日定为“中国日”，中国也将 3 月 17 日定为“印度日”，并举行庆祝活动。[⑦] 1942 年 5 月中印双方分别在新德里和重庆成立了外交专员公署，中印合作进一步

---

① 中国社会科学院近代史研究所译《顾维钧回忆录》第 5 分册，第 23 页。

② 蒋介石日记，1947《民国三十六年自反录》。

③ 中国社会科学院近代史研究所译《顾维钧回忆录》第 5 分册，第 23 页。

④ 蒋介石日记，1942 年 2 月《本月反省录》。

⑤ 朱汉国主编《南京国民政府纪实》，安徽人民出版社，1993，第 780 页。

⑥ 朱汉国主编《南京国民政府纪实》，第 782 页。

⑦ 翟韶华主编《中华民国史事纪要：中华民国 31 年（1942）1 至 3 月份》，“国史馆”，1992，第 700～703 页。

加强。

蒋访印的无形的成果是加深了他对英国殖民统治的认识。从蒋访印期间的言论和日记可以看出他的反帝意识和黄白人种斗争观。蒋在 2 月 7 日日记中写到：“（印度）人民瘦弱，生活恶劣，甚于我国租界与港九各地之苦力，尤其污秽更甚。而外人之享受优厚，诚有天壤之别。三日来实地视察印情，其工厂之工人与军队之士兵皆为印人，而印人与英人之待遇与生活相差如此之甚。时代至此，而英人尚不自积极改革”。

2 月 10 日晚印度总督为蒋介石一行举行了欢迎宴会，蒋介石认为“其礼隆重”，但“非现时所宜”。① 蒋认为宴会“为封建宗法与帝制时代之遗物。不惟余不愿习见，实亦为英国失败所由之一乎。余以为有此仪式不能改革必为社会革命之因素”。② 他在 2 月 21 日后《上星期反省录》里又写道：“不到印度不能见英国在印度偶像式政治之怪状。人谓英人礼节繁重，其实此非礼节，不过一种专制时代之仪式。以余视之，直等于演木偶戏而已”。在 2 月《本月反省录》里他还写道：“印督之仪式与英人在印度之腐败与虚弱，几乎不到印度不能想像所及也”。从上述日记可以看出，蒋介石对英国的殖民统治是持批判态度的。

2 月 18 日蒋介石会见甘地时讲道：“中国革命就是欲联络世界被压迫各民族，推翻残暴的帝国主义”。③ 同时，蒋介石强调指出：“有色人的事情应由有色人自己来解决”。这与孙中山的黄白人种斗争观如出一辙。蒋告诉甘地说：“此次以中国革命党员的资格，前来与印度革命党友人晤谈，目的即欲研究如何联合起来反抗侵略国家之方法，此乃中印两国求得自由之方法”。在蒋看来，“如印度不能独立自由，中国也不能独立自由，而若中印两大民族不能得到独立自由，全世界人类亦无自由，且不能有真正的和平”。所以，他强调“中印八万万人民联合起来，其力量必足应付白人而有余”。

2 月 20 日蒋介石与尼赫鲁会谈时也讲道：“中印两国人口甚多，土地甚大，而且都在亚洲，同受别国的侵略，两个民族假使真正能够联合起来，就是全世界的白人团结一致，也没有法子再来压迫我们。反过来说，假使两国不能联络，而四周都是虎视眈眈的帝国主义者，两国就永远没有独立自由的

① 蒋介石日记，1942 年 2 月 10 日。

② 蒋介石日记，1942 年 2 月 11 日。

③ 《战时外交》3，第 418 ~420 页。

希望。……此时是我们合作开始最好的时机，所以我亲自到印度来与先生商量此事，并愿与甘地先生长谈，原因也就在于此。最重要的一句话，就是中印两大民族必须联合起来，方能求得解放，方能与全世界的白种人奋斗，如此多则十年，少则五、六年，就可达到我们革命的目标”。[①] 从蒋介石与甘地、尼赫鲁的谈话可以看出蒋的黄白人种斗争观和反帝意识是十分强烈的。

蒋介石虽然对印度回教同盟会长真纳印象不佳，但是访印之后，他开始重视伊斯兰教国家的势力。蒋在2月25日日记里写道：“伊朗、埃及既得互派使节，则阿富汗、尼泊尔与不丹亦应进行交涉通使”。第二天，蒋又在日记里写道：“近东与中东回教各国之邦交应积极发展。以后亚洲与非洲回教势力必浸浸日上。如其能注重科学与经济，则其力量当有驱逐白种于各殖民地以外之可能”。由此可知，蒋重视伊斯兰教国家的主要目的就是驱逐白种人的殖民统治。这与他的反帝意识是密切相关的。

另外，从蒋介石访问缅印期间的日记可以看出其大中华思想是根深蒂固的。比如，蒋在2月5日日记中写道：“八时半过伊洛瓦地江，其两岸地势平坦，植物苍翠，而江水清明，深可行轮至密支那。此乃四十年前皆吾国之山河也”。他在2月7日后《上星期反省录》里写道：“初次经缅抵印，所经之地皆为我旧日之国土。披阅缅、暹、越南史地，不禁憎我失土之耻。又念唐明建国之大，东亚民族之盛，不得不自负此重任，以报我民族光荣史也”。蒋在这里强调唐朝和明朝，但是没有提到清朝，因为对蒋来说清朝是革命的对象。

2月11日日记写道：“10时往总督府前广场阅兵，有一种兵精干而体小，其面目颜色实即中国往昔西部廓尔噶部也”。这里所说的“廓尔噶”是指尼泊尔，而蒋却认其为中国的一部分。

2月13日蒋介石从新德里乘飞机出发，视察印度西北国防根据地白沙瓦，亲赴印度、阿富汗边境开伯尔山隘和“伽姆罗达”山口，在那里受到阿富里提等族欢迎。蒋在当天的日记写道：“余于此实有无穷之感。盖此等民众卅年以前皆为我之国民，大部以不丹、锡金人为多也。故余不禁称之为同胞。有年老至80岁者，彼必知其为中国人也。惜彼此皆不通语言，且有省长在座，余亦不便详问。而余此次来印，以此为唯一之快事也”。

从以上日记可以看出蒋对旧日藩属的历史情怀。他在3月14日后《上

---

① 《战时外交》3，第429页。

星期反省录》写道："为今之计……最后目的收回失地，恢复旧有领土与民族固有地位，以为解决亚洲各民族之张本，使之皆得平等自由也"。蒋在这里所说的"旧有领土"是否包括上述藩属不得而知，但是，他的大中华思想是显而易见的。

蒋介石的反帝意识与黄白人种斗争观以及大中华思想基本上继承了孙中山的亚洲观。因为对蒋介石来说，实现孙中山的政治理念可以加强其执政的正统性。所不同的是，孙中山虽然提倡唤醒印度，但是他并没有亲自涉足印度。从这个意义上来说，1942 年蒋介石访问印度不仅是中华民国外交史上的一个创举，而且也为中国革命史谱写了新的一页。这是蒋介石访问印度最大意义之所在。

附记：本文根据 2009 年 8 月 7 - 10 日参加加拿大女王大学（Queen's University）举办的"Re - assessing Chiang Kai - shek：An international dialogue"时提交的论文改写而成。在此对会议主办人 Emily Hill 教授，Grace Huang 教授和 Jeremy Taylor 教授表示衷心的感谢。Jeremy Taylor 教授还担任本报告的评论，其他与会学者也提出了很多宝贵意见，在此一并表示感谢。

二战时期中国各界对战后国际组织之看法

李朝津*

20世纪国际政治中最显著的一个现象便是先后成立国际联盟及联合国两个国际组织，它象征各国经历两次世界大战，急于寻求永久和平方案的心理，也反映全球化的进展程度。虽然国际联盟以失败告终，联合国到今天仍在运作，在过去60多年中，它的角色不断受到质疑，但无论政治、经济及文化，它仍有举足轻重的地位，究竟如何评价它，或掌握它的未来走向，是本文关注之重心。

本文试图由它的成立过程中重新作一检讨。

过去研究联合国的源起，大都由美国外交史角度出发，视其为美国外交的一环。苏联、英国及中国其他三个发起国，只是聊备一格，没有受到足够重视。其中又以中国的角色最为明显，原因是中国当时国力仍弱，故其四强地位，完全由美国一手支持，在整个联合国之创设过程中，缺乏发言力量。这种弱势地位的看法，亦不时见之于当时参与联合国创设的中国外交人员。然事实上美国扶植中国参与联合国，反映当时以至日后一种新的国际局势。美国强力支持中国成为战后四强之一，原因是多方面，包括美国传统上对中国的同情，中国的亲美排斥英苏的外交路线，罗斯福希望用四强地位以鼓舞中国的抗日士气等因素。但最重要的是中国当时所提出的打破旧有殖民地世界的构想对美国公众有相当的吸引力。① 当然，反对殖民地体制也是国民革

---

* 台北大学历史学教授。

① Tang Tsou, *America's Failure in China* (Chicago & London: The University of Chicago Press, 1963), 40。邹说明确指出促成中美关系接近的意识形态因素。但研究抗战时期中美关系著作，一般比较着重美国对中国的同情或美国在战略上的考虑，而忽略此点。见 Michael Schaller, *The U. S. Crusade in China, 1938 - 1945* (New York: Columbia University Press, 1979), 90 - 2。

命以来中国各党派之基本策略，过去有不少研究，但很少与国际组织规划结合讨论，故本文暂以抗战时期对国际组织的检讨及设计为范畴，藉了当时中国国际组织的看法，尝试找出它的世界政策，及其与美国外交路线接近的地方。

重新检讨国际联盟

20 世纪 20 年代及 30 年代，国际联盟失败的教训令人印象深刻，当中日战争爆发，国联已日薄西山，但当时中国仍对国联评价甚高，认为仍比以前之均势政策为佳，一生精研国际政治的周鲠生在 1938 年便认为 20 世纪以前，国际和平所赖以维持，主要是靠均势主义。① 但均势主义的结果却是敌对同盟的形成，并进一步促使军备竞赛，成为一次世界大战的导因。因此第一次世界大战后才有所谓集体安全制度的形成。而集体安全最大的结果则是国联的成立。中日战争及意阿战争虽已明示国联的失败，周鲠生认为人类要达成和平，战后重组国际组织是必需的。对国联的集体安全作用仍给予极高的评价。②

另一位外交界人士陈世材回顾过去之国际政治，③ 他认为有四种维持世界和平的方式：闭关主义式的和平、帝国主义式的和平、国际均势的和平及集体安全式的和平。但“时代的巨轮，早已把第一种方式的和平压得粉碎，闭关自守已经是不可能的事了”；“第二种方式的和平正是轴心国家现在所标榜的，也正是同盟国家现在所反对的”；“第三种方式的和平建筑在国际均势之上，国际情势时时变迁，各国利害处处不同，一旦均势失衡，和平便会随之堕地”；“第四种方式的和平，虽有国际联盟的失败，但我们不能以成败论英雄，平心而论集体安全式的和平，实较其它三种方式的和平，更易维持长

① 周鲠生（1899～1971），湖南长沙人。留学日本早稻田大学，英国爱丁堡大学，法国巴黎大学。曾任上海商务印书馆总编辑，北京大学教授兼政治系主任，南京东南大学教授兼政治系主任，1945 年任武汉大学校长。1950 年后任中共外交部顾问，外交学会副会长，人大法案委员会副主任委员。见《二十世纪中国名人辞典》，辽宁人民出版社，1991，第 891～892 页。

② 周鲠生：《中国与集体安全》，《世界政治》第 3 卷第 1 期，1938 年 6 月 1 日，第 5～7 页。

③ 陈世材（1911－？），江西万安人，美国哈佛大学政治学硕士、博士。曾任国立政治大学教授、台湾“外交部”参事、司长、台湾“驻联合国中国代表团顾问”等职。请参阅徐永春主编《民国人物大辞典》，河北人民出版社，1991，第 1017 页。

久，国联的失败，自有其内在的原因”。[①] 陈世材比其他论国际组织的人想得更深，认识到国际局势瞬息万变，无法以一既成的国际体系应付一切，故主张国际组织要用和平变更的办法，来处理已不适用的条约以及诡谲多变的国际情势，并认为国联失败的重大原因，即在于国联盟约第十九条关于和平变更办法的规定过于空洞，并无具体的方案。[②] 为了达成这样的目标，他建议未来的国际机构应具有四点：1. 在组织内应设置国际关系调整委员会，该会具有和平变更的功能，遇到国际关系需要调整之处，该委员会即进行调查工作，并向组织中的最高权力机关建议调整办法，由该机关强制执行，各国须一致遵守。2. 国际组织应在每个国家派驻代表，随时掌握当地最新的国际情势，以预防国际危机的发生。3. 在国际组织的法令规范下，各国有关行使战争的法律规定均须加以废除。4. 应定期修改国际组织的法令，取消一致同意的原则，以使其符合时代潮流。[③] 陈世材主张以和平变更来作为新国际组织运作的主轴，以消除任何使用武力来解决国际争议的潜在可能，所提出的办法虽具体，但其目标在现今看来仍过分理想。

抗战时期有关战后国际组织之言论，周鲠生与陈世材的看法具有相当大代表性，亦即厌恶20世纪以前欧洲地区所采用之均势方式，主张集体安全，而所谓集体安全，是指以国际联盟为代表之国际组织。张道行对集体安全有一个相当好的界定：“依盟约所定，对于国际和平的维护，方法很是周详。对于军备则主张减缩；对于争议则主张用和解仲裁，或司法手续解决；对于既起的战争，则主张用制裁方法以遏止战争的漫延和扩大”。[④] 然由于国际联盟的失败，集体安全的可行性，大受时人质疑。张道行引述美国名记者李普

---

① 陈世材：《战后世界和平怎样才能持久?》，重庆《中央日报》、《扫荡报》联合版 1943 年 1 月 1 日，第 12 版。

② 国联盟约第 19 条：“大会可随时请联合会会员重行考虑已不适用之条约，以及国际情势继续不改或致危及世界之和平者”。请参阅唐启华《北京政府与国际联盟（1919 ~ 1928)》，东大图书公司，1998，附录，第 369 页。

③ 陈世材：《战后世界和平怎样才能持久?》重庆《中央日报》、《扫荡报》联合版，1943 年 1 月 1 日，第 12 版。

④ 张道行，江苏张家港人，生卒年不详，曾获美国爱荷华大学国际法博士，回国后曾任教南京中央政治学校，1940 ~ 1945 年间担任国民政府外交部秘书、顾问及驻荷兰大使馆参事等职，后来定居美国。其有关国际政治著作甚丰，有《战后世界和平问题》、《殖民地与原料问题》、《不平等条约的缘起》、《美国中立与未来战争》、《美国远东政策》、《中外条约综论》等书。参见 http：//blog. sina. com. cn/s/blog_ 4dfbcc910100f2m0. html，江苏旅外乡贤名录，最后访问日期：2010 年 5 月 8 日；另见《中外条约综论》，五洲出版社，1969，第 4 页。

曼（Walter Lippmann）看法，李普曼认为集体安全有两大错误，“一是以为每个国家当其重要利益有关之时，仍能不以战争为国策的工具”；“二是集体安全使各国的政治家和人民，对于本国的安全不负责任。当横逆之来，安全变成每个人的事情，实际上则成为每个人无关的事情。中国和捷克是很好的例证”。①

不过张道行对集体安全较李普曼乐观，认为国联失败于集体安全制仍未完备，则对于未来的国际组织，最好的做法即在于充实原有国联一途。他赞同当时美国作者纽芳（Oscar Newfang）的构想，其充实国联的做法有三点：1. 将国联的大会改为世界议会，取消全体一致原则，大多数的同意就可决定一切。2. 国际法庭对任何国际争端，皆有强制的法权。3. 让国联的理事会成为真正的行政机关，拥有军队与征税的能力。他认为，将国联的漏洞加以修补的办法较为接近实际，能够切中时弊。②

张道行的看法大致反映出抗战时期对国际联盟的看法，即它有存在价值，然要继续运作，则要改革，改革地方：首先是代表性不足，《中央日报》社论便指出自始便没有美国参加，同时它极受欧洲影响，故可以说是欧洲国联而不是一个世界的国联。③ 另一位在30年代相当活跃的国际政治学家徐敦璋，④ 亦指出国际联盟不但美国，连苏联以至战败的德奥等国，都未能让其参加，使其代表性大打折扣。⑤ 其次为缺乏制裁力量，徐敦璋指出国际联盟会章上亦未有效规定制裁侵略者，这包括缺乏明确非战规定，制裁程序不清楚等。第三个原因是国联过分强调主权。张忠绂曾在1941年在《中央日报》发表专论，⑥ 认为国联失败的主要原因在于各国仍重视自身的国家利益，不

① 张道行：《世界和平的重建问题》，《大公报》（重庆）1941年9月13日，第2版、第3版，星期论文。

② 张道行：《世界和平的重建问题》，《大公报》（重庆）1941年9月13日，第2版、第3版。

③ 社论：《美国与战后国际机构》，《中央日报》（重庆）1943年6月17日，第2版。

④ 陈敦璋，芝加哥大学政治学硕士，威斯康星大学政治学博士，1930年代任四川大学法学院院长，最高国防委员会第四组成员。

⑤ 徐敦璋：《论国际联盟之前途》，《世界政治》第4卷第9期，1939年11月。

⑥ 张忠绂（1901～1977），湖北江夏（今武昌）人，1928年美国约翰霍普金斯大学博士，曾历任东北、南开、北京等大学教授。1938年后曾担任外交部参事、美洲司司长等职。1944年担任敦巴顿橡园会议中国代表团团员，1945年以中国代表团专门委员的身份参与旧金山联合国大会。请参阅石源华主编《中华民国外交史辞典》，上海古籍出版社，1996，第355页。

愿其主权受到国联的束缚，故主张“为获取世界永久的和平，列国必须乐意付与相当的代价，凡为世界和平而使列国主权所必须受的限制，列国应竭诚接受”。因此战后和平机构，应“拥有超越任何国家的强大实力，足以执行国际警察的职务”。①

第四点为经济问题，这点张道行曾有进一步发挥，在他看来，国联在运作上未能涉足经济领域，便是真正造成国联失败的根本原因。他认为每个国家都从自身利益的角度来拟定经济政策，各国在经济上自由竞争的结果，造成国际无政府的状态，使得各国的武装力量都当作发动经济战争的工具，便很容易对世界和平产生威胁。他亦认为各国内部的经济组织，其实已建立在互相合作的基础上，因此他主张各国应将其内部经济组织互助合作的概念，推广到国际的层面，并且要建立一种国际经济的统制制度，才能树立合作、健全、平等的国际贸易体系，如此才能真正让各国免于战争的威胁。② 这一点张忠绂也有相同看法，他认为近代战争多富于国家理想与经济的色彩，故在战后和平机构必须注意下面三件事：（1）促使各国制定互利的经济制度及政策。（2）根据各国经济与物质的自然条件，在工商业方面采取分工合作的原则。（3）制止任何国家制定榨取他国人民、纯为该国谋利的经济措施。③

上述的种种议论，可以归结为“集体安全派”，但在抗战时期尚有另一种有关国际组织的看法，可以略称之为“世界政府派”。邓公玄于 1943 年 4 月曾发表一篇名为《到世界永久和平之路》，④ 他认为一个健全的国际机构必须符合下列七点才得以有效运作：（1）每个国家均强制参加这个组织，不得任意加入或退出。（2）各国必须放弃一部分的主权。（3）在国家与民族一律平等的原则下，以美国国会来作为世界联邦会议的模式，各国代表在会议中皆仅有一个表决权。（4）在议会之外，应设置联邦行政院、联邦司法院两大机构。行政院掌理联邦宪法赋予的职权及联邦会议决定之事项；司法院则负责处理国际诉讼案件。（5）联邦行政院内应分设财政、军事、文化教育、经

---

① 张忠绂：《战后的和平机构》,《中央日报》（重庆）1941 年 8 月 4 日，第 2 版。

② 张道行：《世界和平的重建问题》,《大公报》（重庆）1941 年 9 月 13 日，第 2 版、第 3 版。

③ 张忠绂：《战后的和平机构》,《中央日报》（重庆）1941 年 8 月 4 日，第 2 版。

④ 邓公玄（1901～1977），湖南酃县（今炎陵）人，1921 年加入国民党，1928 年美国斯坦福大学政治硕士。历任广州中山、复旦、台北东吴等大学教授，1949 年赴台。曾担任过立法委员、国民党中央海外部主任、国际关系研究所副主任等职。请参阅《民国人物大辞典》，第 1496 页。

济、劳工、科学等委员会。(6)建立直属国际机构的武装力量，拥有强制进行经济制裁或武力制裁的力量。(7)各国的关税税率由国际机构共同商定，以符合经济平等的原则。[①]

由国民党主办的《三民主义半月刊》，对未来国际秩序构想有更热烈的反映。在众多文章中，孟云桥的“四国和平机构建议案与世界永久和平”最为具体。在响应敦巴顿橡园会议所提出的方案，孟云桥便批评该方案未能脱离旧国联窠臼，因此怀疑该方案能否为未来世界维持永久和平。孟氏指出战争出现的原因有三，是英雄主义、国家主义及资本主义。英雄主义是个人的权力野心，要征服世界。资本主义则是资本家要谋本身发展，要向外争取利益。英雄主义及资本主义是涉及国内政治及经济民主问题，并非本文关心地方。与国际和平有关则是孟氏所指的国家主义。孟氏认为国家主义之所以成为战争原因是因为主权国家根本不承认国家之上有更高的权威，故两国间发生任何冲突，最后只能诉之于战争。而国家主义的发展，最后则成为帝国主义。孟云桥对新国际组织提出两点建议：首先是废除国家主权论。孟氏认为主权论并非是自然赋予，它只是欧洲民族国家反抗罗马帝国及教皇的结果。但在现代国际社会中，各民族关系密切，主权至尊观念只能产生战争。其次，孟氏主张“民族解放”及“民族自决”原则，然后由各民族组成一世界联邦。凡关系各民族自身之利益者，由各民族自治；凡关系于各民族利益及世界利益者，由世界联邦政府决定。[②]

所谓“集体安全派”，其对新国际组织的期待是具有更广泛代表性及有强制执行能力，同时国际矛盾最重要的是经济利益冲突，建立一个有经济合作能力的国际机构，才为世界和平之真正基础。“集体安全派”上述论点，与美国二战时期之外交路线颇为接近，故与美国决策者极易产生共鸣。至于主张“世界政府”者，其出身与国民党关系相当密切，很明显受孙中山大同世界理论的影响，但亦与美国战时之理想主义吻合，1943 年 Wendell L. Willkie（1892 ~ 1944）在受罗斯福所托，完成其北非、苏联及中国之旅，即出版《一个世界》（*One World*）一书，书中宣扬战后国际合作及反对各种剥削制度，风行美国，反映出当时美国所追求之理想主义。

---

① 邓公玄：《到世界永久和平之路》，《中央日报》（重庆）1943 年 4 月 6 日，第 5 版。

② 孟云桥：《四国和平机构建议案与世界永久和平》，《三民主义半月刊》第 6 卷第 1 期，1945 年 1 月 1 日，第 6 ~ 7 页。

中国对敦巴顿橡园会议之响应

1944 年的 5 月，美国《纽约时报》透露出英国将邀请美、苏两国讨论新世界组织的计划，而中国未在被邀参加之列。消息发出后，国民政府的反应是焦虑不安的。蒋介石还为了此事，急电驻美大使魏道明，要求他向美国政府查证此项报道是否属实。在蒋来看，中国是不能在缔造战后和平的关键时刻中缺席的。蒋并进一步认为，中国有这个能力成为亚洲东方人民的代表，中国若无法顺利参与研拟国际组织的会议，则“此会议将对于世界之一半人类失去其意义也”。①

这项报道对中国来说只是虚惊一场。在美国的强力保证及支持下，中国确定将参加这场拟订战后国际组织的盛会。不过，其他两个与会的国家——英国和苏联，对于中国的加入可就不太欢迎了。这两个国家对于罗斯福的设想——让中国成为大国——仍然心存排斥。它们都是从自身的利益为出发点，不愿见到战后中国是以亚洲强权的身份活跃于世界舞台。英国担忧一个强大的中国，将会危及它在东南亚的帝国版图。苏联亦不乐见中国国际地位的提升，拉抬中国的声势，只会对苏联获得远东利益产生一定的难度。②

然而，在美国的压力之下，英国终究是被说服了，只有苏联仍在坚持己见。苏联的理由是，与中国在战时共同进行协商，只会让苏联与日本之间的关系趋于紧张。在这样的情况下，美国只好采取一种折中的方式，中、英、美、苏四国都会出席在首都华盛顿附近的敦巴顿橡园（Dumbarton Oaks）召开的会议，但会议将分成两个阶段进行。第一阶段参加的国家为苏、美、英三国，时间预定为 8 月 21 日；中国则被安排在第二阶段与美、英两国共同协商，时间预定为 9 月 11 日，不过后来因第一阶段的讨论时间过长，第二阶段遂延至 9 月 29 日。③ 中国派出代表团参加敦巴顿橡园会议的过程相当复杂而漫长，限于篇幅，本文只讨论中国为出席敦巴顿会议而准备的方案，以了解官方对战后国际组织的想法及设计。

---

① 《中华民国重要史料初编——对日抗战时期》第三编《战时外交》（三），中国国民党中央委员会党史会，1981～1988，第 825、828 页。

② Robert C. Hilderbrand, *Dumbarton Oaks: the Origins of the United Nations and the Search for Postwar Security* (Chapel Hill: University of North Carolina Press), pp. 59－62.

③ Robert C. Hilderbrand, p. 61.

据顾维钧的回忆，中国在会前为了此事曾提出了五个草案，这些草案分别由外交部的礼宾司、条约司、国防最高委员会秘书长王宠惠、国民政府参事室主任王世杰与国民外交协会①所拟出。② 但在台北“国史馆”所藏之《国民政府》档案中，只找到宋子文代表外交部所上呈之方案，未见有礼宾司及条约司方案。而在同一档案中，则另有参事室参事周鲠生、国防最高委员会秘书长王宠惠、驻英大使顾维钧的三个方案，王世杰所提方案则见于《中华民国重要史料初编》，再加上国民外交协会在《中央日报》所发表之方案，有关国际组织之草案共有六个。因为篇幅限制，本文就周鲠生、宋子文、顾维钧、王宠惠、王世杰及国民外交协会这六个方案作一概略之比较分析。③

六个方案的立场基本上有 9 点相同之处：

1. 国际组织的主要架构：顾维钧与王宠惠并未对此提出意见，其他四个方案虽然在名称和范围上有些差异，但均主张国际组织应包括大会、理事会、秘书处等主要机构。

2. 国际争议的解决途径：除了顾维钧未表示之外，所有观点皆主张国际争议只能用和平的方式来解决。

3. 表决原则：这些观点均体认到，国联所采用的全体一致原则已经是不可行的。他们建议未来的世界组织使用多数通过原则来处理各项决议。此外，顾维钧的观点中还附了一项但书——中、美、英、苏等常任理事国需在同意之列，该议案才得以通过。从这里可以了解到，他允许四强在战后国际组织中拥有过大的权力。也能够看出，他要借此让中国争取进入大国的行列。

4. 殖民地问题：除了顾维钧与王世杰之外，其他观点都谈到这个问题。宋

① 国民外交协会，为抗战时期由国民政府支持建立的外交团体，总会设于重庆。该协会以阐扬国民政府国策，加强国民外交，维护永久和平，促进世界大同为其宗旨。请参阅石源华主编《中华民国外交史辞典》，第 143 页。

② 中国社会科学院近代史研究所译《顾维钧回忆录》第 5 分册，中华书局，1987，第 392 页。

③ 周鲠生、宋子文、顾维钧、王宠惠四个方案，均见于《国际和平机构》，《国民政府档案》，“国史馆”藏，档案编号：0631/6077.01－01，缩影号：402。周鲠生方案呈于 1944 年 7 月 13 日；宋子文方案提出于 1944 年 7 月 17 日；顾维钧的意见提出于 1944 年 8 月 6 日，亦见于《顾维钧回忆录》第 5 分册，第 395～396 页；王宠惠方案提出于 1944 年 7 月 24 日；王世杰方案见于《中华民国重要史料初编——对日抗战时期》第三编《战时外交》，第 834～835 页；国民外交协会所拟的意见，请参阅《中央日报》重庆 1944 年 7 月 7 日，第 10、11 版。

子文、周鲠生及国民外交协会均主张，各国的殖民地应该由国际来共同监督，并促其达成自治或独立。王宠惠则认为中方不必主动要求讨论这个问题，其言下之意，似乎是不希望中国在会中，与英国这样老牌的殖民主义者产生对立。

5. 委任统治地的处理：除了周鲠生和王世杰之外，其他四个观点均对此加以说明。在第一次世界大战结束之后，国联采用“委任统治”的方式来处理战败国的殖民地，意即将这些土地委托某单一国家来统治。然而，这种做法只是让这些土地变相成为该国的势力范围。为了避免这种情况再度发生，中方这些观点均认为，应该将委任统治地全数交由国际机构直接管理，并以帮助这些地区达成独立为最终目标（只有王宠惠未对其前途明白表示其立场）。附带一提的是，王宠惠虽然主张委治地应由国际组织直接管理，但是他并不反对美国接管原由日本统治的太平洋岛屿。他认为美方若提出这项要求，中国应该要予以支持。由此亦可证实，王宠惠确实如前文所述的那般，具有某种程度“亲美”的倾向。

6. 和平变更：在北洋时期，中国就曾循国联盟约第十九条关于和平变更的规定，去进行修正对华不平等条约的工作。在这方面，中国也确实取得一些初步的成就。正因为如此，这些观点才会一致肯定和平变更存在的价值。然而在他们的眼中，国联盟约关于和平变更的规定仍有待补强。他们大都主张，和平变更的办法必须要更为具体、明白，并且还要具有强制性的效力。

7. 国际法庭：所有观点都同意国际法庭存在的必要。除了周鲠生、王宠惠和王世杰未进一步陈述外，其他观点均要求国际法庭应具备强制裁判的权力。顾维钧认为“凡关法律之一切争执，应规定各会员国均有提交法庭审判之义务，不准例外”；宋子文及国民外交协会则主张，国际法庭所做的决议均具有强制性。

8. 种族平等问题：除了王世杰未表示意见外，其他观点均体认到种族平等为维系和平的因素之一。值得注意的是，王宠惠与顾维钧皆认为此项问题的提出，必须要考虑到现实的层面。王建议应视会议中的情况，再决定是否将此主张抛出来；顾则认为此项主张向来为英、美、澳等国所忌，为了避免中国重蹈日本在巴黎和会的覆辙，① 此项主张以不提为最佳。这种现实的考虑，似乎很

① 日本于1919年的“国际联盟委员会”中提出“人种平等”一案，却遭到英、美等国的反对。顾维钧在这提此例子，即不希望中方提出与任何一国产生冲突的主张出来。当时的详细情形和中方的立场请参阅唐启华《北京政府与国际联盟（1919～1928）》，第29、32～33、35～37页。

快为蒋介石所接受。他在看过王宠惠的方案之后，即指示王将其方案中，关于承认种族平等这一项主张予以删除。①

9. 国际合作的开展：透过国际合作来化解冲突的发生，是国联一项重要的理念。中国在这方面与国联有着不错的互动，并取得了不少实质性的帮助。② 除了王世杰无具体意见外，其他观点均对此加以肯定，并希望这种精神能够在未来的国际组织中继续发扬光大。

六个方案不一致之处有以下 4 点：

1. 对于侵略是否应有明确的定义？王宠惠、宋子文、国民外交协会的看法均一致——对于侵略应该要有明明白白的规定。王世杰对此点则未置可否，周鲠生与顾维钧则反对这么做。顾对此有两点理由，首先，他认为中国的立场必须要灵活，若提出过于详细规定（例如去界定何谓侵略）的方案，只会让中方在协商中没有回旋的余地。其次，他希望新的国际组织宪章能够适用于未来的情况，在不同的时空背景下，这些关于侵略的定义有可能就行不通了。

2. 国际机构是否应有直属的军事制裁力量？除了宋子文与顾维钧之外，其他四个方案均支持未来的国际组织拥有这种力量。宋子文与顾维钧的态度较为接近，皆注重借由条款去规定会员国执行军事制裁的义务。

> 我赞成成立一支国际警察部队，然而我坚信，为建立一支强大的武装力量所提出的任何严格而死板的方案都将遭到英、美代表的强烈反对，其结果是无人提供一兵一卒。③

顾并不乐见中国因此事而与英美两国产生不愉快，他认为中国参与此次会议，最主要的目的是在于促进这次会议顺利成功，在这样的考虑下，中国应该要尽量避免提出与任何一国正面冲突的主张。

3. 中国在国际组织应否维持大国地位？周鲠生、宋子文、国民外交协会这三者未对此议题表示意见，而从王世杰、顾维钧、王宠惠这三者的观点中可以明白看出其中的差异。王宠惠与顾维钧的看法颇为接近，皆希望中国具有大国地位。王宠惠主张中国应与美、英、苏的地位同等；顾维钧的意见从

① 蒋介石电王宠惠：《国际和平机构》,《国民政府档案》，1944 年 7 月 29 日。

② 关于中国与国联在这方面的关系，请参阅张力《国际合作在中国：国际联盟角色的考察，1919～1946》，中研院近代史研究所，1999。

③ 《顾维钧回忆录》第 5 分册，第 396 页。

前文关于表决原则的叙述中就已得见，他希望借此原则“以重我地位”。王世杰对此就抱持着反对的态度。他在方案中，特别主张四强不应在国际机构中拥有过大的权力，他所持的理由主要有两点。首先为国家主权平等原则，王世杰在评论1943年10月中、英、美、苏四国发表之莫斯科四国宣言时已提到，“以各爱好和平国家主权平等之原则为根据，此种国家无论大小，均可为会员”。① 其次为中国的实力问题，他认为中国尚未具备名副其实的大国地位，在国际组织中拥有大国权力，未必占得到便宜。因为“势必增加各小国对我之反感。且四国纵令享有其他特权，实际上亦未必能利用，其能利用此种特权者实际上将为英、苏等国。彼等利用此权时，容或予我以不利”。②

4. 区域性国际组织：这些观点都同意区域组织存在的必要。不过，他们亦不希望区域组织过于强大。在他们看来，区域组织必须受到战后国际组织的节制，并扮演用来辅助发挥国际组织功能的角色。王世杰对于此项则未表示太多意见，仅指出区域组织可依其地区需要而加以成立。

结　论

由上文舆论与官方有关战后国际组织论述看，两者之意见是有许多共同地方。在国际组织结构上，大致采取战前国际联盟组织方式，但认为国际联盟之一致原则为不可行，甚至可以说是违反民主原则，应由多数决议取代。同时国际组织应是个有能力的机构，故国际法庭及各种合作机构，应进一步推动。国际上旧有的一些不公平体制，如殖民地制度、托管地制度，以至种族问题，均主张废止，大都同意战后以解放及独立作为最终目的，不过实际推动时，要考虑到英国及美国之利益问题。无论民间或官方，均考虑到国际社会应是一个动态体制，日新月异，不可能画地为牢，故亦注意和平变更程序，不过办法应要明白清楚的订定，以免大国有浑水摸鱼之虞。

不过对于中国应否以大国身份，内部则有分歧，顾维钧与王世杰是两个极端，顾维钧认为由外交观点中国应尽量维持大国地位，既可保持发言权，亦能与美国政策保持一致，王世杰则以原则为尚，反对屈折原则以求取大国身份；区域主义是另一个具争议题目，究竟是区域利益优先？或是

① 《中华民国重要史料初编——对日抗战时期》第三编《战时外交》，第819页。

② 《中华民国重要史料初编——对日抗战时期》第三编《战时外交》，第834页。

区域必须屈从于全球利益底下？王惠宠是主张重视区域，与英国观点接近，但顾维钧及王世杰则主张世界利益优先。国际组织之权力应有多大？它是否能具裁定侵略行为并军事实质指挥权？均是争议中心。这些问题，事实上以当时中国实力，其置喙余地非常有限，不过其思考方式，却不能不说有日后参考作用。

关于西南联合大学战时从军运动的考察

闻黎明*

抗日战争时期西南联合大学的从军运动，既是这所战时高等学府引以为自豪的一页，也是中国教育界知识分子保家卫国、维护民族独立、捍卫国家尊严的一个组成部分。目前，史学界对于知识青年从军运动的研究，大多围绕1944年的“知识青年从军运动”，内容基本停留在国民政府开展这次运动的背景、动机、实施及其意义等方面。但是，知识青年从军贯穿了抗日战争的整个过程，全面考察不同阶段的从军活动及其特征，显然很有必要。有鉴于此，本文拟以在全国高等学府中学生数量最多、师资最强大、学科最齐全的西南联合大学为对象，对其不同时期的从军运动做一尽量完整的梳理，并在此基础上，对被动员方如何认识、如何响应、如何实践等问题做初步探讨。相信这有助于进一步表现这一群体的爱国情操和献身精神，也有助于加深认识中国教育界知识分子对战时从军与国家现代化关系的思考和实践。

一　湘江岸边的从军热潮

西南联合大学是抗战爆发后，由平津沦陷地区的北京大学、清华大学、南开大学合组的一所战时高等学府。这所学校最初设在长沙，名“国立长沙临时大学”，全校的第一次从军热潮，就出现在湘江岸边的长沙。

长沙临时大学是在战火遍燃的1937年11月1日开学的，当时中华民族已经到了最危急的时刻。开学不到两周，日军就占领了上海，接着又占领了南京。国都沦陷的消息传到学校，师生们心情难以平静，大家齐集学校所在的圣经学校广场慷慨陈词，高唱抗战歌曲，“到前线去”、“参军去”的口号

* 中国社会科学院近代史研究所研究员。

响彻校园。投身前线，参加抗战，当时是摆在每一个青年面前的急迫问题。12 月 31 日，周恩来在武汉大学演说中，要求青年“不仅要在救亡的事业中复兴民族，而且要担负起将来建国的责任”，号召大家“到军队里去”、“到战地服务去”、“到乡村中去”、“到被敌人占领了的地方去”，“去使理论适合于实际，去把知识用活”。① 八路军驻湘办事处的徐特立，也在临时大学发表过同样内容的演说。

在中华民族生死存亡面前，长沙临时大学同学表现出极大的抗战热情。“这次对外全面抗战，是我国有史以来第一次”，“我们的使命是何等的神圣”，青年人尤其“应当认清自己，认清环境，克尽自己应尽之责”。战争爆发后曾在家乡江苏武进做过乡村宣传工作的姚梓繁同学这样说。姚梓繁根据个人体会，认为投入最迫切的“训练民众与组织民众”，是青年人的使命和责任，因为这种工作并不亚于前线的战士。② 不过，更多的学生则希望直接参加战斗，他们有的去了前线，有的到了军校，有的奔赴延安。不到两个月，临时大学至少有 295 人提出保留学籍申请，领取了参加抗战工作的介绍信。至于未办手续就径往前线者，虽未见统计，但仅南开大学一校，“这时投军者约 70 多人，内包括参加武汉救亡总会训练班 5 人，湖南国民训练班 17 人，湖南战地服务团 13 人，空军学校 22 人，军政部学兵队 7 人，军事工程 4 人，参加第 13 军、14 军及第 181 师工作 5 人，还有一些学生去临汾、西安、郑州、开封等地”。③ 当年担任长沙临时大学学生代表会主席的经济系同学洪绥曾（洪同），说他那时“和学生会的同学整天拉起欢送同学的大旗，热烈欢送他们走上前线”。④

临时大学当局对学生们的从军要求给予了积极支持。12 月 10 日，由三校校长组成的常务委员会决议成立“国防服务介绍委员会”和“国防技术服务委员会”，29 日，又决议将这两个机构合并为“国防工作介绍委员会”。⑤

① 周恩来：《现阶段青年运动的性质和任务》，1937 年 12 月 31 日，《周恩来选集》上卷，人民出版社，1980，第 88 ~ 91 页。

② 姚梓繁：《抗战期中的大学生》，汉口《大公报》1937 年 11 月 18 日，第 1 张第 3 版。

③ 南开大学校史编写组：《南开大学校史（1919 ~ 1949）》，南开大学出版社，1989，第 240 页。

④ 洪同：《清华、清华人与我》，清华校友会编《清华校友通讯》复 43 期，清华大学出版社，2001，第 27 页。

⑤《长沙临时大学、国立西南联合大学常务委员会会议记录・第三十三次会议》（1937 年 12 月 10 日），北京大学、清华大学、南开大学、云南师范大学编《国立西南联合大学史料》第 2 卷，云南教育出版社，1998，第 29 页。

几天后，常委会还决议：“凡学生至国防机关服务者，无论由学校介绍或个人行动，在离校前皆须至注册组登记以便保留学籍”。对于志愿从军的教职员，也规定“其所服务机关不能担任薪水时，本校得按在校服务薪水支给之”。[①] 这些措施，解除了离校师生的后顾之忧，体现了教育为抗战服务的宗旨。

长沙临时大学时期学生们的从军去向主要有三类。第一类是直接参加国民革命军各部队。约在当年8月，清华同学杨德增、胡笃谅、张厚英、吴业孝、梁伯龙、黄茂光、李天民、吴敬业8人向长沙集中途经南京时，就报名参加了当时全国唯一的机械化军校——陆军交通辎重学校。他们于9月初开始受训，次年2月末结业，除女学员外，均分配到陆军第200师，可谓临时大学“史前期”从军者。[②] 该校第二期学员中也有不少临大同学。1938年2月中旬，临时大学西迁昆明前夕，机械系主任庄前鼎教授对同学们说：“昆明暂无实习工厂和实验室，要学专业可介绍去交辎学校，主要学汽车和坦克的构造、修理和驾驶，六个月一期，期满即可分配工作，直接参加抗战。”于是，该系除5人外，其余1938级、1939级学生20余人均去了陆军交通辎重学校，与他们同到这所学校的还有电机系的几名同学。[③] 据有关记载，这批到陆军交通辎重学校的临大同学共29人，其中有章宏道（章文晋）、吴仲华、陈乃能、王瑗等。他们作为第二期学员，受训8个月后也分配到陆军第200师，担任战车或汽车部队技术员。[④] 于是，长沙临时大学在不同地点、不同时间报名参加陆军交辎学校的两批青年，在中国第一个机械化师里会师了。

上述从军同学中，有些是大学三年级学生。以清华大学1934年入学的第十级为例，他们还有一年就可以毕业，但是战争这时爆发了，全级“二百八十七人中，实际在一九三八年毕业的不过一百余人”。[⑤] 其中，有些人就是投

---

① 《长沙临时大学、国立西南联合大学常务委员会会议记录·第三十五次会议》（1937年12月22日），《国立西南联合大学史料》第2卷，第30~31页。

② 杨德增：《抗日从军记》，西南联大北京校友会编《西南联大北京校友会简讯》第29期，2001。

③ 李方训：《纪念抗战胜利五十周年，不忘西南联大从军壮士》，西南联大北京校友会编《西南联大北京校友会简讯》第18期，1995。

④ 杨德增：《抗日从军记·后记》，西南联大北京校友会编《西南联大北京校友会简讯》第29期，2001。

⑤ 居浩然：《清华园中的十级》，《国立清华大学十级（1938）毕业五十年纪念特刊》，1988，第12页。

笔从戎了。据有关记载，清华大学第十级毕业前从军者有名有姓者便有30余人，除前述加入陆军机械化部队者外，张去疑、汪复强等加入了空军通讯部队，郑学燧加入工兵部队。至于毕业后从军者则更多，如居浩然参加步兵，卢盛景、黄雄盛担任空军飞行员，亢玉瑾、钟达三、万宝康担任军队气象工作，田长模、王玉京、张传忠、陶家征、梁瑞骐、林世昌、萧汝淮、叶上芳、孙方铎等从事航空机械工作。一位十级同学说，就他所知，这一级同学从军者“接近六十余人，占全班总额七分之一强”。[①] 有人回忆，这一时期长沙临时大学先后到中央军校及分校的还有郎维田、刘维勤、林征祁、马毓泉、夏世铎、周应霖、廖伯周，到工兵学校的有张慕凯、罗绍志，到空军学校的有区伟昌，以及到军委会军令部的白冲浩，到军委会政治部演剧二队的徐萱，去石友三部队的吕明羲。[②] 而这些，不过只是长沙临时大学时期从军的一个侧面。

西南联大学生从军的第二种类型是参加各种战地服务团，洪绥曾走的就是这条路。当时，长沙一位女作家以湘雅医学院护士长身份，号召从南京撤退到长沙的军队医院医生、护士组织起一个随军服务团，她们希望大学生也能加入这支队伍，共同到前方做些军民桥梁、军民合作、军中文化等方面的工作。于是，洪绥曾选定了从淞沪之战撤退到武汉整补的国民革命军第一军胡宗南部队，与一些同学组成“第一军随军服务团”，计划到军中服务。这批同学于11月12日出发，身着军装，佩带符号，搭乘军车从长沙驶往武汉。到武汉后，他们受到胡宗南的欢迎，但是胡宗南认为大学生是国家栋梁之材，还须加以锤炼，不可率尔走上战场盲目牺牲。同学们虽然觉得这种说法与当初想象的到后方做军民桥梁、到前线抬伤兵送子弹等有些距离，但还是接受了这个建议，决定随同胡宗南部队到西北整补训练。[③] 这些同学后来加入了湖南青年第三战地服务团，全团50余人中，长沙临时大学的同学达30余人，他们是吴承明、沈宝琦、熊汇荃（熊向晖）、向仁生、池际尚、刘以美、赵泽华、傅国虎、张镇邦、王霈、李忻等，洪绥曾还担任了该团副团长。

到敌后参加抗战是长沙临时大学从军的第三种类型，马继孔便是其中

---

① 孙方铎：《十级的回顾》,《国立清华大学十级（1938）毕业五十年纪念特刊》，第19页。

② 李方训：《纪念抗战胜利五十周年，不忘西南联大从军壮士》，西南联大北京校友会编《西南联大北京校友会简讯》第18期。

③ 洪同（洪绥曾）：《清华、清华人与我》,《清华校友通讯》复43期，第27页。

之一。马继孔是清华学生，1937 年 11 月到长沙临时大学，报到不久就与清华曹望舜（曹一清）、孙继祖、刘庄，北大左平、刘庆予、徐兴国（徐晃）等，共同发起了一次座谈会，讨论如何参加抗战问题。会后，刘庄、徐兴国去了延安，刘庆予到了郑州一战区，马继孔和曹望舜、孙继祖、左平四人则决定回乡。后来，他们在山东寿光组织起一支游击队，1938 年编入八路军山东纵队第 6 支队，马继孔任参谋长，左平任后勤主任，在家乡开始了游击战。①

与马继孔相似的，还有 1937 年 11 月去山西临汾国民革命军部队的宋延平（宋平）、陈舜瑶等。1938 年 1 月又有 13 人（含两位清华实习工厂的工友）到了山西临汾，其中 6 人随后到了位于晋东南的八路军总部。另外，还有一些人去了冀中地区，他们在那里运用所学特长，制造出大批急需的炸药、地雷。抗日名将吕正操在《冀中回忆录》中对他们的工作有生动记录。书中写到 1938 年春夏间，大批平、津、保青年学生和有专长的知识分子来到冀中，其中有清华大学的胡大佛、熊大缜、李广信（李琳）、门本中（阎裕昌）、汪德熙等。为了制造急需的炸药，他们创办工厂，进行科研和生产。有一次，爆破队用他们生产的炸药炸日本军车，一下子就炸死四五十个日本鬼子。他们生产的地雷不仅有踩雷，还有跳雷。他们制造的飞雷像火箭一样，一公斤炸药可以飞出 130～150 米，专打敌人的堡垒，美国观察组见到后说，“你们真有本事呀！和美国的火箭一样啊！”② 1939 年春，八路军晋察冀军区司令员聂荣臻在河北省唐县大悲村约见已担任供给部长的熊大缜时，对他们的工作大为赞扬，嘱咐他一定要尽力扩大技术研究社，争取更多的科技人员到抗日根据地工作。

二 协助空军的战地服务

长沙临时大学于 1938 年 4 月迁至昆明，改名“国立西南联合大学”。1941 至 1942 年太平洋战争爆发前后，为了配合中国空军美国志愿航空大队作战，西南联大开展了第二次从军活动。

---

① 参见李方训《纪念抗战胜利五十周年，不忘西南联大从军壮士》，西南联大北京校友会编《西南联大北京校友会简讯》第 18 期。

② 转引自虞昊《后事之师：科教兴国——二战中清华人科教贡献事迹简介》，清华校友总会编《清华校友通讯》复 32 期，清华大学出版社，1995，第 60～63 页。

1940年5月，应聘担任中国航空委员会顾问的美军陆军航空队退役军人陈纳德，受蒋介石、宋美龄之托，回国购买了一批飞机，招募了一些飞行员，当他1941年7月回到中国时，已有68架飞机、110名飞行员、150名机械师和一些后勤人员。8月，中国空军美国志愿航空大队成立（对外称“中央飞机制造公司”），12月20日这个大队的第一、二中队在昆明上空首战告捷，遂被誉之为“飞虎队”。飞虎队的建立，需要配备相应的翻译人员，为此军事委员会于1941年秋成立了“军委会战地服务团干部训练班”，习称“战地服务团译练班”，因班址设在昆明，故又称“昆明训练班”。该班班主任是励志社总干事黄仁霖，但他常在重庆，于是向西南联大推荐潘光旦、闻一多、吴泽霖三人，请求从中选择一人主持具体班务。① 学校后派刚自大夏大学调到西南联大社会学系的吴泽霖教授担任副班主任，同时派外文系主任陈福田教授参与工作。西南联大一些教授也受邀出任训练班教员，如赵九章讲授“气象学”、皮名举讲授“美国史地”、张德昌讲授“英国概况”、袁家骅讲授“英译中”、莫泮芹讲授“中译英”、美籍教授温德讲授“英文词汇学”等。②

1941年10月17日，战地服务团译训班第一期在昆明西站美军第一招待所正式开班，全班35人。③ 这一期是个别招收的，由于人数不多，供不应求，需要扩大规模。尚在该期开办前一个月，教育部就要求西南联大等校选调外文系三、四年级学生应征充任翻译，10月15日西南联大常委会讨论通过“本校应征学生在受训或服务期内补修课业办法”，规定充任译员者工作一年后可回校复学。④ 11月9日，学校召集全体同学开会，进行征调动员。报载：“近日来昆各部盟军日渐增多，通译人才之需要异常迫切，联大梅校委特于昨日上午十时召集全体同学训话，勉励各生应以所学，踊跃投笔从军，为国服役。”⑤ 后在航空委员会英文翻译室任译员的经济系1944届学生程

---

① 潘光旦、闻一多、吴泽霖都是黄仁霖在美国留学时结识的朋友，黄仁霖还在闻一多参与编写演出的英文古装剧《杨贵妃》中担任了主角。

② 许渊冲：《追忆逝水年华——从西南联大到巴黎大学》，三联书店，1996，第118~119页；许渊冲：《联大人九歌》，云南人民出版社，2008，第278~283页。

③ 这一期译训班学员是招聘而来，为了和此后为训练征调译员设立的译训班有所区别，有人称其为预一期。

④ 《长沙临时大学、国立西南联合大学常务委员会会议记录·第一九四次会议》（1941年10月15日），《国立西南联合大学史料》第2卷，第204页。

⑤ 《联大梅校委勉同学从军》,《云南日报》1943年11月10日，第3版。

耀德，对梅贻琦在动员会上的讲话印象很深。他记得梅贻琦当时说：“近日来当大家要睡觉的时候，一定会听到不断的飞机声音吧，那是从印度飞来的运输机。它每天带来几十个盟军的军官和许多军士，他们是来中国服务的。但是他们现在有几百人因为没有通译官不能到各地去工作。我们同学现在正是年富力强的时候，而且都是受了相当教育的人。平时我只恨没有好的、适当的机会为国家服务，能亲自经历这伟大时代的多变的新奇的赐与。现在机会到了，国家急切地需要着你们，希望同学能踊跃参加通译工作。最好这两天内有 50 人参加，到寒假后有 500 人参加。”会上，梅贻琦还介绍了有关充任译员的规定的条例，说：“我希望同学参加，但我不得不对同学们说，这工作是艰苦的，而且是有危险的。如果同学经过仔细考虑后，认为自己的身体可以，不怕危险，那么到教务处去报名。我认为你是联大的好学生。”① 许渊冲、罗宗明、万兆风、朱树飏、卢福庠（卢静）、吴其昱、黄维、查富准、于丕哲等二三十位同学，就是在此感召下报名参加了战地服务团译训班第二期。②

战地服务团译训班第二期办了不到两个月，就发生了珍珠港事件，接着中国战区于 1942 年 1 月 2 日成立。随着中国战区的成立，美国政府除了决定加强美国志愿航空队外，还派遣了一批援华人员和供应一批作战物资。这样，翻译需求量随之增加，以致译训班不少同学没有等到结业就提前分配了。

离开译训班的同学，马上分配到各个部门。西南联大一些同学到了美国志愿航空队总部所在的昆明巫家坝机场，其中在机要秘书室工作的许渊冲，主要任务是每天将昆明行营的军事情报译成英文，送给指挥空军作战的陈纳德，陈纳德根据这些情报，为所属两个中队的 P40 飞机分配任务。③ 有一次，许渊冲翻译的情报上说日本军舰何时到达海防，登陆士兵若干人，日本飞机若干架将进驻河内机场。这个情报引起他的警觉，立即送给机要秘书林文奎。④ 林文奎马上召集分管侦察、作战、轰炸、驱逐业务的参谋进行研究，

---

① 何宇整理《西南联合大学八百学子从军记——1944 届从军学生的译员生涯》，中国社会科学院近代史研究所近代史资料编辑室编《近代史资料》总 109 期，中国社会科学出版社，2004，第 213 ~ 214 页。

② 据许渊冲《追忆逝水年华——从西南联大到巴黎大学》，第 116 ~ 117 页；许渊冲：《联大人九歌》，第 278 页；卢静：《夜莺曲·序》,《人世间》1942 年第 2 期。

③ 陈纳德指挥的中国空军美国志愿航空大队，共有三个中队，除第三中队设在仰光外，第一、第二中队均于 1941 年 12 月 9 日飞抵昆明。

④ 林文奎是清华大学 1933 年毕业生，他的姐姐是《西南联大校歌》曲作者张清常的妻子。抗战胜利后的 1945 年 9 月 16 日，林文奎率领空军部队飞越台湾海峡接收日本飞机及设备，并担任台湾首任空军司令。

认为日军很有可能对昆明进行空袭，要许渊冲火速把情报译成英文，并派专车送他去陈纳德指挥部。陈纳德与中国空军总指挥毛邦初少将分析了许渊冲面呈的情报，认为日本空军很可能为配合这次行动对昆明实行行动，于是迅速采取对策。果然，第二天日机来袭，已有准备的飞虎队不等敌机飞入市区，就在滇池上空进行截击。① 由于许渊冲工作认真，功绩突出，陈纳德给他颁发了一枚镀金的“飞虎章”。

军委会战地服务团昆明译员训练班只办了两期，共培养译员 70 余人，其中大半是西南联大学生。② 不过，由于人数不多，记载有限，进一步的情况尚有待继续挖掘。

三　支援反攻的译员征调

1943 年，是世界反法西斯战争从被动战略防御转入战略进攻的重要转折时期。在苏联战场，歼敌 150 余万人的斯大林格勒大会战，成为苏德战争也是第二次世界大战的历史转折点。美英联军也于同年在北非战场一举歼灭德意联军 25 万余人之后，于 9 月初登陆意大利本土，迫使意大利政府投降。亚太战场上，美国海军于 1942 年 6 月在中途岛一役中击沉日本海军 4 艘航空母舰，1943 年 2 月又取得瓜达尔卡纳尔岛战役的胜利，开始了太平洋战区的全面进攻。

在这一态势下，已于 1942 年 7 月编入美军部队序列的飞虎队（即美国第二十三航空大队，亦称美国驻华空军特遣队），在 1943 年 3 月扩编为美国陆军航空兵第十四航空队，并于同年 11 月成立了中国战区中美空军混合大队，随后在昆明成立中美空军混合作战司令部。与此同时，美军与中国军队也开始了打通中印公路的联合作战，为训练中国士兵使用美式武器，美军主办的步兵学校、炮兵学校及种类训练班，亦相继在昆明成立。为了接待大批来华美军，昆明一地设立的美军招待所就达 19 处之多，为其服务的英文翻译量瞬间剧增。为了适应这一形势需要，军事委员会战地服务团制定了一个 3000 人的译员培训计划，蒋介石旋令立即实行，教育部遂向西南联大、中央大

① 许渊冲：《追忆逝水年华——从西南联大到巴黎大学》，第 119 ~ 120 页。许渊冲没有记录这次翻译情报的时间，但 1942 年 7 月 4 日美国志愿空军与中国空军合同期满后，他便回西南联大复学了，故此事应发生在珍珠港事变至其复学期间。

② 参见余斌《从西南联大学生从军说到昆明现代派》，《滇池》2005 年第 12 期。

学、交通大学、浙江大学、武汉大学、重庆大学等校分派了译员征调名额。

这次译员征调之初，教育部指定西南联大的数额为100名，并需经过考试方能录取。① 但是，1943年10月下旬中国远征军再次入缅作战后，从指挥部到基层作战营连均派有美军顾问，这使译员分配捉襟见肘。于是，教育部又要求西南联大等校1944级全体男生，无须通过考试，只要体检通过，就全部征调译员或服兵役。为了适应变化了的形势，军委会战地服务团干部训练班改隶军事委员会直接领导，培训工作由军委会外事局负责，名称亦改为“军事委员会外事局译员训练班”，简称“军委会译训班”。军委会译训班的培训分别在重庆、昆明两地进行，在昆明者简称“军委会昆明译训班”。军委会昆明译训班共开办9期，第一期始于1943年11月，第八期于1945年7月8日行结业礼，第九期是7月22日举行招生考试，② 但因抗战胜利，未结业就停办了。

西南联大非常重视军委会译训班的培训工作，昆明训练班改隶外事局后，黄仁霖不再担任班主任，其职由吴泽霖接任。为了加强军委会译训班的力量，学校派北京大学教务长樊际昌教授担任教务长（后任副班主任），派办事能力很强的戴世光教授主持业务训练和工作分配（樊际昌出任副班主任后，其接任教务长），③ 教官则由学校军训主任教官毛鸿上校充任。至于授课的讲师，也多由联大教授兼任，如蔡维藩、王荣、鲍觉民、杨业治、王赣愚、刘崇鋐、姚从吾、查良钊、葛邦福、孙毓棠、沈昌焕、陈序经、莫泮芹、陈雪屏、罗常培、闻一多、潘光旦、汤佩松等教授，都曾或为译训班授课，或做过专题演讲，以至有人说“译员训练班工作的全班人马，都由联大包下来了”。④

在云南省档案馆“西南联大档案”中，保存着一份当年西南联大参加军委会译训班第一至第九期的同学名单，其各期数字与当时报纸刊登者不甚一致，当是更为准确的统计。其中第一期90人，第二期255人，第三期5人，第四期6人，

① 这次考试情况未见记载，但1943年8月2日《云南日报》刊登之《军事委员会外事局招考英语译员启事》，云考试科目有：国父遗教、国文、常识、英文（翻译、会话、作文）、口试。

② 《军事委员会云南区译员考选委员会招考译员简则》广告，《云南日报》1945年7月14日，第1版。

③ 参见张之良《滇西翻译官》，清华校友总会编《校友文稿资料选编》第4辑，清华大学出版社，1996，第42页；《联大学生自治会昨晚欢送应征同学，冯院长友兰等谆谆训勉》，《云南日报》1944年3月12日；《译员训练班昨行结业礼》，《云南日报》1945年7月9日，第3版。

④ 梅祖彦：《军事翻译员经历追忆》，清华校友总会编《校友文稿资料选编》第4辑，第46～47页；张之良：《滇西翻译官》，《校友文稿资料选编》第4辑，第42页。

第五期26人，第六期15人，第七期15人，第八期8人，第九期17人。[①] 上述437人，只是军委会译训班的结业学员，未包括战地服务团训练班受训者。

译训班的生活也是紧张而卓有成效的。每天七堂课的聚精会神不用说，早操过后就传来练习英语的声音，午睡时有人仍在查字典、背单字、读军语，而晚上自修室里闪烁的灯光下，大家继续温习着当天的功课。有人说，在这里学到的知识，等于在大学里主修了一科，因为“中西文化”、“社会建设”、“伦理建设”、“美军概况”等课程，都是教授们多年研究的心得，“你听了之后，至少能对这问题有轮廓的了解，与系统的概念”，“所以每星期的小组讨论会，当一个专题发下，便相互研讨，热烈辩论自己的看法，自己的意见”。译训班的工作效率，与战时环境下的节奏是一致的。最后一次考试有二三百人参加，考试刚结束，教务处便宣布漏夜完成试卷评阅，且把平时成绩一齐结算清楚。训导处接着就安排美军与学员谈话，谈话后马上揭晓结果。然后，学员便准备启程，总务处则整理什物、打扫住所。整个程序衔接紧凑，“的确像一部机器的灵活，迅速而周到”。[②]

关于译员的派遣情况，这里仅以第一期为例。1943年12月底公布的分配名单，去向大体以英语水平为依据，除6人去印度远征军，8人去航空委员会，6人去战地服务团外，其余均向昆明美军总部报到，再转派到滇西的各美军联络组。[③] 分配到作战部队的同学，有去指挥机关与作战部队两种，前者如在昆明美军总部译员室工作，后者则配属到师、团、营、甚至连队。他们中间，有的为担任主攻缅北重镇八莫的新编第一军第三十八师当翻译[④]，有的在史迪威将军总指挥部任翻译[⑤]，有的从事各种情报的中英文互译，有的任美军专家组与远征军间的联络翻译[⑥]。在第一线作战部队的同学，还曾

---

① 《军事委员会译员训练班西南联合大学毕业学员名单》，云南省档案馆存，档案号：32-1-300。

② 参见白君《教授们底副业——介绍译训班》，昆明《中央日报》1945年9月10日，第3版。

③ 梅祖彦：《军事翻译员经历追忆》，清华校友总会编《校友文稿资料选编》第4辑，第47页。

④ 关品枢：《追忆一位不知名校友》，西南联大北京校友会编《西南联大北京校友会简讯》第16期，1994。

⑤ 于文涛、唐斯复：《身愈残，志愈高，楼虽小，天地宽——记陈羽纶和他的〈英语世界〉》，《西南联大北京校友会简讯》第21期。

⑥ 何以中：《纪念母校建校60周年回忆往事随想》，《国立西南联合大学一九四四级通讯》（三），1998，第35～36页。

与敌军展开过面对面的战斗，经历了生与死的考验。①

1944 级的男同学，并非全部担任译员，按照教育部规定，这次征调可以到其他部门服役。当时，驻扎缅北的新编第三十八师，正在招募工程技术人员，于是电机系吴铭绩、蒋大宗、梁家佑、李桂华、李循索、费纪元，机械系宁奋兴、陈柏松、江今俊、曾善荣、方为表，土木系王伯惠、孙致远、戴祖德、张世珷等 15 位同学，未经培训就直接运送到印度北部小镇列多，在清华校友孙立人任师长的部队，开始了一年多的丛林生活。由于翻译人员异常缺乏，有些虽然分配到军械处、通讯营等部门，所做的工作实际上仍以翻译为主，而有的人更是直接分配到了翻译室。② 这次征调不曾做过译员的只有少数人，如成都要突击修建可起落 B－29 远程战略轰炸机的机场，土木系一些同学便被抽调参加了这项紧急军事工程。③ 电机系十几名同学则去了陆军最大的通信工厂——军政部电信机械修造厂，其中有的人承担印度加尔各答至昆明、重庆间“驼峰航线”的无线电修理工作。④ 航空工程系 1944 级大部分同学也没有担任译员，而是进入空军机械学校第十一期高级机械班，经过短期培训，有的分配到成都原国民党空军第三飞机制造厂⑤，有考入中国航空公司学习驾驶，驾着 DC－2、DC－3 客机和 C－47 货机，穿越在一望无际的野人山上空⑥。可见，掌握了紧缺知识的青年，在战时能够得到充分的利用。

---

① 参见梅祖彦《军事翻译员经历追忆》，清华校友总会编《校友文稿资料选编》第 4 辑，第 48 页；罗达仁：《遥想当年——战斗在中印缅抗日战场上》，西南联大北京校友会编《西南联大北京校友会简讯》第 34 期，2003；张之良：《滇西翻译官》，清华校友总会编《校友文稿资料选编》第 4 辑，第 43 页；何宇整理《西南联合大学八百学子从军记——1944 届从军学生的译员生涯》，《近代史资料》总 109 期，第 219～220 页。

② 吴铭绩、梁家佑：《丛林插曲》，中国人民政治协商会议云南省昆明市委员会文史委员会编《昆明文史资料选辑》第 25 辑，1995，第 457 页；吴铭绩：《联大生琐记》，西南联大北京校友会编《西南联大北京校友会简讯》第 26 期，1999。

③ 李方训：《纪念抗战胜利五十周年，不忘西南联大从军壮士》，西南联大北京校友会编《西南联大北京校友会简讯》第 18 期；张之良：《滇西翻译官》，清华校友总会编《校友文稿资料选编》第 4 辑，第 42 页。

④ 张道一：《回忆从抗战到新中国成立》，《国立西南联合大学一九四四级通讯》（二），1997，第 38～39 页。

⑤ 邓振煐：《怀念丁维梁学长》，西南联大北京校友会编《西南联大北京校友会简讯》第 40 期，2006。

⑥ 邓汤美：《叙永五十校庆话当年——“驼峰”飞行和香港两航公司起义北飞》，中国人民政治协商会议四川省叙永县委员会文史资料委员会编《叙永县文史资料选辑》第 13 辑（即《西南联大在叙永》专辑），1990，第 68～69 页。

四　奔赴前线的印缅远征

“中国青年远征军”简称“青年远征军”或“青年军”，是抗战后期国民政府动员知识青年入伍组成的一支特殊部队。1944 年，中国正面战场在日本侵华部队为打通南北交通线的“一号作战”中遭到巨大挫折，引起社会各界强烈责难。政府当局把军事失败的原因说成是兵员身体素质和文化素质太差，于是发起知识青年从军运动。8 月 27 日，蒋介石发出“一寸河山一寸血，十万青年十万军”口号，动员鼓励知识青年从军。10 月 11 ~ 14 日，国民政府召集“发动知识青年从军会议”，通过知识青年从军方案，规定凡年满 18 至 35 岁、受过中等程度以上文化教育、身体健康的青年，都可作为应征对象，服役期为两年。10 月 24 日，蒋介石发表《告知识青年从军书》，嗣后有关部门相继制定了知识青年志愿从军征集办法、从军征集委员会组织办法与组织规程，及志愿从军学生学业优待办法等。

1944 年的云南，早已不再是后方了。自豫湘桂大溃败以来，昆明街头处处可见从湘桂沦陷区疏散的难民，人人感受到形势的万分紧张。云南的青年从军运动，就是在这种环境下展开。11 月 11 日，云南省党政机关召开联席会议，议决组织知识青年从军征集委员会，以省政府主席龙云为主席，西南联大常委梅贻琦和云南大学校长熊庆来均列为委员。根据这次会议的决议，西南联大于 11 月 15 日成立“知识青年志愿从军征集委员会”。11 月 24 日，西南联大召开第七届第三次校务会议，议题主要围绕如何实施劝征事项。

但是，与前三次从军相比，西南联大同学对这次从军分歧很大，这一点后面将做介绍，此处从略。总之，经过动员，全校形成了从未有过的从军热潮。当时报载：西南联大从军征集委员会以突击方式发动全校学生从军登记，“一日间之成绩，超过以前两周中登记人数之五倍”。郑华炽、陈雪屏教授自晨至晚，办理登记 9 小时，郑天挺教授“每隔半小时发出一张从军号外”，学生方面也临时张贴出从军壁报，使这次从军运动达到高潮。清华大学校长、西南联大常委梅贻琦，其独生子已经担任了美军译员，四个女儿中，除了长女出嫁，四女尚幼外，在联大读书的二女、三女都在这次从军运动中报了名，[①] 他们的

---

① 《联大梅校委子女三人从军，从军女青年今日体检》，昆明《扫荡报》1945 年 2 月 23 日，第 3 版。

带头作用在西南联大一时传为佳话。

1945 年 1 月 3 日，梅贻琦在西南联大校务会议报告这次报名情况，说："本校学生报名参加知识青年志愿从军者共 318 人，其中有因年岁不足或投考空军及译训班者共 40 余人应减除外，计检查体格合格者 246 人。"① 西南联大的从军热潮，在昆明乃至云南全省起到了示范作用。云南《民国日报》甚至为此特发表了题为《联大师生踊跃从军》的社论，称西南联大澎湃汹涌的从军潮"是西南联大的光荣"，并希望其他学校也如联大一样，"造出照耀全国的成绩"，"共享这个无上的光荣"。②

当然，体检通过者并未全部从军，其后当地报纸报道到："西南联大志愿从军男女三一八人，除入空军学校及译训班，政训班，以及因病或体格年龄不合格及女生未入营者外"，实际"入营学生计有二二四人"。③此则报道列有入营的同学名单，当较为准确。当时，全国知识青年志愿从军指导委员会分配给西南联大的应征人数是 100 人，西南联大从军人数大大超过了这一数额。西南联大的这次从军运动，无论是发动规模还是报名人数，在联大历史上都是空前的。

1945 年 1 月 28 日，是中国抗战史上一个沉痛的纪念日——沪淞抗战 14 周年。这天早晨 8 时，从军学生在图书馆前集合点名，9 时 10 分，分成八路纵队出发，欢送者包括常委梅贻琦，训导长查良钊，教务长杨石先，总务长郑天挺，三青团干事长陈雪屏，以及各学院院长、系主任、教授、职员、学生，还有西南联大附属小学的学生，共约 3000 余人。队伍在第五军乐队前导下，经过文林街、青云街、华山西路、华山东路、圆通街等繁华街道，在省党部门前接受云南省知识青年志愿从军指导委员会赠送的书有"投笔从戎"、"闻鸡起舞"两面锦旗，然后向入营地北校场行进。沿途，燃放鞭炮，军乐吹奏，十分壮观，于 10 时左右到达入

① 《国立西南联合大学校务会会议记录·第七届第五次会议》（1945 年 1 月 3 日），《国立西南联合大学史料》第 2 卷，第 501 页。梅贻琦所说的"年岁不足"，显然包括年逾 57 岁的吴志青。吴志青为中国社会科学院近代史研究所江枫同志的父亲，时任西南联大训育员，昆明《正义报》为他报名从军，特在 1944 年 11 月 17 日发表了一条《联大师生从军热烈，五七岁亦从军》的消息。

② 《联大师生踊跃从军》，云南《民国日报》社论，1944 年 12 月 2 日，第 2 版。

③ 《本市各大学及专校从军学生昨晨入营，联大师生欢送同学至营门》，昆明《扫荡报》1945 年 1 月 29 日，第 3 版。当时亦有报道说这天"联大入营者二百一十八名"。见《联大云大中法从军师生昨入营》，昆明《正义报》1945 年 1 月 29 日，第 3 版。

营地。①

这批从军同学后编入青年军第二〇七师炮一营补给连，军衔二等兵。他们于2月5日乘机飞抵印度汀江，大部分同学编入服务营第二连。不久，他们来到中国驻印军大本营和训练基地的蓝伽。在这里，他们进入训练处汽车学校学习汽车驾驶，不少同学仅仅八天便可独立开车。3月26日，全连学员同时毕业，无一人不合格，这在汽车学校是一个新纪录，是由西南联大同学创造的。②结业的同学，随即编入汽车一团，并经加尔各答、雷多，来到野人山下，等待接受运来的汽车。多雨的7月里，同学们终于奔驰在史迪威公路上，驾驶着汽车驰过浩荡的伊洛瓦底江，驰过缅北一望无垠的平原，驰过奔腾的怒江，穿过江上的惠通桥，经过5天1059英里的奔波，于7月底到达昆明西郊。③

前文所引梅贻琦在校务会议上报告中所说全校学生报名参加知识青年志愿从军者中有“投考空军及译训班者共40余人”，指的是除了参加青年远征军的学生外，有些同学在这次应征中报名参加了空军。当时，空军兵种中有一种为“甲种领航”，条件除体质标准与飞行员相同外，还规定学历在大学理工科二年级以上，录取后要先派往美国受训，学成后分配到大型轰炸机上担任领航任务。这个兵种引起西南联大工学院不少同学的兴趣，方复就是其中之一。当时，他与同班何焕生经过多次商议，认为这是一个杀敌报国的好机会，于是在1944年11月一起参加了考试，12月中旬发榜时，二人都被录取，遂于12月26日在昆明中央航校入伍。联大工学院同时入伍的还有邓庆泉、章俊杰、张彦等，理工学院考取的则有邓频喜、王克弟、冯志坚、徐步镛、韩济群、郝启民、廖俊梅、李广济、赵球等人，只是他们是到四川铜梁入伍的。④ 上述诸人

① 参见《联大云大中法从军师生昨入营》，昆明《正义报》1945年1月29日，第3版；如茂：《风和日暖送入营》，昆明《扫荡报》1945年1月29日，第3版；《各大学从军员生三百余人昨入营》,《云南日报》1945年1月29日，第3版。

② 青年远征军编有第二〇一师至二〇九师，其中第二〇七师为独立师，直属陆军总部。二〇七师下辖三个步兵团，两个炮兵营，及通信营、辎重营和警卫与卫生单位。西南联大学生加入该师后，大部被编入汽车暂编第一团。另，最近多家媒体报道《中国青年远征军207师通讯录现身湖南》，不知这本成书于1946年、近600页的文献是否记录了西南联大从军学生的名单。

③ 周明道：《由腊戍至香港·更正与补充》，国立西南联合大学1944级联络站［北京］、原东北清华中学校友联谊会［鞍山］编《周明道回忆纪念文集》，2005年，第101～102页；《西南联大盛会欢迎从军同学》，昆明《扫荡报》1945年7月29日。

④ 方复：《抗战时期西南联大青年从军史的一点补充》，西南联大北京校友会编《西南联大北京校友会简讯》第19期，1996。

虽然参加的不是青年远征军，但也是在这次从军运动中加入到抗战的行列。

参加青年远征军是西南联大历史上最大规模的从军运动，这次从军征集工作结束后，西南联大当局于1945年2月电告重庆全国知识青年志愿从军指导委员会，对全校从军情况做了简要总结。关于从军人数，电文中称："西南联大志愿从军报名人数三一八人，经体格检查者二六六人，业经呈报在案。现除最近参加空军及译员等工作六五人外，其余二零一人。统计如下：（一）性别男一八八人，女一三人，计在昆二零七师入营者一七八人，赴渝参加政训工作者九人，参加□营养研究者一人，待命入营女青年一三人。（二）年龄十八至二十三者一四八人，二四至二十九者五十人，三十至三十五者三人。（三）籍贯苏三二人，浙二三人，粤二二人，鄂二十人，湘一九人，川一七人，冀一五人，皖一三人，鲁七人，闽七人，滇六人，豫五人，赣五人，晋二人，陇二人，辽二人，吉一人，黑一人，热一人，黔一人。（四）学历专科以上一九六人，中学五人。（五）职业学生一零九人。（六）党员八人，团员五二人，非党团员一四一人。"①

西南联大的从军运动，是中国人民抗日战争史的光荣一页。投身抗战第一线的青年，不仅贡献了自己的青春，甚至还献出了宝贵的生命。他们在谱写中国知识青年保家卫国壮丽诗篇的同时，也为西南联大这所战时高等学府增添了光荣。

1937年底从长沙临时大学赴鲁西抗日根据地参加抗日救亡工作的经济系学生何懋勋，曾任山东省第六区游击司令部青年抗日挺进大队参谋长，在1938年8月齐河县坡赵庄的一次战斗中英勇捐躯，年仅21岁。② 黄维是军委会战地团昆明训练班第二期的学员，结业后原被分配到美军机场，当时正是中国远征军第一次出征，他要求随远征军去缅甸。这次远征以失败告终，黄维在随军撤出缅甸途中渡怒江时落水殉职。现在耸立在云南师范大学里的"西南联合大学纪念碑"背面的"从军学生题名"上，镌刻的第一位为国捐躯者就是外文系四年级黄维的名字。

1944年6月18日，在湖南芷江的空军第五大队的戴荣钜同学，驾驶飞机掩护轰炸机轰炸长沙，途中与敌机遭遇，不幸机坠。③ 驻防陕西安康的空

① 《联大今上课，从军青年统计办竣》，昆明《扫荡报》1945年2月19日，第3版。

② 《抗战英烈，名垂千古》，清华校友总会编《清华校友通讯》复32期，清华大学出版社，1995，第55~56页。

③ 转引自马豫《缅怀在抗日空战中牺牲的联大人》，《国立西南联合大学1944级通讯》终篇号，2006。

军第三大队的王文同学，1944 年 8 月在保卫衡阳战役中与敌机作战时殉国。[①]与王文同在空军第三大队的吴坚，则是 1945 年初在与日机作战时，因机件失灵坠毁身亡。[②] 他们三人的名字没有刻在“国立西南联合大学纪念碑”的从军学生名单中，但他们的姓名、出生年月和牺牲地点，都镌刻在张爱萍将军题名的南京航空烈士公墓纪念碑上。

在空军部队任译员的外文系同学缪弘，是在迎接抗战胜利曙光的时刻，在一次空降后的进攻中英勇牺牲的。缪弘是二年级学生，不在译员征调之列，但他积极报名入伍，参加军委会译训班第七期培训，训练仅六个星期，就和 20 多位联大同学志愿去 OSS. OG，[③] 分配到中美混合的伞兵突击队。1945 年 7 月，缪弘随部队向南平附近的丹竹机场发起进攻，冲锋中被敌狙击手击中要害。[④] 1945 年 9 月 27 日，全国译员联合会在昆明举行殉国译员追悼会，灵堂悬挂着 14 位殉国译员的灵位、遗像和简传，其中就有缪弘。[⑤]

有些同学虽然不是倒在枪林弹雨中，却或在训练中罹难，或有非常情况下失踪。征调到航空委员会的外文系 1944 级朱晦吾同学，和电机系 1945 级沈宗进同学，就是在穿越野人山上空时失踪的。[⑥] 崔明川同学也于 1943 年在美国接受飞行训练时失事撞山，同样在美国空军受训的李嘉禾也是由于事故殉难。

五　相关问题的若干思考

（一）关于西南联大从军运动的分期问题

长期以来，包括西南联大校友，均认为学校八年半历史上先后掀起过三

---

① 武焜：《看程青学兄来信忆往事、话今天》，西南联大 1944 级北京联络站编《国立西南联合大学一九四四级毕业五十周年活动特刊》，1995，第 32 页。

② 卢少忱：《悼念两位为国捐躯的校友》，西南联大 1944 级北京联络站编《国立西南联合大学一九四四级毕业五十周年活动特刊》，第 35 页。

③ OSS. OG 是美军战略情报处作战组的简称，是美国在第二次世界大战期间成立的一个情报组织，当时鲜为人知、对外不公开，下设情报、作战、爆破等小组，总部设在昆明市郊，作战组在昆明岗头村和宜良县。抗战胜利后，大部分译员遣散，该组织亦于 1948 年解散。

④ 罗振诜：《缪弘牺牲前后》，张闻博、何宇主编《西南联合大学叙永分校建校五十周年纪念集》，1993，第 115 ~ 116 页。

⑤ 《全国译员联合会昨日追悼殉国译员》，《云南日报》1945 年 9 月 28 日，第 1 版。

⑥ 邓汤美：《叙永五十校庆话当年——“驼峰”飞行和香港两航公司起义北飞》，《叙永县文史资料选辑》第 13 辑，第 68 ~ 69 页。

次从军高潮，即：第一次是抗战初期的1937年末到1938年初的长沙临时大学时期；第二次是抗战中期1941至1942年为美军配备翻译的征调时期；第三次为配合中印缅战场的应征青年远征军时期。这种分类是以时间为标志的，但若从服务对象的性质上说，则第二次从军实际上包括两种性质，其一是为“中国空军美国志愿航空大队”服务，其二是为中国远征军中的美军服务。若根据这种划分，则西南联大的从军活动，实际上视为四次更恰当。

这样分期的关键，在于对美国志愿队的性质认定。表面上看，美国志愿队以美国退役军人为主，但是这支空战力量实际上是由中国航空委员会出面招募的雇佣军。这支雇佣军的统帅是美国陆军航空队退役上尉陈纳德，抗战爆发前夕来华担任国民政府空军顾问，任期至1937年10月。合同期满后，国民政府未与其续签合同，但陈纳德仍以个人身份留在中国继续参加抗战。1940年，苏联空军援华人员陆续撤走，5月下旬蒋介石召见陈纳德，请其回美国争取作战物资。在美国，罗斯福总统被其游说打动，于1941年4月签署命令，准许预备役军官和退出陆军和海军航空部队的士兵参加赴华的美国志愿队。8月1日，蒋介石发布命令，正式成立中国空军美国志愿航空大队，任命陈纳德为大队指挥员。“中国空军美国志愿航空大队”这一名称，表明其雇佣军的性质并未改变，而蒋介石给陈纳德授衔上校，也是中国的军衔。这样来看，为美国志愿航空大队充当译员实际上是为中国军队服务，因此这次征调在性质上与为中印缅战场的美军服务是有所区别的。有鉴于此，本文将西南联大的从军运动分作四次，即将人们习惯视为第二次的从军运动划为两次，一次为1941至1942年协助中国空军美国志愿航空大队的战地服务，一次为1943至1944年支援印缅战区盟军反攻的译员征调。

（二）不同时期从军运动的特点

世界上许多国家，在战争爆发之初便开始广泛征募青年入伍，并将他们直接编入作战部队，充当普通战斗员。而国民政府在知识青年从军问题上，大致是为了配合形势需要，实行一种非常规性的临时措施，因此除1944年为赴印缅作战组织青年远征军外，并未对知识青年实行大规模的从军动员。由于这种政策，西南联大不同时期的从军运动，也呈现出若干不同特点。

长沙临时大学的从军运动，完全建立在自发基础上，学校虽然给予积极支持，并成立了“国防工作介绍委员会”，但这个委员会的工作，不是动员学生从军，更没有进行过从军的组织工作。满腔热情的学生们，完全是在全国抗战的热潮中，主动投奔到抗战第一线。这一点已为人熟知，毋庸赘述。

为支援美国援华空军和入缅作战时期的两次从军运动，与长沙临时大学时期的从军运动有所不同。不同之处，在于这次从军运动起初由政府当局号召，并要求学校动员学生入伍。后来，动员改为行政命令，并且是强制性的，还给西南联大分配了从军名额。从学生方面讲，一些人从个人发展角度考虑，对这次从军不如此前那么积极，工学院、经济系内部还产生过激烈的争论。① 这次征调的对象主要是1944级，而西南联大1944级是很特别的一个，他们入校时，正赶上日军侵入缅甸，云南形势严峻，教育部下令西南联大再次迁往安全地带，于是这批学生第一年是在学校设在四川省叙永县的分校度过的。现在，又让他们从军入伍，难免内心有些抵触，中文系汪曾祺、法律系李模，当时都有这种念头。② 当时，为了逃避征调，有的人把辣子粉涂在肛门上，引起痔疮复发，希望不能通过体检。③ 还有人虽然进了译训班，可不几天就跑了出来，后经冯文潜教授再三说服才返了回去。④ 但是，大多数同学还是响应政府号召，勇敢地走上战场。

与此前三次从军相比，西南联大在最后一次动员参加青年远征军时，出现过很大的分歧。从动员机制上讲，这次从军运动由国民政府发动，中央和各地均成立了"全国知识青年志愿从军指导委员会"，蒋介石还发表了《告知识青年从军书》，国民政府控制的所有宣传机器，纷纷为这次从军运动大张声势、极力鼓吹。西南联大当局积极响应这次从军运动，10月末，张伯苓、蒋梦麟、梅贻琦三常委联名致电蒋介石，表示热烈拥护。电文云："重庆国民政府主席蒋钧鉴：奉读钧座告青年书，不胜感奋，知识青年从军，增加抗战反攻力量，确立现代建军基础，关系抗战建国前途，万□重要，伯苓等当竭诚鼓励，尽力推动，并已集合全校教授，统筹推动办法。教授同人，切望此举发挥最大效果，曾贡献意见，以备采择。除另即奉陈外，谨肃电闻。"⑤ 与此同时，西南联大遵照教育部指示，成立了"西南联大志愿从军征

---

① 西南联大学生对征调译员的不同意见与论争，将另撰文介绍。

② 李方训：《纪念抗战胜利五十周年，不忘西南联大从军壮士》，西南联大北京校友会编《西南联大北京校友会简讯》第18期。

③ 刘裕中：《抗战期间应征美军译员的回忆》，《清华校友通讯》复16册，第114页。

④ 罗达仁：《缅怀冯文潜先生》，《国立西南联合大学一九四四级通讯》（二），第71页。

⑤ 国立西南联合大学常务委员张伯苓蒋梦麟梅贻琦致蒋介石电，转引自《智识青年踊跃从军，联大贡献意见以备采择，省征集委员会即将成立》，《云南日报》1944年10月30日，第3版。

集委员会”，并由主持学校全面工作的梅贻琦担任主任委员，杨石先、施嘉炀任副主任委员，委员有查良钊、郑天挺、陈雪屏、姚从吾、郑华炽、袁复礼、陈福田、李继侗、伍启元、阎振兴、马大猷、宁榥等，由郑华炽任总干事。①

但是，皖南事变后就意识到国民党反共政策不可改变的进步青年，则担心这支部队最终沦为国民党反共的武装，而在西南联大影响很大的中共地下党掌握的民主青年同盟，也不赞成学生加入青年远征军，甚至不惜与他们尊敬的师长展开激烈辩论。西南联大为发动这次从军运动，接连组织过四次演讲，即10月20日请原西南联大外文系主任，时任国民党中央宣传部国际宣传处驻伦敦办事处处长叶公超讲“战时之英国”；22日请驻缅远征军新一军高级参谋蒋镇澜演讲，28日请指挥收复腾冲的第二十集团军总司令霍揆彰讲“腾冲之役”，11月17日由出生在夏威夷的陈福田教授讲“美国之战时青年”。② 其间，11月13日西南联大举行建校纪念周活动期间，亦请三青团中央干事刘健群做了题为“太平洋战局”的演讲。③ 经过上述准备，1944年11月29日西南联大罕见地停课两小时，进行全校从军动员。

这次动员的第一个程序是全校大会。会上，梅贻琦首先致辞，劝勉同学多加思忖。钱端升教授继之向同学说：“现代战争是为现代化武器与现代化生产的战争，凡此均需现代化头脑现代化技术，此则非知识青年不为功也，故必须知识青年参加。现今最简要者，即期望知识青年直接参加战争，从军是也。”冯友兰也在会上讲了话，大意同样是从现代的武器，必须由掌握现代知识的青年，才能发挥作用。他还说：“过去以血肉之躯与敌人对拼的时期、艰苦的时期，已经由我们老百姓去担当了，际今最后关头而又有新式武器、新式装备可供应之时，知识青年应避免其应尽责任么?”周炳琳教授则从青年对国家的责任讲起，说同学们在壁报上经常发表意见，发表呼吁，现在到你们行动的时候了。闻一多也阐发了青年从军的意义，说：“现在抗战已至最艰苦的阶段，知识青年此时实深应自动放弃不当兵的‘特权’，而在

① 《联大今日开始登记从军学生》，昆明《扫荡报》1944年11月15日，第3版；《联大志愿从军今日开始登记》,《云南日报》1944年11月15日，第3版。

② 西南联合大学布告，云南省档案馆存，案卷号：32－1－21。蒋镇澜为在新三十八师基础上扩编的新一军高参，其讲演题目未有记载，但应与滇缅战役有关。

③ 《薛穆大使昨参观两大学，申论中英文化交流之重要》,《云南日报》1944年11月14日，第3版。由于这次从军运动以青年为对象，故国民党饬令三青团主持其事，时刘健群因公经过昆明，遂受西南联大邀请与会讲演。

抗战最后阶段更应负起责任。许多人谈民主，若自己本身去尽责任，尽义务，那才真正有资格谈民主，而知识青年军也就是真民主的队伍。”① 同时，他还从另一个角度动员青年从军，说“现在我们在政治上受压众说话也没有人听，这是因为我们手里没有枪。现在有人给我们送枪，这是一个最好的机会。不管怎么样，我们要先把枪接过来，拿在手里，谁要反对我们，我们就先向他下手”。②

会后，紧接着进入第二个程序，由各系组织同学谈话会，进行个别动员。为了谈话会有序进行，避免同学找不到地点，学校还印发了各系召集地点的通知。为了配合从军动员，冯友兰、潘光旦、陈友松相继发表《从知识青年从军说起》、《论知识青年从军》、《从军去!》等文，从古今对比、中外对比、形势需要、青年责任等不同角度，强调这次从军运动的意义和青年人应有的态度。11 月 20 日，蒋梦麟还在昆明广播中央台做了面向全省的《知识青年从军意义》播讲。③

西南联大在动员学生参加青年远征军问题上如此兴师动众，不能说不与学生们的抵触情绪有关。可贵的是，学校能够理解同学们的心情，因而接受了他们的一些要求。如前所述，这次从军运动的最大障碍，是担心这支用美式武装组成的部队难免沦为国民党与共产党斗争的工具，这样自己就成了国民党制造国共矛盾的炮灰。西南联大当局认为这种担心不无道理，况且这种忧虑在一些教授中也同样存在。尚在 10 月下旬，训导长查良钊教授便向记者透露，学校校务委员会常委会议已对这次从军运动加以商讨，并召开教授会议交换意见，均认为“兹事体大，不在表面渲染，重在实际推动”，故“教授会议已推定教授数人从事起草发动知识青年从军意见书，一俟脱稿再经教授会议及学校常委会议通过后，即行建议中央，以供政府之参考”。④ 其后，学校在 12 月 1 日校务会议上做出两周内进行全校学生体格检查的决定，⑤ 在使用这种半强制性手段

---

① 《联大昨举行盛大演讲会，教授勉学生从军，每人应放弃特权尽责任义务，知识青年军是真民主的队伍》，昆明《扫荡报》1944 年 11 月 30 日，第 3 版。

② 冯友兰：《三松堂自序》，三联书店，1984，第 339 ~ 340 页。

③ 《蒋梦麟播讲勉青年从军，昨报名者五十二人》，昆明《民国日报》1944 年 11 月 22 日，第 3 版。

④ 《发动知识青年从军联大将上意见书，推定教授起草建议中央参考》，昆明《扫荡报》1944 年 10 月 28 日，第 3 版。

⑤ 《国立西南联合大学校务会会议记录·第七届第四次会议》（1944 年 12 月 1 日），《国立西南联合大学史料》第 2 卷，第 500 ~ 501 页。

的同时，12 月 5 日又召开教授会议讨论学生们的要求。会上做出的四项决议中，前两项一为“此次知识青年军纯粹为国防军，不参加党派活动”，一为“请由美国军事技术人员训练，至训练地点，最好靠近盟军所在地”。① 可见，教授会也主张联大从军青年能够摆脱党派之争，成为只是对日作战的部队。教授会这一建议的提出以及后来被政府当局接受后，人心才开始安定，从而出现了积极报名从军的热潮。不过，国民党当局显然对这些青年不放心，所以只让他们当了运输物资的汽车兵，而没有把枪杆子交给他们。这倒也成全了西南联大参加青年军的同学，他们开着汽车回到昆明后，许多人脱离部队，回校复学。否则，他们有可能或被歼灭，或到了台湾。

（三）从军实践的若干感受

如前所述，西南联大对于从军活动并非单凭热情，不同时期，他们的思考是不一样的。总体上说，他们赞成从军，认为是直接参加抗战的具体行为。但是，他们并不盲从，大家能够根据国内形势做出自己的独立判断。西南联大坚持自由主义教育的效果，在这里得到了印证。在最后一次动员参加青年远征军中，不仅多数学生划清了“为党而战”与“为国而战”的界线，就是教授会也主张联大学生从军后应保持不党不派的独立性。冯友兰的认识，甚至比这还更进一步。他说：大反攻时期到来后，十万知识青年一定不够，“为要使更多底知识青年都到军队中去，最要紧底是我们的政治上社会上，都需要立时有几件令人耳目一新底事”。这些事，包括抗战结束后的种种重要措施，“例如开国民代表大会，施行宪政等”，而且这些“只是诺言还不够”，因为“在青年热情高的时候，他易于信，在他感觉幻灭的时候，他易于疑，在他易于疑的时候，最好有事实叫他看，才能鼓舞他的精神”。② 冯友兰的话，将青年从军与政治民主化联系在一起，反映了人们在更高层次上对抗战后期从军运动的思考。

---

① 《联大全体教授会议决定全校实施军训，在校教授学生一律参加，报名从军达三百零三人，中央采纳联大对青年从军建议》，昆明《正义报》1944 年 12 月 6 日，第 3 版。西南联大教授会议的四项决议为：“一、此次知识青年军纯粹为国防军，不参加党派活动。二、请由美国军事技术人员训练，至训练地点，最好靠近盟军所在地。三、关于提高知识青年军待遇一节，应对所有作战士兵，普遍提高，过去对于军需经理方面弊端百出，请予彻底改善。四、请统帅部延用优秀后进军官。”

② 冯友兰：《从知识青年从军说起》，昆明《扫荡报》“星期论文”，1944 年 11 月 5 日，第 2 版。

事实上，具有独立意识的西南联大同学，在部队很难避免非军事因素的干扰。如到新编第三十八师的同学，就以缴纳党费扣除了一笔工资，数量虽然不多，却引得费纪元同学到军需处大吵了一场。① 如果这还只是一个花絮的话，那么加入青年远征军的同学感受就大不一样了。尚在他们在昆明集中时，连里曾组织过一次讨论，当时的结论是“青年远征军是国家的军队，绝对不应该属于任何人或任何党；并且唯有民主的政府，才能保证我们的血不白流!”可是两三个月后，这个理想就破灭了。在蓝伽汽车学校，联大同学在国语、英语、讲演竞赛中都是第一，只有一次他们辩论放弃了，因为那次辩论的题目是“军队里需要民主吗”，联大同学很不幸，抽到“军队中不需要民主”。也是在蓝伽，杨宏道收到联大同学寄来的一份《国是宣言》，为了让大家看着方便，就把它贴了出来，不料竟在半夜被宪兵架走。当同学探视杨宏道时，卫兵恶狠狠地说：“你要看共产党吗?”甚至还声言“在蓝伽的奸党活动得到了线索”。后来他们到了雷多，指定他们的住地是个曾经闹过很厉害霍乱的地方，营房本来已一把火烧掉了，可偏偏指定他们必须住在那里，当时担任驻印军副总指挥的郑洞国还说：服务营二连所在的汽车一团“比霍乱菌还可恶，必须隔离”。

汽车一团原来有个叫“天声社”的团体，于是联大同学把这个名字加在自己所在连队的名称前面，简称“天声服二连”。就是这个“天声服二连”，后来也被解散了，原因是长官们认为他们常常议论军队的黑暗，是“捣乱”集团。同学们为了抗议，为这个连开过追悼会，甚至还读过祭文、念过经，还用一首歌的歌谱填入了愤懑无奈的歌词。歌词云：“‘天声服二连’，/提起真可怜。一帮学生，有书他不念。/投笔从戎，来把新军建。/环境恶劣，不容变。/到一处，碰一壁，/新军的新前途真是太暗淡。/不顾一切，直向前，/这里是天声服二连。/天声服二连，/提起真可怜。/初志未成，先被人改编。/诸位同志，多多吃饭。/一切闲事，莫用管。倒一东，歪一西，/长官的命令，我们照着办。/明哲保身，不多言，/这里是汽车第一团。”② 这种亲身体验对同学们来说，真是太深刻了，加上回到国内不久就先是昆明政

---

① 参见吴铭绩《联大生琐记》，西南联大北京校友会编《西南联大北京校友会简讯》第 26 期。

② 以上据王宗周《“天声服二连”，提起真可怜——青年远征军琐记》，西南联大校友会编《笳吹弦诵在春城——回忆西南联大》，云南人民出版社、北京大学出版社，1986，第 262、264、266 ~ 268 页。

变，接着是“一二·一”惨案，于是这个连的150多位联大同学，打算继续留下来的只有二十几人，其余或返校复学，或转去当译员。

金书铁券，百世流芳。今天，在云南师范大学校园内矗立着一块“国立西南联合大学纪念碑”。碑文中写道：“联大先后毕业学生二千余人，从军旅者八百余人。”这座石碑的阴面，镌刻着1946年5月4日立碑时所能收集到的832位从军学生名单①，这个名单并不完整，由于条件所限，有些从军者的名字未能列入。② 对此，《国立西南联合大学校史》曾有所纠正：“长沙临时大学时期，校方记录参加抗战工作离校学生有295人，绝大多数未列入‘题名’。两者相加共1100多人，约占（全校）总人数的14%。”③ 这就是说，在先后进入西南联大求学的8000多人中，每一百位同学里便有14人为保卫祖国投笔从戎，这对任何一所学校来说，都是很可观的比例。

西南联大从军同学，和当时许许多多大学生从军一样，谱写了抗日战争史上可歌可泣的一页。这种豪迈气概，正如一位同学所说：“我对西南联大从军的同学有一个总的印象和感想。不论是在空军、陆军、军工等方面，不论是在步、炮、坦克、运输等各兵种的前方战斗或后勤部门服务，他们大都以大无畏的豪情，战胜艰险和万难，完成各自岗位的工作任务。他们继承了伟大的中华民族热爱祖国反抗侵略的光荣传统，为了抗日救国不惜牺牲并奉献出自己的心血和力量。他们无愧对西南联大‘刚毅坚卓’校训的教导。他们没有辜负校歌中‘待驱逐仇寇，复神京、还燕碣’的殷切希望。”④

可歌可泣的西南联大战时青年从军运动，是祖国危殆时期大学生们保家卫国的伟大壮举，是抗日战争时期全国民众救亡图存的组成部分。大学生的

---

① 这个名单有两人误列两次，故碑中实际人数应为832人。《国立西南联合大学校史》（修订版）云：“碑上列有834人，但曾仲端和王福振均列出两次，经对入学名单进行核对，并未发现姓名相同者，应属错列，故实际为832人。”（见该书第61页）

② 李方训在《纪念抗战胜利五十周年，不忘西南联大从军壮士》一文中，根据有关史料做过初步统计，列出未列入纪念碑的从军者一百余人。其文说：“联大从军人数不止834人，学生固未列全，教职工更未计入，但说‘联大从军壮士逾千’，则是完全可以的。”（见《西南联大北京校友会简讯》第18期）

③ 西南联大北京校友会编《国立西南联合大学校史——1937～1946年的北大、清华、南开》（修订版），北京大学出版社，2006，第61页。

④ 《缅北密支那战役追忆——从军校友卢少忱的书面发言》，西南联大北京校友会编《西南联大北京校友会简讯》第38期（即《纪念抗日战争胜利60周年暨“一二一”运动60周年特辑》），2005。

从军意义，在于运用现代化的科学知识与技能，补充了战时急需的知识资源，改善了军队的素质，提高了作战的能力，从而为战争的顺利运转提供了有力的支援。西南联大在当时全国各高等院校中，学科最为齐备，师资最为强大，学生人数最多，因而其显示的作用无疑尤为突出。今天，关于抗日战争的军事斗争，人们的注意力主要集中在正面战场和敌后战场，对于大学师生投身直接抗战的了解和研究还比较缺乏。然而，人们不应忘记，在争取抗日战争胜利的征途上，他们的贡献也为这个画卷增添了光彩。

试论抗战后期的新疆内向

王建朗*

民国以来，远处西北的新疆与中央关系逐渐疏远。在盛世才统治时期，新疆与苏联的关系异常密切。依靠苏联的支持，新疆当局与中央政府保持着一种若即若离的关系。新疆地区实际上已经成为苏联的势力范围，中央政府鞭长莫及，其号令无法进入新疆。抗战后期，新苏关系发生突然变化，盛世才的异动为国民政府提供了机会。国民政府因势利导，积极应对，终使新疆回到中央的管治之下。

一 暂忍待变与扶盛方针的确定

在盛世才的统治下，中国在新疆的主权岌岌可危。盛世才本人秘密成为联共（布）党员，甚至曾向苏联提出新疆加入苏联的主张。苏联领导人与盛世才直接书信往来，苏联官员访问新疆直至双方签订贸易协定等均不通知中国外交部。苏联实际控制着新疆的若干重要企业，并在与新疆的贸易中占据垄断地位。此外，苏军还在哈密驻扎了一个配备有坦克等重型武器的加强团——红八团，扼守着中原西去迪化的通道。

国民政府对于新疆的这一游离状态非常担心。1941 年 12 月上旬，蒙藏委员会委员长吴忠信考察河西走廊，深切体会到新疆对西北国防的重要性。他对中央政令不及新疆的状况颇有感触和警醒，感叹道："人常云，不到西北，不知中国之大；可再加一句，不到西北，亦不知中国之危"。①

对于新疆的这一局面及新苏之间的特殊关系，蒋介石也是早有体会，但

* 中国社会科学院近代史研究所研究员。

① 刀抱石编《民国吴礼卿先生忠信年谱》，台湾商务印书馆，1988，第 117 页。

又觉无可奈何，只得暂时忍耐。在蒋介石的眼中，新疆已与沦陷于日本的东北相提并论，“新疆已成为东北，当忍之。”① 对于新疆的辽阔和富饶，尚未涉足于那片土地的蒋介石在日记中流露出了一种心驰神往的思念：“每闻友人为余述新疆天时地势与物产之丰富优容，辄为之神往心驰，梦深系之。……新疆之于我中华民族存亡，实无异于我东北四省，而其资源之丰富与国防之重要，则尤过之而无不及也。能不令人梦魂萦怀乎？”②

在1941年的蒋介石日记中，时常可见其对新疆问题进行研究的记载，当不下十余次。蒋介石明白，在目前情势下，以重庆政府之实力，难以用强力解决新疆问题，惟有当新苏之间出现矛盾时，才有因势利导加以解决的希望。蒋介石对盛世才寄予着某种期望，“新疆情势与方针之研究，必待奸匪对盛阴谋暴露，盛乃彻底觉悟内向时，方易收复”。③

太平洋战争爆发后，中国与英美苏成为共同进行反法西斯战争的盟国。国民政府意识到对日作战的大局已定，在考虑收复东北、台湾等被日本占领地区的同时，也开始考虑恢复对已在相当程度上失控的主要受盟国影响的边疆地区的控制。战争爆发后不久，在考虑与英苏等国订立同盟条约时，蒋介石曾开出如下条件：“甲、对英要求其承认西藏九龙为中国领土之一部；乙、对俄要求其外蒙、新疆为中国领土之一部……”。④ 蒋介石所设想的这一同盟条约最后虽未订立，但它反映了蒋期望利用这次世界大战解决新疆等问题的构想。这一点，蒋曾明确写道“对新疆与西藏问题，应乘世界战争期间解决为便。”⑤ 在1942年1月的《本月大事预定表》中，列入了研讨“新疆西藏收复之计划”的工作。1月底时，蒋在日记中写道：“对新疆与西藏统一之方略已定”，同时表示实施方略尚需等待机会。⑥

蒋介石对新疆问题极为看重，认为新疆问题事关国家主权安危的诸多方面，“西北之后患与西北之国防当为战后第一要务，此题不能解决以前，则一切皆难生效也。”⑦ 1942年3月，蒋介石密派第八战区司令长官朱绍良以其

① 《蒋介石日记》，1941年3月20日，美国斯坦福大学胡佛研究院档案馆藏（以下所引蒋日记出处同此，故从略）。

② 《蒋介石日记》，1941年9月，本月反省录。

③ 《蒋介石日记》，1941年11月5日。

④ 《蒋介石日记》，1941年12月20日。

⑤ 《蒋介石日记》，1941年12月29日。

⑥ 《蒋介石日记》，1942年1月，本月反省录。

⑦ 《蒋介石日记》，1942年3月28日。

特使的身份访问迪化，与盛世才进行秘密会谈。

尽管盛世才与苏联之间的关系看起来非常密切，但其实并非亲密无间，双方的矛盾实际上是被双方的彼此需求掩盖着。苏德战争爆发后，苏联在西线面临着生死存亡的作战，一时无力东顾，盛苏之间的矛盾便显现出来。盛世才开始考虑调整新疆与苏联的关系，重建新疆与中央的关系。1941 年 12 月，新任中国驻苏使馆武官郭德全赴苏途中经过新疆，盛世才予以热情款待，谈话中反复表示他个人对蒋介石的尊敬之情。郭德全抵苏后，即向蒋介石报告了这一动向，他认为盛世才正在重新考虑其地位，有可能准备改善他与中央政府的关系。

盛苏矛盾公开爆发的起点，是盛世才四弟盛世骐的被杀。盛世骐曾被盛世才送往苏联陆军大学学习军事，1941 年回新后，被盛世才委以重任，担任新组建的机械化旅旅长。然而，盛世才很快发现其弟比较亲苏，常常与自己意见相左。生性多疑的盛世才认为这是苏联所布之局，意在以其弟取他而代之。1942 年 3 月 19 日，盛世骐被杀。① 盛世才便已其弟遭人谋杀为借口，掀起逮捕浪潮。经过酷刑，审出了一个准备在 4 月 12 日发动暴动的阴谋组织，而这阴谋组织的主犯便是苏联驻迪化总领事巴库林、新疆督办公署苏联军事总顾问拉托夫、八路军驻新疆代表徐杰（陈潭秋）、民政厅长周彬（毛泽民）以及一批地方行政长官。盛世骐案中，盛世才逮捕了 300 多名涉嫌的苏联人员和中国共产党在新人员。

重庆方面注意到了新疆突然发生的这一变化。据时任经济部部长的翁文灏记载，他在 4 月 15 日面见蒋介石，商讨西北各事时，蒋介石便表示要“联盛世才”。② 5 月 17 日，蒋介石与刚从新疆回来的新疆驻重庆办事处主任张元夫讨论新疆局势，了解了苏联在新疆的强势存在及盛世才与斯大林的交往情况。蒋看到了盛世才发动大逮捕的背后的动机，感到“盛对俄甚危惧”。蒋决定利用这一机会把盛世才拉过来。蒋介石密切注意盛世才的动向，研究其心理，琢磨如何运用策略，其日记中常有“研究盛世才之心理与动向”、“盛思想与心理之转变已可概见，当不难导入正轨”之语。蒋努力思考“对盛世才之运用，如何使之彻底觉悟”。③

---

① 盛世骐被杀有多种说法，有被苏方设计谋杀说，有自杀说，也有为盛世才所杀说。

② 李学通、刘萍、翁心钧整理《翁文灏日记》，1942 年 4 月 15 日，中华书局，2010。

③ 《蒋介石日记》，1942 年 5 月 17 日、5 月 19 日。

重庆政府并积极进行应变入新的各种准备。河西走廊是中原通往新疆的通道。为了控制这一通道，国民政府采纳了吴忠信提出的在青海设立柴达木屯垦区的设想，将驻于河西地区的马步青调任柴达木屯垦督办。利用马家诸雄之间的矛盾，重庆政府成功地实现了这一计划。1942 年 5 月，马步青的骑 5 军开始撤离河西，开赴青海。此举为中央军进入河西，从而打通西进的道路准备了条件。

对于重庆政府的这一举动，苏联自然明白目的何在。苏联驻华大使潘友新便对张元夫表示，重庆中央接防河西，对新疆不利。蒋介石知道这一谈话的内容后，对苏联大使的这一举动颇为愤怒，“该使在华为全毁灭中国，破坏政府威信，挑拨我内部意见，干涉内政，可痛极矣”。①

此时，盛世才也在努力向重庆靠拢，探听中央对新疆的态度。5 月，盛世才派其五弟盛世骥以商讨西北交通问题为名去重庆晋见蒋介石，并在中央训练团受训。经过权衡，蒋介石向盛世骥提出了中央将继续承认盛世才在新疆地位的保证，给盛世才吃了定心丸。6 月 28 日，盛世才密电蒋介石，以与苏联商谈独山子油矿合办事宜为名，请蒋介石派经济部长翁文灏等入新，并请朱绍良等随行。

蒋介石决定派朱绍良、翁文灏、毛邦初等出使新疆。蒋并亲笔起草致盛函，表示对盛绝对信任。该函称：“凡公私诸语，请与逸民长官开诚详谈。当此国家存亡绝续之交，更为吾人安危成败相共之时，吾弟之事业即为中之事业，故中必为吾弟负责，以解除一切之困难也。”② 此外，蒋嘱朱绍良，“对盛一意信任之”。③

7 月 3 日，朱绍良等飞抵迪化。次日，与盛世才进行密谈，盛世才在谈话中表示了维护中国主权的立场，同时又有分寸地表示，仍应维持对苏联的关系。据翁文灏记载，盛表示：（1）与苏应亲善；（2）为顾国权，使新疆永久为中国领土；（3）盼能有机会亲见委员长；（4）新疆人口四百万，内汉人仅四十万，应移民入新疆；（5）军队不到二万八，现仅一万数千人。当晚，翁便将这一情况密电于蒋。作为姿态，盛慷慨地下达命令，此后，朱、翁一

---

① 《蒋介石日记》，1942 年 6 月 28 日

② 《蒋介石三函释文及注》第一函，1944 年 7 月 2 日，见朴正言《盛世才简传》附录，台湾《传记文学》第 53 卷第 2 期，第 24 页。

③ 《翁文灏日记》，第 790 页。

行人致中央电报可一律密发，不必送其审阅。①

苏联仍期望能够恢复局面，缓和盛世才的反苏情绪，阻止其投靠国民政府。6 月 27 日，苏联副外交人民委员德卡诺佐夫亲赴迪化，他是盛世才主政新疆以来访新的最高级别的苏联官员。德卡诺佐夫带去莫洛托夫给盛世才的回信。莫洛托夫在信中表示，愿对盛世才在经济上作若干让步，如合办独山子油矿等。同时，德卡诺佐夫在与盛世才的谈话中也施加了一定的压力，试图阻止他走得不至太远。盛世才在谈话中曾表示，他已不再信仰马克思主义了，也不再像从前那样相信斯大林是世界革命的领袖，他已越来越多地发现唯物主义对历史的解释错误很多。德卡诺佐夫提醒盛世才记住过去苏联对新疆和他本人的援助，告诫他不要忘记自己是一名苏共党员，而且是一名重要党员。所有中途改变信仰的人，都只会碰到麻烦。苏联共产党不会让它的党员随意抛弃党的指示，攻击马列主义而不受惩罚。

但盛世才不为所动，苏联政府终于意识到与盛世才的关系已无可挽回地完全破裂。7 月 3 日，莫洛托夫再次致信盛世才，严厉批评了盛世才的举动，“阁下之压制政策在新省继续不断进行，对新省重要人员，非撤即捕，其性质已极为广泛而危险。此类行为正当与否，亦不能令人无疑，盖此类行为殊有消灭新省大部分行政与军事干部之危险也”。莫洛托夫指责盛世才这一举动已使其成为帝国主义破坏中、苏关系及新省现状的工具。

值得注意的是，该信还列举了盛世才过去反对中央政府、企图分裂新疆背叛国家的三件事实，表明苏联历来反对分裂新疆及支持中国中央政府。一是在 1934 年时，盛世才建议苏联政府速于新疆境内实施共产主义，并声称推翻蒋介石所领导的中央政府是救中国救新疆的唯一途径。但苏联政府认为这一想法是错误的有害的，声明“断不能同意在落后之新疆迅予实施共产主义之政策”，并劝告盛“对中央政府应矢诚拥戴”。二是 1936 年 12 月西安事变时，盛世才力主无条件地援张，公开宣布新省支持张学良。苏联政府“严斥张氏反对中国政府之暴乱行为”，劝告盛世才“不能与彼结合作乱”。三是 1941 年 1 月，盛世才向苏联提议，成立新疆苏维埃共和国，并加盟苏联，苏联对这一建议表示了“坚决反对”。② 显然，苏联的这封信不只是写给盛世才

---

① 《翁文灏日记》，第 790 页。

② 《莫洛托夫致盛世才书》，1942 年 7 月 3 日，中国国民党中央委员会党史委员会编、秦孝仪主编《中华民国重要史料初编——对日抗战时期》第三编《战时外交》（二）[以下简称《战时外交》（二）]，中央文物供应社，1981，第 436 ~437 页。

看的，而是准备在盛世才仍不改悔的情况下提交给蒋介石看的。确实，莫洛托夫的这封信不久便转交给了蒋介石

盛世才也估计到了苏方可能会有这一挑拨离间断其后路的举动，为避免因此信陷入被动，盛世才赶在苏方向重庆提交此信之前，于7月7日致书蒋介石，主动坦白了过去亲苏亲共及加入苏共的种种事实。盛世才称他对马克思主义夙具信仰，相信苏联是在努力援助落后国家与民族，“是以职主持新疆省政伊始，即树立反帝亲苏两大政策，又复在1938年赴莫斯科就医时，曾加入联共党，使苏联国家竭诚援助新疆”。盛世才称他“现已彻底觉悟，苏联国家确实离开马克思主义，走上帝国主义侵略道路”。盛世才表示自己“今后绝对不能再与此类假的马克思主义者相合作，誓以至诚，拥护钧座与国民党之领导，效忠党国”。盛世才还解释了他要求加入中共、加入苏共、建议在新疆实施共产主义及建议苏联在新疆成立苏维埃政权等事情的原委，声称有的是因形势所迫而不得以，“新疆孤悬塞外，如向中央求援，不仅鞭长莫及，而且迫不及待，只有向苏联求其友谊之援助……为了国家民族，为了保持国家领土，不能不出此通权达变之措施，以维持当时之局面”；有的则是为了试探苏联真意，“其实并非职之真意请求，而正是职借以测探苏联政府对新疆是否有领土野心和是否真正执行马克思主义”。①

蒋介石大概是不会相信盛世才的这类辩解的。然而，盛苏交恶，盛世才需要中央的支持，这便为恢复中央政府对新疆的控制提供了良机，蒋介石不会因盛世才所说是否属实而错过这一机会。7月9日，苏联驻华大使潘友新拜见蒋介石，转交了前述莫洛托夫致盛世才信。潘友新批评盛世才种种举措，“察其用意似非偶然，且可证明盛督办过去对于贵国政府种种作为，与今日对苏联政府之态度，似皆有敌人为其背景，其左右更不无敌人所派之间谍”。苏联转送信件之举，希望离间盛世才与中央关系的意图甚为明显。蒋介石对此未作反应，只是表示“俟余详阅此信后再行办理”。同时，蒋介石借机强调，今后“贵国政府对于凡关新疆之事应与敝国中央政府交涉，不可与盛督办径行谈判”，希望借机将新疆的对外交涉权收归中央。② 蒋在当天的

① “中华民国外交部”编印《苏联对新疆之经济侵略》，1950，第54~59页。

② 《蒋介石与潘友新谈话记录》，1942年7月9日，《战时外交》（二），中国国民党中央委员会党史委员会编、秦孝仪主编《中华民国重要史料初编——对日抗战时期》第三编《战时外交》（二）［以下简称《战时外交》（二）］，中央文物供应社，1981，第435~436页。

日记中写道："余对此函决置之不理，暂观其以后之变化何如"。[①] 蒋介石的幕僚、时任侍从室一处6组组长的唐纵也看出了苏联的离间意图："苏联觉事已不可挽回，故将过去勾结经过和盘托出，使委员长不相信盛世才，其用心良苦"，"而其最后之目的，在使破坏盛世才人格与信用"。[②]

7月11日，蒋介石收到由朱绍良转来的盛世才7月7日来信，蒋阅信后称"俄国在新疆全部阴谋根本暴露，而其新锡协定比之倭寇强逼袁世凯签订二十一条者为尤甚，此种举动实较倭寇昔日在东北时张作霖所不忍为者……若不有此五年来对倭之血战，则今日之新疆决不有此盛世才之忏悔归诚"。蒋介石称盛世才此举为"浪子回头与破镜重圆之奇迹"，实乃上帝赐予，由此亦可证明"公理与正义必能战胜一切"。[③]

蒋很快确定了解决新疆问题的原则：甲、安定盛世才内向之心；乙、保障盛地位；丙、对俄好意之表示；丁、警告俄员勿在新倒盛；戊、对俄表示中央愿与俄重订新疆有关条约；己、准盛入国民党；庚、派朱常驻新疆；辛、派我外交次长赴新与俄外次相见；壬、新疆划入第八战区范围之明令时间。[④] 这九项原则概括起来分三大方面：一是安抚盛世才，继续保持其在新疆的地位；二是对苏既示好又示警，防止苏联在新疆策划动乱；三是加强中央对新疆的控制，把新疆纳入中央的外交和军事体制之中。

7月13日，蒋介石与朱绍良研究对新疆方针，在对盛对苏方面确定了两点，"第一保全盛之地位；第二使俄不恼羞成怒，留有回旋余地，切勿使之对盛绝望。"蒋介石担心苏联会鼓动新疆各地暴动，乘机驱盛。蒋计划采取三个步骤：甲、派兵入疆助盛平乱，巩固省政；乙、划新疆归入第八战区；丙、与俄交涉彻底解决各案。[⑤]

二　新疆内向局面的初步形成

面对新疆局势的突然变化，国民政府军政部门紧急研究应对之策。7月

① 《蒋介石日记》，1942年7月9日。

② 《唐纵日记》，1942年7月9日、7月11日，公安部档案馆编注《在蒋介石身边八年——侍从室高级幕僚唐纵日记》，群众出版社，1991，第290页。

③ 《蒋介石日记》，1942年7月11日。

④ 《蒋介石日记》，1942年7月11日，本星期预定工作课目。

⑤ 《蒋介石日记》，1942年7月13日。

中旬，军事委员会参谋总长何应钦、参谋次长程潜、军令部部长徐永昌、交通部部长张嘉璈、军事委员会委员长侍从室主任贺耀祖、航空委员会主任周至柔等提出了一份《收复新疆主权方略》。该方略判断，苏联目前尚不会对新疆动武，而盛世才将会倒向中央。在目前的国际形势下，苏联如公然以武力占领新疆，暴露侵华态度，在政略及战略上均对其不利。而盛世才在外临威胁内怵暴动的情况下，“势必依附中央，并望予以所要之支援，使苏联有所顾忌，不敢公然发动暴力行为，以苟延残喘。”因此，该《方略》主张，中央政府应乘此之机，收复新省主权。但中央过去对新疆既缺少充分准备，现在尚无确实控制的实力，故目前应采取的政略是，“一面利用盛之地位及力量并扶之，使其逐渐中央化；一面敷衍苏联，迟缓其对新之策动并尽速加强我甘、青、藏边军备，及一切必要之准备，俟机再确实控制之。”

在确定了挺盛并促使其中央化的方针之后，该方略提出分两个阶段来实施恢复新疆主权的目标。第一阶段为“过渡时期”。这一阶段，在对苏部分，“仍本睦邻政策，并运用政略，遏止其对新采取断然之行动为主眼”。要对苏方说明，“苏联与我新省间演成复杂不快之现状，系由于以往苏联与我新省间直接交涉所惹起。今后关于我新省与苏联间之问题，我中央政府当随时予新省以指示及监督”，以将外交权逐渐收归中央。在对盛部分，“以维持并利用其地位为主眼，在政治、经济、外交上，多方面以善意之扶助，俾增进其对中央之信赖，使逐渐中央化”。其拟采取措施包括：派遣军政大员前往新疆，与盛保持密切之联系，使苏联对新阴谋有所顾忌，并巩固盛的内向之信念；逐渐改组新疆省政府，并派遣优秀军政干部及特务人员，密入新疆工作，助盛加强组织；在经济上给予援助；派遣外交特派员驻迪化，以减轻苏联对盛的直接压力等。

在这一阶段，还要做好军事上的准备。其计划是：以保护油矿名义，向河西尤其玉门附近增派1师精锐部队；增辟南疆机场，以保护机场之名义，适时派遣一师以下的中央军于该地；以柴达木屯垦名义，催促骑5军尽速进驻该地；迅速进行控制西藏方案，奠定西南边防，以策应新疆；适时划南疆为一师管区，从事军备之建设。

在做好以上准备的基础上，如发生日寇北进攻苏，或苏对德军事惨败，或其他对中方更有利的事件，便将进入第二阶段即“收复主权时期”。在这一阶段，将向苏联提出解决两国外交悬案的要求，其内容包括：取消承认伪满、伪蒙，不得支持中共，撤退驻新之红军第 8 团及空军、战车等部队等。在此同时，“中央军有力部队开入新疆各要点，以武力确实控制之，肃清新省一切不稳份子，收复主权。”①

7 月 17 日，蒋介石亲笔复信盛世才，再次表示了安抚之意。蒋表示“此时惟望吾弟特加保养，为国自重，只要吾人能肝胆相照，推诚相与，则国家前途、个人事业，皆有无限光明。对外诸事，中当负责主持，请勿过虑”。② 7 月 20 日，朱绍良二次出关。朱带去了蒋介石给盛世才的手谕，并转达了蒋介石对他的承诺，关于既往一切，“委员长不但原宥，且均为之负责”。③ 盛世才对此甚为感奋。

苏方对中央要员的到来甚感不快，不愿他们加入到相关的谈判中。盛世才告诉翁文灏，德卡诺佐夫曾责备他“独山油矿何以不照成议而报中央参加”。④ 翁文灏 7 月 16 日向中央报告，“盛督办面告，苏联代表坚言此来系商洽新疆重要问题，不愿与吾国中央人员商谈”，但盛表示，“独山油矿问题，未得中央允准之前，决不由省与苏签订协议云。”⑤

7 月 30 日，翁文灏到新疆督办公署讲堂演讲《经济建国》，听众 960 余人，历时 2 小时之久。讲堂上悬挂着中华民国国旗、中国国民党党旗、孙中山像及蒋介石像，取代了过去新疆的六星旗。此时，新疆当局已令新省各机关及店铺制备国民党党旗。当日，朱绍良与翁共同致电蒋介石，报告此事，认为此是新疆拥护中央之正式表示。⑥

8 月 17 日，盛世才、朱绍良致函蒋介石，就加强新疆国防提出诸多措施。外交方面，提出要与苏联保持现存关系，以免其铤而走险。同时欢迎英国在迪化设领事馆，欢迎英美人力财力开发新疆；请中央交涉农具制造厂（实为飞机制造厂）；在政治方面；请中央派省政府秘书长、教育厅长、外交办事处长及党务人员；在迪化设立监察使署；喀什、莎车、阿克苏、和阗四区地处重要，为使苏联活动有所避忌，该四区的行政长请中央派人接任；在军事上，向巴楚、莎车暗中增兵万人，向北疆派机械化旅；向新疆移民，今

① 《何应钦致蒋介石》，1942 年 7 月 13 日，《战时外交》（二），第 438 ~ 440 页。

② 《蒋介石三函释文及注》第 2 函，台湾《传记文学》第 53 卷第 2 期，第 24 页。

③ 张大军：《新疆风暴七十年》第 9 册，兰溪出版社，1980，第 4906 页。

④ 《翁文灏日记》，第 795 页。

⑤ 《唐纵日记》1942 年 7 月 19 日，《在蒋介石身边八年》，第 292 页。

⑥ 《翁文灏日记》，第 795 页。

年雪前移民三五万人，日后期达移民百万以上。①

蒋介石对此做出批示，除了机械化部队数量有限，暂时不宜增派外，其他各项，基本同意了盛、朱来信的设想。蒋介石对处理新疆做出决定采取如下步骤："1. 先派第四十二军由兰青驻安西玉门，俾得控制哈密俄军之第八团；2. 委派新疆外交特派员收回外交权归中央，使俄在新之外交纳入正轨；3. 肃清新疆共党；4. 令俄军离新疆境；5. 收回迪化飞机制造厂"。蒋介石计划陆续向新疆派遣外交特派员、省府秘书长、教育厅长等高级官员。②

8 月 15 日，蒋介石亲赴西北考察巡视，对新疆问题进行具体部署。蒋介石先后巡视了西安、西宁、酒泉、嘉峪关、张掖、武威等地。蒋原曾计划飞赴迪化，或要盛世才来一见，但朱绍良等商量后，认为两种办法皆不妥，安全难以保障，最后决定由宋美龄持蒋致盛函代表蒋去迪化，朱绍良、吴忠信、梁寒操等同行。蒋称宋美龄此行"以壮盛胆，亦所以慰之也。"③

8 月 29 日，宋美龄一行到达迪化。新疆当局给予了隆重的欢迎和接待，迪化全市都挂上了中华民国国旗。此一情景，吴忠信有诗曰："青天白日遍新疆。"④

宋美龄对盛世才表示，中央坚决信任盛氏，将来新疆各项工作需要中央协助与否，全由盛氏决定。宋对盛提出四点：（1）调派甘肃境内政府军由兰州进驻安西、玉门，牵制在哈密俄军；（2）委派新疆外交特派员，将外交权归中央；（3）肃清新疆共产党；（4）着俄军退出新疆。盛则表示，蒋夫人此行，不仅带来了蒋委员长对新疆的重视、爱顾与信任，也将同样地把他十年来艰难困苦的情形及他"矢志拥护中央，尽忠党国，绝对服从领袖"的心情带给蒋委员长。⑤ 8 月 31 日，宋美龄携带盛世才致蒋介石专函返回嘉峪关。

9 月 1 日，留在迪化的朱绍良与盛世才达成协定，借助盛世才加强中央在新疆的影响力。双方决定：成立国民党新疆省党部，发展国民党组织，盛世才担任国民党新疆省党部主任委员；遴选新疆干部进国民党中央训练团，盛世才担任中央团新疆分团主任、中央军校第九分校主任；在新疆传播三民主义，盛世才担任省政府主席；新疆在对外政策方面与中央一致，盛世才担

① 《唐纵日记》1942 年 11 月反省录，《在蒋介石身边八年》，第 323 ~ 324 页。

② 《蒋介石日记》，1942 年 8 月 20 日。

③ 《蒋介石日记》，1942 年 8 月 19 日。

④ 刀抱石编《民国吴礼卿先生忠信年谱》，第 119 页。

⑤ 张大军：《新疆风暴七十年》第 9 册，第 4907 ~ 4908 页。

任新疆边防督办；盛世才担任第八战区副司令长官，新疆由此纳入中央统一的战区体系中。

9 月 14 日，蒋介石返回重庆。此次西北之行，历时一月。蒋介石对此行颇为满意，他自记曰："本月巡视西北，自觉心得非甚鲜，甲、马步芳、河西驻军大部已撤退，中央军接防完妥，此为抗战与建国开发西北大根据地之一重大事件也；乙、新疆对中央心理已完全悦服矣"，"新疆盛晋庸对中央心理已无恐惧之心"。①

三 清除苏联势力与加强中央影响

此后，国民政府加强中央在新影响与消除苏联在新影响的举措逐步展开。首先着手的是将新省的外交权收归中央。1942 年 9 月，国民政府指派吴泽湘为外交部驻新疆特派员，主持新疆外交事务。此前，新疆省府在苏联边境塔什干、阿拉木图、斜米、宰桑及安吉延等五处分别设立了总领事馆或领事馆，这些领馆直接听命于新疆省府，而不是中国驻苏大使馆。吴泽湘到任后，经与盛世才多次会商，达成了解决该五领馆的四条办法：（1）新省府统一将苏联边境五领馆行政权交还中央，自本年 10 月 1 日起实行；（2）自本年 10 月 1 日起，所有各馆经费改由外交部迳发；（3）各该馆首长及所属职员，如系隶属异党，将分期调渝受训，其他忠实首长、职员，经由外交部使领馆人员资格审查委员会审定资格后予以加委；（4）前项调训人员，如苏方探寻理由，均不予解释。据吴泽湘 9 月 28 日致外交部电透露，如此安排，是因为这些领馆的首长及职员多系中共或苏共党员，故借词调任，到重庆后再定任免。② 这样，国民政府首先在收回新疆外交权上取得了进展。

10 月 19 日，经蒋介石同意，外交部就外交特派员权限发出指示，提出三项办法：（1）地方之普通对外案件，由特派员遵照中央外交方针，商承省政府参照地方特殊环境，就地处理，随时报告中央备案。（2）特派员与省政府对于处理某项对外案件之意见不能安全一致时，省政府与特派员应将各拟定处理之意见，会报中央核示。（3）遇有原则或关国家主权及经济利益之各

---

① 《蒋介石日记》，1942 年 8 月，本月反省录；1942 年 9 月 5 日。

② 李嘉谷编《中苏国家关系史资料汇编》，社会科学文献出版社，1997，第 420～421 页。

问题，无论案件之巨细，应先请示中央核办。① 12 月 19 日，外交部再次指示吴泽湘，以后有关地方案件的交涉，“最好不由省府径复，仍由该特派员商承省府意见，转复苏方，以留转圜余地，而维我国外交齐一之系统。”②

经过一段时期的交涉后，盛世才渐知中央决心，决定交出外交权力。1943 年 1 月，盛世才致电中央，提出新疆外交事务此后应由特派员全权处理：“职省地当边徼，外交问题频繁，须以外交人员统一办理，以一事权。”盛电称，吴特派员来新之初，对地方情形不太熟悉，故外交事务当由省府协助进行，有时省府亦直接办理相关事务，“现吴特派员驻新日久，地方情形之明了逐渐深刻，嗣后凡属外交问题似应由吴特派员全权处理，遇有英、苏领事提出问题时，须由地方协助者，可由省府竭力供给材料，俾臻妥善。”③

2 月 18 日，外交部对此前的外交特派员权限三项办法加以修正，并新增了“特派员于承办地方对外案件时，应与省政府随时取得密切联系，同时省政府应尽力予以协助，并供给各项有关资料”一条，形成了新疆特派员公署联系办法四条。④ 2 月 28 日，蒋介石核准了这一办法，并将此办法电发盛世才。

此前，苏联在新疆享有各种成文的和不成文的特权及特别利益，中央政府决心对苏联的这些特权加以限制或取消。1942 年 10 月 21 日，外交部向蒋介石报告了准备与苏方交涉的问题，广泛涉及军事、政治、经济各方面。主要内容包括：独山子油矿，中、苏应商订合办合同；迪化农具制造厂（即飞机制造厂）此前并无中、苏合办约定，全由苏联人员主持，似应早日收回或与苏联合办；拆撤新、甘省内苏联所设无线电台；新疆的归化军，实际上已成苏联军队，如苏联承认其为苏军，我方可请其全部撤出，如苏联认为系中国的归化军，中方自可分部调防，化整为零，予以遣散；对新、苏商务经济协定，做好交涉准备；苏方人员在新省所享受的特殊待遇，苏联飞机、车辆入新境不受检查等各事，应予以纠正；中、苏航空站应由华人主持或由中、

① 《外交部致驻新疆特派员电》1942 年 10 月 19 日，“中华民国外交部”编印《外交部档案丛书·界务类》第四册，新疆卷（二），2001，第 381 页。

② 《外交部致驻新疆特派员电》1942 年 12 月 19 日，《外交部档案丛书·界务类》第 4 册，新疆卷（二），第 382 页。

③ 《国民政府军事委员会致外交部》1943 年 1 月 24 日，《外交部档案丛书·界务类》第 4 册，新疆卷（二），第 385 页。

④ 《外交部致蒋介石》1943 年 2 月 18 日，《外交部档案丛书·界务类》第 4 册，新疆卷（二），第 385 页。

苏两方人员合办。外交部认为，苏方在新非法行动相沿已久，中方现在进行调整，苏方似不致公然表示拒绝。外交部同时指出，对苏联不宜操之过急，应把握时机，规定计划，次第实行。①

与外交部的计划相比，盛世才则显得颇为激进。10 月 5 日，盛世才向苏联驻迪化总领事普式庚递交了一份备忘录，要求除苏联外交官员外，其他所有在新疆的苏联人，包括军事顾问、军事教官、财政顾问、技术专家、工程师、医生、锡矿人员与探测人员，以及驻扎哈密的红八团部队，在三个月内全部撤离新疆。

苏方对盛世才提出的撤员要求甚为不满，普式庚在 10 月 16 日转达了苏联政府的答复，表示所有军事人员及与锡矿有关的人员，均不同意撤退，只撤退那些在新疆服务已过两年的顾问、技术专家与医生等。对此，盛世才强硬地表示，无论是军人还是平民，所有的人都必须在限期前离去。如果矿工与探测人员不撤，省政府将不给他们一切设备，也不给他们提供保护；如果军事顾问与教官不服从，他们将从名册上除名，以后再也得不到任何的补偿；如果第八团不撤退，边防委员会将不再提供一切的服务，哈密人民也不再供给他们食物与粮秣，“如果有任何不幸事件发生，责任在苏俄军事顾问与军事教官身上，新疆省政府将完全不负责任。”②

在如何处理被捕的中共人员上，重庆方面与盛世才的想法起初也并不一致。从国共关系乃至中苏关系的大局考虑，蒋介石起初并不想剥夺这些被捕者个人的生命。他主张，“新疆共党百余人被盛拘禁事应即解决，使之归还延安，切勿杀害，更不宜久拘新疆境内，以防不测之变。”③ 但盛世才显然没有接受蒋的意见，继续拘禁被捕的中共人员。

1943 年 2 月上旬，中国驻苏大使傅秉常由重庆飞抵迪化，传达蒋对新疆问题的指示。傅与盛世才、朱绍良一起讨论了红八团撤退等问题。傅在事后给蒋介石的报告隐约显示出盛世才有操之过急的倾向，他提议新疆交涉事权宜交中央。傅在报告中表示，“惟默察国际局势及新疆情形，常及朱长官意见均以为不宜操之过急。至于其他新省一切交涉事项，似宜尽量移归中央办理较善，因苏联对盛督办似仍略存芥蒂，而对我中央态度则较为友善也”。④

---

① 《外交部致蒋介石电》1942 年 10 月 21 日，《战时外交》（二），第 445 ~ 446 页。

② 张大军：《新疆风暴七十年》，第 5098 页。

③ 《蒋介石日记》，1942 年 10 月 6 日。

④ 《傅秉常致蒋介石》，1943 年 3 月 21 日，《战时外交》（二），第 402 页。

在对盛世才抵制了一段时期后，苏联终于知道事情已不可挽回，遂决定将其人员与设备全部撤出新疆。1943 年 4 月 10 日，普士庚奉命正式通知新疆省政府：（1）所有在新疆地质考察团（新锡）工作完全停止；（2）将所有考察团人员一律撤回及一切机器运回苏联；（3）在工作人员撤回及机器运回时，希望新省予以便利与协助。4 月 15 日，普士庚再次通报，苏联政府已决定将驻扎哈密的红军第 8 团撤回苏联；苏联驻哈密飞行队亦完全调回，飞机制造厂亦决定取消，并于最近时间内将所有工人及技术管理人员、物资、机器等一并由新疆运回苏联。

中方原曾希望对迪化的飞机制造厂及独山子油矿等重要企业采取共同经营（中方股份占 51%）的方式，使之继续运营下去。但苏方撤回所有机器及人员的做法，将使这些重要企业立即瘫痪。5 月 6 日，中国外交部向苏方提出一份备忘录，表示“中国政府希望苏联政府能将飞机厂及油矿机件价让”，并进而表示“关于技术方面之设施及人员之雇佣，我方仍愿意与苏联合作”，表现出一定的和缓姿态。①

然而，尽管蒋介石也希望留下这些设备，但与驱除苏联在新势力与影响比起来，这些设备又显得不那么重要了。蒋更愿看到苏联尽快撤出，即使付出经济损失的代价也在所不惜。他在 5 月 7 日致函盛世才分析说，“如果国际或俄日无大变化，非万不得已，彼决不愿撤回此已装置之器材，故吾人不患其撤去之速也……至于其他各项，则静观其以后动作如何，若能早撤一日，则吾人应协助其早日撤回，不必强勉，亦不必有所顾忌，吾人所恃者，惟理与法而已，惟恐其对新锡机器不肯撤去耳。中意对新锡有关事件，总以根本撤销，不必以此区区机器而留一国家权利损失之病源耳。”② 5 月底，苏方完成了军队的撤出及设备的拆除，蒋介石对此颇感欣慰：“俄国驻防我新疆哈密之第八团已完全撤退回俄，其在新疆所有霸占之工厂矿机皆亦全部拆回，此实我革命最大胜利，不啻补偿东四省失陷而有余矣。”③

随着苏联航空队的撤离，新疆境内已无苏联飞机。但此前苏方在迪化、伊犁、奇台、哈密等地设立的航空站尽管无物资可运，仍然继续存在着，其附设电台仍在工作。中方认为，现在“航空站已无存在必要，且该站电台仍

---

① 《吴国桢致潘友新备忘录》，1943 年 5 月 6 日，《战时外交》（二），第 449 ~450 页。

② 《蒋介石致盛世才》，1943 年 5 月 7 日，《战时外交》（二），第 450 页。

③ 《蒋介石日记》，1942 年 5 月反省录。

继续工作，对我主权尤不无影响”。1943 年 12 月，中国外交部通知苏方，要求在本月内，苏联在新疆设立的航空站及各站的无线电台等一律结束工作，并要求以后苏联飞机入境内时，须依照外国航空器飞航国境统一办法办理。[①]

至 1944 年春，除外交人员外，苏联在新人员已全部撤离回国。与此同时，中央势力逐渐进入新疆。1943 年 4 月，朱绍良调 6 个徒手新兵团入新，交由盛世才训练。盛世才将这些士兵编入省军或淘汰，但带兵的下级军官则调到军事机关做文职工作，多少显示了其对重庆有所提防的心理。9 月，胡宗南部第 18 混成旅两个团进驻哈密。此后，大批中央军部队陆续入新，第 29 集团军司令部总部于 1944 年春移驻哈密。

对于盛世才的倒戈，苏联非常愤怒，采取了或明或暗地支持新疆少数民族暴动的策略，使盛世才难以应付。苏联的这种压力，也为中央部队入新提供了机会。1944 年 3 月，苏军甚至出动飞机进入新疆境内轰炸在中蒙边境的中国军队。国民政府一面对苏联的行为提出抗议，一面又看到了将更多中央部队开入新疆的机会。蒋自记曰“安知俄国今日轰炸我新疆，而非为我国军正式进驻新疆，收复我主权之良机乎？谋事在人，成事在天”。[②] 3 月 26 日，蒋介石做出决定：“派遣两个军进驻新疆，此乃收复主权一大事也”。[③]

国民党的党政、经济、文教等各方面的人员也大量进入新疆，进入到新疆的各个部门。国民党中常会决定，重建国民党新疆省党部，以盛世才为主任委员，另派黄如今为书记长。1943 年 1 月，国民党新疆省党部举行宣誓仪式。当年，成立区党部 84 个，区分部 461 个，小组 808 个，发展党员 7224 人。[④] 国民党力图通过建立各级组织及发展党员来加强对新疆的控制。1943 年 3 月，国防最高委员会通过决议，决定成立新疆省监察使署，罗家伦出任监察使。重庆政府还制定了比较优厚的派新工作人员待遇办法，以鼓励内地人员入新工作。

1943 年 9 月上旬，国民党第五届中央执行委员会第 11 次会议在重庆召开，盛世才离新赴会。这是盛世才在新疆建立半独立王国后首次来中央参会。盛世才在全会上报告了新疆情况，表示了与中央同心同德的姿态，并亟望中央对新疆给予支持。盛世才希望增加汉人军力，“亟请中央增派壮丁五

---

① 《宋子文致蒋介石电》，1943 年 12 月 31 日，《战时外交》（二），第 456 页。
② 《蒋介石日记》，1944 年 3 月 22 日。
③ 《蒋介石日记》，1944 年 3 月 26 日。
④ 陈慧生、陈超：《民国新疆史》，新疆人民出版社，2007，第 378 页。

千名，并增调南疆防军兵力”。①

另一地方实力派首领云南省龙云也参加了这一中央全会。蒋介石对盛、龙来渝与会甚为看重，他在日记中一再写道“此为国府成立以来未有之盛事，其一，本已加入俄共实际已为俄共之附庸，新疆全土已入俄共之囊中。其一，为汪伪所欺弄，三年以前几乎已陷于寇伪阴谋之中，而今皆能坦然应召遵命到会，对内对外中央无形之威声增加，不可以道里计……此为抗战以来最足自慰，且亦自豪之事也”，“新盛滇龙应召到会，此为民国以来未有之盛事，可知国家与中央之威声比三十二年前不啻提高数倍矣”。②

对于新疆主权的收复，蒋视为国民政府的极大成功。在1942年的年度总反省录中，蒋如此评价：“新疆省主席兼督办于七月间公开反正归顺中央，效忠党国，而河西走廊马步青军队亦完全撤退于青海，于是兰州以西直达伊犁直径三千公里之领土，全部收复，此为国民政府成立以来最大之成功，其面积实倍于东北三省也。此不仅领土收回而已，而新疆归诚中央以后，我抗战之后方完全巩固，倭寇更无意消灭我政府。”在1943年的年度总反省录中，蒋再次记曰：“内政则新疆行政与主权完全收复矣，此今年最大之成功也。”③

四　中央权威的最终确立

然而，此后新疆局势的发展，对盛世才来说却是并不乐见的。一方面，中央势力入新后，其往日的独尊地位渐受削弱，他与中央来新工作人员的矛盾日益加剧。另一方面，他又面临着有苏联背景的新疆民族暴动。随着在欧洲战场度过危机并逐渐转入攻势，苏联开始在新疆展开动作。自1943年夏天始，新疆各地出现了反抗盛世才的组织，许多组织的背后都有苏联的身影。苏联为他们提供武器弹药，帮助组织武装暴动。而此时，在中原战场上，国民党军队在日军发动的一号作战中一败涂地。面对这一局面，盛世才又开始考虑再次转向，以清除新疆的中央势力，重新向苏联表示亲近。

而在重庆方面，鉴于苏联与盛世才的关系已经严重恶化，不可缓和，也

① 唐纵日记，1944年11月18日、11月21日，《在蒋介石身边八年》，第321页。

② 《蒋介石日记》，1943年9月4日、9月5日。

③ 《蒋介石日记》，1942年总反省录、1943年总反省录。

开始考虑将盛世才调离新疆的问题。一贯主张联苏的立法院长孙科对与苏联的武装冲突颇为担心，在4月4日的国民党中常会上激动地说出“中国外交非亲俄必亡国”的话语，力主立撤盛世才。邵力子也支持孙科的主张。[①] 尽管蒋介石对孙科在中常会上的“咆哮冲动”颇不以为然，但孙科这样的想法在国民政府内并非只是少数人想法。从唐纵日记的记载来看，军政各方均有持相同看法者：“新疆事件发生后，党内同志对盛世才颇有责难，孙哲生、邵力子二先生持论至为显著”。[②]

而在更早一些的日记中，可以看到，军方亦有这样的看法，“军令部意见仍应与苏联保持友谊，不可因小失大，应设法调整人事，盛世才须调离新省，另派他职”。唐纵并表示，“（军令部）所见与我完全相同”。[③] 其实，蒋介石本人也早在考虑新疆的人事变动问题。1944年3月12日的日记中，《本星期预定工作课目》便列有“新疆主席人选与准备”一条。

处于焦虑与疑惧中的盛世才重施故伎，在1944年4月至8月间炮制了一个阴谋暴动案，展开了大规模的逮捕行动。4月17日，盛世才逮捕新疆省政府秘书长刘效黎、教育厅长程东白等十余人，罪名是受苏联和中共指使阴谋暴动。6月26日，大规模逮捕迪化150多名师生员工。8月11日深夜，盛世才以开会为名，诱捕国民党新疆省党部书记长黄如今、建设厅长林继庸等一批国民党在新要员，此后又逮捕了一批包括师长在内的高级军官。盛世才并声称，黄、林等人是混入国民党内的共产党，阴谋组织暴动的首脑是梁寒操（时任国民党中央宣传部部长）。梁与苏联驻迪化总领事串通，意图推翻新疆现政权。8月12日，盛世才向蒋介石报告了这一案情，称被捕者企图在新疆暴动，建立社会主义政权，并已买通其身边管理厨房的副官及厨师，准备毒杀；买通其身边卫士，准备谋刺等。[④]

同时，盛世才又向斯大林报告，称被捕者是日本间谍和蓝衣社成员。盛表示悔过，希望重新与苏联建立“反帝”统一战线。盛密派亲信到苏联驻迪化总领事馆，请求苏联出兵解决中央部队，并许以阿山金矿、独山子石油等为酬劳。但苏联已不再相信盛世才。苏联方面此前曾多次对重庆方面表示，

---

① 《蒋介石日记》，1944年4月4日。

② 唐纵日记，1944年4月13日，《在蒋介石身边八年》，第424页。

③ 唐纵日记，1944年3月29日，《在蒋介石身边八年》，第415页。

④ 唐纵日记，1944年8月27日（上星期反省录），《在蒋介石身边八年》，第455页。

“新疆为中苏邦交最大之阻碍”。[①] 6 月，斯大林先后在会见美国驻苏大使哈里曼（Averell Harriman）及美国副总统华莱士（Henry Wallace）时曾表示，将盛世才调离新疆是改善中苏关系的积极措施。华莱士抵达重庆后，将斯大林的这一谈话内容转告了蒋介石。现在，面对盛世才的反复，苏联不仅拒绝了盛的要求，还把盛世才给斯大林的报告转给了重庆

蒋介石当然不会相信盛世才大规模逮捕行动的借口，他准备利用这一机会彻底解决新疆问题。8 月初，蒋介石开始比较切实地考虑将盛世才调离新疆的问题。他在 8 月 2 的日记中自问：“新疆省府改组之时间应速乎”。在 8 月 11 日夜盛世才大举逮捕中央要员之前，蒋在当日白天已与朱绍良、宋子文等多次讨论新疆人事问题与对苏联外交问题。大逮捕发生后的次日，蒋介石在与吴忠信谈话中明确提出了将盛世才调离的问题。蒋询吴以治疆方针，吴忠信答称，乃“和外安内”及“巩固中央在新之政权”。蒋对吴的回答显然比较满意，随即表示，盛世才近期内必须辞职，他拟请吴忠信接任。但吴以年高及体力不及推辞，并推朱绍良接任。蒋仍希望吴接任，以 5 年为期。[②]

8 月 13 日，蒋介石接连收到盛世才两电，盛在电报中通报了他在新疆的逮捕行动。当日，蒋介石与驻新疆外交特派员吴泽湘面谈新疆问题。吴报告说，在他看来，除盛世才五弟及其妹婿彭某以外，其他人皆有为其捕杀之可能云。蒋对盛之举动大为惊骇。他在日记中写道：“将中央在新重要人员皆被其逮捕，并将其本身最亲信之文武干部皆一并逮捕，而其厨房与旧佣本家皆以受反动谋刺嫌疑逮捕云。殊堪惊骇，此种荒谬案件层出不穷，除为其本人有神经病发狂之外，另无其他之想象可言。”此时，蒋介石担心，在苏俄压力增强之下，盛世才可能又将重回旧路。当晚，蒋介石又与朱绍良商讨新疆问题，两人研究的结果是，盛世才前后所来各电皆为预定之设计，新疆局势“可危之至”。[③] 国民政府其他要员也怀疑，盛世才如此近乎疯狂的举动，有可能意味着他将要倒向苏联。唐纵记载：“盛忽捕中央人员与柳师长，情况特异。陈布雷推测，盛世才是否准备向苏联叩头”。[④]

对于盛世才的这一反复，蒋介石极为恼怒，他在日记中痛批盛世才，“患得患失不明大义，有私无公，见利忘义之人，不可用也”。大概是联想到

① 唐纵日记，1944 年 8 月 2 日，《在蒋介石身边八年》，第 448 ~449 页。

② 丁剑：《吴忠信传》，人民出版社，2009，第 325 页。

③ 《蒋介石日记》，8 月 13 日、8 月 14 日。

④ 唐纵日记，8 月 15 日，《在蒋介石身边八年》，第 451 ~452 页。

从前的张学良兵变，蒋甚至愤称“东北之军人多为害国害己之人也”。蒋与戴笠、何应钦等人反复研究盛世才的动态及处理此事方针，作了最坏的打算，“决定准备最后之军事行动”。[①] 8月15日，蒋介石令胡宗南准备前赴哈密，准备军事。8月16日，蒋介石考虑了采取军事行动时牵涉的若干方面：“准备新疆军事行动，甲、空军，乙、传单，丙、部署，丁、车辆，戊、命令稿，己、外交通知俄英美”。[②] 次日，蒋与军政部次长林蔚商讨新疆军事与运输计划。

但蒋介石并未放弃和平手段。盛世才逮捕中央要员后，尚未遭逮捕的新疆监察使罗家伦紧急密电中央，“如派朱一民前来，尚有挽救可能”。[③] 为防剧变发生，蒋介石决定冒险派朱绍良再赴新疆。蒋13日召见朱绍良的情形，也反映了蒋对朱此次新疆之行的重视及其预计此行的风险。蒋遣其座轿下山迎朱到其住处，并亲自到客室门前迎客，皆为破例之举。两人商谈达三四小时之久。密谈时蒋忽以手放于朱绍良膝上，询问朱有儿女多少及年龄大小？意似在表示负责朱身后之事。朱绍良表示：甘冒不测危机，亲到迪化一行。[④]

朱绍良8月14日飞抵迪化，向盛世才提出了调其去重庆任职的要求。但盛世才并未轻易就范。他起初曾以新疆局势严重不能遽离为理由，企图拖延，后来又表示愿意让出省主席之位，但仍任边防督办。再后又请求留新6个月，布置军事善后事宜。至19日，朱绍良仍未能回渝复命。对此，远在重庆的蒋介石颇为焦虑，“朱逸民今日不能如期离迪回渝，盛之行动狂妄，甚为忧虑”。[⑤]

但盛世才并没有与中央对抗的资本。此时，盛世才可控制的部队只有2万人左右，中央军入新部队已有三个师，对迪化形成了大包围态势，后续部队亦可很快调入，空军也在酒泉布置了若干架飞机，可随时准备出击。盛世才再次起事的成算很小。面对重庆方面将其调离的坚定态度，权衡局势后，盛世才自知大势已去，不得不接受了重庆方面的调离要求，20日，朱绍良返回重庆。当蒋介石接获迪化机场来电，得知朱绍良的飞机已经起飞时，蒋终

---

① 《蒋介石日记》，1944年8月14日。

② 《蒋介石日记》，1944年8月16日。

③ 朱绍良先生纪念集编辑委员会编印《朱绍良先生年谱》，1964，第35页。

④ 张佛千：《安边儒将朱一民》，见《朱绍良先生年谱》，第136~137页。

⑤ 《蒋介石日记》，1944年8月19日

于松了一口气，“此虑为之一慰，如释重负也”。①

8 月 22 日，朱绍良向蒋介石报告了盛世才的情况。蒋认为“彼实处于众叛亲离及恐怖疑惧之中，而患得患失，恋栈侥幸之心犹未断也，彼犹不愿速离迪化之心理，必须先予打破也”。② 蒋决定尽快确定新疆省主席人选，赴新接替盛世才。

此前，蒋在考虑新疆主席人选时，曾列出吴忠信、沈鸿烈、贺耀祖三人加以考虑。③ 反复考虑后，还是认为给人以温厚形象的吴忠信为最佳人选，较易为新疆各方所接受。8 月 22 日，蒋介石再次要求吴接任新疆省主席，吴终于表示接受。吴忠信随后提出了改组新疆省政府意见，指出此次改组之目的，在求新疆安定，而安定之道，在能安盛氏部队之心，安地方人士之心，安苏联之心，因此，对新疆省府厅委人选的遴配，要审慎进行。吴忠信在其拟定的用人标准中，还特别提出，与盛有恶感者不可用。这一意见反映了剧变之后力求稳定的方针。同日，俄罗斯驻华武官罗申前来辞行，蒋透露了中央将把盛世才调离新疆的信息，“希望中俄外交，今后勿再生隔阂之意。”④

为消除盛的顾虑，避免其铤而走险。蒋介石还在22 日会见盛世骥时，嘱其转告盛世才，“其生命财产余必为之负责保护也”。8 月 26 日，蒋介石致函盛世才，通知他调任农林部长，并要求他尽快来渝就职。同时，蒋对盛之过去表示了高度肯定，称“吾弟十年艰苦，为国家保持边疆完整无阙，苦心毅力，实难言喻。民国以来封疆功绩未有如吾弟之盛也”。蒋还向盛作出个人保证：“此后一切公私各事，中必为吾弟负其全责，主持一切，请勿顾虑。”⑤

8 月 29 日，国民政府正式宣布：新疆省政府主席兼新疆边防督办盛世才呈请辞职，准免盛世才本兼各职；裁撤新疆省边防督办公署；任命盛世才为农林部长；任命吴忠信为新疆省政府主席，吴未到任前由朱绍良暂代。国民政府并决定，此后所有驻新疆各部队归军事委员会直辖，原督办公署应办事宜由新疆省保安司令部接办。至此，盛世才在新疆 11 年多铁腕统治宣告结束，新疆长期游离于中央政令之外的局面被彻底打破，新疆重新回到中央的直接控制之下。

---

① 《蒋介石日记》，1944 年 8 月 21 日。

② 《蒋介石日记》，1944 年 8 月 21 日。

③ 《蒋介石日记》，1944 年 8 月 16 日

④ 《蒋介石日记》，1944 年 8 月 22 日。

⑤ 《蒋介石三函释文及注》第 3 函，《传记文学》第 53 卷第 2 期，第 24 页。

社会各界注意到了由纯粹的文官接掌新疆的含义。重庆《大公报》发表社评说："新疆军政机构的改组，我们由人事上来看，以吴忠信任省主席，在内外观瞻上，均为'一团和气'的象征。吴氏是一位高龄的文人，他甚得蒋主席信任，近年主持蒙藏委员会，甚有建树，他懂得如何与小民族相处，由他主持新疆省政，必能使各民族相安。他近年出入西北各省，对西北各省的了解极深，关系也好，他虽不是外交家，然以他这样'一团和气'的人物，又深知国家大局，对邻邦必然力求和睦。"①

尽管蒋介石对盛世才个人品性多有微词，但对于盛世才最终服从中央而使新疆回到中央治下仍颇多肯定，9月18日，盛世才就农林部长职。蒋介石亲临主持授印。蒋表彰盛世才的功绩曰：新疆有我东北四省之大，不费一弹而璧还中央，此为边疆大吏最大之功绩。② 自民国以来，由中央自主任命而不是被动追封新疆领导人，此为第一次，蒋介石颇有成就感。

对于新疆问题的解决，蒋在此后的日记中曾一再提及，视为莫大成功。蒋称"盛世才到渝就职，新疆问题完全解决矣，此为内政最大之收获也。"③此时，中美之间正因史迪威指挥权问题引发危机，蒋介石异常郁闷，但想到新疆问题的解决，蒋的心情似乎又有所解脱："盛世才就农林部长职，新疆问题完全解决，此为国家进步与统一之基础，何必以美国外交为深忧长虑乎？"④

战时新疆的走向，存在着多种可能。如果苏联不是在欧洲战场陷于苦战，如果盛世才不是一个摇摆不定的亲苏者，如果新疆仍然按照战前的发展路向继续走下去，很难说，当战争结束时，当苏联的强大军力转移到远东地区时，新疆就一定不会走上为外蒙古第二或某种特殊地区的道路。幸运的是，当各种看似偶然的机会出现时，早有期待的国民政府抓住了机会，刚柔并济，积极作为，终于使长期以来处于半独立状态的新疆回到了中央政府的管治之下。

---

① 《新疆军政机构改组》，《大公报》1944年8月30日，第2版。
② 唐纵日记，1944年9月18日，《在蒋介石身边八年》，第460页。
③ 《蒋介石日记》，1942年9月反省录。
④ 《蒋介石日记》，1944年9月24日，上星期反省录。

雅尔塔体系与中国人民革命的胜利

张星星*

孙中山曾说："世界潮流，浩浩荡荡，顺之则昌，逆之则亡。"① 世界潮流是不可抗拒的客观存在，然而却常常潜藏于现象与本质混杂、主流与支流交错、进步与逆转无常的状态之中。同时，人们对世界潮流的认识和把握，也不可避免地带有强烈的主观选择性。因此，世界大势与一国发展往往呈现出错综复杂的情况。

1949 年中国人民革命的胜利，从根本上说，是中国各民族、各阶层人民在中国共产党领导下，坚持独立自主、自力更生，依靠中国人民自己的力量，战胜了美国支持的国民党反动政府而取得的。同时，中国共产党正确把握战后世界潮流，科学判断战后世界格局，高举和平、民主、团结的旗帜，发扬敢于斗争、敢于胜利的革命精神，运用善于斗争、善于胜利的策略艺术，审时度势，趋利避害，也是中国人民革命取得胜利的重要条件。新中国成立前夕，毛泽东在《论人民民主专政》中指出："'不要国际援助也可以胜利'。这是错误的想法。在帝国主义存在的时代，任何国家的真正的人民革命，如果没有国际革命力量在各种不同方式上的援助，要取得自己的胜利是不可能的。"② 深入研究战后雅尔塔体系与中国人民革命胜利的关系，对于正确把握世界发展潮流和勇敢坚持走中国自己的道路，有着重要的启示和教益。

---

* 中国社会科学院当代中国研究所研究员。

① 《孙中山选集》上卷，人民出版社，1956，扉页"手迹之五"。

② 《毛泽东选集》第 4 卷，人民出版社，1991，第 1473 页。

一 雅尔塔体系的形成及其特点

雅尔塔体系是在世界反法西斯战争即将胜利之际，以美国、苏联等大国为主导，通过雅尔塔会议等一系列国际会议而形成的规定着战后国际关系基本框架的世界政治格局。雅尔塔体系所勾画的世界政治蓝图，对战后各国的内外政策和世界形势的曲折发展，都产生了重大而深远的影响。

雅尔塔体系的形成，与第二次世界大战中的世界反法西斯统一战线有着密切关系。第二次世界大战期间，面对德、意、日法西斯帝国主义极其疯狂和野蛮的侵略，世界各主要国家在经历了一段相互倾轧、以邻为壑而使法西斯主义步步得手、日益嚣张的曲折过程之后，终于逐步走到一起，形成了空前广泛的反法西斯世界联盟。在共同的反法西斯事业中，尽管各国之间仍然存在着某些不和与争吵，但确实达到了前所未有的团结与一致，努力消除隔阂、相互支援、密切配合、协同作战，与战前互不信任、勾心斗角的国家关系形成了鲜明对照。世界人民包括中国共产党和中国人民，出于美好善良的心愿，对世界反法西斯联盟曾寄予较为乐观的希望，不仅希望依靠各同盟国的团结与合作，共同战胜和消灭法西斯狂魔，而且希望通过这个“具有全世界历史意义的伟大同盟”，按照大西洋宪章和莫斯科会议、开罗会议、德黑兰会议、雅尔塔会议等国际会议所宣布的原则，在战后建设一个“以美苏英为首的团结合作的自由、民主、和平的新世界”①。

但是，世界反法西斯同盟是由许多不同类型的国家组成的，其中既有资本主义国家，也有社会主义国家，既有老牌的殖民主义、帝国主义国家，也有曾备受欺辱的殖民地半殖民地国家，既有经济发达、实力雄厚的大国，也有生产落后、势微力薄的弱小国家。这些国家在消灭法西斯势力、维护世界和平等主要目标上达成了一致与合作，但在民族利益、国家战略、政治制度、意识形态等诸多方面，仍存在着许多难以调和的矛盾、分歧和冲突。随着世界反法西斯战争显露出胜利的曙光，这些矛盾开始逐渐激化和尖锐起来。

---

① 参见《伟大的同盟》,《解放日报》1942 年 1 月 5 日社论；《在民主与团结的基础上，加强抗战，争取最后的胜利！——纪念抗战七周年》,《解放日报》1944 年 7 月 7 日社论；《毛泽东选集》第 3 卷，第 1084 页。

在经历了第二次世界大战这场空前惨烈的人类灾难之后，恢复和维护世界和平已成为社会历史发展的根本要求，世界各国包括在战争中做出重要贡献的大国，都无力也不可能完全按照自己的意愿安排战后世界秩序，更不可能立刻采取直接对抗的手段来解决它们之间的矛盾和分歧。因而，世界各主要国家只能在保证各自基本利益的前提下相互做出让步，达成一定的妥协，以维持战后世界的基本稳定。雅尔塔体系就是在这种情况下，主要根据美、苏等大国的实力地位和战略利益，同时也各自做出一定的让步而形成的国际政治格局。

根据雅尔塔体系达成的妥协，苏联从东欧国家，从中国东北、外蒙古和朝鲜北方，获取了重要利益，建构了与西方资本主义国家之间的缓冲地带，基本实现了保卫其国家安全和国内建设的战略目标；美国等西方国家则以此为条件，保障了资本主义世界的基本稳定和统治秩序，维护了西方国家在亚洲、非洲、拉丁美洲等广大地区的战略利益。特别是在中国问题上，美国以牺牲中国的利益为代价，换取了苏联支持国民党政府“统一”中国的承诺，实际上把中国划入了美国的战略利益范围。但是，苏联支持国民党政府的承诺，并不意味着支持国民党“一党专政”的独裁统治和以武力消灭中国共产党的内战政策；苏联承认美国在中国的战略利益，也绝不意味着默许美国对中国内政进行赤裸裸的干涉或直接将中国变成与苏联对抗的战略基地。雅尔塔体系的基本格局和相对均衡，以及美国与苏联之间在中国问题上的相互妥协、相互牵制、相互对抗，不能不使战后的中国面临着错综复杂的国际环境。

二　雅尔塔体系下的世界力量对比

第二次世界大战当中特别是战后，世界历史进程发生了重大的根本性变化，其中显著的特点之一，就是社会主义国家、人民民主国家、世界和平民主力量和殖民地半殖民地国家民族解放运动迅速而蓬勃的发展。

社会主义的苏联在第二次世界大战中经受了极为严峻的考验，无论在消灭德国法西斯的欧洲战场上，还是在最后战胜日本军国主义的最后决战中，都发挥了关键性作用。苏联在世界反法西斯战争中显示出的强大实力和做出的突出贡献，极大地提高了苏联的国际地位和国际威望，已经成为世界政治舞台上不可忽视的重要力量。在苏联的巨大影响下，战后的东欧和亚洲相继出现了一批向社会主义过渡的人民民主国家，这些国家紧密团结、相互支援、共同发展，形成了以苏联为首、与世界资本主义体系相抗衡的社会主义阵营。同时，世界反法西斯战争也教育和锻炼了各国人民，全世界各民族、各阶层人民的觉悟有了空前提高。战后资本主义国家中的工人运动、要求和平民主的社会进步运动和殖民地半殖民地国家的民族解放运动，都呈现出蓬勃发展的有利形势。

在另一方面，第二次世界大战使资本主义国家受到了严重削弱。德国、意大利、日本等法西斯国家沦为战败国，处于被分割占领的境地；英国、法国等资本主义国家在战争中遭到巨大破坏，陷入严重的经济、政治和社会危机之中；长期以来的帝国主义殖民体系日益瓦解，动摇了老牌资本主义国家赖以生存和发展的重要支柱；美国虽然在战争中跃升为世界资本主义的霸主，但由于势力范围急剧扩张，各种矛盾冲突此伏彼起，不免四顾不暇、捉襟见肘。

因此，从总体上看，战后的世界政治力量对比发生了有利于社会主义国家、有利于世界和平民主运动、有利于殖民地半殖民地国家民族解放运动的重大变化，西方资本主义国家已经不可能完全按照原有的资本主义世界体系主宰世界。

但同时也应当看到，世界进步力量的迅速发展尚不能根本改变世界政治力量的对比，以美国为首的西方资本主义世界在雅尔塔体系的国际政治格局中仍然保持着一定的优势。美国在战争期间生产规模急剧扩大，积聚起巨大的财富，其 1945 年的工业生产能力已占世界工业产量的 2/3，对外贸易量占世界总额的近 1/3，黄金储备量达到世界总额的 3/4①；英、法等资本主义国家虽然在战争中受到很大削弱，战后又面临着十分严重的困难，但其在经济、科技、教育等方面深厚的历史基础仍然保留着；德、意、日等法西斯国家虽然沦为战败国，但继续保持在资本主义世界体系之中（德国是其中的一部分）；各资本主义国家之间虽然存在着许多深刻的矛盾和激烈的争夺，但在与以苏联为首的社会主义阵营的对抗中，仍能在维护资本主义世界体系的战略利益上达成一致的行动。

由于世界政治力量的这种对比关系，以美国为首的资本主义国家仍然有力量积极遏制各社会主义国家的发展，压制本国工人运动与和平民主运动，

① 樊亢等编著《主要资本主义国家经济简史》，人民出版社，1973，第 178 页。

力图干涉殖民地半殖民地国家的民族解放运动，以在雅尔塔体系的国际政治格局下保持资本主义世界的相对稳定。不过，由于西方资本主义国家在世界政治力量对比上的优势并不明显，也不得不在许多方面做出妥协和让步。

因此，第二次世界大战以后，以苏联为首的社会主义国家、世界和平民主运动和殖民地半殖民地国家的民族解放运动虽然获得了发展的有利时机，有许多发展的有利条件，并且有可能通过坚决的斗争迫使资本主义国家做出一定程度的让步；但是这种发展也不能不面对诸多的困难和限制，特别是要打破雅尔塔体系这一相对均衡的国际政治格局，必然会遇到极为复杂的矛盾。

战后的中国在雅尔塔体系的国际政治格局当中，实际上被置于美国的战略利益范围，处在美苏两国和两个世界阵营既相互对抗又相互妥协的前沿地带。中国共产党领导的人民革命，必然在世界东方的一个重要方面突破雅尔塔体系的政治格局，并且对世界政治力量对比产生重大影响。在这种情况下，中国人民革命虽然能够得到世界革命力量的同情和支持，但是由于苏联在雅尔塔体系中的既得利益和力量限制，很难或不愿超出其既得利益和力量范围，给中国人民革命以直接的援助；而美国必然不遗余力地以直接或间接的种种形式插手中国事务，扶持国民党政府作为其在东方力量的重要支柱。中国人民革命在这样的世界力量对比之下，必须主要依靠中国人民自己的力量，才能赢得革命的胜利。

三　战后美苏战略方针与对华政策比较

雅尔塔体系既是美、苏等大国根据其实力地位和战略利益对战后世界政治格局的划分，同时也成为它们在战后制定其战略方针的重要基础。由于世界力量对比相对均衡，美、苏等国基本上以雅尔塔体系为前提，在不打破这一均衡的基础上又斗争又妥协，呈现出错综复杂的情况。同时，由于美国在相对均衡中占有一定的优势，其在战后的国际斗争中表现出明显的扩张性，而苏联则主要是在既得利益的框架内以守势为主。

美国在战后不仅拥有强大的经济实力和金融实力，而且最先掌握了具有战略威慑作用的核武器。从其实力地位出发，美国积极推行通过金元外交和原子讹诈，建立依附于美国的政治军事集团，控制以欧洲为重点的广大地区，遏制以苏联为首的社会主义阵营，进而建立世界霸权的扩张战略。根据这一战略，美国在世界上到处伸手，不断扩大势力范围。在欧洲，美国不仅在德国、奥地利获得了占领区，而且在英国、法国、冰岛等国设立了军事基地，其势力深入到欧洲大陆中心地带。在亚洲，美国不仅独占了日本和朝鲜南部，而且积极扶持国民党蒋介石集团，力图使中国成为其在东方的重要战略支点。在美洲，美国基本确立了独占地位。此外，美国还在大洋洲、太平洋、大西洋和地中海沿岸地区建立了数百个军事基地。这一系列扩张行动使美国攫取了巨大的战略利益，但同时也使它背上了许多沉重的包袱。在这种情况下，尽管美国也曾考虑对中国“实行大规模的军事干涉，帮助国民党毁灭共产党”的政策选项，但最终不得不承认这一选择“从理论上来看，以及回顾起来，虽然都似乎是令人神往，却是完全行不通的”①。

苏联在世界反法西斯战争中做出了重大贡献，同时也遭受了巨大损失。3000多万人在战争中丧生，32000多个工业企业、1700多座城市被战火摧毁，大片的农田被破坏，1945年的钢产量只有1940年的65%，谷物产量只有1940年的50%。在这种情况下，战后的苏联迫切需要休养生息，医治战争创伤，恢复和重建家园。其基本战略方针是确保国家安全，为恢复和重建国民经济创造和平的国际环境，通过发展经济和军事实力，逐步扩大在国际事务中的影响。雅尔塔体系的基本格局为苏联达成这一战略目标提供了基本条件，使苏联在东方和西方都建立起保卫其国内和平与建设的安全屏障。因此，苏联战后的外交重点基本上维持在雅尔塔体系达成的妥协范围之内，以保持力量均衡和形势稳定。在战后短短的几年时间里，苏联国民经济得到迅速的恢复和发展，1950年的工业产值比战前的1940年增长了73%，国民收入增长了69%。1948年，苏联的第一颗原子弹研制成功，打破了美国的核垄断，极大地增强了社会主义阵营与资本主义阵营的抗衡力量，形成了对美国全球战略更加有力的制约。

总观战后美苏两国的战略方针，我们可以看到，美国在四面出击、到处伸手、全球扩张的情况下，虽然力图扶持国民党蒋介石集团控制中国，但实际已陷入力不从心的窘境，也难以撕下一切伪装赤裸裸地直接插手中国内战；苏联为确保国内安全，维护通过雅尔塔体系和《中苏友好条约》获取的既得利益，不能不对美国和国民党政府做出重大妥协，也不愿超出既得利益的范围，冒与美国直接冲突的危险支援中国的人民革命。从曲折复杂的历史

① 参见《毛泽东选集》第4卷，第1493页。

发展过程来看，美国在中国的积极插手，表面上为控制中国采取了主动，但实际上却背上了腐败无能的国民党政权这个沉重的包袱，陷入了欲退不舍、欲进不能的被动地位；苏联在中国问题上对美国和国民党政府的妥协，确实给中国人民革命造成了严重困难，并在一段时间处于比较被动的局面，但实际上却在许多方面赢得了主动，占据了揭露、批判和反对美国援蒋侵华政策的主动地位。美苏战略方针和战略地位的变化，不能不对中国人民革命的发展和胜利产生重要的影响。

四　中共对战后国际形势的判断和对策

中国共产党经过八年抗日战争的战火考验，不仅发展和壮大了人民革命力量，而且积累了丰富的国内和国际斗争经验。在解放战争时期，中国共产党对国际形势的分析和判断虽然并不是每一点都十分准确，但却基本上把握住了战后世界潮流的总体趋势和雅尔塔体系国际政治格局的微妙特点，既不为美国的压迫所吓倒，也不因苏联的妥协而动摇，坚定地高举和平、民主、团结和人民革命的旗帜，采取灵活的斗争策略，充分利用国际环境的有利方面，克服和规避不利因素，为中国人民革命的胜利创造了重要条件。

第一，把握战后世界潮流，高举和平民主团结的旗帜。在抗日战争即将胜利的时刻，中共敏锐地估计到国民党反动集团发动反共内战的危险性，做好了“针锋相对，寸土必争”，以自卫战争粉碎国民党军队进攻的充分准备；同时，中共也估计到美苏等国继续保持合作，世界人民要求和平、反对战争的主要国际潮流，决心以艰苦的努力制止或延迟内战的爆发，争取中国和平发展的前途。1945 年 4 月，毛泽东在中共七大《论联合政府》的报告中即阐明了建设国内和平与世界和平的基本主张：在国内，成立包括各党派和无党派代表人物的民主的联合政府，“领导解放后的全国人民，将中国建设成为一个独立、自由、民主、统一和富强的新国家”；在国际上，“中国人民将和美英苏法各大国的人民，以及全世界上一切国家的人民一道，共同建设一个‘巩固的与持久的’世界和平”。[①] 抗日战争胜利后，中共中央及时提出了和平、民主、团结三大口号，毛泽东、周恩来等亲赴重庆与国民党当局举行谈判，并且做出了一系列重大让步，在正式签署的“双十协定”中共同确认了

---

① 《毛泽东选集》第 3 卷，第 1029 ~ 1030 页。

“和平建国的基本方针”①，表达了维护国内和平的诚意。这一基本政治态度顺应了战后的世界潮流，得到了中国各民族各阶层人民的拥护和欢迎，争取了国内外舆论，彻底暴露了国民党蒋介石集团和美国的政治伎俩。

第二，坚持独立自主原则，发扬敢于斗争、敢于胜利的革命精神。中共赞成美苏合作、争取国内与世界和平的政治主张，并不意味着放弃原则和斗争。在美国、苏联因雅尔塔协定达成的妥协而施加的恐吓与压力之下，中共并没有随波逐流，屈服于雅尔塔体系的安排，而是独立自主地坚持了自己的原则立场，即“人民得到的权利，绝不允许轻易丧失，必须用战斗来保卫。我们是不要内战的。如果蒋介石一定要强迫中国人民接受内战，为了自卫，为了保卫解放区人民的生命、财产、权利和幸福，我们就只好拿起武器和他作战。”② 1946 年 4 月，毛泽东科学地分析了战后的国际形势和斗争与妥协、斗争与破裂的辩证关系，深刻指出：“美、英、法同苏联之间的这种妥协，只能是全世界一切民主力量向美、英、法反动力量作了坚决的和有效的斗争的结果。这种妥协，并不要求资本主义世界各国人民随之实行国内的妥协。各国人民仍将按照不同情况进行不同斗争。”③ 在国民党反动集团发动的全面内战面前，中共发扬敢于斗争、敢于胜利的革命精神，依靠中国人民的力量，进行了坚决的自卫战争，并逐步发展为伟大的人民解放战争。在战争的最后阶段，中共又顶住了来自国际和国内的压力，毫不妥协地“将革命进行到底”，终于冲破了雅尔塔体系的一角，赢得了中国人民革命的胜利。

第三，在战略上藐视敌人，增强人民革命的胜利信心。美国在战后的强大实力和扩张气焰，曾经吓住了相当一些人。他们害怕中共领导的人民革命会引起美国的直接干涉，导致所谓“第三次世界大战”，对中国人民革命的前途充满忧虑甚至悲观情绪。针对这种忧虑和悲观情绪，毛泽东在内战爆发不久，即对美国记者安娜·路易斯·斯特朗发表谈话，一针见血地指出了美国的虚弱本质。他指出：“一切反动派都是纸老虎。看起来，反动派的样子是可怕的，但是实际上并没有什么了不起的力量。从长远的观点看问题，真正强大的力量不是属于反动派，而是属于人民。……蒋介石和他的支持者美

① 《重庆谈判纪实》，重庆出版社，1983，第 250 页。

② 《毛泽东选集》第 4 卷，第 1127 页。

③ 《毛泽东选集》第 4 卷，第 1185 页。

国反动派也都是纸老虎。”① 在当时国内和国际的力量对比都处在敌强我弱的情况下，中国共产党人做出这一战略判断表现了极大的革命勇气和胆略。但历史的发展证明，这一判断是建立在对第二次世界大战后国际形势的正确分析基础上的，是建立在对中国人民革命力量和发展前途的充分自信基础上的，是完全正确的。这一判断打消了一些人的疑虑和恐惧，增强了中国人民革命的斗争勇气和胜利信心。中国人民革命的胜利，进一步鼓舞了世界人民特别是殖民地半殖民地国家同国际反动势力的斗争，推动了战后民族解放运动和世界进步事业的发展。

第四，在战术上重视对手，采取善于斗争、善于胜利的灵活策略。抗日战争胜利前夕，中共即要求党的高级干部“应该特别注意美国的情况”，认为“中国可能变成美国的半殖民地”，“这一变化将是一个长期的麻烦”②。为此，中共一方面展开了对美国政府“扶蒋反共”政策的严厉批评，另一方面强调：“第一要把美国人民和他们的政府相区别，第二要把美国政府中决定政策的人们和下面的普通工作人员相区别。”③ 抗日战争胜利后，美军出动大批飞机、军舰运送国民党军队抢夺抗战胜利果实，中共集中力量阻击国民党军队的进攻，对美军则采取了避免冲突的谨慎方针。④ 国民党反动集团发动全面内战后，美国侵华政策的本质已彻底暴露，群众性的反美爱国运动逐步高涨。中共坚定地表明了反对美国侵华政策、要求美军撤出中国、取消美国在华侵略权益等政治态度，积极领导和推动反美爱国斗争的发展，同时，在对美外交问题上始终采取了比较谨慎的态度和政策。中国共产党对美国的灵活策略，避免了与美国发生直接的军事冲突，为中国人民革命的胜利争取了有利条件。

第五，以自力更生为立足点，充分利用国际环境的有利因素。中国共产党领导的人民革命所以能够不为美国的恐吓所吓倒，不因苏联的妥协而动摇，根本的原因在于中共把一切方针放在自己力量的基点上，坚持自力更生，坚持“中国的事情，要靠共产党办，靠人民办。……只要我们同全体人民更好地团结起来了，中国的事情就好办了”⑤。坚持自力更生，并不意味着

① 《毛泽东选集》第 4 卷，第 1195 页。

② 《毛泽东在七大的报告和讲话集》，中央文献出版社，1995，第 192 页。

③ 《毛泽东选集》第 3 卷，第 1102 页。

④ 中央档案馆编《中共中央文件选集》第 15 册，中央党校出版社，1991，第 262、302 页。

⑤ 《毛泽东选集》第 4 卷，第 1162 页。

中共不重视国际环境的影响，不注意利用国际上的有利因素。毛泽东在抗日战争初期就指出："中国无论何时也应以自力更生为基本立脚点。但中国不是孤立也不能孤立，中国与世界紧密联系的事实，也是我们的立脚点，而且必须成为我们的立脚点。"并提出了"以自力更生为主同时不放松争取外援的方针"①。在雅尔塔体系的国际背景下，"蒋介石有一个强大的帝国主义的外援，而中国人民则只有世界人民和美国人民舆论上的外援。"② 中共在坚持自力更生的基础上，积极争取和利用这种"舆论上的外援"，借以鼓舞中国人民革命的斗争信心和勇气，把国际环境中的有利因素转化为对中国人民革命的巨大精神支援。

总之，第二次世界大战后的雅尔塔体系，由于苏联对美国和中国国民党政府的妥协，曾给中国人民革命造成了严重困难；但苏美之间的矛盾和制衡，特别是由此而发展起来的两个世界阵营之间的对抗，也对中国人民革命产生了重要而深刻的影响。纵观战后世界历史和中国人民革命的发展，如同毛泽东在新中国成立前夕所说："假如没有苏联的存在，假如没有反法西斯的第二次世界大战的胜利，假如没有打倒日本帝国主义，假如没有各人民民主国家的出现，假如没有东方各被压迫民族正在起来斗争，假如没有美国、英国、法国、德国、意大利、日本等资本主义国家内部的人民大众和统治他们的反动派之间的斗争，假如没有这一切的综合，那末，堆在我们头上的国际反动势力必定比现在不知要大多少倍。在这种情形下，我们能够胜利吗?"③

---

① 《毛泽东军事文选》，中国人民解放军战士出版社，1981，第190~191、195页。

② 中央档案馆编《中共中央文件选集》第16册，中央党校出版社，1992，第691页。

③ 《毛泽东选集》第4卷，第1473页。

略论中国对外关系60年之经线（1949～2009）

牛　军*

本文的目的是梳理和分析贯穿60年中华人民共和国对外关系（以下简称中国对外关系）的基本线索。任何领域的历史研究之起步均在界定时间和空间，使用经纬的概念或许可以比较形象地界定时空。纬线类似研究者在认知过程中对时间的切割，即呈现所谓历史发展演变的阶段性，每个阶段构成一个包含着复杂和流动性内容的相对独立的空间，由于不同历史时期决定对外政策的国家发展战略和安全战略不同，制定和执行对外政策的国际国内环境不同，以及不同的最高领导人对世界形势的认识不同和对外交目标的追求各有其特点、侧重，致使中国对外关系60年的发展中出现明显的阶段性，在不同阶段呈现出不同的特点，并反映了国家发展战略和安全战略在不同时期和不同领域的不同需要。中华人民共和国成立迄今历经60个春秋，它的对外关系的历程同国家的历史进程一样，可以大致划分为前30年（1949～1978）和后30年（1979至今）两个时期。前30年又可以大致分为三个阶段，后30年则可以分为两个阶段。划分阶段的标准是以国内政治和与国内政治紧密联系的对外政策的变化为标准，至于为什么以此为标准和如何划分出这些阶段，不是本文论述的重点，故在此不赘述。

经线则类似对历史过程发展之连续性的追寻和表述。中国对外关系60年的历史包含非常丰富的内容，包括对外政策、对外关系的发生和发展、重要的外交活动、有关的外交人物和丰富的外交思想，等等。认识、把握和阐述这些丰富的内容有很多角度，也有相当多的或长期或短暂的线索，其中主要的也是贯穿始终的线索是：（1）中国近代以来特别是中国共产党领导的革命运动的影响；（2）中国内政的影响；（3）中国对外关系产生和发展的国际

*　北京大学国际关系学院教授。

环境及其与中国外交之间互动的影响。这三条经线本身肯定不是什么新东西，它们的存在应该是没有争议的。但是，对它们在这60年里是如何贯穿始终的，每条经线都包含什么内容、它们之间的关系等等，则大有必要深入分析和研究。本文只是在这方面做初步的尝试，结果很可能是提出的问题比解决的问题要多得多。

一 中国革命运动的影响

要理解中国对外关系，首先必须理解近代以来特别是中国共产党领导的中国革命运动，理解中国革命运动与60年中国对外关系的“天然联系”。提出这个问题是基于一个简单而又基本的历史事实，即中华人民共和国对外关系是同中国革命运动联系在一起的，而不是同建国前历届政府的外交联系在一起的；它是基于对此前中国外交的彻底否定和深刻批判，而不是对此前中国外交的自动延续或有意继承。在这方面，世界上相反的例证大大多于相同的例证。从全球史的角度看，中华人民共和国对外关系的发生对研究革命国家的外交是有典型意义的。

所谓“天然联系”，从历史连接的意义上就是指中华人民共和国对外关系是从中共领导的革命运动的对外关系直接转变过来的。在中华人民共和国建立之前，中国革命运动已经同外部世界建立了某种联系，如与苏联和共产国际的关系；与一些国家从事民族和革命运动的组织之间的关系；还有抗日战争时期与美英等西方国家驻华机构之间的复杂关系，等等。这些关系远谈不上是丰富全面的，但对后来成为中国执政党的中共的外交思想形成、组织建构和人员构成等等方面的影响，却是不可低估的。①

不过所谓的“天然联系”并不仅仅是，而且主要还不是指“历史连接”。它的核心是指新中国外交形成和发展的最初动力直接来自中国革命运动，它在形成阶段的主要目标产生于中国革命运动，它的主要特点也是由中国革命运动所塑造的，而且它也是直接从中国革命运动的对外关系延续下来的，中华人民共和国早期的对外政策就是在国共内战后期（1948年冬至1949年春）

① 参阅牛军《从延安走向世界：中国共产党对外关系的起源（1935～1949）》，中共党史资料出版社，2008；刘德喜：《延安时期毛泽东外交战略（1943～1949》，陕西人民出版社，1993。

制定的。在最深层面上可以说，中华人民共和国外交的核心价值如独立、平等和尊严，以及以平等为中心的现代国际正义诉求等，都是在革命运动时期酝酿成熟并最终转移到60年的外交之中并逐步扎根。所以，只有了解这一历史过程，才能理解中国对外关系的缘起及其主要特征的来龙去脉。

中国近现代革命运动的兴起同中国近代对外关系的形成与发展有直接的关系。中国革命运动之所以发生，直接的原因之一就是1840年鸦片战争以后，中国近代对外关系在其发生和发展的过程中，给中国政治、经济、社会和文化等各个方面造成巨大的冲击、痛苦和破坏。总的看，从清王朝崩溃到辛亥革命失败，无论中国的统治者和各种政治势力基于什么样的现实需要、试图或已经采取何种政策和措施来应对越来越严重的外部威胁，以及争取建立符合他们利益的对外关系，其后果几乎都是导致中国的各种权益不断地丧失，以及列强对中国内部事务的干预日渐深入。①

另一方面，日益尖锐的民族矛盾和危机成为重要的催化剂，促成了一波又一波并日益加速的社会下层民众的反抗运动和上层各种形式的改革运动，并最终在20世纪初汇聚成一场以反对帝国主义侵略而追求民族解放为主要诉求的革命运动。站在这场运动前列的部分中国人普遍认为，中国反对帝国主义侵略和压迫的民族解放运动与中国的政治、社会的变革是相辅相成的。中国未来的革命运动必定同时兼具政治、社会改造和民族解放的双重使命，它的目标就包括推翻帝国主义在中国的统治，建立一种以独立、平等和尊严为其核心诉求的全新的对外关系，进而争取建立一种新型的国际秩序。

20世纪初兴起的反帝革命运动因为中国共产党的诞生和发展而展现了新的特点。中国共产党诞生本身就同社会主义思潮在世界很多地区蓬勃兴起有直接的关系，同第一次世界大战后列宁关于帝国主义、民族和殖民地问题的思想在亚洲广泛传播有直接的关系。更重要的是，中共的诞生和发展同中国对外关系中的一个极为巨大和深刻的变化密切相关，即1917年列宁领导的十月革命的胜利和列宁政府推行的新对华政策，裂解了列强在华的权势体系，缘起于中国下层社会和知识精英的反帝革命运动终于可以得到一个大国的同情与支持。“走俄国人的路”，在争取民族解放的斗争中执行“联俄”政策，成为当时一大批中国政治精英的选择，尽管他们之中对苏联的政治制度是否

---

① 参阅章百家《改变自己，影响世界：20世纪中国外交基本线索刍议》，牛军主编《中国学者看世界（外交卷）》，新世界出版社，2007。

可以移植到中国存在根本性的分歧。这一选择对 1949 年以后中国对外关系的影响是极为深远的。

中共从诞生之日起便高举民族解放的旗帜，将推翻列强在中国的统治，废除不平等条约等等，作为革命运动的奋斗目标之一。列宁关于帝国主义时代的理论、十月革命的胜利、辛亥革命失败的教训以及中共早期领导人的经历和处境等，几乎从一开始就铸造了毛泽东等中共领导人对国际事务、中国革命与世界的关系以及中国未来对外政策等等重大问题的认识框架，这种认识框架一直深刻地影响着他们在各个时期的战略和策略。中共早期领导人当时认为："最近世界政治发生两个正相反的趋势：（一）是世界资本帝国主义的列强企图协同宰割全世界的无产阶级和被压迫民族；（二）是推翻国际资本帝国主义的革命运动，即是全世界无产阶级的先锋——国际共产党和苏维埃俄罗斯——领导的世界革命运动和各被压迫民族的民族革命运动"。所以"中国的反帝国主义的运动也一定要并入全世界被压迫的民族革命潮流中，再与世界无产阶级革命运动联合起来，才能迅速的打倒共同的压迫者——国际资本帝国主义"。中国共产党人相信，"中国劳苦群众要从帝国主义的压迫中把自己解放出来，只有走这条唯一的道路"。① 正是基于这样的信念，从 20 年代到 30 年代中期，中共参加并参与领导了第一次国共合作和北伐战争，再到后来进行了长达十年的土地革命战争。也是在这个过程中，中共建立了基本的对外关系格局。中共在这十余年里与国际社会的全部联系，就是作为共产国际的一个支部，站在国际共产主义运动的行列里，当然也得到了苏联的各种支持和援助。

在抗日民族统一战线形成时期，中共中央曾经提出，应将"中国的抗日民族统一战线与世界的和平阵线相结合"，主张中国与英、美、法建立"共同反对日本帝国主义的关系"。② 但 1940 年 1 月，在德国入侵波兰后苏联与美、英、法等关系严重恶化和国共斗争尖锐化的背景下，毛泽东在《新民主主义论》中再次强调，中国革命运动是"世界无产阶级社会主义革命的一部分"，在当今时代，殖民地半殖民地的"英雄好汉们"要么站在帝国主义战线方面，要么站在苏联领导的世界革命战线方面，"二者必居其一，其他道

---

① 《中国共产党第二次全国大会宣言》，1922 年 5（7）月，中央档案馆编《中共中央文件选集》第 1 册，中共中央党校出版社，1989，第 106，108 页。

② 《中国共产党在抗日时期的任务》，1937 年 5 月 3 日，《毛泽东选集》第 1 卷，人民出版社，2003，第 253～254 页。

路是没有的”。[①] 1941年末，苏联与美、英结成反法西斯同盟，导致中共领导人修正了关于国际上革命与反革命“两大势力”不可调和的观点。他们认为美、英、苏结盟导致了一种“世界新秩序”，在“世界新秩序”中，重大的国际问题必须以美英苏“为首的协议来解决”，各国内部的问题也“必须按照民主原则来解决”。在美英苏合作的大格局影响下，国民党不敢大举反共，中共也不宜进行激进的社会革命。[②] 自1942年夏季到抗战结束，中共中央的内外政策曾几经变化，但不论其调整幅度有多大，从未超出过这个基本框架。

战后初期，中共领导人已经注意到美苏两国之间的分歧越来越明显，不过并不认为它们合作或相互妥协的局面会很快结束。毛泽东决定亲赴重庆谈判的重要原因之一，就是他相信全世界“都进入了和平建设的阶段”，“苏、美、英也需要和平，不赞成中国打内战”。[③] 尽管重庆谈判的实际成果相当有限，毛泽东回到延安后仍然重申，美苏在“许多国际事务上，还是会妥协的”。[④] 重庆谈判结束后不久，国共在华北爆发了军事冲突。不过中共领导人对美苏关系的认识并没有发生根本变化。随着苏联调整在东北的政策，美国总统杜鲁门发表对华政策声明和国共谈判出现转机，中共中央即宣布“中国和平民主新阶段即将从此开始”。国共达成政协协议后，中共领导人相信，实现和平民主的最初推动力来自国际上美苏妥协的大趋势。[⑤]

全面内战的爆发和国际上美苏冷战的发生，促使中共领导人开始修改1942年夏季以来的基本看法，“中间地带”思想的提出便是重要的标志。“中间地带”思想无疑具有丰富的内涵并产生了深远的影响，它包含的重要观点之一便是美苏之间的争斗并不能决定性地影响中国的局势。[⑥] 不过它是当时中共领导人的认识处于过渡状态的产物，而且这一过渡阶段是相当短暂

---

① 毛泽东：《新民主主义论》，1940年11月，《毛泽东选集》第2卷，第666～672页。

② 毛泽东：《山东有可能成为战略转移的枢纽》，1942年7月9日，《毛泽东文集》第2卷，人民出版社，1993，第434页；《周恩来年谱》，中央文献出版社、人民出版社，1989，第533～534页。

③ 毛泽东：《中共中央关于同国民党进行和平谈判的通知》，1945年8月26日，《毛泽东选集》第4卷，第1152页。

④ 毛泽东：《关于重庆谈判》，1945年10月17日，《毛泽东选集》第4卷，第1162页。

⑤ 《中共中央关于停止国内军事冲突的通告》，1946年1月10日，《新华日报》1946年1月12日。刘少奇：《时局问题的报告》，1946年1月31日，《中共党史教学参考资料》，解放战争时期（上），第120页。

⑥ 《和美国记者安娜·路易斯·斯特朗的谈话》，1946年8月6日，《毛泽东选集》第4卷，第1193～1194页。

的。1947 年 9 月，欧洲九国共产党情报局成立并发表宣言称，世界已经形成以苏联为首的民主反帝阵营和以美国为首的帝国主义阵营。虽然报告中并没有提及中国革命的重要意义，中共中央仍然毫不犹豫地表示接受“两大阵营”理论，并宣布站在苏联阵营一边。① 大约是从 1948 年春季开始，中共领导人表明了加强与苏联关系的迫切愿望，同时在党内加紧进行政治和思想准备。苏联与南斯拉夫的关系破裂后，中共中央立即表示坚决支持苏联的政策，尽管毛泽东本人曾经在党内表示过对铁托的佩服和赞赏。② 四个月后，刘少奇在他的文章中干脆提出，在当今的时代“中立”是不可能的，是否联合苏联是“革命与反革命的界限”，是一个民族“走向进步或走向倒退的界限”。③

当中共领导人开始考虑新国家的对外政策时，他们对世界政治形势及其发展方向已经有了相当深入和固定的认识，即美苏“两大集团的冲突，是根本的冲突，两大集团的斗争，是你死我活的斗争”。这种看法有着深厚的历史根源，是他们根据革命理论和长期领导革命运动的经验观察世界的结果。另一方面，他们当时提出的“一边倒”方针也说明，他们开始考虑未来中国与世界的关系时，是以认识中国革命运动与世界的关系为出发点的。正如毛泽东在建国前夕发表的《论人民民主专政》中所说的，中国革命的主要和基本的经验就是“两件事”，其中之一便是联合苏联阵营和其他各国的无产阶级和广大人民，“结成国际的统一战线”。④

强调中国对外关系与中国革命运动之联系的重要性，还因为建国后中国共产党经历了一个从革命政党向执政党的转变过程。这个转变过程又同毛泽东那一代中国领导人从革命运动的领袖向国家领导人的转变密不可分，或者说就是一个问题的两个不同层面。在这个转变过程中，中国领导人在革命时期形成的一套有关国际政治的理论观点、他们在革命时代对中国对外关系的认识和理解、他们在革命时期形成的某些思维方式和行为方式，不可避免地会对新中国外交产生重要的影响。

首先是关于独立自主原则的提出和坚持。任何一项对外政策原则能够有

① 毛泽东：《目前形势和我们的任务》，1947 年 12 月 25 日，《毛泽东选集》第 4 卷，第 1259 ~ 1260 页。

② 《中央关于批转东北局关于学习南共问题决议的指示》，1948 年 8 月 11 日。

③ 刘少奇：《论国际主义与民族主义》,《人民日报》，1948 年 11 月 7 日。

④ 毛泽东：《论人民民主专政》，1949 年 6 月 30 日，《毛泽东选集》第 4 卷，第 1475 页。

长期的生命力并得到公众的持久支持，必定是因为它同一国之国内政策有直接的关系，能够反映一国之基本的国内需求和理解。独立自主原则的提出和坚持，最初是同第二次国共合作与贯彻抗日民族统一战线问题联系在一起。中共中央在第二次国共合作开始后不久，即提出在抗日民族统一战线中必须坚持独立自主的原则。由于特殊的历史环境以及中共、苏联和共产国际的特殊关系，要在抗日民族统一战线中坚持独立自主，就必须在与苏联和共产国际的关系中坚持独立自主。这个历史逻辑与观念逻辑相互影响并高度统一的发展进程，最终铸造了新中国外交的最主要和最坚定的指导原则。

独立自主原则的提出和坚持固然有其客观需求，同时也需要有其他条件。国民政府在抗战初期同样提出在外交中要独立自主，但在现实中却难以贯彻、难以坚持。从近代历史看，晚清以来中国对外关系的一个突出特点是列强有能力对中国内政进行强有力的干预，它们甚至能够直接利用在中国据统治地位的政治集团的内部矛盾纵横捭阖，从而达到操弄中国外交的目的。从中国内部看，不论是晚清政府，还是北洋政府，以至后来的国民政府，无一不是内部矛盾重重，派系林立。在几乎所有那些矛盾纷争的背后，或明或暗地都可以看到列强假手其中的魅影。

中国共产党与当时中国所有那些政治集团的重要区别之一，就是它有至今看来也是罕见的极为坚强的组织。中共的领导核心是由一批有着共同理想的政治精英所组成的，他们长期保持着高度统一的思想和统一的意志，甚至有着相同或类似的政治性格。因此，任何一个大国当时几乎都没有可能在中共内部找到它们可以利用的矛盾，以达到影响中共内外政策的目的。这一特点在1940年代初期延安整风运动以后显得尤为突出和鲜明。

另一方面，在中国近代历史上，从来没有一个政治组织曾经像中国共产党人那样用举世罕见的坚忍不拔的毅力，顽强地深耕中国农村这片政治土地，从而获得占中国人口绝大多数的农民真诚和长期的支持与拥护。这片政治土地在那个时代蕴含着惊天动地的力量，同时又与中国现代政治生活存在着巨大的鸿沟。中国共产党人正是通过他们对中国乡土社会的史无前例的改造，将中国农民与中国近代政治发展进程，特别是与中国反帝革命运动连结起来，从而获得了取之不尽、用之不竭的力量源泉。没有这样深厚的政治和社会基础，中华人民共和国从建立直到今天都视为指针的“独立自主”原则，最终会成为一句空话。蒋介石领导的国民政府即为前车之鉴。国民政府在抗日战争中曾经从国际上赢得了列强赋予的巨大合法性，它最终却由于失去了中国人民的认同和支持而迅速土崩瓦解。

从更深的层面看，中国对外关系不论曾经经历过什么样的形态，以及今后可能会出现多么复杂的变化，它最终还是要回应中国、中华民族的基本需求和愿望。任何政治集团如果不能有效地治理国家，不能从中国社会中获得政治合法性，在处理对外关系时得到中国民众的基本支持，其对外政策都将是软弱无力和难以长久维持的。

其次则是中国革命在最后阶段那种大规模群众和武装斗争的进程与形态，以及这种形态之深层反映的革命领袖对解决政治和社会问题的认知与经验。毛泽东这一代中共领导人差不多是在第一次世界大战前后走上中国政治舞台的，他们几乎都走过一段从救国到革命，从学习西方到赞赏十月革命，并最终信奉共产主义的心路历程。他们从鸦片战争到辛亥革命的历史记忆，特别是第一次世界大战后巴黎和会所加于中国人的耻辱，使他们越来越相信，只有通过激进的政治和社会革命，才能从根本上结束中国在国际社会中那种任人宰割和欺凌的屈辱地位，以及摧毁造成中国这种地位的国际体系。他们认为这个国际体系的核心就是压迫和不平等，恃强凌弱、弱肉强食则是它的基本特征。

中国近代社会变革运动的经验也在激励着他们。自鸦片战争失败以后，从洋务运动到戊戌变法，从君主立宪到五族共和，从无政府主义到社会主义，中国的政治和社会运动一波未平一波又起。一系列的变革和革命呈加速度的发生和发展，社会思潮也在与外部世界的碰撞中飞速变化。那个革命的时代造就了革命的思维方式和革命的激情。中国的政治精英越来越相信和追求激进的变革，并充满了革命的激情。毛泽东是他们中的典型。中国革命运动在毛泽东的心目中，是荡涤旧中国一切污泥浊水的洪流，是史无前例的艰苦卓绝的奋斗，是中国历史上惊天地泣鬼神的空前壮举，是一首无比壮丽的史诗。毛泽东相信这场革命不仅可以创造一个新的中国，而且可以也应该创造出全新的中国外交，一举洗刷中国一百年来蒙受的屈辱，并进而建立一个“天下大同”的新型的国际秩序。可以说毛泽东这一代人在中国社会中造就了对革命的长期崇拜，其影响至大且久远。

总之，中国革命运动的兴起，它的特点和本质，对中国60年对外关系的影响至深且大。新的中国对外关系从其产生之日起，从某种意义上说就是在实现中国革命运动的目标。时至今日，革命运动的巨大影响仍然存在，包括革命的思维方式和革命运动的基本理论仍然在影响着对中国对外政策的评价和诉求。不过在经历了60年正反两方面的经验之后，很有必要审视中国革命运动的部分诉求。中国近代追求的主权独立、保持领土完整这些理念本身就是现当代国际体系的产物，甚至是这个体系赖以存在至今的核心理念。所以，追求主权独立与领土完整是不可能靠摧毁现当代国际体系来实现的，其过程最终必定是导致这个体系的改革、改善。中国人在实现中国革命运动的诉求过程中最终导致的是重新认识和修订中国革命运动的理念和理论本身，这正是历史之深层逻辑值得玩味之处。

二　中国内政与中国对外关系

“外交是内政的延续”这句话在外交研究领域几乎像公理一样，是不言而喻的。学术界对某个国家的对外政策和对外关系的研究，差不多都要涉及该国内部政治和社会体制的特征、该国国内政治形势的重大变动、国家发展战略或国内一些重大政策的变动、国内不断出现的新的重要政治需求、由不同领域不同层面的问题引起的政治斗争，等等。这些因素在不同时期和不同条件下，都会对该国的对外政策和对外关系产生不同的影响。任何国家的对外政策和对外关系的指导思想，从根本上说只有来自各种不同的国内政策与措施，并在该国国民的历史经历中占据核心地位，才能阐释和主导该国有关的对外政策和重大外交事态的发展，从而形成重要和持久的影响力。

尽管如此，在中华人民共和国对外关系的研究中，对中国内政与外交的关系，尤其是内政对外交的影响等的分析和研究，存在明显的不足，甚至不少研究成果显示了明显的无自觉，这主要表现为这方面的历史描述无条理、不清晰，这方面的理论和方法的探讨则接近于零。中国对外关系的历史进程已经相当清楚地展示了中国内政对中国对外关系的重大影响，而且这种影响是贯彻始终的，它应该受到自觉的重视。由于中国内政在对外关系领域的巨大影响，分析和阐述这种影响的过程、程度和独特的方式，应该成为分析和研究中国对外关系的逻辑框架的组成部分。另一方面，对中国内政对对外关系影响的研究，不论是实证性研究，还是方法论的探讨，都构成了这个领域中的一类关键性知识。从经世致用的角度说，中国对外关系未来的发展仍然不可避免地要同内政纠缠在一起，有时甚至受到内政的决定性影响。积累这方面的知识，养成认知视角的自觉，是至关重要的。

影响中国对外关系的所谓内政基本上可以归为两个层次的因素。第一个层次是比较直接的，内容大致包括：（1）决策层内部在重大的政策问题上——包括对外政策和其他一些政策——的分歧和矛盾，等等；（2）国内的发展战略或重大政策的转变，反映这些转变的政治斗争和政治运动，等等；（3）国内政治气氛的变化，诸如媒体所造成的公众情绪变化，其他一些问题包括社会思潮变动导致的社会氛围的变化，等等。这些因素都会直接或间接地影响甚至带动对外政策发生变化。中国对外关系 60 年的历史证明，国家发展战略和安全战略的转变所产生的影响是最关键的。

近些年来，历史学领域的大量研究表明，中共领导人刘少奇在中华人民共和国成立前夕访问莫斯科，为新中国与苏联建立战略同盟奠定了基础，斯大林也从此决定接纳中国成为社会主义大家庭的一员。有关这次访问中一个不太被重视但十分重要的情况是，刘少奇在历时 40 多天的访问中，与斯大林会谈的次数并不多，他利用其余的时间参观访问了苏联的政府部门、职能机构和工矿企业，了解苏联国家管理和建设的各个领域，包括企业党组织的活动和作用。① 他回国时脑子里装了一套苏联的国家发展模式。后来的历史表明，中共领导人差不多就是根据苏联的模式建立了新国家。这导致中华人民共和国一诞生便与社会主义国际体系全面接轨，包括政治、经济、贸易、教育、国防、外交等各个领域，从政策到体制，无一不是既迅速又顺畅。显然，建国初期的外交“一边倒”同当时中共领导人选择的建国模式和发展道路有关，这个选择甚至有可能是起决定性作用的

导致中苏同盟破裂和中国脱离苏联阵营的原因是多方面的，其中关键的因素是斯大林去世后，中国不再能容忍这个体系中苏联与其他国家那种“父子”、“猫鼠”式的不平等关系。不过中苏关系破裂的更深层的原因是，当赫鲁晓夫试图对苏联的政治经济体制进行有限的改革时，中国的发展道路却在向相反的方向延伸。② 这也是导致后来的中苏意识形态大论战的一个关键原因，当然它也是中苏意识形态大论战的重要内容。正是在这场论战中，毛泽东那一套“无产阶级专政下继续革命”的理论被逐步建构完成。中苏同盟破裂过程是中国内政与外交互动（也可以说是恶性循环）的一个经典案例。

1970 年代初中国决定打开对美关系，主要是由于调整国家安全战略的需要。③ 但是，发展与美国以及其他西方国家的关系与当时中国国内“文革”

① 师哲的回忆详细描述了刘少奇在莫斯科的访问活动，参阅《在历史巨人身边（师哲回忆录）》，中央文献出版社，1995，第 419～424 页。

② 参阅沈志华主编《中苏关系史纲》，人民出版社，2006。

③ 参阅宫力《跨越鸿沟：1969～1979 年中美关系的演变》，河南人民出版社，1992。

极端左倾的政策极不协调，这其实是制约中美关系正常化进程，使谈判长达多年的重要因素之一。① 而恰恰是对这一问题的忽视或缺乏研究，给相当多的中国人造成这样一种看法，即只要在战略安全方面有共同的利益，就足以维系与美国的关系。不过事实是共同的战略利益只促成了中美关系的缓和，中美关系的正常化却是与中国决定改革开放直接联系在一起的，即使在时间上也是基本同步的。②

十一届三中全会以后，中国的国家发展战略、安全战略和对外政策完成了一次历史性的协调，其标志性事件是中美关系正常化。这种协调的出现是以国家发展道路的巨大转变为基础和主要动力的，它为中国对外关系的全面发展开拓了广阔的空间。可以设想，如果没有中国发展战略的重大转变，冷战后中国对外关系面临的困难要严重得多。1980年代的中苏关系正常化进程也证明，中国之所以后来奉行“独立自主的不结盟的和平外交政策”，从根本上说也是因为邓小平领导的中国决心退出美国与苏联两种社会发展模式的竞争，走一条适合中国国情的发展道路。③ 当今中国对外关系的发展，仍然在不断地证明上述结论。

第二个层次是同中国多民族统一国家的建设与发展相关。从现代多民族统一国家发展的角度看，中华人民共和国是一个新的特殊阶段。如同20世纪的新兴民族国家特别是第二次世界大战以后的新兴民族国家发展一样，中国的现代国家建设在1949年以后面临着一些基本的问题。在中国任何政治力量、政党的存在和是否拥有合法性，都同解决这些基本问题有关；这些政治力量、政党提出和推行的各种思想、各项政策，包括对外政策，也必须能够解决或有利于解决这些问题，才具有持久的指导意义。这些基本问题主要包括如下几个方面。

首先是确保主权与领土完整。主权与领土完整作为现代民族国家生存和发展的最基本条件，它们不能受到侵犯和损害，或者不能让它们受到的威胁达到这样的程度，即在这个国家生活的国民普遍感到不安全，或者感到没有基本的发展前途。不论当今世界上有关国家主权不可侵犯的问题存在多少争

---

① 参阅李捷《从解冻到建交：中国政治变动与中美关系》，宫力、威廉.C.柯比和罗伯特.S.罗斯编《从解冻走向建交：中美关系正常化进程再探讨》，中央文献出版社，2004，第264～289页。

② 参阅陶文钊主编《中美关系史》，上海人民出版社，2005，第3册第2章。

③ 参阅牛军《告别冷战：中苏关系正常化的历史含义》，《历史研究》2008年第1期。

论，对第二次世界大战以后包括中国在内的新兴民族国家来说，维护国家主权不受侵犯仍然是生存尤其是发展的起码条件。

其次是发展经济和实现社会进步，或统称为实现现代化。这也是新兴民族国家在当今世界上保持国家生存的基本条件。改革开放以后的中国具有典型意义，中国社会的各个阶层对此问题有高度的共识。在经历了建国后多年的曲折后，当今的中国有两个强大的推动力，推动决策者集中力量于“发展经济，实现现代化”。一个推动力是人们追求发财致富的强烈愿望；另一个是实现中华民族伟大复兴的历史性追求。这两个动力产生于中华民族近代的历史和当今的中国社会，基础极其深厚。中国的对外政策必须为现代化首先是为经济发展服务，是没有多大争议的原则。

第三是实现和维护国家的统一。二战后亚洲一些新兴民族国家长期存在实现和维护国家统一的严重任务。如越南通过十余年的战争，才在1975年实现了国家统一；朝鲜半岛现在还处于分裂状态，等等。维护国家统一问题对中国更为突出，也更为敏感。这一方面是因为中国目前还没有实现国家的完全统一，以及面临着反分裂的严峻挑战。争取早日解决台湾问题，实现国家完全统一，同时反对各种分裂势力，以及各种被认为可能导致中国出现分裂内乱的政治意图、意识形态和活动，一直是中国对外政策中的一个非常重要的内容，也得到中国公众广泛的支持和认同。另一方面，在中华民族几千年的历史中，维护国家统一一直是政治治理的核心问题，也是一种“核心价值”。从历史上看，秦以后的中国一直是靠实行中央集权的政治制度来维护国家统一的，没有任何一种历史经验证明，中国可以用别的方式实现这个目标，或者说是维护这个价值。这是中国政治体制改革具有高难度的重要原因（今后有可能成为主要原因）。当今的一个突出的问题是，这种政治治理模式（它的建构当然不全是为了维护国家统一）成了中国同一部分发达国家的所谓“结构性矛盾”的一个根源。

第四是社会核心价值的建构与国家认同的形成。二战后所有新兴民族国家都必定要经历一个社会核心价值的建构过程，并在已建立的核心价值基础上，逐步形成相对牢固的国家认同，包括对国家特性和基本形象的认知、认可甚至欣赏，以及对国家的忠诚和国家基本制度的信任和信心。这是历史进程决定的，二战结束后不久发生的冷战使这个问题更为突出，并经常在一些国家导致极其尖锐的政治斗争。1949年10月中华人民共和国建立以后，中华民族同样面临社会核心价值建构的问题。解决这个问题的过程同中国对外关系的发展存在着明显的互动，其影响巨大是不争的事实。中国今后完成现代国家核心价值的建构过程，必定会伴随着对外政策的讨论，伴随着如何认识中外关系的讨论，来自外部世界的影响很可能会比以往更强烈。对这类问题的讨论、认识和反应会与中国社会思潮的变动相结合，它们或许不会直接影响中国对外政策的一些具体领域，但会极大地影响中国对外政策的倾向

第五是执政集团的合法性问题。二战后所有新兴民族国家的执政者都面临合法性的挑战，这部分的是因为这些执政集团最初得到支持是因为他们在革命阶段满足了公众对民族解放和国家主权独立的诉求。但在完成这一历史使命后，能否为国民提供基本的安全感，必要的荣誉感，以及满足国民对国家经济发展和社会进步的日益强烈的要求，则成为对合法性的挑战。应对这一挑战的成功与否既取决于能否遵循大致满足公众知情权、参与权、表达权的正义程序；也取决于能否制定和有效地贯彻合理的国家战略和政策。在此前提下，为国家的生存和发展包括解决上述几个基本问题创造比较有利甚至是越来越有利的外部环境，是衡量当今中国外交成就的基本标准，是执政者合法性的重要来源之一。

最后是中央与地方的关系。这既是中国历史延续下来的问题，也是中国现代国家建设中独特的重大问题，它不可避免地影响到中国对外政策，今后可能影响会更突出。这类问题有几种不同的形式，如不同地区与中央的关系、不同地区对外部世界不同的依存程度、同中国周边不同地区形成的不同关系、受到性质和程度不同的外部影响、在不同的边疆地区也面临着不同类型的安全威胁，尤其是在一些地区，地方问题同民族问题纠缠在一起，使矛盾尤为复杂和尖锐，等等。它们反映到中国外交上，不同地区表现出不同的需求，甚至有不同的价值取向。可以预期，随着中国对外关系更全面地发展，以及地方国际化进程的深入，包括中国地区社会特别是边疆地区社会在同外部交往中不断发生变化等等，变化中的中央与地方的关系有可能对中国外交政策产生更为重要和复杂的影响。①

以上几个问题是相互关联的，中国对外政策和对外关系在根本上是为解决这些基本问题服务的，是为解决这些基本问题创造有利的外部条件。中国对外关系在其发展的过程中虽然出现过特殊时期，但绝不可能长期与回应这些问题的基本需要背道而驰。换一个角度说，上述几个问题结合在一起构成

① 关于中国“地方国际化”的研究可参阅上海外国语大学苏长和的相关研究成果。

了一个理解对外政策问题的框架。执政者在其中思考和制定对外政策，公众依靠它衡量对外政策和提出诉求，研究者则可以通过它观察和分析对外政策。

三 国际环境及其与中国对外关系的互动

国际环境对中国对外关系有重大的影响，这是不需要更多论证的结论，中国的对外政策在一些方面就是对不断变化的外部形势做出的反应。但是，国际环境作为影响中国对外关系的重要因素，在不同的历史时期主要包括哪些内容，通过什么途径和方式产生影响，以及在那些值得研究的重大事件中它的影响达到什么程度等等，都还是需要讨论和研究的，对这些问题的理解仍大有丰富和深化的必要。

在最表层，国际环境对中国对外关系的影响表现在国际政治形势的变化，以及中国领导人如何认识那些变化并做出反应，制定或调整对外政策。从二战后国际政治的历史进程看，影响中国对外关系的外部环境基本上可以分为两个时期。一个是冷战时期，另一个是“后冷战”或冷战后时期。前一个时期世界政治的主要特征被简单地称为是美苏两极对立，美苏两个超级大国及其阵营的对抗决定着世界政治的基本特点和基本走向。后一个时期在中国被称为是走向多极世界，国际政治力量的基本格局是“一超多强”，这种力量格局和多极化发展趋势支配着世界政治。当然两个时期只是大略的划分而已，随着近十几年来“全球史”研究的兴起，越来越多的历史研究成果描述出一个更为丰富也更为复杂的世界图景。在每个时期都有远比所谓“两极世界”或“一超多强”、“多极化趋势”等复杂得多的内容，它们很可能同样在影响中国对外关系。

中国革命取得最后胜利同二战结束后不久爆发的冷战有密切的关系。正是美苏两国在中国都奉行既互相限制又互相妥协的政策，造成了独特且有利于中国革命运动发展的外部条件。当时在中国出现的美苏互相遏制，国共一竞雄长的局面，使国共两党都有机会尽其所能地利用美苏的矛盾，争取形成对自己有利的国际条件。在这方面，中国共产党人看起来显然更有智慧和谋略，当然首先是因为他们在中国具有更坚实和广泛的社会基础。

美苏冷战既是中国革命胜利的外部条件，也是中共建国时不得不面对的主要外部环境，中华人民共和国对外政策部分地就是为应付美苏对抗的局面而制定的。中共中央选择“一边倒”向苏联的对外政策塑造了后来十几年中国对外关系的基本格局，即站在苏联阵营一边，与美国对抗。这种对外关系格局的出现，除了前述理论观点和经验使然，也是中共当时在两极对抗的国际格局中，针对美苏对中国革命运动的态度做出的反应，是中共分别与美苏互动的结果。美苏同中共的关系的确有本质的区别：苏联是中共的支持者，不论这种支持达到何种程度和有何种复杂的特点；美国则是中国革命运动的反对者。

1960 年代中期中国对外政策的调整和对外关系随之发生变化等，固然有其内政的原因，但也包含着对变动的外部环境做出反应。这种外部环境的变化主要是指美苏力量对比和相互关系的变化，苏联对外政策和对华政策的变化，以及美国对外政策和对华政策的变化，等等。

从美苏关系的变化看，60 年代末美苏两国的力量对比发生了重大变化，即两个超级大国之间形成了战略均势，特别是核均势。这给美苏双方提出了重大的对外政策问题，即选择继续对抗，还是选择缓和。苏联选择了前者，美国则选择“缓和”。美苏关系的变化带动了欧洲和广大第三世界地区的形势变化。与此相联系，1960 年代末期中国直接面对的外部环境也出现了两个基本变化。一个是中国同苏联从盟友变成敌人，苏联对中国的国家安全构成了威胁，也成为中国对外政策的严重挑战。中苏边界持续升高的紧张局势最终在 1969 年 3 月酿成了双方在中苏边界东段的珍宝岛发生军事冲突，并在夏季蔓延到中苏边界的西段。此前不久，1968 年 8 月 21 日，苏军入侵捷克斯洛伐克，这一事件在促使中国大幅度改变对外政策方面也是至关重要的，它推动中国领导人开始从国家安全战略的全局考虑苏联威胁的问题。10 月 31 日通过的中共八届十二中全会公报确认了苏联已经成为新的战争策源地的判断，这导致了后来中国安全战略和对外政策的革命性转变。①

另一个重要的因素是 1960 年代中期，美国对华政策开始酝酿重大的调整。尼克松执政后不久，便决定采取措施缓和中美关系。美国的战略调整和有关调整对华政策的宣示和措施是促使中国领导人重新认识国际形势的重要国际因素。1969 年秋季，在初步稳定了中苏边界局势并大致判断清楚美国对

① 《中国共产党第八届扩大的第十二次中央委员会全会公报》，1968 年 10 月 31 日，《人民日报》1968 年 11 月 1 日。

华政策调整的方向之后，中国领导人决心迈出缓和中美关系的步伐。[①] 1972年2月，在经过艰苦的外交努力以后，尼克松终于实现访华。中美双方在上海签订了联合公报，从而迈出了中美和解并最终实现关系正常化的第一步。

在中苏关系全面紧张和中美关系开始缓和的背景下，针对冷战中美苏战略态势的变化，中国从1970年代中期开始推行被称为是“一条线”和“一大片”的国际反霸统一战线政策。这项政策的主要内容是联合世界上一切主张和平和反对霸权主义的国家、民族和各种政治力量，组成反对美国和苏联两个超级大国的扩张政策和战争政策的国际统一战线，其中主要是反苏联的扩张政策。[②] 这个时期毛泽东提出的“三个世界”思想就包含了国际反霸统一战线政策的思想。[③]

特别需要强调的是，“三个世界”的思想并不完全是对美苏关系格局变化的反应。毛泽东使用这个概念并试图据此建立一套理论，目的主要还是回应世界政治中的另一个巨大变化，即二战后兴起的民族解放运动出现了历史性转变，包括中国在内的一大批新国家力量蓬勃兴起，正成为世界政治中越来越重要的力量。1970年代初中国恢复在联合国合法地位以及因中东石油输出国联合限制石油出口所造成的石油危机等事件，极大地影响了中国领导人对世界政治的看法和判断。他们提出“三个世界”的理论就是要为中国在日益复杂的世界格局中界定位置，以及为相关的政策提供认识框架和理论支撑。[④] 相比较而言，中国在这个时期对二战后新兴民族国家重视的程度大大超过后30年，其原因需专文探讨。对中国恢复在联合国合法地位对中国对外关系的巨大影响，学术界至今还缺乏深入的探讨，这需要弥补。

1990年代初，冷战以东欧剧变和苏联的突然解体而告结束，二战后世界政治的一个时代结束了，这也是1949年以来中国外部环境的最大变化。从1989年东欧国家发生剧变开始，中国领导人已经在关注国际政治局势的变

---

① 参阅牛军《1969年中苏边界冲突与中国外交的调整》,《当代中国史研究》1999年第1期。

② “Memorandum Conversation”, November 12, 1973, *FRUS*, 1969 - 1976, XVIII, 1973 - 1976, China, pp. 123 - 138, 380 - 399. 另参阅王泰平主编《中华人民共和国对外关系史 1970 ~ 1978》（第三卷），世界知识出版社，1999，第7页。

③ 参阅牛军《毛泽东“三个世界”理论研究纲要》，萧延中主编《晚年毛泽东》，春秋出版社，1989。

④ 毛泽东：《帝国主义怕第三世界》，1970年7月11日；《关于三个世界划分问题》，1974年2月22日；均见中央文献研究室、中华人民共和国外交部编《毛泽东外交文选》，第587 ~ 588、600 ~ 601页。《邓小平团长在联合国大会第六届特别会议上的发言》，1974年4月10日，《人民日报》1974年4月11日。

化。当时中国面对的另一个直接和突出的问题就是以美国为首的西方发达国家对中国的全面制裁。这些变化是推动中国领导人提出“韬光养晦”政策的主要国际背景

从冷战结束至今，国际形势虽然不断发生着变化，但是苏联解体后所形成的国际政治格局并没有发生根本性的变化。在中国国内，不断就冷战后的国际格局和中国所处的国际环境进行研究和讨论。特别是针对冷战后美国的世界地位和美国对华政策的讨论，从 1990 年代中期到末期从未中断并日益深入，在 1999 年北约轰炸南联盟时甚至达到一个高潮。这些讨论的发生和持续本身就表明，国际环境对中国对外关系的影响正日益深入，因为中国同国际社会的关系正在经历极其深刻的变化，人们必然更加关注外部环境的变化及其可能造成的各种影响。

以上指出国际环境的变动及其与中国对外关系之间互动的重要影响，除了因为这是理解中国对外关系发展方面必须认识到的一个基本因素之外，还是因为它可以促成更有启发性的思考。在上述互动的过程中，中国人对世界政治潮流（有时被称为是时代）的认识起着关键的作用。历史进程表明，决定中国外交成败的重要条件（如果不是首要条件），就是中国人对世界政治潮流的判断合理与否，包括全面认识和理解世界政治主要潮流的发展方向，合理判断它们在各个阶段上的影响和相互关系。世界政治潮流的内涵并不是单一的，是由几个大趋势构成的，它们是相互影响和变动不居的。世界政治格局通常都是在它们的相互激荡、相互抵消或促进的共同作用下，通过重大事变来实现飞跃性发展。

二战结束至今虽然有冷战和后冷战两个时期，决定世界政治发展的主要潮流在本质上并无变化。这些主要潮流包括：（1）世界强国之间的复杂关系，在冷战时期主要表现为美苏两个超级大国和各自控制的军事集团的对抗与对峙；在后冷战时期主要表现为一超多强之间复杂的合作、竞争与地缘政治对抗。（2）民族解放运动的兴起及其后果，即大批新独立的国家成为世界政治中的新兴力量，并在冷战后形成世界政治中一些新的力量中心。（3）以经济全球化为主要表现形式的现代化潮流的快速扩展，在中国实行改革开放和冷战结束后，现代化潮流的全球性愈显突出，并造成了越来越大后果。（4）科学技术巨大跨越式的进步，它持续不断地改变人类社会的生存方式和思考方式，也极大地改变了世界政治的基本面貌，包括改变大国政治的存在和发展方式。（5）意识形态斗争，在冷战时期比较集中地表现为美苏两国围

绕两种社会制度和新兴国家现代化实现模式的激烈斗争，同时也存在其他一些重要的思潮；冷战后则演变为“西化”与非西方思潮、全球化与反全球化思潮的争论与斗争。

中国对外关系60年的发展证明，中国外交与国际环境的互动曾经由于主观认知的历史局限性、片面性——忽视或过度强调世界政治潮流的某个方面——而受到影响，甚至导致对外关系出现全局性的错误。以前30年为例，毛泽东比较重视民族解放运动及其前途和对世界政治的影响，支持民族解放运动以及后来大力发展同第三世界国家的关系，成为中国外交的突出任务。再如对美苏两个超级大国之间对抗的认识，使毛泽东极为重视中国的国家安全，并在一个时期形成了同时同美苏两个大国对抗的局面。如果将毛泽东这些认识分开来看，都各有其根据。问题是他严重忽视甚至无视世界政治中的其他潮流，诸如忽视追求现代化的世界性潮流，以及忽视科学技术进步对世界政治越来越突出的影响，等等。结果导致对时代问题的认识长期摇摆，不承认有维持较长时间基本和平的可能性，否定国际形势中缓和因素的存在以及出现缓和趋势的历史性原因，甚至夸大“世界战争”与“世界革命”的可能性，一度断言世界正处于“资本主义和帝国主义走向灭亡，社会主义和共产主义走向胜利的时代”，“世界已进入毛泽东思想的新时代”，提出以亚非拉“广大农村”包围资本主义“世界城市”，等等。① 这些认识和政策导致相当极端的外交行为，致使中国一度陷入孤立。

改革开放以后，在总结前30年的经验和教训的基础上，也是经过长时间的观察和思考，中国领导人提出“和平”与“发展”两个主题的思想，即在各种复杂的世界政治潮流相互影响和相互激荡中，“和平”与“发展”逐步发展成为世界绝大多数国家和人民的主要追求和世界政治发展的主要方向。世界规模的战争是可以避免的，不存在对中国大规模入侵的可能性。这一思想是基于对大国关系、经济全球化的趋势、发展中国家的历史地位、科学技术的重要性以及意识形态斗争在国家关系中的作用等重大问题的长期思考和判断，在1980年代中期提出后经过多次争论和论证，在中国形成了高度的共识。60年正反两方面的经验证明，时时关注时代潮流的变化并顺应时代

① 林彪：《人民战争胜利万岁》,《人民日报》1965年9月3日；《中国共产党第八届中央委员会第十一次全体会议公报》，1966年8月12日，《人民日报》1966年8月14日；毛泽东：《致阿尔巴尼亚劳动党第五次代表大会的贺电》，1966年10月25日，《人民日报》1966年11月4日。

潮流的发展是非常必要的。

从更长的历史时段看，研究国际环境与中国外交的互动是由一个历史性的命题决定的，这个历史性的命题可以简称为“中国与世界”。自 1840 年鸦片战争至今 160 年来，中国人对这一问题的思考和回答，从根本上决定着中国对外关系的走向和成败。这一古老命题演化至今，其核心部分就是中国与现存国际体系的关系。

中国与现存国际体系之关系这一命题之所以日显突出，最初是由冷战后中美关系变化引起的，因为人们越来越认识到，影响中美关系发展的最深层因素是中国与当今国际体系的关系，这是由冷战后世界政治经济格局的基本特征、中美各自在其中的地位以及中国所处的历史进程所决定的。改革开放 30 年来，中国与外部世界的关系发生了巨大和深刻的变化。也许正是由于中国与外部世界正形成着越来越密切的关系，同时又不断遇到困难和麻烦，中国人开始越来越多地关注和谈论中国与现存国际体系的关系。与之相伴而生的诸如“与国际经济接轨”、“参与全球化进程”、“建设性融入”、“做负责任的大国”等观点，从不同层次和不同角度反映了中国人在此领域的思考及其达到的深度。①

“中国与现存国际体系的关系”之所以成为一个重要的问题，无疑包括内外两方面的原因。外部原因主要与现存国际体系的一些主要特征联系在一起，即以美国为代表的西方发达国家在其中占主导地位，这个体系的主要规则是由它们主导制订的，当然也就更符合它们的利益，而且一些规则还在按照它们的愿望修改或调整。另一个更为深刻一些的因素则来自中国的内部，即中国发展道路的选择。历史的进程表明，改革开放以来的国家发展道路固然给中国发展与现存国际体系的关系提供了巨大的推动力。不过这条发展道路在其演变过程中逐步显露出来的某些特点，同样也构成了目前中国与现存国际体系融合的内在限度。正是内外两方面的因素，特别是内部的因素，决定了中国完全认同现存国际体系注定经历了一个曲折和漫长的过程后才变成现实。在这个过程中，中国对外关系的发展自然展现了一些独特的面貌。

中国人对现当代国际体系的认同是国家认同的延伸。中国人的国家认同形成与对外关系联系紧密，中国对外关系的缘起同革命与冷战紧密相关，中国人的国家认同是在冷战的背景下塑造成型的，它在很大程度上决定了当时

① 参阅牛军主编《中国学者看世界（外交卷）》中的有关论文。

中国人对现当代国际体系的态度。中国人对现代国际体系的认同大致起始于1971年中华人民共和国恢复在联合国的席位和一切合法权利。从那时起到今天，中国已经全面参与到包括全球的和地区的几乎所有国际组织。作为逐步走上认同现代国际体系道路的一个结果，各种国际组织对中国对外关系的影响日益增强，与各种国际组织之间的互动已经成为中国对外关系的一个重要方面，而且肯定会变得越来越重要。中国对外关系的研究必定要大大超越传统论述中专注于双边关系、大国关系、战略关系等范畴，从全球史和现代国际体系演变史等更广阔的视角，界定中国对外关系的研究领域和问题。

结　论

以上概述了60年中国对外关系的三条经线，也即是理解60年中国对外关系的三条基本线索。本文的内容只能算是粗略地提出并界定了每条基本线索的主要内容，实际上在每一个方面都还需要更为深入和丰富的论述。尤为重要的是这三条线索是如何在一系列重大事件中相互交织、相互影响，以及那些处于领导地位的历史人物是如何有意或无意地回应这些经线中包含的历史性需求，并用他们的思考和个性给历史留下独特的烙印，等等，这些都是需要大量的专门和深入的研究的，如此才有可能更为清晰地展示着三条经线之间的联结，中国对外关系也因此才是鲜活和引人入胜的。可以说这些专门和深入的研究在中国外交研究领域是特别缺乏的，这种缺乏正是造成宏观思考难以深入、结构探讨和方法少有创新的关键性原因。

中苏同盟建立的曲折历程[*]

沈志华[**]

与中苏同盟如何走向破裂一样，在冷战国际史和中苏关系史研究中，中苏同盟的形成也是各国学者之间讨论最多、分歧最大的问题之一。关于中苏何时结成同盟，牛军认为，1945 年 10 月苏联开始全力支持中共夺取东北，并与中共形成一种战略关系，这是战后双方关系发展的一个转折点。① 文安立提出，苏联人于 1946 年 4 月同意让中共接管东北各城市是中共与苏联关系的一个重大转折点。② 盛慕真则认为，中苏结盟是“中华人民共和国宣告成立之前数十年中，中共与莫斯科关系的逻辑延伸”。③ 柯伟林赞同这一说法，并指出中苏联盟在某种程度上是预先注定的，是由苏联在国际共产主义运动中的地位，特别是作为中共监护人的地位所决定的。④ 关于中苏结盟的原因，很多学者都强调意识形态是主导因素，认为中共和苏联拥有共同的政治信仰是两者走到一起的最主要原因，作为对立因素存在的美国也起了很大的反面推动作用。⑤ 至于斯大林（J. Stalin）与中共政权得以建立的关系，多数学者

---

* 本研究得到上海重点学科建设项目资助（B406）。

** 华东师范大学历史系教授。

① 牛军：《论中苏同盟的起源》，《中国社会科学》1996 年第 2 期，第 183 ~ 185 页。

② 〔挪〕文安立（O. Westad）：《冷战与革命——苏美冲突与中国内战的起源》，陈之宏、陈兼译，广西师范大学出版社，2002，第 195 ~ 196 页。

③ Michael Sheng, *Battling Western Imperialism*: *Mao*, *Stalin*, *and the United States* (Princeton: Princeton University Press, 1997), p. 186.

④ William C. Kirby, "China's Internationalization in the Early People's Republic: Dreams of a Socialist World Economy," *The China Quarterly*, No. 188, December 2006, p. 890.

⑤ 比较突出的看法参见如下论著：Michael Sheng, *Battling Western Imperialism*; Chen Jian, *Mao's China and the Cold War* (Chapel Hill: University of North Carolina Press, 2001); Lorenz M. Luthi, *The Sino - Soviet Split*: *Cold War in the Communist World* (Princeton and Oxford: Princeton University Press, 2008)；文安立：《冷战与革命》；杨奎松：《中华人民共和国建国史研究（外交）》，江西人民出版社，2009。

认为苏联的援助发挥了重要作用，而俄国学者认定，中共对国民党的胜利只是由于苏联的援助才有可能。① 也有学者对此持否定意见，认为苏联战后对华政策是从自身角度出发的，没有考虑中共的利益，中共之所以能从当时复杂艰辛的局势中闯出来，主要依靠的是自身的力量和智慧。②

究竟应该如何评判苏联战后对华政策的目标及其转换？莫斯科对中共何时、何地持何种立场和态度？对于中共政权的建立和巩固，斯大林究竟起到了什么作用？毛泽东对苏共的态度是如何转变的？中共在中苏结盟过程中的主要追求是什么？要讨论这些问题，首先必须对中苏同盟起源的历史事实有一个基本的认定和认同。关于 1944 ~ 1950 年中苏同盟建立的曲折而复杂的历史过程，笔者近些年通过梳理中俄双方档案文献和口述史料，分专题进行了详细描述。本文则着重讨论这一历史过程中的逻辑关系，并在此基础上对中苏同盟起源所涉及的一些基本问题做出总体评述。

一　毛泽东和斯大林最初都没想把对方作为盟友

苏联与中华人民共和国的关系是战后苏联共产党与中国共产党关系的延续，而苏共对中共的立场，又是战后苏联对华政策的组成部分。就夺取全国政权而言，中共胜利的起点在抗日战争的末期，那时，中国是一个苏联与之接壤却无法纳入其势力范围的大国。在战争期间（特别是 1941 年以后），盟国对中国的支持和援助主要来自美国，也是罗斯福（F. Roosevelt）在开罗给蒋介石戴上了一顶“四强首脑”之一的桂冠。③ 因此，战后中美关系的发展前景是令人鼓舞的，甚至在中国共产党看来，美国也是可以寄予希望的国际力量。

---

① *Борисов О. Б.* Советский Союз и маньчжурская революционная база 1945 – 1949（Москва：Издатплыстно Мысль，1977）；*Ледовский А. М.* Переговоры И. В. Сталина с Мао Цзэдуном в декабре 1949г. – феврале 1950г. Новые архивные документы // Новая и новейшая история，1997，№1，с. 23 – 47.

② 参见〔德〕迪特·海因茨希《中苏走向同盟的艰难历程》，张文武等译，新华出版社，2001；Michael H. Hunt，*The Genesis of Chinese Communist Foreign Policy*（New York：Columbia University Press，1996）；James Reardon – Anderson，*Yenan and the Great Powers：The Origins of Chinese Communists Foreign Policy*，1944 – 1946（New York：Columbia University Press，1980）。

③ 关于战时中苏关系的研究，参见罗志刚《中苏外交关系研究（1931 ~ 1945）》，武汉大学出版社，1999；沈志华主编《中苏关系史纲》，社会科学文献出版社，2011；薛衔天、金东吉《民国时期中苏关系史（中）》，中共党史出版社，2009。

以往的研究结论大体认为，虽然中共始终处于莫斯科的领导和帮助之下，但1930年代~1940年代斯大林与毛泽东的关系却比较紧张。近年，旅美俄国学者潘佐夫利用最新披露的共产国际档案所进行的研究指出，斯大林与毛泽东的关系整体说来并不像人们普遍认为的那样紧张：30年代初毛泽东在中共地位的上升“应该归功于莫斯科，而首先应归功于斯大林”，后来毛泽东所批判和斗争的中共党内莫斯科派领导人都是斯大林“已不再信任”甚至准备审判的人。① 这些史事都是经过考证的，其结论也是可信的。但作者进一步认为，中共领导人“在意识形态上以及在很多政策上都一成不变地依赖莫斯科”，毛泽东是斯大林的“忠实信徒”，并且是靠斯大林的支持才战胜蒋介石的，② 这种看法就很难令人信服了。

在对日战争时期如何处理国共关系方面，毛泽东与斯大林之间存在着明显的不同主张。例如1936年西安事变爆发时，中共因为对联蒋抗日的方针缺乏信心，一度采取了借机除掉蒋介石的策略，主张把蒋交付人民审判，重组“革命的国防政府”。只是在看到了莫斯科公开表明的反对立场后，中共中央才改变了主张。③ 再如皖南事变发生后，1941年1月13日，中共中央决定在“在政治上军事上迅即准备作全面大反攻”。④ 1月15日苏联驻华大使潘友新（A. Paniushkin）和军事总顾问崔可夫（V. Chuikov）接见中共驻重庆代表周恩来和叶剑英，得知中共军队已经做好进攻准备后，潘友新立即指出：“目前中国共产党主要的敌人依然是日本人。如果中共将发动积极地针对国民党部队的军事行动，只会进一步扩大中国的内战”；“你们当前的首要任务乃是竭尽全力来保全国共两党的合作关系”。尽管潘友新同意对国民党发起政治攻势，但强调“不应当直接点蒋介石的名字”，更不能直接“指责他便是皖

① 参见 *Панцов А. В.* Как Сталин помог Мао Цзэдуну стать вождем// Вопросы история，2006，№2，с. 75 – 87；A. V. Pantsov，“How Stalin Helped Mao Zedong Become the Leader：New Archival Documents on Moscow's Role in the Rise of Mao，” *Issues & Studies*，41，No. 3（September 2005），pp. 181 – 207。

② *Панцов* Как Сталин помог Мао Цзэдуну стать вождем// Вопросы история，2006，№2，с. 84 – 85.

③ 《中共中央书记处致共产国际执委会书记处电》（1936年12月12、14日）、《中共中央关于西安事变致国民党中央通电》（1936年12月18日），均转引自沈志华主编《中苏关系史纲》，第57页。关于西安事变中苏联与中共关系的研究，详见杨奎松《西安事变新探——张学良与中共关系之谜》，江苏人民出版社，2005。

④ 中共中央文献研究室编《毛泽东年谱（1893 ~ 1949）》下卷，中央文献出版社，1993，第255 ~ 256页。

南事件阴谋的组织者”。① 显然是受到苏联立场的影响，毛泽东在出席当天召开的中共中央政治局会议时便改变了说法，只提发动全国性政治反攻，并指出左派提出与国民党大打的政策不能实行。② 从本质上讲，国共两党水火不容，而斯大林出于对苏联东线安全的考虑却必须支持国民政府，要求“一切服从统一战线”。在这方面，苏共与中共之间的分歧和矛盾是不可避免的。不过，中共当时毕竟还是共产国际的一个支部，而且其发展壮大也离不开苏联的支持和帮助，因此对莫斯科只能言听计从。在这两次重大事件中，都是中共中央已经做出决定后，又不得不改变初衷，毛泽东此时对斯大林的感受可想而知。这也就难怪毛泽东在考虑中共未来的发展时，首先会想到争取美国人的帮助。

毛泽东曾认为，战后中国所能指望得到的大国援助不是来自苏联，而是来自美国。因此，他最初为中共选择国际联合对象时，曾对美国寄予希望。在1944年夏天与美军赴延安观察组的接触中，毛泽东反复表达了这样的看法和意愿。③ 7月23日第一次与美国外交官谢伟思（J. Service）见面，毛泽东就不无用意地一再表示：中国共产党人“首先是中国人”。④ 一个月后，在8月23日的长谈中，毛泽东多次询问谢伟思美国对中共的看法和政策，并主动说：“俄国人在战争中遭受了巨大损失，将忙于他们自己的重建工作。我们不指望俄国人帮助。”他又说：“中国共产党的政策不过是主张民主和社会改革”，“甚至最保守的美国实业家在我们的纲领中也找不到任何值得反对的东西”。毛泽东还多次强调，中共必须得到美国的帮助，必须与美国合作；对美国来说，中共比国民党更容易合作；中共欢迎美国的民主制度，决不会冒险采取反对美国的政策。⑤ 当时，毛泽东并不避讳与美国人的接触，甚至

① 《潘友新与周恩来、叶剑英会谈记录》（1941年1月15日），АВПРФ（俄罗斯联邦对外政策档案馆），ф. 0100，оп. 25，п. 200，д. 8，л. 28－29。

② 《毛泽东年谱（1893～1949）》下卷，第256页。

③ 关于美军观察组活动的详细情况参阅〔美〕卡萝尔·卡特《延安使命：美军观察组延安963天》，陈发兵译，世界知识出版社，2004；袁武振《抗战后期中外记者团和美军观察组访问延安始末》，《中共党史资料》第69辑，1999年3月；王炳南《中美会谈九年回顾》，世界知识出版社，1985，第35～36页。

④ 〔美〕约翰·斯图尔特·谢伟思：《美国对华政策（1944～1945）：“美亚文件”和美中关系史上的若干问题》，王益等译，中国社会科学出版社，1989，第196页。

⑤ Memorandum by the Second Secretary of Embassy in China (Service) of a Conversation with Mao Tse－tung, August 23, 1944, *Foreign Relations of the United States* (*FRUS*), *1944*, *Vol.* 6, *China*, Washington D. C.: GPO, 1967, pp. 604－614；谢伟思：《美国对华政策》，第218～229页。

事前将这种意向通知了莫斯科。在毛泽东看来，美苏本身的合作态势使得苏联“不会反对美国在中国的利益”，况且苏联与国民党的关系不好，因此“美国和中共之间的合作对有关各方都将是有利和令人满意的”。[①] 1945 年 3 月谢伟思再次访问延安，毛泽东显示的决心就更大了，他又一次谈到中共与美国的长期关系，并坚持认为：“美国不仅是帮助中国发展经济的唯一最合适的国家，而且也是完全有能力参与中国经济建设的唯一国家”；“共产党将继续寻求美国的友谊和谅解，因为它为中国的战后重建所需要”。[②] 当时，另一篇美国专家福尔曼（H. Forman）发自中国的报告还引用了毛泽东这样一段话：“我们不会遵循苏俄的共产主义社会和政治模式。我们认为，我们可以做的与林肯（A. Lincoln）在国内战争时期做的事情更具相似性：解放奴隶。”[③]

另外，有学者利用蒋介石日记的新材料证明：在抗战后期，美国与蒋的关系颇为紧张。“尽管彼此在战略上互有需要，甚至是别无选择的需要，但双方的信任却严重流失”。[④] 不能说毛泽东没有从中看到可乘之机。在美国驻华外交官和军人中，确有一批人同情并支持中共。尽管他们的出发点是维护美国的利益，防范苏联在亚洲的扩张，但看到在充斥着独裁、腐败的国民党统治下竟然还有像中共这样一支追求民主、办事清廉的欣欣向荣的政治力量，这些美国人感到欣慰也是可以理解的。然而，美国政府的态度却令毛泽东感到失望。1944 年 10 月 18 日，中国战区参谋长史迪威（J. Stilwell）因与蒋介石不和，被华盛顿解除职务，愤怒的史迪威甚至拒绝接受中国授予他的勋章。[⑤] 而史迪威与蒋介石的主要矛盾之一就是对待中共军队的立场不同。[⑥]

---

① 关于毛泽东向苏联通报的情况，见 *Димиитров Г.* Дневник（9 март 1933 – 6 феврари 1949），София：Универсстетсйо издарелство “Св. Климент Охридски”，1997，c. 416 – 417。

② Memorandum of Conversation, by the Second Secretary of Embassy in China（Service），March 13，1945，*FRUS*，*1945*，*Vol.* 7，*The Far East*：*China*，Washington D. C.：GPO，1969，pp. 273 – 278；《谢伟思与毛泽东的谈话》，《党史通讯》1983 年第 20 ~ 21 期，第 14 ~ 18、19 ~ 22 页；谢伟思：《美国对华政策》，第 229 ~ 230、231 ~ 232 页。

③ 转引自 *Бажанов Е. П.* Советско – китайские отношения：уроки прошлого и современность // Новая и новейшая история，1989，№2，c. 7。

④ 王建朗：《信任的流失：从蒋介石日记看抗战后期的中美关系》，《近代史研究》2009 年第 3 期，第 49 ~ 62 页。

⑤ 〔美〕约瑟夫·史迪威：《史迪威日记》，黄加林等译，世界知识出版社，1992，第 300 页；〔美〕卡特：《延安使命》，第 154 ~ 159 页。

⑥ 参见〔美〕巴巴拉·塔奇曼《史迪威与美国在中国的经验》，万里新译，新星出版社，2007，第 493 ~ 518 页。

史迪威事件是预示中共对美关系前景黯淡的第一个信号。跟着，11 月 1 日支持与延安接触的美国驻华大使高斯（C. Gauss）被迫辞职。[①] 接替他的新任大使赫尔利（P. Hurley）则完全站在蒋介石一边，不仅否决了使馆年轻官员们提出的一系列主张美国支持中共的政策性建议，而且不久便将谢伟思调回国内。[②] 毛泽东对此感到遗憾、失望和愤怒。于是，中共不得不把目光转回到莫斯科。1945 年 4 月中共召开七大时，毛泽东颇有些无奈地宣布："苏联，毫无问题是朋友，是中国人民最好的朋友"。[③]

然而，斯大林此时在中国选择的合作伙伴并不是共产党，而是国民党。战后苏联对华方针取决于两个因素，即苏联在远东的战略目标和苏美在亚洲的战略关系。当时斯大林对远东的战略考虑主要有两点，即把蒙古从中国的版图中分离出来，形成广阔的安全地带；恢复沙皇俄国在中国东北的势力范围，以确保苏联在太平洋的出海口和不冻港。为了保证实现上述权益，苏联在对华政策方面采取了与美国合作的方针，即承认蒋介石在中国的领袖地位，并劝说中共服从国民政府的统一领导。1945 年 6 月《布尔什维克》杂志发表的一篇评论员文章称：战后中国必须有一个"由战时所有民主党派、团体和组织所加强的国家民主阵线；只有这样……中国才能成为一支强大的、独立的和民主的力量"。[④] 这个公开发表的言论实际上反映了斯大林多次与美国人谈话时表达的立场，也就是他在战后提倡的"联合政府"政策。[⑤] 在4～5 月两次与美国驻华大使赫尔利的谈话中，斯大林称蒋介石是"无私的"、是"爱国者"，但应在政治上对中共让步，以求得军令的统一。斯大林和莫洛托夫（V. Molotov）还表示，不能认为中国共产党人是真正的共产党人，

---

① 卡特：《延安使命》，第 166～168 页。

② 详见〔美〕约瑟夫·埃谢里克编著《在中国失掉的机会—美国前驻华外交官约翰·谢伟思第二次世界大战时期的报告》，罗清、赵仲强译，国际文化出版公司，1989，第 270～317 页；谢伟思《美国对华政策》，第 1～4 页。尽管谢伟思在 1945 年 4 月躲过了一劫，但 1950 年 3 月终于在麦卡锡主义的阴影中被捕入狱。关于这批年轻的职业外交官，包括约翰·谢伟思、约翰·戴维斯和约翰·文森特、雷蒙德·卢登等人，以及迪克西使团团长包瑞德上校的详细情况，还可参见〔美〕伊·卡恩《中国通——美国一代外交官的悲剧》，陈亮等译，新华出版社，1980。

③ 《毛泽东文集》第 3 卷，人民出版社，1996，第 320 页。

④ 转引自 Chares Mclane, *Soviet Policy and the Chinese Communists, 1931－1946* (New York: Columbia University Press, 1958), p. 182。

⑤ 笔者关于"联合政府"政策的研究，见《斯大林的"联合政府"政策及其结局》，《俄罗斯研究》2007 年第 5、6 期。

苏联从来没有，今后也不会帮助中共。同美国一样，莫斯科也希望看到一个在蒋介石统治下的民主和统一的中国。① 为此，斯大林先是与美国取得默契，对中国政府两面夹击，软硬兼施，迫使蒋介石签订了城下之盟《中苏友好同盟条约》；而后则同时从中国、朝鲜和伊朗撤军，以取信于美国和国际舆论，并维护在雅尔塔体系内得到保证的实际权益。当然，与此同时，只要苏联的上述目标受阻，斯大林也常想到利用中共的力量牵制美蒋。

中共当时似乎并不清楚斯大林的主张。毛泽东在中共七大的最后报告中指出"国际无产阶级长期不援助我们"，因为"没有国际援助"，就要"学会自力更生"。不过，从意识形态的角度，毛泽东还是相信"国际无产阶级的援助一定要来的"。② 所以，尽管早在6月就听说有关中苏条约的内容，中共并不相信苏联会"承认蒋介石是中国唯一的领袖"。③ 然而，斯大林的所作所为终于使毛泽东明白，中共的目标和利益与莫斯科并非完全一致。

二　苏联对华政策多变与中共东北政权的建立

对延安来说，苏联出兵东北是一个突如其来的消息，更使毛泽东惊喜的是日本突然宣布无条件投降，这似乎为中共提供了一个与蒋家王朝争夺天下的天赐良机。毛泽东一度认为，中共的最佳选择可能是利用苏联出兵和日本投降造成的权力真空，控制广大的原日伪占领区，通过武力的较量夺取中国的半壁河山。8月中旬，中共中央不仅发出了夺取华东、华南地区进军令，指出"不怕爆发内战，而要以胜利的内战来制止内战和消灭内战"，而且宣

---

① The Chargé in the Soviet Union（Kennan）to the Secretary of State，April 17，1945，*FRUS*，*1945*，Vol. 7，pp. 338－340；《彼得罗夫与赫尔利谈话备忘录》，（1945年5月10日），АВПРФ，ф. 0100，оп. 33，п. 244，д. 14，л. 120－125，*Ледовский А. М.*，*Мировицкая Р. А.*（*сост.*）Русско－китайские отношение в XX веке，Документы и материалы，Том IV，Книга 2，Москва：ПИМ，2000，с. 37－40。

② 《毛泽东文集》第3卷，第391～393页。关于苏联的援助，毛泽东在1945年8月13日讲话中称：在抗战期间，"解放区的人民和军队""毫无外援"。（《毛泽东选集》合订本，人民出版社，1964，第1124页）但据季米特洛夫的日记，通过共产国际，苏联在1938年2月、1940年2月和1941年7月分三次向中共提供了180万美元的直接援助。见*Димиитров* Дневник，с. 137、190、238－239。

③ 《斯克沃尔佐夫与王若飞会谈备忘录》（1945年6月29日），АВПРФ，ф. 0100，оп. 33，п. 244，д. 14，л. 99－103，Русско－китайские отношение，Т. IV，К. 2，с. 68－71。

布了江苏、安徽、浙江、湖北省主席和上海、南京市长人选名单。① 面对突变的形势，远在大后方的蒋介石看在眼里，急在心上。作为缓兵之计，就在中苏条约签字的当天，即 8 月 14 日，他电邀毛泽东赴重庆共商国是。20 日蒋再次来电催促。但中共不为所动，继续抓紧进行部署，一方面命令晋绥和晋察冀部队配合苏军夺取华北各大中城市，一方面批准华中局打算在上海发动武装起义的报告。②

在此关键时刻，斯大林又发出了不同声音。8 月 20 日或 21 日，莫斯科给中共中央发来电报说：中国不能打内战，否则中华民族就有被毁灭的危险，毛泽东应赴重庆进行和谈。③ 在斯大林看来，中共拒不和谈而坚持武装夺权的方针，必将导致远东局势的紧张，并破坏业已签订且令莫斯科得意的中苏条约及苏美共同构建的雅尔塔体系，从而给苏联在远东的安全和利益带来不堪设想的后果。因此，中共必须像战后法国和意大利共产党的做法一样，在蒋介石领导的“联合政府”框架内寻求和平与稳定。尽管毛泽东再次执行了斯大林的命令，但他和蒋介石一样清楚，重庆谈判对于国共双方来说都是权宜之计，最后还是要通过武力决定胜负，而国共最初的较量就在苏军占领的东北。④

9 月中旬苏军指挥部与中共中央达成协议，苏军撤离中国前，国共军队

① 中央档案馆编《中共中央文件选集》第 15 册，中共中央党校出版社，1991，第 215、213 ~ 214、234 ~ 235 页；中共中央文献研究室编《周恩来年谱（1898 ~ 1949）》，中央文献出版社、人民出版社，1990，第 613 页。

② 《毛泽东给程耿贺林的指示》（1945 年 8 月 20 日）；《毛泽东年谱（1893 ~ 1949）》下卷，第 8 ~ 9 页。

③ 关于莫斯科的这封电报，首先是毛泽东在 1956 年 4 月一次政治局扩大会议上提到的，内容如上述。（《毛泽东选集》第 5 卷，人民出版社，1977，第 286 页）据胡乔木回忆，在 1960 年 7 月的北戴河会议上周恩来说，电报已经不存在了，可能烧了，时间是 22 日或 23 日。刘少奇在会上又补充了一句：他们说我们的路线是错误路线，要重新考虑。（刘中海、郑惠、程中原编《回忆胡乔木》，当代中国出版社，1994，第 401 页）有关这个问题的俄国档案目前尚未解密，但季米特洛夫的日记证明，确有这样一封电报。根据其日记，8 月 18 日季米特洛夫与卸任不久的驻华大使潘友新共同起草了致毛泽东的电报，意思是“因为形势发生了根本性的变化，建议中国共产党人改变对蒋介石政府的路线”。第二天，莫洛托夫表示同意这个电文。（*Димиитров* Дневник, c. 493）至于收到电报的日期，《周恩来年谱（1898 ~ 1949）》（第 615 页）注明为“22 日前后”。考虑到该电报应在 19 日以后发出，而中共的战略方针 20 日如故，21 日开始改变，故笔者断定中共收到电报的时间应该在 20 ~ 21 日之间。另外，按照师哲的回忆，斯大林先后发来两封电报（师哲回忆，李海文整理《在历史巨人身边——师哲回忆录》，中央文献出版社，1991，第 308 页），此事目前尚无法查证。

④ 详见《周恩来年谱（1898 ~ 1949）》，第 615 ~ 616 页；《毛泽东文集》第 4 卷，第 1 ~ 3、15 ~ 17 页。

均不得进入东北，已进入沈阳、长春、大连等地的中共部队须退出苏军占领地区。不过，苏军代表私下应允，只要中共军队不用八路军名义，不公开与苏军接洽，苏军可以“睁一只眼，闭一只眼”，还提出希望中共派负责人前往东北，以便随时联系，协调行动。后来，由于担心美国渗透到苏联的势力范围，斯大林先是支持中共阻挠国民党军队接近和开进东北，继而又协助中共军队接管那里的中心城市和工业重地。然而，就在毛泽东决定以最快速度接收东北全部政权时，由于国际形势的压力，11 月中下旬莫斯科又改变了主意，不仅突然同意国民党军空运进入东北各大城市，命令中共军队立即全部撤离，而且告诫中共在重庆的代表，注意减少与苏联使馆和驻华机构的联系。在 12 月的莫斯科外长会议上，美苏决定同时从中国撤军。在此情形下，中共不得不像 1927 年大革命失败后那样再次转向农村发展革命根据地，同时也准备与国民党和解，进入“联合政府”。斯大林的目的只是保证苏联在东北的特殊权益，而中共则是在其需要时可以利用的棋子。所以，当苏联与国民政府关于东北经济合作的谈判陷入僵局，而苏军又不得不撤离的时候，莫斯科再次打出了中共这张牌。苏军在 1946 年春撤退时给中共留下大批缴获的日军武器，并秘密安排中共接管长春、哈尔滨等大城市，还表示苏联目前受外交限制不能直接插足东北，希望中共全力坚持东北，使东北问题悬而不决，造成美蒋被动。但此时踌躇满志的蒋介石已经做好了大举进攻的准备，中共在东北的生存面临极大危机。①

由于对苏联在国共之间左右摇摆的做法感到不满和疑虑，当赫尔利辞职、马歇尔（G. Marshall）作为美国总统的特使来华调停国共内战时，中共再次燃起了对美国的希望。1946 年 1 月 30 日周恩来向马歇尔转达了毛泽东的口信。毛泽东认为马歇尔对停火问题的处理是公平的，中共愿意同美国在公平的基础上进行合作。周恩来说，中共的长远目标是建立社会主义，但现在还没有条件这样做。在现阶段，中国将走民主和科学的道路，向美国学习农业改造和工业化，以建立一个独立、自由和富强的中国。周恩来还告诉马歇尔，当有传闻说毛泽东要去莫斯科休养时，毛认为这一说法很可笑。毛泽东说，如果身体不好，他宁愿去美国，在那里可以学到许多东西。在给杜鲁门（H. Truman）总统的电报中，马歇尔转述周恩来的话说，中共正在努力引

① 关于苏军占领东北时期对华政策左右摇摆的情况，详见沈志华《斯大林与中国内战的起源》，《社会科学战线》2008 年第 10 期。

进美国的政治体制。马歇尔认为："中国共产党人具有民族主义的色彩，他们的许多成就都是在民族主义的基础上取得的。"① 不过，同1944年相比，此时中共对美国的态度更具策略性的意义，其基本的立场是"中立美国"，"逼美压蒋"。因而，当马歇尔不得不放弃调停回国后，中共感觉到美国已经彻底转变到"扶蒋反共"的立场，并最终采取了敌视美国的态度。② 放弃了对美国的幻想，又不能相信和依赖苏联的支持，面对愈来愈严重的内战局面，中共不得不破釜沉舟，走上了依靠自己的力量武装夺取政权的道路。③

尽管苏军退出了中国东北，但是莫斯科对这一地区的关注丝毫没有减弱。战后苏联在东亚的根本利益是与东北连在一起的，斯大林可以不管整个中国落入何人之手，但不能不考虑如何保证把东北控制在自己手中。如果不能做到这一点，那么在很大程度上，苏联通向太平洋的出海口就会被切断，其占领旅大地区的意义也将大打折扣。所以，苏联必须控制东北，特别是中国长春铁路一线。而要达到这个目的，斯大林现在所能依靠的就只有中共的力量了。从苏联方面来讲，只要中共能够在东北站住脚，莫斯科的远东战略目标就能够实现。从中共方面来讲，建立了巩固的东北根据地，就是走向全面夺取政权的第一步。于是，这种相互需求的政治考量就构成了从东北撤军后苏联与中共关系的战略基础。

资料表明，在1949年之前，苏联对中共的援助体现在军事和经济两个方面，而以经济援助的方式为主，目的在于帮助中共取得对东北及部分华北地区的控制。军事援助主要通过两种方式：第一，苏军撤退时赠送或遗留下来

---

① 章文晋：《周恩来和马歇尔在1946年》,《中华英烈》1988年第2期，第13页；*FRUS*, *1946*, *Vol.* 9, *The Far East*: *China*, Washington, D. C.: GPO, 1972, pp. 148–151。章当时任周恩来的秘书兼翻译。

② 关于中共在马歇尔调停时期的立场和政策，中国学者已有非常深入和到位的研究。详见章百家《周恩来与马歇尔使命》,《近代史研究》1997年第4期；牛军《论马歇尔调处时期国共两党的对美政策》，中国社会科学院近代史研究所编《划时代的历史转折》，四川人民出版社，2002。

③ 苏联红军撤离中国后，毛泽东告诫在东北指挥作战的林彪，内战既开，应"全靠自力更生"。毛又嘱咐即将赴苏联治病的罗荣桓："东北斗争主要靠自力更生"，勿向苏方提出"过高与过多要求"；而"关内应完全靠自力更生"，不能向苏方提"任何要求"。见《毛泽东致林彪电》（1946年6月25日）；《毛泽东文集》第4卷，第134~135页；《中共中央致罗荣桓电》（1946年7月30日），转引自金冲及主编《毛泽东传（1893~1949）》下卷，中央文献出版社，1996，第772页。

的日本关东军的大量武器装备。[①] 第二，通过朝鲜供应或交换的武器装备和军事物资（以缴获的日军物资为主）。[②] 此外，由中共掌握的旅大地区各工厂在苏联占领当局默许和鼓励下生产的大批武器弹药，自然也可以算是苏联提供的间接援助。[③] 目前没有资料显示，此期中共曾得到过苏制的武器弹药。[④] 苏联对中共东北政权的经济援助就显得公开和积极得多，这表现在三个方面：第一，通过贸易往来为中共提供工业品和生活用品。从 1946 年底至 1947 年底，苏联与中共政权（东北和华北部分地区）的贸易总额为 3.2 亿卢布，1948 年则猛增至6.5 亿卢布，翻了一番。[⑤] 第二，在旅大地区向中共移交了大批工厂，还帮助建立 4 个合营公司，从而在很大程度上补充了对中共政权的物资供应。[⑥] 第三，派遣大批专家协助修复东北铁路网，帮助中共培训技术人员、建立铁道兵部队，并以贷款或易货方式为中共提供铁路物资 8760 万卢布。1948 年底中长铁路全线通车。[⑦] 此外，战后苏联向中共提供的

① 关于这批武器的具体数量，俄国学者与中国学者以及中国学者之间存在不同看法。不过，这批武器对于内战初期中共抵住蒋军大举进攻所发挥的重要作用则是没有疑问的。详见 *Борисов О. Б.* Советский Союз и маньчжурская революционная база，с. 138、185；刘统《解放战争中东北野战军武器来源探讨》,《党的文献》2000 年第 4 期；杨奎松《关于解放战争中的苏联军事援助问题》,《近代史研究》2001 年第 1 期；该书编委会编《中国人民解放军第四野战军战史》，解放军出版社，1998，第 130 页。

② 到 1947 年 6 月，运送给东北局的物资共 4 批 800 ~ 1000 个车皮，1947 年下半年到 1948 年初，又有 52 万余吨。见吴殿尧、宋霖《朱理治传》，中共党史出版社，2007，第 461 页；丁雪松等《回忆东北解放战争期间东北局驻朝鲜办事处》,《中共党史资料》第 17 辑，1986 年 3 月，第 197 ~ 200、202 ~ 204 页。

③ 内战期间，旅大地区为前线供应了 30 万套军服、236.5 万双军鞋、50 余万发炮弹、80 余万枚引信、450 吨无烟火药、1200 门迫击炮和各种兵工生产设备，以及其他大量军需产品。见中共吉林省委党史研究室、吉林省东北抗日联军研究基金会编《韩光党史工作文集》，中央文献出版社，1997，第 33 ~ 39、133 ~ 139 页。

④ 这一点，也为当时美国的情报所证实。见《国务院关于支配中共军队规模主要因素的报告》（1947 年 6 月 25 日）、《中央情报局关于苏联实现在华目的的报告》（1947 年 9 月 15 日），沈志华、杨奎松主编《美国对华情报解密档案（1948 ~ 1976）》第 2 卷，东方出版中心，2009。

⑤《缅希科夫给斯大林的报告》（1950 年 1 月 20 日），Русско - китайские отношение，Т. IV，К. 2，с. 344 - 347。缅希科夫时任苏联对外贸易部部长。

⑥ 详见《韩光党史工作文集》；王佩平、孙宝运主编《苏联红军在旅大》，大连市史志办公室，1995 年编印；笔者 1996 年 5 月采访韩光（时任中共大连市委书记）记录、2002 年 10 月 26 日采访欧阳惠（时任驻旅大苏军指挥部机关报《实话报》中国部副部长）记录、2008 年 8 月 1 日采访王伟（曾任大连港务局书记）记录。

⑦《缅希科夫给斯大林的报告》（1950 年 1 月 20 日），Русско - китайские отношение，Т. V，К. 2，с. 344 - 347。详细情况见沈志华《对中苏同盟经济背景的历史考察（1948 ~ 1949)》,《党的文献》2001 年第 2 期，第 53 ~ 64 页。

现金援助，目前看到的材料至少有 1946 年的 5 万美金。① 所有这些措施，对于中共在东北地区恢复经济、稳定社会乃至军事胜利和政权建立，都具有不可忽视的重要意义。

中共东北政权的建立和巩固完全符合苏联的战略和经济利益，特别是 1948 年中共在军事上取得优势之后，斯大林对东北地区的援助便更加公开和积极。② 新的中苏同盟的基础也由此开始建立。不过，当中共的胜利推到长江北岸并开始走向全国时，斯大林又遇到了一个难题，与中共关系的发展也因此面临障碍。

三　斯大林对中共“解放全中国”的担心

斯大林对中共东北政权的支持的确为未来的中苏同盟关系奠定了一块基石，但是如果中共的胜利仅限于长城以北或长江以北，如果苏联对中共的支持和帮助也以此为界限，那么在此基础上建立的中苏同盟就只具有地区意义，无论如何也不能与双方后来实现的联盟同日而语。毫无疑问，全面的中苏同盟的建立，是战后世界历史和冷战格局中最具影响力的事件之一。这一认识的基础在于，1947 年冷战格局的形成毕竟还只是欧洲的事情，而 1950 年中苏同盟条约签订，则把冷战引向了亚洲，由于社会主义阵营在欧亚大陆连成了一片，以美苏为首的两大阵营的对抗便从大西洋扩展到太平洋——冷战从此具有了全球意义。

斯大林对中共夺取全国政权的态度，首先取决于苏联在中国所要实现的目标。无论从地缘和国力的角度出发，还是从安全和经济的目的着眼，如前所说，苏联对华政策基本的和首要的目标就是完全控制包括东北、内蒙古和新疆在内的中国北部地区。经历一番周折后，这一目标到 1948 年已经大体实现，并且没有给莫斯科带来任何风险和损失。此时，斯大林十分满意，但毛泽东则不会满足。如果中国的局势沿着有利于中共的势头不断发展，苏联继续支持和帮助中共就会遇到很大难题，并有可能付出尚难预料的代价。其风险在于：国民党得到了他们追求已久的来自美国的公开支持和援助，因此，

---

① 见周恩来亲笔签字的收条（1946 年 10 月 16 日），沈志华、李丹慧收集和整理《俄国档案原文复印件汇编·中苏关系》第 19 卷，华东师范大学国际冷战史研究中心藏，第 38 页。

② 1948 年 5 月，斯大林在对即将去东北帮助中共修复铁路的科瓦廖夫讲了这番话。*Ковалев И. В.* Диалог Сталина с Мао Цзэдуном// Проблемы дальнего востока, 1992, №1, с. 79.

莫斯科将不得不面对其无力承担且一直设法避免的在亚洲与美国人的冲突；中国共产党完全或部分地摆脱了莫斯科的控制，因此，斯大林就会遇到另一个让他感到头疼的亚洲的铁托（J. Tito）；新的中国政府在经济上完全依赖苏联，因此，斯大林必然感到力不从心，尤其是在他刚刚把一系列东欧国家纳入莫斯科卵翼下的社会主义阵营之后。对于这些问题，美国人当年就有十分精到的分析。1947 年 9 月美中央情报局在评估苏联对中国问题的立场时写道："考察中国多年的演变以及上述苏联措施的特征，不难得出结论：苏联对华政策最有效的工具就是中共。中共在意识形态上赞同并倾向莫斯科，只要中共从事在中国争夺权力的斗争，它就将继续与苏联合作。"但是，"如果中国国民政府接受美国帮助以增强国民党进行内战的潜力，估计此时苏联将权衡可供选择的行动路线，更着重于苏联在满洲地位安全，而非中共军队在中国本土的地位或命运。只要国民政府看来无力重建对满洲的控制，可以料想苏联会继续避免针对该政府的公开行动"。① 美国务院 1948 年 10 月的一份报告在确认东北和新疆对于苏联的经济和安全意义后指出，"至于中国本土，克里姆林宫几乎将之视为一个庞大的救济院，它是要回避责任的"。对于苏联来说，"在可预见的未来的任何战争中，中国最好是一个虚弱的盟友，或者最差是一个无足轻重的敌人"。"中国的疆域实在过于辽阔，人口实在过于众多，以至于莫斯科不允许毛和他的同志最终控制整个中国，尤其是因为他们掌权部分上是靠高举民族主义的旗帜。只要有可能，克里姆林宫在这些方面就倾向于不去冒这种风险。"总之，苏联"对中国基本的担忧现在不是如何帮助中共去击溃敌对势力赢得内战，而是如何确保对他们及其合作者的完全和持久的控制"。②

斯大林确实是在这种心态下处理 1948 ~ 1949 年与中共的关系的。其实，毛泽东此时所顾虑的问题与斯大林几乎是一样的。随着军事上一步步接近最后胜利，蒋介石的幕后支持者是否会走上前台，对于中共的确是一个严重的问题。在毛泽东看来，国共单独较量，蒋介石已经是手下败将，但如果美国人公开站出来援助国民党，共产党是否能够取得最后的全面胜利，就很难讲了，而能够阻止美国干涉的力量只有苏联。此时中共未必需要莫斯科直接的

① 《中央情报局关于苏联实现在华目的的报告》（1947 年 9 月 15 日），《美国对华情报解密档案》第 2 卷，第 239 ~ 247 页。

② The Department of State to National Security Council, United States Policy toward China, October 13, 1948, NSC 34, DDRS, CK3100371087 - CK3100371119.

军事援助，但战略上和外交上的支持是绝不可少的，正如毛泽东在 1947 年 12 月中共中央扩大会议上所说：对于苏联的援助，中共历来的方针是不能依赖，但不是不要。① 只要斯大林明确表示站在中共一边，就可以对美国的干涉行动起到震慑作用。② 另外，如果说在单纯的军事方面中共已基本不需要苏联的帮助，那么在已经取得和将要取得的新政权的巩固和建设方面，苏联的援助就是必不可少的。中共长期在野，并一直在农村活动，对于经济建设和城市管理几乎一无所知。毛泽东当然通晓“可马上得天下而不可马上治天下”的道理，他在 1948 年 9 月的政治局会议上谈到，未来中国的发展需要苏联的帮助，首先是经济上的帮助。③ 这一点，从此后中共要求苏联派遣的技术和管理专家人数成倍增加就可以得到充分证明。④

然而，莫斯科却在犹豫和观望。尽管冷战已经在欧洲爆发，斯大林构造的以莫斯科为中心的社会主义阵营自然也把中共及其武装看作一支不可忽视的力量，但斯大林最初的设想战略是外线防御、内线进攻，即对美国和西方采取保守和防御的策略，而集中力量对阵营内部进行整肃，统一思想和步调，以稳定与西方抗衡的阵脚。斯大林拒绝正在领导国内武装斗争的希腊共产党参加共产党情报局，日丹诺夫（A. Zhdanov）在关于两个阵营分析的著名报告中对如火如荼的中国革命斗争轻描淡写，以及斯大林因铁托在巴尔干联盟和援助希腊问题上的鲁莽行动而最终决定将南共赶出教门，这一切都表明，苏联的冷战战略不具进攻性，且希望避免和推迟与美国的直接冲突，特别是在亚洲。⑤ 正是在这样复杂的国际背景下，斯大林对于如何处理与中共的关系产生了一种矛盾心理：既想详细了解、全面掌控，又不便直接接触、公开支持。

---

① 《毛泽东文集》第 4 卷，第 329 ~ 330 页。

② 美国援蒋的困境确在于此。1948 年 5 月中情局的报告分析说：苏联迄今没有公开向中共提供物资援助，并继续承认国民政府是中国的合法政府，但如果美国向国民政府提供援助，苏联就可能采取“引人注目的行动”。在美苏各自为国共提供支持的攀比上升的过程中，优势在苏联一方，而美苏在华发生直接冲突的可能性将大大增强。见《美国对华情报解密档案》第 2 卷，第 273 ~ 283 页。

③ 《毛泽东文集》第 5 卷，第 146 页。

④ 参见沈志华《对中苏同盟经济背景的历史考察》,《党的文献》2001 年第 2 期，第 59 ~ 64 页。

⑤ 详细论证见沈志华《共产党情报局的建立及其目标——兼论冷战形成的概念界定》,《中国社会科学》2002 年第 3 期。

中共的目标却十分清楚：越是接近胜利的时候，毛泽东就越感到需要苏联这个盟友。从国家利益和民族主义出发，苏联此时的支持和帮助显然具有关键意义，从意识形态和国际主义考虑，中共期待已久的“国际援助”也应该到来了。为此，毛泽东必须把以往的怨气压在心中，而对斯大林表现出绝对谦恭和顺从。从1947年初开始直到1949年初，毛泽东三番五次请求亲自去莫斯科晋见斯大林，希望“就政治、军事、经济及其他重要问题，广泛听取联共（布）中央同志的建议和指导”，“以便使我们的政策方针与苏联保持完全一致”。面对斯大林的犹豫不决和一再推托，毛泽东虽然极为不满且小有发作，最终还是不得不忍气吞声，一再表明急于前往莫斯科接受苏共指导的迫切愿望。①

没料想，毛泽东等来的却是一个令他无法容忍的结果。1949年1月8日，面对中国人民解放军百万大军陈兵长江的危急局势，国民党要求美、英、法、苏四国出面调停国共关系，实现和谈，以便争取时间，卷土重来。②毛泽东的既定方针是“必须将革命进行到底”，“准备召开政治协商会议，成立中央政府”。③至于和谈，中共的主张是，和平谈判一定要进行，但不是同国民党政府谈判，而只是分别同有实力的地方政府和部队代表谈判，同他们或者是谈判停战，或者是谈判起义的条件，例如在北平同傅作义的谈判。通过在中共中央的联络员，斯大林对中共的立场是非常清楚的。④然而，莫斯科还是明确表示了希望出面调停国共内战的想法。

1949年1月10日，斯大林电告毛泽东：国民政府希望苏联出面调停国共内战，中共不应拒绝和谈，而苏共也有意接受这一建议，并需要先了解中共的意见。斯大林还为中共起草了一封回函，意思就是让中共表明态度：只

---

① 毛泽东一再求见斯大林而未果的详细过程，见沈志华《求之不易的会面：中苏两党领导人之间的试探与沟通》，《华东师范大学学报》2009年第1期。

② 希望和谈是国民党方面的一致意见，但主张“运用外交使美苏英法对中国和平取得谅解并予以支持”，是李宗仁的主意，而蒋介石以为，外交部照会四国政府，表明力主结束内战，希望他们从旁协助，“但不要求其斡旋或调解，以免干涉我国内政”。见《李宗仁呈蒋中正建议书》，“国史馆”藏《革命文献·国共和谈》：002－020400－030－001；秦孝仪总编纂《总统蒋公大事长编初稿》卷7下册，中正文教基金会，1978，第224页。

③ 《毛泽东在中共中央政治局会议上的报告记录》（1949年1月6日），转引自金冲及主编《毛泽东传（1893～1949）》下卷，第908页。

④ 师哲：《在历史巨人身边》，第370页；《捷列宾致库兹涅佐夫电》，（1949年1月10日），АПРФ（俄罗斯联邦总统档案馆），ф. 39，оп. 1，д. 31，л. 54－58，Русско－китайские отношение，Т. V，К. 2，с. 11－14。

接受苏联单独出面调停。毛泽东当时想的只是如何尽快夺取天下，万没想到苏联会如此盘算。接到电报后，再也无法按捺心中怒火的毛泽东于12日给斯大林回电，直截了当地拒绝了苏联政府的建议，并指责苏共这样做将导致西方势力参与调停，也为国民党好战分子污蔑中共制造了口实。他甚至学斯大林的做法，也替苏联政府起草了一封回绝国民政府的信函。13日，毛泽东身边的苏共联络员向莫斯科报告：毛泽东谈到这个问题时语气很尖锐，他反对各种形式的调停，并反对中共参加任何谈判。14日，毛泽东接到了日期标明为11日的斯大林来电，其中解释说，苏共的立场主要是不想让中共丢掉和平这面旗帜，中共只需提出令国民党无法接受的和谈条件，便可一举两得。如此，毛泽东才平静下来，斯大林也照会南京，表示拒绝调停。①

俄国学者大多认为，这些往来电报说明，斯大林根本就没有企图阻止中国革命的深入发展，以往传说斯大林有意调停国共和谈的看法是没有根据的。② 这里的关键问题是如何解释斯大林1月11日的电报，俄国学者认为这是1月10日电报的“续电”，是对苏共立场的进一步解释。但仔细研读这些文件可以发现，这两封电报的意图完全不同，前者明显表示莫斯科希望单独出面调停和谈，后者则意在突出中共不应放弃和平的旗帜，而对调停之事闭口不谈。至于对11日电报真实日期的解释，有几种可能性：或者是斯大林看到毛泽东强硬的反对态度后，不得不改变说法，但为了给自己找一个台阶，有意将电报日期提前到11日；或者斯大林在发出10日电报后，担心遭到毛泽东的拒绝，随即发出了另一封意思相反的电报，但不知何故迟到了两天；或者毛泽东及时收到了11日电，但为了发泄心中的不满而有意推迟答复。③ 无论如何，把这一时期有关的档案文献联系起来看，斯大林最初确实有意出面调停国共和谈。

事实表明，早在1948年1月苏联驻华武官罗申（N. Roshchin）就对南京

---

① 以上往来电文见 АПРФ，ф. 39，оп. 1，д. 31，л. 61－64，Русско－китайские отношение，Т. V，К. 2，с. 15－25。

② *Тихвинский С. Л.* Переписка И. В. Сталина с Мао Цзэдуном，в январе 1949г. // Новая и новейшая история，1994，№4－5，с. 132－140；*Рахманин О. Б.* Взаимоотношения И. В. Сталина и Мао Цзэдуна глазами очевидца//Новая и новейшая история，1998，№1，с. 87－88；Русско－китайские отношение，Т. V，К. 2，с. 530－532.

③ 笔者期待着中共中央档案的开放，或许有助于解开这个历史谜团。

表示苏联愿意安排国共和谈，直到年底，升任大使的罗申还在为此活动。① 美国情报机构对这些情况也有明确记录。② 从苏联的处境考虑，斯大林在1948年希望国共和谈是可以理解的。此时中国的局势尚未完全明朗化，特别是对美国的亚洲战略及对华政策还捉摸不定。而苏联在欧洲已经陷入与西方严重对抗的泥淖，柏林危机的结果也使斯大林认识到双方实力的差距。在这种时候，莫斯科最不愿意看到的局面，就是美国认定苏联有意在亚洲破坏雅尔塔协议的框架，进而采取直接的武装干涉政策，使苏联陷入两面受敌的困境。所以，莫斯科既要支持和援助中共，又不能让美国人和国民党政府抓住把柄，最好的选择当然是促使国共停止内战，以保住既得利益而不冒任何风险。俄国档案显示，直到1948年12月，苏联仍然对美国继续援蒋的可能性和具体内容非常关注。③ 不过，此时莫斯科还有另外一个更大的担心，即失去对中共的控制。苏联驻华使馆12月27日提交的备忘录认为："从杜鲁门总统的整个对华政策看，停止给蒋介石政权提供援助已不是意外之事"。同时，美国正在策划组建以李宗仁为首的联合政府，并"迫使共产党人在相互让步的原则下接受和平建议"。更值得注意的是，"美国人决心直接同共产党接触"。④ 如果说苏联最初希望国共和谈是缘于对美国军事干涉的担忧，那么到1948年年底，这种疑虑已经转向美国的政治干预，特别是与中共建立起某种关系。毛泽东的强硬态度无疑更加深了斯大林的疑虑。⑤

应该说，斯大林来电的主要目的并不是要阻止中国革命的发展，而是要

---

① Stuart to the Secretary of State, February 24、26, March 8, 1948, *FRUS*, *1948*, *Vol.* 7, *The Far East*: *China*, Washington D. C.: GPO, 1973, pp. 112, 117 – 118, 133 – 136;《国防部第二厅致外交部情报抄件》(1948年6月),"中华民国外交部"档案馆藏: 112.1/002, 第60~63页; Stuart to the Secretary of State, November 10, December 1, 1948, *FRUS*, *1948*, *Vol.* 7, pp. 558 – 560, 627。

② 《中央情报局关于中国和平谈判前景的报告》(1948年7月12日),《美国对华情报解密档案》第2卷, 第384~387页。

③ 《罗申与英国大使史蒂文森会谈备忘录》(1948年12月9日)、《罗申与印度武官托卡尔会谈备忘录》(1948年12月29日), АВПРФ, ф. 0100, оп. 41, п. 276, д. 19, л. с82 – 84、80 – 81, Русско – китайские отношение, Т. V, К. 1, с. 488 – 489、494 – 495。

④ 《马卢欣关于美国在华政策的备忘录》(1948年12月27日), АВПРФ, ф. 0100, оп. 42, п. 296, д. 117, л. 7 – 23。

⑤ 1949年2月美国记者安娜·斯特朗在莫斯科以帝国主义间谍的罪名被捕，她在《明天的中国》一书中把毛泽东描述为亚洲的圣人，把《新民主主义论》称为亚洲的圣经。(《国务院情报研究所关于毛泽东作为领袖和理论家的研究报告》(1949年12月22日),《美国对华情报解密档案》第2卷, 第560~568页) 可以认为，斯大林这样做很可能就是在给毛泽东施加压力，至少客观效果如此。

保证由莫斯科来把握局面。但是，与西安事变、皖南事变、重庆谈判时的情况不同，这一次是毛泽东迫使斯大林改变了初衷。毛泽东敢于在涉及中国革命前途的原则问题上直接顶撞斯大林，主要并非性格使然，而是因为中共在内战中已经取得绝对优势并完全可以控制中国局势的发展，而莫斯科在考虑苏联的亚洲战略和远东安全问题时，不得不把中共的立场及对中共的政策作为首要因素。此外，得知美英等国决定不参与调停，继续对中国采取观望态度，也减轻了苏联的担忧。所以，面对中共的强势地位和强硬立场，斯大林很快就改变了说法。①

无论如何，到1949年初中国问题开始进入莫斯科的议事日程了。笔者对联共（布）中央政治局会议每年数百个讨论的问题及做出的决议进行粗略统计发现，其中直接涉及中国或中共的议题，1945～1948年每年只有4～5个，最多时也没超过7个，而1949年便陡然增加到70个，1950年更多达132个（不算朝鲜战争）。② 这充分表明中国此时在苏联国际战略中地位的提升。不仅如此，斯大林也开始亲自主持对华事务。1949年初莫洛托夫和维辛斯基（A. Vyshinskii）在给苏共中央驻中共中央代表科瓦廖夫（I. Kovalev）的电报中指出："从现在起，任何有关中国的事务都要直接与菲利波夫（Filippov）同志联系"。③ 显然，要处理与毛泽东的关系，要把中共纳入由莫斯科掌控的社会主义阵营，斯大林担心其他人难以应对。而这时斯大林迫切需要了解的是中共政权的性质、政治倾向及其与苏联的关系，从而重新确定苏联的对华政策。米高扬（A. Mikoyan）以政治局委员身份秘密访问西柏坡，其主要目的就在于此。

---

① 顺便说一句，关于史学界长期争论的斯大林是否阻止中共军队打过长江，提出所谓建立"南北朝"的问题，笔者倾向于认为，这不是苏联明确提出的政策，而是毛泽东的感受。鉴于直到1949年初苏联对国共和谈的态度，毛泽东有这种感受是可以理解的。

② *Адибеков Г. М.*, *Андерсон К. М.*, *Роговая Л. А.* Политбюро ЦК РКП（б）– ВКП（б）Повестки дня заседаний 1919 – 1952, Каталог, Том III, 1940 – 1952, Москва: РОССПЭН, 2001. 1946～1947年莫斯科对中国问题并没有特别关注的情形，从当时苏联驻华外交官的回忆中也可以看出来，"显而易见，我们驻满洲军方和其他代表并没有把所有情况报告莫斯科，莫斯科也没有经常向大使馆及时通报情况，而只限于中央简要指示里所列举的情报。""苏联大使馆对情况的掌握很有限，而且往往是自相矛盾的。" *Крутиков К. А.* В гоминьдановском Нанкине, 1946 – 1948 годы// Новая и новейшая история, 2004, №2, c. 138、147。

③ 见 Sergei N. Goncharov, John W. Lewis, and Xue Litai, *Uncertain Partner: Stalin, Mao, and the Korean War*（Stanford: Stanford University Press, 1993）, p. 20。菲利波夫是斯大林的化名。

在1949年1月30日至2月7日米高扬与毛泽东、刘少奇等进行的12次谈话中，中共领导人详细而全面地介绍了自己的历史和中国的现状，以及在政治、军事、经济、外交等方面中共正在或即将实行的方针和政策。① 斯大林非常重视这次访问，其间，苏共中央政治局每天都开会研究和讨论米高扬的电报。会谈结束后，斯大林要求米高扬尽快赶回莫斯科，详细汇报各种情况。② 需要指出的是，1995年人们看到的米高扬关于中国之行的报告，是在中苏关系开始恶化的时候提交的，其中难免有片面和责难的倾向，因而研究者在利用这一文件时大多也过于关注中苏之间的分歧和矛盾。③ 其实，全面阅读米高扬关于这些谈话给斯大林的报告，给人最明显的感觉是，除了要求援助（主要是经济建设和国家管理方面），中共领导人在谈话中反复和明确地表现出亲苏的立场，特别是毛泽东，一再高度评价苏共对中共的领导、指导和帮助。中共领导人还反复强调要向苏共学习，并与苏共站在一起的决心。毛泽东多次声明：中国共产党还很幼稚，并坚持说自己是斯大林的学生。米高扬是第一位访华的苏共高级领导人，这次访问促进了斯大林对中共的了解和理解，大大推进了苏联与中共政权关系的发展。米高扬走后，毛泽东更加明确了中共必须向苏联靠拢的方针，并且多次在党内指出这一点。④ 与此同时，苏联也明显加快了向中共提供援助的步伐。⑤ 越是临近全面掌握政权，中共就越感到对国家的管理特别在经济管理方面是个难题，也就越感到需要苏联的帮助。另一方面，中共已经表明了自己的亲苏立场，却还不知

---

① 《米高扬与中共领导人谈话备忘录》（1949年1月30日至2月7日），АПРФ，ф. 39，оп. 1，д. 39，л. 1－95，Русско－китайские отношение，Т. V，К. 2，с. 33－93。以下所引西柏坡会谈内容均出自这些文件，不再出注。

② 《米高扬给苏共中央主席团的报告》（1960年9月22日），АПРФ，ф. 3，оп. 65，д. 606，л. 1－17// Проблемы дальнего востока，1995，№2，с. 109。遗憾的是俄国没有公布来自莫斯科的指示电，不过可以认为，米高扬所说都是斯大林授意或同意的内容。

③ 米高扬报告列举的主要是他认为有问题的谈话内容。见 Проблемы дальнего востока，1995，№2，с. 105－107。学者对此的反应见 Goncharov，Lewis，and Xue Litai，*Uncertain Partner*，pp. 41－43；*Кулик Б. Т.* Советско－китайский раскол：причины и последствия，Москва：ИДВ РАН，2000，с. 73－74；海因茨希《中苏走向同盟的艰难历程》，第269页。

④ 《中共中央文件选集》第18册，中共党史出版社，1992，第138～142、136～137页；《毛泽东文集》第5卷，第262页。

⑤ 详见《苏联部长会议的命令》（1949年2月6日），АПРФ，ф. 3，оп. 65，д. 444，л. 32－34；《库梅金给斯大林的报告》（1949年6月17日），АПРФ，ф. 3，оп. 65，д. 363，л. 12，Русско－китайские отношение，Т. V，К. 2，с. 88－89、147、548。

道苏共将来对中共政权究竟采取何种方针，而这决定着大规模苏联援助是否能够到来，何时到来。为此，毛泽东需要尽快派正式代表团访问苏联。

6月26日，以刘少奇为首的中共代表团秘密到达莫斯科。这次历时50天出访的主要目的，就是直接向斯大林表明中共在国内外重大问题上的立场，听取苏共中央的意见；了解苏共对中共的立场和态度；详细提出请求苏联帮助和援助的事项；对苏联政府和苏共组织进行实地考察、学习。斯大林为刘少奇的来访做好了充分准备，第一天见面就几乎同意了此前中共提出的所有要求，包括贷款、专家、海军建设、开辟航线、提供战斗机等，甚至主动提出愿意帮助中共尽快占领新疆。在后来举行的几次会谈中，斯大林多次对中共做出高度评价，特别是对苏共过去指导中共工作中的某些做法表示道歉，斯大林还把领导亚洲革命的重担交给了毛泽东。[①] 这表明苏共此时已确定了以中共政权为盟友的对华政策，而且必须尽早让毛泽东明白这个意向。也正是在这样判断的基础上，毛泽东在接到刘少奇第一封电报后，便不再理会留在南京、故作姿态的美国大使司徒雷登（J. Stuart），迫不及待地公开宣布了向苏联“一边倒”的建国方针。[②] 毛泽东对此做出的解释是：没有国际力量的援助，任何人民革命都无法取得胜利，即使取得胜利也不可能巩固。[③]由此可以断言，到1949年夏天，中苏战略合作的构架已经形成。

从共产党人的理念出发，中苏都认为结成同盟的首要条件是意识形态的一致性——斯大林以国际共产主义运动领袖自居，毛泽东则竭力表明中共愿意加盟社会主义阵营，但从上述发展过程可以看出，他们实际上注重的是双方联盟是否符合各自的眼前利益和长远目标。中苏领导人在西柏坡确认了双方意识形态的同一性，在莫斯科则进一步明确了各项方针政策的一致性，至此中苏同盟的政治基础已经确立。至于未来国家利益方面，斯大林和毛泽东首先考虑的是各自政权的安全和稳定，出于对国际形势判断的共同认识，在这方面他们是基本一致的。但国家利益还涉及主权、尊严、经济等方面的问题，而在这些问题上，由于历史的原因，双方将要面临的分歧和冲突是十分

---

① 《斯大林与中共代表团会谈纪要》（1949年6月27日），АПРФ，ф. 45，оп. 1，д. 329，л. 1－7，Русско－китайские отношение，Т. V，К. 2，с. 148－151。访问过程详见师哲《在历史巨人身边》，第419～424页；《刘少奇年谱》下卷，第217～221页。

② 详见沈志华《从西柏坡到莫斯科：毛泽东宣布向苏联“一边倒”》，《中共党史研究》2009年第5期。

③ 《毛泽东选集》（合订本），第1478～1479页。

明显的。唯其如此，在这两次中苏高层会晤中，双方都努力寻求在原则问题上达成谅解，而在有争议的问题上采取回避、搁置或暂时退让的方针。但是，斯大林和毛泽东都非常清楚，这些问题是必须解决的——双方在涉及国家和民族利益方面缺乏协调和一致，同盟也是不会稳定的。

四　中苏之间的利益冲突与同盟的建立

1950 年 2 月 14 日《中苏友好同盟互助条约》的签订，标志着新中国正式加入以苏联为首的社会主义阵营。然而，中苏之间历经两个月的外交谈判并非一帆风顺，在他们之间，最核心的利益冲突就表现为如何处理 1945 年的《中苏友好同盟条约》。毛泽东虽然在政治上尽量表现出对斯大林的顺从和依赖，但是在涉及国家和民族根本利益的重大问题上，却不敢掉以轻心。随着政权易手，中共在这方面的考虑越来越实际了。美国情报机构曾断定：尽管决定依附于莫斯科，“但中国共产党取得的胜利越大，克里姆林宫为实现‘国际主义控制’而介入中国的意向就越强烈，调和中国民族主义和反帝主义分歧的困难就越大。最终，中国的民族主义很有可能证明比国际共产主义要强烈的多”。① 从大体发展趋势看，这个判断是不错的。

斯大林最担心的就是新政权不承认国民政府签订的那个最令莫斯科感到满意的条约——《中苏友好同盟条约》。他向北京派遣的第一任大使竟然是原来派给南京政府的大使，其用意显然在暗示苏联的看法：中国这两个政权在政治上对立，在法统上却应有继承性。② 毛泽东三番两次来电，直接或间接说明他访苏的主要目的就是讨论 1945 年条约的问题，并请求苏方给予答复，斯大林对此就是置之不理。③ 尽管如此，毛泽东还是在与斯大林第一次会面时便直截了当地提出了这个问题。面对斯大林强硬拒绝的态度，毛泽东

---

① 《中情局关于中国可能发展趋势的报告》（1948 年 11 月 3 日），《美国对华情报解密档案》第 2 卷，第 425 ~427 页。

② 中国领导人对这一任命颇感失望的表现，见〔俄〕齐赫文斯基《我的一生与中国（30 ~ 90 年代）》，陈之骅等译，社会科学文献出版社，1994，第 67 页。

③ 《罗申与周恩来会谈备忘录》（1949 年 11 月 10 日），АВПРФ，ф. 07，оп. 22，п. 96，д. 220，л. 52 – 56，Русско – китайские отношение，Т. V，К. 2，с. 218 – 219；АВПРФ，ф. 0100，оп. 42а，п. 288，д. 19，л. 81 – 85，转引自 *Кулик Б.* Китайская Народная Республика в период становления，1949 – 1952гг. // Проблемы дальнего востока，1994，№6，с. 75。

不为所动，既不回国，也不露面，以至西方盛传他被斯大林软禁的谣言。无可奈何的斯大林只好让步，同意重新签订中苏条约。但斯大林心思缜密，为新条约做了充分准备。在毛泽东游览冬宫、周恩来尚在路途之时，苏联便组织外交和法律专家起草了一系列条约、协定和议定书，其实质在于形式上废除旧条约，而内容上保留大部分旧条款，这主要反映在有关中长铁路、旅顺港和大连的问题上。1 月 26 日收到苏方的草案后，毛泽东毫不犹豫地给以全盘否定，并很快提交了中方重新起草的完全对立的协定文本。斯大林最初怒不可遏，但很快就平静下来，两天后苏联外交部返回的修改本已经非常接近中方的草案了——斯大林再次做出了让步。①

通过 1945 年的中苏条约，苏联取得了中长铁路的经营权、旅顺海军基地的租赁权和大连行政管理的实际控制权，从而实现了自沙皇时期俄国人就一直梦寐以求的远东战略，而这一战略的基点就是获取在太平洋的出海口和不冻港。这涉及苏联在亚洲的基本安全利益和重大经济利益，所以，斯大林从一开始就对此异常警惕，始终不愿松口。对于中共而言，如果不能废除 1945 年条约、收回东北的主权，那么就无法向党内说明苏联共产党的国际主义情操体现在哪里，也无法实现“废除一切不平等条约”的承诺，更难以对国人解释中共采取向苏联“一边倒”政策的合理性。所以，毛泽东千方百计也要逼迫斯大林做出让步。

斯大林之所以两次被迫做出让步，固然与毛泽东毫不退让的强硬态度和周恩来机动灵活的外交手段有关，但更主要的因素不是来自中国，而是来自美国的压力。在中国内战的最后关头，美国采取了消极观望的态度，不仅陆续撤走了在青岛和上海的军事力量，而且同意司徒雷登大使留在南京与中共接触，直到 1949 年底，美国对华政策仍然处于“等待尘埃落定”的摇摆之中。② 国民党政府迁台和毛泽东访苏后，美国对中国问题做出明确表态已经迫在眉睫。12 月 29 日，参谋长联席会议与国务院直接对话，辩论对华政策。参联会认为，从军事角度看，国民党在台湾的地位比过去稳固，因此只需要

① 笔者关于中苏条约谈判详细过程的论述，见《〈中苏友好同盟互助条约〉的签订：愿望和结果》,《中共党史研究》1998 年第 2、3 期；《中苏条约谈判中的利益冲突及其解决》,《历史研究》2001 年第 2 期；《关于中苏条约谈判研究中的几个争议问题》,《史学月刊》2004 年第 8 期。

② 这就难怪蒋介石会私下认为：国民党的失败，不在于中共，甚至不在于苏俄，而在于美国的外交政策。见《蒋介石日记》，1949 年 1 月 24、31 日，斯坦福大学胡佛研究所藏。

相对低廉的费用，台湾便可以支撑得比美国预想得要久。因此，应该按其需要增加给台湾的军事援助，并派遣军事顾问驻台。国务院则认为，必须承认共产党人事实上已经控制了中国，如果此时增加对国民党的军事援助，无非是使台湾推迟一年陷落，但为此付出的代价是美国的威信在公开失败中再次降低，同时还会激起中国人民的仇恨情绪，并使苏联有借口在联合国控告美国。台湾对于美国的安全防务并无战略意义，而中国不受苏联支配才是美国“在华的一项重要资产”，美国不应“以自己代替苏联作为对中国的帝国主义威胁”。从长远的观点看，美国的立足点应该放在“中苏之间必然爆发的冲突”上。① 争论的结果是，杜鲁门总统支持了国务院的意见。12 月 30 日通过的国家安全委员会第 48/2 号文件规定，“美国应当通过适当的政治、心理和经济手段利用中共和苏联之间，以及中国斯大林主义者和其他分子之间的分歧，同时谨慎地避免给人以干涉的印象”。至于台湾，其“重要性并不足以采取军事行动”。“美国应尽一切努力以加强它在菲律宾、琉球群岛和日本的总体地位”。② 1950 年 1 月 5 日和 12 日，杜鲁门和艾奇逊分别发表声明和演讲，公开宣布了美国刚刚确定的对华新政策。③

中苏结成同盟对于毛泽东和斯大林来说都是既定方针，是必须实现的目标。中共政权的稳定，特别是在经济恢复和发展方面，离开苏联的帮助是很难实现的，而苏联的远东安全则有赖于中国的加盟。在这种态势下，当中苏之间出现分歧和矛盾时，美国的态度和立场就发挥了关键性影响。如果美国对中共采取挤压和逼迫的政策，则中国只能屈服于苏联；如果美国对中共采取宽容和拉拢的政策，则中国自然可以对苏表示强硬。华盛顿选择了后者，所以斯大林不得不做出让步。正如有学者指出的，美国是“斯大林与毛泽东交往中无形的第三者”。④ 将中国纳入以苏联为首的社会主义阵营是斯大林控制和影响亚洲局势以对抗美国的战略安排，也是苏联与中国结成同盟关系的基本出发点。如果因为中苏之间经济利益的分歧而破坏双方的政治关系，对

---

① Memorandum of Conversation, by the Secretary of State, December 29, 1949, *FRUS, 1949, Vol. 9, The Far East: China*, Washington D. C.: GPO, 1974, pp. 463 – 467.

② Reel 2, NSC 48/2: The Position of the U. S. with Respect to Asia, December 30, 1949, Paul Kesaris (ed.), *Documents of the National Security Council: 1947 – 1977 (microform)* (Washington: University Publications of America, 1980), pp. 111 – 119.

③ 见世界知识出版社编《中美关系资料汇编》第 2 辑，世界知识出版社，1960，第 10 ~ 14、19 ~ 34 页。

④ 见 Goncharov, Lewis, Xue Litai, *Uncertain Partner*, p. 104。

于苏联的全球战略来说是得不偿失的。另外，如果中国是可靠的同盟，就可以保障苏联东线的安全。无论如何，斯大林都不会让美国人破坏苏联与中国建立同盟关系的计划。自然，斯大林也在考虑补偿措施。

利益冲突的存在并不影响同盟的建立，但可能会影响同盟的稳定性。作为中苏条约前期谈判的结果，中国收回了本该属于自己的主权和利益，而苏联将在两年之内失去在太平洋的出海口和不冻港，从而不得不放弃斯大林通过第二次世界大战实现的远东战略的基点以及在东北的种种经济利益。为了弥补这些损失，苏联在后期谈判中不仅要求允许苏方在战争状态下无偿使用中长铁路运兵，而且提出不得让第三国势力进入东北和新疆地区，还在苏联专家的待遇、汇率及其他经济贸易谈判中斤斤计较。[①]

不过，斯大林为此所采取的更重要的措施不是在中苏谈判之中，而是在中苏谈判之外。为了保证苏联战后远东战略得以继续实施，斯大林试图在旅顺之外另行寻找一个出海口和不冻港，这个地点就选择在朝鲜半岛。[②] 于是，就在1月28日苏方表示接受中方关于中长铁路、大连和旅顺港的协定方案之后两天，斯大林决定邀请金日成秘密访问莫斯科，商谈他苦苦追求已久的军事计划。此前，斯大林完全同意毛泽东的主张，即首先解决中共攻占台湾的问题，以后再帮助金日成解决朝鲜问题，还答应帮助中共建立海军和空军，并提供飞机和军舰。现在不同了，斯大林背着毛泽东在4月10~25日与金日成举行秘密会谈，确定了在朝鲜半岛采取军事行动的基本原则，直到5月中旬才将这一决定通知毛泽东。[③]

斯大林1月30日突然做出的这个重大决定，无疑为即将签字的中苏同盟条约蒙上了一层阴影，它不仅改变了朝鲜半岛的命运，也对中共进攻台湾的计划产生了重要影响。中苏条约谈判的结果，一方面导致美国对华政策发生重大逆转——国家安全委员会第68号文件提出的“全面遏制”原则，构成

---

① 详见沈志华《中苏同盟条约后期谈判的情况及结果》,《俄罗斯研究》2010年第1期，第11~30页。

② 早在1945年9月苏联外交部就建议，朝鲜半岛南方的几个港口具有战略价值，应该置于苏军的掌握之中。见《外交部关于日本殖民地和托管地问题的意见》（1945年9月）、《外交部关于朝鲜问题的建议》（1945年9月），АВПРФ，ф. 0431I，оп. 1，п. 52，д. 8，л. 40-43、44-45，转引自 Kathryn Weathersby，“Soviet Aims in Korea and the Outbreak of the Korean War，1945-1950：New Evidence from the Russian Archives，” *Cold War International History Project Working Paper*，№8，1993，pp. 9-11。

③ 详见沈志华《毛泽东、斯大林与朝鲜战争（修订版）》,广东人民出版社，2007，第129~158页。

了美国重新确定对华和对台政策的理论基础;① 另一方面也改变了苏联对外军事援助的方向。此前，为了阻止朝鲜半岛的武装冲突，莫斯科一直限制对平壤的武器供应。现在，苏联的武器装备开始大规模地运往朝鲜半岛。与此同时，本来答应援助中共的飞机、军舰却迟迟不能到货，尽管周恩来不断发电催促，甚至讲明中共进攻舟山、金门和台湾的时间表，莫斯科仍无动于衷。② 可以认为，中共解放台湾战役的计划在朝鲜战争爆发之前已成泡影，这不能不说是斯大林对毛泽东的报复，也显示出莫斯科对中苏同盟条约的漠视。

毛泽东自称收回东北主权是“虎口夺食”，也知道莫斯科之行得罪了斯大林。为了维护刚刚建立的中苏同盟，也为了中共政权的巩固，他必须对斯大林有所表示。毛泽东本来对金日成到北京传达的信息提出怀疑和反对，5月14日斯大林几行字的电文使他立即改变了态度，不仅当场宣布全力支持朝鲜的军事行动，而且在战争开始后，一再直接或间接地要求派兵入朝助战。然而，斯大林帮助金日成所采取的行动，其本意是要为苏联在朝鲜半岛重新建立一个出海口和不冻港，如果同意几十万中国军队进入朝鲜，即使取得胜利，又如何实现莫斯科的目标？所以，对于毛泽东三番五次要求出兵的暗示和金日成的不断请求，斯大林始终置若罔闻。直到9月底朝鲜军队全线崩溃，联合国军突破三八线防御阵地在即的时候，斯大林才要求中国立即出兵援朝。此时中国出兵朝鲜，已经失去了天时、地利、人和等所有有利条件，从军事上讲没有任何取胜的把握，甚至还可能引火烧身。这一点，美国人和中国人都看得很清楚，就连斯大林也是心知肚明，所以在黑海与周恩来会谈时他出尔反尔，背弃了中国出陆军、苏联出空军的诺言。但在斯大林看来，挽救北朝鲜并保障苏联的东线安全，唯有中国人站出来这一招，这是毛泽东为中苏同盟条约的签订所必须付出的代价。中国多数领导人反对出兵，

---

① NSC68, Note by the Executive Secretary to the National Security Council on United States Objectives and Programs for National Security, April 14, 1950, *FRUS*, *1950*, *Vol.* 1, *National Security Affairs*; *Foreign Economic Policy*, 1977, pp. 237 -292. 有关 NSC68 文件的全面分析，见周桂银《美国全球遏制战略：NSC68 决策分析》，沈宗美主编《理解与沟通：中美文化研究论文集》，南京大学出版社，1992，第 74 ~102 页；Ernest R. May ed. , *American Cold War Strategy*: *Interpreting NSC* 68 (Boston, New York: Bedford Books of St. Martin's Press, 1993)；张曙光《美国遏制战略与冷战起源再探》，上海外语教育出版社，2007，第 83 ~247 页。

② 详见沈志华《中共进攻台湾战役的决策变化及其制约因素（1949 ~1950）》,《社会科学研究》2009 年第 3 期。

主要是从军事角度考虑的，而毛泽东力排众议，一再主张出兵援朝，考虑的就是这个政治问题。从本质上讲，中国出兵要挽救的主要不是朝鲜，而是中苏同盟。毛泽东所说即使战败也要出兵就是这个道理。如果毛泽东违背斯大林的旨意，任由美国人占领整个朝鲜半岛，那么，墨迹未干的中苏同盟条约真的可能就形同一张废纸了。那时中共面对美国的军事威胁和蒋介石“反攻”大陆的叫嚣，就很难再得到苏联的支持和援助了，且不说刚刚建立的政权还面临着共产党难以应付的诸多经济和社会问题。正是毛泽东在危急时刻做出的中国出兵与美国孤军作战这一决定，才改变了斯大林对中共和毛泽东的看法，并在事实上巩固和发展了中苏同盟的政治基础。此后，斯大林及时派出苏联空军参战，为中国提供了大量军事和经济援助，并在涉及战争的一系列战略问题上支持了中国的主张。① 这就是历史上时常出现的因果转换的典型实例：中苏同盟条约签订导致了朝鲜战争的爆发，而中国被迫单独参战则反过来巩固和加强了中苏同盟。

对历史过程的逻辑梳理表明，中苏同盟的建立对于双方来说的确都是非常艰难的，这里至少经历了五次转折：由于缺乏信任，1944 年中共和苏联都没有把对方作为战后合作伙伴的首选；1945 年毛泽东在党内宣布苏联是中共的朋友，却遭到斯大林的白眼；1946～1948 年苏共谨慎地援助中共建立起革命政权，但只限于中国北方地区；经过激烈的争论，并在毛泽东表示政治上的顺从后，斯大林决定支持中共夺取全国政权；斯大林在中苏民族利益的冲突中被迫做出重大让步，从而对毛泽东的忠诚和中苏同盟的可靠性产生怀疑；毛泽东在极端困难和矛盾的情况下，毅然决定出兵朝鲜单独对抗美国，避免了中苏同盟条约被束之高阁的命运。所以，中苏结盟的过程并非顺理成章，一帆风顺，相反，毛泽东与斯大林之间的认知和认可，经历了重重曲折和不断选择。由此可以得出结论。

（一）中共和苏联都是从各自的战略利益出发考虑结盟问题的，意识形态不是出发点，但确是必不可少的条件——斯大林以国际主义（其核心在于是否忠于莫斯科）作为评判社会主义大家庭成员的标准，而毛泽东则把崇尚国际主义和追随莫斯科作为取得苏联支持的敲门砖。

① 详见沈志华《朝鲜战争初期苏中朝三角同盟的形成》，（台北）《政治大学历史学报》第 31 期，2009 年 5 月；《新中国建立初期苏联对华经济援助的基本情况》，《俄罗斯研究》2001 年第 1、2 期；《毛泽东、斯大林与朝鲜战争（修订版）》，第 159～208 页。

（二）中共政权的建立主要依靠的是毛泽东的坚定信念、灵活策略和军事才能，苏联的援助和支持也发挥了重要作用，不过对毛泽东而言，这些援助和支持在巩固中共政权的过程中才是更加关键和必不可少的。这也是毛泽东不得不宣布“一边倒”的主要原因。

（三）苏联的安全与中共政权的巩固之间存在着互补性和一致性，但在主权和经济利益方面却有严重冲突，毛泽东逼迫斯大林放弃在中国东北的特权和利益，险些导致中苏同盟毁于初建。而毛泽东在战争环境下为了维持这个必要的同盟，又不得不置眼前的国家利益于不顾。

（四）美苏冷战对抗的国际格局对中苏同盟形成的直接影响在于客观上推动了苏联与中共的接近，并成为中苏两国领导人调整相互关系的潜在因素。反过来，中苏同盟的建立则预示着冷战格局从欧洲扩展到亚洲。

（五）至于美国人经常讨论的“失去中国”的问题，如果说 1944 年确有美国与中共建立正常或友好关系的可能性，那么随着毛泽东与斯大林的逐步靠拢，这种机会到 1949 年已不复存在。

（六）中苏同盟对于双方来讲在某种程度上都是一种无奈的选择，而且回旋余地越来越小。然而，毛泽东与斯大林之间的不信任始终存在，且时隐时现。就领袖个性而言，毛泽东无论如何不可能长期寄人篱下，他所承受的屈辱和压抑总有一天要爆发。所以，中苏同盟在建立的时候就埋下了分裂的隐患。

外蒙古独立与斯大林所起的决定性作用

栾景河*

中外学者对外蒙古独立问题已有相当之研究，但绝大多数成果的重点，均放在了论述1911年辛亥革命爆发后，沙皇俄国如何煽动与勾结外蒙古封建王公分裂中国等方面，而忽略了最终导致外蒙古从中国彻底分离出去的根本原因。① 本文依据现有的研究成果，并结合部分中俄文档案史料，对外蒙古独立的基本过程，以及苏联领导人斯大林在外蒙古独立过程中所起的决定性作用进行相关讨论。

一　外蒙古要求独立之成因与沙俄的立场

在讨论外蒙古独立问题的同时，我们首先有两个基本问题必要搞清，一是清政府对外蒙古的特殊统治形式；二是清政府对蒙古地区实施新政所产生的消极后果。

有别于中国的其他地区，清政府对被称之为“藩部”的外蒙古，统治形式非常特殊，即在中央政府中设立理藩院管辖；在地方设将军、都统、大臣

---

* 栾景河（1964～2014），中国社会科学院近代史研究所研究员。

① 李毓澍：《外蒙古撤治问题》，中研院近代史研究所专刊（1），1977；李毓澍：《蒙事论丛》，里仁书局，1990；张启雄：《外蒙古主权归属交涉，1911～1916》，中研院近代史所专刊（77），1995；〔俄〕别洛夫：《俄罗斯与蒙古》，俄罗斯科学院东方学研究所，1999；刘存宽：《中俄关系与外蒙古自中国分离》，载栾景河主编《中俄关系的历史与现实》，河南大学出版社，2004；樊明方：《1912年〈俄蒙协约〉及〈俄蒙商务专条〉之签订》，载栾景河主编《中俄关系的历史与现实》。俄罗斯学者卢佳宁的专著《二十世纪上半期俄中蒙相互政治关系（1911～1946）》是目前笔者所见到的最全面的有关外蒙古独立问题的研究成果。作者在充分利用俄罗斯档案资料的基础上，从多个角度，系统地梳理了外蒙古独立的全过程，具有较高的学术价值。

直接管理，并以盟、旗为社会组织形式，作为基层政权机构，而在职的蒙古王公，事实上就是清政府统治蒙古地区的各级官员。[①] 应当说，这种高度自治的管理模式，为后来的外蒙古王公贵族寄希望于从中国分离出去，创造了先决条件。

面对西方列强对中国的入侵，为维护自己的统治地位，清政府自 1901 ~ 1911 年实施的“筹饷练兵；振兴商务，奖励实业；废科举，育才兴学；改革官制，整顿吏治”的新政政策，无疑对蒙古地区产生过重要影响，虽推动了蒙古地区的经济发展及各项制度的变革，但在客观上撼动了自康熙年间起，蒙古上层社会所拥有的各项行政权力，这无疑令他们感到非常不满，并决定从中国分离出去。

根据俄罗斯方面的档案文献记载，早在 1911 年初，外蒙古高层就开始与沙皇俄国政府联系，为其独立寻求沙皇俄国的政治与军事庇护，但此时的俄国政府碍于时机并未成熟，断然拒绝，并称：“在帝国政府与中国政府未签订中蒙协定前，切勿指望我们提供帮助”。[②]

1911 年 7 月中旬，以库伦活佛为首的蒙古王公在库伦召开会议，经长时间讨论后得出结论：“中国人实施新政的目的在于彻底奴役蒙古，对中国人之行动提出抗议是徒劳的”，并决定向俄国请求庇护，而对清政府的要求则暂时予以敷衍。同时，库伦活佛面告俄国驻库伦代理领事拉弗多夫斯基：“数日后，喇嘛、王公、蒙众代表团将前往彼得堡，就俄国保护喀尔喀一事正式提出请求”。[③]

虽然俄国驻库伦外交代表与当地王公贵族保持着密切的关系，暗地鼓动外蒙古独立，但得知库伦活佛正式决定派遣“社会各界代表团”前往彼得堡，寻求俄国的支持时，还是不无担忧。特别是当对方提出在中国当局得知事情真相后将向蒙人采取镇压措施的情况下，应以某种借口立即把俄军派往库伦，阻止中国人之暴力行动等请求后，俄驻库伦代表深感事态之严重，速电告俄代理外交大臣：“我请求在收到您的复电前，暂勿派代表团。对于上

---

① 赵云田：《清末新政研究——20 世纪中国的边疆》，黑龙江教育出版社，2004，第 140 页。

② 《外交大臣致北京公使馆电》1911 年 1 月 2 日，俄罗斯联邦帝国对外政策档案馆：全宗 188，目录 761，卷宗 316（以下直接标注卷宗号），第 1 页。

③ 《驻库伦代理领事拉夫多夫斯基致代理外交大臣尼拉托夫电》，1911 年 7 月 28 日；《俄国外文书选译——关于蒙古问题》，陈春华译，黑龙江教育出版社，1991，第 1 页。以下简称俄国外交文书。

述事实，我国应立即明确态度。”①

在接到库伦代理领事电报后，俄代理外交大臣尼拉托夫紧急致函代理内阁总理大臣科科弗采夫称：“鉴于中国政府迄今主要在内蒙致力施行新政，并开始向外蒙推行，外蒙代表——蒙人宗教领袖呼图克图及诸王公，担心中国人蓄意侵害蒙人应享有的自治权，故在库伦召开会议，现刚结束”。俄代理外交交大臣同时指出：“这次会议决定向俄国政府请求庇护，并请求接纳喀尔喀（外蒙）于俄国保护之下，为此，拟派代表团前来彼得堡。我国领事再三劝告他们，在他收到驻北京公使指示以前，暂勿派出代表团，但从刚收到的电报中可以看出，王公、喇嘛代表杭达多尔济亲王及呼图克图之助手车林齐密特偕五名随员已于7月16日秘密前往彼得堡。”

作为代理外交大臣，尼拉托夫认为：不论帝国政府对蒙人运动决定持何态度，“此刻我们尚不具备利用这一运动为我国利益服务之条件，代表团之到达不合时宜”。他同时建议：“我认为最妥当之做法当然不是施加压力，而是试图说服代表团，因为他们提出之请求很重要，需要预先进行磋商，他们暂且可不必来圣彼得堡。”从上述情况分析来看，沙皇俄国驻北京公使馆、驻库伦领事馆与当地活佛的确有着密切的接触与联系，但蒙人真正向俄国寻求政治、军事庇护时，还是让对方感到时机不成熟。鉴于库伦呼图克图与喀尔喀四盟王公特别代表团衔命前往彼得堡，请求接纳蒙古在俄国的保护下的情况，沙皇俄国政府，决定召开“远东问题特别会议”，讨论有关蒙古问题，以表明自己的立场与态度。

在讨论如何对待蒙人的上述请求时，特别会议认为：目前帝国政府不得不积极参与解决近东与中东各种尖锐问题，在蒙古问题上表现主动，从而削弱我国在西方问题上的影响是极不适宜的。会议指出，蒙古问题危机的出现，并非出乎俄国之所料，因很久以来俄国一直支持和庇护蒙人，俄国驻蒙代表在很大程度上促使蒙人产生一种信念，若想要与中国脱离关系，他们可以指望得到俄国的援助。但在目前形势下，俄国不宜在蒙古问题上表现主动。

还有一个非常重要的因素。俄国政府认为，中国在蒙古实行新政，其农民在俄国边界进行垦殖，用铁路将这一边界附近的居民点与中国行政中心连

① 本段及以下两段，见《代理外交大臣致代理内阁总理大臣科科弗采夫函》，1911年7月30日，俄国外交文书，第2~3页。

接起来，以及中国军队的部署，特别是在靠近俄国边界地区，中国军队的大量出现，让俄国不能不感到忧虑。因此，俄国政府认为，蒙人反对中国政府在该地区的新政措施，对其具有重要意义，而且“支持蒙人的意图，完全符合我国的利益”。①

清政府在蒙古地区实施的新政，确实发展了当地的经济，改变了其文化生活，屯垦戍边，有利于维护国家的主权与统一。但所谓政治体制改革，即对蒙古地区统治政治模式的变革，强化了中央政府的权力，客观上削弱了蒙古上层社会的世袭特权。还有一点特别需要指出的是，沙皇俄国政府明知参与蒙人的分离运动会使中俄关系受到损害，但蒙人的举动，符合俄国的利益。

这里的利益诉求并非像一般人以为的是俄国在蒙古地区的经济利益，中国内地向蒙古地区的大量移民，是俄国政府的最大担心。尽管沙皇俄国政府对蒙古王公贵族要求独立的做法持支持态度，但碍于实力，顾及当时的中俄关系，俄还是做出了一种无奈的选择，即“最符合我国政治宗旨和当前政治局势的做法是：帝国政府在蒙古问题上不主动发表意见，不承担以武力支持喀尔喀蒙人脱离中国之义务，而是居间调停，通过外交途径支持蒙人捍卫独立之愿望，勿与其宗主国君主清朝大皇帝脱离关系”。

俄国政府虽做出了述决定，但仍未忘记安抚前来彼得堡的四盟代表团，对其说明“蒙人彻底脱离中国之愿望此刻尚不能实现，但应允许我国在支持他们为捍卫喀尔喀独特制度同中国人进行斗争”。为防止前来彼得堡的代表担心将来遭到中国中央政府的报复，俄国政府答应向中国方面说情，使中国政府与俄国报刊感觉此代表团出访俄国首都彼得堡，不具有政治性质。俄政府还决定派遣两个连的哥萨克携带机枪，以加强库伦总领馆卫队的力量。

1911 年 10 月，中国辛亥革命的爆发，无疑给蒙古地区封建王公及沙皇俄国的图谋提供绝好的历史机遇。俄国代理外交大臣尼拉托夫认为，在外蒙古问题上，俄国可以“利用中国南方革命运动给中国政府造成之困难，将中国人口头上所承认我国在蒙古前途问题之原则，以某种文件的形式固定下来”。② 俄驻库伦总领馆在致北京公使馆的密报中称：“喀尔喀王公们因中国

① 本段及以下两段，见《远东问题特别议事录》，1911 年 8 月 17 日，俄国外交文书，第 5 页。

② 《代理外大臣致驻北京公使廓索维慈电》，1911 年 10 月 13 日，俄国外交文书，第 13 页。

内部出现动乱而受到鼓舞，遂决定积极达到脱离中国之根本目的。根据此项计划，他们就向蒙古人提供武器问题，通过总领馆私下与驻北京公使廓索维慈进行了接触，加强了同我们政府的协商。建议切勿错过中国革命这一对喀尔喀独立有利的大好时机。”①

蒙古王公们看到形势发展对自己极其有利，便于同年 11 月 15 日，要求清政府驻库伦办事大臣三多从各旗召蒙古军队回库伦。尽管三多反对，但此时的事态亦非三多所能控制。18 日，王公们正式向三多宣布了喀尔喀自治，并要求三多及属下离开库伦。②

还有一点值得注意的是，此时清政府在库伦的兵力，只有办事大臣三多的 40 名卫兵与近 300 人的步兵与骑兵，而由库伦兵备处管辖的中央政府军队，因辛亥革命的爆发已调离此地，③ 因此也直接导致了库伦兵变。

作为清政府驻库伦办事大臣，三多屡次希望与喀尔喀王公举行谈判，但均遭到拒绝。面对已无法收拾之残局，三多明知库伦乱局有俄国总领馆参与，还是硬着头皮寻求俄国总领馆对滞留在库伦的中国人提供领事保护。最后，在自己卫队不复存在、亲信惊慌失措各奔东西的情况下，三多决定放弃抗议，离开了驻库伦办事大臣的衙门。1911 年 11 月 21 日，三多一行在外蒙古王公们提供的 12 名蒙古骑兵、俄国驻库伦总领事馆派出的 10 名哥萨克保护下，携两名翻译，黯然离开库伦，于 27 日抵达前往恰克图的边界。④

12 月 28 日，喀尔喀活佛哲布尊丹巴登基为帝，号称“日光皇帝”，年号“共戴”。曾赴俄乞援的车林齐密特为内阁总理大臣，政务内阁下设内务、外务、财政、兵、刑五部，并收揽内蒙古失意王公及亲俄分子乌泰、海山、陶克陶胡等担当要职。至此，外蒙古“独立”“大蒙古国”算是粉墨登场。⑤中华民国大总统袁世凯呼吁：汉、藏、蒙、满、回同为一家，只因前统治者之压迫，藏蒙才对中央政府之态度发生变化。新政府将采取一切措施，改变

① 《俄驻库伦总领事馆致帝国北京公使馆密报》，1911 年 11 月 29 日，俄罗斯联邦帝国对外政策档案馆：188－761－316，第 19 页。

② 《俄驻库伦总领事馆致帝国北京公使馆密报》，1911 年 11 月 29 日，俄罗斯联邦帝国对外政策档案馆：188－761－316，第 20 页。

③ 清政府在库伦设有兵备处，总办为唐在礼上校。

④ 《俄驻库伦总领事馆致帝国北京公使馆密报》，1911 年 11 月 29 日，俄罗斯联邦帝国对外政策档案馆：188－761－316，第 20 页。

⑤ 刘存宽：《中俄关系与外蒙古自中国分离》，载栾景河主编《中俄关系的历史与现实》，第 153 页。

这一态度。他期望藏蒙宗教领袖发挥影响，使人民在精神上恢复同中央政府之关系等。① 但袁无法改变现实。

1912 年 11 月 3 日，沙皇俄国政府与外蒙古地方当局签订了《俄蒙协约》及俄蒙《商务专条》，恰好应验了俄国代理外交大臣尼拉托夫此前说过的“将中国人口头上所承认我国在蒙古前途问题之原则，以某种文件的形式固定下来”的这句话。②

尽管沙俄在外蒙古独立问题上采取了积极支持的态度，但面对中国政府的各种交涉，仍采取“犹抱琵琶半遮面”的态度。

1913 年 10 月 23 日，经沙皇俄国政府提出，并由中国外交总长孙宝琪与俄国驻华公使库朋齐斯签署的关于外蒙古问题声明中规定：“俄国承认中国在外蒙古的宗主权；中国承认外蒙古之自治权”。③ 同时双方的照会明确指出：“俄国承认外蒙古土地为中国领土之一部分；关于外蒙古政治、土地交涉事宜，中国政府允许与俄国政府协商，外蒙古亦得参与其事。”④

自 1914 年 9 月至 1915 年 3 月，中俄蒙三方历经 40 次谈判，终于在 1915 年 6 月 7 日于恰克图签订了《中俄蒙协约》，再次明确了中国与外蒙古的法律关系，即“外蒙古承认中国宗主权，中国俄国承认外蒙古自治，为中国领土一部分；外蒙古博克多哲布尊丹巴呼图克图汗名号，受中华民国大总统册封。”⑤ 同年 6 月 9 日，外蒙古宣布取消“独立的大蒙古国”。袁世凯册封八世哲布尊丹巴为“呼图克图汗”，并赦免独立运动人士。这也就是史称的“从自治到撤治”的基本过程。但此时的外蒙古，实际上已经在沙皇俄国的控制与庇护之下。

二　苏维埃俄国对外蒙古的基本政策

1917 年俄国十月革命胜利后，苏维埃俄国政府在外蒙古问题上继承了沙俄的立场。虽然苏维埃工农政府以不同的方式三次发表对华宣言，宣布废除

---

① 《俄驻库伦总领事电》，1912 年 3 月 4 日，俄罗斯联邦帝国对外政策档案馆：188 – 761 – 316，第 196 页。

② 因文章篇幅所限，有关上述两个专题研究，详见樊明方《1912 年〈俄蒙协约〉及〈俄蒙商务专条〉之签订》，载栾景河主编《中俄关系的历史与现实》，第 167 ~ 185 页。

③ 《俄驻华公使致外交大臣电》，1913 年 11 月 5 日，俄国外交文书，第 187 页。

④ 《俄驻北京公使馆致中国外交总长照会》，1913 年 11 月 5 日，俄国外交文书，第 188 页。

⑤ 吕一然编《北洋政府时期的蒙古地区历史资料》，黑龙江教育出版社，1999，第 178 页。

沙皇俄国与中国签订的一切不平等条约，但事实上继续支持外蒙古的独立，并发表对蒙古声明，称其为独立国家，并要求与之建立外交关系。①

1919 年 8 月，车盟、图盟、汉臣三盟王公联名密呈库伦镇抚使陈毅，自愿取消自治，恢复旧制，并称“迭经官府及喇嘛王公等会议多次，众意佥同，已呈奉博克多哲布尊丹巴呼图克图汗核准，据呈大总统收回政权，及时治理，俾外蒙全境日臻兴盛。”② 面对俄国政权出现更迭，俄国红白两军陷入国内战争，已无暇顾及外蒙古问题的历史机遇，1919 年 11 月 7 日，中华民国大总统徐世昌与政府总理段祺瑞决定出兵外蒙古，派西部筹边使徐树铮率兵进入库伦，挟持外蒙古内阁理巴德玛·多尔济，并软禁了哲布尊丹巴活佛。同年 11 月 17 日，外蒙古正式上书中华民国大总统徐世昌，呈请废除俄蒙一切条约，蒙古全境归还中国。

同时，中华民国政府撤销了此前签订的《中俄声明》和《恰克图协定》，并在库伦设立中华民国西北筹边使公署，由徐树铮率部在外蒙古驻防。由此，外蒙古再次接受中国政府的管辖。1919 年 11 月 22 日，徐树铮公布中华民国大总统令，接受博克多革根及各王公的请求，将外蒙古重新并入中国版图。③

外蒙古独立的过程，即从宣布自治，宣布撤治，被中国政府收回，又从中国分离出去。其情况错综复杂，乃是几种势力、几种因素交织在一起而导致的结果。

其一，受俄国十月革命的影响，1919 年秋，在库伦成立了两个地下革命小组，一个由苏赫巴托领导，另一个由乔巴山领导；两小组在共产国际的帮助下于 1920 年合并，随后成立蒙古人民党。该党的成立，无疑使外蒙古独立问题更加复杂化。因为此前是外蒙古封建王公利用中国国内政权更迭，政局混乱，而企图趁机脱离中央政府的统治；现在却是在共产国际、苏联支持下的一场革命。二者虽形式不同，但性质相同，那就是需要将外蒙古从中国分离出去。

---

① 《苏俄政府致蒙古人民与蒙古自治政府宣言》，1919 年 8 月 3 日。薛衔天等编《中苏国家关系史料汇编（1917～1924）》，中国社会科学出版社，1993，第 459 页。

② 《西北筹边使徐树铮致大总统电》，1919 年 11 月 22 日，《中苏国家关系史料汇编（1917～1924）》，第 429 页。

③ 《大总统令》，1919 年 11 月 22 日，《中苏国家关系史料汇编（1917～1924）》，第 429～430 页。

其二，中国内政再次发生了重大变化。段祺瑞北京政府被军阀吴佩孚、曹锟等人推翻。而兵驻库伦的段祺瑞亲信徐树铮遭到上述军阀的通缉，逃离库伦，躲到了日本驻华使馆。而此时的库伦，再次出现了权力真空。

其三，俄国十月革命取得了胜利，建立了苏维埃工农政权，白匪谢苗诺夫的部下恩琴部串入外蒙地区，对苏维埃俄国无疑是一个重大的军事威胁。

1920 年 8 月 29 日，苏赫巴托致信苏俄政府，请求：（1）给予蒙古人民党以必要的援助，以促使蒙古自治的恢复；（2）委派苏维埃代表常驻恰克图，作为苏维埃政府与人民党之间的联络人。① 蒙古人民党发布的《告蒙古人民书》中明确提出，我们“已与苏联军队建立了密切联系；我们力求解放蒙古，建立人民政权”。② 蒙古人民党的成立，事实上为苏俄步沙俄之后尘干涉外蒙古事务，找到了更为恰当的理由。

1920 年底，苏俄政府向蒙古人民党递交照会称：“假如蒙古自治政府真正愿意与苏维埃俄国政府建立友好关系，那就应该把从白匪谢米诺夫军队出身的温琴男爵所领导的白匪伪徒驱逐出去”。苏俄政府在照会中强调：“如果蒙古人民自己不能消灭白匪部队，苏维埃政府将出兵协助把他们肃清。”③

或许是自身政权还未得到稳固，也或许是苏俄政府真有别于沙皇俄国政府，在双边关系问题还得尊重中国之主权。

1920 年 11 月 28 日，苏俄外交委员契切林（又译齐切林）致电中国外交部称：“中国虽在库伦驻有充足军队，业经数日，而谢米诺夫残部军兵，仍自由向蒙古境地前进。为驱除此项残兵，中国蒙边官吏愿意俄国赞同派兵赴蒙一节，已于十一月十日达知在案。不知何故，迄今尚未得中国政府关于上项之答复。”齐切林在电报中同时强调：“兹应向中国政府声明，俄罗斯共和国以不侵略他人土地为政治原则，现俄国政府拟不将武装士兵开赴蒙境。倘谢氏党徒仍在蒙边一带出没，需俄国协助时，则俄国政府为中俄两国友谊及利益起见，定以武力协助廓清反对革命之谢氏党徒。”④

---

① 《苏赫巴托致苏俄政府信》，1920 年 8 月 29 日，《中苏国家关系史料汇编（1917 ~ 1924）》，第 459 页。

② 《蒙古人民党告蒙古人民书》，1920 年底，《中苏国家关系史料汇编（1917 ~ 1924）》，第 430 页。

③ 《苏俄政府致外蒙古自治政府照会》，1920 年底，《中苏国家关系史料汇编（1917 ~ 1924）》，第 435 页。谢米诺夫又译谢苗诺夫，温琴又译恩琴。

④ 本段以下段，见《苏俄外交外交人民委员契切林致中国外交部电》，1920 年 11 月 28 日（12 月 21 日收），《中苏国家关系史料汇编（1917 ~ 1924）》，第 433 页。

中国政府对苏俄政府的要求并未予正面答复，但外交部、驻英国公使馆等收到的指示是："俄政府借词越俎，从中有何作用，殊可疑虑；关于派兵赴蒙一节，言词阻止，并将毋庸请援情形，切实告知；外军越界，关系主权，然仍有可以武力协助之言，在我终难承认。"同时，中国外交部指示驻英公使转告苏俄政府，彼此尊重主权，取消以前的想法，以免发生误会。

中国政府预感到苏俄政府计划出兵外蒙古，围剿恩琴残部的复杂性，担心对方"醉翁之意不在酒"，但苏俄政府在此问题上，却不依不饶。次年3月4日，苏俄政府再次通过远东共和国代表优林致电中国外交部，要求出兵外蒙古，并称："库伦为恩琴所据，对俄华均不利，本政府拟派兵入蒙扑灭此种祸根"；"此次出兵，确系拯救俄华人民，其间不受报酬，无需交换利益，且不生条约关系，事毕完全退出蒙境，不留一兵。"① 1921年6月15日，苏俄人民外交委员契切林在致中国外交部电报中也表达了类似的内容。

面对中国政府对苏俄军队出兵外蒙古问题采取避而不答的态度，苏俄政府终于向中方发出了最后通牒。1921年7月18日，远东共和国代表优林向中国政府发出照会，指责中国政府漠视远东共和国公民的利益，违反多次保证的对远东共和国表示友好及同情的立场。优林在照会中详细阐述了恩琴在外蒙古对中国的利害关系后，正式声明："远东共和国政府为军事及政略上之理由起见，不得不出击，以歼灭此地等盗党"。② 当然，优林在最后还是表示，在完成此项军事行动后，远东共和国军队将撤出外蒙古。但事实上，随着事态的发展，苏俄政府采取掩耳盗铃的方式，并未兑现以往的承诺。

1921年7月11日，蒙古人民革命政府成立。10月28日，苏联红军出兵外蒙古，并在年底基本结束了剿匪工作。虽中国政府对苏军进入外蒙古地区屡次向苏方提出抗议，并通过各种渠道与苏俄政府进行交涉，但无任何结果。

不仅如此，蒙古革命政府代表团于1921年秋赴莫斯科，就双方的未来关系确定基本原则，并在11月5日，签订了完全损害中国主权的《苏蒙友好条约》。该条约规定："俄国劳农政府承认蒙古民主政府为唯一合法之蒙古政府；蒙古民主政府承认俄国工农政府为俄国唯一合法之主权者"，同时还具

① 《外交部收远东共和国代表优林函》，1921年3月4日，《中苏国家关系史料汇编（1917～1924）》，第435～43页。

② 《远东共和国外长优林致中国政府函》，1921年7月18日，《中苏国家关系史料汇编（1917～1924）》，第439～440页。

体规定了双方的权利及义务。①

蒙古革命政府虽已成立，但其政治体制仍为君主立宪，即博克多格根为其所谓的元首，1924 年 5 月 20 日博克多格根逝世，导致外蒙古的政治体制发生变化。6 月 13 日，蒙古革命政府宣布外蒙为蒙古人民共和国，不设总统，共和国最高权力机构为大呼拉尔。同时，大呼拉尔借鉴苏联的宪法，通过了蒙古人民共和国第一部宪法。②

从此，外蒙古在苏联的支持下，真正走上了脱离中国的重要一步。一方面，苏俄政府明知外蒙古主权乃属中国，但借助“革命”之势，客观上承认其合法的存在，并与其保持主权国家间的外交关系；另一方面，在此前，即 1924 年 5 月 30 日，苏联与中国政府签订的《中俄解决悬案大纲协定》第五条中又明确表示：“苏联政府承认外蒙为中华民国之一部分，及尊重在该领土内中国之主权。”③ 苏俄政府的上述做法，实质上是打着“革命”的幌子，以实现自己国家利益的最大化。而中国长期受内政与外交的困扰，特别是自 1931 年起日本发动侵华战争以后，国民政府根本无力处理外蒙古的任何事情。外蒙古事实上已逐渐从中国脱离了出去，成为苏联的卫星国。

三　斯大林所起的决定性作用

外蒙古在蒙古人民的“革命”下，在苏联的具体支持下，事实上已经脱离中国，但有一个非常重要的问题长期以来没得到彻底解决，就是外蒙古的法律地位问题。这也是令苏联领导人斯大林一直担心与关注的问题。在斯大林看来，外蒙古虽事实上已经独立，但并未得到中国的承认和国际社会的认可。它随时还有可能回到中国的怀抱中去，斯大林借二战即将结束这个难得的历史机遇，打算彻底与中国解决外蒙古问题。

1945 年 2 月 11 日，由苏、美、英三国首脑签订的《关于远东问题协的定》的第一条，就是维持外蒙古（蒙古人民共和国）现状。与此同时，苏联方面表示准备与中国政府签订一项中苏友好同盟协定，以期用武力帮助中国

---

① 《苏俄与外蒙签订〈俄蒙修好条约〉》，1921 年 11 月 5 日，《中苏国家关系史料汇编（1917 ~ 1924）》，第 462 ~ 463 页。

② 〔苏〕И. Я. 兹拉特金：《蒙古人民共和国史纲》，张大维译，商务印书馆，1972，第 205 ~ 211 页。

③ 《中俄边界条约集》，商务印书馆，1973，第 140 页。

达到从日本枷锁下获得解放的目的。①

斯大林此举可谓一箭双雕，一方面同意参加盟国在远东地区的对日作战，提出外蒙古、旅大、千岛群岛等问题，要求美英两国满足其条件；另一方面计划出兵中国东北，打击日本侵略者，与中国商谈相关问题。实际上对于苏联而言，不管有没有雅尔塔协定，苏联都会出兵中国东北，斯大林更深的意图在于为日俄战争中俄国的战败雪耻，其真正目的并非是为了中国，而是为了苏联，实现斯大林的远东战略。

1945 年 6 月 30 日，当中国行政院院长宋子文率团抵达莫斯科拜见斯大林时，对方就已经暗示宋氏，协议肯定是要达成的，但能否出兵东北、签订条约，首先要看中国方面能否满足苏联的要求。为此，斯大林提醒宋子文，谈判的过程应当是艰苦的，要宋子文对此坚定信心，而且不要有丝毫疑虑。②

在 7 月 2 日的正式会谈中，斯大林首先为谈判的前提划定了范围，那就是中方对《雅尔塔协定》内容了解的程度和渠道来源。在其确信中方确实了解该协定的基本内容后，斯大林同意进行谈判，而所谈及的内容首先是外蒙古独立问题。宋子文以蒋介石认为外蒙古问题不是目前急于解决的问题为由，表示暂不予讨论，但斯大林坚持要求首先要解决外蒙古问题。在斯大林看来，“外蒙古作为苏联在远东地区的安全屏障具有特殊战略意义。如果苏联在外蒙古无自卫之法律权，苏联将失去整个远东”。③

斯大林认为，即使德日两国无条件投降，但两国均是强国。正是基于上述考虑，苏联在外蒙古必须享有自卫的法律权利。外蒙古人民既不愿意加入中国，也不愿意加入苏联，而是要求独立。对中国而言，同意外蒙古独立是利大于弊。斯大林强调，苏联建议与中国结为同盟的目的是加强苏联对日本的战略地位，以两国的军事力量，再加上美英的力量可以永远战胜日本，其之所以提出对旅顺、大连、库页岛南部以及外蒙古的要求目的同样是加强对日本的战略地位。

在 7 月 7 日的会谈中，宋子文首先代表蒋介石表示，需要时间研究斯大

---

① 即《雅尔塔协定》，详细内容见李嘉谷编《中苏国家关系史料汇编（1933～1945）》，社会科学文献出版社，1994，第 524 页。

② 《行政院长宋子文致蒋介石电》1945 年 6 月 30 日，秦孝仪主编《中华民国重要史料初编——对日抗战时期》第三编《战时外交》（二），台北，1981，第 572 页。

③ 本段及以下两段，见俄罗斯联邦总统档案馆：45－1－322，第 4、5、20、22 页；《苏中关系（1937～1945）》（上），莫斯科，2000。

林提出的外蒙古独立问题，但斯大林坚持认为，对外蒙古法律地位的理解是承认外蒙独立，蒙古人自己要求成为独立的国家。宋子文表示，蒙古人希望组建自己的国家，那是他们自己的事情，但中国没有计划让其独立。”迫于无奈，宋子文表示：苏联在外蒙古有自己的驻军，中国可以同意苏联军队入驻外蒙古，但不能承认其独立。斯大林的态度非常坚决，并表示：“苏联方面也非常认真地研究了蒙古人民共和国的问题，如果中国将坚持既定之观点，那么谈判将不会有任何结果。”

为避免中苏谈判陷入僵局，面对斯大林咄咄逼人的态度，以及中国政府急于要解决东北问题，宋子文在7月9日的会谈中首先宣读了蒋介石的电报指示：“中国政府今愿以最大牺牲与诚意，寻求中苏关系根本之解决，扫除今后一切可能之纠纷与不快，借获两国彻底之合作，以完成孙总理与苏联合作之遗志；中国最大之需要为求领土主权及行政之完整，与国内真正之统一，于此有三项问题切盼苏联政府予以充分之同情与援助，并给以具体而有决心之答复。”蒋介石要求苏联答复的问题主要如下：（1）满洲领土主权与行政完整；（2）希望苏联能按照从前签订的协定，与中方一道平定新疆叛乱，使两国贸易与交通得以恢复；（3）苏联政府向中国提供的一切援助应以中央政府为限。蒋介石表示：“中国政府以外蒙问题既为中苏两国关系结症之所在，为中苏共同利害与永久和平之计，愿于击败日本及上述三项由苏联政府接受之后，准许外蒙之独立。为避免纠纷起见，拟采取公民投票方式，投票以后中国政府当宣布外蒙之独立。”①

斯大林听完蒋介石的电报内容后，对宋子文以蒋介石电报为基础进行谈判的方式颇为满意。尽管中苏双方在外蒙古独立、其主权和宗主权问题上的理解和看法有很大分歧，但这丝毫没影响谈判的继续。宋子文提出将东北问题与外蒙古问题分开处理，但斯大林坚持强调两者是不可分的，中国东北由中国人组成，而外蒙古没有中国人。斯大林强调：“蒙古人民共和国的法律地位问题，是意味着对其自1921年以来作为一个独立国家的承认；（中国）的主权事实上已经丧失了二十四年。”②

尽管如此，斯大林还是做出承诺：关于满洲问题，愿意做出任何中方希

① 《史太林统帅与宋子文院长第四次谈话记录》，莫斯科，1945年7月9日，秦孝仪主编《中华民国重要史料初编——对日抗战时期》第三编战时外交(二)，第609~620页。

② 俄罗斯联邦总统档案馆：45-1-322，第32页；《苏中关系（1937~1945）》（上）。

望得到的声明，苏联完全承认中国在满洲的主权。关于中国共产党，斯大林表示并不予以支持，也没有支持的意向。他认为中国只有一个政府，如果中国国内还有另一个政府，自称为政府，应当由中国自己去解决。关于蒋介石提出的只援助中央政府的要求，斯大林表示自己从来都是这么做的。斯大林强调，愿意同中国真诚相处，保持同盟国之间的应有关系。8月13日，蒋介石致电宋子文称："对于外蒙及其他未决事项，准授权兄等权宜处置可也。"①

研读中苏两轮谈判，共计由斯大林参加的九次会谈记录，就不难发现，每次会谈的内容均涉及外蒙古问题。由此可见，外蒙古问题在斯大林心中的分量。

还有一个重要的插曲，也就是在中国代表团抵达莫斯科四天后，即1945年7月4日，外蒙古领导人乔巴山即前往莫斯科，与斯大林进行秘密会晤。斯大林与乔巴山讨论了中苏谈判以及苏联与蒙古人民共和国向日本宣战等问题，还向乔巴山宣读了中苏就承认外蒙古独立以及其他相关文件的草案。对此，乔巴山不无兴奋地表示："我们希望如此，我们与中国人不会有友谊与友好合作的。"7月7日，斯大林在克里姆林宫叶卡捷琳娜大厅设午宴招待蒙古领导人，在举杯祝酒时说："一段时期以来，蒙古人内部就与日本还是苏联保持友好关系曾出现过严重分歧。很多蒙古人，包括德王在内支持与日本友好。但我这杯酒要敬那些理解，并正确决定蒙古应当与苏联保持友好的领导人们。这些人现在领导着蒙古的独立，而那些主张与满洲人、日本建立同盟关系的人却在他们的脚下。为蒙古领导人，为独立干杯！"②

斯大林的一席祝酒词道破了天机，谁主张与苏联友好，谁就能获得独立，谁就是正确与英明的。但斯大林的真实想法真是为了外蒙古的民族独立么？答案显然是值得怀疑的。

1945年8月14日，中苏双方经过两个多月，两轮即九次重要会谈，终于签订了明显有损中国国家主权与领土完整的《中苏友好同盟条约》。苏方承诺，在出兵中国东北、击败日本后，将尊重东北的主权、领土完整，不干涉新疆的内部事务，不援助中共；中方确认将根据外蒙古全民公决之结果，决定是否承认蒙古人民共和国。

---

① 《蒋介石致行政院长宋子文、外交部长王世杰电》，1945年8月13日，秦孝仪主编《中华民国重要史料初编——对日抗战时期》第三编战时外交（二），第649页。

② 俄罗斯联邦对外政策档案馆藏莫洛托夫档：7－560－38－110，c7－8，转引自卢佳宁《二十世纪上半期俄中蒙相互政治关系（1911～1946）》，莫斯科，2003，第253～253页。

同年10月20日，外蒙古全民公决的结果显示，97.8%的公民赞成外蒙古从中国独立出去。该公决之结果，对中苏双方而言，无任何悬念，但毕竟为双方在解决外蒙问题上的重大分歧，找到了一个可下的台阶。1946年1月5日，中华民国宣布承认蒙古人民共和国独立。外蒙古由此无论在事实上还是在法理上正式脱离中国，成为一个真正意义上的主权国家。

四　几点基本看法

1. 外蒙古从中国分离出去的成因非常复杂，自1911年起的早期自治与撤治，系由其活佛、封建王公，因不满清末新政，担心丧失自己的统治权力及地位而导致的。他们趁中国辛亥革命的爆发、国内政权更迭、军阀混战之际，在沙皇俄国的庇护下寻求自身的利益。沙皇俄国在外蒙古自治问题的态度上，也并非一成不变，由原来的反对，到后来的坚决支持，这与沙皇俄国对华政策的变化紧密相连。沙皇俄国后来力主外蒙自治，在作者看来，其最大的担心就是怕中国的汉人充斥外蒙地区，对俄蒙边界，包括对俄罗斯的远东地区构成军事以及人口安全的威胁。但当时沙皇俄国政府限于实力，也只能在承认中国对外蒙古享有宗主权的条件下，支持外蒙古的自治以及分裂活动。

2. 1920年，蒙古人民党的成立，是外蒙古走向分离中国的重要一步。正是在“民族革命、民族解放、民族独立”的革命声中，外蒙古离中国越来越远。这里有中国内部的因素，有外蒙古的内部因素，还有共产国际的因素交织在一起。但更重要的是苏联的因素，在外蒙古独立问题上起到了至关重要的作用。特别是在苏联的鼎力支持下，1924年蒙古人民共和国宣告成立，外蒙古独立已经成为事实。

3. 斯大林在1945年中苏谈判期间再次要求解决外蒙古问题，是有自己深层次考虑的。外蒙古虽然客观上独立多年，但一直未得到中国政府以及国际社会的承认。这不仅对外蒙古，特别是对苏联非常不利，也不排除在特殊的情势下，外蒙古再重新回到中国。因此，斯大林决定利用苏联计划出兵中国东北、结束中日战争的难得机遇，与有求于苏联的中国政府讨价还价，彻底解决外蒙古问题，以祛除长期未能得到根治的“心病”。

在捍卫俄国、苏联的国家利益上，无论是沙皇，还是斯大林，其立场是完全一致的，那就是不惜损害中国的国家利益，坚决、彻底地支持外蒙古独立。正因为如此，我们不能不反思苏联所奉行的“革命利益”与“国家利益”之间的关系，作为苏联的最高领导人，斯大林首先维护的是自己的国家利益，而不是所谓的“革命利益”，在中国革命取得胜利后，斯大林仍反对外蒙古重新回到中国的怀抱。

无论当代俄罗斯社会如何评价斯大林的功过是非，但在外蒙古从中国分离并获得独立的问题上，斯大林对苏联“功不可没”。但对中国而言，这是一段难以忘却的、辛酸的记忆。

1946年安平事件真相与中共对美交涉

杨奎松*

安平，河北省香河县一小镇，位于平津公路旁，当年对平津陆路交通的安全，影响甚大。安平事件，即指1946年7月29日在该地发生的一起美军运输车队遇袭，并造成十余名美国海军陆战队官兵死伤的严重事件。

时至今日，中国大陆各种谈及此一事件的文字乃至影视资料，几乎无不断言它是因美军联合国民党军当日“巡逻”到安平，“侵入冀东八路军防地，并向当地守军攻击，守军被迫自卫”造成的。①

而事实的真相是，安平镇当时并不在中共的实力控制下，属冀东解放区与国民党占据地区交界地带。中共冀东军区第十四军分区下辖之五十三团一部事变发生前刚刚来安平附近活动，并与马头镇出来的国民党军有过交火。中共通县大队一部这时也恰好要护送一批干部去公路以西，也到达该地。29日上午，两部得知美军运输车队将要经过，遂预设埋伏，用两辆卸去轮子的大车横在公路上进行拦截，然后趁美军汽车停车时突然从公路两侧的庄稼地里发动攻击，试图截夺物资。因为没有估计到随车美军抵抗力较强，战斗形成僵持局面，双方互有死伤。三个多小时后，伏击的两部中共军队撤出了冲突地点。②

---

* 华东师范大学历史系教授。

① 文字中最具代表性者如中央文献研究室等编《周恩来一九四六年谈判文选》（中央文献出版社，1996年）第775页注释300。影视作品中最经典者，则为“文革”前拍摄的故事片《停战以后》。

② 有关事件真相目前也有不同说法，如彭德怀前军事秘书王亚志的说法是：“当天有联合国救济总署驻华工作人员押送两大卡车救济物资由天津送往北平。同时有美军几辆吉普车随后同行。我冀东地方部队无组织、无纪律，擅自对车队射击，酿成冲突，责任在我方。”（转见http：//adfxtl. blog. hexun. com/7382737_ d. html）刘晶芳教授则提出：“实际情况是，7月28日，驻守在平津公路旁安平镇附近的冀东军区部队的一些战士，想捞外快，擅自

安平事件的冲突双方是中共地方武装与美海军陆战队，这一事实几乎马上就广为人知。但是，在这一事件中究竟谁是谁非，是中共军队蓄谋伏击，主动攻击美军，还是美军配合国民党军武力进犯中共解放区，却成了美国、国民党与中共之间一个怎么也说不清楚的问题。三方为此组织了专门的小组，进行了长达一个多月的争论和相当广泛的调查，结果因各执一词，还是弄成了无头案。虽然美国方面确信错在中共一方，中共方面却将错就错，通过各种方法谴责、揭露美国勾结国民党与中共为敌，不仅转移了这一危机，还利用美国这时对华政策严重矛盾的情况，将其置于一种道义上十分不利的地位。

从外交、宣传、组织及策略运用的角度，中共这一危机的应急处置取得了很大的成功。然而，这件事其实也清楚地暴露出中共上下级关系之复杂，及当时条件下中共一切从现实政治需要出发的思维特点和危机处理模式。换言之，当时的中共中央时常会面临因对基层掌握失控或指导不当而引发的突发性事件，其应急处置的成功与否，很大程度上是与其策略的灵活性相联系的。如果我们仅仅注意到事情的结果，看不到当时特定的内外环境与主客观条件变化的巨大牵制作用，不了解中共中央当时的每一步措施都在力求适应这一环境与条件的变化，不仅无法看到历史的真相，还会因误读历史而得出极其错误的结论来。

为便于读者了解这方面的情况，本文拟结合中共处理安平事件策略变化的具体经过，和美国及国民党所处环境与应对的具体情况，重现当时的历史状况，以做说明。

马歇尔的顾虑与美国方面的克制

1946 年 7 月 29 日安平事件发生的第二天一早，即 7 时 30 分，美海军陆战队 D. A. 瓦顿（D. A. Wharton）将军就在北平举行了一个简短的记者招待会，只说明：美海军陆战队一支摩托化巡逻部队“昨午十二时十五分于大小沙河村河西务北”，即北平东南 35 英里的安平镇附近“被袭击”。袭击者是“为数约

行动。他们在公路中央横着放了一辆牛车，迫使美军汽车停下来，然后开枪把押运的美军打跑了，缴获了车上的物资。7 月 29 日，天津美海军陆战队前来报复，中共驻安平部队迎战，双方互有伤亡。”（《党史研究资料》2002 年第 3 期）但王的说法未经研究论证，他对当日受袭美军车队和冀东部队行为的描述均不准确。刘的说法既未见史料支撑，也与各种已知史料不合。

三百余着制服的中国人”。昨日下午4时我们派了一支有力的摩托化部队与飞机支援他们，双方都有伤亡。“其他无可奉告”。①

7月31日，美海军陆战队驻华部队司令部进一步核实了事件发生时的一些细节后，发出了正式的情况说明。内称：

七月廿九日美海军陆战队加强第一师派出一队摩托化巡逻队护送某输送队由津至平，在十二时零五分行至大小沙河村（在北平东南三十五哩处）时，突遭预伏该处穿着制服之三百余中国部队袭击。双方战斗达四小时之久。美军死一官长、二士兵，四士兵重伤、八士兵轻伤。另有军官士兵各一人因受袭击汽车失事而受伤。中国部队方面，据估计约死十二人，受伤若干不得而知。

该巡逻队共有官长一人，士兵四十一人，分乘设有无线电通讯装备之吉普车二辆、吉普车一辆、一吨重巡逻卡车二辆、二吨半重货车三辆。该输送队包括执行部指挥车一辆，内坐美陆军官长三人，海军陆战队二吨半卡车六辆，内装食物及军用品，均由美海军陆战队士兵驾驶，及行总卡车一辆，由中国人驾驶。运输队由一海军陆战队军官指挥。此种巡逻队每三日内即往来平津一次，视察公路情况，并护送接济北平陆战队及美军执行部人员之输送队。

肇事地点之地形极适于埋伏战。该处公路两旁为深沟，沟外植有甚高之玉蜀黍。公路之西某村庄对面有小树林一片，该村庄之外围有短墙。大小沙河村距公路约为五百公尺。袭击者预先在树林与村庄之间公路上置放两辆无轮牛车，作为障碍物，村南角则置一机关枪，恰对公路。巡逻队抵达障碍物停放处时，为首军官方行下车，即有一手榴弹掷来，该军官立被炸毙。紧跟着即有十一枚手榴弹向其他各车掷来，同时袭击者步枪及一机关枪即向公路上射击。迨巡逻队及运输队集中停当，对方火力又从路右三百公尺处另一丛林及左右两面后翼射来。排长傅兰纳干上士当即执行指挥官职务，令众人掩蔽于路旁沟中。双方攻击直至下午四时始停。

运输队之陆军军官一人亦协同设置迫击炮及重机枪阵地，并指挥射击。四时许路右丛林中中国部队阵地突鸣号声，火力加强，两分钟之后遂止。不久该村墙上挂出白旗。一海军士兵带同二译员乃试向前进，腿部竟

① 《大公报》1946年7月30日。

中一枪，此即该役中最后之一发子弹。巡逻队嗣即照顾伤者登车，开往北平。大部死伤均系战斗对方突然攻击开始时所掷之手榴弹所炸死或炸伤。全部过程中仅有二人为步枪所伤。

攻击者组织极佳，埋伏亦经事先充分准备。无警告之射击极为猛烈。彼等均着蓝灰色与黄色之制服，亦有着农民服装者。

因当日天气情状不佳，联络中断，陆战队司令部得讯甚迟，派出有力巡逻部队及飞机至出事地点搜索时，攻击者已无踪影。当将不能发动之卡车修整，携阵亡官兵尸体前往北平。次日该队及飞机复返该处，但所见者仅一平静之村落，仅有着灰军装扎裹腿之中国人死尸二具。①

这时美国总统特使，负责在华调处国共关系的马歇尔将军，也马上和新任驻华大使司徒雷登商谈此事，并确定了不扩大事态和不公开就此事表态的应对原则。司徒雷登随后与蒋介石见面，双方就此事讨论了40分钟。比较而言，司徒雷登更倾向于相信，中共军队此一行动或受命于延安，意图"引起舆论从而导致美国从该地撤出陆战队"。而马歇尔则怀疑，这可能是延安近来激烈的反美广播影响到了下边，造成下边的军官们对美国驻军的敌视态度，从而引发了此一攻击行动。②

不论二人的看法有怎样的不同，他们显然都认为这件事情的事实基本上是清楚的，即中共应当对此负责，并应做出相应的处置。因此，虽然北平军事调处执行部（简称军调部）美方委员30日即要求派执行小组前往冲突地点进行调查，马歇尔却并不认为有兴师动众、另搞调查的必要。在美国方面看来，只要向美方参战人员弄清楚当日冲突的具体经过就可以了。马歇尔明确认为，美军的调查报告是公开的，40多名官兵亲历此事，人人都可以被自由采访，造假是不可行的。动用军调部三方一起去调查，反而会因为国共对立而使问题复杂化。因为中共一定会认为国民党代表是站在美国代表方面，从而引发无休止的争吵。③

① 《大公报》1946年8月1日。

② 参见《司徒雷登致国务卿电》，1946年8月7日；肯尼斯·雷等编《被遗忘的大使：司徒雷登驻华报告（1946～1949）》，尤存等译，江苏人民出版社，1990，第7页；《马歇尔与周恩来会谈记录》，1946年8月1日，参见中共中央文献研究室、中共南京市委员会编《周恩来一九四六年谈判文选》，中央文献出版社，1996，第576页。

③ 《马歇尔与周恩来会谈记录》，1946年8月3日；《周恩来关于马歇尔对小组至安平事甚踌躇致叶、李并中央电》，1946年8月4日；《中美关系资料汇编》第1辑，世界知识出版社，1957，第275页注22甲。

实际上，马歇尔还另有隐忧。自 1945 年 12 月作为杜鲁门总统的特使来以中国后，他只用了很短的时间，就成功地在 1946 年 1 月 5 日使国共双方签署了停战令，在 1 月 10 日基本上实现了关内和平。同时，他还成功推动召开政治协商会议，使国共两党及国内各党派代表得以齐聚一堂，达成了包括整军在内的五项和平协议。就在中国将要走进和平民主新阶段的关口，国共两党四五月间在东北的武力争夺使和平进程陷入了严重危机。眼看战争与仇恨开始再度蔓延到关内来，美国政府却还在继续以武器和军火供给国民党政府，这让马歇尔处境之尴尬和调处之艰难，无以复加。在这种情况下，无论是对国民党方面，还是对共产党方面，他都必须尽量保持克制态度，以免美国的中立地位受到更严重的质疑，并形成新的刺激。正是因为他实在不想放弃得来不易的这种种政治进展，因此，对此前刚刚发生的李闻惨案,① 他需要克制；对这次安平事件，他同样必须克制。

蒋介石的沉默与强硬派的鼓噪

国民党方面最早对此事做出公开反应的是中央社，其 30 日即发电讯称："美军卅一人廿九日午分乘卡车十一辆，沿平津公路赴平，途中行经杨村河西坞北大小沙河附近，突遭番号不明之共军三百余人袭击，美军中有伤亡。我军事机关闻讯，已派队前往援救。"②

蒋介石是在 7 月 30 日晚得到消息的，次日他即电告北平行营主任李宗仁和北平军调处执行委员郑介民，强调："美国陆战队在平津道上被匪袭击，以致死伤多名。此案事实真相应由行营根究彻究，从速处理，并切实保护平津公路与肃清其两侧之盗匪，以确保治安，勿得贻误。对于美军死伤之官兵，务即代为抚慰，一面派员协同美军洽商处理善后办法详报为要。"③

郑介民当天即电告蒋称："美陆战队约百名，分乘卡车十二辆及一指挥车，由津来平，行至安平镇（香河西南十公里）为共军伏击，美军即行自

① 7 月 11、15 日，国民党昆明军事当局接连以残暴手段指使部下暗杀了民盟重要成员李公朴和闻一多，时称李闻惨案。

② 《平津公路上美军遭袭击》,《中央日报》1946 年 7 月 30 日。

③ 《蒋主席令李宗仁主任从速处理美军在平津道上被共军袭击事件电》，1946 年 7 月 31 日，秦孝仪主编《中华民国重要史料初编》第七编（三），中国国民党中央委员会党史委员会，1991，第 201 页。

卫，战斗四小时，共军北窜。此役美军伤亡军官等三员，失踪三名，伤十一人，击毁卡车二辆。”他并且弄清了中共伏击部队的番号，即五十三团。① 第二天，李宗仁也去电说明，只是所报美军死伤人数更符合美方公布的数字。②当天第十一战区司令长官孙连仲也电蒋说明情况，电文中除了具体说明“职闻讯后立饬我马头镇驻军一营出动支援，尚未到达，美车队已冲过，于当晚抵平”外，还告蒋：“已饬九二军于午卅抽派四个团向香河攻击搜索该区匪部外，并派副参谋长高松元、冀东五区专员黄任材、县长班长儒等驰往肇事地点，汇集证据。”蒋对此批示：“此案应秉承李主任意旨，彻底查究，获得证据为要。”③

中共与美军发生冲突，对蒋而言自然是求之不得。就在两周前，李闻惨案刚刚发生，在国内外激起极大的抗议浪潮，马歇尔和司徒雷登一致向蒋表示“严重关切”，美驻昆明领事馆更直接出面保护在昆明的中国重要民主人士。安平事件发生在这个时候，蒋介石当然会有幸灾乐祸之感。他在日记中不无庆幸地写道：昆明李闻暗杀案虽仍在处理中，然“同平津道上美军被共匪袭击之重要性比已渐减轻矣”。④

蒋介石半年来最为反感的就是美国政府的所谓“调处”。他再三告诫马歇尔中共奸诈横暴，对和平绝无诚意而徒欲利用美国而已，马歇尔却一直对调停国共抱以幻想。⑤ 如今，美国人终于得到了教训，但蒋却不能马上从李闻案件中解脱出来。⑥ 何况，6 月 26 日空军第八飞行大队上尉飞行参谋刘善本等驾 B－24 轰炸机投奔延安，并带去一批无线电器材，8 月 2 日空军司令周至柔未得蒋令竟擅自指挥空军对延安机场进行轰炸，更是闹得舆论沸沸扬扬，也让蒋介石颇感难堪。⑦ 面对这种情况，鉴于美国政府已将安平事件的处置权交予马歇尔，马歇尔不想事态扩大，也反对国民党利用此案扩张宣

① 《军事调处执行部委员郑介民呈蒋主席报告调查美军遇袭情形电摘要》，1946 年 7 月 31 日，《中华民国重要史料初编》第七编（三），第 203 页。

② 《李宗仁主任呈蒋主席报告调查美军被共军袭击经过及善后处置电》，1946 年 8 月 1 日，《中华民国重要史料初编》第七编（三），第 202 页。

③ 转见刘凤翰编著《孙连仲先生年谱长编》第 5 册，“国史馆”，1993，第 2859 页。

④ 《蒋介石日记》，1946 年 8 月 3 日条，美国斯坦福大学胡佛研究所藏。藏所下略。

⑤ 《蒋介石日记》，1946 年 3 月 1 日、4 月 30 日、5 月 7 日、7 月 13 日条。

⑥ 参见唐纵《在蒋介石身边八年——侍从室幕僚唐纵日记》，群众出版社，1991，第 635 ~ 638 页。

⑦ 蒋介石在日记中对此曾痛加责备，称其在这个时候实施报复，实属无知而专增困扰，可痛之至。见《蒋介石日记》，1946 年 8 月 7 日。

传，因此，蒋也只好不动声色，并暗中提醒自己：“马既忍受，余亦不加问闻”，为的是不让美国人认为自己“有利用此案之意”。①

但是，蒋介石在安平事件上保持沉默，不等于国民党内的强硬派也会同一步调。

还在 7 月 31 日，《中央日报》就公开刊出社论，声称：“今春以来，射击美机美舰拘留美人袭击少数美军之事已报不绝书”，如今，中共军队更开始大规模袭击美军，当不难了解中共反美情绪已经高涨到了何种程度。此一事件的本质，“是共产党与美国的冲突，也是共产党已经决定不尊重马歇尔的调处发动全面叛变的象征”。② 国民党中宣部长彭学沛也在 8 月 1 日公开发表讲话，声言：“共军在平津路上对美国海军陆战队之突袭，在此和平商谈声中不异为一严重之挑衅。”③

到 8 月 3 日，国民党《中央日报》已做出明确分析，指称“共军袭击美陆战队含有险恶政治阴谋”，称各方一致意见是：“共军之动机与目的，主要的为利用美国社会尊重民意之习惯，以制死在华美军之生命，惹起轩然大波，激起美国舆论要求撤退美在华驻军，并停止对国民政府之援助。而其幕后之国际关系，即可造成独霸远东，控制世界之局面。”④

同日，国民党第十一战区公开发表调查报告，宣布说：战区副参谋长高松元携同第五区专员黄任材和香河县长班长儒等，于 8 月 2 日晨开始在事发地点实地向附近驻军和当地乡民多方调查，证实：（1）伏击地点为通县、武清、香河三县交界之处，公路两侧掘有深沟，两边田里植有甚高之玉米，适于隐蔽。（2）当地大小沙河 6 月 2 日前曾有香河镇警一中队驻扎，因调防至马头镇西南三华里之石槽驻防，该地未再驻有政府武力。（3）当地乡民此前经常看到美军车辆经过，从未发生事故。最近有中共第五三团李敏溪部数百人开始出没于附近村落，7 月 25 日刚刚召集乡民举行过反美运动大会，27 ~ 28 日已发现有封锁交通的活动，29 日上午 7 时许即在平津公路上用破牛车设置障碍，并派兵埋伏于公路两侧。美车队到达时，即发生枪战。⑤

军调部国民党方面参谋长蔡文治据此发表声明，公开断言安平事件乃中共

① 《蒋介石日记》，1946 年 8 月 5 日。

② 《小沙河事件的本质》，《中央日报》1946 年 7 月 31 日。

③ 《平郊美军被袭事件中美双方均极重视》，《中央日报》1946 年 8 月 2 日。

④ 《共军袭击美陆战队含有险恶政治阴谋》，《中央日报》1946 年 8 月 3 日。

⑤ 《十一战区发表美军被袭经过》，《中央日报》1946 年 8 月 4 日。

最高当局企图驱逐美军，发动全面内战的“整个预谋”之一部分。声明称：

一、中共已承认安平事件系共军所为。

二、中共所谓美军进入解放区、国军协同前往一节，纯系造谣抵赖。该地为平津公路，并非所谓解放区，美军输送给养之车辆，每三日即来往一次，且美军经常由津向平输送执行部美方人员及驻平美陆战队之给养，何来国军随同？

三、共军潜入公路区事先于公路上设置障碍物，布匿伏兵，足证此事出自预谋。

四、共军谓当日有国军随行，若然，则国军方面应有准备，何以变出仓卒，美军伤亡如是之多，而国军并无伤亡。共军所云，显系杀人后，反行诬赖。

五、美军七人于七月十九日在山海关附近被中共绑架，廿九日美军复遭共军袭击，在十日内连续发生同样事件，必系中共最高当局之整个预谋。中共有悔祸之心，则美军于被绑之后，不致再度遭受袭击。

六、美军驻华系应政府之请，联合国对于另一联合国，有运输受降遣俘之义务。美军驻华，与越南非中国领土、中国军队遵照盟军最高统帅部命令驻越南之事例相同。中共妄言为遣俘之驻华美军为侵害中国主权，而加以杀害，盟军将士竟死于共军之手，实令吾人痛悼。共军所以出此下策，其企图为逼迫美军撤退后，在华北各省发动全面内战之野心，已暴露无遗。

中共中央的白脸与周恩来的红脸

在北平担任军调部中共委员的叶剑英，是最早获知安平事件消息的。事件发生次日，他就已经得到了相关的报告。

7 月 29 日当天，冀东军区司令员詹才芳、副司令员毕占云、政委李楚离等就根据参与作战的五十三团指挥员的报告，联名致电晋察冀、冀东军区和中央军委并转北平执行部，说明美军联合国民党军进攻我安平部队。次日，他们又进一步来电说明美军进攻部队的规模，称其进攻部队在 300 人左右。[①] 其 29 日

① 《詹李毕王关于美顽进攻我五三团致中央军委并转执行部电》，1946 年 7 月 29、30 日。

电称：

> 七月廿九日十二时半，由天津出来之顽美各七十余，乘汽车到我安平镇一带扫荡抢粮，当即发觉我通州大队，该敌以猛烈火力向我射击，并将该大队驻地侵占，后又向我七支队五连驻地攻击。我伤七亡一，当即自卫，对该顽美军以严重杀伤，美伤十亡廿九，顽伤六亡四，缴自动步枪二，汽车二，美小型电台一，打坏汽车六。对峙至下午四时，天津又来汽车十辆，步兵三百余，飞机四，炮三助战，我即撤出安平。在战斗中才发觉有美军。①

几乎与此同时，晋察冀军区副司令员萧克和程世才也发来电报，内容大致相同，所得渠道大致相同，只是对双方参战部队及战场情况的说法又略有不同。其电概要为：七月廿九日中午，香河县西南之安平镇地区有我驻大小沙河之通州大队突受由天津方面用十七辆军用车开来之美军约六十余名攻击，同时有政府军八十余人参加作战。首先向我通州大队以猛烈火力进攻该大队阵地，占领后继续向我五十三团第五连驻地攻击。激战至午后四时许，美军三百余人，携炮三门，乘军车十三辆，配合飞机四架，由天津方向前来增援。我为避免事态扩大，主动撤出战斗。此次战斗结果双方均有伤亡，美军死伤二十名，顽军死伤十余。②

对于中共中央询问安平是否解放区的电报，冀东军区司令员詹才芳、副司令员毕占云随即报告坚称，安平是我解放区，但所报我方死伤及缴获数字又有变化。其电称：

> 安平在日本投降后即被我解放，今年五月二十六日曾一度被伪香河保安队侵占，六月三日即收复，后即有我军部队及地方政权人员驻扎。安平有平津公路通过该处，我设有检查站，美军美商时常通过，有几次向我无理射击。这次冲突确系顽军美意顽向我攻击，并占我通县大队防地，继向我五三团五连攻击（安平西南公路上），我即起自卫。此冲突确有顽军参加，我们缴有马四匹，步枪一支，我方伤十五，亡四。③

① 《詹李毕王关于美顽进攻我五三团致中央军委并转执行部电》，并转见《聂、刘转冀东军区司令员詹才芳等七月卅一日电致中央》，1946 年 8 月 1 日。

② 转见纪学、曾凡华《蓝色三环》，解放军出版社，1992，第 402 ~ 403 页。

③ 《詹毕关于安平事件情形致中央电》，1946 年 8 月 6 日。

尽管冀东军区的报告，内容多有变动，中共中央还是很快就认定了事实真相，因而一方面于7月31日电令叶剑英等立即向美方提出抗议，① 一方面电令冀东军区务必立即进驻与美军冲突地点，以利调查取证和向美顽抗议与交涉。②

按照中共中央的指示，新华社公开发表消息，宣布驻天津美国海军陆战队140余人及国民党军一部，于7月29日进攻了冀东解放区香河县安平镇，当地中共军队被迫“自卫还击”。紧接着，中共中央机关报《解放日报》也发表社论，严厉谴责美军与国民党军武装挑衅。宣称：安平事件是由美国海军陆战队和国民党军各一部武装侵入冀东八路军防地，向当地守军攻击引起的。“驻天津美国海军陆战队第一师应道歉赔偿，处分直接负责的军官，公开保证不再向任何解放区侵扰。”社论并强硬主张，美国驻华一切陆海空军必须立即撤离中国，不得干涉中国内政。③

虽然，叶剑英按照中共中央的要求，向执行部美方代表当面提出了抗议，但比起延安方面激烈抨击美国的态度来，在南京负责与马歇尔和国民党进行谈判的周恩来，态度却缓和多了。

直到8月1日，南京中共代表团一直对安平事件三缄其口，没有做任何表示。2日，周恩来才指示代表团发言人公开发表谈话，说明他们了解到的情况。这就是：“（一）中共军确曾与美军发生冲突，并双方均有死伤。（二）安平在中共解放区内，并为驻兵区。（三）与中共军队冲突之美军，乃一武装巡逻队。中共代表周恩来已电平执行部中共代表叶剑英，要求派遣执行小组赴出事地点调查，以确定责任。”④

在前一天与马歇尔的谈话当中，周恩来的说法也相当委婉。针对马歇尔批评延安广播歪曲事实的说法，周的态度是：不能只听一面之词，“不论延安的新闻材料报导内容如何，我觉得应该调查实际情况”；“要弄清是非，而不牵扯到别的问题”。他明确表态：只要调查确实有据，“凡我方应负责的必然负责”。但反过来，不应由我方负责的，我方也不能硬担起来。

因为几个月来不止一次地发生过美国海军陆战队人员擅入中共解放区，引起摩擦的情况，周恩来实在不明白，为什么过去都不曾发生过武装冲突，

① 《中共中央关于向美方提出抗议冀东事件的指示》，1946年7月31日。

② 《中共中央关于与美军冲突撤退地点应即进驻给詹李并叶李电》，1946年8月1日。

③ 《论安平镇事件》，《解放日报》1946年8月3日。

④ 见《大公报》1946年8月2日。

造成死伤，在安平“何以会开枪？仅仅是来了二十一辆汽车，或者还有其他原因？”他十分怀疑：国民党一直在千方百计地想要夺占中共的地方，“是否国民党挑起这冲突？”比如，“国民党知道我方正在等着抵抗他们，又知道美军要来，就故意引起这次袭击，进行挑拨”。他相信：“这是完全可以设想的，并非毫无可能。”① 因此，非具体调查不可。

8月3日，进一步收到冀东军区肯定安平是解放区和冲突中既有美国人，也有国民党军的电报，同时又得知国民党空军轰炸了延安机场的消息后，周恩来与马歇尔的谈话中更加强调国民党恶意挑拨的可能性。他再三表示怀疑，说冲突“究竟是怎样挑起来的？有无国民党军在内？”与此同时，他也委婉地批评了美国海军陆战队，表示不明白美军巡逻，“何必到解放区去！”说美军擅入解放区已经有七八次之多了，中共方面已经多次提出交涉，并且还刚刚释放了被扣留的7名擅闯解放区的美国士兵，为什么美军还是“自由行动”，进入解放区不能先向我方打招呼吗？②

但与此同时，注意到美海军陆战队经常往返于平津之间的这条公路，周恩来也对美军突然联合国民党军队进攻中共解放区的说法颇多疑惑。为此，他在8月初数电中共中央、北平执行部中共代表，并请中共中央转电晋察冀和冀东军区负责人，要求他们务必详查冲突情况，并回答若干可疑之处。③

军调部三方之争执与小组调查之难产

还在8月1日，北平军调部国、共、美三委员就通过一项指令：“特命第二十五小组前往调查”安平事件“进攻之部队”和“发令及实施攻击应负责之指挥者及人员”。④

在此前后，美方已确定了当日被袭的所有美国海军陆战队及其同行人员

① 本段及上段，见《周恩来与马歇尔谈话记录》，1946年8月1日，参见《周恩来一九四六年谈判文选》，第577~578页。

② 《周恩来与马歇尔谈话记录》，1946年8月3日，参见《周恩来一九四六年谈判文选》，第581页。

③ 《周恩来关于安平事件请查告下列各点致中央并叶李陈电》，1946年8月3日；《周恩来关于请查告安平冲突详情致中共中央并请转肖程詹李毕电》，1946年8月4日；《周恩来关于请弄清安平事件致叶李并报中央电》，1946年8月6日等。

④ 《军事调处执行部给第二十五小组的指令》，1946年8月1日，《关于安平事件一般备忘录》（原件系中共方面当年提供给苏联驻北平领事馆参考的军调部工作资料汇集），影印件，第2页。

的姓名，包括指挥官的情况，并且得到了他们的相关报告。但接下来的进程却一度无法进行。

据美方代表戴维斯（Davis）向军调部三委员，即饶伯森（Roberson）、郑介民和叶剑英报告称：第二十五小组接获指令后，美方代表和政府代表已经确认下列事实：7月29日正午，由武装保卫之海军陆战队之护送队在平津公路上靠近安平镇之地，与中共部队发生冲突。冲突之地点并非任何军队或居民之经常驻地，而系平津公路上之田野。参与冲突之美陆战队负责人及当天之任务，均已确定。但未获中共指挥人员姓名及当天参与冲突部队在当地之任务。美陆战队指挥官8月5日即到达并在小组会议室等待报告事件之经过，但小组屡次投票，均遭中共代表反对，无法听取美方人员报告，调查形成停顿。①

而中共代表黄逸峰则报告称：第二十五小组接获指令后，他即派副代表张蕴钰拜见美方代表，征询对于开始小组工作的意见。因美方代表回复说正忙于搜集材料，故迟至5日小组才举行第一次会议。又由于政府代表吴能定开会伊始即对中共代表的资格问题提出异议，② 因而再度延宕了调查工作的进行。

小组会议终于开始举行后，美方代表戴维斯未经中共代表同意即通知美方三位人员及陆战队指挥官到会以证人资格报告出事经过，且拒绝讨论工作程序，遭到中共代表反对。当美方代表接受中共代表提议讨论调查程序，即认同在程序中安排赴中共地区听取冀东军区代表报告后，国民党代表吴能定又坚决反对，以至调查工作还是无法进行。③

对于上项争执，美国方面和国民党方面的反应都十分强烈。郑介民电蒋称：小组迟至今日无法开始调查，是因为共方代表得到延安指示，“初则借口调查程序问题，继则诬指安平事件系因政府与美军联合进攻而发生”。因政府军为根本解决平津路交通安全问题，安平事件发生后即开始攻打中共冀东军区第十四军分区司令部所在地香河县城，此原本是安平事件发生后所演

① 《美方代表向三委员之工作经过报告》（原件无日期，判断应在8月7日以后至11日之间），《关于安平事件一般备忘录》，影印件，第47~48页。

② 因中共方面最初提出参加第二十五小组的代表人选层级较低，后改派黄逸峰，遂得到美、国两方的通过。可参见《周恩来与马歇尔会谈纪要的节录》，1946年8月9日，《周恩来一九四六年谈判文选》，第587页。

③ 《中共代表向三委员之工作经过报告》，1946年8月3日（原日期不确），《关于安平事件一般备忘录》，第41~44页。

成的情况。但共方代表却据此要求小组前往正在作战中的香河县城听取中共第十四军分区的报告，企图造成安平事件有政府军参加的证据，将目前的香河战斗与安平事件混为而为一，“以遂其淆乱听闻，掩饰犯罪行为”。①

马歇尔对中共代表的做法也极为不满。他在后来的报告中写道：安平事件明明是中共军队对平津公路上美海军陆战队之汽车运输队的一次伏击，执行小组共方代表却饰词推托，指责美国及中国政府代表在调处执行程序上延搁调查，反说自己一直在催促调查进行。“此种情形，使人难以忍受。”他一度打算要美方代表退出第二十五小组会议，由他将美方调查结果公布出来。但顾虑到“这样的行动正好使国民党里那个阻碍他的停战努力的小集团得到便宜，实际上使军调部的功用化归乌有，而且可能造成全面的战火”，他不得不忍了下来。②

不过，对于美国方面的指责，周恩来也有不同解读。他说：事件发生后，我方始终不能与我地方部队直接联系。美方得到了完整的报告，而且同他们的当事人见了面，“我除了延安广播的第一次报告以外，没有得到反映当地行动的报告，我们不知道实际情形，苦得很”。他一直在催叶剑英直接派人去看，听司令官的报告，会见见证人，不能随便做判断。不仅如此，事件发生后政府军正在进攻香河，安平也已经不在中共控制之下了，“客观上小组出发越晚对我们越不利，因为事件发生在安平的公路上，这地区属香河县，政府军正在进攻香河县，情况变化了以后，局势更要复杂，小组去了调查必更困难。因此，我都有电报催小组出发。”故他认为叶剑英的看法是合理的，即拖延小组出发的黑手是国民党代表。因为是他们不断地在小组会上和中共代表唱对台戏，一会儿反对中共代表的人选，一会儿反对到香河去听取中共方面的事件报告。③

周恩来也表示了对美方代表态度的强烈不满，称：美方代表认为只要听美方报告，再找老百姓调查就够了，对此我“很愤慨”。“现在战争罪犯在日本国际法庭受审判，都还得听双方的报告，而且美国人可以给他们作辩护。

---

① 《军事调处执行部委员郑介民上蒋主席报告军调部决派小组赴安平调查美军被袭事件电》，1946 年 8 月 9 日，《中华民国重要史料初编》第七编（三），第 205 ~ 206 页。

② 参见《马歇尔使华报告书笺注》，梁敬錞译注，中研院近代史研究所，1994，第 320 页；《中美关系资料汇编》第 1 辑，第 275 页注 22 甲。

③ 《周恩来与马歇尔会谈纪要的节录》，1946 年 8 月 9 日，《周恩来一九四六年谈判文选》，第 586 ~ 587 页。

秦德纯（时任国防部次长，在东京国际法庭作证——引者注）是原告，还得受被告质问。安平事件不能不听中共方面的报告就作出裁判……这等于缺席裁判。”“即使国、美认为事件一定是中共挑起的，没有国民党参加，也得听中共的报告。”中共代表要求先订调查程序：（1）听取美军陆战队代表的报告；（2）听取中共地方军事当局的报告；（3）听取国方地方当局的报告；（4）听取三方见证人的报告；（5）必要措施；（6）综合报告和结论。“我认为这个提议接受了我的指示，公正并先尊重美方的报告。”程序问题小组讨论四次不得解决，为此“羁延了四天，我们不能负责，也不能责备我们”。①

经过马歇尔和周恩来的干预，军调部三人委员会几经会议，终于在8月7日同意了中共代表的意见，“成立一分组调查共方报告之香河冲突”。② 14日上午，三人委员会又基本上通过了第二十五小组及分组调查程序之协议。即：

> 1. 询问及记录目睹之证人傅瑞慈（Freese）少校及丢克（I. M. Duke）君之证言，此二人系执行部人员而搭乘该美陆战队武装巡逻队护送之运输车辆者。
>
> 2. 询问及记录美陆战队队长贝尔查（Chales Bell）中校及美陆战队参加冲突之人员。
>
> 3. 访问、询问及记录参加冲突之共军指挥官，及士兵之证言（由中共发给通行证照而由美方在可能范围内供给运输工具）。
>
> 4. 视察冲突地区并访问及记录其他证人之证言。
>
> 5. 询问及记录现在天津美陆战队第一师司令官骆基（Lodge）中将，现在十一战区司令长官孙连仲将军及事件发生地区共军高级指挥官之证言。
>
> 6. 访问及记录若干其他证人之证言，此等证人乃每一方面所认为为求得此事件之真相所必须征询者。
>
> 7. 访问、询问及记录中共所称曾参加冲突而政府及陆战队第一师司

① 《周恩来与马歇尔会谈纪要的节录》，1946年8月12日，《周恩来一九四六年谈判文选》，第605～608页。

② 《军事调处执行部委员郑介民上蒋主席报告军调部决派小组赴安平调查美军被袭事件电》，1946年8月9日，《中华民国重要史料初编》第七编（三），第205页。该分小组正式成立于8月9日，见成彩虹《见证军事调处——记〈安平事件记录本〉》，《文物春秋》2000年第1期。

令官骆基中将所否认参加之国军部队是否事实。

8. 召集小组会议准备呈三委员之报告并提出之。[①]

会议结束后，军调部美方委员饶伯森和中共委员叶剑英即于 12 时同机飞往南京，分别向马歇尔和周恩来报告调查程序讨论取得之进展，并取得双方的批准。

报载，8 月 16 日上午，即周恩来、饶伯森逊从南京返回北平，再度举行三人委员会第 22 次会议，有关小组调查程序的协议才告正式通过和生效。[②]换言之，执行小组调查工作从 8 月 17 日才正式开始。

可想而知的矛盾陈述与调查结果

17 日，第二十五小组开始按照三方议定之程序，听取证人证言。首先听取的是美方证人的证言。

美方当事人和陆战队司令部的报告，早在 8 月 1 日以后就陆续提交出来了。具体的当事人主要为两部分，一部分是陆战队军官，一部分是在天津办事、29 日随陆战队的车队回北平的军官，包括傅瑞慈少校、考奈尔（Connell）中尉、威斯特（West）中士和一中国司机，以及美军参谋肯尼迪（Kennedy）中尉、丢克和一中国司机，还有一位属于第七特务团的美军少尉。28 日去天津办事的肯尼迪几人都提到，当天去天津开车路过安平镇附近公路时，就已经遭到过一次枪击，但当时他们只有一辆车，公路上没有设置障碍物，加大油门就冲了过去。第二天他们加入美陆战队护送的车队返回北平，就出事了。

7 月 29 日这支车队构成如下：前卫和后卫各有吉普车两辆、一吨重卡车两辆。开路吉普车上载有 50 口径机关枪一挺、无线电一部，后卫吉普车也有无线电一部，另有德式机关枪一挺和 60 毫米迫击炮一门。陆战队巡逻队长考文（Douglas A. Cowin）中尉乘坐的吉普车跟在开路车之后，其后的一吨重

① 《军事调处执行部致第二十五小组指令》，1946 年 8 月 10 日，《关于安平事件一般备忘录》，第 127 页。另据《军事调处执行部小组大事纪要 · 第二十五执行小组大事纪要》（台北）1946 年 8 月 14 日条可知，该指令基本通过时间当为 8 月 14 日上午，而非 10 日。且 14 日之通过，亦仍须进一步取得南京马歇尔、周恩来等批准，方可正式颁布及生效。

② （台北）《民报》1946 年 8 月 17 日。

卡车两辆各有数名巡逻队员，并配有勃朗宁自动步枪两支，和多支 M－1 型步枪及手枪。巡逻车队的基干队伍为六辆两吨半重卡车，由巡逻队副队长弗兰克率领，配有轻机枪一挺、迫击炮一门。巡逻车队中间便是他们此行护送的载有联合国善后救济总署物资的中国海关的七辆运输车及几位中国押运人员，另外还有傅瑞慈、肯尼迪和第七特务团美军少尉分别乘坐或驾驶的三辆汽车。

中午袭击发生时，前车与后车相距有一公里远。首先是前卫车被公路上两辆无轮牛车所阻，考文中尉下车察看，当即被袭击者投掷过来的手榴弹炸死，瞬间约十枚同样的手榴弹分别飞落在前卫的几辆汽车上下炸开，同时车队左前方树丛中有步枪开火，右前方村庄土墙上亦有机关枪射击，车队前卫的美军死伤严重，几乎失去了抵抗力。

随后赶来的卡车上的副队长弗兰克马上指挥巡逻队员各找掩避物展开还击。因为美军在公路上被切隔成两段，后面的美军和中国司机在肯尼迪中尉的指挥下将车辆集中在一起，以为防护的屏障。由于美军暴露在高出庄稼地的裸露的路面上，他们看不到隐藏在有一人多高的玉米地里向他们射击的中国人，因此，他们只能凭借机关枪、自动步枪和迫击炮压制袭击者因射击而暴露的火力点。

这样的战斗持续到下午 4 时左右，车队右前方土墙上出现了一面白旗，弗兰克指派一名陆战队员连同一名中国译员前去询问，结果该队员被一枪击中腿部倒地。

随后，中国袭击者的一次号声过后，所有的射击完全停止了。意识到战斗中止后，弗兰克马上指挥抢救伤员，并发动车辆，驶离了冲突地点。

据所有目击者称，中国袭击者多戴着“日本式的劳动帽”，制服不齐，有着浅褐色者，有着浅灰色者，也有着标准的农民服装者。袭击者最初的攻击极有组织，非常凶狠，但火力较弱，无迫击炮，美军主要的伤亡都是袭击者投掷的手榴弹造成的。①

8 月 17 日开始，至 20 日才结束的对美方证人的质询，主要对象是傅瑞慈、丢克、肯尼迪和美陆战队驻津第一营营长贝尔查中校。据报称：“在调

---

① 《海军陆战队第一师司令部关于安平事件之报告》，1946 年 8 月；《I. M. 丢克关于美海军陆战队护送队在平津公路上被袭之报告》，1946 年 8 月 2 日；《肯尼迪中尉的报告》，1946 年 8 月；《傅瑞慈少校的报告》，1946 年 8 月；《关于安平事件一般备忘录》，第 28 ~ 30、119 ~ 120、121 ~ 122 页。

查进行中，几无一分钟休息，三方组长聚精会神寻取材料，尤以共方代表之质询为多。黄逸峰氏每次均以半小时至一小时时间对证人提出连串问题，显欲在此质询与报告中获得有利共方之答复，以之说明过去中共所声明美军与国军共同进攻解放区，最少亦企图求出错误责任在美方之结论。”但美方证人在质询中陈述的都是经历过的事实，因此只有因当事人不同，看到的战场情况略有差别，整个事件的起因、过程和车队整体的情况，没有任何编造的痕迹。唯一与书面报告不同的一点新情况，就是傅瑞慈少校告诉调查小组，他 7 月 26 日从北平至天津的行车途中，在此地就已经遭到过十余发步枪子弹的射击。①

21 日至 23 日，小组美方代表马丁（Martin）、国民党代表张叔衡、中共代表黄逸峰及雷任民等赴中共冀东军区第十四分区驻地香河县调查。小组在香河中学听取了中共方面证人王智涛（冀东十四军分区副司令）、李庆春（五十三团五连连长）、王恩潭（通县大队二连五班班长）、马德明（战士）、何卓然（区长）、王槐邻（村民）、高玉成（小商人）、曹汝明（农民）的报告。

中共方面证人的报告显示的又是另一番情景。（1）事件发生时安平系中共解放区，有征收公米单据作证；（2）7 月 29 日冲突是美军武装车队先向中共军队开枪，中共军队以为是国民党军又来进攻，遂自卫还击，及至反冲锋缴获吉普车，才发现有美军参战，指挥员立即下令吹号撤退，在撤退中受对方猛烈火力攻击，中共方伤亡达 18 人之多；（3）下午 4 时左右，由通县方向开来国民党军两批，由天津方向开来 20 多辆卡车，运载美军 400 余人，配之以飞机多架向安平进攻。当晚，美蒋联军占领安平；（4）几天后，国民党第九十二军在美军一部 300 余人的配合下，分 3 路进攻中共军队香河营地，第二天撤至安平，整修碉堡工事。②

23 日，第二十五小组分小组下午抵达香河，成员为美方的沙文（Chauvin）上校等五人，国民党方面吴能定中校、译员张义、联络官史子钧少校等三人，中共代表为武可久上校、参谋金子谷少校和译员杨诚。24 – 27 日，分

① （台北）《民报》1946 年 8 月 17 日。

② 参见伊人等《曾雍雅将军在香河》，政协香河县委员会编《香河文史资料集存》第 2 辑，第 41 页；成彩虹《见证军事调处——记〈安平事件记录本〉》，《文物春秋》2000 年第 1 期；刘晶芳《安平事件的历史真相及评价》，《党史研究资料》2002 年第 3 期。

小组分别听取了当地中共军方和国民党军方的报告。①

按照程序，第二十五小组于24日抵达安平，对冲突现场进行勘察，并听取国民党方面组织的当地人士的证词。由于已经过去了将近一个月，现场情况发生了很大变化。据第二十五小组中共副代表雷任民回忆，冲突发生后，他们很快派人将公路上的破牛车“从横向位置顺了过来”，并找来了破车轮，造成“牛车的位置和车辙印是顺直的，车轮是损坏的”假象，以“表明当时的情况是：正在行驶的牛车坏在了公路中央，阻挡了美军的车辆，从而引起了误会”。与此同时，他们还特别注意把7月29日冲突的现场，与第二天国民党军队攻占安平镇的距离29日公路冲突现场有数百米之遥的战斗现场联系起来，以便得出“美军开枪袭击我哨兵后，立即从这一现场直接向安平镇我方守军进攻，从而引发了事件”的结论。②

同样的情况，占据安平之后，国民党方面也为应对执行小组的现场调查煞费苦心。只不过，中共方面在安排证人问题上做得十分精细。“他们选了一些有文化、有头脑、口齿清楚的干部作证人。部队是团长任营长、排长任战士；地方上由地委选派。雷任民把他们召集起来，把这项工作的政治意义和必要性讲清楚。然后向他们交待怎样回答询问，并以调查人的身份提问，让他们回答，反复进行演练。”而国民党方面却做得漏洞百出，他们只是由通县县长带着武装人员坐着汽车到安平，召集周围各庄农民开会，威胁农民，并强迫各庄保长签字担保，靠壮丁队进行布置和指派证人。

26日，小组听取国民党方面证人班长儒（国民党通县县长）、曹玉亭（商民）、谢广山（牛车主）的证词。曹玉亭在报告时竟信口胡诌，声称看到中共军队缴获两辆美国军车，是由中共军队捉走的两个美国兵帮着开走的。此说一出，全场哗然，在场的中外记者纷纷拍照，争相询问细节。因为事件发生后，美海军陆战队从未提到过有两名美国士兵被俘或失踪的情况。美方代表反复询问曹，曹却一口咬定，坚不改口。最后美方代表忿忿要求休会。中共代表则抓住这一虚假证词，反对休会，直言这样将使该证人有充分时间串改证词。

当天，整个调查已基本告一段落，黄逸峰致函周恩来，特别说明了这一

---

① 成彩虹：《见证军事调处——记〈安平事件记录本〉》，《文物春秋》2000年第1期。

② 本段及下段，见《雷任民回忆》，1997年6月，参见刘晶芳《安平事件的历史真相及评价》，《党史研究资料》2002年第3期。

情况。函称：国民党方面指定的本地证人证词，大量虚构。“如说‘美军仅车二三辆’；‘美军被俘二人曾将吉普车开入解放区’；‘当日并无飞机出动’等等，都不能成为有力之证据。”如今日询问国民党方面指定证人曹玉亭时，“‘美’‘国’两方均感其证言虚构，中途停止询问，明明企图给证人以串改证言之机会。经我反对，‘美’‘国’两方借口我不信任证人，强令休会，调查工作遂陷于停顿，明日可望恢复调查工作。”

据黄总结，此次调查基本上可以得出的对中共有利之证据至少有：“（一）安平为我解放区之一部；（二）美军于廿九日在天津出发前确有充分准备，人员武器、电台设备均较经常巡逻不同，且于上午十一时曾接到天津美军十一团团部之警告；（三）美军增援部队曾用飞机在安平上空扫射，有遗留之子弹夹壳为证；（四）安平系于七月廿九日以后为政府军占领者；（五）在安平战斗时间，于附近曾有持青天白日旗而与美军无敌意之部队四五十人向安平方向前进。”

当然，黄亦承认，上述证据都不能证明延安所认定的几大关键问题，即“关于当天究系美军、国军或共军先行开火，国军参加战斗情形等等”，“三方各异其说”，未能找出有力证据，“尚有待进一步之证明”。鉴于目前情况，“现我已准备材料，万一谈判破裂，即可随时向联合国提出控诉”。①

事件真相的发现和中共的妥协设想

所谓向联合国控诉，是中共中央计划当此一事件调查闹到不可开交时采取的最后一手外交策略。8 月 10 日，毛泽东就曾以中共中央名义专电给周恩来、叶剑英，指示称：“安平调查，国、美合作造假证据，说成一切为中共有计划袭击美军是必然的。在此种情况下，我们应准备宣布国、美进攻，我方被迫自卫之一切证据，并准备向国际申诉。此案对美方不利之处是暴露国、美站在一边，美方之假中立已难保持”。②

从毛电可以看得很清楚，毛泽东发电时是坚信中共代表掌握着“国、美进攻，我方被迫自卫之一切证据”的，因而不怕闹到联合国去。事实上，不

① 本段及以上两段，见《黄逸峰致周恩来函》，1946 年 8 月 26 日，《关于安平事件一般备忘录》，第 143 ~ 146 页。

② 《中央关于安平事件后准备宣布国、美攻我证据致周、叶电》，1946 年 8 月 10 日。

仅中共中央，就连叶剑英等也始终相信冀东军区的报告。周恩来虽有怀疑，但因冀东军区始终坚持前说不改，① 叶等一直在想方设法取得证据。

在这种情况下，为了贯彻中央指示，即使无法找到美军和国民党军主动进攻的有力证据，黄逸峰也还是要准备“控诉材料”。但他不清楚的是，就在毛泽东发出上述指示的当天，中共中央就“国、美进攻”的宣传已变得不真实了。

原来，7 月 29 日发生的安平事件，确如马歇尔所判断的，正是“延安广播影响到了下面，影响到下面的军官们对美国的态度”。②

自东北四平、长春争夺战失利，蒋介石态度日趋强硬之后，中共中央对美国听任蒋介石在东北为所欲为即变得极为反感。6 月 14 日，美国国务院向国会提交对华军事援助法案进行审议，更激起毛泽东极大不满。6 月 22 日，他破天荒地亲自发表声明，怒斥美国自抗战以来就一直在直接或间接地通过各种军事援助的办法，帮助国民党进攻和封锁共产党，如今更以驻军和枪炮来支持国民党发动大规模内战。自此，中共中央从马歇尔来华后尽可能保持对美友好的态度，一变而走向了极端敌视美国政府的态度。毛泽东公开宣布：“坚决反对美国政府继续以出售、交换、租借、赠送或让渡等方式将军火交给中国的国民党独裁政府，坚决反对美国派遣军事使团来华，并坚决要求美国立即停止与收回对华的一切所谓军事援助，和立即撤回在华的美国军队”。③

两天后，中共中央做出明确决定，要求各中央局并各地党组织，立即展开群众性的反美斗争，务必使群众认清美国对华军事干涉的实质，和蒋介石政府之美国殖民地的性质，动员群众团体和民主党派，分电美国政府、国会、群众团体、社会名流，要求纠正美国政府的对华反动政策，撤回驻华美军，否决军事援华法案。当然，采用这种方法，说明毛泽东等这时对影响美国改变政策仍抱有些许指望。故其指示中仍特别强调：“不要反对整个美国与整个美国政府，亦不要反对杜鲁门、马歇尔与美国调处中国内战，对美方公正人士与普通人员仍应争取其同情”。④ 问题是，和中共历来大规模政治动

① 如詹才芳、毕占云、李楚离等 8 月 6、7 日即两度回电坚持前说。见《詹李毕关于安平事件真相致中央军委电》，1946 年 8 月 6、7 日。

② 《马歇尔与周恩来会谈记录》，1946 年 8 月 1 日。

③ 《毛泽东主席关于反对美国军事援蒋法案的声明》，1946 年 6 月 22 日，《中共中央文件选集》第 16 册，中共中央党校出版社，1992，第 208 ~ 209 页。

④ 《中共中央关于动员各群众团体要求美国改变对华政策的指示》，1946 年 6 月 24 日，《中共中央文件选集》第 16 册，第 216 ~ 217 页。

员的效果一样，这种反美运动一旦掀起，要基层干部和党员分清美国谁是好人，谁是坏人，显然没有可能。特别是中共中央公开发表“七七”宣言，尖锐抨击美国政府之后，即使它再三强调“对各地美军，仍应避免冲突”,[①] 客观上冲突仍难避免。因为在部队中进行反美教育，不可避免地会刺激下级官兵产生仇视美军，甚至想要给美国人以教训的心理。

安平事件正是发生在这样一种背景下。25 日，中共第十四军分区进抵安平一带的部队，就专门召集民众，举行抗议美军干涉中国内政的群众大会，部队官兵对美军的敌视心理正在亢奋中。一连几天，见到美军汽车，士兵们往往就会开枪射击以泄愤。29 日袭击美军车队之举，虽然是基层指挥官组织的军事行动，但也正是在这种情况下发生的。事情发生后，因为参与袭击的两支部队都散在外面，部队的指挥官也没有讲出实情，第十四军分区和冀东军区最初得到的信息明显不真实。等到一周之后，他们分别从两支部队干部的矛盾陈述中发现问题，进一步追查，这才发现此前向中共中央提供的报告对事实的描述严重失误。

8 月 10 日，冀东军区司令员詹才芳、政委李楚离再次电告中央，订正了此前的说法。新的电报对 7 月 29 日冲突发生经过是这样说明的：

> 我驻香河之第五十三团五连，由该团参谋长彭光率领，于七月二十六日进到王家板一带，二十八日与马头（镇）出扰之敌二百余在大曹庄大柳树一带激战。二十九日一个排（约三十余人）于十一时将由河西务开来一商人汽车挡住，据称后边有美军汽车十余辆，满载弹药。此时适遇通县游击队长马子聪率领通县大队二排（三五十人），游击队十余人，及区级干部二十余人过平津公路以西去坚持工作，到达安平。彭、马乃商量伏击开来汽车。五三团一个排位于安平南约三百公里之汽车站附近，通县大队一个排（三十余人）位于汽车站南半里多之西侧田野，并以大车二辆放汽车站附近之公路上拦路。十一时由河西务方向来汽车十七辆（车上无美军旗帜标记）至拦路大车时，发现我部队，先行开枪，向我射击，我还击，被我通县大队击退，我五三团部队向前冲去，缴获汽车二。对峙四小时后，由天津北平各开来汽车二十余辆，载美顽军各

① 《中央关于发表“七七”宣言后对美国及国民党斗争问题的指示》，1946 年 7 月 6 日；《中国共产党中央委员会为纪念“七七”九周年宣言》，1946 年 7 月 7 日；《中共中央文件选集》第 16 册，第 230 ~ 231、236 ~ 239 页。

> 二百余人，并由北平飞来四架飞机助战。此时我即退出战斗……伤十八，亡六，缴获装有无线电台之吉普车一辆，大吉普一辆，重自动步枪两支，轻自动步枪两支，七九马步枪一，美国子弹五百余发，钢盔一个，估计美方伤卅余人，顽军四十余人。
>
> 依以上情况判断：(1) 实际上顽美系由津向平押送军火或移防，并非向我进攻；(2) 内中确有一部顽军；(3) 我部队开往安平系为了打击顽军，但闻美军开来时，我即准备谋毁其汽车进行布置，未预料到顽伪（美）兵力多大及战斗力如何。①

新的情况与原有宣传最大的不同有三点，即（1）两支部队此前均未驻防安平，都刚来安平不久；（2）美军并非进攻安平；（3）主动进攻或袭击者，确系中共军队。但新的情况并没有改变原有宣传之点也很显然，即它仍强调：（1）是美军先行开枪，向我射击，我还击；（2）车队是顽美联合，内中确有一部顽军。

突然出现的情况，让周恩来、叶剑英等明显陷于困境中，周恩来当即致电毛泽东及中共中央，愤然质问“安平事件究竟如何?”② 中共中央对冀东军区的谎报，自然也极其不满，故也严令冀东军区要据实查报事件详情。③

但是，实情归实情，在毛泽东看来，如果美军确无进攻意图，也没有国民党军队协攻，宣传内容当然要变，但只要是美军打的第一枪，宣传的方针就不用变。因此，他的意见是：“一定要肯定美军打第一枪的事实”。④ 有了这一条，理就在我这边。

由于注意到不能按照先前美军进攻安平的事实判断，要求军调部中共代表往落实美军进攻的方向上用力，故中共中央于8月11日致电叶剑英，并告周恩来称：不管美军是否意在进攻，根本的问题是：“美巡逻队武装开入我解放区，既未事先通知我方及车上未悬美旗（这是美方没有否认的），先向我军开枪进攻，事后国美双方将安平地区武装占领……这是对美方不利，对我方有利之处。”“你们应强调上述事实，提出要求国美双方武装立即退出安

---

① 《詹李关于安平事件调查致中央电》，1946年8月10日。

② 《周恩来关于安平事件究竟如何致毛主席中央并叶李陈电》，1946年8月10日。

③ 《中共中央关于安平事件究系何因务必确实报告致詹毕李电》，1946年8月11日。

④ 参见伊人等《曾雍雅将军在香河》，《香河文史资料集存》第2辑，第40页。

平地区，并恢复廿九以前原状，否则一切调查已由国方摆布，必无公正结果。”①

但既然肯定美军没有主动进攻解放区的意图，且确是自己的部队设计伏击美军车队，再纠缠下去，只会对自己不利。因此，中共中央考虑再三，于16 日再电周恩来、叶剑英，提出了妥协的设想。电称：

詹李十日电证明美方非主动向我进攻，同时美方坚决否认当时有国顽参加，我亦未获具体证据。目前我对安平事件处理方针似宜采取承认误会，实行双方道歉，双方不提要求的方法和平解决，或仍坚持原案，咬定美顽双方配合向我进攻。如美不认错，则准备向国际控诉。上述两法，互有利弊，请周叶考虑以何者为宜，并速电告。

如坚持原案，对我有利者为美军武装巡逻队侵入我解放区，先向我开枪，事后配合国顽占我安平镇，同时此事自我扩大宣传后，已引起若干方面对我同情。但对我不利者，上述坚持部分既与事实不符，在进行实地调查时难免有漏洞，更难收场（因调查时美方可能从细小枝节上进行盘问调查）……可能造成各方（包括马司饶等）不良印象，增加我党今后对美外交之困难。

如采取承认误会的方针，对我不利者，为我方对此事宣传甚广，突然改变，可能造成若干误会，并予美方向我反攻机会，但如此处理与当时实情相符，易于说服各方，使美方不致中顽挑拨毒计，并可给马司饶等好印象。同时我可指出此事为我当地地方部队的误会行动，说明此种不幸地方事件发生的原因，完全出于误会，而且美我双方均应负责，美方责任是在国顽不断向我冀东进攻抢粮之时……竟派大批武装巡逻车队进入我方早已存在战斗状态的地区，既未事先向我通知，又未挂有旗帜标记，且向我开枪，造成双方互有死伤的不幸事件，并事后配合国军占领我安平地区等等。②

不难看出，中共中央这时不仅承认：（1）美方非主动向我进攻，（2）事件发生时并无国民党军队参与；而且开始承认：安平并非是在自己军事控制

① 《中央对处理安平事件给叶剑英并周恩来的指示》，1946 年 8 月 11 日。

② 《中央关于安平事件解决方案致周恩来、叶剑英电》，1946 年 8 月 16 日。

下的解放区，只是“我方早已存在战斗状态的地区”。就像毛泽东自6月下旬以来一边鼓动反美，一边再三提醒各级干部“不要反对整个美国与整个美国政府”，仍要“注意拉拢美国一切人员”，特别是马歇尔，因为“谈判中仍须经过他来缓和局面”一样，他这个时候反美显然还是有分寸的。他还不能置基本事实于不顾，刻意否认事实去造成马歇尔、司徒雷登乃至饶伯森等人的恶感。承认中共一方有过失，美军一方也有过失，通过双方各退一步来解决问题，在他看来，恐怕是目前最理想的一种办法。

然而，让中共中央意想不到的是，就在这封电报发出的当天，情况又有了新的变化。因为，在十四军分区司令员曾雍雅等进一步的追问中，参加袭击的部队干部最终讲了实话。他们承认，不仅美军没有进攻意图，车队中没有国民党军，甚至也不是美军首先开枪，而是“我方先开枪”。注意到事实与过去汇报的完全相反，曾雍雅感到情况严重，马上电告了冀东军区，并请其转报中共中央。但是，身为前线直接面对美国与国民党方面调查人员的最高指挥官，曾无论如何不能，也不愿马上全盘推翻过去的说辞，承认整个事件都是自己的部下主动袭击造成的。因此，他在电报中一面承认说：“七月二十九日美军汽车开到时，系由我方先开枪”；一面又专门要求冀东军区领导人乃至中共中央领导人，一定不能完全改口。他的建议是：“谈判时我决不能承认（我方先开枪这一点——引者注），就说廿五日接到情报，河西之敌准备出来抢粮，当时误以美汽车为抢粮之敌。”①

连美军先开枪都无法再坚持，要让美方承认对此事也负有责任，就更难了。对此，就连一向不主张太过强硬的周恩来，也怀疑现在改口和让步是否明智。鉴于情况如此复杂，中共中央自然也犹豫起来，决定拖一下再说。

大战将至，何顾安平？

周恩来的顾虑，有着十分现实的理由。不是因为安平事件，而是因为国共关系已经破裂在即，安平事件其实已经不重要了，大可不必，也绝不应当在这个时候来承认自己一方的过错，给美国，及给国民党，提供更多可以用来攻击共产党的子弹。

8月7日，司徒雷登明确电告美国国务卿：我今日已将蒋委员长与中共

① 《冀东军区詹、李、毕转十四分区电致中央》，1946年8月16日。

继续和平商谈的先决条件交给了周恩来。这些条件是：

1. 苏北共军撤至陇海路以北；
2. 共军自胶济路撤退；
3. 共军自承德及热河省承德地区撤出；
4. 共军须退至东北北部两个半省内地区；
5. 共军须撤离于6月7日后所占一切地区；
6. 放弃地方行政尤其是苏北地方行政，但共产党总部可允许保留。①

对此，中共中央表示了断然拒绝的态度，坚决要求先停战，再谈其他。

三天后，即8月10日，马歇尔和司徒雷登鉴于继续居间调解国共冲突已无可能，在最后与周恩来就蒋介石的条件问题沟通无效后，发表了一份联合声明。《大公报》就此所做的报道简单明了。其标题即是“和平商谈已告失败”。内称：

> 马帅司徒大使于十日晨与周恩来商谈后于午后一时发表联合声明，指出国共双方对重新配置军队之若干问题不能接近，停战无成立协议之可能。自六月七日开始之停战商谈，至此遂宣告无结果而结束。其症结即在所谓地方行政问题。政府于六月十九日提出整军方案之补充方案，规定中共须自苏北热察冀东胶济路沿线及东北各大城市撤出，中共表示无法接受，商谈即陷僵局。其后再经马帅与国共五代表会商折冲，求取妥协，终未能成功。最后司徒大使就任后，亦曾居间努力调停，于六日自牯岭带京蒋主席之商谈意见五点，大体与六月十九日之整军问题补充方案相同……中共当表示不能接受，并建议首先停战。商谈毫无进展。马帅八日返京，九十两日与周恩来两次商谈。十日晨之谈司徒大使亦参加，折冲再四，国共双方在此所谓地方行政问题上绝无接近之可能。商谈遂在万分无奈之情绪下无形宣告结束。②

注意到整个形势的变化，中共中央明确主张尽快结束调查，争取按照妥协方针，照顾美方态度，努力和平解决安平事件。③

① 转见《被遗忘的大使：司徒雷登驻华报告（1946～1949）》，第7～8页。

② 《大公报》1946年8月10日。

③ 《中共中央关于安平事件以和平解决为好致叶李并周电》，1946年8月13、22、27日。

但是，就在中共中央准备做出妥协的时候，却传来了美国政府有意向国民党政府转让战时剩余物资的消息，这再度强烈刺激了延安方面，乃至周恩来的神经。周受命向美国政府提出抗议。① 而马歇尔的解释是，剩余物资的转售早在 1946 年初就已经讨论并决定了下来，它们只会对中国的经济恢复有好处，涉及可以用于作战的军事货品，美国政府已经下令暂停提供和援助了。②

8 月 31 日，美中签订了《中美剩余战时财产出售协定》，原值 8 亿多美元的美国在西太平洋战争时期的剩余物资，如大批卡车、交通器材及军用被服等，以 1. 75 亿美元的廉价转让给国民党政府。在中共方面看来，这些物资只会使坚持要使用武力消灭共产党的国民党变得更加强大，从而也更加有恃无恐。

当天，周恩来致电中共中央并告叶剑英等，明确认为全面战争已不可避免。他宣称：“马、司调解完全失败，国方仍坚持内战独裁方针不变，美国若不改变政策，只有使执行部及其小组宣告解散……现时斗争已临最后一幕，中心对美，只要使马、司不论从军事上、政治上都已无话可说，则一切责任自明，美国骗局再也继续不了。”③

在这种情况下，中共中央当然也不再会去设想如何“拉拢”住美国人了。它对安平事件的态度再度强硬起来。它电告周恩来、叶剑英称：

> 安平事件调查结果暴露国顽伪造人证物证，矛盾甚多，对我基本有利，我们可继续采强硬态度，指出在国军不断向我冀东各地进攻时，大批美军进入我解放区，事先未向我作任何通知，显属有意侵犯我主权，对安平不幸事件应负全责。尤其事后协同国军武装占我安平镇，更属直接参加中国内战，与干涉中国内政的行为。只有美方向我正式道歉，并撤退安平国军，始可和平解决，否则宁将此事变为悬案，拖到于我有利时再解决，或者各自对外公布真象，便利我揭露国美双方，请斟酌处理。④

9 月初，军调部有关安平事件的调查和谈判工作不可避免地陷入了僵局。

① 《周恩来军事活动纪事》上卷，第 704 页。

② 《中美关系资料汇编》第 1 辑，第 231 ~ 232 页。

③ 《周恩来致中央并叶剑英、李克农电》，1946 年 8 月 31 日，《周恩来一九四六年谈判文选》，第 634 ~ 635 页。

④ 《中央关于安平事件可继续采取强硬态度致叶、李并周电》，1946 年 9 月 6 日。

据叶剑英报告称：争论的焦点是谁开的第一枪。美方坚持是中共方面首先袭击运输车队，挑起冲突；中共方面则坚持是美方首先挑衅，进攻安平镇，中共方面才被迫自卫。美方承认在受到袭击的第二天进攻过安平镇；中共方面说战斗只发生过一次，美军是在同一天袭击了哨兵后立即攻击了安平镇。国民党代表出面调停，说：这个不幸事件看来确实是一个误会。但从调查的结果来看，应当是中共军队先开的枪，美军还击属于自卫行为。中共代表立即驳斥国民党代表的意见。几番争论下来，结果还是各说各的意见，各写各的报告。后来中共方面决定，可以由叶剑英向美方表示愿以双方互称误会解决问题，但美方未做答复。①

在这种情况下，国民党方面随即单方面宣布了自己的调查结果。它认定，冲突现场的地形十分极有利于设伏，现场到处都可以发现由路边田野、树丛、坟地向公路射击的弹痕。因此，中共军队有计划地袭击美军运输车队乃为不争之事实。②

美国方面随后也发表了自己的调查报告，宣称："共产党军队伏击美国海军陆战队护送的军调部汽车大队和联合国善后救济总署的物资，结果死海军陆战队三人，伤十二人，当时并无国民政府军队在场或卷入此事件。"③

根据中共中央的指示，④ 中共代表团之后也单方面举行了记者招待会，由叶剑英发表声明，要求美方：（1）向我方正式道歉，并保证不再发生类似事件；（2）立即把安平镇交还我方；（3）驻华美军应全部撤出中国；（4）美国政府必须停止对国民党政府和军队的援助，以维护中美人民之间的传统友谊。

黄逸峰则当场宣读了《军调部第二十五特别小组中共代表关于"安平事件"调查报告书》。报告书认为，安平事件之全部责任，均应当由国美双方负之。说中共军在自己的地区内，对美军进攻采取自卫行动无可非议。且一旦发觉有美军参加，立即号令停止抵抗，忍痛撤退，以免事态扩大，实属仁至义尽。在这一事件中，美军不但侵犯中国主权，实应负有参与中国内战之极大责任。为避免安平事件重演，报告书要求美国政府立即撤退在华驻军，首先撤退华北美海军陆战队。在未撤退前，应在驻地对国共双方保持完全中立，不得参加国民党军队进攻中国解放区的行动，不得运送国民党军队军

① 《叶剑英致周恩来并报中共中央电》，1946 年 10 月。

② 《军事调处执行部小组大事纪要·第二十五执行小组大事纪要》，1946 年 9 月 4 日条。

③ 《中美关系资料汇编》第 1 辑，第 275 页注 22 甲。

④ 《中共中央关于准备安平事件报告致叶李张并告周董电》，1946 年 10 月 3 日。

火，不得代替国民党军队保护交通要道、桥梁、仓库等。如因故要进入解放区，必须事先获得许可。报告书同样要求国民党和美国双方应向中共道歉，并赔偿中共因安平事件所引起之损失，惩办美军，包括随后进攻安平之国民党军之直接指挥官。①

如果说在此之前，中共中央还希望能够在揭穿美国帝国主义真面目的同时，尽可能不要全面破裂与美国的关系，以便利用马歇尔等人，在必要时通过调处给自己以帮助，到了这个时候，这种需要已经不复存在了。

其实，还在8月上旬，毛泽东就已经在公开宣传美帝国主义及其一切反动派都是纸老虎的观点，为全党全军打气了。② 9月27日，他在给中宣部长陆定一的信中专门解释了他这样做的目的：

> 在解放区军民中，目前的中心问题不是对美蒋的幻想问题，存在这种幻想的时期已经过去了；向军民描写美蒋怎么厉害，怎么凶，这在七月以前是必要的，七月以后则不但不必要，且有副作用了。目前解放区军民心目中的中心问题是能否胜利与如何取得胜利，尤其在失了一些地方之后，大家很关心。因此我们的文章与新闻立论之重点，不是说敌人如何压迫，如何凶狠，而是要解释敌人虽有二百师兵力，但是有种种条件我军必胜蒋军必败。③

既然全面开打已不可避免，马歇尔的调处作用自然也就不需要了。既然连美国政府中唯一对中共有些用处的马歇尔都不必理睬了，安平事件谁是谁非当然也不用着去理会了。10月27日，周恩来电告延安并叶剑英等："安平等事件均可成悬案"，可置之不理了。④

但也因为安平事件的真相再难得到澄清，结果，中共此前关于美国海军陆战队联合国民党军在安平进攻中共解放区，遭到中共军队有力还击的宣传，也就随着政权更替变成了正统历史的一部分。安平事件也就因此成了战后美国侵华历史的一个历史记录，成了战后美军在华种种劣迹中最著名的一个历史见证了。

---

① 转见刘晶芳《安平事件的历史真相及评价》,《党史研究资料》2002年第3期。

② 《和美国记者安娜·路易斯·斯特朗的谈话》，1946年8月6日，《毛泽东选集》（合订本），人民出版社，1964，第1192~1193页。

③ 《毛泽东文集》第4卷，中央文献出版社，1996，第185页。

④ 《周恩来关于安平等事件均可成悬案致叶并中央电》，1946年10月27日。

蒋介石提议胡适参选总统前后

——蒋介石日记解读

杨天石*

1948年3月底，国民党召开行宪国民大会，选举总统、副总统，蒋介石曾拟退出竞选，推荐胡适为总统候选人。蒋介石长期追求权力，他为何在此时有此考虑？关于此事，当时的美国驻华大使司徒雷登曾向国务院马歇尔报告说："不管这是否是计划好的，蒋委员长这一行动是一个巧妙的政治手段。"① 此言有无道理？

一　李宗仁第一个提议

第一个建议胡适参加总竞选总统的是李宗仁。

抗战胜利后，李宗仁被任命为军事委员会委员长北平行营主任。1946年9月，改称国民政府主席北平行辕主任。由于他在抗日战争中的战绩，也由于他对学生运动采取柔性政策，注意联系教育界人士，被认为作风开明，有一定社会声誉。国民党决定于1948年召开国民大会，选举正、副总统后，他积极准备参加竞选副总统。其想法是"挺身而出，加入中央政府，对彻底腐化了的国民党政权作起死回生的民主改革，以挽狂澜于既倒"。② 他曾对黄绍竑说："国民党政权在现在人民眼中已反动透顶，但是一般人民又怕共产党，因此大家都希望我们党内有像我这样比较开明而敢做敢为的人出来辅佐蒋先生，换换空气。"③ 1948年1月，他率先成立竞选办事处，并在8日北平的外

* 中国社会科学院近代史研究所研究员。

① 《中美关系资料汇编》第1集，第859页。

② 《李宗仁回忆录》（下），第273页。

③ 《李宗仁回忆录》（下），第375~376页。

籍记者招待会上透露，确有竞选副总统之意，不过，他也声明："尚未征得蒋先生的同意"。①

1 月 11 日晨，时任北大校长的胡适致函李宗仁，鼓励他参加竞选，函中引用自己早年所作《中国公学运动会歌》第一章："健儿们！大家上前，只一人第一，要个个争先，胜固可喜，败也欣然。健儿们！大家向前。"并称：

> 第一虽只一个，还得要大家加入赛跑，那个第一才是第一。我极佩服先生此举，故写此短信，表示敬佩，并表示赞成。

13 日，北平《新生报》登载《南京通讯》，题为《假如蒋主席不参加竞选，谁能当选第一任大总统》，其中提到胡适的名字。14 日，李宗仁复函胡适，告以《新生报》所登通讯，并说：

> 我以为蒋主席会竞选，而且以他的伟大人格与崇高勋望，当选的成分一定很高，但我觉得先生也应本着"大家加入赛跑"的意义，来参加大总统的竞选。此次是行宪后第一届大选，要多些人来参加，才能充分体现民主的精神。参加的候选人除了蒋主席之外，以学问声望论，先生不但应当仁不让，而且是义不容辞的。

胡适收到此信后，只将有关报纸剪存，并未动心。

在南京的蒋介石 15 日就得知北平李、胡之间的通信。当日日记云："李宗仁自动竞选副总统而要求胡适竞选大总统，其用心可知，但余反因此而自慰，因为无上之佳音。只要能有人愿负责接替重任，余必全力协助其成功，务使我人民与部下皆能安心服务，勿为共匪乘机扩大叛乱则幸矣。"17 日，在"上星期反省录"中写道："桂系携贰益显"，"皆足顾虑"。②

这是蒋介石日记中关于胡适竞选一事的最初记载。

李宗仁是桂系领袖，和蒋介石有矛盾。1927 年至 1936 年，李宗仁曾多次参加或领导反蒋军事行动。抗战期间，为团结抗日，蒋桂矛盾缓和。抗战胜利后，蒋介石派李宗仁到北平，掌控北部中国，蒋、李之间尚无直接冲

① 《李宗仁回忆录》（下），第 376 页。同书又云：李宗仁曾托白崇禧和吴忠信报蒋："不久，得白、吴两君复电，俱说，介公之意国民大会为实行民主的初步，我党同志均可公开竞选，介公对任何人皆毫无成见云云"。此说恐不确。

② 《蒋介石日记》，1948 年 1 月 15 日、17 日，本文所引蒋日记均为斯坦福大学胡佛研究所藏手稿本。

突，但是，这一时期，蒋介石声望日降，而李宗仁声望日升。还在 1947 年 9 月 8 日，司徒雷登就曾向美国国务院报告汇报其北平之行的情况："在学生中间，作为国民党统治象征的蒋介石，已经大大丧失了他的地位。大多数的学生，甚至毫不客气地认为他是完蛋了。""李宗仁上将日益获得了公众的信赖。似乎没有理由相信他不忠于国民政府的谣言。"① 1948 年 1 月 8 日的记者招待会上，李宗仁又着力宣扬自己受到各地人民的拥护。他说：

> 余为华南人，珠江流域人民无疑将为余之支持者。北伐后，余曾驻防武汉，当给长江流域人民以良好印象。抗战时余曾在徐州作战，胜利后复来华北，故与黄河流域人民亦有深切之关系。此次宁夏马主席过平，亦允加以支持，且支持余者将包括各阶层。如去岁全国各地普遍发生学潮，北平幸未发生不幸事件，皆因余持客观态度，相信学生本意本好，故学生对余之印象亦甚良好。

关于政治主张，李并未多说，仅称："中国自身亦可逐渐解决其问题，并非必须美援，假如有美援，问题可解决较快耳！中国愿与美保持传统友义。中苏国境毗连，亦望能维持友好关系。"② 这种政见，也与蒋介石当时的亲美反苏主张不同。

历史积怨，加上李宗仁"自动"参选等种种情况，引起蒋介石的警惕，怀疑其"用心"，并进一步怀疑桂系"携贰"。

二　军统的两封情报促使蒋介石思考

就在李宗仁建议胡适参加竞选总统之际，军统送呈的两封电报促使蒋介石就此问题做进一步思考。

一封情报是军统局次长郑介民的报告。该报告称：1 月 13 日晨，《大公报》的胡霖通过电话请求与美国驻华大使司徒雷登谈话，司徒当即邀胡于当日中午至大使馆午餐。午餐时，胡霖自称代表上海文化教育界、银行界、商界，六十余人建议："值兹全盘混乱，局势动荡之时，同人等不愿共产党成功，但因目睹政府环境恶劣，拟请蒋主席下野，以六个月为期，在此期内，

① 《中美关系资料汇编》第 1 辑，世界知识出版社，1957，第 299 ~ 300 页。

② 《申报》1948 年 1 月 9 日，第 1 张第 1 版。

政府由张岳军负责支撑，未识大使意见如何?”司徒答称：“此事须本人请示美国政府，并请将此项意见用书面写出，俾作根据。至本人私人意见，蒋主席断不能下野，下野则全国必混乱不可收拾。”谈话时，傅泾波在座。14日，傅将谈话情况面告郑介民。郑即将有关情况向蒋汇报。①

这一封情报向蒋介石传达的信息是：胡霖等上海人士对蒋不满，正在争取美国人的支持，要求蒋“下野”。对此，蒋介石极为愤恨。他在日记中大骂胡霖“本阴险政客，万不料其卑劣无耻至此，是诚洋奴成性，不知国家为何物”！由此，他进一步指责一般知识分子和名流严重丧失“民族自信心”，“均以洋人为神圣，国事皆以外国态度为转移”。不过，他并不准备妥协，日记云：“若不积极奋斗，何以保种与立国也！对于此种阴谋，惟有置之不理，以不值一笑视之！”② 19日晚，蒋介石思前想后，不能成眠。第二天，继续思考，认为胡霖等人的行为是“告洋状”，其目的在于“急欲推倒中央政府以为其自保地步”，进而想到文武官吏普遍悲观、消沉，没有人相信他必可“平定匪乱”的保证，在日记中愤愤地写下了“殊为可痛”四字。

另一封情报是1月13日军统上海站的密函，该函报告称：美政府有力人士正酝酿一项希望蒋介石“让位”的运动，其理由为：（1）蒋介石本有三张牌，即孔祥熙、宋子文、张群。孔下，宋上；宋下、孔上，现在三张牌均已出尽，但“政府之贪污无能，更有加无已”，“故中国今后如不有改辕易辙、大事更张之办法，实难有改进复兴之望”。（2）蒋介石主政二十年，“思想陈旧、性复固执，且极易受人之包围，不能发挥有效之力量”，“故中国政局不能改善之最大责任，实应由蒋主席负之”。密报认为，此项运动的主导者是美国的马歇尔和中国的政学系首要。马之所以主张去蒋，原因在于中共“绝不妥协”和蒋介石“固执守旧，致使调停不成，怀恨在心。政学系则有干部在美活动。王世杰、张君劢等对蒋均有较多批评。冯玉祥则劝告美国政府”“不可以军械援助中国现政府，否则徒为共党间接致送武器，必须俟中国政府首脑部整个改组后，始可授以军械”。密报认为，冯玉祥的背后是马歇尔。

这一封情报向蒋介石传达的信息是：美国人也对蒋介石严重不满，准

① 《情报》，1948年1月14日，台北“国史馆”藏光碟，00506。

② 《蒋介石日记》，1948年1月19日。

备“换马”。这对蒋介石不能不是严重的刺激，也不能不引起他的重视。1948 年 1 月 17 日，蒋介石在“上星期反省录”中提出，拟做“让贤选能”的准备，在国民大会召开时，本人不加入竞选，“交出政权”，推出国内“无党派名流”为“大总统”，自己暂任参谋总长，以协助继任者。这一则“反省录”显然是在得知美国准备“换马”之后的对策。他准备让出总统名位，改任参谋总长，以便牢牢掌握所有国家权力中最重要的权力——军权，继续指挥“剿共”。

蒋介石早已深知美国人对他的不满，也十分担心美国人“换马”。1947 年 8 月 24 日，魏德迈结束访华，在南京发表声明，声称中国的复兴工作，“正有待于令人振奋的领导”。蒋介石非常紧张，曾向司徒雷登的私人秘书傅泾波探询，美国是否“有意迫其退休或改职”。[①] 他在日记中写道：“近察美国形态，其政策已以我为其对象，志在先倒我而后达其统治中国之目的。如美国果有此政策，不仅为远东之害，而且为美国之祸。余惟有自力更生，不偏不倚中以求独立与自强。他日果能如此，未始非美国今日侮华卑劣政策之所赐也。”[②] 可以看出，当时他还自觉有力量，以“不偏不倚”和“独立与自强”自励，然而时隔数月，形势变化，蒋介石威望日低，他不得不改变策略，准备进一步满足美国人的要求了。

三　在庐山休息期间决策

尽管蒋介石认为胡霖等人的行为“不值一笑”，然而事实上，他不能不重视。2 月 10 日为农历戊子年除夕，蒋介石和宋美龄于 8 日相偕赴庐山休息。除夕这一天，蒋介石“勉效少年度岁之乐”，于宴会后放花、放鞭炮，让宋美龄一时很高兴，但是，更多时间，蒋介石、宋美龄这对夫妇高兴不起来。

蒋介石夫妇上庐山之前，上海接连发生同济大学学生围打市长吴国祯、舞女千人捣毁上海市政府社会局、新申纱厂工人罢工等群体性事件，使蒋介石痛感“事业日艰，经济困窘，社会不安”，尤其使他揪心的是百姓和

---

① 《中美关系资料汇编》第 1 辑，第 302、303 页。

② 《蒋介石日记》，1948 年 8 月 25 日。

干部“对领袖之信仰心亦不存在”。① 上庐山之后，争取美国军事援助的巨大困难又摆到了他面前。

2 月 18 日，蒋介石接到顾维钧和新近赴美的中国技术团团长贝祖诒的电报，得知美国总统杜鲁门已向国会提交 5.7 亿美元的经济援华法案，其中 5.1 亿元用于购运必需物资，减轻日趋严重的经济形势，其余 6000 万元用于恢复运输、燃料、电力及输出工业。19 日，司徒雷登为此发表声明（《告中国人民书》），对当时中国的政治状况和国民党的统治提出了多方面的批评，如“把他们政党和他们个人利益置于受难人民的利益之上”，“对于他们的党抱着非常狂妄的忠诚，绝不容忍其他一切的政治信仰，他们所用的方法非常残忍”，并且含蓄地批评国民党的“极权制度”，“有独立思想的人，不是屈服于思想统制，就是被迅速清除”。声明特别表示：“人民必需不断地使用开明舆论的力量，影响政府的举措，以防止官吏的滥用职权。因此，这就需要言论和出版的自由和接触客观报道的新闻自由。在极权制度下，这些自由便不容存在。”② 司徒雷登声称，他发表此文，意在要求中国“爱好自由的爱国人士”，联合全国人民，“一致参加建设性的演变进程，促进全国的统一以及和平的进步”，但是，其中包含的对国民党统治的尖锐批评却使蒋介石如芒在背。20 日，蒋介石日记云：“闻美大使司徒昨日因其援华借款提出国会而又发表其侮华、背理、荒唐之宣言，可痛极矣。”③

然而，使蒋介石不能容忍的还不止于此。20 日，美国国会众议院外交委员会开始审议援华法案，国务卿马歇尔出席作证，说明中国经济恶化，通货膨胀，政府急需援助，但如稳定货币，需要巨额基金，“在战争消耗和内部分裂的当前情况下，这种巨额的基金，多半是要浪费掉的”，因此，美国的援华方案“不应含有对于中国日后经济的实际保证”，“美国在行动上不当置身于对中国政府的举措及其政治、经济和军事的事务直接负责的地位”。④ 下午，在参众两院外交委员会的联席会议上，他再次表示：“无论如何，中国政府已注定不是一个有力的盟友了。”⑤ 对于马歇尔的这些言论，蒋介石自然强烈不满，当时，国民党在东北战场接连失败，使蒋介石极度焦虑不安。2

---

① 《蒋介石日记》，1948 年 2 月 1、3 日。

② 《中美关系资料汇编》第 1 辑，第 1010 页。

③ 《蒋介石日记》，1948 年 2 月 20 日。

④ 《中美关系资料汇编》第 1 辑，第 1008 页。

⑤ 《中华民国大事记》，1948 年 2 月 20 日。

月 1 日，蒋介石成立东北“剿匪”总司令部，以卫立煌为总司令。2 月 7 日，东北人民解放军攻克辽阳，19 日，再克鞍山。蒋介石既感到财力拮据，兵力不足，连子弹都极感匮乏。在此情况下，蒋介石虽然需要美国的经济援助，但更需要的是美国的军事，特别是军火援助。美国国会议员中如周以德等人就主张以援助军火为急务，但是，马歇尔就是不同意，要蒋介石用外汇购买，他在证词中声称：

> 中国为要供应这些额外的外汇需要，可以利用其本国的某些财政资源……而最后，于必要时，尚可利用中国所持有的黄金和外汇。按 1948 年 1 月 1 日的估计，两项共值两亿七千四百万美元。中国人若能增益其外汇纯收入，此项总额即可随之增加。①

外汇为稳定国内货币，向外采购所必需，蒋介石一向非常疼惜。抗战期间孔祥熙主管财政时，积累了数量可观的外汇。宋子文接任后，为平抑物价大量抛售，消耗殆尽。蒋介石发现后，紧急刹车，事后常常为此痛心疾首。现在，马歇尔却要蒋介石使用所剩外汇向美国购买军火，蒋自然极为恼火。2 月 21 日他在日记中写道：“接阅马歇尔复其司徒大使电意，对我接济军械之要求，仍以官话搪塞，毫无同情之心，对我东北危急之状况亦置若罔闻。观其答复议会对其援华不足之质问，乃推托于我政治、军事之无能实效。议会督促其军事援华，而彼以现款购械，必欲将我所余三亿美金之残款外汇完全用罄而后乃快其心。”由此，蒋介石大发其对美国和对马歇尔个人的一腔怨愤。他说：

> 美国外交不讲信义，无视责任，欺弱侮贫如此，其与今日之俄国，往日之德、日，究有何分别？然此惟马之一人作梗，而与其整个国家平时之精神实相背。马歇尔实为其国家之反动最烈之军阀。若不速败，其将贻害其美国前途无穷也。

在“上星期反省录”中，他进一步批评司徒雷登的《告中国人民书》和马歇尔在国会的证词，“皆表现其侮华之狂态”，自称“不胜为民族自尊心之痛愤”。② 22 日，日记再次批评美国外交“幼稚”和司徒雷登“轻浮无知”，

---

① 《中美关系资料汇编》第 1 辑，第 1008 ~ 1009 页。

② 《蒋介石日记》，1948 年 2 月 21 日，原文为：“其大使发言之荒谬及其马歇尔在国会之答词”，表述有误，应指司徒的《告中国人民书》及马歇尔在国会的证词。

为此愤愤不已。

2 月 26 日，蒋介石接到张群电话，告以上海谣传，蒋介石在庐山被刺，继而谣传，蒋介石辞职，“人心惶惑，物价飞涨，美钞一元已涨至法币 30 万元”。就在这一天，蒋介石和宋美龄游览庐山名胜观音桥，途中做出决定，于 2 月 29 日在“上月反省录”中写道：

> 最后半日游观音桥途中，对于本人在国大时为国民党、为革命、为主义之利益与个人之出处已有一具体之决定，引以为慰。

蒋介石做出了怎样的“具体之决定”，日记没有写，但是后来，蒋命人为他编辑《事略稿本》时，就把它补明了。

> 今日形势，对外关系，只有推胡适以自代，则美援可无迟滞之借口。党内自必反对，但必设法成全，以为救国之出路。①

这段记载将蒋介石推荐胡适参加总统竞选的目的讲得再清楚不过了。这就是：便于处理对美关系，赢取好感，改变美国人的印象，以便在获取美援的过程中少一点阻碍和困难。就在蒋介石在庐山做出决策之前几天，司徒雷登在南京发表谈话说：“（中国）对外结合的工作，我固然愿意推荐无党无派的自由主义者。”② 两者之间的联系不是十分显然吗？

从抗战后期起，蒋介石即多方设法，取得美国援助。抗战胜利后，蒋介石打内战，更形成了对美援的依赖。一方面，蒋介石对美国不满，但另一方面，又不能不争取美国在军事和经济方面的援助。蒋在庐山期间，美国国会虽然通过了援华法案，但是，美国政府却多所借口，只援经济而不援军事。2 月 29 日，蒋介石与司徒雷登谈话，谈到美国国会的援助数额虽然不小，但是“最急、最需与最轻易之步机枪子弹则未赠一枚，而且其前此拨援之步机枪子弹亦不能分配十枚之数，此种缓不济急之名援而实阻之不诚举动，殊不知其意之所在”。当年 4 月 8 日，蒋介石亲告胡适，推其竞选总统的建议是他在牯岭时“考虑的结果”。③ 为何蒋在牯岭有此考虑呢，其因盖在当时争取美国军事援助中碰到了困难。

---

① 《事略稿本》，1948 年 2 月 29 日，台北“国民馆”藏：002 - 060100 - 00234 - 029。

② 《司徒大使这样说》,《中央日报》1948 年 2 月 23 日，第 2 版。

③ 《胡适日记》，1948 年 4 月 8 日。

四　蒋介石决定推荐胡适竞选，同时仍在为自己当总统做准备

蒋介石夫妇上庐山之后，王世杰曾于2月10日告诉时任行政院长的张群说：蒋介石自己对“是否做总统，尚须考虑”。关于蒋“考虑”的内容。王猜度说：“宪法中有行政院对立法院负责之语，因此总统如过分干涉行政院，则与宪法精神不合。但时局如此危险，蒋先生如无充分权力，将不能应付一切。此当在蒋先生考虑之中。”① 1946年国民大会通过的《中华民国宪法》采取内阁制，规定“行政院为国家最高行政机构”，“对立法院负责”。至于总统，虽位居“元首”，对外代表国家，但只是“虚位”，对其权力有若干限制。如其第53条规定：总统任免官员须获立法院或监察院同意，签署命令须得到行政院长副署。其第39条规定：总统依法宣布戒严，但须经立法院通过或追认。立法院认为必要时，得决议移请总统解严。第43条规定：国家遇有灾害、防疫或财政经济上有重大变故，总统可经行政院会议决议，发布紧急命令，但须于一个月内提交立法院追认。如立法院不同意，该紧急命令立即失效等。这样，总统的权力就受到很多限制。这些限制，自然为酷爱集权于一身的蒋介石所不愿、不喜。

3月20日，蒋介石约集陈立夫、陈布雷等人开会，“指示国大代表资格与宪法及授权总统案之方针，分别与各方接谈”。其中的“授权总统案”，结合后来张群等在国大提出的《动员戡乱时期临时条款》，显然其目的在于扩大总统权力。

蒋介石可以推荐胡适竞选，让胡担任“虚位”元首，但绝不会肯于让他担任超越宪法、具有实际巨大权力的总统。蒋介石对陈立夫、陈布雷等人的指示，说明蒋介石并不想真正让出权力，其内心深处，还是准备自己当总统。

五　蒋经国上书蒋介石，建议蒋任行政院长

3月26日，蒋经国上书蒋介石，声称蒋出任总统，已经是一件“极其自然”之事，但本人仔细考虑之后，认为蒋以“谦辞总统，退任行政院长”最

---

① 《王世杰日记》第6册，1948年2月10日，中研院影印本，第173页。

为适宜。其理由有三点："第一，足以表示在共乱未平前，对国家政治之负责精神。"第二，"足以表示对全国拥戴出任总统之谦让精神。"第三，"可以避免行宪初期五院间之纠纷。"①

蒋经国所称第一点理由，信中未做说明。当时，国民党在内战战场上接连失败，经济恶化，通货膨胀，社会不稳，这些，蒋介石自然负有不可推卸的责任。但是，蒋经国又无法向蒋介石言明，只能笼统地劝其"歉辞"，以示"对国家政治之负责精神"。关于第二点，他解释说："全国民意均一致拥戴，大人出任总统，自难强其不选，但如能于当选后谦辞，而另以一德高望重之元老出任总统，固足发扬我国谦让古德，尤可于行宪之前，发生政治教育作用。"蒋经国估计，蒋介石一定会当选，主张在当选后"谦辞"。何以如此呢?

此前各地进行的国民大会代表和立法委员选举乌烟瘴气，闹得不可开交。本来，各地不少国民党人为了扩大政治势力，升官发财，都竞相参选；再加上，国民党为了成立"联合政府"，做样子给美国人看，特别给追随自己的青年党、民社党留出若干名额，以示礼让，这就使得有限的代表名额更为紧张，选风因而更为恶劣。1947 年 11 月 10 日，蒋介石曾在中央党部发表讲话，要求国民党员不计较个人荣誉地位，免致分散目标，削减力量，除由本党决定列入的参选者外，其他人皆应发扬"多尽革命责任，不争个人权利"的精神，专心致力于本身职务，不参加竞选，以便多留名额，为"友党人士"和"社会贤达"提供参政机会。② 当时，蒋介石已被他的老家浙江奉化推举为国民大会代表候选人。11 日，蒋介石特别发表声明，不拟参加竞选，而将名额留给适宜的奉化地方人士，借以"树立民主之楷模"。事后，奉化参议会电陈，全县人民"赤诚"拥戴，希望蒋介石万勿谦辞，但蒋介石仍然复电辞谢。不过，蒋介石此举并无多大效果，除顾祝同、陈诚、胡宗南、周至柔、汤恩伯等三十余亲信响应外，竞争仍然愈烈，以致国民党中央不得不制定《自愿退让与友党办法》，以示鼓励。蒋经国信中所说"政治教育作用"，显然针对当时国民党内普遍存在的争权夺利现象，希望以蒋介石的"谦辞总统"作为救治药方。

蒋经国所称第三点，他解释说："如能在行宪初期，大人出长行政院，

① 《蒋中正总统文物档案》，台北"国史馆"藏：002－040700－00004－008。

② 《总统蒋公大事长编初稿》卷 6（下），第 3331 页。

使五院之间有一中心，不独可避免五院间之纠纷，并足为行政、立法之间树一良好基础，永奠国家政治之安定。”孙中山提倡“五权宪法”，行政、立法、司法、考试、监察等五种权力互相制衡，蒋介石早就认为，五院制乃总统集权制之下方得实行，否则“未得五权分立之效，而反生五院牵制纠纷之病。”① 蒋经国之所以劝蒋介石出任行政院长，其意在于使蒋成为五院的“中心”，仍收“总统集权制”之效。

蒋介石最初的想法是，如胡适竞选总统成功，他自己出任参谋总长，掌握军权；读到蒋经国的信以后，他的想法变为改任行政院长，掌握包括军权在内的全部行政权力了。

六　蒋介石托王世杰传话，要胡适出来竞选

蒋经国上书之后，蒋介石继续思考“总统、副总统的人选”问题。其 3 月 27 日所书“本星期预定工作课目”第 8 条为：“不任总统之影响与国家利害之研究”。第 9 条为：“胡适任总统之利弊”。说明他仍有某种犹豫。

29 日，国民大会开幕。30 日，蒋介石约王世杰谈话，坦率说明：在现行宪法之下，自己如担任总统，将会受到很大的束缚，不能发挥能力，“戡乱”工作将会受到很大影响。② 蒋要王向参加大会的胡适传话：本人“极愿退让”，不竞选总统，提议胡适为总统候选人，自己愿任行政院长，“负责辅佐”。③

胡适听了王世杰的传话之后，认为“这是一个很聪明很伟大的见解，可以一新国内外的耳目”。他并表示：“我也承认蒋公是很诚恳的。”王世杰就此鼓励胡适“拿出勇气来”。胡适当日在日记中写道：“但我实无此勇气。”④ 第二天，胡适与王世杰、周鲠生谈了三个小时，仍觉“没有自信心”。当晚 8 时 1 刻，王世杰来讨回信，胡适表示“接受”。他要王转告蒋介石：第一，请蒋考虑更适合的人选；第二，如有困难，如有阻力，请蒋立即取消。“他对我完全没有诺言的责任。”⑤ 4 月 1 日晚，胡适往见王世杰，声称“仔细想

① 《蒋介石日记》，1934 年 6 月 9 日。

② 《胡适之先生年谱长编初稿》第 6 册，第 2022 页。

③ 《蒋介石日记》，1948 年 3 月 30 日。

④ 《胡适日记》，1948 年 3 月 30 日。

⑤ 《胡适日记》，1948 年 3 月 31 日。

过，最后还是决定不干”。他说：“昨天是责任心逼我接受，今天还是责任心逼我取消昨天的接受。”①

国民党长期实行党治，以党治国，推行一党专政，因此，以国民党党魁担任国家元首是常规，至少，也必须是国民党员。现在，拟由无党派人士竞选并担任总统，自然是对于一党专政制度的局部修正。胡适之所以肯定蒋介石的建议是“很聪明很伟大的见解”，其原因在此。

3 月 31 日上午，蒋介石继续研究推举胡适为总统的“得失”及其与“国家之利害、革命之成败”的关系，日记自称在做了“彻底考虑”之后，“乃下决心”。当晚，蒋介石与宋美龄巡视南京下关时，与宋“谈推选与退让之大旨”，向她透露消息。② 同晚，蒋介石得知胡适接受推选，很高兴，立即召见陈布雷，详述旨意与决心，命陈先行告知戴季陶与吴稚晖二人，不要反对，他说：“此乃党国最大事件，余之决定必多人反对，但自信其非贯彻此一主张无法建国，而且剿匪、革命亦难成功也。”③ 4 月 1 日，蒋与张群研究，得到支持。当日，陈布雷来报：戴季陶主张总统不得退让，“否则国基、民心全盘皆乱”。吴稚晖则赞同蒋的主张。蒋介石感到高兴。当晚蒋与戴季陶谈话一小时多，终于将戴说服。

七　蒋介石劝退李宗仁与程潜

继李宗仁之后，孙科、程潜、于右任陆续宣布参选副总统。

孙科原是蒋介石预定的接班人。尽管抗战期间，孙科主张亲苏，发表过若干反对独裁的言论，使蒋极为不满；尽管孙科贪钱爱色，使蒋介石骨子里看不上他。但是，孙科是文人，尚能听话，不像李宗仁、程潜，手头有军队，易于另树一帜，甚至反叛。因此，蒋介石决定劝退李宗仁和程潜。至于于右任，蒋介石不认为会对自己、对孙科形成什么威胁，没有当回事儿。

蒋介石决定自己不参加竞选总统，自然有了劝退李宗仁等人的本钱。4 月 2 日，蒋介石先约白崇禧谈话，宣称“军人不竞选以垂范于后世”，“勿蹈民初之覆辙”，同时告诉白崇禧，自己已决定不选总统，要白转告李宗仁，

---

① 《胡适日记》，1948 年 4 月 1 日。

② 《蒋介石日记》，1948 年 3 月 31 日。

③ 《蒋介石日记》，1948 年 4 月 1 日。

勿再竞选副总统为要。① 4 月 3 日晚，蒋介石约见李宗仁，劝李停止竞选副总统，这次会见，两人都极不愉快，李明确表示“很难从命”。对此，李宗仁回忆说：

> 蒋说：“我是不支持你的。我不支持你，你还选得到?”
>
> 这话使我恼火了，便说：“这倒很难说。”
>
> “你一定选不到。”蒋先生似乎也动气了。
>
> “你看吧!”我又不客气地反驳他说：“我可能选得到!”

接着，李宗仁便说明自己“天时”“地利”都不利，但“我有一项长处，便是我是个诚实人，我又很易与人相处，我得一‘人和’，我数十年来走遍中国，各界人士对我都很好，所以纵使委员长不支持我，我还是有希望当选的。”

蒋介石原来和李宗仁并坐在沙发上，这时满面怒容，一下子便站起来走开，口中连说：“你一定选不到，一定选不到!”

李宗仁也跟着站起来，说：“委员长，我一定选得到!”

据李宗仁回忆，蒋介石“来回走个不停，气得嘴里直吐气。②

关于这一次见面，蒋介石日记记载说：“彼乃现丑陋之态。始而温顺，继乃露其愚拙执拗之语，反党、反政府之词句，几乎一如李济深、冯玉祥之叛徒无异，甚至以国大提名让党非法之罪加之于余之意，及不惜分裂本党相恫吓。余只可怜其神志失常，故不再理，听之而已。”根据这一段日记，可以发现二人争执的情况要比李宗仁的回忆更为严重。

蒋介石与李宗仁谈话后，继续会见程潜，劝其退出竞选。程潜不肯退出，但蒋介石认为“其态度较佳”。

当晚，蒋介石会见陈布雷、陈立夫、吴铁城等人，得知桂系以“分裂”“不出席国大”“推倒国大”相威胁，叹息说：“不惟不择手段，且无廉耻，人之无耻，则不可收拾矣!”当夜，蒋介石再次不能入眠。

第二天，蒋介石再次召见白崇禧，告以昨晚与李宗仁谈话情况，给蒋留下的印象是：“彼甚明理，不以彼等跋扈蛮横为然也。”③

---

① 《蒋介石日记》，1948 年 4 月 2 日。

② 《李宗仁回忆录》，第 885～886 页。

③ 《蒋介石日记》，1948 年 4 月 4 日。

八　蒋介石向国民党中央提出建议，遭到否决

4月4日，蒋介石召开国民党第六届中央执行委员会临时全体会议，讨论总统、副总统提名问题。蒋在会上发表声明，称此前未就是否参选总统一事加以说明，其原因在于本人是党员，应尊重党的决策，接受党的命令，在党未决定以前，个人不能有所表示。他批评“本党有人”擅自竞选副总统，违反党纪，宣称自己已决定不参加总统竞选，最好由本党提出一党外人士为候选人。此候选人应具备下列条件：（1）富有民主精神；（2）对中国之历史文化有深切之了解；（3）对宪法能全力拥护，并忠心实行；（4）对国际问题、国际大势，有深切之了解及研究；（5）忠于国家，富于民族思想。这五条几乎是按照胡适的情况量身定做的。蒋介石接着声称：这是他数月以来深思熟虑，基于革命形势所得出的结论。“今日宜以党国为重，而不计较个人得失，以达成中国国民党数十年来为民主宪政奋斗之本旨。”① 当日，除吴稚晖、罗家伦等少数人外，大部分人都不赞成蒋的意见。会议一直开到晚上7时，蒋介石再次发言，警告称：全会如不能贯彻自己的主张，则“剿匪”不能成功，本党且将于二年之内蹈袭民国2年整个失败的悲惨命运。会议仍然无人响应蒋的意见，不得已，决定将此案移交中常会讨论，做出决定后再向全会报告。

4月5日晨，蒋介石先后约陈布雷、白崇禧、张群等人谈话，商谈总统候选人人选。蒋特别要张群在中常会上“作最后之奋斗”。当日常会开会时，贺衷寒、袁守谦和与三青团有关系的常委主张接受蒋的意见，但张道藩、谷正纲和与CC系有关系的常委则反对，主张蒋继续做总统。争论激烈。张道藩声泪俱下地表示：“任何事情，我们都要坚决服从总裁指示，只有这件事情不能服从。”② 当日孙科当主席，准备提付表决。张群发言称：“总裁并不是不想当总统，而是依据宪法的规定，总统并没有任何实际权力。它只是国家元首，而不是行政首长。他自然不愿任此有名无实的职位。如果常会能提出一种办法，赋予总统以一种特权，则总裁还是愿意当选总统候选人的。”会议因而决议，推张群、陈布雷、陈立夫三人于中午向蒋征询意见。下午，

① 《总统蒋公大事长编初稿》卷7（上），第3422～3423页。

② 《陆铿回忆与忏悔录》，时报出版公司，1997，第197～198页。

陈布雷向会议汇报称：如果能提出一套补救办法，则总裁仍愿出任总统候选人。王宠惠当即提出，避开宪法的有关规定，赋予总统在特定时期的紧急处分权力。他并比喻说："我们有了一座大房子，还要一间小房子。宪法是大房子，临时条款是小房子，两间房子互相为用。"陈布雷随即提出一份"决议文"，宣称根据"国家当前的形势，正迫切需要总统的继续领导"，建议在本届国民大会中，增加《动员戡乱时期临时条款》，规定总统在"戡乱"时期，得为紧急处分。①

当日中午，蒋介石即嘱咐王世杰往见胡适，告以情况，前议作罢。日记云："此心歉惶，不知所云，此为余一生对人最抱歉之事，好在除雪艇之外，并无其他一人知其已接受余之要求为总统候选人之经过也，故于其并无所损耳。"② 8日，蒋介石邀胡适吃晚饭，再次致歉。他告诉胡适："不幸党内没有纪律，他的政策行不通。"胡适对蒋称："党的高级干部敢反对总裁的主张，这是好现状，不是坏现状。"蒋介石一再要胡适组织政党，胡适答以"我不配组党"，建议蒋将国民党分化为两三个政党。③

4月6日，国民党中常会向六届临时中央全会提出《研究报告书》，认为蒋的意见既发扬孙中山"天下为公精神，为行宪伊始，立选贤与能之良好规范"，又体现"对戡乱建国积极负责，不计名位，为国家作实际有效之服务"的品格，但是，鉴于当前国事艰巨以及党内外的殷切期望，"在事实上，非总裁躬膺重任，不足以奠立宪政治基础"，因此，仍然推荐蒋介石为第一届总统候选人。④ 会议决定，拥蒋参加竞选，但党不提名，国民党党员中的国大代表可依法联署提名，参加竞选。同日，国民大会举行第一次会议。其后，吴稚晖、于右任、张伯苓、胡适、梅贻琦、王云五等百余人发起，共1489人联署，推荐蒋介石为总统候选人。

关于国民党高层反对蒋介石建议的情况，司徒雷登于4月6日向马歇尔汇报说："国民党对于这种建议的反映，是非常沮丧的情绪。虽然在新宪法之下，总统权力大大减少，但是国民党的大多数党员已长期习惯于以党的领袖与总统置于同等地位了，因此蒋委员长的建议极遭反对，理由是国民党对政府的控制将因而削弱，而且目前的危机也使国家需要有一个有力的舵手。

① 程思远《政坛回忆》，广西人民出版社，1983，第180～181页。

② 《蒋介石日记》，1948年4月5日。

③ 《胡适日记》，1948年4月8日。

④ 《总统蒋公大事长编初稿》卷7（上），第3424页。

在一系列的会议之后，CC派拒绝与任何非由蒋委员长担任总统来领导的政府合作。黄埔系威胁宁愿投奔共产党也不愿服务于除蒋介石以外的任何总统之下。国民党领袖联合提出蒋委员长是担任总统一职的不可或缺的人。因之，蒋委员长屈服于国民党的命令，他今天同意参加总统竞选。”① 国民党长期实行一党专政，以党统政，甚至以党代政，自然不甘心对政权的控制做任何一点放松。

尽管蒋介石的参选已成定局，但是，蒋经国仍然于4月14日致函蒋介石，认为“以不出任大总统为上策”。函称：“此事不但针对目前之处境应采取此项决策，即以大人今后在我国历史上之地位而论，亦以谦让总统为是。”② 国民大会开幕前夕，有部分奉命“礼让”的国民党当选代表不愿“礼让”，宣言“绝食护宪”，住进会堂，企图阻挠第二天开会，一直坚持到凌晨4时，被蒋介石命警察强行拖出。其中有人又抬出棺材，誓言以死抗争。蒋介石于29日接见这部分代表，软硬兼施，才算平息。此后，这批人并曾计划捣毁会场，阻碍议事，闹剧不断。③ 与此同时，民社党、青年党的代表名额虽然得到国民党的“礼让”，但仍不餍足，多方责难；几个副总统候选人之间的竞争依然激烈，互不相让。蒋介石曾经感叹：这些人“宁毁党国，而不肯放弃丝毫之权利”。④ 蒋经国于此时上书蒋介石，再次提出“谦让总统”问题，当系针对此类情况而发。

九 蒋介石费尽心力，通过《动员戡乱时期临时条款》

蒋介石对扩大总统权力的《动员戡乱时期临时条款》极为重视。4月9日，蒋介石亲自找民社党领袖张君劢谈话，要他支持。张犹豫，蒋即答应给民社党以经济协助。⑤ 12日、14日，蒋介石先后召集有关人员和出席国民大会的国民党党团干部讨论、协调。16日，国民大会召开《临时条款》审查会，讨论终日，青年党强烈反对，迫使蒋介石两次召见该党党魁曾琦，“好言婉劝，百端忍受”，一直谈到深夜10时，才得到曾琦的“半诺”。蒋介石

---

① 《中美关系资料汇编》第1辑，第859页。
② 《蒋经国家书》（四），台北“国史馆”藏档：002－040700－00004－010。
③ 《蒋介石日记》，1948年4月8日。
④ 《蒋介石日记》，1948年4月12日。
⑤ 《蒋介石日记》，1948年4月9日。

长期习惯于一呼百应，何曾受过此等窝囊气，日记云：“困迫如此，殊非预料所及，灰心极矣！”① 17 日，蒋介石首先召集出席会议的党员代表 2000 人开会，“予以训示”，使党员代表通过《临时条款》。接着，蒋介石又因《临时条款》关涉宪法，到大会宪法组视察，发现那里正为此“喧哗不休，几乎动手互殴”。蒋的出场具有震慑作用，《临时条款》得以通过。散会时，蒋介石气极，以“人民”资格将宪法组的代表们“训戒”了一通。②

4 月 18 日，国民大会公告，以蒋介石与居正为总统候选人。同日，国民大会开会，讨论莫德惠等 1202 人提议制定的《动员戡乱时期临时条款》，规定总统在“国家或人民遭遇紧急危难，或应付财政经济上重大变故”时，可以“紧急处分”，不受宪法第 39 条或第 43 条的限制。这样，总统的权力就不是缩小了，而是前所未有地扩大，可以不受宪法的限制了。蒋介石日记称，讨论时“情绪之紧张已达极点，幸事前布置，反对最烈者或以余在座，皆略申其意，未作激辩，卒至 12 时 1 刻，三读会通过，国大最大功用已经完成矣！”③

19 日，蒋介石在出席代表 2734 人中以 2430 票当选，居正因蒋事先做了安排，得 269 票，没有全失体面。20 日，国民大会公告孙科、于右任、李宗仁、程潜、莫德惠、徐傅霖为副总统候选人。国民党各派系的斗争更为激烈，致使国民大会开得更加乌烟瘴气。有关情况，当另文研究。

总统选举的尘埃落定，蒋在日记中却多次表示，未能实现初衷，以党外人士为候选人，又未能由党来公决副总统候选人，是“革命运动无政策、无纪律之重大失败”。④ 据其 5 月 15 日日记记载：当日晨醒后，他曾考虑是否就职，或让位于李宗仁，自己仍退任行政院长。思考再三，决定退让，但起床后向“天父”祷告，“天父”默示“进”，蒋介石遂决定不辞。⑤

十　司徒雷登的评价与失望

蒋介石推出胡适竞选总统，本意之一在于做给美国人看。4 月 2 日，傅

---

① 《蒋介石日记》，1948 年 4 月 16 日。

② 《蒋介石日记》，1948 年 4 月 17 日。

③ 《蒋介石日记》，1948 年 4 月 18 日。

④ 《蒋介石日记》，1948 年 4 月 10 日，“上星期反省录”。

⑤ 《蒋介石日记》，1948 年 5 月 15 日。

泾波来见蒋介石，据称马歇尔致司徒雷登大使手书有“今日方知蒋主席人格之伟大”之语。[①]《纽约时报》《前锋论坛报》也都给予好评。然而，司徒雷登很快就看出其中的门道来了。4 月 6 日，司徒向马歇尔报告，认为它是“一个巧妙的政治手段”，其后果是“确定了他的总统的地位，获得了国民党内对他的领导的拥护，扩大了他的权威”。

司徒雷登认为，国民党内存在派系，对蒋领导能力的不满日益增加，蒋担心党内分子利用国民大会攻击他的政策，以至促成党的分裂，因此表示退出竞选，建议国民党支持非国民党的竞选人，其结果反而促成国民党人对他竞选总统的普遍拥戴，从而大大加强了自己的地位。这些原来准备批评他的人，“将来还可能不过分吹毛求疵地接受他的政策”。司徒雷登的这一估计有一定道理。由于蒋介石以退为进，国民大会上本来应该出现的对蒋介石的尖锐批评都消声失音，代之以非蒋出任总统不可的喧闹与鼓噪。4 月 10 日，有河南代表对蒋介石所做政治报告提了点不疼不痒的批评，认为“不够详尽，不能满意”，结果，全场哗然，引来大量“痛愤不平”的攻击。[②]

司徒雷登的其他估计则未免过于乐观和美化，例如，认为蒋介石此举将使中共对国民党的批评被迫从“独夫统治”“蒋政府”变为“国民党政府”，可以答复国内外的其他批评者，蒋正在努力扩大“新政府的基础”，甚至说：蒋介石此举的动机“无疑地是由于需要国民党内的更加团结”，等等。然而在国民大会通过《动员戡乱时期临时条款》后，司徒雷登立即看出了这一条款将“给予总统以实际上无限权力”。4 月 23 日，在蒋介石被选举为总统之后的第四天，他向马歇尔报告说：

> 他坚持着一种摧毁他自己的目的的政策。我相信他不是为了自私的动机而求独裁的政权，但坚持这样做是害了他自己，也害了国家。在他领导之下，事情越是恶化，他越是感到必须负起整个的重担。[③]

不管蒋介石怎样企图为国民党政权装点民主的花饰，然而，司徒雷登还是很容易地看出，蒋介石所追求的是扩大权力，国民党不是在走向民主，而是在进一步走向独裁。5 月 6 日，蒋介石会见司徒雷登，日记云：“态度不

① 《蒋介石日记》，1948 年 4 月 2 日。

② 《蒋介石日记》，1948 年 4 月 10 日。

③ 《中美关系资料汇编》第 1 辑，第 861 页。

良。”[①] 显然，司徒雷登正在不断增加对蒋介石的失望与绝望。

还在抗战期间，罗斯福总统就曾在开罗会议晤见蒋介石时明确地告诉他，当时的中国政府“决不能代表现代的民主”，必须“与延安方面握手，组织一个联合政府”。[②] 战后美国对华政策发展为具有两重性的政策，即一面扶蒋反共，一面指责蒋介石和国民党长期实行的一党专政制度以及其腐败与无能，要求国民党改革自己的统治方式。杜鲁门就任总统后曾于 1945 年 12 月 15 日发表声明：“目前中国国民政府是‘一党政府’”，“如果这个政府的基础加以扩大，容纳国内其他政治党派的话，即将推进中国的和平、团结和民主的改革。”3 月 11 日，国民大会召开日期临近，杜鲁门举行记者招待会，明确表示“希望中国自由分子将被容纳到政府里去”。[③] 与此相应，蒋介石的对美政策也具有两重性，即一面对美国政府的侵华企图及其霸道有不满，有警惕，[④] 但又不能不依赖美援以维持统治，这样，他就不能不在某些方面应付和敷衍美国人，在政治改革上做出若干让步，例如，在一段时期内接受马歇尔调停；改组国民政府，延揽非党人士出任国府委员；不惜低声下气，乞求民社党、青年党等参加国民大会和政府机构等。他之所以推荐无党派的名流胡适参加竞选总统，也是这种让步之一。无奈国民党一党专政、个人独裁的痼疾已深，不受到刻骨铭心的沉痛打击，难以做出真正的、有实质意义的改变。

---

① 《蒋介石日记》，1948 年 5 月 6 日。

② 小罗斯福：《罗斯福见闻秘录》，上海新群出版社，1949，第 155 页。

③ 《中美关系资料汇编》第 1 集，第 629、316 页。

④ 这个问题较复杂，须另文讨论。兹举一例：1948 年年初，蒋介石准备派俞大维赴美争取援助。俞大维行前，与美国公使衔秘书克拉克谈话，克称：俞赴美，只能以远东司司长为谈判对手，马歇尔不能接待。克并要求中国开辟南京与汉口为商埠作为援华条件。蒋介石得悉后，很生气，决定俞停止赴美，同时向“天父”祷告、请示，可否对美表示绝交。连问三次，“天父”均示以不可。他在 1 月 6 日的日记中感叹：“照常理决策，以为对顽固不灵之政敌，有词可借，有机可乘，非予以当头一棒，使之有所觉悟不可，而神则再三示为不可。过后半日，乃发现余自主观太强，思虑错误处。”

答客问：蒋介石为什么骂黄炎培

朱宗震*

有位朋友在美国读了蒋介石日记，回国后问我这个问题，我当时并没有机会读蒋介石日记，大概一想，就回答说，中共也骂过他。也就是说，中间派两头不讨好。这样的解释不能说错，但也没有说到关键处。2000 年夏天，我在斯坦福大学读蒋介石日记，有位台湾来的朋友再次提出了这个问题。这时我已浏览了近半部的日记，就回答说，黄炎培本来就是“学阀”，这是权力的傲慢。

大革命时期，国共双方都“左”得很，把在社会上从事职业教育工作的黄炎培骂成“学阀”。其实，当时的黄炎培既不搞政治，更没有权力，只是因为努力为社会服务，教育界和实业界的人都很信任他。国民党掌握政权后，尽管从中共革命的角度说，国民党成了右派，但事实上国民党对其他人也“左”得很：“不革命就是反革命”。在蒋介石和国民党眼里，凡不亲附蒋介石和国民党的人，都是不革命的反动派。黄炎培在社会上很有影响力，所以，蒋介石一方面也要拉拢他，一方面只要黄炎培对国民党政府有所批评和异议，就在心底里骂他是反动派，是政客，卑鄙无耻。这只能说是容不得任何批评的独裁者的傲慢。其实，在蒋介石日记里，张澜、曾琦（青年党）、张君劢（国社党）等非国民党人士，以及大学教授的多数，都是反动派，或反动派的追随者。只有蒋介石才是真正的革命者。不过，我们作为史学工作者也应该理解，这是时代的思维方式，并非蒋介石特有的。所以，我们现在反过来骂蒋介石也没有意义。我们需要努力的是，如何建设一个宽容的社会，或者如龙应台所说，发展温柔的力量，摆脱怨怨相报的恶性循环。

---

* 朱宗震（1941 ~ 2011），中国社会科学院近代史研究所研究员。

一　黄炎培是个什么样的人

黄炎培头上可以有多顶帽子：学阀，江南地主的总代表（蒋介石是总代表的代表?），资产阶级民主派（自私自利的资产阶级在中国什么时代都挨骂，黄炎培也劝资本家为公不为私），等等。其实，黄炎培是赞成土地改革的，不过他自己也没有搞清楚，这民主究竟应该怎么做。所以，他对民主不抱成见，觉得中共的民主集中制也不错，只是缺乏规范的操作方法，将来会说不清。他并没有成熟的所谓“资产阶级民主”的政治主张，甚至不认为自己是政治家。现在也不时兴帽子满天飞了，我们也没有能力给黄炎培重新量身定做一顶新帽子，还是实事求是说点黄炎培做过些什么事吧。

黄炎培（1878～1965）是清末的一位举人，在南洋公学读书时，接受老师蔡元培的影响，提倡教育救国。依靠自己有个功名，在家乡川沙这个贫穷的小地方（现在可是中国地标：浦东）可以发挥点影响力，白尽义务发展新教育，开办川沙小学堂。有一次在演说中骂了清帝，差点被杀头。后来，在蔡元培的影响下参加了同盟会。黄炎培又动员新兴的实业家杨斯盛毁家兴学，捐资开办浦东中学（学校交给社会，杨家对浦东中学没有所有权）。黄炎培主持浦东中学十分成功，在社会上出了名。他参加了张謇主持的江苏省教育会，与立宪派的关系也很深。辛亥革命后，黄炎培出任江苏省教育司长，二次革命后政局混乱，他于1914年初辞去了司长职务，以《申报》记者的身份重新回到社会上服务。他曾感慨地说：“居官之清简，总不如在社会做事业之繁苦。此段议论并非理想，亦非造谣，盖记者尝亲从此两方面扬历而来矣。”[①] 他为了救国，自愿选择了在社会上服务的繁苦道路。

1917年，黄炎培创办了民间教育事业：中华职业教育社。为此，他三次放弃做官的机会。1948年12月14日黄炎培在写给苏渊雷的信中说：“民六、民十、民十一，当时实因职教社初成立，若干事业甫经展开，弟对职教确信为能解决人类间种种问题的扼要办法——迄今犹信——若一行作吏，势须抛弃半途，实违宿愿。”（黄炎培日记）1927年国民党掌握了江浙一带之后，“革命”声势很盛，以党治国，非国民党派系以及与北洋政府有过来往的社会人士都成了反动派。黄炎培被迫一度流亡大连。国民党政权巩固后，才稍

① 《余之京师人海观》,《申报》1914年10月24日。

微缓和了对社会人士的压迫，但在国民党和蒋介石的思维中，党派界限是很严格的，对党外人士戒备很深。黄炎培回到上海后，到九一八事变发生前，有两年半的时间，他只能低调生活，半日读书著述，半日为社会服务。

九一八事变发生，中国当局采取了不抵抗政策，丢失了东北国土。国家面临生死存亡的危机，黄炎培一腔爱国热血化为实际行动，他重新回到政治的领域，但不是去做官，而是在民间组织抗日活动。七七事变爆发后，黄炎培被国民政府遴选为国防参议会参议员、国民参政会参政员。他在后方安置难民，组织生产，调查社会，动员民众，为当局献计献策。1940 年，国共冲突加剧，他在参政会中主动承担起调解国共纷争、团结抗日的工作。1946 年 10 月 12 日，他在日记中写道："我本无意涉足政海，九一八以来，为了抗日，二十九年（1940 年）以后，为了调解国共纠纷，至今未获返吾原有岗位。"他确实再也无法摆脱政治的旋涡，回到"解决人类间种种问题的扼要办法"，即职业教育的岗位上。当然，他并没有完全脱离职业教育工作，甚至以 70 岁的高龄还为职业学校学生上课。

二 抗日战争前蒋介石对黄炎培的责骂

我们在读蒋介石日记和黄炎培日记的过程中，并没有发现蒋介石当面责骂黄炎培的资料。黄炎培的处世方法是"外圆内方"，处事手腕灵敏，不太可能与权势者发生直接冲突。蒋介石脾气暴躁，自己知道脾气不好很误事，但就是控制不了，黄炎培与蒋介石的联系甚多，没有被当面责骂算是幸事。

我们检索蒋介石日记，与黄炎培有关的记述不多，抗战前骂黄炎培的记述有三处。

第一次责骂黄炎培，是 1932 年 3 月 29 日："下午会客，与党员顾树森谈话，闻反动黄任之（黄炎培字——引者）等勾结军队与本党败类，倡议废党。余答以对党内可让步，对党外反动，绝不姑惜（息），决与反动派奋斗到底也。"

1932 年 7 月 12 日："晚见申报，将余之原稿改恶错乱，反动派之捣乱，犹方兴未艾也，不加严厉处置，何以征服反动。乃下令先在三省禁寄《申报》，王（黄王误读——引者）炎培、陈炳和之反革命应彻底惩治也。"

1934 年 9 月 14 日："余见世上政客之卑劣未有如黄炎培与胡汉民二人之甚者也。"

本来，黄炎培以“学阀”的戴罪之身，在社会上低调行事。1931 年 3 月 19 日，黄炎培在夫人陪同下，与江问渔、潘仰尧赴青岛、东北、朝鲜、日本考察。他在日本考察期间，发现了日本侵华野心，国家面临着巨大的危险。5 月 29 日，黄炎培前往南京晋见蒋介石，陈述自己所发现的日本侵华、侵苏的战争计划，并遵嘱与外长王正廷详谈。但他的提醒并没有引起当局的重视。自此，黄炎培在社会上演说时，开始强调国家面临日本侵略的危险。

三个月后，九一八事变爆发，日本占领沈阳，消息传到上海，1931 年 9 月 19 日黄炎培日记：“（下午）四时史（申报馆总经理史量才——引者）宅会议。到史宅。史量才正和一群朋友打牌。我说：电报到了，日本兵在沈阳开火了，沈阳完全被占了，牌不好打了。一人说：中国又不是黄任之独有的，你一个人起劲！我大怒，一拳猛击牌桌中心，哭叫：你们甘心做亡国奴吗！别人说：收场罢。”

从此，黄炎培参与组织抗日救国研究会，在民间动员抗日，支援抗日义勇军，并推动当局抗日。“一・二八”淞沪抗战爆发，黄炎培参与组织了上海市民地方维持会，担任秘书长，替代当局的部分职能，一方面维持社会秩序，一方面在民间组织财力、物力、人力支援十九路军抗战。黄炎培对蒋介石不能全力调遣军事力量投入淞沪抗战表示了强烈的不满。日记多次提到：“自第五军两师以后，绝无援军来。”（3 月 1 日）“八十二师师长袁英（不同）来谈，石颖为介，袁英述蒋阻止援助十九路军情形。”（3 月 6 日）在此期间及以后，黄炎培和十九路军将领，包括该军的创始人陈铭枢、蒋光鼐、蔡廷锴建立了联系。

陈铭枢原是国民革命军第四军（即铁军）第十师师长，参与了北伐的重大战役，系铁军名将。宁汉分裂时，陈是支持蒋介石的。十九路军也支持蒋介石参加了中原大战，但战后一无所获，并被调到江西“剿赤”。1931 年 6 月，陈铭枢重新回到军中，任“剿赤”右翼军总指挥。但他却开始与邓演达、杨杏佛（蔡元培代表）秘密联络反蒋。

蒋介石自 1931 年 2 月 28 日扣押国民党元老胡汉民之后，即遭到国民党内各派系的广泛反对，九一八事变爆发后，在国民党内日趋孤立，12 月 15 日，蒋介石被迫通电下野。陈铭枢在倒蒋过程中起了重要作用，由此得以一度代理行政院长职务，十九路军作为国民党内对立各派系中比较中立性的军队，得以进驻上海地区。陈铭枢也自此成为蒋介石在国民党内的政敌。黄炎培本有“学阀”前科，因为与十九路军将领的联系，遭到蒋介石的怒骂，应是事出有因。但黄炎培与十九路军的联系目的是抗战，而非抱有个人政治野心，蒋介石的怒骂，又毫无道理。至于黄炎培是否有“废党”一说，我们没有找到相关事证。他反对一党专政，则是事实。

1931 年初，史量才对申报馆进行改革，黄炎培重返申报馆，1 月 11 日出任总管理处设计股主任。史量才又于 6 月聘请陈彬和专写时事评论，对当局持批评态度。黄炎培、陈彬和的办报方针，在编辑部内遭到反对，但得到史量才的支持。“一·二八”抗战及此后相当时间内，上海舆论界对蒋介石非常冷淡。据蒋介石 1932 年 3 月 15 日日记：“自沪战以来，民众与十九路军皆受反动派恶劣宣传，以余为误国之人，故各报不载余之言行，今日始见记载。是乃千虚难逃一实乎。”那一天，蒋介石决定就任军事委员会委员长一职。他一直把黄炎培和申报同人看成反动派，而对于反动派“非铁血不能解决”。（蒋介石日记，3 月 2 日）

当时，国民党方面召开国难会议，征召社会各界代表参加。但由于国民党无意开放政权，遭到各方抵制。4 月 1 日黄炎培日记：“国难会议上海会员会第四次会，因赴宁代表归述行政院长汪精卫无意接受取消党治、施行宪政案，决定不去，电政府申明不去理由。”5 月 5 日，中国和日本签订了屈辱的《淞沪停战协定》，国民政府且答应取缔抗日活动。但黄炎培在民间仍坚持抗日的宣传活动，遭到当局的压迫。8 月 18 日黄炎培日记：“得悉《生活》周刊将由禁递而发封，中央党部公文已到市政府。《生活》周刊案、申报馆案（禁止长江四省邮递）皆牵及余，且以余为总目标，何政府之不谅至此！”国民党当局指名黄炎培必须离开申报馆，24 日他正式辞去了申报馆职务。

《生活》周刊原是黄炎培主编的中华职业教育社的内部刊物，后来交给邹韬奋主持，关心社会生活，批评时政，在群众中很有影响力。1930 年在黄炎培的支持下，让《生活》脱离中华职业教育社独立出版。这一方面是支持邹韬奋的办刊方针，一方面也是为了避免因为《生活》的政治问题，牵连中华职业教育社作为非政治性的教育组织的生存。《生活》周刊在 1932 年 3 月 12 日出版的第 7 卷第 10 期上，点名批评蒋介石“满口自命为国效死的死在那里？不但自己不曾死，对于援军尚且多方捣鬼，阴阳怪气”。后来一直对当局的消极抗日持批评立场。但当年并未被封，1933 年底被封后，邹韬奋开办了生活书店，坚持自己的政治方向。至于蒋所说“余之原稿改恶错乱”一事，我们查到《申报》于 1932 年 7 月 11 日第四版刊载有蒋介石“答复大公报之询问，否认法西斯蒂组织，始终愿为国民党员”的谈话稿，但此稿与台湾“国史馆”所刊蒋介石的《事略稿本》1932 年 7 月 10 日所载内容并无区别，但与 7 月 11 日所载蒋介石电复天津《大公报》胡政之、张季鸾的正式文本有所区别。也许这件事本身是《大公报》的误差？我们没有读明白什么地方得罪了蒋介石。

黄炎培“外圆内方”的处世哲学，也就是原则问题一定坚持，不放弃，而手段是灵活的，不赞成用对抗的方式解决社会改革问题。黄炎培在民间从事抗日救亡活动，遭到种种压迫后，努力与各方改善关系，以达到推动抗战的目的。1932 年、1933 年、1936 年间，黄炎培都曾代表上海地方协会，与国民政府当局合作，赴前线动员抗日或劳军。他在 1936 年年底总结说：“吾意只欲以在野的地位，从国难期间，为国家稍尽义务。而各方间未能相谅。因此立意参用和光同尘主义，冀减少各方猜疑，进而辅助上海各界之团结，此点尚算勉强做到。各方对我渐多表示同情。而上海地方协会精神上、工作上，亦不无良好表现。虽然，吾之从事于此，究为何来？此则不可不时时反省也。”这或许就是卑劣的政客作风吧？他毕竟拒绝与当权者的政策保持完全一致，坚持民间的独立地位，而当权者的价值观也是与众不同的。

蒋介石并没有对黄炎培实施“铁血”政策，他在民间仍有一定的活动空间。但史量才则不幸于 1934 年 11 月 13 日被国民党特务暗杀。

三　抗日战争期间蒋介石对黄炎培的责骂

我们检索蒋介石日记，他在抗日战争期间对黄炎培的责骂，有下述数则。

1940 年 4 月 4 日：“政客梁漱溟、黄炎培等对共党之骑墙投机之可耻，殊堪鄙弃。此种政客之为害国家，其无形罪恶，甚于共匪与汉奸也。”

1940 年 9 月 6 日：“注意：一、王（黄王误读——引者）炎培等政客，以诽谤为直谅，并自示公平劳苦，当面毁人而不自觉。此乃中国一般政客士绅之恶习，非王一人而已也。”

1941 年 9 月 13 日后“上星期反省录”：“政客黄炎培，年逾六旬，而其言其行，幼稚卑污，形同妓女。天下最可恶者而莫若政客，而中国之政客无知无行，尤为天下最恶之政客，非扫除而廓清之，终不能建国也。”14 日：“晚闻政客与官僚污秽卑劣之言行不胜抑郁，不知何时可使此人心纯洁矣。”

1945 年 1 月 3 日：“昨日报载：黄炎培等元旦颂词，其幸灾乐祸，投机取巧，颠倒黑白，媚夷侮夏之汉奸心理，情见乎词。读之殊堪痛恶。”蒋并归之为“中国士大夫阶级重外轻内，有私无公之劣根性”。

1945 年 7 月 14 日后上“星期反省录”：“参政会中，所谓青年党左舜生等及王（黄王误读——引者）炎培等无耻政客，挟共党以自重，必使是非不明，邪正倒置，而后彼辈乃可混水摸鱼，从中取利，对国家之安危与国民之利害则置若罔闻。以危为安，以利为害，此国家之所以大乱而共匪之所以更形猖獗也。天下之可杀可痛者，莫甚于政客也。其罪实甚于汉奸与叛匪矣。”15 日：“左王等借名共党反对召集国民大会，否则就是政府准备内战，制造分裂之口号加以恫吓。”

黄炎培在全面抗战爆发后，被国民政府遴选为国民参政会参政员。他一直期望国民政府在抗日期间在政治上有所改革，实行民主宪政，改善人民生活，动员民众抗战，并且深切期望国共合作，避免摩擦和分裂。根据黄炎培日记，1940 年 9 月 6 日：“九时，参政会驻会委员会，由议长（即参政会议长蒋介石）于邸中召开茶会，席间，议长报告外交军事状况，余报告兵役近况，关于军队虐杀壮丁，言之甚详。茶后，余密陈川南烟祸、匪患及处理办法，并面陈各种文件。”显然，这些触动统治者痛处的地方，尽管符合事实，仍然遭到蒋介石的忌恨。蒋介石可以责骂自己的部下，但容不得其他人基于同样的事实，来批评政府，责问他的部下。

自参政会成立后，包括中共在内的非国民党政治派系，一直在要求实施民主宪政。在 1939 年 9 月召开的国民参政会一届四次会议上中共和其他党派的参政员分别提出保障抗日党派的合法地位、结束党治、实施宪政的提案。黄炎培在这届会上，是内政提案审查会主席，当时各党派参政员和国民党参政员争论十分激烈，但最后仍然通过了《请政府定期召集国民大会制定宪法实行宪政案》。蒋介石也在会议闭幕词中表示：“本届会议以此案为最重大之贡献”，并指定 19 名参政员组成国民参政会宪政期成会。黄炎培在日记中自慰地说：“余为参政员，自己认定两大任务：一、助成政府与民众合作；二、助成各党派间合作。余以两年来之周旋，政府及各党派对我都还不至歧视。此次第四届（系一届四次）大会为内政审查会主席，审查七个关于宪政提案，各党代表争论虽烈而卒获圆满结果，在余总算对参政会尽了一分心，当观今后如何耳。”黄炎培是宪政运动的重要角色，他或许不知道蒋介石在内心是怎样骂他的。

1940年间，国共摩擦加剧，引起各界的忧虑。1940年4月5日，参政会一届五次会议期间，梁漱溟等参政员调解国共关系的有关提案有五项之多，黄炎培主席审查会时，未敢交付讨论，仅请议长组织特种委员会讨论解决。下午，参政会会议由议长主席，黄炎培就上述议案做了简短的说明："同人念本会组织条例第一条，因求团结全国力量，才有本会，故解决此事之纠纷，可云抗战期中惟一不幸事件。同人咸愿以严正、公平、切实的态度，协助政府解决。"在9日特种委员会第一次会上，议决两条："（一）一切军队，无论何种番号，一律服从最高统帅之命令，绝不得自由行动；（二）如有军队怀疑于邻近军队之行动者，应将事实报告上级长官，听候最高统帅之处置，在未奉命令之前，不得自由行动。"（黄炎培日记）这个决议对蒋介石是有利的。中共对于中间派活动的评价是："主观上对我们好，实际上帮助了蒋"，对于中间派的动摇是不满意的。中共分析："这些中间派可以大别为三类：一是小资产阶级的代表，如救国会及第三党（即后来改名为农工民主党，他们的代表人物分别为沈钧儒、章伯钧），与我最接近，是最同情我们的；一是民族资产阶级的代表，如黄炎培、张澜等，对大资产阶级不满，但在紧急关头便成和事老；一是失意政客，如张君劢、左舜生等，希望从国共纠纷中谋自己升官发财的利益，得了参政会主席团时，面孔就变了。但因他们都反对国民党一党专政，黄炎培、左舜生、张君劢、梁漱溟等正在发起组织民主联盟以求自保和发展，所以仍是一种中间地位。"①

黄炎培谋求团结抗战的愿望，在中共价值观里是"和事老"作风，是资产阶级代表（在将来这顶帽子很麻烦，而且被归属右翼），而在蒋介石的价值观里，更成了"骑墙投机""形同妓女"，反正两头不讨好，而且，谁也不希望他们发展自己独立的政治地位和利益。不过，蒋介石的"以党治国"即一党专政，没有力量彻底贯彻，对反动派"扫除而廓清之"，使"人心纯洁"，由国民党统一中国，因而其他党派都有一定的独立活动的空间。

黄炎培是民盟的发起人。他认为："余以为吾辈调解国共，必须有第三者明确的立场和主张"，1940年12月24日，在张君劢家里，与左舜生、梁漱溟一起商量组织民主政团同盟。

1941年1月，新四军事件发生后，中间派增加了对中共的同情。黄炎培本身也感受到了国民党的压迫，得到黄炎培支持扶植的各地生活书店遭到查

① 《中共中央文件集》第13册，第69－70页。

封。2 月 24 日，邹韬奋到黄炎培处“即夜出亡，大哭握别”（黄炎培日记）。但黄炎培仍努力促成国共合作抗日。第二届参政会即将召开，中共参政员拒绝出席，黄炎培与梁漱溟、左舜生、沈钧儒等居间力劝中共参政员出席，但没有成功。3 月 3 日，参政会因等待中共答复延迟一天后开会。黄炎培认为：“此是中共政策改变之故，否则，条件亦已优厚，在往时求之不得，在我算做了一番试探工作。”（黄炎培日记，3 月 2 日记）3 同日，黄炎培偕张君劢、左舜生、冷御秋见蒋，“余乃畅陈对此次努力无成之看法。今后应重订方针，必须加强团结：1. 充实力量，2. 争取民心，3. 避免冲突。对各党派态度，对青年态度。全国教育会议拉人入会事，方刚（黄炎培长子——引者）被压迫辗转各大学间事，宪政问题，生活书店与邹韬奋出亡事，国讯同志会立案事。稍觉畅所欲言，但反应如何未可知也。”（黄炎培日记）当时他正发烧，力疾出席。

1941 年 3 月 19 日，中国民主政团同盟秘密成立，黄炎培、左舜生、张君劢、梁漱溟、章伯钧等五人为中央常务委员，推黄炎培为中央常务委员会主席。黄炎培对民盟提出了三个要点：“一、对政府取协助之义，其有所见，为善意的劝告；二、对内各个的求充实，整个的求团结；三、对各友团维持友好，视情态之可能，得就某事件与之合作。”（黄炎培日记，4 月 5 日）

1941 年 1 月 20 日，黄炎培被国民政府行政院聘为战时公债劝募委员会常务委员，并担任秘书长的职务。8 月 18 日到 10 月 21 日，他到香港、菲律宾募集战时公债，获得了良好的成绩。行前，他曾当面向蒋介石报告、请示，在香港、菲律宾募债时，他也代表蒋介石致辞嘉慰侨界。在香港期间，他与梁漱溟等就民盟事务屡有商洽，但辞去了民盟主席的职务，低调行事。

8 月 25 日，在香港文化界同人谈话会上，黄炎培就中共问题、物价问题一一报告，坦白发言。9 月 10 日：“孙哲生倡设中苏文化协会香港分会，假华商俱乐部集会，报告中苏邦交经过。民廿六八月，中苏互不侵犯条约成立之前，有召开太平洋会议之说，斯大林与哲生谈中苏同盟事，中苏之约有未宣布一点，苏贷我国币一万万元，以价格相同之军需品给我，嗣超过此额，成美金五千万元。民廿七五月，又贷我美金五千万元。民廿八三月，哲生三度去莫斯科，在斯大林一诺，贷我美金一万万三千万元。在到会热烈空气中成立，推颜骏人为会长。”（黄炎培日记）

孙科在国民党内一直是蒋介石的政敌，他的亲苏态度，也与蒋的对苏政策不同。11 月 7 日蒋介石出席苏联使馆庆祝十月革命节后写道：“俄政府自去年以来，对我之侮辱蔑视，干涉我内政，明白掩护共党，而且在新疆擅设飞机厂，侵犯我主权，不一而足。此种赤色帝国主义者以情理论，本以不足为友，而且不讲信义，专恃强权，再未有如此之甚者也。”在1944年5月2日的一次聚会上，黄炎培叙述了工商界的苦况，“述毕，哲生大愤慨，有中华民国不能听他亡于一人之手语。”（黄炎培日记）

估计国民党情报部门，对黄炎培与孙科在香港的发言和活动情况，向蒋介石有所报告，否则，黄炎培（政客）和孙科（官僚）正在香港期间，何从惹恼蒋介石在1941年9月13、14日间说此重话？

这一切大概就是蒋所谓的中国政客士绅的恶习。黄炎培为前清举人出身，每自认为地方绅士，对各地“公正”士绅也多所关切。近代中国的读书人，多处于转型期，我们其实是很难确认他们的所谓“阶级”身份的。但他们大多坚持传统伦理：“为公不为私”，要在他们身上确认士绅的或资产阶级的“自私自利”性确实很困难。

在香港、菲律宾期间，黄炎培有两段话值得玩味。8月21日招待新闻记者：“述我个人服务恰四十年，愧非政治家，并不能为政客，自审如牛一般，能吃苦，能顽强抵抗。”10月3日，在从菲律宾回香港的飞机上与李国钦谈：“李问：对吾国民主前途，感想如何？余答：中国今后需用民主是无疑的。中国民众尚不够民主，是无可讳言的。但欲练习民主，须从民主中练习民主。如习泅水，须从水里学泅水，不能在陆上学泅水。中国今后所需要，乃是保育式的民主政治。”（黄炎培日记）他并不是一个民主的激进派，也没有政治的“野心”。

其实，黄炎培在抗战期间，对蒋介石也不无良好的印象和深切的期待，并支持蒋介石作为最高领袖领导全国抗战。因此，黄炎培对国家内政外交屡屡向蒋建言。例如，第一次参政会时，1938年7月8日：“是夜，草提议案，揭发政府与社会间积弊，恐提出会场，因众人刺激发生不快之感，乃备函径送蒋介石委员长。”1941年11月9日，黄炎培从香港募债回重庆后，“午，蒋公招餐，到者可三十人。吾仍坐蒋公对席，承问此行大概……（餐毕）余遂与陈布雷略谈而出，王雪艇同行，谓蒋公今日早起绝未休息，彼欲回话亦不得间。”1941年11月26日，参政会闭会式上，“蒋主席致词，极诚恳。”其中说道：“宪政是国父遗教，是既定国策，越早实现越好。若可行不行，此政府将不打自倒，望赞助、监督、督促……宪政实行后，当然是多党制，但训政时则否。各党派只要不违法三民主义，政府定扶助之。”（黄炎培日

记）

1943年2月18日，黄炎培一天之内参加了三个会议，上午参加参政会在渝会员谈话会，下午参加参政会举行庆祝中美、中英新约成立会。傍晚参加市政府会议，听取会报。他深受刺激："政治日趋黑腐，今日之会分三幕，上午叫嚣愤骂，不负实责，下午粉饰升平，不求实际，傍晚市府之会，补苴罅漏，无关大体，尽补苴尽罅漏，但我辈只有尽罅漏尽补苴。"（黄炎培日记）黄炎培希望通过民主宪政的转型来改善国家政治生活，促成国共团结。1943年9月25日参政会会议上蒋出席报告："（一）宪政将在参政会组设宪政实施筹备会，（二）经济组设一经济期成会或策进会，（三）中共问题过去虽有误会，但是家里的事，不计较，过去便过去了，只望今后和衷共济，政府决无不利共党之意，决无取消共党之意，但望共党恪守二十六年宣言……我们要建立真正民主国家的基础，政府须尊重此两会，两会须监督政府，批评政府，永久作民主国家的基础。"11月12日："十时，宪政实施协进会在军事委员会开成立会，蒋主席致词（出讲稿，皆手自修正，临讲犹在席上动笔），对促成民意机关宪草研究运动，言论自由开放，皆主早办，恰合人民期望。"1944年10月18日，他在日记中写道："天明，忱次想吾人赤心为国，对领袖必须知无不言。今午既召餐，因急起身，连漱口、刷牙都废止，起草上蒋主席书。"席间，"（蒋）问对中共问题之意见，余答：中央政府应堂堂正正循康庄大道而行，改善政治，使民众皆满意。同时外交上无论对英美，对苏联，取得国际间良好情感，中共问题曾何足虑。"（黄炎培日记）黄炎培对蒋介石改革政治是抱有希望的。

但是，蒋介石的实施宪政承诺，只听楼梯响，不见人下来。国民党提出的召开国民大会方案，其国民代表主要是战前国民党一党操纵下选举产生的国民代表，早就失去了代表性，那只是一个国民党单方面可操纵的国民大会，自然遭到中共和民盟等党派的反对。

1944年间，中国军队在豫湘桂战役中遭到失败，黄炎培等中间派人士对当局深感失望。1945年元旦日，黄炎培领衔60多人署名发表《为转捩当前局势献言》，批评当局低估敌人力量，"不求本身之进步与健全"，深恐"将来盟国均告胜利而我独失败"，因此，要求"政府准许各政党公开"，团结合作，"准许人民对政治发表意见，检举贪污"，"实施国父'平均地权'、'耕者有其田'之遗教"，等等。内容虽然严峻，但措辞很温和，蒋介石对异己者乱扣大帽子是没有道理的。黄炎培于1945年7月1日到5日，访问延安，由此增加了对中共富于朝气的认识，更倾向于同情中共。此后，黄炎培一直反对国民党召开片面的国民大会，反对国民党的内战政策，因此遭到蒋介石的责骂，自然更是难以避免的了。

蒋介石对中国近代教育和知识分子有很坏的评价。1940 年 3 月 7 日，蔡元培逝世后，蒋介石在日记中评论蔡元培说："惟其在教育上与本党主义之功罪而言，以吾所见者，但有罪过而已，尤其是教育受其乡愿式之影响为更恶劣也。"黄炎培作为一生从事教育改革的教育家，对蔡元培的评价完全不同，他悼念蔡元培的下联说："有所不为，吾师之律已；无所不容，吾师之教人。欲人知求真一本自由，记从长绍兴中学，以至长北京大学，弗逾初旨。晚而主持科学研究，广纳众流，一贯斯道。从德量浑涵中，确标趋向。嗟余小子，心传窃奉终身。"（黄炎培日记，3 月 12 日）蒋介石在 1944 年 11 月 9 日日记中责骂知识分子："一般大学教授皆为反动派所诱惑，而根本上中国教育竟为个人主义者所把持，民族道德与爱国观念几乎丧失殆尽。"近代中国微弱的知识分子队伍在革命的统治者眼中竟是如此地位，中国社会现代转型遇到严重困难也就不奇怪了。

成败之间

——蒋氏父子与1948年金圆券币制改革

汪朝光*

1948年8月，蒋介石决策实行币制改革，在国民党治下作为统一国币使用了13年的法币被新出炉的金圆券替换。国民党企图以此解决已经接近失控的恶性通货膨胀问题，稳定处在濒临崩溃状态的经济局势，尽可能地维持其政权的日常运作，与中共做最后的军事决战。但是，此次币制改革以惨败而告终，金圆券进入流通不过短短70天，便重蹈了法币因过量发行而致恶性通货膨胀的覆辙，不仅未能挽救摇摇欲坠之国民党的执政地位，反而加剧了社会各阶层对国民党的离心倾向，成为最后压垮国民党统治的又一根稻草。不过，国民党当局在此次币改中获得的金银外汇现钞，原本有意作为稳固金圆券价值的发行准备，却在币改失败后，为国民党撤离大陆、退守台湾提供了实际的物质支持。故此，1948年的金圆券币制改革，于国民党和蒋介石而言，其政治经济蕴涵非为简单之"成""败"可言，这也是本文复原并解析这段历史的重心所在。①

---

* 中国社会科学院近代史研究所研究员。

① 关于1948年的币制改革，现有通论性著作中均有涉及，而以叙述其实施过程为主，分析评论并不多。专题研究著作，以季长佑的《金圆券币史》（江苏古籍出版社，2001）较为全面，但偏重于货币史的技术层面。吴景平的《金圆券政策的再研究——以登记移存外汇资产和收兑金银外币为中心的考察》（《民国档案》2004年第1期）、《上海金融业与金圆券政策的推行》（《史学月刊》2005年第1期），张秀莉的《金圆券发行准备监理委员会述论》（《民国档案》2008年第4期），从金融史的角度，对金圆券币制改革的有关问题有较为深入的论述。黄永金的《国民党政府的币制改革与财政经济的崩溃》（《昆明师院学报》1983年第4期）、苏智良与朱华的《民国史上最丑恶的一章：金圆券币制改革与打虎运动》（《档案与历史》1986年第4期）、李金铮的《旧中国通货膨胀的恶例——金圆券发行内幕初探》（《中国社会经济史研究》1999年第1期），对金圆券币制改革的过程有所论述。王章陵的《蒋经国上海"打虎记"——上海经济管制始末》（正中书局，1999），记叙了蒋经国在上海实施经济管制的有关情况。总体而言，现有研究比较偏向于金圆券币制改革的经济层面，而于政治层面的论述有所欠缺。

一 秘密决策——金圆券币制改革的酝酿

自抗战中后期开始，因为种种因素的共同作用，法币的价值日渐下跌，通货膨胀的速度越来越快，已有恶性化发展的趋势，成为国民党当局不能不关注的严重问题。抗战胜利后，在宋子文担任行政院长时期，实行比较自由化的财经政策，开放黄金外汇市场，利用黄金外汇买卖，吸收游资，回笼货币，一度使法币币值的下跌趋势有所缓和。但旋因内战再起，军费开支剧增，法币的过量发行问题始终无法解决，经济形势急剧恶化，导致 1947 年 2 月黄金风潮的爆发及其后宋子文的黯然离职。① 此后，国民党当局实施经济紧急措施，财经政策由相对自由回复为严格管制，企图稳定经济和市场。在这个过程中，当局动用越来越多的行政手段干预经济，如成立金融管理局（1947 年 12 月）、实行花纱布统购统销（1948 年 1 月）、暂停一切贷款（1948 年 2 月）等，但巧妇难为无米之炊，在收支不平衡日趋严重的情况下，无论采用何种方法，都改变不了赤字财政的现状，结果只能是钞票越印越多，通货膨胀越来越严重，法币的支付功能发生越来越大的危机。

当此时机，国民党内和财政金融界都曾有人主张进行币制改革，以从根本上解决法币失信的问题，这样的主张也反映到国民党高层，为蒋介石所注意。还在抗战刚刚胜利之时，蒋介石已经考虑到“新币发行及币制改革计划之实施”并“令财部筹定新币制方案与实施日期”。② 但是，宋子文认为，在黄金外汇买卖政策的配合下，经济尚可维持，币制改革则有风险，倾向于争取美援，等待时机。宋主政之初蒋介石对他比较放手，对币改未便强迫，事遂拖延未决。1947 年 2 月黄金风潮爆发前后，蒋介石又集中研究币制改革问题，并考虑俟经济稳定之后，“即可着手改革币制矣”。③ 5 月，经济形势在短暂缓解后再度恶化，物价暴涨，蒋介石认为“金融至此实已不可收拾”，并抱怨这是因为“胜利时余改革币制之主张不行，而子文专待美国借款方可改币之妄想所误”，结果“大部外汇乃为子文消耗过半，已形枯竭，不易改

① 有关战后国民党的财经政策及黄金风潮的研究，请参阅汪朝光《简论 1947 年的黄金风潮》,《中国经济史研究》1999 年第 4 期；《生于末世运偏消——宋子文出任行政院长前后经纬之研究》，载吴景平、郭岱君主编《宋子文和他的时代》，复旦大学出版社，2008。

② 《蒋介石日记》，1945 年 9 月 1 日，Hoover Archives，Stanford University，USA.

③ 《蒋介石日记》，1947 年 3 月 29 日。

革。及至本年二月底经济紧急措施方案发表时，法币总数尚在五亿万以下，乃为最后改制之时期，而公权（中央银行总裁张嘉璈）又不赞成，延至今日措施方案一经破裂，则物价如野马奔腾，不可抵止，实已造成无法收拾之局势矣。"① 6月间，蒋介石不断和张嘉璈等财经主管官员讨论币制改革问题，并在7月初"决定购银制币兑现办法，以恢复币信"，要张嘉璈"切勿再望美国借款，方整币制、贻误国事"。② 但在战争未止的情况下，如何进行币改实非易事，尤其是如何筹措数目不菲的币改启动资金更是难题，张嘉璈认为："将币易币不可行，若用金本位，须借一二亿美金，用银须用五亿元价值之银，但预算适合为先决问题。"③ 兼以币改牵涉方面甚多，事关各种利益关系，当局难以决断，故一拖再拖，未能实行。蒋介石自己也感叹"物价日涨，银币政策迟滞难制，经济情势益急矣"。④

进入1948年，国民党军事不断失利，控制地域在缩小，物资产出在减少，而货币发行还在大量增加，财政金融形势更趋恶化。据财政部长俞鸿钧的报告，1948年上半年预算收入58万亿元，支出96万亿元；实际收入80万亿元，支出340万亿元，赤字占支出总数已超过3/4；其中最为浩大的是军费支出，正常预算和特别预算中的军费开支相加，接近支出总额的70%。⑤ 政府开支几乎全靠印钞票，法币面值最高已达500万元，发行最多时达到了每天10万亿元这样令人目眩的数字。如此过量的发行，自然刺激物价持续走高，每天甚至每小时都在变化。为了平抑市场乱象，遏制涨风，7月初，上海市长吴国桢和警备司令宣铁吾决定，检查交通运输、行庄业务和仓库存货，奖励告密检举，并将"投机取巧"的违法奸商送特别刑事法庭处理，⑥ 但仍无法遏制物价上涨。米价从1月的每石150万元，一路攀升至8月中旬的5833万元，金价每两超过5亿元，法币与美元兑换价超过1000万比1，法币几乎失去支付功能，濒临崩溃的边缘。⑦

---

① 《蒋介石日记》，1947年5月31日。

② 《蒋介石日记》，1947年7月2、5日。

③ 《张嘉璈日记》，1947年6月20日，Chang Kia - ngao papers，Box. 19，Hoover Archives，Stanford University，USA.

④ 《蒋介石日记》，1947年10月4日。

⑤ 杨荫溥：《民国财政史》，中国财政经济出版社，1985，第170～173页。

⑥ 上海《大公报》1948年7月8日。

⑦ 中国科学院上海经济研究所、上海社会科学院经济研究所编《上海解放前后物价资料汇编》，上海人民出版社，1958，第38页。

对于如此严峻的经济形势，国民党也意识到必须有所动作，否则，不等经济最后崩盘，政权就将先被拖垮。进入1948年后，蒋介石即不断考虑币制改革问题。因“经济险恶，物价飞涨，以通货膨胀不能压阻为最可虑”。3月12日，蒋介石召见央行总裁张嘉璈，“商决改币制，准将招商局、中纺公司等国有财产归中央银行抵为发行新币基金之用”。4月7日又召张嘉璈，“谈稳定币价与改革币制之次第程序。此次利用美援物资之收入正可以平衡外汇与收支，先稳定物价而后改制也。”① 但长期浸染于金融界的财经高手张嘉璈深知没有坚实基础之币改的危险性，对此始终意态消极。5月，蒋介石出任总统，翁文灏受命组阁，国民党宣称此后进入“宪政”时期，但市场反应冷淡，全不给执政者面子，物价继续暴涨，蒋担心“经济危险至此，比军事更足忧虑”，认为“应速谋彻底改革之道，方能挽救此危局”；考虑“经济以改革币制为本，如以已有现款与美援物资为基金，而将原有通货存储收兑发行新币”。② 此时俞鸿钧接张嘉璈出任中央银行总裁，俞属于政务官僚出身，不似张嘉璈以其经济专长而在国民党体制内较为独立，虽然他对币改的成效实有怀疑，但仍领会蒋意而指令下属研究币制改革方案，结论是：在战争继续的情况下，不宜作根本改革；建议在不改变法币本位的前提下，发行关金券，作为买卖外汇和缴纳税收之用，以暂时稳定收入。③ 这个方案无法解决法币发行的极度膨胀和支付功能的急剧萎缩，不仅不能治本，甚而也不能治标，因此不被蒋介石所喜，改令财政部长王云五草拟币改方案。

6月29日，蒋介石对俞鸿钧“指示其对币制改革与平抑物价之要旨与方法毕。召见翁院长、王财长商议改革币制及平定物价之根本办法”。7月1日又“召见翁、王、俞协商币制与平价方针及办法甚切也”。在讨论中，蒋介石考虑对经济实行严格管制，准备对“非法卖买金钞者罚则之颁布及其机构”，“交易所与投机黑名单之调查与准备”，甚而不惜采用戒严的方法。④ 显见在蒋心目中，此次币改已非平常之经济金融改革，而是与其他经济紧急措施相配合运作，带有维持国民党及其个人执政地位的强烈的强制性政治色彩。

---

① 《蒋介石日记》，1948年3月12日、4月7日。

② 《蒋介石日记》，1948年6月10、24日。

③ 李立侠：《两度任职的俞鸿钧》，寿充一、寿乐英编《中央银行史话》，中国文史出版社，1987，第63页。李立侠，时任中央银行稽核处处长、上海金融管理局局长。

④ 《蒋介石日记》，1948年6月29日、7月1日。

秉蒋命研究币制改革方案的王云五为无党派人士，1946 年 5 月出任经济部长，成为国民党结束“党治”、“开放”政权的象征之一。翁文灏内阁成立后，他担任行政院政务委员兼财政部长。自国民党当政后，财政部长的职位一向为宋子文和孔祥熙的禁脔，直至抗战后期才改换为俞鸿钧。王云五既非财政金融专家，也与财政金融界素无多少瓜葛，此次出任财政部长，颇出外界意料。新官上任三把火，为了表现自己干实事的形象，王云五上任后的第一把火，就是推动进行酝酿已久而迟疑不决的币制改革，为濒临绝境的财政金融开出一剂猛药。他认为：“政府纵不想改革币制，也不得不改，则不如早为之计，而作自动的与有计划的改革”；但是他也认为：“此须剿匪军事有把握，方能实施。否则军费无限制开支，而失地日多，匪患日炽，人心动摇，即断不能办币制改革。而军方首长，皆谓军事绝对有把握，并可于几个月内，即可将北方匪患肃清，于是方敢放手做去。”他拟订的币改方案，以废止法币、改用新币为主要内容，期以强力手段推行，管制经济，扭转危局。① 7 月 7 日，王云五将草拟方案 32 条交给行政院长翁文灏转蒋介石，蒋即召见翁、王“商讨改革币制与管制物价方针甚详，决定从速实施”。② 蒋令翁、王与央行总裁俞鸿钧及副总裁刘攻芸、财政部政务次长徐柏园和台湾省财政厅长严家淦等共同研究改革方案。研究结果，他们认为，币制改革已不容再拖，否则更难以进行，决定以金管理本位为基础，废止法币，改发金圆券，与黄金挂钩，但不能兑现。为避免重蹈法币之覆辙，王云五坚持新币发行应有十足准备，并严格限制发行数量，讨论结果，将王原拟发行 9 亿元的计划改为 20 亿元，同时将现金准备由 3 亿美元改为 2 亿美元，实已埋下金圆券过量发行之隐患。③ 王云五是成功的发明家和出版商人（他以发明四角号码字典和主持商务印书馆而知名），因其成功而养成了固执的性格，不易接受别人的意见，又缺乏财政金融专门知识，所拟激进币改方案带有强烈的行政干预色彩，违背了经济规律，而且作为党外人士，王云五对国民党内政治生态之复杂缺乏体认，以为只要有蒋介石的支持就可以放手去做，结果铸成其在币制改革中的失败命运。有人认为：“王好大喜功，尽管理财乏术，却自视甚高，投蒋之所好，心甘情愿地去作‘聚敛之臣’，于是双方一拍即

---

① 王云五：《岫庐八十自述》，商务印书馆，1967，第 495 ~ 510 页。

② 《蒋介石日记》，1948 年 7 月 8 日。

③ 王云五：《岫庐八十自述》，第 495 ~ 510 页。

合。”也有人认为：“也许他早有腹案，密向蒋介石献策，得到蒋的赏识，才当上了财政部长。”而王的上司、行政院长翁文灏则认为：“王云五在官僚群中是孤立的，孔祥熙怪他打毁法币，其他各派也不要他，上海银行家都看他不起。”①

金圆券币制改革的酝酿过程“十分保密，除了极少数人接触并审议过此议案外，外界并没有研讨过”。即便如此，在事先知其事的高官中仍不乏反对派，“对于改革币制与经济紧急措施尚未能统一意见”。② 俞鸿钧“不赞成经济与币制改革计划”，只是在蒋多次召见讨论之后，才“不坚持反对”，但“主张惟能延迟时间则尽量延迟，以待九十月间之发行”；中国银行总经理席德懋“再三研究发行新币”，以为“此非其时也”。③ 张嘉璈认为：“如无充分准备，或钞票不能少发，则改革币制等于发行大钞；如为数字太大，便于计算而需发行新币，则须先控制物资，免起物价波动”，④ 实际也表示反对。上海市长吴国桢则认为：“农村是原材料的产地，在那里不可能实行改革，因为他们不可能这样做，只在城市控制价格，注定要失败。”⑤ 即便是行政院长翁文灏也心存犹豫，“主张延展至九十月之间，期与明年美国新政府援华新案配接也”。⑥ 只是当时的经济形势已到了不改则难以为继的地步，反对派难有十分过硬的理由延迟改革，而蒋介石早就有意进行改革，在国民党决策体制基本是由蒋个人说了算的情况下，币制改革势在必行。也正因如此，此次币改事先不仅未经过十分认真详尽的规划、讨论和准备，而且刻意保密，缺乏国民党上下一致支持的心理与物质准备，从而也酿就了其后失败的结局。

二　仓促推出——金圆券币制改革的实施

虽然有对币改的反对意见，使蒋介石考虑“改革币制与经济紧急措施方

---

① 寿充一：《王云五与金圆券》，黄元彬：《金圆券的发行和它的崩溃》，全国政协文史资料研究委员会编《法币、金圆券与黄金风潮》，文史资料出版社，1985，第64、53、67页。

② 《蒋介石日记》，1948年7月10日。

③ 《蒋介石日记》，1948年7月8、9、14日。

④ 《张嘉璈日记》，1948年7月31日。

⑤ （美）裴斐、韦慕庭访问整理《从上海市长到“台湾省主席”——吴国桢口述回忆》，吴修垣译，上海人民出版社，1999，第54、59页。

⑥ 《蒋介石日记》，1948年7月16日。

案，似可实行，但时期须加研究。以此事大，不能不慎重其事”。但经济形势的急速恶化已不容蒋有更多慎思的时间，他感叹说：“近日军事、党务与经济皆濒于危急崩溃缘际，其重要之整顿改革问题皆凑在一身，诚有不知从何处下手之感，而经济管制与币制之改革实行方法与时期之迟早，更为难决，最好能延展至旧历中秋节后实施，乃可减少一次中秋节风险，如此只要渡过旧历年关一次之险，或能接续至明春四五月之间世界形势发展时而免于崩溃乎。”① 7月28日，蒋介石在避暑胜地浙江莫干山审议币改方案，29日召见翁文灏、王云五、俞鸿钧和外交部长王世杰等讨论方案，决定从速实行币制改革。据王世杰记，对于币改方案，“我主张，蒋先生同意，王云五改革币制与整理财政的计划，此计划现已大定，日内将发表实施。”② 俞鸿钧亦认为“只要准备充足当可如期实施”。③ 31日，蒋介石决定配合币改的人事安排，币改由此进入实际操作执行的层面。据时人回忆，蒋介石对翁文灏言：“军事完全由我自己主持，与行政院无关。财政方面，应以财政部为中心，中央银行帮同处理。同心协力来挽救十分艰难的局面。”④ 俞鸿钧私下说，自己是反对币改的，但“在庐山会议上（此处似有误，疑为莫干山会议——引者注），总统一开始就表示事在必行，我就不敢讲话了”。⑤ 8月上旬，在王云五的主持下，拟订了币改实施的各项具体方案。13日，蒋介石决策“币制改革决于下旬实施”。⑥ 17日，蒋介石在庐山召见张嘉璈，询问其对币改的意见，张固执己见，“告以根本问题在财政赤字太巨。发行新币，若非预算支出减少，发行额降低，则新币贬值，将无法抑制”。蒋提出实行严格的经济管制，张却认为：“中国地大，交通又不方便，无法处处管制。仅在几个大都市施行管制，无法防止内地各县各镇之物价上涨，从而影响及于都市；或则内地物产不复进入都市市场。故期期以为不可。”18日，在看过币改方案后，张又对蒋明言：“物价绝对无法管制，因之二十亿元发行额无法保持。恐不出三四个月，即将冲破限关”，请蒋“慎重考虑”。⑦ 但张嘉

① 《蒋介石日记》，1948年7月13、29日。
② 《王世杰日记》第6册，1948年8月15日，中研院近代史研究所，1991，第179页。
③ 《蒋介石日记》，1948年7月31日。
④ 黄元彬：《金圆券的发行和它的崩溃》，《法币、金圆券与黄金风潮》，第53页。黄元彬，时任立法委员兼立法院货币小组召集人。
⑤ 黄元彬：《金圆券的发行和它的崩溃》，《法币、金圆券与黄金风潮》，第56页。
⑥ 《蒋介石日记》，1948年7月13日。
⑦ 姚崧龄编著《张公权先生年谱初稿》下册，传记文学出版社，1982，第1015～1017页。

璈的反对意见并未影响蒋介石的决策。

8 月 19 日下午 3 时，国民党中央政治委员会开会，王云五报告币制改革案，称其目的为稳定物价，安定民生，控制金银外汇，平衡预算收支，方案被通过。其后，行政院在下午 5 时召开临时会议，亦通过币改案。参加会议的政务委员雷震“感于改革币制之无把握，因人民不易受惠，如将来不能平衡，物价不能管制，则新币亦不易站得住，故今日讨论时心情至为沉重也”。俞鸿钧对币改实际仍有不同看法，但格于蒋介石的态度，并未明确表示反对意见，只是“对此问题亦云无把握”。[①] 得知其事的陆军大学校长徐永昌认为“此一措施总算负责而勇敢”，但在其子询问“新币制实行后，是否从此物价就不涨，生活就可安定了，告以不敢乐观，看看再说”。因为币改“无绝对负责限制发行之可信的条件。在今日内乱之下，生产事业不能增进，交通破坏不已，税收难于激增，尤其军费不易限制，以过去失信到极点的政府，仅仅以此而欲改革币制，达成愿望，真有令人不敢置信者”。[②] 徐永昌的意见或可代表国民党内不少高层人士对币改的看法，认为币改不得不行，然对其成效并不抱多大期望。不过，蒋介石仍对币改抱有期待，认“此为三年来一贯之政策与惟一之主张，因子文、岳军（张群）、公权、鸿钧等皆畏缩不决，未敢执行。而今日始以事急势迫，不得不有此一举。然咏霓（翁文灏）与云五能毅然实施，亦可谓奋勇难得矣”。[③]

8 月 20 日，蒋介石以总统名义发布《财政经济紧急处分令》，同时公布《金圆券发行办法》《人民所有金银外币处理办法》《中华民国人民存放国外外汇资产登记管理办法》和《整理财政及加强管制经济办法》，宣布实行币制改革，主要内容为：（1）以金圆券取代法币，金圆券 1 元含金 0.22217 公分，折合法币 300 万元；发行以 20 亿元为限，十足准备，其中 40% 为黄金、白银和外汇，其余为有价证券和国有事业财产，由金圆券发行准备监理委员会检查监督；法币须在 11 月 20 日前兑换为金圆券。（2）禁止黄金、白银和外币的流通、买卖或持有；所有个人和法人拥有之黄金、白银和外币，应于 9 月 30 日前兑换为金圆券，凡违反规定者一律没收并予惩处。（3）国人存于国外的所有外汇资产，凡超过 3000 美元者，应于 12 月 31 日前申报登记；除

① 傅正主编《雷震全集·雷震日记》（1），1948 年 8 月 19 日，桂冠图书公司，1989 年，第 44 页。

② 《徐永昌日记》第 9 册，1948 年 8 月 19、20 日，第 113 ~ 114 页。

③ 《蒋介石日记》，1948 年 8 月 19 日。

保留部分用于日常生活外，均应移存于中央银行或其委托银行，未经核准不得动用；违反者处7年以下徒刑并处罚金，没收其外汇资产；告发者给予没收资产的40%作为奖励。（4）严格管制物价，所有物品及劳务以8月19日价格为准，不得议价；实施仓库检查并登记，从严惩处囤积居奇者；废止按生活费指数发放薪金办法；禁止罢工和怠工。① 此次金圆券发行的现金准备为2亿美元（其中金277万盎司、银4137万盎司、外汇7419万美元），非现金准备为3亿美元（其中敌伪产业折价7428万美元，其余为国营企业中国纺织公司、招商局、台湾糖业公司、台湾纸业公司、天津纸浆公司的资产折价）；金圆券与黄金、白银、银币和美元的官方比价为：黄金1两值200元，白银1两值3元，银币1元值2元，美金1元值4元。②

与《财政经济紧急处分令》的发布相配合，行政院于22日成立金圆券发行准备监理委员会，"掌金圆券发行准备之检查保管及金圆券发行之监督事宜"。由财政部、主计部、审计部、中央银行及全国商会联合会、银行商业同业公会、钱庄商业同业公会、会计师公会等代表组成，由浙江第一商业银行（原浙江实业银行）董事长、上海银行公会主席李铭任主任委员；又于25日成立经济管制委员会，由院长翁文灏挂帅，负责物价管制、取缔投机囤积非法经营、调节物资供应、金融管理等策划督导事项。③ 在各重要经济区域设立经济管制督导员，其中上海区督导员为央行总裁俞鸿钧，由蒋经国协助，天津区督导员为行政院副院长张厉生，由财政部钱币司司长王抚洲协助，广州区督导员为广州绥靖公署主任兼广东省政府主席宋子文，由中国银行副总经理霍宝树协助。由此督导阵容之壮，亦可知国民党对此次币改之看重。为了督促币制改革的进行，蒋介石电令各省市政府，要求"同德同心，通力合作，俾此重大措施迅收最良效果"；"设或阳奉阴违，怠忽职守"，"中央亦必严厉处分，决不稍存姑息"。蒋同时发表书面讲话，希望民众"全力拥护改革币制的政策，彻底执行管制经济的法令。如有少数人不顾大局，只图私利，因袭法币贬值时期的作风，操纵新币，为投机垄断的工具，以危害其信用，那就是破坏我全国人民的生计，也就是我全国人民的公敌，政府自必依据国家总动员法令及刑事法规，视同卖国的奸匪，予以严厉的制裁"。

① 《总统府公报》第80号，1948年8月20日。

② 《财政经济紧急处分令实施后发行报告》1948年8月25日；《行政院致中央银行训令》，1948年8月22日《金圆券币史》，第38~39页。

③ 《总统府公报》第80号，1948年8月20日。

翁文灏在致各省市政府电中，要求对违令者除予行政处分外，并依《戡乱时期危害国家紧急治罪条例》，将严重者移送特种刑庭严加惩办。[①] “奸匪”“制裁”和“特刑庭”这样的字眼频频出现在与此次币改有关的文件和谈话中，说明此次币改实非完全意义的经济行为，而是自始即具有强烈的政治性和强迫性，是国民党企图以强力社会动员应付全面危机的重要举措。

三　初试反响——金圆券币制改革的强力推行

上海是中国最大的工商业城市，集中了全国近半的工业生产和大半的金融业，金银外币与物资储藏也最为丰富，能否在上海顺利以新币替代旧币、控制物价并回收足量的金银外币，是此次币改成败的关键所在，所以国民党将币改的实施重点放在上海，并以全力推动之。8 月 20 日，在币改实施的当天，蒋介石亲临上海，会见工商金融界人士，表示此次改革有充分准备，且具有最大决心，希望各界拥护政府决策。上海市长吴国桢召集各业负责人开会，要求以 19 日价格为标准，不得擅自提价，并应保证正常供应，不得拒售。[②] 为了保证币改的顺利进行，上海设立了检查委员会（委员蒋经国等）、物资调节委员会（委员刘攻芸等）、物价审议委员会（委员吴国桢等），特别将工作重点放在检查方面，实行普遍搜查，取缔囤积居奇。一时间，上海经济风起云涌，并牵动政治风向，成为全国瞩目之中心。

金圆券币制改革的重头戏在上海，而唱主角的则是蒋介石的儿子蒋经国。蒋经国自全面抗战开始时从苏联回国后，先是在赣南主政，实施亲民“新政”，小试身手，颇有口碑；其后又担任青年军政治部主任和东北外交特派员，有了军界和外交历练；1947 年 9 月跃升为国民党中常委，成为国民党内冉冉升起的政治新星，也可见蒋介石在党政军各方面刻意培养蒋经国的良苦用心。此次币改实施前，蒋经国有“经济条陈”致蒋介石，“极以军事与经济崩溃不能避免为虑”。而翁文灏和王云五则揣摩蒋意，提议由蒋经国主持币改，蒋介石“以为经参加其事则可，主持则不宜也”，[③] 故有蒋经国协助

---

① 潘振球主编《中华民国史事纪要（中华民国三十七年〔一九四八〕七至十二月份）》，“国史馆”，1995，第 232 ~ 233、236 ~ 239、242 ~ 244 页。

② 《中华民国史事纪要（中华民国三十七年〔一九四八〕七至十二月份）》，第 227、230 页。

③ 《蒋介石日记》，1948 年 6 月 28、29 日。

俞鸿钧之由来。虽然如此，蒋介石实则有意通过推动币改，为蒋经国创造全国性的政治表现舞台，积累其从政的资本与经验。因此，在币改的酝酿时期，蒋介石已让蒋经国与闻其事，并曾对他谈及有关币改和经济管制的方针、组织与人事问题。[①] 对此，蒋经国心领神会，怀抱大干一番的想法，希望通过督导币改和经管，在上海这样国内外瞩目的中心城市建功立业。蒋经国头顶太子身份和尚方宝剑，有自己的基干队伍和一套做法，内心有成就事业的冲动，上方又提供其表现舞台，名为协助，实为主管，坐镇上海，主持上海的币改和经管工作。他自承："改革币制的方案，此乃挽救目前经济危局的必要办法，但问题是在于能否认真执行既定的方案，否则无论方案如何完整，还是失败的。督导上海方面的经济管制工作，因为自己从来没有做过经济方面的工作，一点亦没有经验，所以恐难有所成就。但既做之，则必须确实负责，认真去完成应负的责任。"[②]

此次币制改革的主要内容，一是发行新币并回收金银外币，二是严格管制物价，而前者之成功与否，很大程度上又视物价能否稳定，以重建市场信心。此前上海多次物价管制的失败，使不少人对此次物价管制并不抱什么希望，也使蒋经国身感压力之大与负担之重。蒋经国认为："自新经济方案公布之后，一般人民对于币制的改革以及经济的管制，多抱乐观的心理，而政府人员则多抱怀疑的态度……捣乱金融市场的并不是小商人，而是大资本家和大商人。所以要严惩，就应从'坏头'开始。"他知道，自己"工作是相当吃力的。但已经骑在虎上，则不可不干到底了！"[③] 所以，他力图沿用赣南的经验，利用民众之力，在对外讲话中公开表示："必须发动广大的群众来参加执行，只有如此，才能使政策加速生效，而获得成功的保证。"他将投机囤积、操纵物价、贪赃枉法的商人和官吏视为"后方的敌人"，号召大家"共同起来制裁他们，消灭他们"；强调"无论何人在法律面前应当一律平等……在上海应当做到不管你有多少的财富，有多大的势力，一旦犯了国法，就得毫不容情的请你进监狱，上刑场"。他坦承"上海的环境是复杂的，工作不易做好，但我相信只要不怕权势的压迫，金钱的诱惑，就不会有做不通的事"。他的言论最能吸引市民关注的是，他声称在上海只打"老虎"不

① 《蒋介石日记》，1948 年 7 月 2、28 日。

② 蒋经国：《沪滨日记》，1948 年 8 月 20 日，《蒋经国自述》，湖南人民出版社，1988，第 166 页。

③ 蒋经国：《沪滨日记》，1948 年 8 月 22、26 日，《蒋经国自述》，第 167～168 页。

拍“苍蝇”，强调“凡为资本家辩护的，就是资本家的走狗。我们一定要使上海不再是投机家的乐园，而为上海人民的上海”。① 蒋经国以“戡乱建国”工作总队第六大队为其基本工作干部，并运用在赣南的施政经验，发动青年和社会力量支持经管工作，组建了大上海青年服务总队（9 月 25 日举行成立典礼，王升为总队长），下辖 12000 余人的 20 个大队，协助发动民众，推行币改；还决定设立密告箱，鼓励告发，同时在每周二、四公开接见市民，听取意见，“来见者甚多，都是一般穷苦无告的人”。② 一时间，上海的经管工作显得颇为轰轰烈烈。8 月 26 日，蒋经国召集上海经管各部门开会，决定由他“统一指挥”检查工作，对违令者吊销执照，没收存货，负责人送特刑庭处理。28 日，他指挥“戡建”大队检查上海商家与厂家，共查封纱布 120 件，扣留黄金 2000 两。此后，上海特刑庭以从事黑市买卖、扰乱金融、妨害“戡乱”、贪污舞弊等为由，判处林王公司总经理王春哲、警备司令部科长张尼亚及大队长戚再玉等死刑，以示对投机奸商和贪赃官员的警告。

蒋经国慷慨激昂的言辞和雷厉风行的做法起初颇有令人耳目一新之感。徐永昌认为“日来管制诸措施颇为严厉，而能破除情面，一反过去之泄沓作风”。③ 蒋经国扫除贪腐、执行经管的强硬做派，也得到上海不少市民的认同，因为他们手中的金银外币无多，更希望物价稳定，生活安定。币改之初，曾经一日数变的价格在严格管制下得以基本稳定，加上政府的强力宣传和推动，使得金圆券的兑换情况起初还算理想。金圆券首发的23 日，上海收兑的金银外币约为 100 万美元，三天共收兑 600 万美元，其中大部分是平民百姓的贡献，甚至在短时间里出现排队兑换的情况。对此，蒋介石颇以“人民对政府之信任与拥护之精诚，寸衷无限欣慰”；“人民拥护政策如此热情，以及如此战绩，实出意料之外，因之人心为之一振，政府威信亦突然增强。以如此行将崩溃之经济，在财政经济专家以为绝望，决难挽救者，而竟得转危为安，可知人心未去，只要政府能自振作实干，人民莫不遵令守法，爱国自爱也。”④ 对币改持有不同意见的雷震亦记曰：“此次改革币制，传此数日情形甚好，一般持有黄金、美钞者均向银行兑换”。⑤

---

① 《申报》1948 年 8 月 24 日，上海《大公报》，1948 年 8 月 27 日。

② 蒋经国：《沪滨日记》，1948 年 9 月 2 日，《蒋经国自述》，第 172 页。

③ 《徐永昌日记》第 9 册，1948 年 9 月 6 日，第 120 页。

④ 《蒋介石日记》，1948 年 8 月 24、28 日。

⑤ 《雷震全集・雷震日记》（1），1948 年 8 月 25 日，第 49 页。

蒋经国知道，币改后“向国家银行兑换金钞的，大多是零星小户，黄金没有超过百条，美钞没有超过千元，真正的大户还没有拿出来”。[①] 因为金银外汇的大头主要掌握在资本家手中，而他们对币改的态度显然有相当的保留，大多数人起初处在观望之中，并未按规定兑换金银、登记外汇资产，民间银行更是有两本账，应付检查用的多半为假账。上海因其经济发达而成为当时中国资本家阶层最为集中的城市，其中不乏颇具实力的经济金融资本集团。他们对国民党当政给予多方支持，也曾从中获取相当的经济利益。但是，上海资本家与国民党的关系在战后有了很大变化。因为国民党的经济统制政策压缩了民营资本的发展空间，使他们满怀怨言；因为恶性通货膨胀严重影响经济的正常运转，使他们对国民党的治国能力产生怀疑；加上国民党官员的贪污腐败，不以市场通行规则，而是利用特权，以权势操纵经济，也使他们啧有烦言。他们已不似过去那样对国民党有求必应，从政府几次推销公债情况的不理想，即可知他们态度变化的大致端倪，上海资本家与国民党的关系正处在疏离之中。经济紧急处分令发布后，登记外汇、严控物价的诸项规定，使他们的正常经营难以为继，而且他们深知，以当时的政治经济军事状况，币改几无成功可能，交出金银外汇只能是有去无回，因此纷纷以软磨硬抗对付币改，而国民党继之以逼迫和威胁的手法令他们就范，更使他们大起反感与不满，成为他们与国民党关系的分水岭。

上海资本家对币改的观望不定与消极抵制，令蒋经国颇为恼怒，痛责“若干商人在当面对你说得好好的，而背后则是无恶不作”；“银行多做投机买卖，不晓得发了多少横财。现在要他们将外汇拿出来，都不大情愿”；“上海有少数商人，实在太坏了”。[②] 为此，蒋经国在9月初重拳出击，以“囤积居奇、操纵黑市交易、扰乱金融秩序”等为由，先后下令拘捕申新纺织集团负责人荣鸿元、鸿兴证券负责人杜维屏（上海闻人杜月笙的二儿子）、纸业公会理事长詹沛霖、中国水泥公司常务董事胡国梁、美丰证券公司总经理韦伯祥等，同时对油业公会理事长张超、米业公会理事长万墨林（杜月笙的总管）、永安纺织集团负责人郭棣活等予以警告。其后，杜维屏和荣鸿元均被判刑6个月（在处以高额美元罚款后，准许交保释放）。蒋经国还先后约请

---

① 《中华民国史事纪要（中华民国三十七年〔一九四八〕七至十二月份）》，第511页。

② 蒋经国：《沪滨日记》，1948年9月2、8、9日，《蒋经国自述》，第172、174页。

上海资本家的头面人物，如李铭、刘鸿生（大中华企业集团董事长）、周作民（金城银行董事长）等谈话，逼迫他们交出金银外汇并觅保具结，未经允许不得离开上海。在公开场合，蒋经国对这些比自己年长若干岁的长辈口称“老伯”辞，但在个别约见时则不辞词色，颐指气使，以至使李铭“面红耳赤，神色颓唐”；周作民“垂头丧气，情绪紧张万分”。这些人均非等闲之辈，他们都曾是当政者的座上宾，杜月笙更是在1927年为蒋介石的“四一二”清党立下过汗马功劳，如今却落得如此下场，在上海资本家群体中引起的震动可想而知。

蒋经国在上海采取的严厉经济管制措施，得到了蒋介石的支持。9月1日晚，蒋经国接到南京的电话：“要从速处理违犯经济法令的各种案件，并主张严办大的投机商人”。次日，蒋经国即“召开检查委员会，会后即向市政府提出大户奸商等各种违法行为的证据，并建议立刻逮捕”。[①] 对于蒋经国下令逮捕荣鸿元与杜维屏，蒋介石赞其“可谓雷厉风行，竭其全力以赴之，惟忌者亦必益甚。此为国为民之事，只有牺牲我父子，不能再有所顾忌”。在得知有人为上海法院在经管期间的死刑判决说情时，蒋介石特意指示“应照原判处死，不得变更。否则上海经济管制将前功尽弃矣”。[②] 蒋介石特别不满于上海资本家对币改和经管的种种软磨硬抗举动，尤其是对他们不将金银外汇遵令移存央行严加指责。当蒋介石听闻李铭主持的上海银行公会有意集合下属留存外汇向政府交出1000万美元了事，遂为之勃然大怒，认为李铭至少隐藏了3000万美元的外汇留存未报，是对政府命令阳奉阴违。9月5日，蒋介石召见俞鸿钧，“指示其对商业银行外汇强制其移存之方针”，要求对“奸商李铭等，非严厉处置，决不能望其自动报国也”。[③] 6日，蒋介石亲自出马，在中央党部的演讲中，指责上海资本家“对国家对政府和人民之祸福利害，乃如过去二三十年前，只爱金钱不爱国家，只知自私不知民生的脑筋，毫没改变……彼等既不爱国家，而国家对彼等自亦无所姑息，故政府已责成上海负责当局，限其以本星期三以内，令各大商业银行将所有外汇，自动向中央银行登记存放，届时如其再虚与委蛇，观望延宕，或捏造假账，不据实陈报存放，那政府只有依法处理，不得不采行进一步的措置，予以严厉

① 蒋经国：《沪滨日记》，1948年9月2日，《蒋经国自述》，第172页。

② 《蒋介石日记》，1948年9月4、6日。

③ 《蒋介石日记》，1948年9月5日。

的制裁”。① 其后，蒋介石为“李馥生（李铭）等之奸诈，余欲严惩，而俞鸿钧则畏缩因循不敢任怨，故愤怒频作”，指示翁文灏“决以其呈报不实、数字太少者，继续查究”。②

面对蒋氏父子的勒逼，李铭十分无奈。虽然他确有部分外汇资产留存未报，但无论如何也没有3000万这样庞大的数字。除了交出部分外汇资产，他只能通过俞鸿钧和吴国桢等人向蒋介石说项求情，以求无事。据吴国桢回忆，他在见蒋介石时对蒋说：“李的银行资本只有约500万美元，即使李将他每一分钱，加上存款都变成美元，总数也绝达不到3000万，蒋感到吃惊。于是李铭未被逮捕只是受到了警告。”作为上海金融界的头面人物，李铭长期支持国民党，正如吴国桢所言：“蒋介石在1927年真正掌权并成功地完成北伐，是靠上海这些银行家们的支持，李铭就是其中之一，而现在却使他们如此遭罪。”③ 李铭在此次币改中担任金圆券发行准备监理委员会的主任委员，还算是币改的主持者之一，却遭到蒋氏父子的粗暴对待，不能不使他对蒋氏父子如此不留情面，几近于公开羞辱的做法深感失望。他在9月15日致俞鸿钧函中说：“前因公会筹议同行外汇申报事，及敝行申报外汇资产数字一节，传闻所及，不幸引起关于敝行及弟之误会。赖吾兄知人烛事之明，垂爱之切，并承攻芸兄（刘攻芸，央行副总裁）暨孟工兄明察事实，关切同深。经吾兄晋京力为剖陈后，幸蒙谅介，感激钦佩，非可言宣。弟服务银行业四十年，其间历任同业公会职务，自国民革命成功后二十余年中，凡遇政府金融上商业上兴革之事，弟无一不竭诚拥护，努力奉行。爱国向不后人，遇事无不躬行力践。此次引起误会，实出意外，抚躬自省，殆弟诚信尚有未孚，是故有此，磨励切磋，端资师友也。”④ 稍后，李铭辞去金圆券发行准备

① 《中华民国史事纪要（中华民国三十七年〔一九四八〕七至十二月份）》，1948年9月6日，第341～342页。

② 《蒋介石日记》，1948年9月9、10日。蒋介石对李铭的态度在国民党内实有共鸣，即便是反对币改的雷震也认为，李铭“此人毫无国家观念，完全一自私自利之商人”。见《雷震全集·雷震日记》(1)，1948年8月21日，第45页。

③ 《从上海市长到“台湾省主席”——吴国桢口述回忆》，第65～66页。蒋经国在其日记中，未点名地讽刺吴国桢说：“今天早晨遇见×××，他在过去是唱革命高调的，但是现在他软下来了，并且主张不宜多捕奸商，否则怕工厂要关门了，由此可知官商的勾结力量之大矣。”其后又在日记里说：“见了几个大奸商和大银行家，如×××之类，这批人确实可以拿来一个一个的严惩。”见蒋经国《沪滨日记》，1948年9月8、17日，《蒋经国自述》，第174、177页。

④ 洪葭管主编《中央银行史料》下卷，中国金融出版社，2005，第1351页。

监理委员会主任委员职务，准备另谋出路。一叶知秋，李铭的动向预示着上海资本家对国民党态度的重要变化。

迫于当局的高压，上海各金融机构不能不将外汇资产向中央银行登记移存。到10月底止，共计移存现款609万美元，证券折合3110万美元。[①] 上海市工业会也在理事长杜月笙主持下，通知各会员工厂将所持有的金银外汇移存中央银行。

9月30日为原定金银外币兑换的截止日，此时共回收黄金160万两、白银801万两、银元1683万元、美元4468万元、港币7960万元，[②] 其中上海回收的黄金和美元数量将近总数的70%。应该说，在当时经济状况严重恶化、百姓对政府信用度抱持怀疑的状况下，这份成绩单还算说得过去。如果以蒋介石自称的“意料之外”说事，倒也并非全为自夸与溢美。因为在战后历次经济风潮中，金银外汇基本都是有出无进，有去无回，从抗战胜利时的85805万美元，一路下降到币改前的8680万美元，国库的金银外汇储备几乎告竭。[③] 如今却止降为升，且前景似乎看好，怎不令蒋介石对此有所自得。

四　“打虎”失败——金圆券币制改革的颓势

撇开其他因素不论，蒋经国在上海实施严格的经济管制，确有以此平抑物价、稳定经济的意图，并在币改之初取得了一定的成效。问题在于，强令限价违背了经济规律，限价后工厂因原料来源缺乏而减产停工；[④] 商店进货困难，只能以销售存货维持；外地物资和原料因限价而不愿运进上海，攸关民生的大米入沪数量从每日数千石剧降为数十石。这些情况必然导致市场和民心恐慌，发生抢购，动摇限价。9月9日，行政院公布《实施取缔日用重要物品囤积居奇办法补充要点》，规定个人和商家购买物品均不得超过三个月用量，违者即以囤积论；工厂商号存储之成品货品，如不尽量供应市销或抬价出售者以居奇论，物品没收并科1000元以下罚款。[⑤] 此举旨在以行政手

---

① 《中央银行史料》下卷，第1351页。

② 《中华民国史档案资料汇编》第5辑第3编财政经济卷（2），第363～367页。

③ Strictly Confidential, *Chang Kia - ngau papers*, Box. 25.

④ 蒋经国自记：“发现一种严重的问题，就是许多工厂，因为限价而缺原料，因缺原料而减工。此种现象，实有急需纠正之必要。”见蒋经国《沪滨日记》，1948年9月4日，《蒋经国自述》，第180页。

⑤ 《总统府公报》第98号，1948年9月9日。

段压抑民间购买行为，维持物价的平稳，但却使工商业界叫苦连天，因为他们的存货被要求以限价出售，以维持市面供应，卖一件便赔一件，但又不能大量采购或采购不到限价的原料，生产因此而无法继续。因为限价的因素，物品价格被控制在较低水平，又因为对纸币的不信任，人们都希望将手中的纸币换成实物，加以大量游资麇集于沪，因此市场销售空前活跃，各种物品均被大量抢购。据估计，上海限价期间因出售限价货品而造成的损失，棉纺业为5000万元，毛纺业为2000万元，百货业存货基本卖光，全市工商业总计损失约金圆券2亿元，折合100万两黄金。① 即便如此，有限的货品仍无法抵挡充斥于市的货币，这样，一方面是商家惜售或售空，另一方面是买货存物、投资投机活跃，买与卖脱节，价格攀升便不可避免，从而不断冲击着限价的规定。②

虽然币改初期管制物价及回收金银外币的情况尚称良好，但实际已有征兆预示币改前景的不容乐观。10月1日，财政部通令将金银外币的兑换期限延长两个月，说明兑换情况仍不如当局之预期，而且使当局再次失去了信用。此举被徐永昌评论为："如此无信，急切攫取人民现金之心情毕露，败坏国事至此，无赖可笑尚属余事。"③ 此令公布后，各地即出现抢购潮。据时人记载：上海"人心惶惶，拼命抢购物资。各商店人潮汹涌，轧得水泄不通。一切物品都被抢购，商店均延迟开门（有至上午十二时开门者），提早打烊（有在下午一时即停止者），还要拉紧铁门，逐个进出和限制数量商店大量逃避物资，不甘卖出。情形之严重，前所未有"。"南京路异乎寻常的热闹起来，人头攒动，好比蚂蚁搬家，马路上只见一群群挟着一包一包货物的

① 《上海解放前后物价资料汇编》，第41～42页。

② 各地情况大同小异，据四川的报告："在商场方面，竟有不少顾主将限价物品尽量抢购，得手沿街叫卖，加价转售与未购得者。在过路方面，竟有假借政府机关公务员名义，将外县或乡村运来粮食、肉类拦途阻扣，照限价估买，或得手后，又加价转售渔利。如在商场方面抢购未遂，在道路方面估买未遂，即捏词送请政府机关传讯处办。假借政府机关之威权，逞便利私图之惯技。""在商场方面，各公司、行号由国内、国外各地购运之物资，一时不能到达。而在当地各业市场又以同感缺乏之故，无货可进。每日遵令开门，柜架空空，穷于应付。在道路方面，因各贩运者遭受估买渔利及飞灾横祸之痛苦，无人敢作正当营运。造成粮荒肉荒，百物皆荒。真正需要者，虽出高价亦不易购得。此即社会人心恐慌愈甚之现象也。"见《四川省商会联合会理事长王秉钧呈财政部长王云五电》，1948年9月2日，中国人民银行总行参事室编《中华民国货币史资料》第2辑，上海人民出版社，1991，第581～582页。

③ 《徐永昌日记》第9册，1948年10月1日，第128页。

人。四大公司，百货商店，绸缎店以及棉布店，莫不挤满了人，这些人可以说还算是有剩余购买力的。一般小户人家，则竞向粮食、酱园、柴店、南货店购买米、油、酱、糖、肥皂等日用物品。一连十天光景，店家的橱窗全都抢空了。走进大小商店犹如进了冷庙，虽有观光的香客，但没有菩萨，这种局面苦坏了家无宿粮的人家。他们满街奔跑，到处排队，还是顾到了头，顾不了脚，不是愁米，就是愁菜、愁柴。号称国际商埠的上海，竟生了瘫痪病。”北平“抢购之风弥漫全市。米麦粮食店早已十室九空，香烟黑市漫天叫价，一日数变……闹市百货店顾客激增，排成一字长蛇阵，争先抢购……热闹市中心的王府井大街，六时许即一片黑暗，家家铁门紧闭”。南京“在一阵抢购风潮过后，南京的市面上，什么都空了……主妇们早上已经不能再从小菜场上买到她们所需要的任何东西。猪肉早已绝了迹，鱼虾鸡鸭也都跟着猪肉退隐了起来，南京的菜市，是标准的蔬食市场，除了豪门以高价求诸黑市外，市民们都只能天然的奉行着蔬食主义”。[①] 就连平素温和、不与世事、埋头书斋的知识分子也是抱怨连天。北大学生罗荣渠“往访潘家洵先生，同他吹一次易卜生的戏剧。他一开口就谈到生活情形，物价天天涨，真不得了……到处商店食铺都关门闭户，打开的鞋店只摆了几双最蹩脚的下等货给人看。香烟、面包、罐头、肉类都差不多绝迹了，有的话，再贵也有人抢着买……社会秩序要混乱了，为时想不远了吧？”[②]

面对如此严峻的局面，蒋经国也意识到问题的严重性：“粮食已经发生问题了，这是一件一个月来所始终不能放心的事。煤恐怕亦会发生问题的。这许多都是急需要解决的大事。”“市场已起波动，抢购之风益盛。一方面因为烟、酒涨价，同时亦因通货数量之增多，所以造成了今日之现象。目前抢购之对象，为纱布呢绒等物，恐怕将来要以米为对象了。这是非常严重的现象，所以一夜未安睡，且内心非常不安”。这种情况也影响到蒋经国领导的经管团队的士气，在他主持的检查委员会例会中，“讨论实施总检查的办法，大家的气已不如以往之旺盛，这是和今天的困难环境互相发生关系的现象”。“有若干的干部，心理已开始动摇”。所以，蒋经国承认：“上海整个的空气是在恶转中。处此境地，一不小心，就会惨败而不可收拾。”[③] 但是，蒋经国

① 《中央银行史料》下卷，第 1287 ~ 1289 页。

② 罗荣渠：《北大岁月》，商务印书馆，2006，第 371、381 页。

③ 蒋经国：《沪滨日记》，1948 年 10 月 1、3、4、14 日，《蒋经国自述》，第 184 ~ 186、190 页。

自认没有退路，他还在坚持，告诫自己“最要紧的是要沉得着气”，认为不能轻易变更政策，影响政府信用，仍然坚持以行政手段和高压措施严格管制经济，维持限价，“取消市场，消灭投机”；“要南北米市场负责人具结，每月由外埠供应上海食米二十万石”。① 他还决定将物资检查扩大到沪宁、沪杭沿线各城市，以免物资外逃，并使用军警力量扑灭黑市。不过，对于平民百姓，高压手段或可有效，但对于有权有势的豪门资本如何管理处罚，却成了令蒋经国不得不处理却又难以处理且头疼不已之事，而这又直接影响着经管的效率与权威。

平心而论，蒋经国在上海以“打虎”自诩，虽不无以此立威、获取政治资本的考虑，但其表现“亲民”，从宣传到行动，起初确令见惯了过往高高在上的国民党官僚做派的上海市民颇有好感。② 蒋经国承认管制物价“相当困难”，但是“抱了一种决心，就是无论如何困难总应当做下去”，而且口称“只要和人民站在一起，什么事都不会失败”。但是，随着时间的推移，蒋经国在推行经管政策时遇到了越来越大的困难。起初，经管打击的对象多为倒买倒卖、赚点小钱的市井游民，过后打击到部分官员和资本大户，但这些人或为中下级官员或为企业界人士，并无真正依靠上层权力支撑的官僚资本，所以社会上对蒋经国也有不打“老虎”专打“老牛”之讥，不足以真正威慑豪门巨富。蒋经国自恃其来头硬，在推行经管政策时撇开原有行政官僚体系，自行其是，在国民党错综复杂的派系政治生态中引起许多矛盾，上海市长吴国桢对蒋经国动辄捕人的强硬做法即颇不以为然，一再以辞职表示不满。还有一些国民党高官，冷眼旁观者有之，甚而盼着蒋经国失败者也不乏其人。控制着上海市议会的CC系，认为蒋经国在上海的举动触犯了他们的利益，颇为不满，他们联合上海警备司令宣铁吾，通过传媒舆论攻击蒋经国。币改刚刚开始，蒋经国就感觉“有许多人已在起来反对我了。这是早在意想中的事，目前不过是几个人，将来不晓得有多少人将起来打击我”。随着币改的进行，蒋经国又感觉：“今天所做的工作是孤独的。没有一个高级官吏想帮我的忙，思之痛心。”“上海的报纸，大多数都是兴风作浪，采取消极不合作的态度。”“如此政治，如何不乱！……商人可恶，政客更可恶，两

① 蒋经国：《沪滨日记》，1948年10月2、6日，《蒋经国自述》，第185、187页。

② 蒋经国曾自记：“在巡视布市场的时候，被群众包围欢呼，内心一方面受到感动，而同时徒增忧愧之意。”（蒋经国：《沪滨日记》，1948年9月27日，《蒋经国自述》，第182页）此言或非全为虚饰，蒋经国在上海实行经管之初的不少做法，确曾得到民众的认同。

种力量，已经联合在一起了。今天是处在进退两难之间。”①

面对经管顿挫的困境，蒋经国确实是“进退两难”。他基本上依靠行政和高压手段实施经管，对各种复杂的关系考虑不够，行事有操切鲁莽之处，不仅得罪了大资本家，而且其手下任意查抄物资的举动，也使不少小商人有自危感；及至限价难以为继，百物短缺，市面萧条，普通市民原先对他的好感也在逐渐消失。种种矛盾的交织演变，终以扬子公司舞弊案发而使蒋经国的“打虎”遭遇重挫，币制改革与经济管制的颓势遂不可逆转。

扬子公司为孔祥熙公子孔令侃所办，一向以其特权套购外汇、买空卖空、牟取暴利而为世人所侧目。此次蒋经国到上海实施经管，其手下多次检查扬子公司的仓库，发现存货甚多，如何处理，颇费蒋经国思量。在众目睽睽之下放过扬子公司，对外界无法交代，也影响其公众“形象”，难以推动经管的执行；而要查处他的表兄弟孔公子，其难度亦可想而知。实际上，蒋经国对此早有认知。还在币改酝酿期间，蒋经国就曾对蒋介石谈及，“甚以上海金融投机机关无不与党政军要人有密切关系，且作后盾，故将来阻力必大，非有破除情面，快刀斩乱麻之精神贯彻到底不可也”。② 币改开始后，他的手下发现扬子公司“仓库里面所囤的货物，都非日用品，而外面则扩大其事，使得此事不易处理，真是头痛”。③

不过，还不等蒋经国克服“头痛”，对孔令侃拿出“快刀斩乱麻”的强硬手腕，孔令侃已有风闻，他果然神通广大，赶紧找到其小姨妈宋美龄向蒋经国说项，未能说通后，他又说动宋美龄搬出蒋介石亲自干预。一般而言，蒋介石对蒋经国在上海推行经管政策的严厉做法是认可的，因为这可以体现蒋经国的为政能力，为其立威，有利于他今后在政治上的发展。所以当蒋经国向蒋介石“报告经济管制情形，往日所有黑市与囤积等弊多有我党政当局为首，言之痛心。但由此澈查，所有上海黑幕皆得发见，实堪欣幸”。蒋介石认为：“上海物价平稳，黑市几乎消灭。此一滔天大祸尚能为经儿克服，则剿灭奸匪似更容易。此经济实为戡乱之基业也。”“此一政策果能成功，其

---

① 蒋经国：《沪滨日记》，1948 年 8 月 31 日，9 月 4 日，10 月 13、26 日，《蒋经国自述》，第 171、173、190、195 页。

② 《蒋介石日记》，1948 年 7 月 2 日。

③ 蒋经国：《沪滨日记》，1948 年 10 月 2 日，《蒋经国自述》，第 185 页。蒋经国在其日记中未提扬子公司之名，而以“××公司”代之，但究其前后文逻辑判断，“××公司”当指扬子公司。

执行之功不得不推经儿为首也。”① 但当蒋经国查处积弊的动作指向孔令侃，而孔又搬出宋美龄说情，蒋介石实不能不考虑各种复杂的政治、经济和亲缘关系，对孔家手下留情。此时正值国共东北会战的紧要关头，蒋介石于军务倥偬之中仍不忘徇私情，于10月8日自北平直飞上海，训示蒋经国放过孔令侃。9日，孔令侃由宋美龄陪同面见蒋介石，在外界对孔家扬子公司案议论纷纷、众声喧哗之际，蒋介石接见孔令侃的意味再明白不过了。在当天的日记中，蒋介石将扬子公司舞弊案归为“反动派更借题发挥，强令为难，必欲陷其于罪，否则即谓经之包蔽，尤以宣铁吾机关报攻讦为甚。余严斥其妄，令其自动停刊”。② 18日，蒋介石又就监察委员调查扬子公司不法举动事致电上海市长吴国桢谓：“关于扬子公司事，闻监察委员要将其开办以来业务全部检查，中以为依法而论，殊不合理，以该公司为商业而非政府机关，该院不应对商业事业无理取闹。如果属实，则可属令雇聘请律师，进行法律解决，先详讨监察委员此举是否合法，是否有权。一面由律师正式宣告其不法行动，拒绝其检查，并以此意约经国切商，勿使任何商民无事受屈也。”③ 蒋经国在日记中讳言蒋介石干预扬子公司舞弊案，而只含混其词地记载说：“清晨拜见父亲，报告上海情况。目前有许多问题尚未解决，但亦不忍报告，盖不愿烦父之心也。”对于扬子公司舞弊案，他一反其公开查处的表白，在日记中说：“××公司的案子，弄得满城风雨。在法律上讲，××公司是站得住的。倘使此案发现在宣布物资总登记以前，那我一定要将其移送特种刑庭。总之，我必秉公处理，问心无愧。但是，四处所造成的空气，确实可怕。凡是不沉着的人，是挡不住的。”④ 此时他附和蒋介石的意见，认为扬子公司在法律上是“站得住的”，他自己是“秉公处理，问心无愧”的，只是外界“满城风雨”所造成的空气“确实可怕”。不过，“可怕”的究竟是外界的空气，还是国民党的作为，大概蒋氏父子也是心知肚明的吧。

扬子公司舞弊案的实质，非为私人公司舞弊之个案，而关系到国民党是否能以此为开端，认真查处权势集团长袖善舞、营私舞弊之勾当，确立国民党自身的公正公平形象，不仅为社会各界，也为国民党内所关注。徐永昌“闻蒋先生日前亟亟到沪，十之八九因孔大少不法囤集等问题，蒋夫人速其

---

① 《蒋介石日记》，1948年9月7、11、15日。

② 《蒋介石日记》，1948年10月9日。

③ 《蒋中正总统档案·筹笔·戡乱时期》，第16280号，台北“国史馆”藏。

④ 蒋经国：《沪滨日记》，1948年10月9日，《蒋经国自述》，第188页。

访沪解围云云”。[①] 蒋介石的机要秘书周宏涛回忆说：“我风闻这天蒋公为了扬子公司囤积居奇案，在夫人的要求下召见经国先生，垂询上海金融管制执行情形，经国先生原本要法办经营扬子公司的负责人孔令侃，因而搁置，仅将货品充公。”[②] 如雷震所言：“不平则鸣，今日社会不公平之现象，如不能纠正，则国民党之政权不易维持。即以改革币制而论，一般人咸云，政府决心收集私人外汇、黄金、白银，但必须先收集孔宋之此类资产，不然则不足以昭信于人。”[③] 扬子公司舞弊案因蒋介石的干预而烟消云散。蒋介石格于一损俱损一荣俱荣之家族亲缘关系，对孔氏家族曲以维护，在国事和家事的天平上，他选择了偏向家事，令不少人为之极度失望，所谓“党国”前途不问可知。查办扬子公司未果，尽管蒋经国没有对外的公开表示，但其实际上在内心里亦感无以面对公众，“打虎”“美名”不破而灭。他承认：此案“未能彻底处理，因为限于法令不能严办，引起外界的误会。同时自从此事发生之后，所有的工作都不能如意的推动了，抵抗的力量亦甚大”。[④]

五　仓皇落幕——金圆券币制改革的失败

经历了10月的抢购风潮，限价实际已难以为继；再经历了查处扬子公司舞弊案的顿挫，蒋经国既无力也无颜再推动所谓的“打虎”。他不能不承认：“经济管制的工作，发展到今天，确实已到了相当严重的关头。一般中产阶级，因为买不到东西而怨恨。工人因为小菜涨价，而表示不满。现在到了四面楚歌的时候，倘使不能坚定，即很快就会崩溃。”[⑤]

“崩溃”的日子确实不远了。自10月中旬起，市场限价虽还在维持，但可售货品寥寥无几，商店货架空空落落，限价已失去其意义，币制改革也已成强弩之末。雷震“出街购零星物件，见街上有许多店铺关门，有一部分虽未关门，而窗橱则空空如也，市民抢购之风仍不稍戢。凡有货物之店，市民排队抢购，金圆券流通市面太多，实为一重大之原因”。[⑥] 已经推迟两个月结

---

① 《徐永昌日记》第9册，1948年9月13日，第139页。

② 周宏涛口述、汪士淳撰写《蒋公与我：见证中华民国关键变局》，天下远见出版公司，2003，第54页。

③ 《雷震全集·雷震日记》（1），1948年8月27日，第50页。

④ 蒋经国：《沪滨日记》，1948年10月16日，《蒋经国自述》，第191页。

⑤ 蒋经国：《沪滨日记》，1948年10月16日，《蒋经国自述》，第191页。

⑥ 《雷震全集·雷震日记》（1），1948年10月16日，第79页。

束的金银外汇收兑情况更是惨淡，10 月份收兑黄金 5 万两、白银 103 万两、银元 672 万元、美元 329 万元、港币 187 万元，[①] 尚不及此前兑换数的零头，排队兑换金银的场景早已被排队抢购物资的场景所替换，两种场景转换之速，正说明社会人心之变。

在币改实施一月之际，财政部长王云五赴美国，参加国际货币基金组织会议，并借此为币改造势，期望获取美国更多的经济支持。[②] 但是，国内的实际情况与王云五的造势完全相反，他在美国期间即不断接到币改面临危机的报告，10 月 10 日他回国时，形势与他 20 天前出国时已今非昔比。王云五承认："经济政策之推行，固不能不兼用政治力量，但政治压力如过分行使，或行使过久，势必引起反抗……此种反抗，在政府强有力之时，还不致过分强烈或逾越范围，但政府威信如有丧失，则政治力量式微，在式微的政治力量下，而影响强施重大的压力，则人民之反抗力势必超越范围，一发而不可收拾。"他提议调整物价与工资，预结部分外汇以维持金圆券信用，但未得同意；而"国防费之不断追加，均以军事重要为词，急于星火，拒之不可，许之则负担并重"，"实为致命之伤"。[③] 15 日，上海经管检查委员会会议，在蒋经国的坚持下，决定各种物价绝对维持限价，使用所有军警力量，扑灭各种黑市。[④] 在 20 日的行政院院会上，农林部部长左舜生、粮食部部长关吉玉、交通部部长俞大维、政务委员雷震等，均主张放弃限价，左舜生"对于蒋经国之管制物价之硬性作法，批评甚严"。雷震则认为："平心而论，金圆券之发行，如无蒋经国之严厉手段，其本身则不能站稳，故事后批评，实要设身处地想一想，不然太不恕道也。但有一事可虑者，即调整后能否冻结，毫无把握，不要如水冲开而无法止停也。""此次金圆券发行时，人民虽有怀

---

① 《中华民国史档案资料汇编》第 5 辑第 3 编财政经济卷（2），第 363～367 页。

② 国民党政权主要的支持者美国，对此次币改的前景实际并不乐观，美国大使馆的报告认为："新货币的准备金并没有比旧货币多，并且今天政府的预算还是和上星期一样没有平衡的希望。我们不愿表现过分悲观，但我们的猜测是：在几个礼拜以内物价可以有相对的稳定，以后，新发行的金圆券与美元的比值便要开始下降，回复到已经作废的、无人哀悼的法币所遗留下的地位。"（《南京美国大使馆致美国国务院的报告》，1948 年 8 月 24 日，《中华民国货币史资料》第 2 辑，第 590 页）不仅如此，据翁文灏告蒋介石，"美国援华干事司徒立人对其间接表示，经国在沪作风全为俄共共产之思想，而其行动真是打倒大小资本家之力行者。中国人对之无可如何，不敢予之校量，但其美国人必强力反对，并将正式警告云。"（见《蒋介石日记》，1948 年 10 月 31 日。）

③ 王云五：《岫庐八十自述》，第 540～541 页。

④ 《中华民国史事纪要（中华民国三十七年〔一九四七〕七至十二月份）》，第 652 页。

疑，但仍是拥护，观其以所藏金银兑换金圆券可知，奈发行太多，而战事又不利，更失去调整物价之机会，致造成今日之恶果也。”[①]

尽管蒋经国坚持继续执行限价政策，但政治高压终无法抵挡经济规律，限价政策已难以为继。10月18日，蒋经国约上海市长吴国桢、警备司令宣铁吾、参议会议长潘公展等“谈目前的经济问题，可以说没有一个是支持政府政策的。今日在精神上受到极重的压迫”。20日，蒋经国“召集产米县各县长商讨以米供沪的问题，亦无具体结果”。22日，“为粮食问题，商谈很久，有许多人慌了急了。更进一步感觉到自己在上海确很孤独”。[②] 24日，蒋介石在北平召见翁文灏，“谈经济问题甚久，情形日非，商铺空室藏货，人民排队挤购，尤以粮食缺乏为最可虑耳”。[③] 蒋对是否坚持限价政策似已有动摇。28日，行政院举行经管会议，据蒋经国记载：“大家都主张让步，决定粮食可自由买卖，工资可调整，百物都可合本定价。换句话说，一切都照旧放任了。会议完后，内心惶恐万分。下午继续参加会议，除了心中感受到难过之外，未说话。”[④] 同日，蒋介石在南京约学术界领袖胡适晚餐，胡适表示“经济财政改革案实有大错误，不可不早早救正”。[⑤] 立法院和监察院也先后在26日和29日质询行政院，提出“行政当局执行财经改革方案，方法错误，步伐紊乱，造成今日生产减缩，货物逃避，银根松滥，无市与黑市之严重现象，应予纠正”。[⑥] 在各方压力之下，蒋经国孤掌难鸣，无力亦无法再坚持自己的主张。

10月29日，翁文灏携补充经济改革方案见蒋介石，蒋认为“经济改革计划与金圆政策似已完全失败，以限价已为不可能之事，则物价飞涨比前更甚，尤其粮食断绝难购，最为制命伤也”，遂于当晚“召党政高级干部商讨经济问题，市况与社会，几无物资，又绝粮食，若不放弃限价，恐生民变，故决定改变政策也”。[⑦] 31日，行政院通过《改善经济管制补充办法》，决定粮食依照市价交易，纱、布、糖、煤、盐由主管机关核本定价，其他物品授权地方政府管理，实际放弃了限价政策。此后，被压抑多日的市场价格立即

---

① 《雷震全集·雷震日记》(1)，1948年10月20、28日，第80、85~86页。

② 蒋经国：《沪滨日记》，1948年10月18、20、22日，《蒋经国自述》，第192~193页。

③ 《蒋介石日记》，1948年10月30日。

④ 蒋经国：《沪滨日记》，1948年10月28日，《蒋经国自述》，第196页。

⑤ 曹伯言整理《胡适日记全编》第7册，安徽教育出版社，2006，第720、723页。

⑥ 《中华民国货币史资料》第2辑，第612页。

⑦ 《蒋介石日记》，1948年10月30日。

强力反弹，平均上涨 20 多倍，米价一度暴涨近百倍，从 1 石 20 元直涨至 2000 元。

限价政策被放弃后，蒋经国在日记中写道："我的内心，是十分的忧苦与烦闷也。政府自今日起，已宣布取消限价，两个月的工作，一笔勾销。回想起来，真是心寒。"① 他公开发表《告上海市民书》，称："在七十天的工作中，我深深感觉没有尽到自己应尽的责任，不但没有完成计划和任务，而在若干地方上反加重了上海市民在工作过程中所感受的痛苦……除了向政府自请处分，以明责任外，并向上海市民表示最大的歉意。"② 11 月 5 日蒋经国辞去上海经管督导员职，至此，蒋经国在上海执行经济管制的工作尤其是其"打虎"行动，以轰轰烈烈开场，以偃旗息鼓收场，他在无可奈何中黯然离开了上海。

金圆券币制改革的两大支柱是限价和发行限额，限价既已放弃，发行限额事实上也无法维持。10 月底，金圆券已发行 18 亿元，接近 20 亿元的限额。限价被取消后，金圆券发行数额更是无法控制。11 月 10 日，央行总裁俞鸿钧致电蒋介石，告以"现在军政需要增加极巨，急如星火，稍一脱节，深虑贻误；而金融市面，以物价高涨，需要亦多，长此以往，超出限额迫在眉睫"；要求"必须立予解决"。11 日，蒋介石公布《修正金圆券发行办法》，规定金圆券的发行数额另以命令定之，即承认原定发行限额无法维持，从而为通货膨胀的更趋恶性化打开了闸门。该项"办法"将金圆券 1 元的含金量改为 0.044434 公分，即一举贬值 80%，与此相呼应，金圆券与各种硬通货的官价兑换比例均有较大幅度之下降。张嘉璈认为："物价管制与金圆券限额，乃币制改革成败之两大关键。兹既未能彻底实行，则金圆券之崩溃，已成定局矣。"③

金圆券币制改革失败，币改的主要设计者王云五也成众矢之的，"以责难纷至，经济失败，手足无措，故重要业务停顿，王且不到部办公，可怜之至"。④ 王云五随即提出辞职，可是谁都不愿再接这个烂摊子。11 月 7 日，蒋介石只好致电央行总裁俞鸿钧称："王财长坚辞，以情势论，实无法再留。此时只有望兄兼任财长，期渡难关……此时最急者为先任命财长，使财政经

① 蒋经国：《沪滨日记》，1948 年 11 月 1 日，《蒋经国自述》，第 198 页。
② 上海《大公报》1948 年 11 月 1 日、2 日。
③ 《张公权先生年谱初稿》下册，第 1018 页。
④ 《蒋介石日记》，1948 年 11 月 3 日。

济急务可以如常进行，不致以无人而中断也。”[①] 但俞鸿钧不愿再为冯妇（1944 年 11 月至 1948 年 5 月俞曾任财长），蒋介石只能转而说动政务委员兼主计长徐堪，于11 日接王云五职，总算使财长职位不至空缺。行政院长翁文灏亦因币改失败而提出辞职，11 月 26 日，孙科接翁文灏出任行政院长。至于金圆券币制改革的真正决策者，蒋介石在公开场合从未承担过任何责任，他是这样评价币改失败的：“自金圆券发行以来，中下级人民皆以其所藏金银外钞依法兑券，表示其爱国与拥护政府之真诚，不料军事着着失败，经济每况愈下，物资枯竭，物价高涨，金圆贬值，于是人民怨声载道，对政府之信用全失……失败主义者弥漫，实为从来所未有也。只有持志养气，坚定信心，仰赖上帝之护佑，民族主义之必胜而已。”[②] 这是“欺人”，还是“自欺”，恐怕只有蒋本人才能解读了。

11 月 20 日是法币收兑的最后期限，因为收兑点和兑换时间有限以及交通不便等因素，“流通在外的数量尚多，良以偏远县乡虽已委托代兑机构，但以时间及交通等种种困难，一时不克完成”。法币收兑数量未有确切统计，后人估计共收回法币 235 万亿元，占发行总数的 35%，东北流通券 1.3 万亿元，占发行总数的 41%，共兑出金圆券 8287 万元；估计还有 180 万亿元的法币未及收回（折合金圆券 6000 万元或黄金 30 万两）。[③] 至 10 月底，全国共收兑黄金 165 万两、白银 904 万两、银元 2355 万元、银角 3905 万枚、美元 4797 万元、港币 8747 万元，折合美金共 14214 万元。[④]

币制改革失败后，金圆券发行数量便如脱缰之马，贬值速度犹如自由落体般垂直向下，创下世界货币史的奇观。币改后不过 9 个月的时间，至 1949 年 5 月 24 日，金圆券发行数已达 679459 亿元，再加本票 145706 亿元，共 825165 亿元，为其最初发行限额的 4 万多倍。与此相对应的是物价狂涨，当月上海物价指数为币改之初的 500 多万倍，9 个月的上涨幅度接近于前 12 年的总和。当月米价最高为 1 石 3 亿元，黄金 1 两兑价接近 50 亿元，美金 1 元兑价超过 8000 万元。金圆券“信用日益低落，各地纷纷自动以银元、外币、

---

① 《蒋中正总统档案·筹笔·戡乱时期》，第 16298 号。

② 《蒋介石日记》，1948 年 11 月 3 日。

③ 《金圆券币史》，第 65、73 页。

④ 《中央银行史料》下卷，第 1333、1337 页。收兑金银外币的数量各说不一，另一说法为收兑总数折合美金约 1.9 亿美元，约占国内全部保有量的 1/5。（见《上海解放前后物价资料汇编》，第 40 页。）

黄金乃至实物等计值交换或流通，若干地区已视金圆券为废纸”。[①] 甚而在1949年2月25日行政院颁布的《财政金融改革案》中，已明文规定军事费用以银元为标准计算，军粮和军服以实物计算，进口税以关元计算，货物税主体改征实物，意味着就连国民党政府也不再承认金圆券的价值，还不等其被正式废止，金圆券就已经成了废纸。[②]

六　余论——金圆券改革与国民党及蒋氏父子

由其结果观之，金圆券币制改革在经济学意义上的失败自无可讳言，攸关币改成败的限价和发行两大关键指标，都只不过勉强维持了七八十天的稳定即告终结，从此之后，金圆券的币值便再无哪怕是垂死之际回光返照式的微弱反弹。不过，国民党推行金圆券币制改革的本意，政治实多于经济。法币信用全失，不改无以为继；财政一筹莫展，不改无法维持；经济濒临崩溃，不改难以运转；如此发展，其后果只能是国民党丧失其执政地位，故币改不能不行之。蒋介石曾经解释其决策币改的缘由是：“再三思维，如能先挽救军事，则其他党务、经政皆不难逐渐补救。否则，军事不能急求成效，则不如先在后方着手，如能稳定经济，则后方人心乃可安定，前方士气亦可振作。然后再谋军事之发展。只要军事能转败为胜，则党中叛徒与政治反动者皆必俯首就范，不成问题矣。故对党务决暂维现状，缓图改革，一俟经济改革有效，立即全力从事于军事，以期有济于党国也。”[③] 正因为如此，即便是多数经济界人士包括政府内不少专业出身的官员反对币改，如蒋所言：“凡自称财政与经济专家者皆持反对，不惟怀疑，而且预料必立见失败”，[④] 国民党仍然硬性强行推出金圆券币制改革，政治考量占了头等地位。所以，蒋介石曾表示“此次措施从前专家所不敢办，翁能毅然行之勇气可嘉”。[⑤]

---

① 《上海解放前后物价资料汇编》，第43~44页；《中华民国史档案资料汇编》第5辑第3编财政经济卷（3），第920~921页；中国银行总管理处编印《外汇统计汇编》初集，1950，第264页。

② 潘振球主编《中华民国史事纪要（中华民国三十八年（一九四九）一至六月份）》，“国史馆”，1996，第311~313页。

③ 《蒋介石日记》，1948年9月3日。

④ 《蒋介石日记》，1948年8月31日。

⑤ 天津市政协文史资料委员会、中国银行股份有限公司天津市分行编《卞白眉日记》第3卷，1948年8月21日，天津古籍出版社，2008，第131页。

然以政治手段解决经济问题，最终仍然无法避免经济规律的报复，因为“以非经济的办法，应付病危的经济，全系既无把握又无准备的赌博性质之决策，只能短期的麻醉，但求侥幸的成功。卒致失人心，伤元气，毁国信”。[①] 然面对如此困境的国民党和蒋介石，当时可行的抉择又能如何？对国民党和蒋介石而言，币制改革或为明知不可为而为之，死马当活马医，所谓不改革是拖死，而改革不过是速死而已。

问题在于，国民党推出币制改革，毕竟不是为了孤独求败，而是企望死中求活，因此，币改能否在给定条件下做得更好，对于讨论国民党在当时情况下能否维持其执政地位更有意义。金圆券币制改革的失败，除却那些无法避免的客观因素之外，国民党决策层尤其是蒋介石主观的失误也不在少。

首先是改革未经充分酝酿，准备不足。如此牵涉广泛的币制改革，事先仅由少数人秘密策划，未经立法程序讨论通过，[②] 而以总统令的行政方式付诸实施。考虑到币改的敏感度，为避免不必要的困扰和麻烦，不走立法程序尚可理解，然国民党高层事先也未有深入讨论，而是事到临头改革方案才被提交国民党中央会议，在蒋介石个人威权力挺之下得以通过。国民党内上下左右对此改革缺乏共识，所以实际执行经管的蒋经国“最可忧虑者，即高级官员对此政策多抱‘观望’、‘怀疑’以及‘反对’之态度，反不如一般人民之切望生活之安定，而拥护政策成功之诚也”。[③] 在政策的操作层面，甚而连有“金圆”字样的钞票在币改前都未及印出，而是临时用1945年央行向美国钞票公司订印的法币特种券代之，[④] 引起民众的疑虑，亦可见决策层推出币改之仓促。

其次是为了回收金银外汇，贸然发出多量金圆券，致使发行数额无法控制。自抗战中后期起，财政当局的金银外汇政策向以放出金银外汇、回收货币为中心，此次则一反常态，放出大量货币，回收金银外汇。金圆券改革的前40天，共发行95675万元，其中用于收兑金银外币者约6亿元，超过发行总数的60%。[⑤] 如此逆势操作，放出过量纸币，回收真金白银，也就难免时人与后人

---

① 《中央银行史料》下卷，第1297页。

② 据称，财政部次长徐柏园曾到立法院货币小组要求授权改革货币，但被召集人刘健群和黄元彬拒绝。见黄元彬《金圆券的发行和它的崩溃》,《法币、金圆券与黄金风潮》，第53页。

③ 蒋经国：《沪滨日记》，1948年9月4日、10月26日，《蒋经国自述》，第173页。

④ 李立侠：《金圆券发行前的一段旧事》,《法币、金圆券与黄金风潮》，第114页。

⑤ 《中华民国史档案资料汇编》第5辑第3编财政经济卷（2），第363~367页。

常责其为刻意“搜刮”百姓财产，以供内战经费及撤退台湾之用。惟就事论事，此等做法起初倒未必是刻意“搜刮”，而更在于以回收的硬通货充实金圆券的发行准备。① 但在货币信用已然不足、通货膨胀预期非常强烈的情形下，放出大量货币，事实上等于膨胀通货，使金圆券难逃法币过量发行而崩溃的宿命。

再次是宣传与实际脱节，尤其表现于限价和“打虎”的失败，使民众失去对币改的支持。限价是币改能否成功的重要关节，国民党在币改之初高调宣传，大力推动，蒋介石信誓旦旦地保证：“人民所有金银外币及存放国外外汇资产之处理，系使人民冻结无用之资金，导入工商事业正当之用途，并充分顾全人民固有之利益，绝无丝毫之损失。”② 也不能说国民党完全无所作为，为此甚而还不惜动用特刑庭的高压，再以“打虎”之杀鸡儆猴，确也使民众在币改之初或多或少还抱有期待，以至出现了排队争兑金银外汇的场景。然限价的结果是货架空空，如此限价自然亦失其意义，尤其是蒋经国为了推动经管，声称不拍“苍蝇”，专打“老虎”，结果他打的“老虎”还是些无权无势的商人小官的“假老虎”或“小老虎”，与民众期待中要打的官僚豪门的“真老虎”或“大老虎”相去甚远，而在孔令侃舞弊案上的前倨后恭，更反映出蒋经国“打虎”的局限性。其实，不只是蒋经国，就是蒋介石又何尝不知“贪腐”两字对国民党执政的负面影响和杀伤力。私下里，蒋介石也承认“孔令侃囤积居奇，见其货单痛愤之至，故今日情绪更觉悒郁矣”。“为孔家事，全体党员皆起疑，实牵累不少。此诚内外挟击腹背受敌之时，其严重性实为从来所未有也。”但就在“社会对宋孔豪门资本之攻讦几乎成为全国一致之目标”时，蒋介石格于一损俱损、一荣俱荣的亲情关系，不能痛下狠手，反固执于国共争斗的定型化思维方式，责其“为倒蒋手段也”。“对孔宋攻讦牵涉内人，凡卑鄙龌龊足以毁灭余全家之信用与人格之诽谤，皆已竭尽其手段矣。是非不明，人心恶毒至此。”③ 由蒋此言亦可知，至少在

① 金圆券的发行准备名为金银外汇 2 亿美元，国有资产 3 亿美元，但其中水分甚大，国有资产部分更是名不副实，财政当局希望有更充分的发行准备似亦可理解。

② 《蒋介石致各省政府主席各市市长电》，1948 年 8 月 21 日，《民国档案》2004 年第 1 期，第 104 页。

③ 《蒋介石日记》，1948 年 11 月 4、10、11、12 日。有意思的是，就连被外界大加攻击的孔祥熙也认为，币改“既无充分准备，又未增加生产，且强征民间黄金外汇，不顾商情成本，限价勒售，强迫执行。凡此种种，均大失人心”。(见《孔祥熙致蒋介石函》，1949 年 3 月，Kung Hsianghsi Collection，Reel 3，Rare Books and Manuscipt Library，Columbia University，USA)。

对官僚豪门问题的处理方面，他并不以百姓之“是非”为“是非”，既然如此，他又如何要求百姓以他的“是非”为“是非”呢？

当金圆券币制改革失败时，素有民间舆论风向标之称的《大公报》发表评论说：“因为改革币制，因为限价政策，因为物价强抑而复涨，全国人民消耗的元气是太大了，上海工商业所受的损失，不过是其中较为显著的一例而已。”《大公报》的评论质问：“但是从其中获到利益的究竟是谁呢？”答案自然对国民党不利，因为在《大公报》论者的心目中，获利者只能是官僚豪门，他们“不是逍遥海外，即是倚势豪强如故”，还可借此发一笔“国难财”。[①] 国民党及蒋介石既不能严密准备、慎微决策于前，又不能体察民意、善始善终于后，先天不足、后天失调的短命的金圆券币制改革，自然也就成为国民党执政时期失去社会人心的标志性事件之一。

金圆券改革之初，蒋介石尚自信于“民心犹在”，“自信益坚”。[②] 蒋经国也感叹“中国的百姓，真是善良”。[③] 惟这份“善良”给民众留下的却是无比惨痛的记忆，不过是短短的七八十天，升斗小民以其辛苦和血汗积攒的金银外汇（或许还是他们的全部家当）便化为几张转瞬即成废纸的金圆券而成乌有，甚而不少资本家大户也受了相当的损失。此时此刻，如果还要他们“体谅”执政者而不发出应有的怨言和愤怒，实在是难乎其难矣。浙江大学校长竺可桢在币改之初将其个人存有的800美元兑换为金圆券，在币改失败后他说：“无人敢信任政府矣。目前政府之所以不能取人民之信用，由于每次立法结果使奉公守法之人处处吃亏，而横行无忌的人逍遥法外，如扬子公司孔令侃即其例。更有何人愿守法？从此遂使奉公守法之人亦要偷盗犯法，此所谓率天下之人而尽归于偷盗也。如此政府安得不失败哉！”[④] 著名的自由派知识分子储安平对当政者的炮轰可谓时论之代表：“多少老百姓的血汗积蓄，就滚进了政府的腰包里去。政府拿这些民间的血汗积蓄，去支持他的戡乱，使所有国家的一点元气，都送到炮口里轰了出去！”“一个只要稍为有点良心的政治家，对此能熟视无睹，无疚于中吗？”他直截了当地批评国民党的统治：“七十天是一场小烂污，二十年是一场大烂污！污烂污烂，二十年来拆足了烂污！”[⑤]

① 上海《大公报》1948年11月7日。

② 《蒋介石日记》，1948年8月31日。

③ 蒋经国：《沪滨日记》，1948年9月10日，《蒋经国自述》，第175页。

④ 《竺可桢全集》第11卷，上海科技教育出版社，2006，第246页。

⑤ 储安平：《一场烂污》，《观察》第5卷第11期。

面对民众的怨言和愤怒，无论是支持还是反对金圆券币制改革的国民党高官其实都是心知肚明。反对币改的吴国桢过后回忆说："关于金圆券，所有的问题归结起来只有一点，就是它激怒了中国民众的各个方面、各个阶层，以致他们群起而攻击国民党政府。毫无疑问，知识分子知道金圆券起不了什么作用，他们认为这纯粹是愚蠢无知。而像李铭这样的银行家和商人也对政府怀着怨恨和仇视。中产阶级几乎完全破产，因为他们被迫交出唯一的一点储蓄。店铺老板以金圆券平价出售了他们的货物，结果弄得倾家荡产，至于穷人就更不必提了，你知道中国的穷人总有些装饰品，诸如金戒指之类，但他们也不得不交出这些东西，最后得到的却是一钱不值的纸币。由此，你可以看到金圆券的致命一击了。"① 推动币改的蒋经国则说："想起八九月间，人人拿美钞、黄金来兑换金圆券时候的情况，以及今天金圆券的贬值，实在太使自己难过了。每次想起人家将金钞兑了之后，今天是如何的在怨恨我，真是惭愧万分！"② 即便是蒋介石，也不能不在公开演讲中，对于民众"将他们血汗换来的金银和外币，缴兑金圆券，现在因为物价波动，因而遭受财产的损失……特别表示遗憾"；同时还表示"政府一定要本着取之于民，用之于民的原则，采取有效的措置，给予他们以安慰"③。不过，一个已经多次失信的政府，说再多"安慰"的话又于事何补。④ 金圆券币制改革不仅完全没有达到其推出时最初的预想，而其最大的政治意义，就是使国民党在其统治重心所在的城市彻底失去了信用和人心，在上自资本家下至平民百姓的眼中，无论谁当政也较国民党为好似乎成了定论，这对企图通过币改而挽救病入膏肓的财政经济进而继续维持其执政地位的国民党而言，实为莫大

---

① 《从上海市长到"台湾省主席"——吴国桢口述回忆》，第67页。

② 蒋经国：《沪滨日记》，1948年10月31日，《蒋经国自述》，第198页。

③ 上海《大公报》1948年11月9日。蒋介石所称之"安慰"，就是在11月11日公布《修正人民所有金银外币处理办法》，重新准许民众持有金银外币。19日，财政部发布公告，规定凡定期存款满1年以上者，可在到期时兑取金银，但限3个月存兑一次，每次存兑金额限黄金1两。因为办理单位少而兑取者众多，兑取场面十分混乱几至失控。12月23日，上海发生挤死7人之惨剧。至1949年1月16日，共兑出黄金48.6万两、银元644万元。（《中华民国货币史资料》第2辑，第771页）此后，金银存兑又改为发行200万两黄金短期公债，直至5月20日最后停发。平民百姓在币改中所受之损失并不因此"安慰"而弥补，此等出尔反尔之规定，凸显国民党之朝令夕改、不守信用，更增加民众对国民党的强烈不信任感。

④ 在一年半以前召开的国民党六届三中全会上，国民党中执委王正廷在发言中就曾明言："政府最要紧的是信用，可是我们政府信用没有了。"（见《国民党六届三中全会第八次会议速记录》，1947年3月22日，中国国民党中央委员会党史馆藏：6.2/41-1。）

之失败。

然而，历史的吊诡在于，国民党虽然在币改中失败了，然其通过币改获取之金银外汇，却又在其撤守大陆、退往台湾之后，起到了救急之用。就在币改进行过程中，国共两军开始了大规模的军事会战，国民党军节节失利，9月24日山东省会济南失守，接着国民党军在东北全线撤守，限价失败之11月1日东北“剿总”所在地沈阳失守，给国统区带来强烈的社会震撼。全盘军事形势的急转直下，使蒋介石不能不做撤离大陆、退守台湾之准备，币改中获取之金银外汇，于不期然间已成退守台湾不可或缺之物质条件，而非为毫无前途的金圆券充做发行准备。11月底，蒋介石考虑“中央存款之处理”，① 下令将上海库存的金银外汇转运台湾。12月间，第一批200万两黄金和1000万银元分别自上海和广州启运到台。② 如蒋经国所言：“政府在播迁来台的初期，如果没有这批黄金来弥补，财政和经济情形早已不堪设想了”。③

历史的吊诡还在于，作为金圆券币制改革的决策者蒋介石，币改失败本应为对其政治生涯的沉重一击，然他却似乎并不以为然。币改失败后，蒋介石在他的日记中对此并无更多的记载，一方面当然是日益严峻的军事危局占据了蒋思考的中心位置，另一方面，蒋对“老旧”之国民党似已失望，而有意另起炉灶，改造国民党使其“新生”。故此，币改的失败，在蒋心目中，也不过是当时国民党的种种失败之一，对他在心理上的冲击似乎有限，反而更证实了他的判断：“以政府、军队与党员之散漫凌乱、堕惰自私，以及社会人心之败坏，若不放弃现有基业，重起炉灶，则难期有成也。”他对蒋经国在币改中高调表现而不尽其期待的结局，似也没有过多指责，而仍委之以充分的信任。在币改失败后，蒋介石与蒋经国谈论时局，“甚叹党政军干部

---

① 《蒋介石日记》，1948年11月30日。

② 《中央银行总裁俞鸿钧密呈总统蒋中正文》，1948年12月31日，《中华民国货币史资料》第2辑，第631页。由大陆运台湾的金银外汇总数一向众说纷纭，最新研究显示，从1948年12月至1949年5月，仅从上海就向台湾运送了4批共计335万两黄金，再加上从其他地方转运台湾的黄金，总数可能达到487万两之多。当然，这些黄金不全是金圆券币制改革中所得，但币改中获取的黄金亦占其相当份额。在国民党退往台湾后，这些黄金中有120万两用于新台币发行准备，110万两用于台湾军费，90万两用于台湾政费，显见对支撑国民党退台初期的困窘局面、稳定台湾经济社会状况有相当助益。除此之外，还有多少白银、银元和美元现钞运台，目前仍缺确切统计，有待今后研究。见吴兴镛《黄金秘档——1949年大陆黄金运台始末》，江苏人民出版社，2009，第6、304页。

③ 蒋经国：《风雨中的宁静》，“国防部实践讲习班”，1967，第52页。

之自私无能、散满腐败，不可救药。若欲复兴民族，重振革命旗鼓，非舍弃现有基业，另选单纯环境，缩小范围，根本改造，另起炉灶不为功。故现局之成败不以为意矣”。作为多年在“党国体制”中说一不二的威权领袖人物，蒋介石兼有自信、自恋、坚定、固执等心理，他在币改失败、国民党执政地位岌岌可危时仍认为：“若非由我领导奋斗，再无复兴之道，且深信有我在世，必能使我国家民族转危为安。”① 所以，他似乎也确实对币改失败“不以为意”，而更在意于退守时期的先手准备，着手安排撤退台湾的种种措置，除了抢运金银外汇及重要物资之外，12 月 29 日，陈诚出任台湾省政府主席，蒋经国出任国民党台湾省党部主委，完成了国民党退守台湾关键的人事布局。由此观之，金圆券币制改革的失败，对于国民党的执政地位自然是沉重打击，而对于蒋介石，或许却卸下了他原本可能还存有的一些牵挂和期望，坚定了他退守台湾、改造国民党、准备重起的信念和行动，并且也确实为他以后保有台湾、偏安一隅准备了一定的物质条件。当金圆券币制改革之初，这未必是蒋介石完全了然于心的有计划之举，而当币改失败，其对国民党不利之后果，或许却有利于蒋介石个人延续其政治领袖生涯，故历史之“成”“败”实非黑白分明那般断然可判。

① 《蒋介石日记》，1948 年 11 月 23、24 日。

国共内战晚期之云南政局再思考

林孝庭*

前　言

1949年12月9日夜间10时，云南省主席卢汉在省府昆明通电全国，称为保全全省1200万人民之生命财产，实现真正和平与民主统一起见，“特自本日起，脱离国民党反动中央政府，宣布云南全境解放”。在该起义电文发出后不久，云南省警备司令部随即升起五星红旗，这也标志着国民政府失去了其在中国大陆最后一块领土根据地。①

卢汉与云南省政府的易帜，对于当时驻留四川成都、为中国西南地区建立反共最后根据地而努力的蒋介石而言，着实为一不小的打击。自1949年秋起，蒋为了说服卢汉同意中央政府驻地迁往昆明，并接受滇黔“剿匪”总司令职位，继续进行反共作战，花了极大的心力与功夫，对卢进行游说。12月9日，蒋第三度派遣与卢交好、时任西南军政长官的张群，紧急飞赴昆明，安抚卢汉情绪，并切嘱其务必坚定执行原定部署，同时保证中央将设法负担滇境“剿共”军费之一切开销。张群自成都飞往昆明前夕，蒋介石亦召见即将陪同张飞滇的龙泽汇、李弥、余程万等驻滇中央军各军长，训示云南必须保卫，“战至最后一刻，绝不能作撤退迁西之想。”② 不料张群等人抵昆不久，即遭到软禁，飞机亦被扣，而成都与昆明之间的电讯也随即被切断。12月10日清晨，当两地电讯恢复之后，成都方面接获的第一封电报，却是卢汉拍致

* 美国斯坦福大学胡佛研究所研究员。

① 参见杨肇骧《云南起义记事》，《云南文史资料选辑》第4辑，1963年5月，第12~14页。

② 《蒋介石日记》，美国斯坦福大学胡佛研究所档案馆藏（下略），1949年12月9日。

当时人在当地的西康省主席刘文辉，要刘会同四川各将领，扣留蒋介石，以为中共戴罪图功。滇局的急转直下，也迫使原本仍打算驻留西南、飞赴西昌继续指挥军政大计的蒋介石，不得不仓促离蓉飞台，终其一生，再也未曾踏足中国大陆，蒋欲在西南立足并做最后一搏的构想，终成幻影。① 当时随侍在侧的蒋经国，事后忆及此事，尝言："此次身临虎穴，比西安事变时尤为危险，福祸之间，不容一发。记之，心有余悸也。"② 滇局的突变，以及其所带来的危急，可见一斑。

当今中外学术论作与相关史料，对于云南宣布"起义"的看法，一般咸认为生性颇为摇摆多疑的卢汉，当时心中并无一具体的"投共"时间表。稍早于1949年9月间，卢汉愿意服从蒋的指示，对滇境进行反共"清剿"，即说明国民党在云南的局势，并非完全不可为。从现实层面而言，在1949年底国共内战的最后关头，蒋介石与国民党高层，都还抱持一些希望，认为以中央当时驻滇第八军与二十六军的实力而言，远比云南地方部队第七十四军和第九十四军具有优势，在此一情况下，只要驻守云南的两个中央军，能够继续有效监视并牵制滇军，则国民政府在云南的局势，似乎仍可奋力一搏。而正是因为忧惧蒋介石的军政势力，即将因中共军队的追击而自四川进入滇境，卢汉才决定软禁张群，并随即在当天晚间通电宣布起义。③

然而回顾这段历史，奉蒋介石之命，于12月9日抵达昆明进行游说的张群，真的是促成卢汉于当晚发表起义通电、决定投向共产党阵营的最后关键因素吗？笔者于华府近郊美国国家档案馆查阅资料时，意外发现其所庋藏之国务院档案里，保存着一批鲜为人所注意的外交机密文件，其内容包括1949年国共内战晚期，美国驻昆明领事馆外交人员，对卢汉与云南政情的观察分析报告及密函，这批资料显示，1949年11月之际，卢汉曾派员主动接触美国驻当地的外交官，寻求华府提供军事与外交的支持，协助云南脱离国共内战的纷争，宣告独立。卢汉的讯息，一度引起华府军政高

① 刘维开：《蒋中正的一九四九——从下野到复行视事》，时英出版社，2009，第257~259页。

② 蒋经国：《危急存亡之秋》，见氏著《风雨中的宁静》，黎明文化出版公司，1974，第273页。

③ 有关卢汉"投共"的论述，另参见马镁《云南起义经过》,《云南文史资料选辑》第4辑，1963年5月，第77~102页；李玉、袁蕴华、费祥镐编《西南义举——卢汉刘文辉起义纪实》，四川人民出版社，1987，第86~91页；蔡惠霖等主编《百万国民党军起义投诚纪实续集》下集，中国文史出版社，1999，第972~977页。

层的重视，国务卿艾奇逊（Dean Acheson）亲自把卢汉的提议，提交至美国三军参谋长联席会议讨论，而美国驻昆明的领事人员，也力促华府做出支持云南独立的决定，以免该省落入共产党手中，并对中南半岛局势造成骨牌效应。11 月底，华府决策高层考虑云南地理位置遥远、战略补给不易，做出不支持云南独立的决定，但卢汉并不放弃，仍遣密使不断与美国驻昆明领事馆接触，争取美国对云南独立的支持。12 月 6 日，双方最后一次洽谈，美方明确断绝一切支持云南独立的可能性，卢汉随即于三天之后，宣布投共。

本文即利用这批美国国务院有关云南政局的外交档案，辅以胡佛研究所最新开放之蒋介石日记，以及其他中英文相关史料与出版品，对 1949 年国共内战晚期的云南政局，特别是卢汉寻求美国支持独立这一段过去被遗漏的历史事件，进行前因后果的探究。本研究指出，有鉴于云南与中南半岛接壤之重要地缘因素，面对国共内战，美国对云南是否最终落入共产党手里，一直保持着极为密切的关注。卢汉最终决定带领云南省政府走向共产党阵营，虽是当时许多主客观因素考虑下的结果，而美国在国共内战最后阶段，不愿承诺支持云南宣布独立的立场，对于促成卢汉做出最后决定，应是一个至为关键，但为世人所忽略的因素。对于这段史实的厘清，当有助于吾人更加全面掌握与理解 1949 年关键时刻的美国对华政策，以及国共内战历史。

一　卢汉与蒋介石下野后的滇局

民国肇建以来，云南省始终不曾在中央政府的有效控制之下，1927 年起，该省政局牢牢地掌握在龙云手中，这位继唐继尧之后的“新云南王”，对国民政府采取敬而远之的态度，滇政因而实际上处于半独立状态。1945 年夏天，抗战胜利，日本投降，战后的接收，给蒋介石解决云南问题带来难得的契机。9 月间，蒋下令由陆军第一方面军司令卢汉，率滇军开拔越南受降。当此之际，10 月初，国民政府突发布命令，免去龙云的云南省主席职，调任军事参议院院长，同时任命人尚在河内的卢汉为新的省政府主席，未到职前，由省民政厅厅长李宗黄代理。昆明事变的消息传到越南，在滇军中引起相当震撼，龙云亦急电卢汉尽速回师救驾。然而卢汉欲有所行动，实非易事。蒋介石安排卢汉率军赴越接收时，已安排中央军入滇部署于滇越边境，以为牵制，驻越滇军实际上难以自由行动。而为稳住卢汉，蒋任命卢为云南省主席，以安其心。在蒋的软硬兼施下，卢汉在越南按兵不动。龙云迫于无奈，只得就范，前往重庆，此后三年，并过着形同软禁的生活。①

龙云离滇后的三年间，中央力量快速伸入云南，滇军旧部大部分被调往东北，归杜聿明指挥，参加关外的国共争夺战，国民政府另在昆明成立警备总司令部，规定全省各县常备部队的武器由总部收缴，直接插手滇省军事，而龙云时代发号军令的省保安司令部，成了一个空壳子，新接省主席职位的卢汉，仅剩一个警卫营归他指挥。与此同时，中央的特务与情报系统如保密局（军统）、中统等，亦趁机在全省各地扩大地盘，1946 年 7 月李公朴与闻一多先后在昆明被暗杀，即与中央在当地情治势力的扩张，脱离不了关系。②少了滇军在背后撑腰的卢汉，缺乏实力，只能向蒋介石低头，国民政府过去在云南相对薄弱的军、政、财经势力，在抗战后快速地伸入该省。诚如战后在中国各地游历的美国著名中国问题专家鲍大可（A. Doak Barnett），于 1949 年在昆明所亲眼观察的，云南一般百姓，普遍视与国民政府交好的卢汉立场过于软弱，只不过是中央派驻云南的“奴才”（stooge）罢了。③

然而随着国民政府在国共内战的败象愈加明显，以及 1949 年 1 月蒋介石宣布“引退”，云南的情势也开始出现微妙的变化。稍早，1948 年 12 月初，龙云在旧识民航空运公司董事长陈纳德（Claire L. Chennault）的协助下，自南京出走，抵达香港，脱离蒋介石的监视。龙云来港后，即与中国民主同盟（民盟）及中国国民党革命委员会（民革）等反蒋人士往来密切，一时间，龙云的政治立场与未来走向，动见观瞻。④ 另一方面，有鉴于龙云过去的影响力，蒋介石自须预防其出走后所引发的不利效应，为设法稳住云南情况，蒋于 1949 年 1 月初，召卢汉由昆明赴京，垂询滇省情势。⑤ 根据曾任龙云

---

① 有关 1945 年昆明事变，参见杨维真《从合作到决裂：论龙云与中央的关系（1927～1949）》，“国史馆”，2000，第 215～248 页；汪朝光《蒋介石与 1945 年昆明事变》，收录于中国社会科学院近代史研究所编《民国人物与民国政治》，社会科学文献出版社，2009，第 251～276 页。

② Suzanne Pepper, *Civil War in China: The Political Struggle, 1945－1949* (Berkeley: University of California Press, 1978), pp. 44－45；沈醉：《我的特务生涯》，中国文史出版社，2005，第 238～261 页。

③ A. Doak Barnett, *China on the Eve of Communist Takeover* (New York: Frederick A. Praeger, 1963), p. 285.

④ 龙云：《抗战前后我的几点回忆》，《文史资料选辑》，第 17 辑，1961 年 6 月，第 65～67 页；杨维真：《从合作到决裂：论龙云与中央的关系（1927～1949）》，第 271～278 页。

⑤《蒋介石日记》，1949 年 1 月 2 日。

副官的刘宗岳指出，卢汉见蒋时，夸言龙云旧部、前六十军军长万保邦等正打着龙云的旗号招兵买马，滇境“匪势猖獗”，遂向蒋取得扩充省保安团之允诺。① 然而蒋介石的日记揭示，当时已决定暂时下野的蒋，似乎更在意西南川、滇、黔各省主席，对桂系李宗仁上台后与共产党和谈，并可能谋组联合政府的态度为何，以及因应之道。②

另一方面，龙云被迫出走云南后，其与继任的卢汉之间，关系急速恶化，在施展滇局影响力上，双方处于颇为微妙，甚至相互竞争的关系。然而根据美国国务院档案揭示，1949 年初，当卢汉与蒋介石在南京大谈未来滇局的同时，卢汉亦曾派遣昆明市长与滇省省府官员，前往香港密会龙云，就蒋下野以后滇局之走向，交换意见。③ 由于民革大将李济深当时已准备动身自香港北上，前往东北，参加中共新政协，与李过从甚密的龙云，其动向如何，已成为中外关注的焦点。当时国民政府中央欲利用广东省主席宋子文与龙云之间的私交，设法羁绊住龙，而当宋由广州飞港探视龙云时，一时间外界纷纷传言宋、龙将共谋组成“华南联盟”以自保。④ 只不过此一传闻，随着蒋介石于 1 月 21 日下野而销声匿迹。

不论如何，蒋介石下野后，卢汉在云南更加大胆推动独立自主的政策，乃是不争的事实。在取得蒋同意允许扩充滇省保安团后，卢汉除自己在昆明成立修械所，扩大军械来源之外，亦透过管道，自欧陆购进大批军火，并经由香港运抵昆明。此举一度引起美方高层的关切，国务卿艾奇逊于 3 月下旬，亲自电令美驻昆明领事陆德瑾（LaRue R. Lutkins），查明卢汉是否有意与共产党合作，以及该批新购军火是否可能流入当地中共军队手中，进而壮大滇共实力。⑤ 根据陆德瑾的观察，当时滇境共产党游击势力约在 5000 人，其军火力量不出 2500 支步枪，相对而言，云南省保安团已逐渐扩编，达 3

① 刘宗岳：《龙云下台后的复辟活动》，《云南文史资料选辑》第 4 辑，1963 年 5 月，第 219 页。

② 《蒋介石日记》，1949 年 1 月 3 日。

③ U. S. National Archives and Records Administration（NARA）II（College Park, Maryland）, Record Group（RG）84, Records of the Foreign Service Posts of the Department of State, China: Kunming Consulate, Classified General Records, 1944 - 1949, 350/Yunnan, Raymond P. Ludden（U. S. Consul - General Canton）to State Department, January 11, 1949.

④ 宋子文在华府的友人并告知宋，若由他领导此一“华南联盟”，美国将给予支持。见 Jim Brennan to T. V. Soong, January 4 and 11, 1949, T. V. Soong Papers, Hoover Institution Archives, Stanford University, Box 19。

⑤ NARA, RG 84, 350/Yunnan, Acheson to Lutkins, March 31, 1949.

万人，具有绝对优势，他因此认为云南仍为一片净土，而有关卢汉与毛泽东可能合作的传闻，乃是“荒诞不经”（ridiculous）。①

除了扩充军事力量之外，卢汉也在政治、财经等方面，增强其自主权。蒋介石宣布“引退”前夕，卢汉以亲信兼远房亲戚、力持云南政治自主的安恩溥，取代杨文清，担任省民政厅厅长，又任命云南籍的年轻银行家林毓棠担任省财政厅厅长，此举普遍被视为卢欲全面接管滇省财政的第一步。② 与此同时，省政府委员亦通过决议案：未来滇省境内实施征兵，其兵源将来自该省，同时未来滇省境内税收来源，包括中央政府驻滇财政机构所征收之税款，将留在云南境内，用于云南建设。在经历一段挣扎后，中央银行昆明分行只能向省政府妥协；3 月初，卢汉进一步任命亲信赵康节为央行昆明分行经理，此后，李宗仁所领导的国民政府中央，自顾不暇，对云南财政已鲜有真正影响力；而国民党云南省党部主任委员张邦翰于同时辞职，更标志着党部力量在该省的江河日下。③

随着国共和谈于 1949 年 4 月的破裂和解放军大举渡江，美国务院对云南省方欲脱离国民党内的派系纷扰而增强其独立自主性，基本上是欢迎的，只不过滇省境内共产党势力的崛起，以及卢汉本人的政治动态，依然是华府最为关切的。在一份 5 月初由昆明拍发回华府的电报里，美国领事陆德瑾观察到，云南省政府与一般老百姓，只想置身于国共内战之外。然而解放军一旦横扫华南地区，进逼云南，上至省府下至一般民众，似乎并无强烈的抵抗决心。此外，省府官员也告诉美国当地外交人员，一旦国府中央欲派更多部队进入云南，为避免卷入内战，省方将会予以拒绝。事实上，就在国共和谈破裂前后，当国府中央欲将李弥新编第八军及胡宗南一部调入滇省守备时，即遭当地舆论与卢汉本人的强烈反对。④ 有趣的是，即是在此时，有传闻美国准备暗中支持云南独立，而卢汉本人也曾向美国求援，直到 8 月《中美关系白皮书》发表后，卢汉才断绝了寻求美援的念头。

---

① NARA, RG 84, 350/Yunnan, Lutkins to Acheson, March 29 and April 7, 1949.

② Barnett, *China on the Eve of Communist Takeover*, pp. 286 – 287.

③ NARA, RG 84, 350/Yunnan, Lutkins to Acheson, March 16, 1949; RG 59, Records of the Department of State, Decimal Files, 893.00/7 – 149, Lewis Clark (Minister – Counselor of U. S. Embassy in China) to Acheson.

④ NARA, RG 84, 350/Yunnan, Memorandum entitled “Apparent Lack of Intention of the Yunnan Provincial Authorities to Resist the Communists”, enclosed in Lutkins to Acheson, May 7, 1949; RG 59, 893.00/5 – 1849, Clark to Acheson, May 18, 1949.

然而此类传闻，并无法在中外档案史料里获得进一步佐证。①

到了1949年的6月中旬，美国务院情报分析部门进一步观察到，当时包括云南在内愈来愈多西南与华南省份的民众暴动事件，皆有当地共产党在背后组织与煽动的影子。② 随着国共内战不可避免地将把长江以南省份卷入，各国驻昆明外交人员对于卢汉的动向，也有不同的分析与判断。曾于7月9日与卢汉会谈两小时之久的陆德瑾认为，随着国民政府反共军事力量来到西南中国，卢汉尽管内心不愿意卷入内战，把云南当作国民政府的反共基地，但最终他仍将顺从国府。③ 然而法国驻昆明总领事馆人员却分析，随着中共军事力量逐渐伸入西南中国，个性摇摆的卢汉，终将与共产党合作。④

二　蒋介石与桂系争夺云南地盘

卢汉欲维持云南自主的盘算，随着1949年夏天中国长江以南局势的转变，也有新的发展。6月15日，当时在台湾凤山进行视察的蒋介石，接获宋美龄来自美国的两封密函，得知当时美国与日本盟军总司令部对于台湾的军事与战略安全，极为顾虑，并有将台湾移交盟总或联合国暂管之拟议。⑤ 接下来数日，蒋介石与幕僚拟妥一份致盟总麦克阿瑟（Douglas MacArthur）将军的电报，强调台湾为中华民国领土的一部分，中华民国政府欢迎盟国协助共同防卫台湾，但决不能同意把台湾交还盟国。蒋的日记里透露，他还一度打算在致麦帅的函电里加入“余必死守台湾，确保领土，尽我国民天赋”等话语。⑥ 尽管如此，台湾主权与法律地位问题，以及国内与国际政治的残酷现实，终究是蒋介石欲在台湾建立最后反共据点最大的挑战与考验。7月初，

① 有关此类看法，参见杨肇骧《云南起义记事》,《云南文史资料选辑》第4辑，1963年5月，第3页；赵康节《对卢汉和云南起义的点滴回忆》,《云南文史资料选辑》第22辑，1984年10月，第129～130页。

② NARA, RG 84, 350/Yunnan, “Groups involved in South China civil disturbances”, by Office of Intelligence Research, Department of States, dated June 14, 1949.

③ NARA, RG 59, 893.00 Yunnan/7－1349, Lutkins to Acheson, July 13, 1949.

④ NARA, RG 84, 350/Yunnan, Memorandum entitled “Present Intention of the Yunnan Provincial Authorities with respect to future Military and Political Developments”, enclosed in Lutkins to Acheson, July 17, 1949.

⑤ 《蒋介石日记》，1949年6月15日。

⑥ 《蒋介石日记》，1949年6月17、18日；蒋经国：《危急存亡之秋》,《风雨中的宁静》，第210～211页。

原为国民党军驻守的闽江口失陷，8月中旬，福州又失守，一水之隔的台湾，岌岌可危，面对此一生死交关议题，蒋介石不得不慎重考虑，除在台湾之外，于中国大陆另谋建立反共根据地。

根据蒋介石日记所载，1949年夏，当台湾“法律地位未定”成为蒋的一大忧虑时，他把希望放在局面相对稳定、解放军威胁相对较低的四川与云南。7月23日，当蒋得知他所信任的张群，自广州飞回重庆，主持甫成立两个多月的西南军政长官公署，甚觉“喜惧交感，不知川事如何变化矣”。[①] 对蒋介石而言，当时迫切之要务，在于如何巩固广州防线，让云南、贵州稳定，四川内部人事安顿，同时在于如何调度西北胡宗南部与川湘鄂地区宋希濂部，有效固守大西南。[②] 8月20日，当闽南军事危急、台海风雨飘摇之际，李宗黄在台北谒见蒋介石，对云南问题提出极为精辟的分析与见解，李认为万一两广不守，川黔动摇，中央即应以云南为最后根据地，并以缅甸、泰国、越南为外府，“先谋坚守，再图恢复”。然而李也明白指出，整个云南问题之解决至为关键者，乃在于卢汉，“若中央不迁滇，卢汉必叛，反之，若卢汉在位，中央必不能迁滇。”李因而向蒋提出两种方案：一是电令卢赴重庆出席西南军政会议，将其扣押；二是以中央在滇之李弥、余程万两部，对卢以武力解决。[③] 蒋介石十分同意李宗黄提出的见解，并决定择其一而行。同一天，蒋在日记里写到：“滇卢问题实为一西南根据地之根本问题，不能不早有准备与决定也。”[④] 蒋经国更忆及，李宗黄有关云南的提议，乃是促成蒋介石于四天后，决心自台湾飞赴重庆、整理西南军政大计的最重要因素。[⑤]

然而此刻蒋介石经营云南所面临的最大挑战，不在于共产党或解放军，而在于李宗仁与桂系。7月底，湖南绥靖公署主任兼省主席程潜，政治态度已极端不稳，其所辖之20万国民党军部队终将宣布投共，已是公开的秘密，对李宗仁而言，一旦长沙连接汕头、厦门的东面防线崩溃，则两广基地势将面临严重威胁，争取并稳住云南大后方作为腹地，因而成为桂系当务之急。8月中旬，李宗仁亲信邱昌渭曾面告美国驻华公使克拉克（Lewis Clark），称李与卢汉已有默契，一旦广州不保，国民政府将迁都昆明，而白崇禧部队也将力守雷州半

① 《蒋介石日记》，1949年7月23日。

② 《蒋介石日记》，1949年7月17、23日。

③ 《李宗黄回忆录——八十三年奋斗史》下册，中国地方自治学会，1972，第271～272页。

④ 《蒋介石日记》，1949年8月20日。

⑤ 蒋经国：《危急存亡之秋》，《风雨中的宁静》，第230页。

岛以西、接邻东京湾的粤桂边界，以确保国民党军和外界联系保持畅通。①

8 月底，蒋介石飞赴重庆，召开西南军政会议，此刻蒋与桂系之间对云南的争夺，也进入了白热化阶段。8 月 28 日，蒋介石与幕僚积极对云南进行军事、政治部署，他电令中央驻滇二十六军军长余程万勿离防地，复令部署在滇黔边境的中央第八军军长李弥，准备开拔入滇。② 在西南军政会议召开前夕，蒋又对滇局进行全盘推演，此刻蒋对于如何处理卢汉，似仍未下最后决心，仍摇摆于“去卢”“用卢”以及“对卢说明，与其滇省交匪降匪，最后被俘，不如缴还中央，保全公私为得计”三者之间。③ 当卢汉在最后一刻，托词婉拒前来重庆出席军政会议后，蒋介石认为根据各种情势观察，卢汉“已陷入共匪奸计无法自拔”，在蒋的认知里，滇局已“危急万分，应速定收复之计，使西南仍得保全整个局势也”。④ 蒋此刻所谓的“收复之计”，即是李宗黄所提议以武力解决卢汉的方案，他除了决定以贵州省主席兼绥靖主任谷正伦，担任未来的滇黔“剿匪”总司令，并负责对滇军事部署要务之外，还手书第二十六军军长余程万 20 页密函，详示其向昆明采取军事行动应注意各点，同时亦派遣谷正伦胞弟、时任总裁办公室宣传工作的谷正纲，飞赴云南蒙自，协助余程万进行各项宣传事宜。⑤

正当云南政局因蒋介石亲自坐镇重庆，运筹帷幄，而可能出现重大转变之际，桂系李宗仁在广州积极图滇的举措，却也迫使蒋介石对整个局面重新思索，审慎以对。9 月 3 日，蒋介石得知李宗仁将以代总统身份，绕过蒋介石，在广州召开临时非常会议，并将任命以出身云南、当时在白崇禧麾下担任第十一兵团司令的鲁道源，取代卢汉，继任云南省主席，改组省政府，听命于桂系。李宗仁在获得粤系将领薛岳等人的支持承诺后，还打算空投部署在广西境内的鲁道源部入滇，与中央二十六军共同听命于桂系指挥，而一旦入滇中央军与滇军发生冲突，桂系亦可坐收渔利，将势力伸入滇境。⑥ 对蒋介石而言，最为棘手的问题，在于白崇禧有效制止了驻守湖南的桂系部队，因程潜的投共而可能造成的骨牌效应，更甚者，桂系部队还曾于 8 月中旬，在湘西青树坪，大

① NARA, RG 59, 893.00/8-1649, Clark to Acheson, August 16, 1949.
② 《蒋介石日记》，1949 年 8 月 28 日。
③ 《蒋介石日记》，1949 年 8 月 29 日。
④ 《蒋介石日记》，1949 年 8 月 30 日。
⑤ 《蒋介石日记》，1949 年 8 月 31 日、9 月 2 日。
⑥ 《蒋介石日记》，1949 年 9 月 3、4 日。

败林彪的第五十一军，一时声势颇健，蒋认定桂系必将以近来湖南地区战事胜利，乘机要挟，强取云南，“如所求不随（遂），乃必将其桂军由湘撤退，进占滇黔，而以湘桂拱手让敌亦所不惜”，蒋因而视此“为最复杂最难处之事”。9 月 5 日，蒋决定妥协，同意桂系所求，“委鲁主滇，以顾全湘粤之战线，故决去卢之方针以处置一切。”①

处在蒋介石与桂系之间的卢汉，深感其处境之困难，以及维持云南自主之不易，此刻，他决定暂时投靠蒋阵营。9 月 3 日夜，卢汉致电张群，表示愿意飞赴重庆谒蒋，说明一切，但遭蒋婉拒。② 卢不放弃，仍决心于 9 月 6 日下午飞抵重庆。在得知卢汉不顾一切决定飞来谒见后，蒋介石又改变心意，决定与卢会谈后，再做下一步打算。根据蒋日记所载，卢见到蒋后，声泪俱下，“一再表示其苦衷与精诚也”，卢并向蒋表示，只要蒋允拨 2000 万现款，新编 6 个师，以壮其声势，则他愿意决心肃清滇中共产党势力。③ 在与张群、黄少谷、萧毅肃等核心幕僚商讨之后，蒋介石决定接济卢汉 100 万银元，以换取卢在云南实施“清共”。与此同时，行政院长阎锡山奉李宗仁之命，自广州飞抵重庆，嘱蒋介石应立即扣留卢汉，但为蒋所拒绝，蒋所持理由，认为不仅在道义应让卢回滇，从现实利害而言，亦应让卢回滇继续主政，“否则滇事即将为龙云与共匪乘机而得，更难解决”，此外，蒋也认为，一旦对滇作战，则后方动摇，前线必定受到不利影响。④ 张群在 1950 年初的一份报告里，更明白指出，若此刻决定进兵云南，不论由川或黔、桂发兵，皆需一个星期以上，实难收短期内分进合作袭取昆明之效，反而将迫使卢汉与共产党及龙云的力量汇流，抵抗中央，而纵使国民党军能进占昆明，卢汉引兵西移，滇局仍难在短时间内解决，更将予共产党以可乘之机。⑤

三 美国的“军事援助方案”与云南政局

卢汉自重庆返回昆明后，立即采取一连串肃清左派与反动分子的行动；省参议会被解散，左派报社与电台被查封，数百名“反动分子”遭到逮捕，一时之

① 《蒋介石日记》，1949 年 9 月 5 日。

② 《蒋介石日记》，1949 年 9 月 4、6 日。

③ 《蒋介石日记》，1949 年 9 月 6、7 日。

④ 《蒋介石日记》，1949 年 9 月 7、8 日。

⑤ 《张群委员对云南局势演变情形之报告》，收录于秦孝仪编《中华民国重要史料初编——对日抗战时期》第 7 编《战后中国》（二），中国国民党党史委员会，1981，第 960 页。

间，云南局势稳定下来，在西南建立反共最后根据地，出现曙光，这一发展一度令蒋介石欣喜若狂，认为“此实国家转危为安最大之关键”。[①] 然而美国驻昆明领事馆在拍发回华府的分析报告里，却清楚地观察到，与其说是卢汉遵照蒋介石的指示，在云南境内进行“清共”政策，不如说是卢汉为了保全自己在云南的地位，而放手让蒋介石的特务人员在滇境大干一场。未来云南政局是否果真向蒋介石势力“一面倒”，进而成为国民党在中国大陆的最后反共据点，美国领事持保留看法。[②]

事实上，陆德瑾的观察，其来有自。过去有关1949年云南政局的研究与论述，包括卢汉在昆明发动“九九整肃”，皆忽略了美国对华政策在此事件中所扮演的微妙角色。1949年8月中旬，当国民政府在湘中战局稍有进展之际，驻美大使顾维钧奉李宗仁之命，向美国务院递交一份备忘录，请求美方军事援助。在此备忘录里，顾称国民政府仍掌握整个内蒙、西北、华南与西南大部分省份，特别在西南地区，过去国民政府曾在此坚强抵抗日本侵华长达八年之久，而西南中国与中南半岛接邻，地理战略位置极为重要，一旦落入共产党手里，将对东南亚造成骨牌效应，顾最后提出总额达2.87亿美元的军事援助清单，希望美国能协助国民政府进行反共保卫战。[③]

美国务院对于顾维钧的提议反应颇为消极，皆不看好国民政府能够有效抵抗解放军的攻势。然而与此同时，另一项由美国军方稍早拟定、名为“军事援助方案”（Military Assistance Program）的法案，则由美国国会火速进行审查当中，美军方高层并向参众两院议员明确指出，鉴于国共内战情势极端不利于国民政府中央，美方将不会把这一新的军事资源，完全投注在蒋介石或李宗仁所代表的中央政府之上，而是用来支持整个“大中国地区”（general area of China）境内任何“非共”（non - Communist）领导人或团体组织。[④] 顾维钧在其

---

① 《蒋介石日记》，1949年9月10日。有关“九九整肃”，另参见李志正《“九九整肃”真相》、李耀廷：《“九九整肃”回忆片断》，《云南文史资料选辑》第8辑，1965年5月，第59~86、87~113页。

② NARA, RG 84, 350/Yunnan, Memorandum entitled “The Kunming ‘Coup’ of September 3 - 6 and Its Aftermath”, enclosed in Lutkins to Acheson, September 20, 1949.

③ NARA, RG 59, 893.50 Recovery/8 - 1549, “Memorandum on Proposed Military Aid Program from U. S. A. for China”, Wellington Koo to Acheson, dated August 15, 1949;《顾维钧回忆录》第7分册，中华书局，1988，第335~348页。

④ NARA, RG 218, Records of the Joint Chiefs of Staff, Geographic File, 1948 - 1950, Box 15, Admiral Oscar C. Badger (Commander of the U. S. Seventh Fleet) to the Joint Chiefs of Staff, August 1949.

回忆录里指出，在美国反共友华国会议员的大力支持下，他于1949年8月底之际，即知悉这份总额达7500万美元的该军事援助方案，即将获得美国会通过。一时之间，新的美国军经援助即将到来的消息，传遍整个中国。①

然而在华府，并非所有美方高层人士对这新的对华军事援助方案都表示乐观。中央情报局的一份内部分析报告即明白指出，除非美国派遣大量地面部队协助国民政府对抗共产党，否则任何一个长江以南的反共省份或区域性政权，最迟在1950年底之前，终将被解放军所消灭。② 尽管如此，当美国国会通过新的援华法案消息传到中国之后，依然极大地鼓舞了华南与西南地区占领尚未被共产党占领的各地方政治势力，包括当时政治立场既不属于桂系，亦不属于蒋介石的卢汉。易言之，卢愿意配合蒋进行“清共”，在极大程度上，似乎还有着向美国进行政治表态的用意。③

9月2日，卢在飞赴重庆见蒋介石的前夕，曾与美国领事陆德瑾有一番深谈，根据陆的报告，卢在会谈中悲观地预期，解放军将拿下广州，并继续向西南挺进，先消灭白崇禧的桂系部队于广西，再拿下四川与贵州，最终云南就将成为全中国最后一块反共基地。卢汉告诉陆德瑾，云南虽无可避免地将成为国民政府反共的最后堡垒，但他不预期国府中央部队很快就会进驻该省。卢汉似乎在暗示美国领事，由他所领导的云南省政府，若能采取反共立场，并能暂拒蒋介石部队入滇，当最能符合美国对华新的军事援助之标准与期望。④

“九九整肃”后的数个星期内，云南局势对国民党而言，确实相对稳定，滇省境内的“清共”“剿共”都持续在进行当中，卢汉获蒋介石同意，扩编两个军共计6个师，而李弥的中央第八军，也开始进驻滇南地区，整个云南省境内军力，达4万余人之谱，并且获得蒋介石与中央的财政补助。⑤ 云南

---

① 《顾维钧回忆录》第7分册，第348~349页。

② CIA China Research Report ORE 76 – 4 entitled “Survival Potential of Residual Non – Communist Regimes in China”, October 19, 1949, Central Intelligence Agency, *CIA Research Report: China*, 1946 – 1976 (Frederick, MD: University Publications of America, 1982), microfilm reel 1; John Ranelagh, *The Agency: The Rise and Decline of the CIA* (London: Weidenfeld & Nicolson, 1986), pp. 184 – 185.

③ John M. Grasso, *Truman's Two – China Policy* (New York: M. E. Sharpe, 1987), pp. 93 – 96.

④ NARA, RG 59, 893.00/9 – 249, Lutkins to Acheson, September 2, 1949.

⑤ NARA, RG 59, 893.00 Yunnan/9 – 1549, Lutkins to Acheson, September 15, 1949; RG 84, 350/Yunnan, “Recent Political Development in Yunnan”, enclosed in Lutkins to Acheson, November 11, 1949.

情况的稳定，让蒋介石身边人士颇为乐观，张群即于10月9日告诉美国驻华代办师枢安（Robert Strong），称云南已“彻底稳定下来”（thoroughly stabilized），并称当地的反共军事扫荡，将可在两周内完成。① 即使当中共于10月中旬占领广州、国民政府宣布迁往四川重庆，部分国府高层仍然乐观地认为，纵然使四川不保，国民党军仍然有信心长时间守住云南。②

当时云南局势的发展，也引发华府高层的重视，10月14日，美国防部长约翰逊（Louis Johnson）在一份致国务卿艾奇逊的备忘录中表示，只要中国西南省份的反共势力，能够继续有效抵挡解放军，并且将该地区建成一个具有军事训练与军事反击行动能力的根据地，则他将考虑把“军事援助方案”里的援华经费，立即拨交用于支持西南地区的反共政治势力。③ 艾奇逊收到约翰逊的备忘录之后，于10月19日电令陆德瑾，要求他对川、滇、黔的最新情势发展做出汇报，艾奇逊特别希望理解，西南中国各省份的地方领导人，是否有能够扮演一有别于桂系与蒋介石影响力之外的独立角色，作为美国援助与支持的对象。④ 很显然，陆德瑾给予国务院的答复是审慎乐观的；两天后，国务院在回复美国防部长的备忘录里明白表示，鉴于中国西南地区省份与中南半岛相接壤的地缘战略价值，一个“适切的、被有技巧地引导的”（modest，well - directed）军事援助方案，并将该地区的地方领导人物纳入美国军经援助考虑之下，将符合当前美国在东亚地区的安全与战略利益。⑤

卢汉对于美方有意援助西南中国地方反共势力的最新立场，自然有所掌握；10月27日，他邀陆德瑾再度进行一番长谈，双方谈到了国共内战的局势，共产主义势力蔓延至东南亚的可能性，以及美国面对此一危机的态度。当天的晤谈里，卢汉严词批评蒋介石，认为蒋要为过去四年国民党的失利负起最大的责任。然而，他也向美国领事表示，国民政府目前所进行的反共斗争，仍未完全失败。卢汉接着颇具试探性地指出，只要美国的军事援助能够

---

① NARA，RG 59，893.00/10 - 949，Robert Strong（U. S. Charge d' affaires in China）to Acheson，October 9 1949.

② NARA，RG 59，893.00/10 - 1949，Strong to Acheson，October 9，1949.

③ NARA，RG 59，893.50 Recovery/10 - 1449，“Memorandum by the Joint Chiefs of Staff”，enclosed in Johnson to Acheson，October 14，1949.

④ NARA，RG 84，350/Yunnan，Acheson to Lutkins，October 19，1949.

⑤ NARA，RG 59，893.24/10 - 2149，Memorandum entitled “Study on the Problems Involved in Military Aid to China”，by Max W. Bishop to Dean Rusk（Deputy Under Secretary of State），October 21，1949.

及时到来，并且在美方严格监督下谨慎地来运用，则局势依然大有可为。[①] 卢汉还意有所指地提醒陆德瑾，有证据显示云南省境内的共产党，已经与缅甸及中南半岛的共产党势力暗通款曲，一旦云南落入共产党手里，则解放军必定提供武器装备给中国境外的共产党组织，颠覆中南半岛。若美国不愿见到整个东南亚地区受到共产党的威胁，则应立即考虑给予他实质的军、经援助，以保卫云南这块中国最后的反共要地。[②]

四 胎死腹中的云南“独立”

尽管卢汉透过驻昆明领事向美方表态，然而自 1949 年 10 月底，西南中国局势转变之快速，根本令华府的决策高层无暇应变；11 月初，解放军第二与第四野战军，分道进入川、黔，白崇禧麾下的刘家树兵团与何绍周兵团，被围歼于黔东，白部桂系主力，亦在广西溃不成军，而把守四川门户的宋希濂兵团，也被歼灭于湘西、川东，整个国民政府的大西南防线，顿时土崩瓦解。[③] 人在台北的蒋介石，接获战报，与幕僚研究西南军事部署，忧心忡忡，深感“无以为计”，胡宗南并亲自飞台向蒋请示机宜，蒋因欲保持胡部实力，不愿该部于此刻入黔以解桂系部队之围。[④] 然而另一方面，许多蒋的军政幕僚，包括张群、叶公超、吴忠信等，却仍然坚信，有鉴于中国西南省份与中南半岛相接壤的重要战略地缘因素，国际上将不会坐视西南地区落入共产党之手。11 月 1 日，张群在重庆面告美国驻华代办师枢安，他有信心云南相当安全，可以作为国府最后反共基地。[⑤] 一周后，外交部代理部长叶公超亦告诉师枢安，他将飞往台北面见蒋介石，力陈防卫西南的重要性，以及此对东南亚国际局势的重要意义。据师枢安称，叶公超甚至表示，鉴于国际上对于台湾法律地位仍有争议，他将劝蒋介石放弃以台湾为最后据点的想法。[⑥] 11 月 12 日，当蒋在台北接获“行政院长”阎锡山以及其他要员自重庆来电，

① NARA, RG 84, 350/Yunnan, Lutkins to Acheson, November 2, 1949.

② NARA, RG 59, 893.00/10 - 2849, Lutkins to Acheson, October 28, 1949.

③ NARA, RG 84, 350/Yunnan, "Conditions in Kweichow Province", enclosed in Lutkins to Acheson, November 3, 1949; Odd Arne Westad, *Decisive Encounters: The Chinese Civil War, 1946 - 1950* (Stanford: Stanford University Press, 2003), pp. 282 - 289.

④ 《蒋介石日记》，1949 年 11 月 4 日。

⑤ NARA, RG 59, 893.00/11 - 149, Strong to Acheson, November 1, 1949.

⑥ NARA, RG 59, 893.00/11 - 949, Strong to Acheson, November 9, 1949.

敦促他飞渝主持大计挽救危局时，他决定再次前往西南，做最后一搏。面对西南局势，蒋在当天日记里坦诚："贵州之局恐已无法挽救"，对于西康刘文辉，"拟怀柔先安其心"，而对云南与卢汉，蒋认为"应坚定态度，永不放弃"。①

与此同时，李宗仁于 11 月 2 日亦自重庆飞往昆明，与卢汉长谈，并对于"国民政府"迁播入滇，进行实地的评估与考察。据李宗仁回忆，在昆明时，卢汉曾向李提议，两人共同具名向蒋介石发电报，建议"国民政府"迁播昆明，等蒋一到昆明，即活捉并处决之，"以泄心头之恨"。此言令李宗仁不寒而栗：对李而言，战事尚在湘黔边境，而卢汉态度已如此不稳，若蒋果真来滇，恐怕卢汉将把蒋、李两人一并扣押。② 李宗仁在昆明短暂的经历，似乎让他体会到西南局面已无任何希望，在离开云南短短一周后，他即飞赴香港，托辞胃疾，准备赴美"医病"。

11 月 14 日，蒋介石自台北飞重庆，对西南军事部署做最后的督导。隔日，当贵州省会贵阳即将失守的消息传来之际，卢汉在昆明宣布"自动休假"半个月，决心"戒鸦片"。当天，一位行踪神秘、自称足以代表云南省政府高层与云南商界领袖意见的人士，突然出现在美国驻昆明领事馆，要求与陆德瑾密晤。该员表示，虽然西南局势日益恶化，但美国的态度将足以保卫云南暂时免于落入共产党手中，只要美国政府同意发表一公开声明，承诺愿意协助保卫云南领土完整与政治独立，拒绝共产党势力进入该省，则云南高层愿意听命于华府，包括与"国民政府中央"断绝关系、接受美军部队进驻滇境，让云南成为美国的"保护领地"（protectorate），并且在军事、政治与经济各方面遵照美国政府意见行事。该员进一步指出，必要的话，云南省政府愿意发表声明，"主动"请求美方介入干涉滇政。该员虽不愿透露他所代表的云南政、商人士详细名单，但明白表示这包括省府"最高当局"。陆德瑾在其拍发回华府的密电里，向国务院指出这位人士的话语"极度可靠"（highly reliable），同时表示他本人完全相信其所言为真，并请求华府指示如何响应。③

美国务院收到陆德瑾的急电后，立即拟妥一份备忘录，由代理国务卿职

---

① 《蒋介石日记》，1949 年 11 月 12 日。

② 李宗仁口述，唐德刚撰写《李宗仁回忆录》下卷，华东师范大学出版社，1995，第 744 ~ 745 页。

③ NARA, RG 84, 350/Yunnan, Lutkins to Acheson, November 15, 1949; Nancy Bernkopf Tucker ed., *China Confidential: American Diplomats and Sino - American Relations*, 1945 - 1996 (New York: Columbia University Press, 2001), pp. 67 - 68.

务的国务次卿韦伯（James E. Webb）具名，就军援西南中国之可行性，提出初步评估报告。根据此份文件，国务院决策高层当时确实体认到，一旦云贵高原为共产党势力所占，则接邻之缅、泰、中南半岛也终将不保。台湾固然重要，但目前尚未为共产党占领的西南中国，战略地位同样可观，更何况比起资源极度贫乏的台湾，西南省份盛产稻米，在经济上尚可以自足。这份备忘录最后建议，美国应努力确保这些省份，能够在未来一至两年之内，有效抵御解放军进攻，避免苏联力量进一步透过该地区而渗透至东南亚。当评估何者最适合领导此一中国境内的反共力量时，国务院力主由孙立人掌握军事，而由胡适领导政治，卢汉在这份机密文件中，并未被视为最理想之中国区域反共政权的领导人。①

11 月 17 日，蒋介石在重庆与幕僚讨论云南问题，卢汉在宣布“休假”之余，又屡次提出辞职，蒋认为其“消极可虑”，因而“决定全力协助，使之安心”，但是“未知果能有效否?”② 就在前一晚，卢汉的密使再度会晤美驻昆明领事，称云南政、商高层再度聚会后，他代表这些高层人士传话，愿意“无条件接受”（unconditional acceptance）美国对云南的控制，以免该省受共产党威胁。该人士并称，一旦美方表示愿意考虑支持该构想与计划时，省府方面将毫不迟疑地立即对外公开宣布云南独立。③ 11 月 18 日，阎锡山向蒋介石报告，卢汉态度“急变”，蒋认为此乃意料之中，但因“中央”当时尚有相当兵力驻滇，蒋因而认为卢不致公开背离。④ 蒋还审慎乐观地认为，如果卢汉的态度只是消极，局势尚有可为，他因而决定派张群前往昆明，加紧游说安抚。⑤ 只不过蒋介石与其幕僚们并不知悉，此刻态度“急变”的卢汉，暗中接洽的对象竟然是美国人。

11 月 19 日，昆明突有传闻，已请辞省政府主席的卢汉，不久将离开昆明，省主席职位将由民政厅长安恩溥代理。陆德瑾向国务院报告称，此谣言并非空穴来风，因为该“神秘人士”即曾表示，若美方不答允云南独立的要

---

① NARA, RG 59, 711.93/11 - 1449, Memorandum entitled “Possible Aid to the Forces still Opposing the Chinese Communists”, by James E. Webb (Acting Secretary of State), dated November 14, 1949.

② 《蒋介石日记》，1949 年 11 月 17 日。

③ NARA, RG 84, 350/Yunnan, Lutkins to Acheson, November 16, 1949.

④ 《蒋介石日记》，1949 年 11 月 19 日。

⑤ 《蒋介石日记》，1949 年 11 月 20 日。

求，则卢汉个人认为他继续留在昆明，将是死路一条。[①] 此刻，中共军队已进逼川黔边境，云南已是风声鹤唳。11 月 21 日，卢汉与陆德瑾会面，卢除了保证美国驻昆明领馆人员安全无虞之外，很显然，他也曾在此一场合，探询华府是否愿意支持云南宣布独立。就在与卢会面结束后，陆德瑾立即拍发急电回华府，请求尽速响应昆明高层的秘密请求，同时，基于局势日益紧张，美国领事也要求美军派遣运输机，在必要时开始撤退当地外交人员。[②] 当晚，美国务次卿韦伯回电陆德瑾，称国务院方面虽然赞成有限度支持西南中国的反共活动，但卢汉有关云南独立的提议，在交付参谋长联席会议详细讨论之后，军方以该省地理位置过于遥远、军事补给线过长为由，婉拒任何军事援助的方案；在政治上，国务院亦担心，一旦华府公开支持云南宣布独立，势将引发中国共产党严厉抨击美“帝国主义”干涉中国内政。然而，与此同时，韦伯也指示陆德瑾，应避免主动将美国此一决策知会卢汉方面，若对方进一步探询美方立场，陆应回答：美方虽同情云南人民不愿接受共产党政权统治的立场，但无法给予任何具体、直接的援助承诺。[③]

11 月 24 日，“国民政府”在川东地区的战线已极端危险，当天，蒋介石亲笔致电卢汉，“以道义相励”，劝说卢汉接受“国府”迁往昆明，继续和解放军进行殊死战。[④] 同一时间，卢汉的密使再度与陆德瑾会面，告知美方，蒋介石已给卢汉极大的压力，“中央”机构随时可能播迁至滇，一旦蒋的机关、人员与军政势力进入昆明，则云南独立的最后希望，也将消逝。该员迫切等候美方答复，即便仅只是来自华府的一个暗示，都将有助于卢汉做出最后的决定。[⑤] 大约即在此际，陆德瑾把美方无法承诺支持云南独立的讯息，透过该密使传达给卢汉。隔日，国民党军罗广文部不战而放弃四川南川，致解放军长驱直入，重庆外围已趋危急。虽然“行政院”决定迁至成都办公，但国民党军指挥机关及各军团后撤部队，已沿着川滇、滇黔公路与滇康大道三路涌入云南，胡宗南集团部分兵力与国民党中央军官学校，亦准备取道西

---

① NARA, RG 84, 350/Yunnan, Lutkins to Acheson, November 19, 1949.

② NARA, RG 84, 350/Yunnan, Lutkins to Acheson, November 21 and 22, 1949.

③ NARA, RG 84, 350/Yunnan, James E. Webb (Acting Secretary of State) to Lutkins, November 22, 1949.

④ 《蒋介石日记》，1949 年 11 月 24 日。

⑤ NARA, RG 84, 350/Yunnan, Lutkins to Acheson, November 24, 1949.

昌、会理一带，进入滇境。① 11月28日，卢汉的代表再次密晤陆德瑾，传达云南“最高当局”两点最新意见：一是华府即便无法派遣地面部队前来协防云南，其他经济或财政等任何形式的援助亦皆欢迎；二是云南省政府愿意主动先宣布独立，然后再向美国公开寻求支持，如此一来，将无美国介入中国内政的疑虑。② 只不过华府依然不愿做出具体支持承诺，国务卿艾奇逊认为，一旦美国支持云南宣布独立，则无异加速国民政府的崩解，并鼓励目前仍在对抗解放军的其他国民党军部队投降或解体，这并不符合美国当前的利益。③

五 卢汉起义前后

11月30日，解放军进入重庆前夕，蒋介石飞往成都，约见川康军事将领邓锡侯、刘文辉、王陵基等人。接下来数日，蒋密集与核心幕僚商讨川、康、滇人事部署，与“政府”驻地迁往昆明或西昌事宜。蒋亦数度派遣军政高层飞赴昆明，劝说卢汉接受滇黔“剿匪”总司令职，并征求其同意将云南省政府与绥靖公署等地方机关迁移至滇西，腾出昆明作为“中央”军事指挥之大本营。④ 鉴于川局危急，当时亦有传言“国府”空军将把驻川部队直接运往云南。12月3日，卢汉主动邀美国领事会晤，表示他面临空前未有之压力，因为美国不愿支持云南独立，省方高层人士多希望他“起义”，加入共产党阵营，但已被他所拒绝。卢汉还向陆德瑾保证，美国领馆人员的安全无虞，而一旦他判断云南局势即将发展到连他本人也无法控制的阶段，他必定给予美方三天的应变时间。似乎就在此一会面场合，陆德瑾向卢汉透露，他极有可能在12月10日离开昆明，结束美国领事馆业务，而陈纳德所主持的民航空运大队，也将在领事馆关闭之后，将当地业务与人员编制减至最低。⑤

与此同时，美国中央情报局获悉，卢汉正透过管道，央请澳门航空公

① 李玉、袁蕴华、费祥镐编《西南义举——卢汉刘文辉起义纪实》，第60~62页；蔡惠霖等主编《百万国民党军起义投诚纪实续集》下集，第1131~1133页。

② NARA, RG 84, 350/Yunnan, Lutkins to Acheson, November 28, 1949.

③ NARA, RG 84, 350/Yunnan, Acheson to Lutkins, November 30, 1949.

④ 《蒋介石日记》，1949年11月30日，12月1、2、3、4日。

⑤ NARA, RG 84, 350/Yunnan, Lutkins to Acheson, December 4, 1949; 350/Yunnan, Memorandum entitled "Lu Han's Coup of December 10, 1949, and Subsequent Developments in Yunnan, enclosed in Lutkins to Acheson, January 11, 1950.

司，在12月5日傍晚之前，秘密将总值约200万美元的4.2万盎司黄金，自昆明运往澳门。但此举为澳门航空所拒，其理由是担心云南政局恐将在近日内突变，飞机入滇后，将无法安全离开。卢汉虽保证他的部队仍有能力在5日晚间之前，掌控昆明机场，但终未能说服澳门航空为他运送黄金。该份情报亦指出，卢汉并未安排他本人连同黄金一起飞离昆明，而他亦不愿求助陈纳德的民航空运大队协助，此乃因为卢汉担心，这批黄金被民航空运机队运出昆明后，将在香港或海防被美方所截留。①

12月6日，卢汉的密使再度前往美国领事馆，告诉陆德瑾，尽管美国表明不愿支持的态度，但省政府高层正严肃考虑主动宣布云南独立，但该员表示，当前主要的困难在于财政，他探询美方是否有可能采购并进口云南境内所产鸦片，作为医疗用途，以协助云南独立之后的财政。陆德瑾回答不太可行，而当该员再次寻问美援是否有可能在云南主动宣布独立后到来，陆同样给予否定的答复。② 这是卢汉向美方探寻支持云南独立的最后一次尝试，在得不到美国方面肯定支持与积极态度之后，他只剩下两个选择：继续效忠蒋介石与国民党，以云南为基地，与共产党对抗；抑或是宣布投入共产党阵营，设法保住他在云南的政治地位。显然，在这一最后晤面后，卢下定决心，选择投共，而时间就在美国领事离滇前夕。也就在与陆德瑾会面的同一天，卢汉回复蒋介石，婉拒蒋所提出将政府大本营迁往昆明的要求，两者时机之巧合，殊堪玩味。

隔日，蒋介石派张群自成都飞赴昆明，做最后之努力，然而卢汉态度暧昧，反而趁机向张群要索更多的经费补助。张群返回成都向蒋请示，此时蒋心里已有所警觉，在当天的日记里，蒋写到“刘文辉与邓锡侯避而不敢应召，彼等已经受匪威胁，决作投暗弃明之叛离”，而卢汉“其用心与刘邓如出一辙，如余一离蓉，彼等或可联名发表降匪宣言”。③ 只不过张群仍然天真地认为，只要能够满足卢汉的需求，他终将接受蒋的提议，张群甚至劝蒋亲自飞一趟昆明，对卢进行游说。12月9日，张群与滇军李弥、余程万及龙泽汇三位军长在成都面见蒋介石后，再次飞返昆明，准备继续与卢汉商谈在云南建立反共基地事宜。根据卢的亲信、时任昆明警备司令部参谋长杨肇骧的

① CIA memorandum, dated December 7, 1949, in *CIA Research Report*: *China*, 1946 - 1976, microfilm reel 1.

② NARA, RG 84, 350/Yunnan, Lutkins to Acheson, December 6, 1949.

③ 《蒋介石日记》，1949年12月7日。

回忆，张群一行于当天下午5时抵达昆明后，即被省府官员置于省主席公馆里，卢汉并以张群名义发出通知，邀请“中央”驻滇各军政首长于晚9时赴卢公馆紧急开会，共商大计。卢本人则在当晚安排宴请陆德瑾与英法驻昆明领事，施放烟幕，故示镇静。晚9时50分，包括张群在内的所有前来开会的军政要员，在公馆内被卢汉警卫缴械扣押，10分钟后，卢汉本人在昆明警备司令部现身，通电全国，宣布云南“起义”。①

陆德瑾于事后呈报国务卿艾奇逊的报告，则可提供吾人对于当晚云南起义前后经过一个不同角度的理解。根据陆的报告，9日晚，卢汉以向美国领事“饯别”为由，在公馆举办晚宴。席间，应邀参加的民航空运大队美军上尉凯普顿（Captain Green）曾询问卢汉，昆明尚有多久的安全时间可允许民航空运公司撤离。卢汉回答，他能够担保昆明机场安全的最后期限，是12月12日清晨为止。尽管卢汉一再强调云南尚未立即面临解放军进逼的威胁，然而此一答复，仍让在场的陆德瑾警觉到，云南政局似乎很快就有重大变化。当凯普顿向卢提出，愿意保留一架飞机供卢汉、其家人与省府高层人士撤离昆明时，卢却加以婉谢，表示滇局仍需要他坐镇主持，以免该省政局因大量部队自川、黔后撤而造成混乱。餐后，当陆德瑾与英法领事驱车离开卢汉公馆时，大批公务车同时也正准备进入公馆。美国领事事后坦承，他完全没有料到，滇局就在他离开公馆稍后的数分钟之内，发生巨变。②

原本即将于翌日清晨搭机离开昆明的陆德瑾，因市区戒严与机场封锁，直到晚间其飞机才获准起飞，并于隔日经海南岛安抵香港。这位亲身经历国共内战晚期云南政局演变的美国领事，坚信卢汉是在无法取得美国支持云南独立之后，才决定投靠共产党阵营；陆德瑾在省政府内的耳目曾告诉他，迟至12月4日，卢汉还与二十六军军长余程万，磋商国民党军撤入滇西的相关事宜，可见直到那时为止，卢似乎尚未完全做出投共的最后决定，直到12月6日，当陆德瑾明确告知卢的密使，美国断绝一切协助云南独立的可能性之后，卢汉才转而决定起义。③

---

① 杨肇骧：《云南起义记事》,《云南文史资料选辑》第4辑，1963年5月，第10~12页。

② NARA, RG 84, 350/Yunnan, Memorandum entitled “Lu Han's Coup of December 10, 1949, and Subsequent Developments in Yunnan, enclosed in Lutkins to Acheson, January 11, 1950.

③ Ibid; RG 84, 124.2/Yunnan, Letter from Lutkins to Civil Air Transport, Hong Kong, dated January 11, 1950.

结　语

1949年12月10日，在文武要员的强力说服与要求下，蒋介石决定搭机离开危机四伏的成都，飞往台北。卢汉的投共，不但使“国民政府”以云南为反共根据地的计划破产，也使得胡宗南部队失去后撤的腹地，西南局势奋斗的最后一丝希望，至此化为乌有。对于卢汉的叛变，蒋在日记里反省道：“边区之人善变多疑，而况于苗夷卢（汉）龙（云）乎？余非信任使之患难道义之部属，焉得而不败也。”经历卢汉政治立场的反复转变，蒋自认学到教训，“今后益觉边人只有畏威而决不患德道义，更无感情可言，只有实力与强权，方是政治与外交之本质也。”① 两年后，在台湾回想起这段往事，蒋仍不禁懊悔抗战结束后让卢汉主政云南，“无异于自撤屏藩，不仅养痈贻患，而且引狼入室。”② 稍后获得卢汉释放的张群，脱险抵达台北后，也对于他在最后一刻，未能让云南成为“国府”在大陆上的最后基地，“深感罪疚”。③ 陪同蒋介石飞抵台北的蒋经国，对于留在成都“共匪和叛逆虎口之中”的最后时刻，更认为“西安事变之重演，只是数小时之差耳，思之不寒而栗”。④

也许蒋介石、蒋经国与张群等要员，在反省与回顾他们留在西南建立最后反共基地的那段时日时，从来未能有机会理解到，美国驻昆明领事馆与华府高层的云南政策，在这一危急时刻，也曾扮演一个鲜为人知、秘密、间接，但却至为关键的角色。主客观而言，1949年底之际，美国欲支持遥远的云南宣布独立，诚属不切实际，然而在国共内战的最后关头，华府对卢汉请求援助的拒绝，纵使未必会改变卢汉最终的决定，却在极大程度上，成为加速卢汉带领云南走向共产党阵营的重要催化剂。

---

① 《蒋介石日记》，1949年12月10日。

② 《蒋介石日记》，1951年6月6日。

③ 《张群委员对云南局势演变情形之报告》，《中华民国重要史料初编——对日抗战时期》第七编《战后中国》（二），第963页。

④ 蒋经国：《危急存亡之秋》，《风雨中的宁静》，第273页。

三青团“组建新党”活动之由来及其演变

贾　维*

抗战胜利前后，在三青团内部突然冒出了一股要求“组党”的思潮，在庐山三青团第二次全国代表大会上并掀起了一场“组建新党”的运动，闹得满城风雨，闻名遐迩。所谓“组党论”和“组建新党”运动究竟是怎么一回事？它们是如何出现和发展的？对三青团又产生了什么影响？笔者曾对上述问题做过简要的论述。① 在后来的研究过程中，笔者又发现了许多新的材料，本文据此对这一问题做了更加深入的探讨和论述，以进一步揭示三青团组党运动的来龙去脉，并就教于专家学者。

一　“组党论”的出现及其内容

三青团“组建新党”的主张，最初是在抗战后期部分复兴社骨干之间酝酿起来的。复兴社组织解散以后，其影响并未随之消失。抗战时期，在重庆的一些原复兴社重要骨干和文人，仍然保持着密切的联系，他们经常在中央团部和重庆支团部举行各种形式的聚会和座谈，对当前形势和重要问题交换意见，出谋划策。由于三青团与复兴社存在渊源关系，他们便把三青团看成复兴社的继承者，认为复兴社演变为三青团，与国民党分庭抗礼，“颇具两党制度的雏形或是趋势”，因而对三青团关爱备至，对其前途也寄予了厚望。就是在上述聚会和座谈中，首次探讨了三青团组建新党的问题。据白瑜回忆：“复兴社结束后，文人同志不论是否青年团员，在重庆常开联谊座谈会，有时在警报声中进行，讨论时局与建设问题，由青年团组织处长康泽同志转

* 中国社会科学院近代史研究所研究员。

① 参见拙文《三青团的结束与党团合并》，《近代史研究》1996 年第 1 期。

呈蒋公核阅……改建两党问题，也曾论及。且在青年团干监联席会议公开讨论，何浩若等发言尤多，结论也呈蒋公核阅。”① 1944 年 11 月 24 日，时任政治部长和三青团书记长的张治中，约集复兴社重要骨干贺衷寒、康泽、郑介民、滕杰、唐纵等人谈话，讨论国共谈判成功，承认共产党合法地位之后的措施，唐纵即主张“三民主义青年团应改为独立政党性做法，不必为国民党所拘泥而无所展布”。② 这是目前所看到的有关三青团组党的最早言论。由此可见，上述复兴社骨干分子是三青团组党论的始作俑者。所谓组党云云，反映了他们试图将三青团改头换面，公开与 CC 派控制的国民党组织相抗衡，以谋独立发展的企图。从这个意义上可以说，复兴社与 CC 派的恩怨情结，是三青团组党运动的源头。

改隶问题所产生的刺激，则是促使“组党论”迅速升温、四处泛滥的催化剂。自 1944 年下半年“组党论”出现后，随着三青团改隶政府之议的提出，“组党”思潮在三青团内的市场也不断扩大。1946 年 2 月，书记长张治中在重庆召集中央干事及各地支团负责人共同研讨改隶问题，会上就“有主张另外组党者，青年团组党后仍然实行三民主义……当时张书记长付诸表决，结果二十一人赞成属于国民党，十一人主张另组新党”，③ 可见此时团内从中央到地方已有不少人，把组建新党看作解决三青团前途问题的一种可行选择。

国民党“实施宪政”的决策，构成了三青团组党运动的大背景和大环境。抗战胜利前后，三青团出现的一连串异动——如“改隶”“组党”、“竞选”等，都与国民党“实施宪政”分不开，都是在“实施宪政”的压力下，国民党的政治体制发生畸形和裂变，体制内各个部分开始游离、碰撞和重组的结果。在当时团内许多人看来，自从国民党宣布实施宪政以后，中国就开始走上了民主宪政的康庄大道。“今后中国的政治趋势，当然是两党或多党制，这是必然的发展”。一时间，在国民党和三青团内，关于民主宪政的言论甚嚣尘上。在这样的语境下，三青团“组建新党”也就不再是什么离经叛道之论，而成为言之成理的设想。先前这些党国体制的坚定拥护者，忽然之

---

① 白瑜：《我所知道的复兴社》，干国勋等著《蓝衣社复兴社力行社》，台北，传记文学出版社，1984，第 101 页。

② 《在蒋介石身边八年——侍从室高级幕僚唐纵日记》，群众出版社，1991，第 474 页。

③ 《中央团部处长黄宇人在河北、平津支团干部工作会议开幕典礼训词》（民国 35 年 2 月 12 日），北京市档案馆藏。

间摇身一变，都成了民主宪政的热烈鼓吹者，不能不使人感到当时政局的变幻和离奇。从某种意义上可以说，三青团“组建新党”活动也是国民党“实施宪政”的一个副产品。

随着抗战以来三青团实力的增长，党团矛盾趋于尖锐化，这是三青团“组建新党”的内在原因和主要动力，也是许多团干热衷于组党运动的真正动机。湖南支团机关报《中兴日报》直言不讳地说：“因为团务的急速进展，团的政治、社会地位之日益提高，骎骎乎有与国民党并驾齐驱，争握政权之势，于是发生所谓党团关系……初期的团，是属于党的组织系统。事实上，党团关系，扑朔迷离，工作上亦无绝对分野。国民党第六次全国代表大会中，且已公决将团改隶政府，与党正式脱离法的关系，自此以后，党团关系，愈见紊乱，甚至愈离愈远，而酿成战后团底性质的重大问题。”①

无论从理论上还是从实际上说，三青团的性质、地位问题都与党团关系紧密相关，对此团内上下现在有了基本一致的看法。“团的前途——即团的生存与发展，系于团的性质和地位，团的性质和地位，又系于团与党之关系，三年以来，此一问题，几成为每一同志所关切之问题”。大家都认识到：“团的地位，应从党的关系上去分析，方能得到结论。”而党团关系却异常复杂，根据重庆支团部的分析，存在以下四种情况：“（一）现在党团的关系是‘明合暗分’；（二）就理论上讲党团关系‘分不如合’；（三）就政治的运用上讲，党团关系‘合不如分’；（四）就实际情形讲，党团关系最好‘亦合亦分’。”② 因此，所谓确定团的性质和前途，就是要在党与团的分合之间做出最终的选择。

从复兴社与CC派的恩怨到党团矛盾，从“实施宪政”到改隶之议，在上述四个因素的影响和推动下，三青团“组建新党”运动逐渐酝酿发酵，开始由言论变为行动，由涓涓细流变成惊涛骇浪，终于在庐山三青团二全大会上以极大的能量爆发出来。

和任何运动一样，“组党论”也有自己的鼓吹者和代言人。三青团中央常务干事、国防科学技术运动委员会主任何浩若是“组党论”的主要代表。

---

① 社论《青年团的前瞻——论党与团的关系问题》，湖南《中兴日报》（民国35年9月7日）。

② 《三民主义青年团重庆支团工作报告书》（民国35年9月1日），第25～27页。

据记载，在1945年3月28日重庆召开的中央干事、监察谈话会上，“何浩若主张国民党分裂为二，使共产党成为第三党。”① 数天之后，在4月5日中央团部谈话会上，何氏再次大放厥词，“主张本党分为两党，以免中共成为第二党。”王世杰对此评论说：“此虽非正式之谈话，然亦可窥见党内若干人之苦闷。”② 从这时起，何浩若就成为三青团“组党论”的主要代表而名噪一时。还都南京后，“组党论”变本加厉，甚嚣尘上。据程思远回忆：“远在庐山会议举行之前，两党轮流执政之说已经传遍南京了。这个建议，首先是何浩若提出的。何知蒋对CC控制国民党不满意，何乃鼓吹把‘三青团’组成新党，借以造成两党轮流执政的局面。他主张蒋介石可以一人兼国民党总裁和新党领袖，而让新党交由蒋经国全权领导，这一建议深合蒋的心意，于是他就在大会开幕时提出来了。”③ 何氏理论的信奉者主要是各地方团部的代表。

“组党论”第二个代表人物是三青团副书记长李蒸。李蒸系抗战前国立北平师范大学校长，抗战时期为西北地区最高学府国立西北师范学院院长，是当时著名的教育界人士。1945年初，书记长张治中至兰州视察时，“力邀李蒸至重庆参加三青团工作”。8月，李氏辞去西北师院院长职务，赴重庆担任三青团中央团部副书记长。④ 此时李蒸也对国民党实施宪政抱有幻想，大力提倡三青团“组建新党”，与国民党展开“政治竞赛”。李氏的这一主张在三青团二全大会的学校团部代表中具有很大影响。据一位参加会议的代表回忆：“中央干事会副书记长李蒸则强调‘党、团分别组党’，仿效美国总统林肯，将民主共和党分为民主、共和两党，实行两党制的办法，一党在朝，一党在野，两党各自侧重组织训练，实行政治竞赛。李蒸还希望蒋介石作‘中国的林肯’。这种见解得到多数大专院校分团代表的支持，在大会会刊《新血轮》上还展开了议论”。⑤

“组党论”在蒋经国的中央干校系和青年军中也不乏鼓吹者，蒋的亲信王升即是其中之一。据王升后来回忆说，当他在青年军联谊会工作时想到：“如果三民主义青年团能够离开国民党，而另组一个政治团体，在现实中就正是实

① 《竺可桢全集》第9卷，上海科技教育出版社，2006，第361页；参见《肝胆之剖析——杨玉清日记摘录》，中国时代经济出版社，2007，第418页。

② 《王世杰日记（手稿影印本）》第5册，第62页。

③ 程思远：《政坛回忆》，广西人民出版社，1983，第175页。笔者注：关于何氏主张的具体内容，至今未见文字材料，暂以诸家回忆为准。

④ 赵志邦：《国共谈判代表李蒸》，台湾《传记文学》第70卷第5期，第68页。

⑤ 陈开国：《青干班和青干校始末记》，《全国文史资料选辑》第74辑，第70页。

际，因为：一、在与中共斗争中，青年团没有像国民党那样沉重的背负，甚至可以用超然的态度，获得群众的支持。二、依国际性的政治取向，政党政治是潮流所趋，两党或多党也是必然的发展，国民党如果能有一个同样认同三民主义的忠诚的反对党，正可以促进国民党的进步。三、国民党的革命属性，必须改变为民主政党的属性，由其历史的因素来看，是比较困难的，而青年团则可以用崭新的面貌与心态，迎接这世界潮流，既有助于民权主义的政治建设，更有助于国家民主制度的创建与发展。四、……美国人的典型看法是，只有一个党执政的国家，就不是民主的国家。如果能及早有一个信守三民主义而具组织力量的在野党，亦许不致造成国际上对我们的误解。"① 由此可见，以三青团组党来取得多党政治的形式，给党国体制披上一层民主的外衣，从而消除"国际上（主要是美国）的误解"，也是"组党论"者自圆其说、振振有词的理由。

上述三种"组党论"虽然来源不同，内容有别，但在所谓"组建新党"的名义下，彼此呼应，相互激荡，汇成一体，成为当时三青团内一股颇有影响的思潮。

下面分析一下"组党论"的具体内容。"组党论"的主要理由之一是：国民党已经腐化，由于党团一体，使团的"革命性"无从表现和发挥，从而失去了它本身的作用以及对青年的号召力。"组党论"者认为："本党若干领导人员，困于保守资产利益，若干党员蔽于历史之光荣，故不能刻苦耐劳，创造进取，政治社会各个部门，辄表现贪污腐化形态，民生主义不能彻底实现，引起青年极端不满，团与党有历史血缘关系，深受党的政治影响，不能有独立之政治主张，以积极改造现实，甚至作掩护现实之工具，有志青年咸以加入本团为耻，换言之，即团因党的政治拘束，对青年失去号召力，非有独立的政治主张，无以保障团生存发展。"② 他们宣称："一般青年对政治现状不满，实为目前不可讳言之事实，但目前政治之腐败，本党又不能诿卸其责任，而今日团与党的关系既未明确划分，因此，全国青年由不满政治现状而不满本党，更由不满本党而对团失望，致使本团对一般优秀青年失却号召力量。"③ "组党论"者将政治腐败的责任完全归咎于国民党组织一方，并对

① 尼洛：《王升——险夷原不滞胸中》，台北，世界文物出版社，1995，第100~101页。

② 祁宗汉等25人提《申请确定本团为中国具有独立政治主张之三民主义革命团体案》，《三民主义青年团第二次全国代表大会提案汇录》第6册（下），第102页。

③ 任国荣等18人提《为适应当前政治环境及革命需要，应重新确定本团性质及地位案》，《三民主义青年团第二次全国代表大会提案汇录》第5册，第1页。

之进行猛烈抨击。他们把国民党的腐朽看作自己的可乘之机，竟然以为在国民党政权岌岌可危的形势下，可以由三青团取代国民党来做公开号召，支撑门面，这表明它们不自量力到了什么程度！

理由之二：国民党组织松懈，精神萎靡，与共产党斗争不力，必须由三青团组成“独立政治战斗体”，方能取得对敌斗争的胜利。“组党论”者提出：“本党组织精神衰颓，缺乏政治斗争性格，坐令共产党强大猖獗，本团必须重新建立政治军事合一之新型战斗体，与共产党作艰苦之斗争，而所采之方式、行动、主张等，在若干地区须具有独立、创造、积极风格……换言之，即本团当前必须担负消灭共产党底革命任务，亦必须具有独立精神、组织与行动，乃能辅助政府，达成统一建国之目的。”① 自诩三青团比国民党“更富于斗争性格”，更加适应对敌斗争，甚至能够担负“消灭共产党”的任务，这是某些“组党论”者为了证明三青团价值而向国民党当局抛出的一个“诱人”理由，其画饼充饥、自欺欺人的性质十分明显。

理由之三：党团分离，组团成党，在政治上对国民党政权有利。“组党论”者宣称：“我们主张索性将团改为政党，与国民党作姊妹党……团一旦正式改为党，在将来多党政治舞台上，国民党可多一个与党，蒋主席也多一个台柱，以一党的势力，分为两党，彼此可以互相提携，争取将来选举胜利，击败敌人，何乐而不为?”② 他们恭维国民党为“第一大党”，自己则隐然以“第二大党”自居，野心勃勃，大有与国民党平分天下之气概。“宪政即将实施，党与团均将失去现有之政治掩护权力，党有数十年光荣革命历史及数百万党员，自属唯一大党，同时团之数量质量与其发展之普遍，已有独立参加政治活动之力量，由于八年来之锻炼，尤富政治斗争能力，宪政实施，团亦属第二有力组织，同样对政治具有决定性之作用”。③ 他们乐观地预期：“以本团今日组织之发展与团员之众多，必能取得第二大党地位，减低共产党在国内国外之政治作用”。与国民党“在对

---

① 祁宗汉等 25 人提《申请确定本团为中国具有独立政治主张之三民主义革命团体案》，《三民主义青年团第二次全国代表大会提案汇录》第 6 册（下），第 102 页。

② 社论《青年团的前瞻——论党与团的关系问题》，湖南《中兴日报》（民国 35 年 9 月 7 日）。

③ 涂少梅 43 人提《为适应施宪形势与革命需要，本团亟应脱离党的隶属关系，蜕变为独立政治战斗案》，《三民主义青年团第二次全国代表大会提案汇录》第 6 册（上），第 26 页。

外斗争上可以互相策应，在对内工作上可以互相竞赛”，“可收相辅相成、殊途同归之效”。①

理由之四：中国即将变为多党政治，各党派纷纷活动，三青团只有组建新党，获得“决策之机会”，才能取得政治地位；否则干部和团员必然人心思散。“组党论”者认为：“抗战胜利瞬将一年，政府为贯彻实施民主政治初衷，对各党派事事委曲求全，隐然予各党派以平等之地位，一年以来，国内党派，如雨后春笋，到处公开活动”。而“本团数逾一百二十万以上，生气虎虎，允为中国革命之主要力量……再观今之所谓党派者，多数买空卖空，根本就无群众，有的号为第一大党，党员总数亦不过一万余人，以此数字可以成党，可于各种会议得一席次，而本团反遭遗弃，不能分掌旗鼓，于情于理，均说不过去，何怪青年灰心失望”。②“组党论”者对此愤愤不平，并一再警告说：“如团再不明确其政治性质，提高其政治地位“，不仅“将再无力以领导青年与共党斗争”，而且广大团员和青年势将“逐渐脱离本团参加其他党派，另图活动”。他们以此来恐吓国民党，却暴露出其急于组党的真正目的，是企图谋取自己的政治地位，增加本身的政治资本。

对于三青团不能掌握实权，长期处于附庸地位的状况，“组党论”者深感无奈和气愤。在他们看来，抗战以后“本团于艰苦中逐渐成长为一强大的革命团体”，然而长期以来，因“党团关系微妙”，使“团员于此扑朔迷离之环境中忍耐挣扎”。“部分革命同志由于过分爱护青年，事事躬亲，不免太觉辛苦，本团同志感愧之余，虽极愿分担忧劳，终因前述同志顾虑太多，不能痛快付予责任”，“名虽课以工作，实未假以事权”，使之“无从发展”。更有甚者，改隶之议动摇了三青团的组织地位，政协会议又使它“反遭遗弃”，“竟抱向隅”。是可忍，孰不可忍。因此高倡“组党论”也成了三青团感情宣泄的渠道，许多提案摆出一副愤世嫉俗的姿态，对国民党不惜冷嘲热讽，甚至讥笑辱骂，以发泄长期积累的愤懑。

“组党论”者不厌其烦地列举各种理由，反复论证，说明三青团既“不能维持旧状”，也“不便改隶政府”，只有“成为独立政党”才是唯一的出路。他们认为：“本团非变成独立政党，无法维持本团历史。本团之产生有

① 任国荣等 18 人提《为适应当前政治环境及革命需要，应重新确定本团性质及地位案》，《三民主义青年团第二次全国代表大会提案汇录》第 5 册，第 1 页。

② 韩文溥等 17 人提《确定本团为独立政党案》，《三民主义青年团第二次全国代表大会提案汇录》第 5 册，第 9 ~ 10 页。

其历史传统，如改隶政府，其优秀传统，将被腰斩；如维持现状，则其苦斗之历史，亦党难以持续，故惟有独立成一政党，始足以继往开来，发扬本团之光荣历史也。”并一再强调：“吾人可得一确定之结论，目前本团之途径有三：一曰维持现状，二曰改隶政府，三曰自成政党……一二两途已走不通……当益使吾人坚信惟有自成一个政党是唯一之出路，是合理的办法，而能使团乃至中国革命有光明远大的前途也。”①

基于上述理由，“组党论”者提出：三青团正式与国民党分离，成立一个新政党，主义、政纲和组织体系不变，与国民党为兄弟党，但党籍与干部均分开。至于这个“新党”的名称，有的建议“为保存团的革命历史，团的名称仍旧，不予变更”；也有人提议改称“三民主义共和党”，“其意在表示本团改组后之政党，即革命建国之政党，其生命与中华民国同一生命”。② 组建新党的内容如此贫乏可笑，说明它只是一种换汤不换药的办法。

然而，“组党论”面临一个最大的难题，即新党党魁问题。在组党运动最初酝酿的时候，就“考虑到领袖问题，国民党的领袖是蒋总裁，而青年团的领袖亦是蒋团长，世界各国没有一个领袖之下而有两个政党的先例”。③ 为了解决这个矛盾，“组党论”者挖空心思、绞尽脑汁，也拿不出一个像样的办法。有人建议：团长“或兼领党团，或任择其一，运用自如，不致发生党魁之争执”；也有人提议：“目前总裁兼团长，已成为中华民族唯一领袖，定为全国拥戴之国家元首。党团工作实际负责人，如均由元首指定专人负责，两个组织之负责人，同受元首之指导，在政治运用上反多方便，而党团组织之领袖，亦不会为党团分立之困难。”④ 或称“团的领袖，由团长蒋兼任，或由团长蒋指定一人负责，受团长蒋之指挥”。最后“组党论”者干脆把这个难题推给蒋介石本人去解决，建议“本团领袖由团长考虑决定之”。据说在私下里有些代表曾希望“推陈诚作三青团组党的头目”，不过这一设想很快

---

① 韩文溥等17人提《确定本团为独立政党案》,《三民主义青年团第二次全国代表大会提案汇录》第5册，第9~10页。

② 甘肃支团部提《继承团的组织、改组独立政党案》,《三民主义青年团第二次全国代表大会提案汇录》第7册，第62页。

③ 《中央团部处长黄宇人在河北、平津支团干部工作会议开幕典礼训词》（民国35年2月12日），北京市档案馆藏。

④ 涂少梅43人提《为适应施宪形势与革命需要，本团亟应脱离党的隶属关系，蜕变为独立政治战斗案》,《三民主义青年团第二次全国代表大会提案汇录》第6册（上），第26~27页。

就被证明是“不切实际的”。

二 “组建新党”风波

庐山三青团第二次全国代表大会召开前夕，出现了“山雨欲来风满楼”的形势。在党团矛盾与改隶之议的刺激下，在国民党“宪政”气氛的鼓舞和诱导下，三青团潜在的“第二党”倾向，终于发展成一个要求与国民党“分掌旗鼓”的第二党运动。在中央和地方，都有一些人鼓吹组建新党，他们以起草提案、出版小册子、举办座谈会和互相串联的方式，对此讨论酝酿，制造气氛。中央团部训练处长王文俊在《中国青年》杂志上撰文公开提出：要“效法中山先生在六十年前跳出旧圈子的精神，抉择旧的精华做资本”，“造成新的圈子”。[①]《中央团讯》也发表文章称：“团在本质上，有如脱开了大家庭的青年，无所依靠，需要独撑门户，自谋生计，正当酝酿组党之际，已走到‘穷’的尽头，需要很快的‘变’，内容上已有了真正的变化。”[②] 这种活动在庐山会议前后达到了高潮，演出了一场要求“组建新党”的活剧。

确定团的性质和地位，以谋求团的新发展，这是三青团二全大会的真正主题，也是绝大部分代表的兴趣所在。与之相比，其他问题都不免相形见绌，黯然失色。据上海《大公报》报道，大会代表对此问题抱有几种不同意见。“青年团第二届全体代表大会举行以来，会场情绪至为热烈，各方面代表现正交换意见，并分组讨论青年团之前途问题。兹综合各方意见如下：1. 解散青年团，成立国民党青年部。中央组织部确有此意见，但无法提出。2. 青年团应维持现状，仍隶属于国民党。陈立夫先生等如此主张。3. 增强青年团之独立性，党团干部绝对分开，即团员不得兼为党员，但不另组政党。过去中央团部之干部如此主张。4. 另行组织独立政党。地方代表及学生代表主张最力。”[③]

上述消息点出了对于组建新党，“地方代表及学生代表主张最力”。湖南支团《中兴日报》也称：对于另行组织独立政党，“各省市及学校代表主张最力”，并断言“如以最民主的方式取决此四项意见，则团即可变成为党，

① 王文俊：《狂潮中的青年之路》，《中国青年》第14卷第1期，民国35年1月15日，第3页。

② 皮作垚：《论团的发展及其他》，《中央团讯》复刊第1期，民国36年3月15日，第6页。

③ 上海《大公报》1946年9月5日。

因地方与学校代表占大会之绝对多数也”。① 根据二全大会提案汇录统计，有14个地方支团明确提出独立组党，或使三青团成为“独立性政治团体”（这不过是独立组党的另外一个说法），它们分别是江苏、湖北、广西、陕西、湖南、山西、河南、广东、浙江、南京、云南、贵州、甘肃、上海等支团，占地方支团的一半左右，而且都是相当重要的地方支团。如甘肃支团就在其提案中宣称：独立组党是“全体团员一致之要求”，代表了“甘省十二万革命青年”的共同愿望。学校团部有关提案共有8个，其中只有两个提案明确主张“确定本团之独立性”，提案单位分别是厦门大学分团和西北师范学院分团。除此之外，涉及同一问题的，还有青年军二〇六师团员代表及海外直属霹雳区团两份提案。

以个人联名主张独立组党的提案共有10个，署名者也以地方团部代表为多。其中包括湖北支团干事长刘先云，河北支团代主任张兴周，四川支团干事长李天民、书记许伯超，甘肃支团干事长寇永吉，湖南支团书记周天贤，汉口区团干事长郎维汉、书记涂少梅，山东支团主任臧元骏、书记龚舜衡，河南支团书记周南，贵州支团干事长季天行，福建支团书记吴春晴，西康支团书记方采芹，北平支团书记裴笑衡等人。此外还包括青年军代表祁宗汉、港澳区团主任韩文溥、中山大学分团干事长任国荣、中央大学学生步天凯等人。通过以上分析可以看出，在组建新党运动中，地方团部代表（特别是各地方支团负责干部）发挥了核心作用，他们才是组建新党的真正主角，其他人都不过是配角而已。

三青团的团长蒋介石对此又是什么态度呢？蒋介石在庐山也相当活跃，不辞辛劳频频接见各地青年代表，听取各方意见，对代表们批评国民党腐败无能的言论，“颇有所动”；对代表们提出的各种建议，甚感兴趣，表示“很有意思”；还在有意无意之间，对代表们流露出“国民党衰老了，第二期革命要靠青年来担负”的意思。于是，不久庐山就流传着“团长对三青团组党表示赞许”的小道消息。

蒋介石此时确实主张对三青团予以“积极更张”，但并无明确办法。他

① 社论《青年团的前瞻——论党与团的关系问题》，湖南《中兴日报》民国35年9月7日。另据毛孝祥《本团的成长、发展与健全》一文称：“独立组党，此说以地方代表主张最力，大皆不满意现状，认为在多党政治时代，团的独立组党，实有其必要，不如此不足以促进国民党之进步，暨完成团所负政治的任务。”《湖南团讯》第7卷第9期，民国35年10月1日。

在给陈诚的信中写道："至于青年团组织与性质，在此时代不能不积极更张，以免贻误青年者，以贻误党国也。甚望能驾来牯岭商谈决定也。"① 蒋介石后来解释他所谓"积极更张"的含义时说："我一方面看到目前革命环境的险恶，一方面又看到我们党团内部的情形如此泄沓。在悲愤忧惧之余，就常自问我们党团的工作……究竟应该怎样知耻自强，彻底革新，重振精神，来冲破目前的危险，完成我们救国建国的使命呢？这个问题时时萦绕在我的脑筋中间。恰好这个时候，本团二全大会即将开幕，所以我提出前次的意见，其目的是希望大家重整革命的阵容，发挥革命的力量，来消灭我们当前的敌人!"② 综合其前后表现来看，这一解释是基本可信的。

8 月 31 日，蒋介石在三青团第一届中央干事监察第四次联席会议上发表讲话，把这种"积极更张"的态度表达得更为明确。他宣称："这次本团二全大会，将要决定本团发展的前途"，对此他"只提出个人的意见，希望各位注意"。关于团的性质问题，他强调说："团的性质如何？关系本团的成败很大；在决定这个问题的时候，各方面都应该注意顾及。首先要注意的，青年团应为青年的前途着想，使他们能得到进步，得到发展，和得到成功的机会。"关于党团关系问题，他强调指出："我们要根据时代的需要来确定团的工作方向，决不能以（民国）三十五年以前革命的情形，来决定今后团的性质和任务；同时我们也不能仅以党的利益为出发点来决定团的前途。"③ 由此可见，蒋介石虽然并无"组建新党"的设想，但其主张"积极更张"的倾向，使他在有关重要问题上，做出了有利于组党运动的表态。这一讲话被很多人理解为是对"组建新党"的默许和赞同，对组党运动起了推波助澜的作用。

蒋经国的态度，则要谨慎得多，与乃父形成鲜明对比。关于组党问题，他曾指示部下进行研究，自己却始终没有公开表示态度。当中央干校校友会负责人向他征询对组党问题意见时，他仅表示"党要革新，团要改造"，大家可以见仁见智，各抒己见。在私下里他对亲信王升等人表示："国家情势紧迫，这样做并不妥当"。④ 据蒋经国的机要秘书楚崧秋回忆："由于蒋经国

① 蒋介石手谕《分层负责乃必然之理擅处非有心之过当反省改正》（民国 35 年 9 月 2 日），载《陈诚先生回忆录——国共战争》，台北，"国史馆"，2005，第 313 页。

② 蒋介石：《青年团的性质和工作方针》,《先总统蒋公思想言论总集》第 21 卷，第 412 ~ 413 页。

③ 蒋介石：《中国青年的使命》,《先总统蒋公思想言论总集》第 21 卷，第 400 ~ 401 页。

④ 陈开国：《青干班和青干校始末记》,《全国文史资料选辑》第 74 辑，第 69 页；尼洛：《王升——险夷原不滞胸中》，第 101 页。

是此会议的重要角色之一，希望站在个人立场，充分表达积极性意见，因此事先交代我与陈元搜集各方资料，加以消化，并将改革建议一一口述要我们记录下来，整理条列清楚，准备向大会提出。结论是鉴于当前形势，确定党与团不能分只能合的原则”。①

三青团书记长陈诚在二全大会前夕曾突然提出辞职，“荐人自代”，似有责怪蒋介石“越组代庖”，对团内事务插手太多之意。蒋不得不拨冗回复，加以解释，并表示将予改正。他在信中写道：“至于分层负责，不致越级败事，此乃必然之理。唯中屡以贵恙复发为虑，凡可不劳清神之事，皆直接指导各主管注意承办，且望节省时间，以期迅捷。此乃向来习惯使然，亦因尔我不分彼此，故不自知其为犯了越组代庖之弊。然自问凡直接指导之事，并非直接命令或径行决定之案。诸凡会议讨论有所决定或正式下令，则皆照手续与职守，或令所属向总长请示再行。自思并未有所自擅之处，如或有之，亦非为有心之过也，当能谅解。唯自知此种习惯，总非合理应有之事，必须随时反省改正，期上正轨，树立政制也。”② 此信所表现出来的委曲求全态度，在蒋介石身上是颇为罕见的。

据中央候补干事李俊龙后来分析，陈诚之辞职，乃因蒋介石过于扶植蒋经国而起。“蒋介石的真正用意，是要搞‘家天下’。他认为 CC 和三青团都靠不住，只有趁他权势未衰之时，再扶植一把蒋经国，便于其子承父业。所以他既不要‘党’，也不要‘团’，而是想把青年团交给蒋经国来搞，作为培植蒋经国的政治资本。这样一来，陈诚以退为进，辞去书记长，复兴社一些人则发起签名挽留陈，弄得满城风雨。蒋介石一看形势不对，不能操之过急而使陈诚和黄埔学生生怨，改而采用比较委婉的办法……以安黄埔系之心。”③ 这种说法为我们理解蒋介石当时的态度提供了一种参考。

二全大会开幕后，书记长陈诚姗姗来迟，于9月5日下午方才赶到庐山，而此时大会已逐渐进入高潮。9月4~5日，大会主席团连续召开会议，并邀请各地方支团负责人列席，对“团的性质与地位”问题互相交换意见，详细慎重研究，并决定召开大会，对此问题进行讨论。9月6日上午，二全大会

① 吕芳上等：《楚崧秋先生访问纪录——览尽沧桑八十年》，台北，中研院近代史研究所，2001，第47页。

② 蒋介石手谕《分层负责乃必然之理擅处非有心之过当反省改正》（民国35年9月2日），见《陈诚先生回忆录——国共战争》，第313页。

③ 李俊龙：《党团统一的内幕》，《文史资料存稿选编精选》第4册，第321~325页。

召开第五次大会，由书记长陈诚亲自主持，讨论“团的性质与地位”问题。辩论即将开始之际，团长蒋介石冒着倾盆大雨赶到会场，全场代表热烈鼓掌欢迎。任卓宣首先提议采取正反两面之辩论方式，蒋示意以先听取一般意见为好，于是讨论开始，“全场空气顿时严肃、紧张”。首先由中央干事张其昀发言，他认为团应为一文化建设、经济建设性质，致力建设之团体，以军事教育方式巩固国防，以培养技术、增加生产。其次发言者为国体师专分团书记王文斐，他系代表地方团部工作干部意见，提出团应正式确立为政治性之独立组织。中央团部秘书处副处长上官业佑则认为应重新改革党、整理团，向积极建设方面着手，而不应独立成一政治性之团体，这代表了中央团部多数人的看法。其后汉口区团书记涂少梅、东北松江支团书记王焕彬等四人发言，均赞同团为独立政团之意见。到此时为止，发言人中以赞成组党者居多，独立组党的观点占据了上风。据大会日刊描述，发言者“从党与团的革新，说到团的独立，从团的教育性、政治性说到团的独立性、斗争性，反复争辩，各有有力的凭据和见地，都是用最大的忠诚，贡献出满腹经纶的主张”。据一位参加者回忆，当时会场上是“一片组党之声，凡是发言人提到组党，就引起热烈的鼓掌。他们所持的理由，是说国民党已经腐败到不堪救药，不足以肩负实现三民主义的重任；青年团必须组成新党，乃能复兴中国的革命。”① 在整个辩论过程中，蒋介石一直“闭目聚神，倾听各人之意见”。

此时一个重要人物登场了，他就是三青团中央干事、青年工作管理处处长黄宇人。据大会日刊记载，黄氏在发言中“解释党团不能分成两政党之事实，但承认团之独立性应加强，并提出团应有政治纲领，一切从政团员应遵行纲领施政，方能发生力量”。但实际上其发言具有更大的爆炸性。据一位参加者回忆，黄氏当时说：“国民党曾有过光荣的历史，今日的腐败无能，总裁应负主要责任。因为中央党政大员，都是总裁任命的，他们直接向总裁负责，不受舆论和民意机关的监督。可见总裁所负的责任最大。”他又提问说：“如果青年团要组成一个实行三民主义的党，必须另选出一位领袖，才能在新环境中发挥其领导才能，否则，我们的团长以一身而兼任两个党的领袖，当新党攻击国民党的腐败无能时，他将何以自处？”

① 程思远：《政坛回忆》，第175页。

此言一出，“全场为之默然”。黄氏之发言成为此次辩论的一个转折点。[①] 辩论一直持续到中午，因请求发言者甚众，尚有88位代表未及发言，主席团遂决定下午继续讨论。

下午大会继续讨论“团的性质与地位”问题。蒋介石偕夫人宋美龄莅临会场，听取各位代表对该项问题之主张及意见。据称蒋在讨论过程中“颇为注意，时而频频点首，时而微露笑容，有时以水笔记各发言人之要点”。下午讨论由青年军代表刘异、上海支团书记曹俊、中央常务干事谷正纲及任卓宣，甘肃学院分团干事郭维屏、中央干事李国俊等人相继发言。谷正纲、任卓宣认为“组党事关重大，必须慎重考虑”；其他各位发言人“对团的性质及地位之见解虽不同，但均主张团须加强革命性、政治性、战斗性，以革命前途、革命利益为主，铲除官僚资本，肃清贪污分子，完成建国使命，健全团的阵容，工作独立，组织划分，而仍为党所领导”。可见会场风向有所转变，重点已由独立组党转到加强团的政治性以及工作划分上来。[②]

最后由团长蒋介石对讨论意见做总结讲话。他开宗明义地宣称：“今天上午听了各位讨论党团关系的意见，有的主张党团仍旧保持现有的关系，有的主张本团应该离本党而独立，另外成立一个新的政党。大家讨论这个问题，一定是误会了我上次在干监联席会上所说的话……我的意思并不是说团可以离开党，或是团应该离党而独立，尤其不主张团另外成立一个新的政党。”并说：“如果党团分立，且不说其他的条件不够，即以两党共同拥戴同一领袖，这就是一个笑话。”明确表示了他反对“组建新党”的态度，从中也可以看出黄宇人的发言起了作用。蒋指责许多代表怀有逃避现实和苟安偷惰的“失败主义心理”，对国民党的攻击是“只图一时的快意，称一时的英雄”。对于今后团务工作，蒋表示可以采纳部分代表的意见，“就是党团的工作决不能再不划分清楚，如果仍如现在的模糊不分，不但对党无益，而且对团的发展也有阻碍”。最后，蒋介石对团的性质和工作方针，提出三点意见：“第一、我们团员决不要以从政为唯一的目的，至少在五年以内不要做官。团的性质的改变，就是要从这一点做起。这次

---

① 程思远：《政坛回忆》，第175页。

② 《全会热烈辩论本团地位问题，团长莅场作重要指示》，《三青团二全大会日刊》第7号，民国35年9月7日，第1版。

大会的宣言和决议案对于这一点务必明白指出。第二、今后团的工作要从事《中国之命运》中的五项建设运动……第三、我们需要一个明确的工作纲领，并加强团的革命性和社会性，我们要反官僚、反贪污、反共产，要实践主义，努力建设。本团的任务就是要统一中国”。① 蒋介石的这个讲话为二全大会奠定了基调。蒋之所以特别强调团员不要从政、五年内不要做官，而要从事基层社会建设，是因为他已经觉察到三青团组党运动背后所隐藏的真实动机就是为了谋取政治地位。蒋介石的嗅觉是相当敏锐的。

蒋介石虽然反对“组建新党”，但对部分代表所提出的“党团划分”建议则表示赞成，主张对“党和团的工作范围及办事干部，应明确划分”。“党团明确划分”是一项将会产生严重后果的组织措施，如果严格实行这一措施，就会不可避免地导致党团分离和三青团独立。当时就有人预言：“目前党团有所谓摩擦，如果此法案（指党团划分）通过，摩擦可能因而强化。”后来的事态发展证明了这一点。此后很多人鼓吹团的独立性，他们所依据的就是所谓“党团明确划分”原则。可见，它是三青团加强独立性的关键。蒋介石急于振兴团务，病笃乱投医，贸然采纳了这一办法，留下一个极大的隐患，这可能是他所始料不及的。

9 月 6 日会议是三青团二全大会最重要的一幕。组党运动在大庭广众之下得到了公开表现的机会，“组建新党”的思潮，席卷了团内一大批中上层干部，因为它关系到三青团的切身利益，所以成为最受人关注的问题，引起大会长时间的热烈讨论和争辩，被称之为“有重大意义及决定性之辩论”。由此也可以看出，“组建新党”，并非像一般认为的那样，是蒋氏父子的预谋，而是三青团长期以来受到压抑的“第二党”情绪的一次大爆发，是团内一大批中上层干部（主要是地方团部的各级干部）的自发举动。搞清组党运动的主角是谁，对于判断这场运动的性质和目的具有重要意义。

三青团“组建新党”的打算立即遭到了 CC 派的坚决反对。陈立夫等人竭力说服蒋介石加以劝阻，并请国民党元老戴季陶向蒋进言。据说会上发言的黄宇人，就是“陈立夫特嘱杨兴勤密电黄宇人要他火速从北平到庐山参加二全大会，反对组新党”。黄宇人能够周旋于 CC 派和黄埔系之间，

① 蒋介石：《青年团的性质和工作方针》（民国 35 年 9 月 6 日在庐山青年团第二次全国代表大会讲），《先总统蒋公思想言论总集》第 21 卷，第 412 ~ 419 页。

被人称为“两栖动物”，而且又是著名的“大炮”，敢于讲话，无所顾忌，他一出场，果然起到了扭转乾坤的作用。①

在当天的大会上，书记长陈诚对组党问题没有表态。但他在次日给蒋介石的报告中，分析了大会代表的不同意见称：“关于团的性质及其地位问题，本届大会，意见颇多，综合各方所发表者，可分下列五项：（甲）团并入党，成立青年部。（乙）团改隶政府，成为教育性之团体。（丙）团脱离党，即团成为完全独立之政党。（丁）党团关系，表面照旧，实际分工，即有条件有步骤的独立。（戊）团仍为本党组训青年之机构，但须加强革命性与团务之力求改进。”陈并向蒋介石阐述了自己的看法：“窃以过去团务，多有未能令人满意之处，已为无可讳言之事实。就其症结所在，似不全由党团关系之未能明确划分，而实由于团的本身组织尚欠健全，干部未尽妥善，工作缺乏重心，以致团的革命性无由表现。”“今欲使本团能确实领导青年，完成革命建国，初不在团的形式上之独立与否，而在实际上能否加强团的革命性。故就上述五项意见观之，似以（戊）项，较属可行。”陈诚明确反对独立组党，并强调指出：“盖值此共党猖獗之时，党团尤宜切实配合，始能集中力量，共同奋斗，决不可自相分裂，而予共党以可乘之机。故职意，团的革命性之加强，与团务之改进，诚属当务之急”。报告还对改进团务提出了一系列具体建议。② 陈诚的表态，为反对组党的阵营又加上了一个重量级的砝码。

蒋介石觉察到“组党论”背后的真实意图，并预感到这种情绪和倾向所具有的危险性。因此，他在 9 月 8 日的大会讲话中，加大了对“组党论”批评的力度。他称“这次会场的表现，就实在使我心忧，使我失望!”并警告说：如果“以成立政党相号召，以为提高青年的政治欲，就是加强青年的革命性和斗争性，那不仅是绝对的错误，而且是绝对的危险”。这说明蒋已经认清了“组建新党”的实质。针对三青团组党的幻想，他告诫说：“如果不此之图，徒然斤斤于组织一个政治团体，则以我们主观条件的缺乏，又加上客观环境的恶劣，即令组织成功一个政党，也绝对赶不上具有五十余年历史的本党，这是可以断言的。”蒋认识到问题的关键仍然

---

① 程思远：《政坛回忆》，第 175 页。

② 陈诚：《签呈兼团长蒋缕陈青年团大会各种意见及管见之所及》（民国 35 年 9 月 7 日），见《陈诚先生回忆录——国共战争》，第 320 ~ 325 页。

是党团矛盾，所以他提醒团员和干部要维护党团关系，“绝对不要以个人的关系影响团体的关系，不要因为个人的感情不融洽，而使党团的关系也不协调”。针对三青团对国民党那种近乎幸灾乐祸的心理，他警告说：“你们现在真是走到了革命的歧路，一条路是要你们做党的孤臣孽子、忠实干部，一条路是要你们做忘恩负义、为社会所不齿的政客”。对于今后发展团务的建议，蒋介石宣称：“我对于张其昀同志提议本团模仿美国 TVA 制度的提案，特别重视，研究了许久。我希望青年团能够成为一个建设性的团体，从事于国防、科学、经济等各种建设”。最后他表示：“关于团务工作的改进，我和大家的意见大半相同，就是党和团的工作范围及办事干部，应明确划分，以增进效率，使青年团确能成为青年所有、青年所治、青年所享的青年组织。”① 这个讲话是对三青团的严重警告。“组建新党”的建议遭到蒋的反对，无疑泼了“组党论”者一头冷水，他们觉得其团长的态度在几天之内发生了“一百八十度的变向”，简直不可思议。冲动之下，四川支团书记张其学甚至在大会上同蒋介石发生了当面顶撞，因而遭到大会“停止其发言权”的处罚。由于蒋介石的亲自干预，组党运动被迫戛然而止。

中央团部后来根据蒋介石的指示，也对“组党论”提出了批评，拒绝了“组建新党”的要求，称：“在民主宪政的前途上我们应该完全独立，自成政党，与国民党在政治斗争的场合上互为呼应，此种想法，在表面上看，似甚成理，其实，此种想法在理论及事实上都难于成立，因为一个主义、一个领袖，甚至于一个政纲之下，组织两个政党是史无前例，而且会自相矛盾的!”② “组建新党”作为一项建议，在中央团部遭到了正式否决。但此后组党运动仍然阴魂不散，余波荡漾。

“组建新党”风波是三青团二全大会上颇具戏剧性的一幕，对于它的真相及其来龙去脉，人们一直争论不休。其中最令人感到困惑不解的是蒋介石本人的态度。连康泽也认为：“在大会的很短期中，蒋介石在方针上出尔反尔——忽而要成立新党，忽而又变为党团严格划分，有些莫名其

---

① 蒋介石：《青年团与社会基层建设》（民国 35 年 9 月 8 日对庐山三民主义青年团二全代表大会总理纪念周讲），《先总统蒋公思想言论总集》第 21 卷，第 420～427 页。

② 胡轨等人起草《团的改进》，《三民主义青年团第二届中央干常务事会第十三次会议纪录》（民国 36 年 4 月 3 日）附件四。

妙！”① 但是我们只要认识到组党运动的主角既不是蒋氏父子，也不是陈诚等人，而是团内一大批中上层干部（主要是地方支团的各级干部），那就不难判断这次运动的性质和目的，也就不难理解此后事态的发展了。

三　二全大会以后的三青团动向

三青团二全大会终于落幕了。此次大会的主题是“确定团的性质和地位”，那么关于这个问题，二全大会决议的精神究竟是什么，似乎从一开始就存在着重大分歧。

在三青团二全大会上，由团长蒋介石指定专人组成特种提案审查委员会，负责审查各种重要提案。该委员会综合大会关于团之性质及地位的意见，起草了《团务改进方案（草案）》。该方案开宗明义地提出：“关于团的性质由团长在大会中明确指示应加强革命性与政治性，谨遵意旨规定要点：1. 本团除遵守本党的政纲、政策外，为适应时代与环境之需要，得制定行动纲领，发表政治主张。2. 为加强党团合作，党与团在中央应成立工作指导联席会议，党与团得相互检讨，相互建议，以谋工作之配合与领导之一致，由总裁兼团长主持之，各省县市亦成立各该地党与团工作指导联席会议，商定各该地党与团分工合作办法，并随时检讨工作，共谋改进，其有不能解决之问题，由上级会议解决之。3. 党籍团籍应划分清楚。4. 党的中央执监委员除团长特许者外以不兼任团的中央干事监察为原则。5. 各地党的执监委员以不兼任团的各级干事监察为原则。6. 团员之年龄不加限制。”② 据此，中央干事会又建议修改《团章》，将其中有关团员年龄限制的条文悉数删去。上述六条就是中央团部所理解的二全大会决议精神，其要点是“加强团的革命性、政治性和独立性，实行党团分立制度”。

对团内大多数人来说，上述新措施意味着三青团获得了相对的独立性。《大会日刊》在社论中写道：“在这一次大会中的一个最为会内会外所注意的问题，就是团的性质及其地位问题，这个问题的提出，是为了一般团员对党的现状的不满，这个问题的结论，将会造成党与团的分离，幸经过大会的讨

① 《康泽与蒋介石父子》，群众出版社，1994，第183页。

② 《团务改进方案（草案）》，《三民主义青年团第二次全国代表大会重要决议案汇录》，第24～25页。

论，又承团长指示，才得到了一个正确的途径：党务与团务应共谋革新，两者的工作范围与办事干部，可妥为划分。简言之，就是团对党已经获得了某种限度的独立性质。”①

然而在二全大会上，团长蒋介石又亲自核定了一份名为《本团改组方案》的提案，交由大会讨论。该方案明确宣布：“为适应时代需要，加强革命力量，以扫除革命建国之障碍，达成革命建国之任务，本团应即彻底改组，充实内部，强化组织，重订方针，展开工作，以成为健全之三民主义青年的革命集团。”并规定立即办理团员总甄核，改组整理阶段以一年为期。这一方案表明，蒋介石已经决定在二全大会之后，对团的组织进行大规模改组整理，即实行“清团”，这在三青团历史上还是第一次。值得注意的是，上述特种提案审查委员会提出的有关加强团之“独立性”的一系列措施，在蒋介石的方案中几乎完全没有反映，只是轻描淡写地提到“团的干部不得兼为党的干部”，“团员兼为党员者，应就其志愿自行认定只参加团或党的组织及活动，以免重复”。稍后，蒋介石又否决了中央团部修改团章的建议，批示“年龄限制，不可取消”，说明蒋对加强团之独立性的主张明显抱有戒心。上述蒋氏方案提出后，更名为《三民主义青年团改进方案》，大会稍修修正即予通过。应该说，该方案才是二全大会的正式决议，是二全大会精神的官方版本。

蒋介石方案的提出与通过，使特种提案审查委员会所拟订的《团务改进方案（草案）》处于相当尴尬的境地。特种提案审查委员会于无奈之下，在上述提案后面特地加了一个说明：“《团务改进方案（草案）》一种，原拟提大会讨论。兹以团长交议《本团改组方案》对于团的性质、地位与任务、组织案，均有详细之规定，上开草案自无庸再提大会，拟请连同原提案交下届中央干事会于执行团长交议案决议时，一并参考办理。当否？仍请公决。决议：照审查意见通过。”② 另据《湖南团讯》报道：“团的性质与地位一案，为二全大会所最先注重且研讨历时最长的一个问题，关于这一类性质的提案共有四十二件之多，由团长指定专人组织特种提案审查委员会，综合审查的结果，拟具《团务改进方案草案》一种，旋以团长交付《本团改组方案》

① 社论《写在大会闭幕的一天》,《三青团二全大会日刊》第11号，民国35年9月11日，第1版。

② 《特种审查委员会审查报告第一号》,《三民主义青年团第二次全国代表大会重要决议案汇录》，第23页。

（大会决议时仍将改‘组’修正为改‘进’），对于团的性质、地位与任务、组织等，有详细之规定，故原提草案取消，仅就团长交议案作原则上之讨论”。[①] 可见，《团务改进方案（草案）》并未经大会正式通过。这份多少有些“蒙混过关”的方案，提供了有关二全大会决议精神的第二个版本。只要稍微认真阅读一下，就不难发现，这两个方案的重点完全不同，精神相去甚远。

然而，在会后对大会精神的宣传中，对第一方案的宣传远远不如对第二方案的宣传，各种文章往往都将讨论重点放在“加强团之政治性和独立性”上面。如《训练导报》就此发表社评，称“团的独立性加强”“团的政治性加强”和“办理团员总甄核”，是二全大会的三大贡献，其中“团的独立性加强”又是位居首列的“第一大贡献”。社评写道：“本团过去因为在机构方面，处处学党；在人事方面，党团不分，以致于在作风方面，脱不了党的范围，闹到经过五十年的党，要革新；而我们才不过七八年的团，也要改进。”“本届大会能毅然使党团的干部分途……这实是本届大会第一大贡献。”社评又称：“本团的性质过去徘徊于政治性、教育性、社会性之间，性质既不明确，工作亦无重心，此影响本团的发展至巨。此番确定团既为一革命团体，便当加强其政治性”。[②] 在三青团团刊关于二全大会的宣传中，《训练导报》的这种言论是具有代表性的。

对于“组建新党”运动，一般都认为已经解决，代之而起的则是对于“政治性、独立性”的热烈鼓吹。有的文章宣称：“团的性质问题，经过团长的明白指示后，组党论已经烟消云散了。”二全大会“对于团的性质问题，已有原则的确定，咸认维持现状，为众不满；隶属政府，已成过去；组织政

① 毛孝祥：《本团的成长、发展与健全》，《湖南团讯》第7卷第9期，民国35年10月1日。另据中央常务监察胡庶华称：“本届二全大会……归纳起来，重要的提案有数十个，其中最有价值的，就是团长交议的《团务改进方案》，在大会中有特别提案审查委员会的设立，关于这个方案内容，起初称为改组方案，有整理组织委员会之设立，更有停止吸收团员一年的主张，俟团务整理完毕后，即召开第三次全国代表大会，经过周详考虑，几度审查，乃决定推本人、邵力子、任卓宣同志，向团长请示将改组方案，变更为改进方案，并请仍继续吸收团员，不必成立整理组织委员会，至于整理组织，交下届干事会办理，团长认为可行，惟团员总甄核，团长认为非办不可，我们认为腐化的团员，必须淘汰，以强化团的组织，便于从事战斗，所谓改进，不是推翻过去，而是策进将来”。（《胡常务监察庶华对长沙区团干部工作座谈会训词》，《湖南支团部三十五年度分区举行干部工作谈话会纪实》，第30～31页）这一说法，可供参考。

② 社评《二全大会的成就》，《训练导报》第4卷第2期，民国35年9月15日。

党，又无可能，经一致决议，今后团务，惟有加强革命性，加强政治性，并在工作上加强独立性，以适应目前和将来的政治局势，这种英明而进步的措施，颇能兴奋一时”。① 与改进整理团务的宣传相比，加强团之政治性、独立性的论调，更能迎合团内多数人的口味，自然而然成为关注的重点。由此可见，二全大会之后，宣扬“团的政治性和独立性”不仅已经公开化、合法化，而且自上而下泛滥成灾。

地方团部对“团之独立性”的宣传则更加激烈、更加露骨。三青团二全大会刚刚落幕，湖南支团《中兴日报》就发表社论，予以庆祝。社论称：“青年团虽尚未正式宣布组为政党，在精神上脱离国民党的关系，但以为时势的需要，其本身革命历史的演进，很有成立政党的可能与需要。全大会十分之八九的代表，均主张另组政党，只因团长明白宣示团不能脱离党，便一致的服从。”② 不少人认为二全大会以后，不仅团的地位提高了，而且已进入“独立活动时期”。湖南支团干事王素波宣称：“二全大会关于团的性质有四项重要决定：（一）提高团的独立性。（二）团不脱离党。（三）党团干部分开。（四）党团工作划分。由第二项看，我们知道，团与党仍有密切的关系，但由一、三、四各项看，我们知道团已届独立活动时期，这一方面，我们庆幸于团的地位的提高，一方面，我们又警惕于本身责任的加重，我们以前真像一个小弟弟，在兄长巨力撑持之下，我们只分担较小的责任，现在我们要独立门面了，重大的责任完全落在我们自己的肩上。”③ 他们觉得二全大会之后，团虽无组党之名，但实际上已有组党之实。“此次二全大会之召开，团的发展，显已进到一个新的健全的阶段，尽管说没有明确的独立组成政党，可是，团在今日多党民主政治的趋势之下，她的政治性已特别加强了……本团独立性与革命性的确加强，将以新的精神任事”。“团要成党政革新、完成革命的主力！”④ 尽管如此，但还是有人急不可耐，决心尽快捅破这层薄薄的窗户纸。

在许多地方团干看来，所谓“加强独立性”只不过是迈向“独立建党”的第一步，二全大会决定“加强团的政治性、独立性”，乃是正式启动了三青团组党的过程，三青团已经走上了组建独立政党的道路。他们对此毫不掩

---

① 马星云：《今后团的前途》，南京《革新周刊》第2卷第8、9期。

② 社论《青年团二全大会之伟大成果》，湖南《中兴日报》民国35年9月13日。

③ 王素波：《我们的责任加重了!》，《湖南团讯》第7卷第10期，民国35年11月1日。

④ 毛孝祥：《本团的成长、发展与健全》，《湖南团讯》第7卷第9期，民国35年10月1日。

饰，赤裸裸加以宣扬。这种想法并非仅仅停留在言论上，而是迅速转化为实际行动，并列入了地方团部的议事日程。下面我们以湖南支团为例，看看他们是如何传达二全大会决议精神的，并为此采取了一些什么样的措施。

在三青团各地方支团中，凡是团务工作比较活跃，团队力量比较强大的地区，往往也就是“独立意识”异常浓厚的地方。湖南支团就是如此。抗战胜利以后，湖南支团的独立意识更加高涨，支团书记周天贤提出了“要准备自己”的口号。他在团刊上公然宣称：“用宇宙自然法则，新陈代谢的定律，可以证明，因为老年人精力慢慢走向衰颓，不愿或许不能肩任国家的繁巨，国家的大事，将要交付出来，继承这国家大事的，当然是青年，这国家大事，关系历史文化的延续，土地人口的完整，人心的振靡，社会的隆污，国家的兴替，都在我们这一代青年的肩上……湖南青年，要准备自己，接受伟大的责任的到临！”① 这反映出他们跃跃欲试、迫不及待的心情。

为了参加三青团二全大会，周天贤离开湖南在外活动了将近四个月时间。他首先到南京中央团部办理结算经费手续，随即到徐州去拜访了曾对湖南团务给予很大支持的薛岳，薛岳表示欢迎湖南青年到徐州工作；接下来周便到庐山参加夏令营工作，夏令营一结束即出席二全大会。二全大会闭幕后，周氏又与湖南支团干事长李树森赴南京谒见陈诚，请示工作，据称“书记长对团务工作，指示极为详尽”。周天贤返湘后在各界欢迎会上发表讲话，介绍了他对二全大会的观感。他说：“关于团的性质和地位，团长费了很多考虑，大会代表也非常慎重，恐怕错过了这一机会，以后难免不发生其他问题，也有一部分党的老同志，以为团党如果分开，一定予共党挑拨离间的机会，讨论的结果是党团干部分开，党团籍分开，以后团员不限年龄，这说明团在向独立的方面走。”周氏对三青团将要成为独立政党这一点毫不怀疑，他说：“如果要问团何时可以成为一个政党，那就要看本身的努力和成就来决定，将来如果组织发展快，表现力量大，明朗的时期可以提早一点，如果表现得不好，自然时间要拖长。”在周氏的印象中，团长蒋介石“对团的希冀是很大的”，“觉得实现新中国的主力，便寄托在这里”。出席二全大会后的周天贤对团的前途和团务工作表现出极大的紧迫感，宣称“团的成败，就看这一次，我们为团工作也就是这一次，团体和个人的失败与成功，也就在这一次，今后大家要遵照团长和书记长的指示切实努力，实事求是，时刻戒

---

① 周天贤：《回顾与前瞻》,《湖南团讯》第6卷第12期，民国34年12月30日。

慎恐惧，奋勉有为，不然，本团就这样完了”。[①] 说明他们已准备破釜沉舟，不顾一切，大干一场。

为了尽快“使二全大会的精神，透入基层干部，发生实际作用”，湖南支团部在中央团部尚未将二全大会决议案通令实施之前，便于1946年11月，分长沙、衡阳、常德、沅陵四区，召开干部工作谈话会。干事长李树森说明了召开此会的目的：“其最大的意义：是在研究本团在第二届全国代表大会后开展工作的方案，以作为我们今后推行工作的依据，固然本届全国代表大会以后，中央有各种具体而重要的决议，可是因为中央干事会人事的改组，有新旧的交接，要经过相当长的时间，才能将各项决议案和实施办法颁布下来，支团部为谋争取时间，迅速展开新的工作起见，只得根据大会的决议精神和本会环境的急切要求，以及本席与各同志参加这次大会所得的经验和心得，特来召集这个谈话会，共同商谈，以谋时间上的补救和争取工作机会”。可见在传达二全大会精神方面，各地方团部负责人的态度似乎显得比中央团部还要急切。

关于二全大会决议的主要精神，湖南代表众口一词。通过他们的叙述，向该支团干部和团员传达了一个明确无误而又令人振奋的信息，即团已加强独立性，实际上走上了独立政党的道路。李树森在讲话中指出：“关于本团的性质和地位，本届大会已有明白的决定，党团干部划分，党团籍划分，团员年龄不受限制，这三点，为本届大会最大的收获，同时团长也昭示得最剀切，是则本团今后因加强了独立性，地位也因此提高了”。但他提醒大家仍要保持谨慎。“本团今后虽然加强了独立性，在形式上虽然也有着独立的模样，党团关系，虽然与前有所不同，但是我们的作风，仍须谨慎。今后在精神上，还是要接受党的领导”。[②] 中央常务监察胡庶华也在报告中介绍说：“至于团的性质和地位，在大会中经过了激烈的辩论，其所讨论的有三个焦点，第一维持现状，第二脱离党而独立，第三成为训练机构，后经团长根据国内外形势，多所训示，最后决定，加强今后团的政治性和独立性，因此，今后团在政治上的地位，与党相同，目前不能明显的改为政党，只因时间未到之故。”[③]

支团书记周天贤在会上明确宣告“本团已走入政党途径”，从而给会议添

① 《欢迎会中书记训词纪要》，《湖南团讯》第7卷第10期，民国35年11月1日。

② 《李干事长树森在干部工作谈话会训词》，《湖南支团部三十五年度分区举行干部工作谈话会纪实》，第27~29页。

③ 《胡常务监察庶华对长沙区团干部工作座谈会训词》，《湖南支团部三十五年度分区举行干部工作谈话会纪实》，第30~31页。

上了画龙点睛的一笔。他强调指出：“本团二全大会后，工作已进入新的阶段……二全会中，团长很明白昭示，团在今天，应有最积极的作风与决定，否则，青年团不仅误了全国青年，而且误了整个国家，是以经多次之研究，一致决议，为适应国内外环境要求，加强团之独立性、革命性，党团干部分开，党团籍分开，团员不受年龄限制，由此重大决议，可以说本团已走入政党途径，但是与党的亲切关系，还是一样保持，相辅相成，共同为实行三民主义而努力。”周氏认为调整后的中央团部，领导得力，人事健全，团的组织充满了希望。“中央团部现已正式改组，人事非常健全，机构运用灵活，同时我们默察中国情形，陈书记长英武睿智，公忠体国，总揽军事，而又兼理团务，团长对他是有很大的期望的。他本人对国家前途，也是有计划的。我们可以预断团在书记长负责主持之下，必有长足的发展与无限光明。”最后他断言：“本团经二全大会后，已走入政党的途径，我们拥有百余万优秀团员……今后中国政治，可断定为本团的政治而无疑，凡我革命青年，不能无此怀抱，无此信心。”①

会议分析了“国民党的过去、现在和将来”，并经过热烈讨论，达成了对于“党团关系之新认识”。会议认为：“国民党因执政甚久，致党内革命精神消失，官僚主义盛行，组织则头重脚轻，越到下层，便越松懈无力，因而党员与党脱节，党与人民脱节，党的政纲政策，亦不能实行，致大失民心，无法振作。”会议预言：“宪政实施后，国民党便要还政于民，惟因党的本身，散漫无力，在宪政时期的民选中，随时有失败的危险。”会议宣称：“团在最近之将来，必然因时势之需要，而成为伟大的政党，与国民党脱离关系。”但在当前形势下，“党团分立，仍不宜明白宣传，因此时团应借党团的一种模糊状态中，共图发展。”现在处理党团关系的原则是：“党与团的组织系统，各自独立，在革命的任务上，已明确的分工，在事业表现上，为平行的竞赛”。会议特别提醒大家要“注意党内狭隘份子防止团的发展，压制团的发展的作风。”会议最后得出重要结论：“在现阶段之革命中，本党与本团之关系，扑朔迷离，但因时代之需要，本团必然崛兴而为伟大的独立政党，如果不然，则本团将来必化为乌有。”② 在这次讨论会上，湖南支团已俨然以“独立政党”自居，对国民党之口气判若两党。

---

① 《周书记天贤在干部工作谈话会训词》，《湖南支团部三十五年度分区举行干部工作谈话会纪实》，第 32～34 页。

② 《业务讨论题目及其结论》，《湖南支团部三十五年度分区举行干部工作谈话会纪实》，第61～62 页。

1947年1月，湖南支团干事长李树森、书记周天贤发表了《致干部工作同志书》，再次强调："本团自庐山二全大会后，已转入新阶段，盖加强团之独立性、政治性，及党团干部分开，党团籍划分之决议，皆适应时代之需求，良非偶然。是以今后中国政治之良窳，国家民族之盛衰，本团责无旁贷，全体同志，亦应以天下国家为己任，当仁不让"。① 与此相应，湖南支团部也在当年工作计划中明确提出：要"加强本团独立性、政治性与革命性的宣传，树立本团伟大政党的风格"。上述材料表明，二全大会之后，三青团的部分支团事实上已经对国民党宣告独立，并开始了组建"伟大政党"的实际活动。湖南支团就是一个典型的例子。

可以看出，二全大会之后的三青团已经处于一片混乱之中。团务的发展出现了三种不同倾向：蒋介石、陈诚力主对团"改组整理"；中央团部主张"加强政治性、独立性"；一些地方团部则开始独立活动，走向政党道路。"组建新党"运动在表面上被否定了，但在实际上却死灰复燃，并由中央转入地方，由上层转向基层，变本加厉，到处泛滥，日益猖獗。团的组织上下离心，各自为政，如同一匹脱缰之马向着灾难的深渊狂奔。

综上所述，所谓"组党"运动是在抗战胜利以后国民党"实施宪政"的背景下产生的。它不是出于蒋氏父子的预谋，而是在当时形势刺激下，三青团内长期受到压抑的"第二党"情绪的一次大爆发，是团内一大批中上层干部（主要是各级地方团干）的自发举动。其目的是为了提高三青团的政治地位，以摆脱各种束缚，谋求独立发展。组党运动强化了三青团的独立倾向，刺激了三青团的分离趋势，极大地加剧了党团之间的冲突，并使党团矛盾在此后的选举中达到白热化的程度。它也是后来蒋介石结束三青团、实行党团合并的重要原因之一，从而成为三青团命运的一个历史转折点。

① 《李干事长、周书记致干部工作同志书》（民国36年1月25日），《湖南支团部三十五年度分区举行干部工作谈话会纪实》，第83页。

近代世局中的台湾与中国大陆

陈立文*

一 前言

台湾与中国大陆在明代以前的关系，至今有各种说法，但对于世局而言并无重大关系，且由于不在本文讨论范围中，所以不予叙述，仅从荷兰人于明朝天启四年七月（1624 年 8 月）进占台湾开始，此亦可视为台湾走进世界的开始。明永历十五年（1662），郑成功攻陷赤崁城，驱逐荷兰人，直至清康熙二十二年（1683），郑克塽降清为止，明郑治台 22 年，可说是台湾在明政权之下立足世界的一段时间。1684 年 4 月，台湾（时为台湾府）正式纳入清政权的统治下图，然而，清廷的治台政策，一直到 1874 年日军在牡丹社事件中犯台以前，都是消极的，目的只在避免台湾再度成为盗匪与反抗者的根据地。也因为如此，台湾因为地理位置的重要，备受列强瞩目的同时，却由于统治者的缺乏世界眼光，而只能屈居海角一隅，扮演被欺凌的角色。清廷对台湾真正的重视，应当从光绪十一年（1885）台湾建省开始，从 1885 年到 1894 年台湾有 10 年的时间不仅真正成为大清帝国的一省，也成为当时中国先进的一省。但是，光辉的时间短暂，光绪二十年（1894）中日甲午战争，中国战败，1895 年订立马关条约，中国被迫将台湾割让日本，台湾成为日本的殖民地；1912 年中华民国建立的时候，台湾仍归日本治理，并没有因为清帝国的败亡而改变台湾割让的事实，一直到民国 34 年（1945）日本战败，台湾才在日本无条件投降的情况下由中华民国政府收回；虽然在民族感情上来说这是一段屈辱的历史，但是对台湾的世界地位而言，却应当是多面

* 台湾中国文化大学史学系教授。

的解读。

在这一段历史过程中，台湾由原住民聚居的海岛，成为东西列强争据的战略、经济要地，从而得到中国大陆真正的关注，然而成为中国的一省不过10年，由于日本的介入，使中国大陆与台湾的关系又面临分歧，以至于51年暌违；日本战败后好不容易中华民国收回台湾，然而短短4年，又由于国共立场的不同，随着战场的转移与国号的更替，1949年中国国民党退守台澎金马，此后面岸之间隔海分离至今。

中国大陆与台湾在这500年近代史的时间里，经历了断断续续的过程，分分合合的纠结，当然不是三言两语可以解释清楚的，但是台湾在1624年迄今这段历史过程中的地位，以今日视之，在近代世局之中，实有其特殊之处，对中国大陆而言，更有其不可分割的意义，在历史中留有重大的一页。因此本文拟以“近代世局中的台湾与中国大陆”[①]，探讨近世以来台湾的特殊经历，以及其与大陆关系的发展。

二 荷据与明郑时代（1623－1682）

明代时期，台湾对中国大陆明政权而言，尚是一个名不见经传的海岛荒蔓之地，当荷兰意欲侵入澎湖时，官方交涉当中，为保澎湖而建议荷兰不妨到台湾，并表示会派遣商船前往台湾大员贸易。荷兰遂于1623年10月派船只先到大员观察，并在大员着手进行要塞工事，明军主将俞咨皋通过一位来往于日本、福建、台湾之间的华商李锦从中斡旋，最后双方订下和约，达成三项协议：（1）荷兰退出澎湖；（2）荷人退出澎湖后可占领台湾，明政府没有异议；（3）准许荷兰人今后在明帝国通商，明帝国商船也可以往台湾及爪哇与荷兰人交易。[②] 荷兰乃于1624年名正言顺地进占台湾。

荷兰人首先在一鲲身建筑城堡，初名奥伦治城，后来改以荷兰的一州，命名为热兰遮城（Zeelandia），即今日台南安平古堡前身，荷兰总督驻扎于此。另外，荷兰人从平埔西拉雅族手中取得在台江对岸的赤崁，建仓库、宿舍，并逐渐发展出一个商业市街，建立为普罗明遮城（Provintia），即今赤崁楼的前身。荷兰人在南台湾的一切政经措施及其以政府形态出现的统治组

---

① 引号为编者所加。此类情况下同。

② 参见曹永和《台湾早期历史研究》，联经出版公司，1979。

织，就是以这两个据点为中心发展起来的。①

不论中国大陆当时如何看待台湾，在荷治38年之间，台湾的政治、经济都有了初步的发展，荷兰设台湾长官，隶属荷兰东印度公司，以普罗民遮城为行政中心，热兰遮城为军事防御设施，将原住民和汉区分而治，原住民部分设立南部、北部、东部和淡水四大地方会议区，采抚镇兼施之策，一面以罗马字拼音（新港文书）传教，一面武力镇压反抗。对汉人则一方面对在台的汉人采武力镇压手段，一方面又鼓励大陆汉人来台垦殖，虽然其间亦有许多冲突与反抗，但是这段时期，对台湾最重要的两大发展，是不容否认的，台湾也因此提早进入了世界舞台。

（一）初期民主观念的形成

荷兰统治台湾前，平埔族部落社会为500～1000人的聚落，并没有固定的政治领袖，只有在狩猎与征伐的时候，才推选有领导能力者，平时则采取合议制度来确定村落事务，族人虽不知“民主”二字，但却具备其精神。

荷兰的统治策略乃先以强大的武力征服，杀鸡儆猴，“至各社慑伏其淫威，再举行各社长老，命其自治”。② 1636年2月，荷兰召开第一次长老会议，召集大员以北各村的长老于赤崁开会，要求他们表达效忠之意，并授予衣物、藤杖及旗帜等物品。1641年4月，建立“村落头人制”，并宣布这种集会为“地方会议”（（Landdagh），每年召开一次，由各村长老报告部落事务。“村落头人制”成为荷兰人统治原住民的一种方式，而“地方集会”则成为年度考核各部落头人的场合，③ 或是各地村落的精英分子经验交流的场合。④ 此点从今日来看当然称不上民主，但对于当时的台湾原住民而言，无疑是确立了初步的民主观念与形式。

（二）重商主义的建立

荷兰人来台湾最主要的目的，当然就是商业。当时荷兰人占领的主要地

① 彭明敏、黄昭堂：《台湾在国际法上的地位》，蔡秋雄译，玉山社，1995。

② 陈虹：《明末台湾山地行政的研究（上）》,《台湾文献》第25卷第3期，1974年9月，第21页。

③ 中村孝治：《从村落户口调查看荷兰的台湾原住民统治》，许贤瑶译，《台湾文献》第47卷第1期，1996年3月，第145页。

④ 康培德：《荷兰时代村落头人制的设立与西拉雅社会权力结构的转变》，第12～13页。

区，是台湾西南部的嘉南平原，盛产梅花鹿、稻米与甘蔗，米、砂糖、鹿皮成为输出大宗，不仅满足日本的市场，还进一步销往波斯（今伊朗一带），运往巴达维亚以及荷兰本国。荷兰在台湾前后38年，经历12任长官（或为总督）。这些长官，从政治上看，固然是行政首长，但从商业的观点看，则是东印度公司在台的商务代表。荷兰联合东印度公司在亚洲各地设有许多商馆，除台湾之外，其他地方主要还有巴达维亚、日本、暹逻、柬埔寨、锡兰、万丹、波斯……这些商馆相互连结成一个庞大的商业网络，而台湾商馆在这个商业网络中，刚好在居中的位置，自然扮演起中途转口的角色。当时由台湾输至中国大陆的主要商品，有米、糖、鹿肉、藤。由中国大陆拿回来的，有生丝、犀牛角、药材，这些东西又转口到日本出卖。还有绸缎、陶瓷、黄金，则运回巴达维亚或荷兰本国。从台湾贩运日本的，以糖为最多，其次为鹿皮、牛角及牡牛皮等。从巴达维亚输入台湾的货物，则为香料、胡椒、琥珀、锡、铅、麻布、木棉及鸦片等，这些东西绝大部分是转销到中国大陆的。①

不论荷兰从台湾获取了多少利益，从世界经济发展的角度来看，荷兰统治时期的台湾，已经出现以出口为导向的商品经济雏型，与当时中国大陆强调自给自足的保守小农经济截然不同。台湾因此跃入以贸易为导向的海洋文明体系，发展成为亚洲重要的转口港。

明清交替之际，郑成功欲占台湾为反清复明的根据地，正值荷兰统治末期，因为社商与通事措施不当，引起平埔族反感，当时台湾人口仍以原住民为主，郑氏攻台时就有平埔族相助。郑成功入台后即亲访各社，赐予物品，借此收揽民心，初期颇得平埔族爱戴。② 郑又以洪开、初辟等10人，专门分管社事，处理番政。③ 迨郑经继位，则教匠取土烧瓦，往山区伐木斩竹，起盖卢舍，并设围栅；而对于平埔族的管理，大致还是沿用荷兰方式，设立土官（头目）自治之。④ 不过在明郑时期，引进大量汉人入台，因开垦需求，加上军屯措施等，导致汉人势力渐渐深入平埔族区域，虽有开垦章程等禁令制止侵扰原住民，但往往如同虚设，汉人的势力在台湾已成为绝对的优势。

---

① Tonio Andrade, *How Taiwan Became Chinese. Dutch, Spanish, and Han Colonization in the Seventeenth Century*, pp, 113－115.

② 杨英：《从征实录》，台银，1958，第187页。

③ 连横：《台湾通史》卷15《抚垦志》，台银，1962，第416页。

④ 陈虹：《明末台湾山地行政的研究》，第36页。

明郑治台 22 年，对台湾主要建树可以分为四点。

第一，设置郡县：东都明京（赤崁）、承天府（台南，首府）、万年县、天兴县（县在郑经时改为州）。

第二，奖励屯垦：解决粮食问题。

第三，提倡文教：设学校、办科举。

第四，经贸发展：突破海禁，走私中国大陆货物；远销日本、琉球、吕宋、暹罗；英东印度公司在台设商馆。

可以看出，尽管这段时间的明郑无法反清复明，台湾也无法有进一步的拓展，但是汉文化透过移民、屯垦、文教逐步深入台湾，而在经济上台湾仍维持转口港的海洋商业贸易体系，可以称之为一个小康时期。

三　清领时期（1683～1895）

清康熙二十二年（1683），清廷经由郑成功前部下施琅的帮助，终于击溃了郑克塽，台湾正式成为清廷统治下的一部分。郑克塽降清以后，清康熙帝及若干大员认为台湾为未开发的弹丸般小岛，保留台湾徒增国家的财政负担，不如放弃台湾，只保留澎湖，作为东南诸省的军事屏障，把台湾岛上的移民全部迁回大陆。[①] 幸好施琅力主保台，认为台湾土地肥沃，战略价值高，即使需耗用国家经费，也应保住台湾。1684 年清廷才决定保住台湾。[②] 次年 4 月，台湾（时为台湾府）正式纳入清治下的版图，隶属福建省。

然而，清廷的治台政策，一直到 1874 年日军在牡丹社事件中犯台以前，[③] 却都是消极的，目的只在避免台湾再度成为盗匪与反抗者的根据地。[④] 一方面，清政府在台驻军皆由大陆调派，每三年调动一次，以防军队造反；另一方面，清朝政府更将十几万台湾居民强制遣返大陆原籍，又对大陆人民移民台湾严格限制，禁止携带家眷，早期渡台者只好与平埔族女子通婚，因此而有所谓“有唐山公、无唐山妈”的说法。[⑤] 在清朝治台的 212 年间，造反事件层出不穷，总计发生了百余次造反事件，其中算得上是大乱的有三四

① 《清圣祖实录》。

② 施琅：《陈台湾弃留利害疏》。

③ 戴宝村：《帝国的入侵——牡丹社事件》，自立报系出版部，1993。

④ 孔立等：《清代台湾史研究》，厦门大学出版社，1986。

⑤ 林伟胜：《罗汉脚——清代台湾社会与分类械斗》，自立报系出版部，1993。

十起，其中1721年的朱一贵之乱（国号“永和”）、1786年的林爽文之乱，以及1862年的戴潮春之乱，被称为清朝统治下台湾的三大“民变”。一般学者都认为，发生这些叛乱的主因，不外乎清廷从大陆派来的官吏素质粗劣（吏治不清、治军不严、体制不彰）、官民间语言的隔阂，以及清廷对台湾住民的高压政策等。[①]。

清廷对台湾的消极态度一直要到19世纪中叶才有了改变。然而，造成这种改变的原因却不是源于清廷内部，而是由于国际环境的改变。鸦片战争（1842年）以后，欧洲殖民主义势力冲击着中国也包括台湾。1858年到1865年，台湾在两次英法联军后所签订之条约的规定下，连续开放沪尾（今淡水）、鸡笼（今基隆）、安平、打狗（今高雄）四个港口对外通商。[②] 同时，西方传教士也获准在台湾自由传教。1870年，英国长老教会派甘为霖（William Campbell）来台，以台南为根据地，在台湾南部培植势力。翌年1871年，加拿大长老教会派马偕（George Leslie Mackay）来台，以淡水为根据地，在北部培植势力。[③] 1874年日本借口“牡丹社事件”所发动的侵台之役，以及1884～1885年的中法战争，战火都直接蔓延到台湾。这一连串的事件，终于使清廷了解到台湾在军事上、政治上和经济上的重要性。为因应上述国际局势的变化，清廷于是甩掉清初以降的消极政策，积极拟定经营整个台湾的方针。同治十三年（1874）以沈葆桢为闽浙总督，留台办事，可为清廷对台湾建设的开始。[④] 其重要治台方针如下：

（1）改善吏治：奏请福建巡抚每年冬、春半年移驻台湾。

（2）调整府厅县为二府（台湾、台北）、八县（台湾、凤山、嘉义、彰化、恒春、淡水、新竹、宜兰）、四厅（澎湖、埔里、卑南、鸡笼），以便管理。

（3）开山抚蕃：解除一切禁令（来台、偷渡、隘口、招垦、通婚），分南、北、中三路打通中央山脉，开辟山后（台东蕃地）。

（4）重视国防：设炮台（亿载金城、凤山、旗后、东港）、储利器、联外交、通消息。

清光绪十一年（1885），清廷决定提升台湾的行政层级，将隶属福建将

---

① 张琰：《清代台湾民变史研究》，台湾银行台湾研究丛刊（104）。

② 戴天昭：《台湾国际政治史》，李明峻译，前卫出版社，1996。

③ 赖永祥：《基督教的传播与台湾的现代化》，收录于《台湾史研究初集》。

④ 张世贤：《晚清治台政策》，东吴大学，1978。

近两百年的台湾独立出来，改设为行省，并任刘铭传为首任巡抚，其主要治台政策包括：

（1）调整全台为一省、三府、四厅、十一县、一直隶州。

（2）办防务以御外侮：修筑澎湖、基隆、淡水、安平、旗后炮台；建机器局生产枪弹、建军械所储存弹药；购兵船、巨炮。

（3）抚蕃以清内患：先剿（光绪十五年“征蕃”，征服880社、15.8万“生蕃”）后抚（设抚垦局、番学堂，分教台语、官话）。

（4）建设交通：开辟海运（台湾、香港及上海间之定期航线，及与新加坡、西贡等航线）、设水路电报（共1400里）、邮政（第一年邮费即达1万两）、铁路（台北至淡水、台北至台南）。

（5）清赋以裕饷：清丈田亩、重订税则、户口普查。

（6）振兴殖产工业、开发资源：砂糖、樟脑、硫黄、乌龙茶、石炭、木材、米、金、盐。

刘铭传在台湾积极实施一连串的改革，于是，台湾在1891年有了中国第一条官办客运铁路，南北普设电报可通福州，同时也设立邮政与新式学堂，台北城的街头亮起了路灯。学者分析其中的因素，认为：“台湾物产丰饶，茶、糖、樟脑的外贸畅旺，且因地处边陲，来自中央的羁绊较少，地方大员能放手建设事业，再加上台湾是海岛，岛民之民智普遍早开于内地，因此不仅未形成改革的阻力，反而是促使近代化的幕后助力。”① 虽然当时的台湾还不能算是中国首善之区，但是其先进的建设，以及与世界接轨的脚步，是不容否认的事实。只可惜台湾建省不过十年，由于中日甲午战争（1894～1895）的失败，清廷被迫签订《马关条约》，将台湾和澎湖的主权让给了勃兴中的日本。

四　《马关条约》到台湾光复（1895～1945）

日本处于东亚大陆东部的海中，位于中国东北方，其西南距离中国大陆不到1000公里，其间没有岛屿为跳板，这种虽不遥远却以海为屏障的距离，使日本一方面可以尽情地吸收中国文化，一方面又有效地限制了中国对日本的政治和军事影响力，使日本无须担心中国的军事入侵，以至在近两千年的中日关系中，日本始终处于优势和主动地位：日本可以自主定位和中国的关

① 许雪姬：《满大人的最后二十年》，自立报系出版部，1993。

系，决定对中国文化制度的吸收和避免中国对其政治的干预。[①]

17 世纪西方工业国家开始向外开拓市场，日本与中国同时感受到西方势力的巨大压力，日本是小国，所受冲击自然比中国要剧烈得多，因此日本也早于中国在 1635 年施行锁国政策。大约 50 年后清朝也开始施行相同政策，中日联系日益减少，相同的外部压力使中日两个东亚国家的关系暂停了 200 年。

明治维新是日本历史关键的一步，日本通过明治维新，摆脱了民族和国家危机，迅速扩军备战，对东亚各国由弱到强地逐一吞并。1870 年日本外务全权大臣佐田白茅在出访朝鲜后撰写《征韩论》，称“满清可交，朝鲜可伐，琉球、吕宋垂手可取也”。已为日本接下来的军事行动写好了蓝本。1872 年日本首先宣布琉球为日本“内藩”，由外务省管理，1874 年日本借口台湾东部是所谓“化外之地”，杀害琉球渔民，强行登陆屏东，虽然此时日本实力尚弱，在台湾的行动以失败告终，但换来了中国对日本吞并琉球的默认。[②] 1875 年日本开始侵略朝鲜，由于此时中国还能够以兵力或政治方式遏制日本对朝鲜的侵略，因此从 1885 年到 1894 年日本疯狂扩军备战，到 1894 年甲午战争前夕，日本海军主力战舰吨位达到 37200 吨，超过中国北洋海军的 33500 吨，在性能上更超过了北洋海军。同时为保障大陆作战，日本建立了以 7 个常备师团为核心的 22 万近代化陆军，在总体综合军力上超过了中国。

光绪二十年（1894）日本乘朝鲜东学党之乱对中国宣战，清廷连续失利，只得和日本签订了丧权辱国的《马关条约》。甲午战争的失败标示中国彻底丧失了作为东亚地区大国的地位，这固然是一件悲惨的事情，但从历史的发展看来，毕竟是长期发展后的结果，甚至可以说是大清帝国咎由自取。但是台湾的割让却是突来之笔，虽然日本觊觎台湾已久，但在《马关条约》以前，台湾从未想过有朝一日中国会因为战败而将之割让异邦，尤其可笑的是这场战争是发生在距离台湾数千里外的辽东，台湾何其无辜？如果说此后 50 年间中日关系由甲午一战而决定，那么台湾此后与中国大陆之间因分离而产生鸿沟，也是甲午一战而致的结果。

台湾自 1895 年割让给日本，一直到 1945 年由中华民国政府收回，在

① 郑梁生：《中日关系史研究论集》（一），文史哲出版社，1990。

② 即牡丹社事件。

这51年的时间中，日本统治者对台湾有征服、有镇压、有管理、有安抚，也有建设；台湾人民对日本有斗争、有反抗、有屈服、有妥协，也有合作。熟读台湾史的人都知道，当清廷一纸文书割让台湾后，台湾的人民有多么惶恐、悲愤？丘逢甲"宰相有权可割地，孤臣无力可回天"的痛心疾首，是当时台民最佳的写照。而当日军要进入台湾之际，小小孤岛上的人民用血肉足足抵抗了5个月，在这5个月惨痛的过程中，清政府官员、军队在哪里？也许对两岸历史都熟悉的学者，会想到另一个对比点。民国20年（1931）九一八事变之后，有台湾60倍大的东北，是在4个月的时间中沦于日本之手的，在这4个月中，中国的官员和军队又在哪里？面对日本，东北与台湾有许多相同之处，也有许多不同之点，① 由于不在本文讨论范围之内，所以不多赘言。

从另一个角度来看，台湾的人民，无论是南岛来的原住民，还是中国大陆来的汉民族，都属于移民社会，移民社会本来就具有逞勇好斗、独立自主、不服权威的特性，地方性强于民族性，家族性强于国族性。② 台湾在清廷管理200年间，与清廷的关系实在是相当疏离的，一直到后期才转趋密切，而清廷的无故割让台湾，不仅切断了台湾与中国大陆的历史关系，也切断了台民与清政府之间的信任感与服从感。当"台湾民主国"成立的时候，台湾还是与清廷"气脉相通，无异中土"（唐景崧语），但当日军才上基隆，唐景崧便弃械而走之日，清廷与台湾的关系就切断了。当日军进入台湾，台湾各地人民的抗日，其实是保乡卫土，而不是中兴复国。③

日军控制台湾之后，设总督府管理台湾，51年之间前后共计19任总督，对台湾先后进行不同的统治方式，大致可分为武力征服时期（1895～1898）、政治建树时期（1898～1918）、安抚时期（1919～1936）、同化时期（1937～1945）四期。④ 在统治上日本将台湾视为一块新获得的土地，用镇压的方式先平定叛乱不服的人，再用建设的方式改变社会文教，既而用安抚的方式收

① 拙著《一九四〇年代的东北与台湾》，南京大学"一九四〇年代国际学术会议"发表论文。

② 《台湾的社会》（群策丛书007），群策会，2004。

③ 李筱峰、林呈蓉：《台湾史》，华立图书公司，2004。

④ 武力征服时期（1895～1898）：桦山资纪、桂太郎、乃木希典；政治建树时期（1898～1918）：儿玉源太郎、佐久间佐马太、安东贞美、明石元二郎；安抚时期（1919～1936）：田健治郎男、内田嘉吉、伊泽多喜男、上山满之助、川村竹治、石冢英藏、太田政弘、南弘、中川健藏；同化时期（1937～1945）：小林跻造、长川谷清、安藤利吉。

拢人心，最后再完全地将台湾视为本土，这一段过程就是前述的四个时期。

虽然从日本的统治手段上不难看出殖民主义的色彩与侵略者的步伐，但是在这51年中，市政的规划、经济的发展、交通的建设、教育的推动、医疗卫生的改善、农田水利的兴建、金融体系的建立、法治观念的灌输，也使得台湾的社会民生有了一定发展，在近代世局的发展史中，台湾在日本的殖民统治下，走入了世界的舞台。

五　光复时期（1945～　）

民国34年（1945）中日战争结束，伴随日本的败战，日本被迫放弃台湾、澎湖，10月25日由中华民国台湾行政长官公署正式接收，台湾的历史进入了“中华民国时代”。1949年，国共内战中国民党战败迁台，历经各种冲突与变迁，从50年代的风雨飘摇，到60年代的安定中求发展，70年代的突飞猛进成为“亚洲四小龙”，80年代的全民发展，90年代的民主改革与经贸转型，直到进入21世纪。伴随时间的推移，台湾在政治上从威权、解严，到政党轮替的多重戏剧性转变；经济上从美援时代逐步走向绿色硅岛的理想；文化上从中华文化复兴运动转型至小区总体营造、提升本土意识的问题思考方向；社会上从安定、繁荣的终极指标转向志工台湾、福利社会的集体价值之追求，这一切在在展现出台湾民众在内外艰困的政治环境中虽然背负着“雨夜花”的命运，[①] 却一直抱持永不放弃希望的“望春风”精神。[②]

在这段时间中，台湾在政治上的地方自治、全民政治、政党轮替；在经济上的土地改革、十大建设、民营企业；在文化上的中华文化复兴运动、九年国教、社会保险制度；等等，展现出台湾特殊的民情特色与经营模式，不仅让台湾在世局中站稳了自己的脚步，也或多或少为大陆的建设发展提供了一个参照比较的标准。这是台湾在汉民族手中扬眉吐气的时刻，也是台湾真

---

① 1931年，彰化人黄周以笔名“醒民”，在有“台湾人的喉舌”之称的《台湾新民报》发表一篇文章《整理歌谣的一个建议》，作家廖汉臣就写了一首《春天》：“春天到，百花开，红蔷薇，白茉莉，这平几丛，彼平几枝，开得真齐，真正美。”邓雨贤将这首“童谣”变成了今日大家传唱的“雨夜花”旋律。“雨夜花”来自一个真实的爱情悲剧，同时也暗喻着台湾人遭日本人压迫的心境。

② 1933年初春，作曲家李临秋漫步于淡水河畔，对岸观音山的美景倒映在河水中，思如泉涌，《望春风》就诞生了。《望春风》非但是一首最具代表性的台湾歌谣，更已成为世界各地的台湾人族群认同的象征之一，代表台湾像春风中的万物生生不息。

正走入世局的一段历史。

回首这一甲子的时间，1949 年，台湾从国共内战下国民党退守自保的最后据点，转而成为“反攻复国”的基地，不仅成为国共对峙下的前线，也成为冷战时期美苏两大阵营的棋子，但抛开这些政治因素，台湾开始以特有的战略地位与亚洲门户的角色，走上了世界舞台。1958 年台海第二次危机之后，两岸不再以军事方式解决问题，转而进入“和平对峙”的局面，从 1970 年代以后，台湾用自我的经济成果与民主成就，不仅在亚洲，而且在全世界受到相当的注目。一直到 1978 年中国大陆开放改革，90 年代以后快速崛起，站在世局的尖端，重新审视中国大陆与台湾的关系，谨慎而稳定的面对台湾问题，让台湾有足够充裕的时间，与相当程度的空间发展自我。

这一段过程历历在目，双方的领导者都极力在避免战争与尖锐的对抗，希望用各种管道与方法，得到双赢的局面，共同面对世界的舞台。

六　结语

21 世纪的到来，为世界注入了新生的力量，更为中国打开了美丽的远景，在这远景中，中国大陆与台湾的关系，无疑是重要的一环。我们看到在 21 世纪的第一个 10 年（2001～2010），两岸经济依赖情况越来越密切，民间往来更加频繁，两岸互动往良性发展，军事冲突的导因越来越无足轻重。尽管因为两岸还有各种波动，但是两岸双方无法自外于经济全球化与世界区域化的必然演变，而将步向合作与整合，向共存共荣演变，也可能将出现一定形式的政治整合。换言之，中国大陆与台湾的未来，必须要与世界化、国际化接轨，必须要在世界的舞台上迈进。

在这一趋势之下，对于台湾在近代世局中变化的认识，无疑是解决未来中国大陆与台湾关系的一个重要观察点，个人不揣冒昧的在此提出这篇论文，就是希望在中国近代史研究的领域中，能够对这一题目与素材给予更多的关注与研究。

中国传统历史的研究，讲求史实与史德并重，而研究中国近代史，除了史实与史德之外，还必须要有创新性、时代感，与世界观的认识。此次中国社会科学院近代史研究所的 60 周年所庆举办的第三届近代中国与世界国际学术研讨会，相信正是在这一基础上的开展。在 3 月 31 日，为庆祝建所60周年，“我与近代史所”为主题的座谈会上，个人于今后近代史研究所的进一步发展建言，指出：“近代史所的未来发展关键在创新，没有创新，就没有生命力，就没有发展。”个人深感在近代史的研究上，所谓的创新必须与世界接轨，研究中国大陆的历史也好，台湾的历史也好，如果能够放在世界的眼光中观想，必能有更多的创新与发展。

台湾光复的历史意义

王　键*

2010年是台湾光复65周年，也是中华民族抗日战争胜利65周年。1945年，包括台湾同胞在内的中华儿女，经过八年浴血奋战，战胜了不可一世的日本帝国主义，最终赢得中华民族抗日战争的伟大胜利。作为这一胜利的成果，台湾同胞终于摆脱了长达50年的日本殖民统治，回到祖国的怀抱，实现了两岸同胞团聚一家的历史新局面，这是中国近代史上一个无比辉煌的伟大事件。回顾台湾同胞武装抗日斗争史实与回归祖国的光复历程，有着极为重要的现实意义。

一　台湾人民的武装抗日斗争

台湾自古就是中国的神圣领土。经过长期准备，1894年7月25日，日本海军偷袭中国运兵船只，28日，日本陆军在朝鲜牙山袭击清军营地，悍然发动了甲午战争。在日军的猛攻下，腐朽透顶的清军一败涂地，清军在平壤、黄海大东沟陆海战中接连溃败及北洋舰队在威海卫全军覆没。由于甲午战争的失败，清政府被迫于1895年4月17日签订了丧权辱国的《马关条约》，“割让”其觊觎已久的台湾和澎湖列岛。6月2日，李鸿章之子李经芳任割台专使，在停泊于基隆海面上的日本“横滨”号军舰上，与日本首任台湾总督桦山资纪办理交割手续，从此，台湾沦为日本的殖民地，开始了长达50年之久的日本殖民统治。

从日本帝国主义窃取台湾的那一天起，台湾同胞就从来没有停止过反抗，大陆同胞也一直支持台湾同胞的斗争。割让台湾的消息传到台湾海峡

*　中国社会科学院近代史研究所台湾史研究室研究员。

两岸，群情激愤。4 月 28 日（农历四月初四），即《马关条约》签订后的第 11 天，在京台湾省籍人士叶题雁等 5 人联合上书朝廷，开言直抒“闻诸道路有割弃全台予倭之说，不胜悲愤!”愤而泣言“与其生为降虏，不如死为义民”。他们坚决反对割台的义举，史称“台湾五举子公车上书”或曰“台湾五人上书”。[①] 在京台湾举子的爱国热情，感染了康有为等爱国文人，他在《康南海先生自编年谱》中如是说：“台湾举子垂涕而请命，莫不哀之。”也促使康有为看到了“士气可用，乃合十八省举人于松竹庵会议，以一昼二夜草为万言书，请拒和、变法、迁都三者”，[②] 史称“公车上书”。由此掀起全中国反割让台湾的浪潮。大陆东南各省民众或捐输饷银，或结队赴台，支援台湾军民。

《马关条约》签订之当天，割让台湾的消息即传入岛内，岛内军民悲愤欲绝，他们“奔走相告，聚哭于市中，夜以继日”。[③] 为保卫家乡，台湾同胞掀起一场波澜壮阔的反割台武装斗争。[④] 5 月 29 日，侵台日军在澳底登陆，实施野蛮的“烧光杀光”政策，大批屠杀岛内敢于抵抗的义军和人民，肆意烧毁民房，但日军的暴行，激起台湾民众更加激烈的抵抗。在刘永福、丘逢甲等民族英雄的领导下，台湾民众进行了英勇的武装反抗。在台湾同胞的抗击下，日军伤亡惨重。[⑤] 其伤亡人数比日军此前甲午战争中伤亡人数多出将近一倍。“台湾军民用自己的鲜血和生命显示了中国人民维护国家领土主权完整的坚强意志和浩然正气，在台湾史和中国近代史上留下了光辉的一页”。[⑥] 在日据时期，台湾人民抗争日本殖民统治的武装斗争始终没有停息，不断掀起一次又一次抗日斗争的高潮。台湾的武装抗日斗争大致以 1915 年噍吧哖事件为分水岭，分成武装抗日运动和非武装抗日

① 在京 5 位台湾省籍人士是：台籍京官户部主事叶题雁、翰林院庶吉士李清琦、台湾平安等县举人叶题雁、李清琦、汪春源、罗秀惠、黄宗鼎，他们联合上书都察院，由都察院左都御史裕德代转奏呈文。见《清光绪朝中日外交史料》卷 39。

② 《康南海先生自编年谱（1858 ~ 1927）》，中华书局，1992。

③ 戚其章：《甲午战争史》，人民出版社，1990，第 511 页。

④ 日军侵入之初，台湾岛北部有台湾民主共和国为中心的抗日运动，南部有刘永福黑旗军为主干的抵抗斗争。

⑤ 在 1895 年 6 月到 10 月的这场反割台武装斗争中，侵台日军共投入兵力近 4.9 万人，随军军夫 2.6 万多人，战死者达 4600 多人，负伤者约 2.7 万人，近卫师团长北白川能久中将（皇室成员）、旅团长山根信均少将也中弹致死。见中国社会科学院近代史研究所编《日本侵华七十年史》，中国社会科学出版社，1992，第 53 页。

⑥ 陈孔立：《台湾历史纲要》，九州出版社，1997，第 336 页。

运动两个阶段。较有代表性的武装抗日运动有1907年的“北埔事件”、[①] 1912年的“林圯埔事件”、[②] 1912年的“土库事件”、[③] 1914年的“苗栗事件”、[④] 1915年的“六甲事件”[⑤] 与“噍吧哖事件”（亦称“西来庵事件”）[⑥] 等。在非武装抗日运动时期，孙中山的三民主义成为台湾抗日运动中的主流意识。“台湾抗日运动以汉人的民族意识为基础，与国民革命奋起救中国的中国民族主义桴鼓相应，并且绵延流传”。[⑦] 即使在非武装抗日运动时期，1930年仍爆发了以台湾少数民族为主体的抗日武装斗争——

① 1907年秋，台湾总督府下属之桃园支厅计划讨伐大嵙嵌少数民族同胞，掠夺其土地及山林资源，并由北埔支厅配合作战。为求得生存，11月14日11时许，蔡清琳、何麦贤等人率领百余名台湾民众及大嵙嵌少数民族同胞举行暴动，突袭日本地方官厅及警察机构，杀死日本殖民官僚、警察等计57人。后在台湾总督府残酷镇压下，暴动失败。81人被日军枪杀，何麦贤等9人被判死刑。

② 林圯埔位于台湾南投，有着大片竹林，是当地人民赖以生存的资源，自古以来，他们制作竹材、挖食竹笋，或以竹子为原料造纸牟利。但日据肇始，台湾总督府将竹林强制收归“官有”，1908年11月12日，又将竹林低价售于三菱造纸所，彻底剥夺了当地民众借以糊口的竹林。1912年3月23日，刘干等率领10余人发动暴动，袭击顶林警察派出所，击毙日本警察3人，然后乘胜向林圯埔进军，由于台湾总督府派出大批警察进行围堵，暴动队伍最终溃败。刘干等8人被判死刑。

③ 受辛亥革命及不久前林圯埔事件的影响，黄朝等台湾义士利用民间宗教信仰，以祭拜玄天上帝为号召，召集信徒，建立秘密组织，密谋举行抗日暴动。1912年6月27日，由于汉奸告密，黄朝等台湾义士被日警围捕，后死于狱中，暴动被扼杀在摇篮之中。

④ 1912年12月，印尼华侨罗福星及抗日义士11人进入台湾，他们决意驱除日本殖民者，解救台湾同胞。罗福星等以神明会、观音会、父母会等民间宗教及慈善组织为掩护，进行公开活动。在日本警察的严密搜查中，1913年12月18日罗福星被捕，暴动计划遂告流产。

⑤ 苗栗事件后不到一年，在嘉义又爆发了六甲事件。1914年5月8日，罗臭头等10余人袭击大蚯园、王爷宫派出所，击毙日警小头目野田又雄。在日警围攻下，罗臭头等退入山中，在绝境中，罗臭头自杀身亡，其余8人惨遭日警枪杀。1915年2月台南法院判处8名参与暴动的民众以死刑。

⑥ 噍吧哖事件是20世纪初叶台湾人民抗日武装斗争中规模最大、牺牲最惨烈的一次。1915年余清芳等人以台南为中心，利用神佛崇拜联络群众，进行鼓动宣传，揭露日本殖民者的残暴统治。1915年6月，趁日本政府压迫袁世凯北洋政府接受“二十一条”，全国人民反日情绪高涨之际，余清芳率众发动暴动，袭击日本警察派出所，夺取枪支弹药，击毙日警30余人。台湾总督府随即调集步兵、炮兵等驻台日军主力，在警察的配合下，向暴动民众发起反扑。缺乏武器弹药和作战经验的暴动队伍退入山区，渐陷于绝境，8月余清芳被捕，暴动失败。日军随后展开了疯狂报复，屠杀无辜民众，抗日义士有1400多人被捕入狱，866人被判处死刑等。另据统计，整个噍吧哖事件中死难的台湾民众达3万多人

⑦ 林国章：《民族主义与台湾抗日运动》，海峡学术出版社，2004。

“雾社事件”① 等。

在台湾人民数十年不屈不挠的抗日斗争中，即使在十分困难的处境下，两岸人民在反侵略、反压迫斗争中，仍相互支持和援助。日本殖民者千方百计地想割断两岸人民的各种联系，但海峡两岸之间的血肉联系，是任何强力也不能割断的。台湾民众的抗日斗争，始终得到大陆人民的大力声援和物质支持，许多台湾义士均是在获得来自大陆提供的武器弹药等支援下才得以持续斗争的。此外，流亡福建的台湾抗日武装集团首领与岛内义军保持着密切的联系，并伺机潜回台湾，继续指挥抗日斗争，其代表人物有简大狮、林少猫、林李成等。台湾抗日义士始终怀着回归祖国的强烈愿望，台湾北部的抗日义士在檄文中公开宣布：“此次征倭，上报国家，下救生民”，他们使用清朝“赏戴蓝翎”头衔和光绪年号，并称“诸国皆我清朝和好之国”，以恢复中国对台湾的主权为诉求；在台湾中部，柯铁等人在大坪顶竖起“奉清征倭”的抗日义旗，也明示其最高主张为回归祖国；在台湾南部，抗日义士则准备“进攻嘉义，歼灭日本军，以回复清政”。② 这一切充分体现出台湾人民强烈的祖国意识。

革命先行者孙中山创办兴中会后，1897 年曾派陈少白赴台湾进行活动，成立兴中会台湾支会，并以台湾为惠州起义的策源地。孙中山还曾三次亲莅台湾，③ 宣传革命主张，林献堂、蒋渭水等台湾抗日志士领袖均接受孙中山三民主义的影响，积极开展抗日运动。如蒋渭水创立台湾民众党，在其成立大会宣言中，直接比照中国国民党改组宣言，其党旗也仿国民党青天白日满地红党旗。以林献堂为总理的台湾文化协会的制度也完全模仿中国国民党的

---

① 雾社地区为台湾少数民族之一的赛德克族同胞聚集区，由于受台湾总督府的长期残酷压迫，赛德克族居民的生活环境日趋恶化，他们所依赖的生存区域和林产资源不断为台湾总督府及日本垄断资本所侵吞和掠取。为保卫家园，在部族首领摩那道·罗达奥的率领下，于 1930 年 10 月 27 日发动武装起义，突袭日本警察住所，杀死日人 134 名，夺取枪支 180 支，起义震撼了全岛乃至日本政府。台湾总督府立即调集大批军队及警察前来镇压，还丧心病狂地使用毒气弹进行轰炸。12 月 8 日武装起义归于失败。据统计，参加起义的赛德克族同胞 1236 人中，战死或自杀者 644 人，被捕 564 人，而这 564 人中，又因台湾总督府恶毒挑唆与泰雅族有仇隙的陶渣部落对其突然劫杀，仅剩 298 人，雾社赛德克族居民几乎濒于灭绝。

② 台湾宪兵队编《台湾宪兵队史》，龙溪书舍复刻本，1932，第 200 页。

③ 孙中山第一次到台湾的时间是 1900 年 9 月 25 日至 11 月 10 日；第二次是 1913 年 8 月 4 日至 8 月 5 日；第三次是 1918 年 6 月 2 日。1924 年 11 月孙中山北上乘船曾路过基隆港，因未上岸，故不为史家所记载。

制度。孙中山领导的“辛亥革命的成功与中华民国的建立，对于原本休戚与共、认同一致的台湾人民而言，民族主义的心理受到无比的激荡”。[①] 改良派梁启超虽然不主张武装革命，但他介入了20世纪初期民族解放思想的宣传，同样激励了台湾知识精英的汇集，对于台湾非武装抗日运动的影响力也是显而易见的。1900年义和团兴起时，派出一支团友到厦门，打出“恢复台湾”的揭帖：“义和团为天地正气……芟除洋人，歼灭洋教，由南迄北，所向无敌。此次团友数百千人，捧神来此，大征同志，台湾割据，神人所怒。恢复把握，在此刹那。尔等投信，迅来秉兵，徜且迟疑，天刑立至”。[②] 同年11月11日，《字林西报》刊登义和团所拟和约25款，其中第8款为“日本将台湾交还中国”。[③] 这是两岸同胞抗击日本侵略者的真实写照，它充分反映了在日本殖民者的残暴屠杀面前，中华民族同仇敌忾、奋起抵抗的精神。

1937年进入全面抗战时期，台湾岛内的抗日斗争又掀高潮。许多台湾抗日义士设法回到大陆，组织台湾抗日义勇军，与大陆同胞共同抗击日本侵略者。如李友邦在大陆组织台湾抗日义勇队，参加祖国的抗战，接受中国共产党抗日民族统一战线的指导与政治上的帮助。[④] 他们实际上参与了大陆人民的抗日战争，共同构成了中国对日作战胜利的基础，也共同构成了台湾回归祖国的基础。1940年3月29日，“台湾革命团体联合会”在岛内成立，提出“协助祖国英勇将士，驱逐倭寇出中国”的抗日口号。[⑤] 台湾抗日义士的英勇行为，强化了中华民族的整体意识，激发了台湾同胞改变自己命运的历史自觉性，为全民族抗战胜利提供了物质和精神支持。他们以实际行动支持了祖国的抗日战争，也支持了世界反法西斯战争，台胞抗战是中华民族抗日斗争的一部分，他们为台湾，回归祖国，做出了自己独特的贡献。可以说台湾光复是两岸人民共同奋战的结果。

在血与火的考验中，两岸人民相互支持、并肩战斗，经过艰苦卓绝的八年抗争，付出伤亡3500万人的代价，给日本侵略者以毁灭性打击，为台湾光复奠定了坚实的基础。今天，我们在纪念台湾抗战胜利与光复65周年，回顾那段不平凡的历史，是为了更好地面向未来。中华民族从屈辱中奋起的历

---

① 林国章：《民族主义与台湾抗日运动》。

② 《日本外交文书》第31卷，第990页。

③ 中国史学会编《义和团》第2册，第259~260页。

④ 卢旭东：《中国共产党与台湾抗日义勇队的关系》，《浙江大学学报》2000年第4期。

⑤ 张瑞成：《台籍人士在祖国的复台努力》，近代中国出版社，1990，第303页。

史，对今后两岸关系和平发展，两岸同胞共谋中华民族伟大复兴都具有重要的启示意义。

二 台湾光复的历史轨迹

20世纪30年代初，国民政府领导人蒋介石就提出收复台湾的主张。全面抗战后，他又于1938年4月在国民党临时全国代表大会再次提出收复台湾的主张。① 同时国民政府开始了具体的收复准备，1940年“中国国民党中央组织部直属台湾党部筹备处”成立于香港，台籍志士翁俊明为筹备处主任。1943年4月“中国国民党直属台湾执行委员会”在漳州正式成立，翁俊明任主委。

随着抗战局势的发展，1944年3月，蒋介石下令在国民政府中央设计局下设台湾调查委员会及其下属三个研究会：行政区域研究会、土地问题研究回、公营事业研究会。时任行政院秘书长、总动员委员会主任的陈仪出任主任委员，“委员7至11人由总裁委任”，其中台籍委员5人（游弥坚、丘念台、李友邦、黄朝琴与谢南光）。台湾调查委员会成立后，专门从事台湾实况的研究，为台湾光复做具体准备，主要为收集台湾政治、军事、经济、文教、卫生等各业现状的资料，同时开办各类专职训练班，培训接收台湾的骨干，学员中台湾籍同胞占有相当比例。训练班每期4个月，先后培训了千余人。在大陆的台胞积极参加台湾调查委员会的工作。他们为该会提供台湾省情、民情的资料，提出接收台湾应注意的问题，提供日本帝国主义在台湾殖民统治的情况，积极参加各项训练班的工作，为台湾顺利接收做了大量工作。②

中国共产党始终关注台湾的光复斗争，1937年七七事变后的第二天，中共中央就通电全国，提出“不让日本帝国主义占领中国寸土”“驱逐日寇出中国”等主张，率先表达了为中华民族进行抗战的决心。8月25日，中国共产党发表《抗日救国十大纲领》，鲜明地提出“废除与日本签订的条约”，收回被日本所占领土。国共合作实现后，中共收复台湾的主张，对于鼓舞全国人民收复台湾的信念，起了极为重要的推进作用。与此同时，中国共产党通

---

① 左双文：《关于国民政府与台湾光复问题的一点补充》，《抗日战争研究》2005年第2期。

② 《台调会工作大事记》，陈鸣钟、陈兴唐：《台湾光复和光复后五年省情》（上），南京出版社，1989，第4～11页。

过《新华日报》《解放日报》和《群众》等报刊不断地向广大民众介绍台湾的历史、地理概况及日寇在台湾的暴行和台湾同胞的抗争，以唤起大陆民众对台湾光复的支持和参与。此外，中国共产党还具体参与并指导了台湾民众在大陆的抗日复台工作。比如，在台湾义勇队成立了中共特别支部，帮助并参与义勇队的很多工作。

1941 年 12 月，太平洋战争爆发，中国国民政府发布《对日宣战公告》，昭示全世界“所有一切条约、协定、合同，有涉及中日关系间之关系者，一律废止”。① 由于国民政府对日宣战，包括《马关条约》在内的所有不平等条约当然废除，日本借以侵占台湾的所谓法律凭据已不复存在。按照国际法的惯例，自中国国民政府对日宣战之日起，台湾即已恢复为中国主权领土一部分的法理地位。1942 年 4 月，国民政府在陪都重庆举行了一场规模声势颇大的收复台湾的宣传运动，军政要人纷纷发表广播演讲或出席宣传集会，宣扬收复台湾的意义。11 月 3 日，国民政府外交部部长宋子文举行记者招待会，大力宣扬“中国应收回东北四省、台湾及琉球”。

光复台湾亦得到国际社会的支持，1943 年 11 月 23 ~ 26 日，中美英三国首脑在开罗举行会议，会议主要讨论两大议题：一是关于三国如何协调共同对日作战的军事问题；二是关于战后如何处置日本等政治问题。其间，蒋介石提出“日本于九一八事变后自中国侵占之领土（旅大租借地）及台湾、澎湖，应归还中国”。美国总统罗斯福亦宣称“日本由中国攫取之土地应归还中国”。1943 年 12 月 1 日，由中美英三国领导人签署的《开罗宣言》向全世界宣告：“三国之宗旨，在剥夺任何自 1914 年第一次世界大战开始以后在太平洋所夺得或占领之一切岛屿，在使日本所窃取于中国之领土，例如满洲、台湾、澎湖群岛等，归还中国”②。

1945 年 5 月 7 日，德国法西斯宣布投降，日本失败已成定局。1945 年 7

① 《大公报》1942 年 11 月 4 日。

② 关于“归还中国”一句，以前《开罗宣言》为“归还中华民国”，1953 年世界知识出版社编印的《世界知识手册》中改为“……归还中国”。根据是：1951 年 5 月 7 日苏联关于美国对日和约意见书中，在不加引号而予以引述的情况下将这一句中“满洲”删去，“中华民国”改为“中国”。同年 5 月 19 日美国答复苏联意见书的备忘录中就此指责苏联“未能确切地引用开罗宣言”。6 月 10 日苏联就对日和约致美国的照会中说明，由于中华民国已经成了中华人民共和国，因此台湾、澎湖应交还中华人民共和国。据此，中方文件都是用的“中国”，避免引录《开罗宣言》原句。这一解释符合国家继承法和历史事实。参见国务院台湾事务办公室编《台湾问题文献资料选编》，人民出版社，1994，第 850 页注释。

月26日，中美英三国领导人签署（后苏联参加）的《波茨坦公告》第8项又重申："开罗宣言之条件必将实施"，再次确认了台湾是中国的神圣领土。这也表明《开罗宣言》是《波茨坦公告》不可或缺的组成部分，进一步验证和加强了《开罗宣言》的国际法效力。将台湾归还中国是反法西斯阵线各国人民的共同意志，也是同盟国接受日本投降的一个条件。这是台湾光复所昭示的历史事实。

1945年8月6日、9日，美国对日本投下两颗原子弹；8月8日，苏联红军出兵东北；8月10日，朱德总司令发布大反攻的第一号命令；1945年8月15日，日本宣布无条件投降。同日，重庆夏季时间晨7时，由中、美、英、苏四国政府在各自首都（重庆、华盛顿、伦敦、莫斯科）同时广播了这一消息。9月2日，日本政府在向同盟国投降而签署之《无条件投降书》第1条明确承认：日本"接受中美英三国共同签署的、后来又有苏联参加的1945年7月26日的《波茨坦公告》中的条款"。[①] 国民政府即公告中外将接收台湾："依照规定，台湾全境及澎湖列岛应归还中国，本府即将派行政及军事各官吏前往治理。凡我在台人民，务须安居乐业，各守秩序，不得惊扰滋事。所有在台日本陆海空军及警察，皆应听候接收，不得危害民众生命财产"。

日本帝国主义殖民统治台湾50年，不仅在政治上压迫、经济上剥削台湾人民，而且在思想上进行"皇民化"的奴化教育，但这并未泯灭台湾同胞的爱国之心，台湾同胞饱受日本殖民统治欺凌压榨之苦，他们一听到日本投降、台湾回归祖国的消息，"几十年积压的热情，沸腾起来了，几十年渴念祖国的想念，才实现了……"学生们立即扔掉日文课本，降下日本国旗升起中国国旗，台湾同胞遥望大陆，唱起了中华民谣，跳起了传统舞蹈……疏散到乡村的人们纷纷回来，街上顿时热闹起来了。多年来收藏着的花灯、花篮、彩绣一件一件拿出来装饰打扮，全岛充满了喜气洋洋的景象。[②]

1945年9月14日，国民政府空军第一路军司令张廷孟携带国旗，率员飞往台北机场。飞机抵达后，张廷孟即令日军降下机场上的日本国旗，并撤去岛内所有日本殖民机构悬挂的日本国旗。9月28日，台湾警备司令部前进指挥所成立，以台湾行政长官公署秘书长葛敬恩为主任。10月5日前进指挥

① 《台湾问题文献资料选编》，第850～852页。

② 林立：《台湾史话》，七十年代杂志社，1976，第191页。

所官兵71人，分乘5架运输机飞往台北。6日下午3时，前进指挥所全体官兵在台湾总督府官邸旧址举行第一次升旗典礼。10月9日，台湾警备司令部及行政长官公署207人，在参谋长柯远芬领导下，由重庆飞上海，11日乘轮船离沪，17日在基隆登陆，进驻台北市。1945年10月15日，台湾省行政长官公署和警备司令部前进指挥所开始在台北行使职权。

10月17日与22日，入台接收的国民政府军第七十军与第十二军，分别由基隆港与高雄港登岸。17日第七十军由基隆港乘火车至台北的30公里途中，为争睹祖国军队的仪容风采，不计其数的台湾民众站立在路边，他们传诵着陆游“王师北定中原日，家祭勿忘告乃翁”的诗句，唱着“台湾今日庆升平，仰首清天白日清，六百万民同快乐，壶浆箪食表欢迎”（陈保宗词，周庆渊曲）的歌曲，热烈欢迎祖国军队进入台湾，绵延不断直至台北车站。几天内，国民政府陆海空接收部队陆续入台，进驻各要塞、码头、机场。10月24日，台湾省行政长官兼警备司令官陈仪赴台。

1945年10月25日，是中国和台湾省历史上一个值得永远纪念的日子。上午9时，中国战区台澎地区日军投降仪式在台北公会堂（现中山纪念堂）举行。在典礼上，陈仪向台湾总督兼第十方面军司令官安藤利吉发出第一号命令：“本官奉命接受台湾、澎湖列岛地区日本陆海空军，及其辅助部队之投降，并接受台湾、澎湖列岛之领土、人民、治权、军政设施及资产”。安藤利吉代表日方签字盖章后，陈仪代表国民政府发表广播讲话，庄重宣告：“从今天起，台湾及澎湖列岛正式重入中国版图，所有一切土地、人民、政事皆已置于中国政府主权之下。此一极有历史意义之事实，本人特向中国同胞及全世界报告周知”。① 至此，被迫割让50年又156天的台湾省，重归于中国主权的管辖之下。光复当天，整个台湾岛沉浸在喜庆欢乐气氛之中，据史料记载：台湾“数十年来桎梏一旦解除，重投祖国怀抱，其空前欢跃，实难以言语笔墨形容。即台北四十余万市民，庆祝此具有重大历史意义之日，老幼俱易新装，家家遍悬灯彩，相逢道贺，如迎新岁，鞭炮锣鼓之声，响彻云霄，狮龙遍舞于全市，途为之塞”。② 全岛处处充满了欢歌燕舞、普天同庆的气氛。至1946年春节时，“家家户户已扬弃稻草绳，改以贴上中国式的红

① 《台湾省警备总司令部接收总报告》（1946年4月），中国第二历史档案馆馆藏国民政府行政院档案。

② 《台湾省警备总司令部接收总报告》（1946年4月），中国第二历史档案馆馆藏国民政府行政院档案。

纸门联，上面的‘还我河山，祝台湾光复’等字句，充分显示着台湾人再也不向任何人低头的由衷喜悦”。①

为纪念台湾从日本统治下重归祖国怀抱，10 月 25 日被定为“台湾光复节”。11 月 3 日，台湾省行政长官公署公告台湾法制原则：中国一切现行法律适用于台湾，日据时期的一切法律、法令一律废止。1946 年 1 月 13 日，国民政府行政院发布政令：自 1945 年 10 月 25 日起，包括汉族和高山族在内的所有的因日本战略而失去中国国籍的台湾人民，一律恢复其中国公民身份。② 台湾光复，了却了中国人民半个世纪骨肉分离之苦，圆满了台湾同胞 50 年回归之梦，它是自鸦片战争以来多少人为之奋斗、为之流血牺牲换来的。

回顾这一庄严时刻，回顾台湾光复后走过的整整 65 年的岁月，特别是当前两岸同胞所共同面临的反对“台独”分裂势力、推动祖国和平统一的斗争，台湾光复的历史和现实意义就更显得光彩夺目。台湾光复的史实，说明了台湾同胞是非常热爱祖国、十分渴望祖国统一的。抗战胜利、台湾光复是中华民族百年来反抗外来侵略的第一次伟大胜利，是中国近代史的转折点。遗憾的是，作为中国内战遗留的问题，自 1949 年以来两岸一直处于分离状态，但大陆和台湾同属一个中国的事实从未改变。

三　台湾回归祖国的历史意义与展望

回顾台湾人民抵御外侮的悲壮历程，纪念台湾光复的伟大胜利，展望中华民族未来发展的光辉前景，对于构建和平稳定的两岸关系，促进祖国统一和中华民族的伟大复兴，都有着十分重要的意义。回顾台湾光复的历史轨迹，我们深刻认识到，正是包括台湾同胞在内的中华民族的团结抗争，才最终夺取了抗日战争的伟大胜利，迎来了台湾的光复。作为中华民族的成员，台湾人民在抗日战争中没有缺席，他们的斗争对整个抗日战争的胜利，对中华民族精神的提升，以至对实现中华民族的伟大复兴，都有着十分重要的意义。65 年后的今天，回望台湾回归祖国的历史轨迹，深感台湾光复具有极其重要的历史意义。

---

① 寺奥德三郎：《台湾高等警察物语》，文英堂出版社，2000 年复刻版，第 6 页。

② 台湾文献委员会编印《台湾史话》，1974，第 340 页。

第一，台湾光复、回归祖国，使中华民族在甲午战争中遭受的奇耻大辱得以洗雪，亦是两岸人民抗拒日本帝国主义、参加世界反法西斯战争的胜利硕果。甲午战争，日本帝国主义强逼清政府签订屈辱的《马关条约》，割让台湾等中国领土，还向日本支付2.3亿两白银的巨额赔款。自此，中国的国势和国际地位急剧下降，半殖民地化进一步加深，濒临被西方列强瓜分的危急边缘。而日本帝国主义则迅速崛起，不断侵扰中华疆域。日本武力侵吞台湾后，还妄图吞并全中国，不甘屈辱的中华民族最终在1937年掀起全民抗战的浪潮。中国作为世界反法西斯同盟国之一，成为世界反法西斯战争的战胜国之一，驱逐日寇、收复台湾，因而得以洗雪甲午战争的历史耻辱。可以说，收复台湾是中华民族付出巨大牺牲、战胜日本帝国主义的伟大胜利。

第二，台湾光复是两岸人民共同奋斗的成果。著名历史学家刘大年在研究抗战历史的时候，有一个重要的结论：抗日战争既是民族战争，又是人民战争。[①] 近代以来，两岸人民共同携手，与日本军国主义进行了长期且艰苦的抗争。在日据台湾50年时期，台湾同胞始终如一地坚持台湾为祖国主权领土不可分割的组成部分，把台湾和祖国命运联系在一起，他们前有武装抗日运动，后有非武装的文化抗争运动，50年间从未停止过反日斗争。尽管在日本殖民者的高压下，台湾人民难以进行大规模的反抗斗争，但他们在思想文化乃至生活等各个领域的反“皇民化”斗争，都体现出不屈不挠的民族精神。中国军队与国际反法西斯力量成为战胜日本军国主义的决定因素，有力地鼓舞了台湾人民的抗日运动；台湾人民采取各种行动反对日本的殖民统治，声援了祖国人民的抗战。许多台湾同胞回到大陆，直接参加抗日战争。抗战期间回到祖国大陆参加抗日斗争的台湾同胞达5万人之多，他们组织台湾革命青年大同盟、台湾革命民族总同盟、台湾独立革命党等。如以李友邦为首的台湾抗日义勇队和台湾少年团，积极从事“对敌政治，医务诊疗，生产报国，宣慰军民”的工作，得到抗战军民的高度评价。台湾同胞的抗日反战以及参加中国的抗战，充分显示出台湾人民作为中华民族的一分子，在民族危亡的紧要关头，与全国人民同生死共患难的英勇精神，他们的斗争，为抗战的胜利、台湾的光复做出了积极的贡献。[②] 台湾同胞以实际行动支持了

---

① 刘大年：《民族的胜利，人民的胜利》，《刘大年集》，中国社会科学出版社，2000，第149～161页。

② 陈孔立：《台湾历史纲要》，第421页。

祖国的抗日斗争，同时也支持了世界人民的反法西斯战争，他们的斗争是中国人民抗日战争及世界人民反法西斯战争的组成部分。台湾人民为世界反法西斯战争的胜利做出了自己的贡献。

第三，台湾光复，强化了中华民族的整体意识，在反侵略斗争中形成了中华民族共同体的理念，成为两岸统一的心理基础。中华民族的抗战是台湾光复的契机，大陆抗战胜利是台湾回归祖国的前提。在抵御外侮中全国人民所表现出的民族整体意识，更是几千年民族文化的集中体现和完整延续，是我们传统价值观念绵延不断的最好例证。而全民在反抗日本侵略的斗争中所表现出的英勇气概，也在一定层面上强化了这种价值观念，这是用生命和鲜血做出的强化，这种被强化的价值观在八年抗战中，是以台湾与祖国命运攸关、共度国难联结而成的精神纽带所体现出来的。[①] 概言之，在反对日本帝国主义侵略的斗争中，逐渐形成了中华民族命运共同体的理念，这一理念牢牢地植根于两岸人民心中，成为两岸统一的民族心理基础。"台湾历史发展的基本特点之一，是台湾人民、台湾的社会生活从来不是孤立的，它和全国人民、全国的社会生活，不可分割地联系在一起"。[②]

第四，台湾光复，表明中国抗战对世界反法西斯战争的伟大贡献，得到了国际社会的普遍承认，这无疑进一步加固了未来两岸统一的历史依据和国际认同。中国在抗击日本法西斯的正义战争中，参战最早，时间最长，牺牲最大，贡献最多。1931 年日本挑起九一八事变后，中国人民在几乎没有外援的情况下，单独抗击日本帝国主义达十年之久，开创了二战历史上以一个国家反击法西斯日本侵略的先例。中国抗日战争对于稳定东方反法西斯战局起了决定性的作用：迫使日本放弃北进，推迟南进，有力地支援了苏、美、英等国的反法西斯战争，使盟国得以顺利实施"先欧后亚"战略。中国抗战对世界和平做出了无人可以替代的伟大贡献，中国在抗战中表现出来的勇气、力量和贡献，赢得了国际力量的同情和支持。如果没有中国的坚强抗战，世界反法西斯战争的整个进程将被打乱。1941 年 12 月太平洋战争爆发后，东方反法西斯战争出现了两个战场，即中国战场和太平洋战场。中国战场始终是抗击日本法西斯的主战场之一，抗击着日本 70% 的陆军和近 1/3 的海军。

---

① 安然：《台胞抗日斗争的特点和意义》，载《台湾光复 60 周年暨海峡两岸关系学术研讨会论文集》，台海出版社，2008，第 227 页。

② 刘大年、丁名楠、余绳武：《台湾历史概述》，《中国科学院历史研究所第三所集刊》第 2 集，科学出版社，1955，第 74 页。

中国远征军先后两次入缅，参加了盟军印缅战区对日军作战。正因为中国抗战对世界反法西斯战争做出了伟大的历史性贡献，因此同盟国在战时就通过《开罗宣言》，确认台湾归还中国；在战争取得决定性胜利时刻发表的《波茨坦公告》再次确定“开罗宣言之条件必将实施”。[①] 中国共产党赞同并坚定支持《开罗宣言》与《波茨坦公告》所确立的原则，毛泽东说：“中国共产党同意大西洋宪章和莫斯科、开罗、德黑兰——各次国际会议的决议，因为这些国际会议的决议都是有利于打败法西斯侵略者和维持世界和平的”。“开罗会议决定应使日本侵略者无条件投降，这是正确的——开罗会议又决定将东北四省、台湾澎湖列岛归还中国，这是很好的”。[②]

第五，世界各国普遍承认台湾归还中国的国际法文件。当今，世界主要国家都承认一个中国原则，台湾是中国的一部分，台湾不是主权独立国家。这在很大程度上进一步巩固了日后两岸统一的国际法律基础。在国际反法西斯战争中，四项有关台湾问题的具有国际法律效力的文件，即中国《对日宣战布告》《开罗宣言》《波茨坦公告》和日本《无条件投降书》，均明确无误地确认或承认了台湾是中国领土一部分的法律地位，正式确定了中国领土主权完整不可分割的国际法原则。不仅如此，在当时的中国政府正式收复台湾后，世界各国，包括西方主要国家，都以多种方式对《开罗宣言》等的法律效力及台湾回归中国予以确认。1950 年 2 月 9 日，美国国务院就台湾问题对众议院外交委员会之答复称：自从驻在台湾的日军向中国投降以后，台湾就由中国管理，“它已包括在中国之内，成为一省……参加对日战争的各盟国对这些步骤并未质疑。美国政府对这些步骤也未质疑，因为这些步骤，明显地符合于开罗所做的并在波茨坦重予确认的诺言。换句话说，包括美国在内的各盟国在过去四年中，已认为台湾是中国的一部分”。[③] 1954 年 8 月 25 日，英国外交部发言人承认：“开罗宣言说，台湾应归中国政府，这一点已经做到了”。[④] 应该指出的是，中国政府收回台湾，不是世界上任何人的赐予，而是由台湾是中国领土的一部分这一历史事实决定的。中国在开罗会议和波茨坦会议上要求收回台湾等失地和被占领领土，并得到英美等大国的支持，完全符合国际法的要求。中国收复台湾是我们得到了自己应该得到的东西，而

① 《国际条约集（1945～1947）》，世界知识出版社，1959，第 77～78 页。

② 转自朱贵生等《第二次世界大战史》，人民出版社，1982，第 727 页。

③ 丹瑞特、端奈合编《美国对外关系文件》第 12 卷，第 497 页。

④ 1954 年 8 月 25 日法新社伦敦电。

不是通过战争获得额外的东西。

第六，从民族复兴的思想高度来讲，面对日本军国主义的侵略，我举全民族之力，经过长期的艰苦抗战和牺牲，是可以最后战胜强敌的，中华民族的复兴是可期的。台湾光复，成为中国主权领土不可分割的组成部分，是“中国复兴枢纽”的题中应有之义；中华民族的伟大复兴将与两岸和平统一同步进行。台湾具有重要的战略地位，历来被称为中国的“东南之锁钥”“腹地之屏蔽”。台湾海峡是联系中国东海和南海两大海区的捷径。如果台湾没有回归祖国，中国就丧失了对台湾海峡的控制权，南北两大海区的战略联系就很难建立。这无论对中国的经济建设还是国家安全都将产生难以估量的负面作用。台湾以东海域是中国的战略出海口和直接进入太平洋的唯一通道。位于台湾岛东北海面，归台湾宜兰县管辖的钓鱼岛列岛附近海域蕴藏着丰富的石油资源。如果台湾没有回归祖国，就等于封锁了中国走向太平洋的门户；同时，台湾及其附属岛屿周围的200海里专属经济区，就将属于他国所有，中国的海土疆域将大大缩小；在经济全球化、国际贸易空前发展，世界各国都纷纷向海洋进军、向海洋要资源的今天，中国也就不能成为海洋大国和世界强国。①

台湾是否回归祖国，事关中国国家的核心利益，事关中华民族能否重新立于世界民族之林的关键问题。抗战胜利是中国复兴的枢纽。台湾重要的战略地位表明，台湾回归祖国是形成这一判断的重要依据。党的十六大提出，21世纪历史和时代赋予我们党的庄严使命是，在中国特色社会主义道路上实现中华民族的伟大复兴。完成祖国统一则是中国在新世纪的三大任务之一。

因此，我们认为，中华民族的伟大复兴，将与两岸的和平统一同步进行；没有两岸的统一，中华民族伟大复兴的进程必将受到阻遏。抗战胜利后台湾回归祖国的历程，进一步巩固了未来实现两岸统一的历史、法律基础和国际认同，尽管祖国统一的进程还会面临很多曲折和风险，但只要我们大力发展国民经济、提升综合国力、推动社会进步，只要我们坚定不移地朝着祖国统一的方向迈进，只要我们采取正确的战略和策略并取得两岸人民的支持和配合，祖国统一的目标必将实现，中华民族伟大复兴的趋势就不可阻挡，

① 何仲山：《台湾光复的历程及伟大意义》，载《中国抗战与世界反法西斯战争——纪念中国人民抗日战争暨世界反法西斯战争胜利60周年学术研讨会文集》上卷，社会科学文献出版社，2009。

这是抗战胜利后台湾回归祖国的历史给予我们的一个重要启示。

总结台湾光复的历史经验，展望两岸未来的光辉前景，历史清楚地向世人昭示，两岸同胞同根同源、血脉相连。海峡两岸都是中国人，敬着同样的祖先，说着同样的语言，淌着同样的血！台湾同胞从来都把自己的命运和祖国的命运紧紧联系在一起。在事关国家和民族存亡的生死关头，两岸同胞互相支持、互相帮助，用鲜血和生命谱写了一曲又一曲保家卫国的赞歌；在机遇和挑战并存的今天，两岸同胞更应携手合作、创造双赢，开创中华民族光辉灿烂的明天。

台湾光复与抗战胜利的历史和它所昭示的真理告诉我们，这一胜利是台湾同胞和大陆同胞同仇敌忾、休戚与共、共同奋战所取得的；两岸同胞一定会通过共同努力挫败“台独”分裂势力，最终实现国家统一和民族复兴。两岸同胞血脉相承、命运相同、休戚与共，是台湾光复昭示的另一历史事实。

历史清楚地向世人昭示，世界上只有一个中国，大陆和台湾同属一个中国。这也早已为国际社会所公认。但当今台湾岛内仍有一股不可轻视的分裂势力，企图用所谓的“台湾主体意识”“本土化”和“民主化”的幌子谋求台湾“独立”，“台独”等于战争，分裂没有稳定。在事关台湾前途和台湾同胞命运、事关国家主权与领土完整、事关中华民族的根本利益的大是大非问题上，两岸同胞更应坚定立场，明辨是非，坚决反对“台独”，遏制“台独”，共同维护海峡两岸和亚太地区的和平与稳定。两岸同胞应相互理解、相互尊重、加强沟通、加深感情，耐心化解隔阂和疑惑，进一步增进两岸同胞间的了解和互信，团结协作，合力共进，共创中华民族的美好未来。台湾光复是两岸同胞共同斗争的结果，两岸的统一更需要两岸爱国同胞齐心协力、共同奋斗。两岸民众是血脉相连的一家人，我们要不断增进两岸民众的沟通和理解，拓宽两岸交流领域，创新两岸合作途径，以期实现祖国的完全统一和中华民族的伟大复兴。

县市长直选与二二八事件

褚静涛*

二二八事件对战后台湾社会发生重大而深远的影响。各种政治力量为了现实政治需要，不断对二二八事件做出解释，有“暴乱说”“起义说”“省籍矛盾说”“文化冲突说”“派系斗争说”“地方自治说”“台独说”，等等，却对二二八事件本身未深加探讨。① 二二八事件根源于台籍精英的省政改革，要求直选县市长，实现他们建设家乡的愿望。笔者不揣浅陋，查阅了大量档案资料，探讨县市长直选与二二八事件的关系，力图还历史的本来面目，不当之处，敬祈海内外方家指正。

一 台籍精英反对台湾总督府的独裁统治

1895 年 6 月 17 日，日本台湾首任总督桦山资纪在台北主持始政仪式，采用武官制。次年，台湾划归拓殖省管辖。日本政府将台湾作为一个特殊的区域加以管治。1896 年，日本第 16 届议会通过《有关于台湾施行法令之法律》（简称“六三法”），规定“台湾总督在其管辖区域内，得制定具

* 中国社会科学院近代史研究所台湾史研究室副研究员。

① 参见林木顺编《台湾二月革命》，香港，1948；王建生、陈婉真、陈涌泉《1947 台湾二二八革命》，前卫出版社，1990；“行政院”二二八事件研究小组《二二八事件研究报告》，时报文化出版公司，1994；赖泽涵等《悲剧性的开端——台湾二二八事变》，时报文化出版公司，1993；戴国辉、叶芸芸《爱憎二二八》，远流出版公司，1992；陈翠莲《派系斗争与权谋政治——二二八悲剧的另一面相》，时报文化出版公司，1995；赖泽涵主编《台湾光复初期历史》（论文集），中研院中山人文社会科学研究所，1993；二二八民间研究小组等编《二二八学术研讨会论文集（1991）》，自立晚报文化出版部，1992；张炎宪主编《二二八事件研究论文集》，财团法人吴三连台湾史料基金会，1998 年。

有法律的效力之命令”，情况紧急时，可不经呈报拓务大臣或天皇裁决。[①]台湾总督集行政、立法、军事大权于一身。

“六三法”有违日本的君主立宪体制，遭部分议员质疑，引发日本宪法是否实用于台湾的争议。1906 年，日本议会通过《法律第 31 号》（简称“三一法”），规定“总督所发布之命令，不得违反实施于台湾之法律及敕令”，取代“六三法”，另设“律令审议会”，取代评议会，专事律令的审议，对总督的命令权稍有限制，保留“六三法”的实质。

1919 年，田健治郎就任台湾第一任文官总督，在施政上做了一点温和的改良。针对田健治郎的建言，1921 年 3 月，日本上下两院公布《有关施行于台湾之法令之法律》（通称“法三号”），取代“三一法”，规定日本的法律全部或部分施行于台湾，考虑到台湾情况特殊，仍以总督律令为法律制定的基础。[②]日本在台湾的殖民统治没有什么实质改变，仅在经济制度与教育制度上放松了对台人的控制，在政治上仍是独裁的高压专制。台湾总督通过行政命令权掌握各级官吏，透过警察、保甲控制社会秩序，发号施令，残酷剥削和压榨台湾人民。

第一次世界大战后，殖民地、半殖民地人民的民族解放运动风起云涌。伴随着台湾的资本主义化，台湾民族资产阶级和青年知识分子逐渐成长起来。1927 年 7 月，蒋渭水、蔡培火等人成立台湾民众党，系统提出台湾自治的诉求：州、市、街庄、自治机关之民选并拥有议决权，选举法应采普通选举制；实现集会、结社、出版之自由，岛内即时准许台湾人发刊报纸杂志；日台人教育机会均等；改善司法制度及实施陪审制度；改革台湾金融制度，尽速设立农工金融机关；拥护生产者之权利，废除一切榨取机关及制度；改革农会及水利组合；改革专卖（公卖）制度。[③]

作为岛内第一个资产阶级政党，台湾民众党在政治上要求选举权和监督权，渴望台人参政，反对差别歧视；在经济上痛斥榨取奴役，维护工农利益；抵制殖民同化，延续中华文化传统，争取维持与祖国大陆的联系，反映了台籍新兴资产阶级追求当家做主的心声。

---

① 《有关于台湾施行法令之法律》，王晓波编《台胞抗日文献选编》，帕米尔书店，1985，第 78 页。

② 〔日〕古野直也：《台湾近代化秘史》，许极炖编译，第一出版社，1994，第 245 页。

③ 《台湾民众党成立大会宣言、纲领及政策》，王晓波编《台胞抗日文献选新编》，海峡出版社，1998，第 161 ~ 163 页。

1930年4月，台湾民众党提出《促进地方自治建议书》，要求："一、改州市街庄协议会为州市街庄会，由州市街庄公民就有州市街庄公民权者选举而组织之。但市街庄公民之要件及其选举方法，应依照（日本内地）市町村制定之。二、州市街庄会为议决机关，其所属权限之事项及其应予议决事项比照（日本内地）府县市町村制定之。三、改市尹为市长，由市议会选举之。"① 台籍精英倡导社会运动，要求彻底改革殖民政经体制，公平合理地扩大台人参与的管道。台湾总督府则倾向于保持现状，利用台人评议会员，号召各地社会领导阶层组织团体，抵制台人的自治运动。

同年8月，杨肇嘉等人成立"台湾地方自治联盟"，指出："我台湾之现行制度，民意机关既无决议权，实系可有可无之咨询机关，而其构成员之协议会员又纯属官选，自不能代表民意，徒有自治之名而无自治之实"；要求"当局即时实行完全之地方自治制"，包括"依普通选举赋与公民权，确立州市街庄之自主权，改官任咨问机关为民选议决机关"。② 新兴的台籍资产阶级要求扩大台人的选举权和参政权，发展自由资本主义，反对总督府的独占和垄断政策，尝试着从日本殖民者手中获取一部分本应属于自己的权益。

台胞反抗日本殖民统治的斗争屡遭挫折，却迫使日本殖民者对台胞的地方自治诉求做出些许让步。1935年4月1日，台湾总督府公布台湾地方自治制度改正方案，主要内容是：州设州会、市设市会、街庄设协议会；州、市会员及街庄协议会员半数为民选；选举权与被选举权的资格须年满25岁、男性、缴纳市街庄税年额5元以上者；其余半数的州市会议员及街庄协议会员，分别由总督及州知事选派充任；州会、市会、街庄协议会议长，分别由州知事、市长、街庄长兼任；明定州、市、街为法人，于法令范围内处理其公共事务。

11月22日，台湾举行有史以来第一次投票，选举第一届市议会员及街庄协议会员。因属限制选举，台胞中有选举权者人数不多，投票率高达95.9%。当选者中，在市会，日本人占51%，台湾人占49%。在街庄协议会，因日本人少，只占8%，台湾人占92%。③ 次年11月，选举第一届州议员。至此，台湾勉强产生真正民选的民意代表。

---

① 《台湾民众党促进地方自治建议书》,《台胞抗日文献选新编》，第207页。

② 《台湾地方自治联盟成立大会宣言》,《台胞抗日文献选编》，第152～153页。

③ 黄昭堂：《台湾总督府》，黄英哲译，自由时代出版社，1989，第156页。

日据时期台湾的地方制度，开始为官治，继而实施的协议会，因没有议决权，仅属咨询机构，其成员多是日人。1935 年施行的州会、市会及街、庄协议会，成员半数虽为民选，因选举权、被选举权遭严格限制，又为间接选举，谈不上民意表达。在州市虽有议决权，但台湾总督府在州会、市会以外又设置议决机关州参事会、市参事会，由行政长官控制议事机关。这样的民意机构，其功能仍限于咨询。如此，台湾总督府对台湾人民专制统治没有发生实质性变化。

日本殖民者对台湾人实施严厉的差别教育与歧视待遇，台湾人的出路主要有医生、下级官吏、律师。民意代表多是医生与教师及工商企业主。台籍精英留学欧美的人寥寥，留日的不是学医，便是学法律。

台籍精英在日据时期担任过公职，被委以某些职衔或职务者，包括总督府评议会员、各州市会员、街庄协议会员（官派者）、街长、庄长、区总代、助役、役场书记、保甲联合会长、保正等。

日据 50 年，在 12 届 405 人次总督府评议员中，台籍 163 人次。10 届州（协）议会议员 1368 人次，台籍 562 人次。10 届市（协）议会议员 1369 人，台籍 529 人次，均不及 50%。10 届街庄协议员 31653 人次，台籍 26167 人次。街庄区长 2037 人次，台籍 1024 人次。① 与日本侨民数相比，台胞所占比例仍然偏小。据此，日本人牢牢控制了仅有咨询功能的评议会，防止议会与政府的对立，影响政策的贯彻。

台湾总督为亲任官，民政长官为高等官，各局长、州知事等多为敕任，地方厅长、州部长等为奏任，总督府本部的官补、技手、大学助教授及地方的警部等均为判任官。台湾总督依法得直接处置判任以下的官员。奏任以上的官员任免，要由日本政府各主管大臣上呈批准。

1921 年，台湾总督府发布《台湾总督府州理事官特别任用令》，规定台籍人士可出任郡守等奏任以上的高等文官。1925 年，台湾总督府才任命台籍人士刘明朝为地方理事官。虽然许多台人毕业于日本一流大学，品行才智不逊于日人，但谋职备受限制，升迁缓慢。至 1945 年光复前，在台湾总督府及其所属机关公职人员中，台人占总数的 55.53%，但任敕任官（如中国简任）

---

① 《台湾总督府及所属官署职员录（1900～1943）》，台湾总督府印行，转引自吴乃德、陈明通《政权转移和菁英流动：台湾地方政治菁英的历史形成》，赖泽涵主编《台湾光复初期历史》，第 311 页。

者仅1人，系担任大学教授，非任行政工作；任奏任官（如中国荐任）仅27人，其中尚有12人为医师或教员，实际只有15人参与行政工作。台胞曾任行政、司法高等官者寥寥，其余多任职劝业、产业、商工水产、农务、矿务等经济部门，台籍医师、教师、技术人员等能升至高等官者屈指可数。日本人控制了台湾政治、经济、军事等各个部门的主要权力。参见表1。

表1　1945年10月台湾总督府及其所属机关公职人员籍贯与官职比较

籍　贯	亲任	敕任	奏任	奏任待遇	判任	判任待遇	嘱托	雇及事务佣	总计
日人	1	108	2043	132	17228	6674	1358	10060	37604
台胞		1	27	24	3681	10395	1101	31726	46955
总计	1	109	2070	156	20909	17069	2459	41786	84559

资料来源：《台湾省人事行政汇报》，台湾省行政长官公署人事室编印，1946，第16页。

太平洋战争爆发后，日本政府调整治台政策，缓和民怨。1942年9月，日本废除了拓务省（殖民事务省），台湾由内务省直接管辖，宣称台湾从殖民地晋升为“第二内地”，或“准内地”，与日本新近取得的南洋领土不同。这一改制，使台籍官员的薪水增加30%，与同样地位的在台日人接近。1945年3月，“台湾征兵制”实施以后，日本修改《众议院议员选举法》，使台人与在韩国的韩国人能够参加日本全国的政治决策。从台湾选区，可以选出5位台湾人。同时，修改《贵族院令》，使日本天皇能够指派3位台湾名士在贵族院代表台湾人。1945年初，台湾总督府以迎接“施政五十周年”为由，向日本众议院提出《台湾同胞处遇改善大纲》，准备录用台人为政府公吏，但未见实施，后日本战败投降。

体制外的暴力抗争及工农运动无法达成目标。新兴台籍资产阶级的体制内抗争，要求设置台湾议会，实现地方普选，反对统制经济，发展本土产业，在使台湾转变成一个真正的资本主义社会。这迫使日本殖民者做出一些让步。为稳住台湾作为日本的南进基地，把广大台胞推向战争的第一线，二战后期，台湾总督府一变对台胞的高压政策，加强笼络，恩威并施，增强了台籍精英实现台湾地方自治的信心。许多台胞努力改进其政治及社会地位。随着日语运动的开展和小学入学率增加，一些台湾人积极参加“皇民奉公会”、陆海军志愿兵乃至日本军队。他们相信，通过自身不懈的努力、体制内的合法抗争及与统治者有限度的合作，可以提高自己的地位与财富。

二　闽浙籍官员垄断政府权力

《开罗宣言》发表后，国民政府准备收复台湾，成立台湾调查委员会，任命陈仪为主任委员。日本在台湾推行歧视教育，台籍青年的出路是学医或读师范学校，台湾总督府的高级职位为日本人垄断。台胞操日语或闽南话，不懂国语，从事低级职业，一旦40万日本侨民、20万日军撤退，台湾调查委员会准备的接管人员不过1000余人，谈何填补这个巨大的权力真空？

当时的中国仍处于农业社会阶段，缺乏现代化的人才。陈仪受日本教育多年，习惯于行政命令，集权统治，对民国社会的乱象有着痛入骨髓的感受，亦试图改变之。大陆的日本通到处都是，台湾问题的专才却很少，国民政府无力培训几万名优异人才赴台。陈仪洞悉台湾接收与重建的实质，却不能解决这个关系台湾兴亡的根本问题。

1945年8月27日，蒋介石正式任命陈仪为台湾省行政长官。因盟军不登陆台湾，改由中国军队接收台湾日军投降，为统一接收起见，几日后，蒋介石任命陈仪兼台湾省警备总司令。此时陈仪向蒋介石提出不在台湾建立省政府，而设行政长官公署，作为过渡机构，得到蒋介石的首肯。

9月4日，《台湾省行政公署组织大纲》颁布，规定：台湾省行政长官隶属行政院，依据法令综理台湾全省政务；行政长官于其职权范围内，得发署令，并得制定台湾单行条例及规程；行政长官得受中央委托办理中央行政，对于在台湾之中央各机关有指挥监督之权。① 这引起国民政府高层部分人士的侧目，认为该体制尚待斟酌，以不悖离现行法规。至9月20日，国民政府正式公布《台湾省行政长官公署组织条例》，明令“台湾省暂设行政长官公署，隶属于行政院，置行政长官一人，依据法令综理台湾全省政务”，强调台湾特殊建制系过渡性质。②

显然，台湾省行政长官具有比大陆各省省主席更大的权力。日本台湾总督既为日本驻台湾最高行政长官，又为台湾地区最高军事负责人。台湾省行政长官公署实际上沿袭了战时日本台湾总督府的模式，以保证接收的顺利进

① 《台湾省行政公署组织大纲》，陈鸣钟、陈兴唐主编《台湾光复和光复后五年省情》（上），南京出版社，1989，第113~114页。

② 《台湾省行政长官公署组织条例》，《国民政府公报》1945年9月21日。

行。台湾省行政长官公署制度是陈仪理想中的省政府，他在几十年实践过程中，痛感大陆要想走上现代化的道路，必须扩充省政府的权力。台湾总督府50年的集权体制，为陈仪提供了一个施政平台。

由于准备仓促，干部严重缺乏，陈仪坚持“用人不疑，疑人不用”，大量起用亲朋故交，充当台湾省行政长官公署的高级官员。8月30日，国民政府下令公布台湾行政长官公署的幕僚长以及各处处长的名单。第一榜人选有：秘书长葛敬恩，秘书处处长钱宗起，民政处处长周一鹗，财政处处长张延哲，教育处处长赵乃传，工矿处处长包可永，农林处处长赵连芳，交通处处长徐学禹，警务处处长胡福相。① 第二榜人员有些变动，秘书处处长改为夏涛声（钱宗起调任善后救济总署台湾分署署长），交通处处长改为严家淦（徐学禹在招商局总经理任上离不开），教育处处长改为范寿康，警备总司令部的参谋长为柯远芬（原福建省保安处参谋长）。

接收台湾需要大量人才。陈仪有自己的班底，仍感捉襟见肘。陈仪请周一鹗帮物色教育、农林两个处长人选，周一鹗提出赵乃传和赵连芳，两人都是台干班各专业组的主任导师。沈仲九推荐多人，如专卖局局长任维钧、人事处处长张国键、省训练团教育长韩逋仙、法制委员会主任方学李及后来的教育处处长范寿康等。②

已经初步工业化的台湾，在国民党各派系看来是一块肥肉，皆欲分一杯羹。陈仪大胆起用亲朋故交参与复台工作，对国民党内其他派系，如CC系、黄埔系、三青团、孔宋豪门的干练之士，却未加网罗，引起他们的不快。曾任职台湾省行政长官公署的沈云龙道出：陈仪“行前，曾晋谒最高当局请训，同时面呈公署各处会首长名单，即奉核可。然事先未与委员长待从室第三处（主管全国党政高级人事任用）主任陈果夫洽商，实犯惯例之大忌，此因陈仪平素敢作敢为之作风，亦为未来台省党政不协调之种因，更为‘二二八’事变其所以星火燎原之关键，此中机括甚微妙，外人不尽知也”。③

针对台湾革命同盟会的多次呼吁，国民党中央、国民参政会都有吸纳台籍志士参与复台工作的共识，蒋介石希望陈仪接收台湾，应注意吸纳台籍志

① 重庆《大公报》1945年8月31日，第3版。

② 周一鹗：《陈仪在台湾》，全国政协文史资料研究委员会等编《陈仪生平及被害内幕》，中国文史出版社，1987，第104页。

③ 沈云龙：《“二·二八”事变的追忆》，侯坤宏、许进发编《二二八事件档案汇编（九）》，“国史馆”，2002，第132页。

士，如谢南光、宋斐如。

谢南光等人在大陆生活多年，对民国省制的弊端感触颇深。为了避免大陆省制给台湾带来混乱，他们用心设计的台湾特殊省制，就是要保留台湾总督府高效率，建设自己的家乡。陈仪与台籍志士可谓英雄所见略同。

台籍志士辗转来到大陆，为了台湾回归祖国，数十年南北奔走呼号，流尽血汗。他们渴望能为台湾光复尽自己的绵薄之力。日本投降之际，他们由“保卫祖国，收复台湾”，而萌发“建设台湾，保卫祖国”的强烈愿望。国民党中央虽加以扶持，帮助成立台湾革命同盟会，许多机构录用台籍人士，但他们想承担更重的责任，发挥更大的才能，而不是仅仅去提出建议，充当幕僚，何况当时大陆各省，省政府主席和省党部主委多由本省人充当，台胞要想在大陆各级部门任高级官员比登天还难，依此惯例，在台籍志士看来，台湾是他们的家乡，台人为何不能治台？他们为何不能任未来台湾省政府的高级官员，而让外省人来发号施令呢？高度集权的行政长官制度是为台湾过渡不得已而设计的产物，台籍志士并不反对，甚至表示支持。如果首任行政长官或公署高级官员多为自大陆派去的大批高级官员，不过是日本人换成了外省人。

蒋介石对陈仪送上的接收台湾的主要官员名单，全部予以照准。他显然低估了台籍志士谢南光、宋斐如、李友邦等人在台湾人与大陆人之间的纽带作用。1945 年 9 月 5 日，国民党元老邹鲁及陈济棠联名上书蒋介石，推荐丘逢甲之子丘念台：“敬请赐予丘同志行政上高级位置，当能有大贡献也。”蒋介石批示：“除发交陈长官仪核办，并嘱约丘君担任接收台湾之实际工作，或其适当任务。”①

如果由谢南光、丘念台出任台湾省行政长官公署的高层官员，以谢南光台湾抗日运动精英的经历，以丘念台“台湾抗日领袖之子”的身份，登高一呼，来沟通台胞与内地赴台官员间的情感，情形又不一样。蒋介石未敢大胆起用谢南光、李友邦、宋斐如、丘念台等人承担收复台湾的领导工作，丧失了一次拉近台胞与国民党中央心理距离的机会。陈仪本人亦难辞其咎。他只顾班底的完整性与协调性，对圈子外的人未予重视。谢南光另有重任，未返台，迫于蒋介石的压力，陈给了宋斐如一个教育处副处长的闲职，对丘念台则未起用。

---

① 《收复台湾意见案》之《邹鲁、陈济棠上蒋介石书》，“国史馆”藏，典藏号 001010020A001。

1945年10月25日，台湾光复。陈仪将原有的台湾总督府改为台湾省行政长官公署（下简称“长官公署”），其他基本上沿袭旧有的行政制度。根据台湾总督府的行政建制与机构设置，长官公署与之相对应，设有秘书、民政、教育、财政、工矿、农林、交通、警务、会计九处，法制、宣传、设计考核三委员会，粮食、专卖、贸易、气象四局等机构，以保证接收与重建工作的顺利展开。

台湾与内地存在很大的差异。面对一个未曾组织经营过、无草根基础的社会，陈仪吸纳了一批台籍志士。王民宁等代表台湾省警备总司令部参加了9月9日南京受降仪式，黄国书参加台湾军事接管工作。宋斐如任长官公署教育处副处长，连震东任台北州接收委员会主任委员、长官公署参事兼代台北县县长，谢挣强任台南县虎尾区区长，柯台山任台湾日报社社长，曾溪水任台南市区长，李万居任台湾新生报社社长，黄朝琴任台湾省议会议长，游弥坚任台北市市长，刘启光任新竹县县长，谢东闵任高雄县县长。

1946年初，长官公署里主任秘书以上（包括行政长官、秘书长及各处处长、副处长、主任秘书等）的最高层官员中，只有宋斐如为台籍。长官公署直属各机关主管中，只有王耀东、陈尚文为台籍。17位县市首长中只有黄朝琴、刘启光、谢东闵为台籍。这6人中除王耀东本土成长，其余皆为从大陆返台的“半山”。①

台湾本土精英自称“唐山”，称外省人为“阿山”，对留居大陆一段时日返乡的台人称为“半山”。两岸人民分离50年，无论经济发展、社会制度，还是文化风俗、民众心态都有很大的差异。陈仪任用了一部分台籍志士，却不能满足所有渴望参政的台籍精英的要求，台湾省行政长官公署制度有利于战后台湾接收与重建，却成为“台人治台，高度自治”攻击的耙子。

台湾学者郑梓等人以长官公署高层官员中几乎没有台籍本土精英，指责陈仪的人事歧视政策。② 如果台湾总督府中有台籍人士，陈仪换成大陆籍官员，则是剥夺台人参政权。但台湾总督府高层官员中并没有台籍人士，说陈仪未大力吸纳台籍精英较为恰当。

---

① 台湾省行政长官公署编《台湾省行政长官公署三月来工作概要》，1946，第6~7页。

② 参见郑梓撰《试探战后初期国府之治台策略——以用人政策与省籍歧视为中心的讨论》，二二八民间研究小组等编《二二八学术研讨会论文集（1991）》，自立晚报文化出版部，1992，第255~257页。

长官公署的大陆籍官员主要来自福建、浙江，所谓的外省官僚多为福建人、浙江人。日据时期，在台湾的福州人受尽台湾人的欺负，住在福州的台湾人也欺负福州人，福州人对台湾人一向痛恨。内地来台的公务员约50%为福建籍，30%为广东、江苏、浙江籍，其他地方的仅占20%。一些台湾人对来自福州的官僚有看法。

台籍志士十几年后回到台湾，衣锦还乡。他们与台湾社会某种程度上已经脱节，不知道岛内的新情况、新问题。游弥坚、李万居、黄朝琴、刘启光被称为台湾经济界的四大金刚。曾与他们共同战斗、留在岛内的台籍精英无一官半职，心中别有一番滋味。

陈仪站在内地的角度，未从台胞的立场来了解台湾的特殊性。他不说一句日语，不会说闽南语，以台籍精英不会说国语、缺乏行政历练、有日化倾向为由，未能广为延揽，安排适当的行政职位，调动他们的积极性，造成不满或失落。

1945 年 11 月 25 日，台籍精英苏新、陈逸松等人创办《政经报》。在创刊号中，苏新指出，台胞“欢迎陈长官莅台主政”，“期待新政府肃清奸党，一新人事，芟除百姓的痛苦”，可是“新政府仍然举用奸党，留用日籍官吏”，大失所望。①

王添灯谈道：“国语虽不会说，国文切非全然不能理解，倘若为国语不会说的理由，未便登用者，日人个个都不能利用了”；“省民若在官场训练，我人相信不过五、六个月，就能畅达”。他希望“我政府，务须英断，起用省民，切无顾虑，故吾人愿挺身冒死为国为民，进尽愚忠者”。② 陈仪如果给王添灯、陈逸松、苏新安排适当的行政位置，发挥他们的政治才华，这些人也不会在二二八事件中提出三十二条，走到长官公署的对立面。

因财政困难，长官公署及县市各机关大量裁人。台北市政府原有编制 940 人，接收后定为 312 人；台北县政府原有编制 1148 人，接收后定为 337 人；台中县编制原有 1284 人，接收后定为 337 人；台南县政府原有编制 1280 人，接收后定为 337 人。其他县市同样大幅压缩编制。③

---

① 苏新撰《论人事问题》，台北《政经报》1945 年 11 月，第 3 页。

② 王添灯撰《运用三民主义与登用省民（下）》，台北《民报》1945 年 12 月 22 日，第 1 版。

③ 《各县市政府组织及员额》，《台湾省五十一年来统计提要》，台湾省行政长官公署统计室编印，1946，第 337～338 页。

大陆籍官员接收台湾，也把大陆“一人得道，鸡犬升天”那一套带来，任人唯亲，不重考核。因财政困难，许多机关不得不裁员，台籍干部首当其冲。各地方机关学校一经接收，一些人薪水即停发。许多在原机关服务一二十年的台籍老干部，莫名其妙遭到免职，或被派到偏远地方，迫使他们自动离职。大陆籍官员却任用那些没有能力，没有学历，也不具任用资格，甚至连自己名字都不会写的儿女、媳妇、女婿或仆人，这怎么能不引起台胞的愤恨？邮局接收主管为福州人，则提携的工作人员一律为福州帮，如新任长官为上海人，则将福州人撤换，将台湾本籍人调往偏远地区。长官公署秘书长葛敬恩安排兄弟葛敬铭任中华贸易公司总经理、葛敬应任台湾茶叶公司总经理，女婿李卓芝升任台北市专卖局局长。高雄工业专修学校以牙医刘某任校长，刘校长便聘他目不识丁的岳父任教员。自称是研究物象专家的赛先生，学生曾就教科书提出一段请教，他竟说明不来，临时应变说，我学的是欧美的科学，你们拿日本的科学来问，岂非大错？这使学生们啼笑皆非。①

台北《民报》报道：“公务员牵亲引戚，各地法院之丑态，如台南法院、台中法院之大部分人为该院长之亲戚。”“新竹半年薪水不清算，全体警员将辞职。”台中县参议会呼吁“裁员须公平无私，不可排斥本省人”。② 这些报道表达了台胞对长官公署低劣人事政策的不满。

台籍精英认为，台湾是他们的家乡，进入政府的权力核心，才能发挥他们的才华。大陆籍官僚的低能政治，加强了他们的信心。一些权力部门出现外省人挤占本省人位置的现象，台籍精英强烈要求保护本省人的参政权。陈仪却以台籍精英的国语不畅，未大胆起用他们，委以重任，严重打击了他们建设家乡的积极性。

1946 年 5 月，长官公署秘书长葛敬恩在省参议会一届一次大会上阐述了长官公署的人事政策，表示：“我们的人事政策是适人适事适地的尽量选用本省人材，已经订定本署备用人员登记办法，及备用人员资格审查委员会组织规程，登报公告。”“为增加本省同胞服务机会起见，经呈奉国民政府核准，将本省列入适用‘边远省份公务员任用资格暂行条例’省份，

① 汪潞：《台湾人为什么要哄走陈仪》,《新闻快报》1946 年 4 月 3 日，《台湾光复和光复后五年省情》（下），第 565 ~ 566 页。

② 台北《民报（晚刊)》1946 年 7 月 6、9 日，第 2 版。

以便从宽录用。台胞曾在本省各机关会社服务经历，亦经商准铨叙部准予从实采取，认为具有相当服务年资，俾担任同等之职务时获同等之报酬。”①

对大陆籍官僚指责台胞有台人治台的想法，5 月 7 日，省参议员郭国基在省参议会予以反驳，指出：“自被日本接管后亦不断革命，心归祖国，故经五十一年尚可保存本国文化，是为本省人倾向祖国而并无独立的铁证。”“外省人来台者，如系纯良，当为民众所拥护，反之则为社会所攻击。”“台湾为中华民国领土，台人是中华民国人民，以爱国爱乡土观念，自治自强，则为当然要求。”② 台籍精英反对的是贪官污吏，而非全体大陆军公教人员。

台籍精英呼吁长官公署应吸纳本土人才。郭国基质询：“政府人才登用已五六个月，未见录用，请勿以不谙国语遗弃，使台民独抱向隅。台民并无奴化思想，请政府认识以免影响将来施政。”长官公署秘书长葛敬恩答复：“本省现有职员已报本署有案者计 40858 人，其中本省籍人员 31077 人，占总数 76.06%”，并表示“政府并未认台民有奴化思想。”③

台籍精英想建设自己的家乡，希望进入政府的高层及权力核心，掌握实权，而非仍充当下级人员，长官公署却未赋予相应的行政权力，所以他们提出要求，希望陈仪等人正视台人参政的合理诉求，而不能将他们拒之门外，影响到新台湾的建设，伤害台胞的感情。大陆籍官僚觉得台籍精英对行政职位过于看重，有排斥外省人的念头。因语言等方面的隔阂，双方的认知有差异，还是沟通太少。

陈仪认为，台胞就智力言，同是我们中华民族优秀的子孙，聪明智慧，不输于全世界任何的民族，虽然过去因日本人的愚民政策，限制台胞接受高等教育，因此未能充分发展其智力，但今后大学之门已经开放，立刻可以急起直追。他相信不出五年十载，台胞即可出现符合世界水准的文学家、艺术家、科学家、企业家、政治家。就德力言，台胞爱秩序守纪律的习惯，在日本的统治之下，可谓是唯一获得的善果，有些地方甚至超过内地其他各省的同胞。这种良好的习惯只要加意保持，尽量发挥，无论在私德或公德方面，

---

① 《台湾省施政总报告》，《台湾省行政长官公署施政报告》，台湾省行政长官公署编印，1946，第 5 页。

② 《台湾省参议会第一届第一次大会特辑》，第 59 页。

③ 《台湾省参议会第一届第一次大会特辑》，第 36 ~ 37 页。

都可以做到与欧美强国的国民并驾齐驱的地步。①

台籍精英经常在各级参议会及报刊上批评政府的人事政策，要求扩大台胞的参政渠道。陈仪颇为不快，自认为比起日本人来，他给台湾人的政治权力大得多。比较各方统计资料，长官公署对台胞的参政诉求还是予以考虑的。“台胞受教育的机会，现在（1946 年底）大大增加了。论到台胞工作，三十四年时，本省担任敕任官（简任）者只 1 人，奏任官（荐任）者只 27 人，判任官（委任）者只 3681 人。现在简任官（连简任待遇）共 27 人，荐任职共 817 人，委任职共 12575 人，四、五倍，六、七倍乃至二、三十倍于从前。而中小学教员，则增加约 9000 人。”② 相较于日本占领台湾 30 年后才有一位台胞出任地方小吏，不啻天壤之别。参见表 2。

表 2　台湾省现任公务人员籍贯与官职比较（1946 年 12 月底）

职等 籍贯	特任	特任待遇	简任	简任待遇	荐任	荐任待遇	聘任	委任	委任待遇	雇用	征用	未详	总计
台　籍			12	24	319	487	10109	9079	5926	12095		1660	39711
外　省	1	2	202	204	1385	951	2021	4868	1542	796		2000	13972
外　国											929	5	934
总　计	1	2	214	228	1704	1438	12130	13947	7468	12891	929	3665	54617

资料来源：《台湾“二·二八”事件档案史料》下册，第 673 页。

即以用人的标准，双方的认知差异太大。陈达夫指出：“盖台人受高等教育者为数不多，且以公教人员日人统治太严，无法插足，往往改业工商农林，故吾人如以台人为他日台湾教育改革之骨干，质与量两才均感缺乏，但台人之意见则不然，彼等似已深受日本蔑视我中华民族之偏见之影响，51 年来恶意宣传之结果，以为祖国文化，大多无可取之处。光复以后之台湾教育，以台人肩负此重任，游刃有余，今虽未接收，而两方意见已渐露龃龉。”③

1947 年 1 月 3 日，《新生报》发表社论，指出“由于过去日人统治的专横，今日有经验的政治人才实感缺乏。”④ 针对所谓的“台湾缺乏政治人才”，1 月

① 《告全省同胞书》，《陈长官治台一年来言论集》，台湾省行政长官公署宣传委员会编印，1946，第 280 页。

② 《陈仪：三十五年除夕广播辞》，《台湾光复和光复后五年省情》（上），第 324 页。

③ 陈达夫撰《日人统治下之台湾教育》，《台湾光复和光复后五年省情》（上），第 358 页。

④ 《由行宪谈到政治人才》，台湾《新生报》1947 年 1 月 3 日，第 2 版。

18 日，《民报》发表社论予以反驳，强调台湾本省人并不缺乏政治人才。

在陈仪看来，他们一行人来到台湾，是来解放台胞的，政府中的主要官员来自大陆，十分正常。而在广大台胞眼中，政府的全班人马，多是外省人或“半山”，本土台湾人难以出头。《民报》记者吴浊流回忆：“本省知识阶级在光复之际，都以为会比日据时代有发展，但结果大多数的人都失望了。幸运地在机关得到的职位，也不过是个闲职，别说干部，就是课长职位都很难获得。”他们不由得感到心灰意冷了。

政治人才的标准很难拿捏。陈仪以解放者的姿态来到台湾，没有发动台胞、依靠台胞的准备，对穿着日本服饰、操日语的台籍精英是有看法的。以大陆那一套标准，台湾确实缺乏政治人才。但是，政治人才是可以培养的。台籍精英的现代文明知识与素养不输于大陆籍官僚。他们正直善良，办事认真，没有推诿马虎、贪污受贿这些恶习，与许多不称职的大陆籍公务员相比，完全可以胜任许多岗位。对台籍精英，最好的办法就是吸纳，发挥他们在台湾社会的中坚作用，而不是把他们推向对立面。如果长官公署大陆籍官员、“半山”、台籍本土精英各占 1/3，并不会妨碍政府的施政，还会使政令有效贯彻落实。可惜陈仪囿于成见，把台籍精英视为待改造的人，无视他们在人事上的合理诉求，反过来孤立了自己。

三　直选县市长呼声高涨

光复后，为了配合全国行宪，台湾积极建立各级民意机关。因国民大会决定 1946 年 5 月 5 日召开，国民政府规定省以下各级民意机构应于 5 月 1 日以前全部建立。长官公署尽速设立各级民意机关，以便台湾省参议会也推选代表，参加制宪国大。

据各县市的统计，参加宣誓登记的公民，全省共有 2393142 人，达总数的 91%，参加公职候选人临时检复的更见踊跃，全省复审合格的，甲种 10665 人，乙种 26303 人，共计 36968 人，为全省应选出的各级民意机关代表总数 4 倍以上。1946 年 2 月 16～28 日，全省每个选区的公民直接投票，选出区乡镇民代表 7078 名。经乡镇民代表和市民慎重投票，选出县市参议员 523 名。参加省参议员竞选的达 1180 人，4 月 15 日，选出 30 名省参议员。①

① 周一鹗：《本省办理各级民意机关选举的经过》，《台湾省省县市参议会一览》，台湾省行政长官公署宣传委员会编印，1946，第 35～37 页。

长官公署的权力为大陆籍官僚垄断，参加公务员考试受语言限制，台籍精英为实现政治抱负，积极参选民意代表。以省参议员的选举为例，在1180名候选人中，有400多人在日据时期担任过州市议员或街庄协议员；在523名县市参议员中，243名在日据时期已经是地方精英。

吴浊流谈起同胞的参政激情，认为群众对人为的环境斗争，对自然的环境也同样斗争，养成的就是抗拒力，斗争心或竞争心很强，富于热情而易于激动，不管张三李四，都焦急着想当个政治家，“光复后，有知识者都不约而同地想走进政治的窄门，这个现象正和烧开水时，把茶壶盖开个小洞，水蒸气自然就会从这个洞跑出去，但水一沸腾，蒸气就无法同时排出而盖子就自然往上掀开是同样的道理”。①

经过半月的筹备，1946年5月1日，台湾省第一届参议会在台北市南海路新会所举行成立大会。陈仪不想让代表民意的省参议会完全为台籍士绅控制，掣肘政府的施政，由黄朝琴等“半山”来掌控参议会。此举看似可以促进省参议会与长官公署之间的协调，实际上引起台籍精英的不满。如果由林献堂来主持省参议会，以他德高望重，在台胞心目中的领袖形象，必能有助于大陆籍高官与台湾本土社会间的联系与沟通。陈仪这种排他性的做法只图政府的施政效率，不顾台籍精英的感受，于事无补。

光复后7个月台湾省参议会成立，人民参与政治，政府的财政收支、预算均经过参议会的审议，应加应减尽量采纳民意，广大台胞初步享受到当家做主的权利，政治开明开民国各省先河，并准备实行地方自治。各级民意机关对政府只有质询权、建议权，却没有决策权。为此，台籍精英希望扩大参政渠道，发挥他们的才能，不仅仅是议政。

为防止议会与政府间的对立，日据时期，各级民意机关，日本人多占半数，台湾总督完全可以控制，不受民意代表的掣肘。陈仪相信台胞，各级民意机关几乎都是台人，形成外省人控制上层行政机关、台人控制民意机关的格局。议会与政府一致，可以互相配合，服务新台湾的建设。但议会与政府一旦对立，则双方势同水火。

在台湾总督府的高压政治下，台胞乏议政权，也没有实际的参政权。台湾未经历大陆的军政时期、训政时期，台籍精英对内地的政治运作方式所知甚少。但是，从建立自主的民意机关，到直选县市长，发展民营经济，当家

① 吴浊流：《无花果》，前卫出版社，1988，第211页。

做主，是日据时期台籍精英一直为之奋斗的目标。光复初期，全国民主运动高涨，国民政府有意在全国推行直选，极大鼓舞了台籍精英的政治热情。

抗日战争胜利后，全国人民要求尽快召开国民大会，制定宪法，实施宪政，还政于民。1946 年初，政治协商会议有“省为最高自治单位，省有省宪，省长民选”的决议。台籍精英备受鼓舞，为建设三民主义的新台湾，争取这样的地方自治。

在台籍精英看来，台湾光复，仅仅是统治者由日本人换成了外省人，他们在政治上要求当家做主，在经济上要求发展民营经济，并没有得到满足。要解决光复初期台湾的乱象，寄希望于来自大陆的外省籍官僚行不通，只有通过选举政治，实现地方自治，由他们自己来建设家乡，才能使台湾好转起来。战后全国高涨的民主运动给他们一条在体制内寻求台湾地方自治的路径。台籍精英，无论是大地主、大资产阶级，还是中产阶级、小资产阶级，或“半山”，对推动民主宪政、实现地方自治都抱赞成的立场。

全国人民对民主政治抱有厚望。1946 年 7 月，广西省第一届参议会一次大会决议先择地方自治条件具备之县，实行县长民选，其余各县限期完成地方自治，在 1947 年普遍民选县长，以奠定宪政基础。接到这条电讯，台籍精英主张应召开省参议会临时大会，讨论选举国民参政员，“更希望同时讨论县、市长民选的事宜”。①

9 月，台北县新庄镇实行镇长民选，时任副镇长陈国治当选镇长，开民主选举先河。② 据 9 月 23 日中央社迪化来电：“新疆全省普选事宜，现正积极进行中”，将行县长、乡镇长的民选。邻省的福建，乡镇长既行民选，县长亦将行民选。民主政治的实现，当由地方自治做起。《民报》立即发表社论，指出：“照本省目前的情势而言，现时虽成立了县市省各级的民意机关，可是真正的民主政治，实在还没有达到，甚至因为一部分的不肖公务员的贪污，以致民心离反，令人不胜忧虑，为打消这个僵局，除就早实现民主政治而外，还有更好的良法吗？实现民主政治，才能够去除贪官污吏，我们理想的新台湾，才有建设之可能。”“所以我们很希望代表民意的县市省参议会和各级机关联合起来，力求民主政治的实现，限期完成地方的自治，是为建设

① 《盼望县、市长民选》，台北《民报（晨刊）》1946 年 7 月 20 日，第 1 版。

② 台北《民报（晨刊）》1946 年 9 月 17 日，第 2 版。

明朗的新台湾的第一步。”[①] 27 日，台湾省政治建设协会（下简称“政建”）台中分会在成立大会上通过决议，要求 1947 年 6 月底前实施县市长民选。

战后台湾民主运动的高涨，源于日据时期的反抗传统。而全国高涨的民主运动增强了台籍精英的信心。陈仪的台湾特殊化政策，加剧了台籍精英要求民主政治的危机感。针对人事上的省籍歧视，公务员的贪污腐化，经济上的统制，台籍精英认为要改变，最好的办法就是实现台湾的地方民主自治，建立符合台湾人民利益的县市政府、省政府。

10 月 14 日，长官公署民政处召开“民意机关检讨会”，出席者包括各县市参议会的正副议长与参议会秘书等。与会人士正式提案，要求县市长早日民选。长官公署民政处宣布，10 月 16 日起，举办全台乡镇区长选举，选举办法规定，乡镇区长由乡镇区民代表选出。

政建致电台湾省参议会、各县市参议会等单位，称对此举“吾人自应共力切实协助。冀于一个月内得以全省完成，以奠定地方自治初基”。对于乡镇区长选举办法，规定乡镇区长由乡镇区民代表选举，深表遗憾。“今基层之选举，既不实行直接选举，则将来县市长之选举，何能实行直接民选乎？”为确立真正民主政治，健全地方自治基础，政建请求长官公署修正乡镇区长选举办法，以由代表间接选举改为由公民直接选举，来树立地方自治根基。[②]

台北市参议会议长周延寿主张间接选举国大代表及县市长，其理由是：“本省民度未至相当水准，又区乡镇长候选人即主张必须具有中等学校毕业者方为合格。”政建认为，这种主张有违省民的意见，“查本省民度，似非如周议长所认识之低下，或者周议长以本人之思想，见识，经验，犹不能运用四权，何况其他省民乎？此乃视其中敌人之毒深浅或有无而分别，民主精神绝非以学问而比较之，至于候选资格之限制，既已违背民主精神”。[③]

为打开政治的僵局，综合台胞的意见，除却即时实现完全的地方自治以外，别无补救的良法。10 月 23 日，台北《民报》呼吁：“在这力倡民主政治的呼声中，本省乡镇区长的选举，自本月十六日起，在各地方既经先后开始了。这次的选举，不消说，是实现地方自治的第一步，但是今后欲使其能够

---

① 《限期完成地方自治》，台北《民报（晨刊）》1946 年 9 月 25 日，第 1 版。

② 《政治建设协会电》，台北《大明报》1946 年 10 月 14 日，第 2 版。

③ 《政治建设协会电》，台北《大明报》1946 年 10 月 21 日，第 2 版。

实现完全真正的地方自治，绝非进到由人民选举县市长不可，再进一步，于宪政实施后，则施行选举省长。”“其次，实施市县长的民选，应当采取直接选举，因为直接选举，才能够充分反映民意，畅达民心。”①

台籍精英主张尽快实现县市长选举，应通过全民直选的方式进行。针对区乡镇长的民选，台籍志士林忠的态度较为谨慎，指出：“我们希望不维政府，即人民也应对这件事认识其重要性，很慎重很认真的去做，把地方自治的基础订好，然后才能进一步成立正式县市议会，省议会，实行县市长省长的民选，使台湾实现完全的地方自治。”② 即要全民先把地方自治的基础打好，一步一步来，不可操之过急。

各县市参议会纷纷要求直选县市长。1946 年 7 月 27 日，基隆市参议会第二次会议开幕，议决县市长实行民选。③ 8 月，台中市参议会一届二次会议提案，建议“县市长举办民选”。④ 11 月 25 日，高雄市参议会一届三次大会开幕，参议员提出《县市长民选请迅速实施案》等。⑤ 11 月底，屏东市参议会一届三次大会召开，要求“促速行县市长民选”。⑥ 其他县市的参议会也提出类似的要求。台湾省参议会一届二次大会召开前夕，台北县参议会向省参议会提出建议书，要求“实现还政于民，举行省县市长民选，以符三民主义之精神。”⑦

在省参议会一届二次大会上，李崇礼、吴瑞泰、黄纯青提《市县长早行民选案》，送请政府办理。⑧ 刘阔财提出“为推行地方自治，遗缺中之新竹县长一职，须举办民选”。王添灯表示：“本人甚赞成，并向中央要求在新年度实行地方自治，盖本省各级民意机关已顺利进行，区乡镇长副选举成绩颇佳，应该实行县市长民选。”郭国基提出：“民度落后之新疆省业已实行县市长民选，若以台湾民度认为不够实行民选县市长，实属侮辱台湾之话。”黄朝琴议长答复：“县市长民选一事，曾经建议省转呈中央在案，其权限属于

---

① 《县市长民选问题》，台北《民报》1946 年 10 月 23 日，第 1 版。

② 林忠：《我们所需要的地方自治》，台湾《台湾评论》第 1 卷第 4 期，1946 年 10 月，第 14 页。

③ 台北《民报（晚刊）》1946 年 7 月 30 日，第 2 版。

④ 台北《民报（晚刊）》1946 年 8 月 17 日，第 2 版。

⑤ 《高雄市参议会提案》，台北《民报》1946 年 11 月 27 日，第 4 版。

⑥ 台中《和平日报》1946 年 12 月 2 日，第 4 版。

⑦ 《举行省县市长民选》，台北《民报》1946 年 12 月 11 日，第 3 版。

⑧ 《台湾省参议会第一届第二次大会决议案办理情形报告书》，第 1 页。

中央，本人以为俟宪法实施后为适当。”讨论结果，决议向台湾省国大代表通电，并向长官公署要求，迅速实施县市长民选。①

综合台籍精英落实台湾地方自治的诉求，一是改台湾省行政长官公署为省政府；二是实现台湾县市长、省长民选；三是反对间接选举，应采全民直选；四是要在 1947 年 6 月底前实现选举。各级参议会多次向陈仪反映，他以于法无据，不予接受。

台籍精英依据《建国大纲》，认为台湾各县市的人口调查、土地调查早已完成，警察管理治安，交通便利，民众识字率颇高，人民有能力行使民主权利，县自治的条件早已具备，可以立即选举县市长，实现地方自治。考虑到全国各地差异很大，他们建议，应设台湾为宪政实验省，率先试验，以便积累经验，向全国推广，而不必与全国其他省同步落实宪政。

台湾地方自治能否落实，不是台湾一个省的问题，涉及国家体制、中央与地方的关系，在没有得到南京国民政府授权前，陈仪不能承诺。为此，台籍精英向南京国民政府反映民隐。12 月下旬，台湾省全体国大代表由黄国书领衔，上书制宪国大，要求：“一、请于议定宪法实施日期及办法时，附带规定台湾为宪政实验省。二、宪法颁布后一个月，即由中央拟定办法，通饬台湾省实施，限三个月内，依照宪法，选出县市长、省长，成立县议会、省议会等。”② 台籍国大代表在南京国民代表大会上提出了台湾实验省要求，未得到充分尊重。台湾报纸对此未予及时报道，直到台湾《民报》得到消息后才披露。

考虑到全国的情况差异较大，台籍精英主张先设立台湾实验省，在《中华民国宪法》颁布后一个月，中央政府即颁布法令，准予台湾可先实施县市长、省长民选。这些诉求合情合理。对广大台胞的呼吁，蒋介石并没有加以安抚，或采取相应的解决办法。这触及蒋介石的根本利益。如果设台湾实验省，立即推行省长、县市长直选，则台湾政权必然本土化，中央政府如何来管理台湾？国统区其他省必然要援引此例，则南京国民政府的权力很快被架空。蒋介石不同意设立台湾实验省，亦未给台籍精英指明一条出路，保障他们的政治利益与经济利益。

---

① 《县长民选问题》，台北《大明报》1946 年 12 月 13 日，第 2 版。

② 刘宁颜主编《连故资政震东年谱初稿》，台湾省文献委员会，1989，第 109 页。

四　台籍精英与长官公署针锋相对

陈仪有其直选的打算，先稳定台湾经济，再还政于民。1946 年，陈仪交代周一鹗准备草拟《三年自治计划》，打算在 1950 年实施县、市长和省长民选。该计划草成后，有关部门正在研究时，省参议员林献堂、黄国书等闻讯，认为三年时间太长，希望能立即实行。他们在台北中山堂设宴招待陈仪和周一鹗，提出三项要求。陈仪坦率地对他们说："想把台湾的事情办好，我内心的着急决不在大家之下，从过去看现在，三年的准备时间我们即使通力合作，积极努力，也是够紧的，等到将来回忆今日，决不会嫌太长的。"①

落实地方自治必须要有相应的条件。陈仪认为，台胞虽有良好的技术及苦干精神，但许多人尚用日语日文，首先要使台胞学习国语国文。现在要实行县市长民选，十分危险，可能会把台湾变成台湾人的台湾。现在公务人员中，3/4 约 3 万人是台胞，其中 2 万人将在明年使他们学习国文国语。经济未能做好，县市长民选也是空的。②

12 月 9 日，长官公署颁布《台湾省地方自治三年计划完成各项草案》，共 14 条，包括"健全机构、办理户政、推行地政、开垦荒地、实行造产、整理财政、组训民众、发展交通、发展教育、推行合作、办理警卫、推进卫生、办理救济福利事业、励行新生活"。草案就推行地方自治做了详细安排，规定："一、乡（镇）区民大会于三十七年成立，选举乡（镇）区议员并成立乡（镇）区议会。二、县市民大会于三十七年召开第一次大会选举县市议员，成立县市议会。三、县市长于三十八年地方自治完成后，由县市民选举之。以上事项，应依照宪法实施。"③ 该草案强调应以宪法为准，台湾地方自治用 3 年时间落实。

11 月 15 日，历经波折的制宪国民大会在南京国民大会堂召开。12 月 25 日，国民大会通过《中华民国宪法》，1947 年 1 月 1 日正式公布。关于地方制度，宪法制定"省得召集省民代表大会，依据省县自治通则，制定省自治法，但不得与宪法抵触。省民代表大会之组织及选举，以法律定之。"省自

① 周一鹗：《陈仪在台湾》,《陈仪生平及被害内幕》，第 110 页。

② 《陈仪答记者问》，台北《民报》1946 年 11 月 22 日，第 3 版。

③ 《台湾省地方自治三年计划完成各项草案》，黄玉斋主编《台湾年鉴》，台湾新生报社，1947，第 15 页。

治法包含："一、省设省议会。省议会议员由省民选举之。二、省设省政府，置省长一人。省长由省民选举之。三、省与县之关系。属于省之立法权，由省议会行之。""县实行县自治。县得召集县民代表大会，依据省县自治通则，制定县自治法，但不得与宪法及省自治法抵触。县民关于县自治事项，依法律行使创制复决之权，对于县长及其他县自治人员，依法律行使选举罢免之权。县设县议会。县议会议员由县民选举之。属于县之立法权，由县议会行之。"① 国民大会定于1947年12月25日施行《中华民国宪法》。

《中华民国宪法》对省自治、县自治做了规定，但地方自治不得抵触中央政权。至于何时实施省长、县市长民选，按照宪法条文理解，应在1947年12月25日以后，而非之前。台湾的三年自治计划与宪法无明显抵触。

陈仪坚持公营经济政策不变，对县市长直选，先加以准备，培养民众行使民主权利，拟待台湾各方面条件成熟后，再去落实。这与台籍精英立即实现县市长直选相去甚远。

为了实现台湾地方自治，1947年1月，台湾省参政员联谊会致电国民政府主席蒋介石："查台湾教育素称发达，地方自治基础已□规模，而交通产业颇为发达，对于行宪条件相当完备，仰恳钧座令饬台湾省陈长官将宪法准备实施程序，迅付施行，所有现行之违宪法制，应予废除，以苏民困，而利行宪，不胜迫切待命之至。"② 蒋介石未予回应。

因《中华民国宪法》要到1947年12月25日才开始实施，就县市长直选，依照宪法，最快也要等到1948年以后才有可能推行，台籍精英要求在本年6月底前举行县市长直选，在未得南京国民政府授权以前，陈仪自无必要采纳他们的建言。

1947年1月，台湾省第一届行政会议通过《台湾省地方自治三年计划完成事项专案》。1月13日，《民报》全文刊载，以大标题突显"县市长于三十八年选举"。③ 这与台籍精英期盼在1947年6月底前举行县市长直选距离太远。同日，政建在台北市稻江第一剧场举办宪政推行大讲演会，听众两千余人，吕伯雄发表演讲。会中有一海南岛归台青年呼吁，要求即刻实施宪政，大家团结，剿除贪污。又一陈姓市民呼吁："台湾非无政治人才，大家

---

① 《中华民国宪法》，秦孝仪主编《实施宪政》，国民党中央党史委员会，1977，第421～422页。

② 《省参政员联谊会要求迅行地方自治》，台北《民报》1947年1月22日，第3版。

③ 《台湾省地方自治三年计划草案》，台北《民报》1947年1月13日，第3版。

勿被欺骗，归台同胞及知识分子须团结。”最后会议提出临时动议，反对“地方自治三年计划，要求在三十六年内实施县市长民选”。①

台籍精英要实现自己的理想，就必须掌握政治上的主导权。针对陈仪的三年自治计划，1月20日，政建通电各界，指出台湾的户籍、地籍、警政、交通、卫生、教育等各项自治条件的基础早已具备，文化水准既高，地方自治常识与能力亦强。“倘执政者肯予积极进行，则立可完成地方自治。”通电指出，三年自治计划有违宪之嫌，建议长官公署应依照行宪程序，在1947年10月以前完成省以下各级民意机关及县市长的民选。② 对此，民政处处长周一鹗发表谈话，指出地方自治三年计划并不抵触宪政实施。③

1月21日，陈仪就实施宪法的准备工作谈了几点看法：“第一，向本省人民宣传宪法的内容与精义，养成人民知法守法的普遍习惯。第二，充实地方自治，培养人民积极性的自治能力，使能达到县为自治单位的目的。第三，训练公务人员熟习国语国文，提高行政效率，使政府有能，配合有权的人民的指导，执行政务。第四，加强县市地方的经济职能，增加生产，使物丰民富，厚植地方自治的基础，提高人民对政治的兴趣。”④

陈仪认为，在1947年台湾并无推行县市长直选的条件。以大陆由军政时期、训政时期，再到宪政时期，用了近20年。台胞大部分人不能讲国语，许多年轻人连汉字都不识，对三民主义多不了解。台湾经济恢复困难重重，许多百姓为三顿饭发愁，不知如何使用民权。在这种情况下，贸然推行直选，除了能使少部分台籍精英获取高层权力，仍不能解决台湾接收与重建的实质性问题。

1月25日，省参议会致函民政处，要求解释制定地方自治三年计划的法令依据。26日，国大台湾代表联谊会召开座谈会，黄国书等人表示：“行宪时县市长民选之时间自然是与全国同时举行，因台湾乃是中华民国之台湾，自不能例外。”⑤

针对政建的声明与各界的质疑，同日，民政处处长周一鹗表态：“省行政会议产生的三年地方自治计划中对市县长三年以后民选一事只是草案，并

① 台北《民报》1947年1月15日，第3版。

② 《地方自治三年计划台湾政建协会反对》，台北《民报》1947年1月20日，第3版。

③ 《周民政处长发表谈话》，台北《民报》1947年1月21日，第3版。

④ 《关于行宪问题陈仪答和平日报记者问》，台中《和平日报》1947年1月22日，第3版。

⑤ 台中《和平日报》1947年1月27日，第3版。

未通过。而颁布这次计划草案时，国大正在制宪，宪法颁布后，凡本省与宪法有抵触的措施当然应该纠正。”① 长官公署宣传委员会主委夏涛声则表态，称“这是吻合宪法一百零八条条文。”②

台中市政建分会的张风谟撰文，指责自治三年计划与宪法抵触，“关于现行之县市长，似无任期之限制，县市长之选举，如果不举行于今明年中，更一进说，可以永久不必举行。”③

2 月 3 日，政建与《民报》举办宪政推行座谈会，蒋渭川、陈旺成、游弥坚、谢娥、陈逸松、王添灯、周延寿等 30 余人参加，陈逸松主张：“根据建国大纲及一月八日行政院第七七一次会议所议决之方案，本省可要求即时实施县市长民选。”④ 张晴川建议：“实施自治之目的在于推行宪政，故不能只座谈而已，余主张市民自己选举市长，然后请长官任命，此种步骤并不抵触宪法，亦有必要。”⑤ 会议推举陈逸松、谢娥、王添灯、陈旺成、许乃昌、吕伯雄等人为起草委员，草拟台湾省地方自治法，送请中央参考，要求今年内实行县市长民选。⑥ 4 日，台湾省宪政协进会在中山堂召开宪法演讲座谈会，游弥坚、陈旺成、谢娥、陈逸松、林惠、蔡章麟、黄启瑞、黄国书等人参加，决定请专家演讲宪法，扩大宣传，普及民众的宪法知识。⑦

县市长直选何时实施，众说不一。按照《中华民国宪法》，地方自治实施的步骤，应先由中央立法制定“省县自治通则”，省县市长的选举应在行宪之后，以为 1947 年 12 月 25 日以前可以举办县市长民选，乃是一种误解。

为了突破宪法条文的约束，台籍精英搬出了《建国大纲》，指出国父的县自治设想位阶高于《中华民国宪法》，应以《建国大纲》为准，在行宪之前，可以实现县市长直选。

陈仪认为，县市长直选应在宪法实施后落实；台籍精英则认为，应在宪法实施前落实。就三年自治计划，陈仪认为，此举并无违宪处，如果违宪，一切以宪法条文为准；台籍精英认为，三年自治计划与宪法有抵触，1949 年直选县市长太迟，应立即举行县市长民选。关于省自治法，台籍精英认为三

---

① 台北《大明报》1947 年 1 月 27 日，第 4 版。
② 台中《和平日报》1947 年 1 月 29 日，第 3 版。
③ 台北《大明报》1947 年 2 月 2 日，第 2 版。
④ 《宪政推行座谈会》，台北《民报》1947 年 2 月 4 日，第 3 版。
⑤ 《宪政推行座谈会记录》，台北《民报》1947 年 2 月 7 日，第 3 版。
⑥ 台中《和平日报》1947 年 2 月 5 日，第 3 版。
⑦ 台中《和平日报》1947 年 2 月 7 日，第 3 版。

年自治计划不妥，应由他们自己来制定，然后加以落实。从要求设置宪政实验省、试办县市长直选，到自定省自治法，台籍精英的地方自治诉求越来越高。既然陈仪不愿接受他们的要求，他们决定自己动手。

政建在各地举办宪政推行讲演会。2 月 10 日，该会本部在台北第一剧场与万华国际戏院同时举行演讲会，蒋渭川讲“官僚政治与民主政治”，白成枝讲“宪政与台湾人的出路”，张晴川讲“宪法与人民之权利”等。11 日至 15 日，该会在宜兰地区举行 5 场巡回演讲，接着预定到中南部巡回演讲。政建的一些分会也举办演讲，抨击长官公署，要求地方自治。

台中地区的地方自治要求较台北更为强烈。2 月 2 日，政建台中分会、三青团台中分团、台中市党部共同举办了台湾中部地区行宪座谈会，由林连宗担任主席，针对民政处自治三年计划、县市长直选与行宪三项主题进行讨论，发表共同声明：自治三年计划显系违宪，政府须于行宪日以前完成省县市长选举。

2 月 26 日晚，政建台中分会召开理监事会，决定 3 月 2 日（星期日）在台中戏院举行宪法推行演讲会，将由黄朝清、张风谟、童炳辉、高雨贵、庄天禄等人主讲。次日，台北血案发生，市参议会邀请台中县参议会、彰化县参议会于 3 月 1 日举行联席会议，决议一致支持台北市民要求。

考虑到台湾的特殊性及大陆的落后性，陈仪设计台湾特殊省制，得到蒋介石的认可。光复一年多来，陈仪推行了一系列有别于内地的新政。台湾是长官公署制度，陈仪是台湾军政最高首长，内地国统区则是省政府制度，军政分治；在经济上，政府控制台湾的主要产业，实行统制经济，内地国统区民营经济的成长空间较台湾为大；台湾使用台币，属地方货币，内地国统区则用法币，属国币。这种特殊省制是在中央集权体制下的一种试验，陈仪作为中央政府派遣的官员，代表中央政府治理台湾。在大陆四分五裂的情况下，蒋介石对地方高度自治或完全自治无法接受，不赞成由台湾人自己治理台湾，在人事上不受中央政府的控制。

在国民党高层一些人士看来，陈仪在台湾的新政是自搞一套，毁弃国家体制，藐视中央政府权威，必须改弦更张，恢复国统区通行的省制，接受行政院各部会的有效管辖。

台籍精英对陈仪的特殊省制一点都不领情，认为该制度剥夺了他们的政治权利与经济利益，希望通过直选县市长，不但能够议政，而且能够分享政治权力，重建台湾社会，发展自由资本主义经济。大陆籍官僚低劣的政治和统制经济，加强了他们的信念。全国高涨的民主运动为他们反对陈仪的长官公署制度提供了一个大环境。如果立即直选，相当一部分大陆籍官僚将交出权力，他们当然不愿意。在是否立即直选县市长的背后，是以陈仪为首的大陆籍官僚与台籍精英的利益博弈。陈仪以于法无据、条件不具备为口实，反对立即直选。这与南京国民政府的立场是一致的。

长官公署下令，各级民意机关的当选代表，及当选乡镇保村里长，尚未取得甲种或乙种公职候选人资格者，一律限于1947年2月底以前赶办，补行检覆手续，逾期未办者，其当选为无效。① "若声请人曾任皇民奉公会要职者均不予检覆。" 2月22日，《民报》以大标题公布 "本省公职候选人员，曾任皇奉会要职不检覆"。② 台湾本土籍精英，在日据时期，或多或少与台湾总督府周旋过，任职皇民奉公会，其中许多人也是迫不得已。陈仪以曾任 "皇民奉公会" 要职者无选举权，等于是把他们推向对立面，使他们在台湾政坛无出头之日。这在严重对立的台籍精英与长官公署间又浇了一桶油。

五 二二八事件与直选县市长

1947年2月27日，因专卖局警员在台北市取缔小贩，引发冲突。次日，民众请愿示威，发展成大规模的官民冲突。台籍精英利用政府的施政危机，成立二二八事件处理委员会，要求全盘改革省政。

3月6日，台湾省二二八事件处理委员会通过《二二八事件处理大纲》，共计三十二条，主要内容有："制定省自治法为本省政治最高规范。县市长于本年六月以前实施民选，县市参议会同时改选。省各处长人选，应经省参议会（改选后为议会）之同意；省参议会应于本年六月以前改选。省各处长三分之二以上，须由在本省居住10年以上者担任之（最好秘书长、民政、财政、工矿、农林、教育、警务等处长应该如是）。警务处长及各县、市警察局长，应由本省人担任；省警察大队及铁道、工矿等警察，即刻废止。法制委员会委员，须半数以上由本省人充任；主任委员由委员互选。"③

三十二条反映了台籍资产阶级的诉求，政治上要当家做主，经济上要发

① 《各级当选代表应办候选检覆》，台北《民报》1947年2月5日，第3版。

② 台北《民报》1947年2月22日，第2版。

③ 《二二八事件处理大纲》，原刊《新生报》1947年3月7日，后收入林德龙编《二二八官方机密史料》，自立晚报社文化出版部，1991，第134~135页。

展民营经济，维护台湾的利益与安全。他们把省政改革限定在中华民国的体制范围内，拥护中央政府，拥护蒋介石，欢迎内地同胞建设台湾，政府一半以上的职位或2/3以上的职位由台籍人士出任，而非全部，用意在于此。

为了稳住台籍精英，使广大民众恢复秩序，6日晚8时半，陈仪向台胞承诺政治改革：第一，考虑将行政长官公署改为省政府，一经中央核准，即可实行改组。改组时，省政府的委员、各厅长或各处长，要尽量任用本省人士。第二，县市级行政机关，在预备手续能完成的条件之下，县、市长于7月1日民选。①

7日下午3时半，省处委会举行全体会议，除原案共三十二条一致决议通过外，追加通过十条，包括“本省陆海空军应尽量采用本省人。台湾行政长官公署应改为本省政府制度，但未得中央核准前，暂由二二八处理委员会之政务局负责改组，用普选公正贤达人士充任。警备司令部应撤销，以免军权滥用。本省人之战犯及汉奸嫌疑被拘禁者，要求无条件即时释放”。②

三十二条加十条，即为四十二条。十条的关键是撤销警总，无条件释放汉奸战犯，省处委会政务局取代长官公署，台湾人控制台湾军事。与三十二条相较，十条较为激进，挑战南京国民政府对台湾的治权。

台籍精英要求的军事体制改革，将动摇南京国民政府对台湾的军事控制权；政治体制改革，将削弱南京国民政府对台湾的治权，抵触中央集权制度，直接剥夺公署在台官员的政治权益；经济体制改革，如日产归台人管理、撤销专卖局、贸易局等，冲击南京国民政府的公营经济政策，影响在台官员的切身利益。对于这样的台人治台、高度自治，作为地方大员，陈仪无权接受四十二条，也不能接受四十二条。

全台16县市呼应台北市民的抗争。3月3日，台南市参议会召开临时大会，决议：“一、要求警、宪、军不得任意开枪，及有激起民愤之行动。二、要求专卖局、贸易局即时撤销。三、要求即时撤免无能及不负责公务人员。四、负责办理粮食问题。五、县、市长民选，即时实施。六、省各处长及重要机关主管人员，须要提拔省人。七、本省所接收之公司、工厂，移交省人办理。”③ 同日，彰化市群众及参议员猛烈抨击市政失策，提出：“一、即时

---

① 《陈仪对台胞第三次广播》,《二二八官方机密史料》，第113~115页。

② 《处理大纲全文四十二条》，中国第二历史档案馆编《台湾“二·二八”事件档案史料》上册，档案出版社，1991，第254~255页。

③ 《中外日报》1947年3月6日，又见《二二八官方机密史料》，第102页。

实行省、县、市长民选；二、市政府股长以上，采用本省人；三、即时罢免督察长，并予严惩。”①

4日，台南县参议会召开紧急会议，决议：“（一）军、宪、警不得任意开枪，及不可有挑衅的行动；（二）省、县、市长即时民选；（三）省公署各处长及重要机关，起用省民；（四）负责办理粮食问题；（五）即时废止贸易局、专卖局，各公司、工厂重要位置，起用省民。”② 同日，花莲县召开民众大会，达成决议，包括“宪法应实施，立刻选举县长、省长”。③ 同日，台东县士绅组织“台东时局处理委员会”，通过的重要议决案有“要求本省省长于十二月一日起实行民选”。④

5日，二二八事件处理委员会宜兰分会主张：“（一）设置宜兰分会；（二）县、市长民选。”⑤ 同日，二二八事件新竹市处理委员会主张：“一、关于本事件，公署要负全责。二、市、县长民选，即时实施。三、公署秘书长由本省人选出，各处长及各重要干部、法制委员会委员，半数以上应以本省人充之。四、一切公营事业，改为民营。五、专卖事业、贸易局、宣传委员，即时废止。”⑥ 同日，台中地区时局处理委员会决议：“克日准备施行宪政，即时选举省、县、市、乡、镇长，实行完全省自治；即刻改组各级干部，起用本省人才，协力建设台湾。”⑦

6日，屏东市民大会决议：“一、驱逐阻碍实现民主政治的贪官污吏出境。二、驱逐垄断台湾经济之奸商买办出境。三、提早实现宪法。四、提早实现省县市长民选。五、取缔外省人之优越感。六、实现外省人本省人公务员待遇平等。七、民政、财政、农林、工矿、警务五处长及法制委员人事处主任以本省人充任。”⑧

台籍精英渴望发展产业，分享政治权力。直选县市长是他们追求的政治目标。各地处委会提出了许多要求，基本上围绕着直选县市长展开，希望通

① 《新生报》1947年3月6日，又见《二二八官方机密史料》，第92页。
② 《新生报》1947年3月7日，又见《二二八官方机密史料》，第128页。
③ 《花莲县“二二八”事变报告书》，《台湾“二·二八”事件档案史料》下册，第617页。
④ 《“台东事变”报告书》，《台湾“二·二八”事件档案史料》下册，第633～634页。
⑤ 《大明报》1947年3月6日，又见《二二八官方机密史料》，第90页。
⑥ 《新生报》1947年3月7日，又见《二二八官方机密史料》，第128～129页。
⑦ 《新生报》1947年3月7日，又见《二二八官方机密史料》，第127页。
⑧ 《屏东市“三四”事变报告附件五》，《台湾“二·二八”事件档案史料》下册，第558页。

过和平的方式，来达成政治目标，既不主张共产主义化，也反对台湾脱离中华民国独立。他们的诉求与三十二条基本一致，没有反映农民的土地诉求，没有维护工人的切身权益，也不主张诉诸武装起义。对于民众打砸抢，他们不能认同，组织各级处理委员会，维持社会稳定，在官府与民众间沟通，化解纷歧。

陈仪的缓兵之计争取了时间。9 日，国民党军第二十师在基隆登陆，立即大开杀戒，将各地处委会的一些领导人物秘密处死，民众群龙无首。参加抗争的台籍日军退伍兵无明确政治目标，不过是发泄私愤，面对大兵压境，一哄而散。台湾无战略纵深，退往山地的民军很快便被各个击破。

二二八事件是台湾人民在光复初期追求省政改革的运动，受到全国高涨的民主运动影响，主要诉求是早日落实台湾地方自治，直选县市长，改长官公署为省政府，废除专卖局、贸易局，分享政治权力、经济利益，建设自己的家乡。斗争方式主要是协商谈判，要求当局接受，宪警民共同维持地方治安，在中南部一些地区出现武装抗争。从全国范围看，它是战后全国民主运动的组成部分；从台湾独特的发展历史看，它是日据时期台籍精英要求地方自治的延续。二二八事件是台湾人民自发的爱土爱乡运动，是官民冲突、阶级对立，而非省籍冲突、族群对立。陈仪夸大二二八事件中武装抗争的一面，将其定性为“背叛国家”的暴乱事件。陈仪、柯远芬等人不经司法程序，滥捕滥杀，虽可立即平息事态，却给台湾人民心灵造成巨大的伤害。

光复一年半来，岛内外台胞多次呼吁改革台湾省政，蒋介石未予认真考虑，倚重陈仪治台。直到二二八事件爆发，广大台胞自发起来，要求省政改革，长官公署统治几乎不保，蒋介石才高度重视。这是中央集权政府对下层民意的惯常反应方式。

国民政府接收台湾十分仓促，陈仪拟定的一套计划在实施过程中，与台湾各阶层民众的利益发生尖锐的冲突。政治上的长官公署体制、军政不分，令台胞有被殖民统治的错觉。人事政策严重阻碍了台籍精英的参政之路。经济上的公营政策、统制经济，使台籍资本无出头之日。只到台胞群起抗争，动摇了南京国民政府在台湾的统治，台湾特殊化政策的种种弊端暴露无遗。

3 月 11 日，南京国民政府宣布派国防部部长白崇禧赴台宣慰。国民党军迅速控制台湾全境，蒋介石才让白崇禧动身。南京国民政府的处理原则主要有：“第一，台湾地方政治制度之调整：（一）改台湾省行政长官公署制度为台湾省政府制度，其组织与各省同，并得依实际需要，增设厅处或局等机构。（二）台省各县市长提前民选，其办法及日期由省参议会拟具，呈报内政部核准施行。在县市长未举行民选以前，由省政府委员会依法任用，并尽量选用本省人士。第二，台湾地方人士之调整：（一）台湾警备司令以不由省主席兼任为原则。（二）省政府委员及各厅、处、局长，以尽先选用本省人士为原则。（三）政府或其他事业机关中之职员，凡同一职务或官阶者，无论本省或外省人员，其待遇应一律平等。”① 南京政府表示“上面这些原则，是经过中央慎重研究决定的”。该处理原则就是要尽量满足台籍精英提出的三十二条要求，争取他们的内向。

改革台湾省政已是大势所趋，为了不致人亡政息，陈仪坚持台湾特殊化政策不能轻易更张，以免自乱步伐，可以在人事制度等方面做调整。3月11日，陈仪电告蒋介石，已着手改组长官公署为省政府，考虑到台湾情形有别于大陆各省，建议：“（一）省政府委员名额照组织法只能设十一人，拟请增加二人为十三人。（二）建设厅不设，改设工矿、农林、交通三厅。（三）增设警务处。（四）长官公署原设机要室、人事室、统计室，及法制委员会、设计考核委员会照旧，直隶省府主席。（五）参事仍旧。”他恳请蒋介石批准。②

吸纳台籍精英进入省政府，是争取人心内向的重要举措。4月2日，陈仪致函蒋介石，提出台湾省政府的人选，包括“丘念台（教育厅长），现任监察委员；刘启光（拟任民政厅长），日本明治大学毕业，曾任新竹县县长，现任华南银行董事长；徐庆钟（拟任农林厅长或副厅长），台北帝大农学博士，现任台湾大学教授兼土地银行董事；林献堂，老绅士；谢东闵，中山大学法学院毕业，曾任高雄县县长，现任民政处副处长；游弥坚，日本大学经济学士，现任台北市长；王民宁，日本士官毕业，现任警务处长；李连春，神户商业学校毕业，现任粮食局长；韩石泉，台北医专毕业，现任省参议员；南志信，高山族人，现任国大代表；刘明，东京高工毕业，现任大坪炭酸公司董事长；林顶立，明治大学毕业，现任长官公署参议。如省政府委员定为十五人，拟请就右列各人中选七人；如定为十九人，则选九人。”③ 陈仪提名的这些台籍精英，多是台湾社会的一时之选。

---

① 《国防部布告（大溪档案）》，《二二八事件资料选辑（二）》，中研院近代史研究所编印，1992，第185～187页。

② 《陈仪呈蒋主席三月尤电（大溪档案）》，《二二八事件资料选辑（二）》，第144～145页。

③ 《陈仪呈蒋主席函（大溪档案）》，《二二八事件资料选辑（二）》，第245～247页。

为了缓和民怨，4月22日，蒋介石主持行政院第784次例会，以台湾事变既平，陈仪引咎请辞行政长官兼警备总司令，决议撤销台湾省行政长官公署，依照《省政府组织法》改制，任命魏道明为台湾省政府主席，各厅处应各增设副首长一人，尽可能起用台籍人士。[①]

陈仪名义上是“引咎请辞”，实际上是被免职。这表明南京国民政府的基本判断，即陈仪应对二二八事件负责。撤销行政长官公署，表明这种行政体制予台胞不快。起用台籍精英，就是要调整人事政策。在一场大规模的抗争后，南京国民政府终于接受广大台胞的部分诉求，自上而下改革台湾省政。

30日，蒋介石任命台湾省政府各厅厅长及委员14人，台籍人士丘念台为省政府委员兼民政厅厅长，严家淦为省政府委员兼财政厅厅长，许恪士为省政府委员兼教育厅厅长，杨家瑜为省政府委员兼建设厅厅长；任命林献堂、朱佛定、杜聪明、马寿华、刘兼善、李翼中、南志信、游弥坚、朱文伯、陈启清为省府委员，台籍人士占一半。[②] 台湾省各厅处均增加副厅长的设置，仅新疆有此先例。其用意在延揽台籍人才，共同参加政府，沟通政府与人民的意见和感情。

二二八事件初平，社会动荡，驻台的陆海空军及要塞部队须有统率机构，台湾警备总部仍应保留。蒋介石“决任彭孟缉为台湾警备司令，但归台省主席之指挥”。[③] 彭孟缉被越级提拔，因他稳定高雄有功。

日据时期，台湾一切制度及行政措施完全便利日本的榨取。陈仪建立长官公署，临时采取这种与内地省制不同的制度。接收近两年，复员大略就绪，台湾情势有改进。加以二二八事件，这种临时制度已不能适应环境与事实的需要，影响政府与台胞的感情。台湾的政治制度必须改革，政策必须调整。但台湾接收与重建的实际情况又决定了魏道明必须着眼于现实，延续陈仪的政策。

5月15日，魏道明抵台，着手化解因二二八事件造成的不幸局面。延揽更多的台湾人进入统治阶层，才是杜绝悠悠众口的良方。16日，台湾省政府

---

① 潘振球主编《中华民国史事纪要》（初稿，1947年4～6月份），“国史馆”，1996，第251页。

② 《国民政府任命丘念台等为台湾省政府委员令》，薛月顺编《台湾省政府档案史料汇编：台湾省行政长官公署时期（三）》，“国史馆”，1999，第490页。

③ 《陈诚呈蒋主席四月十一日签呈（大溪档案）》，《二二八事件资料选辑（二）》，第235页。

正式建立，台籍人士徐庆钟任农林处处长，王民宁任警务处处长，李连春任粮食局局长，颜春辉任卫生处处长，虽然丘念台坚辞不就民政厅厅长，台籍人士在省政府权力核心占 1/4，下属各机关亦尽量起用台籍人士，以缓和尖锐的省籍矛盾。

为了保证行政交接秩序，避免混乱，魏道明采取了稳妥的步骤。17 日，魏道明主持第一次省府会议，省府委员 13 人出席。会议决定：（1）由省府秘书处、民政厅、财政厅、教育厅、建设厅、农林厅，分别接替前长官公署的秘书、民政、财政、教育、工矿及农林等处；（2）撤销法制委员会、设计考核委员会、新闻室、公营事业管理委员会及编译馆；（3）保留人事室及统计室，仍直属省政府。至于一些尚未明文发表的省府机构，如交通和警务等部门，魏道明以“前公署之组织不一定合于省府之组织，而本省之情形又并不和其他省份完全相同”，决定在新机构发布之前，由原机关维持现状。

依《省政府组织法》，省政府的机构编制为 6 个厅处，包括民政、财政、教育、建设厅及秘书、会计处。改制后的台湾省政府机构，共有 12 个厅处及秘书、会计、统计 3 处，保留了长官公署的基本行政架构。陈仪班底除严家淦、张国键外，多挂职而去。台湾省政府呈报前长官公署公布的各种单行法规于公署撤销日有效者，一律继续有效。6 月 27 日，行政院长张群予以批准。①

魏道明奉南京国民政府命令，改长官公署为台湾省政府，台湾军政分治。新建立的台湾省政府保留了长官公署的基本行政架构，不同于内地的省政府架构；在政策上基本沿续前长官公署拟定的施政方针，以保持施政的延续与稳定；通过吸纳大批台籍精英，扩大了执政基础。新的台湾省政府与前长官公署在形式上与人员组成上有很大不同，台胞对此表示欢迎。魏道明改变专卖局、贸易局的职能，公营事业开放民营，为台籍资本的成长创造了良好的空间，得到了台籍资产阶级的支持。这一系列柔性新政，不同于陈仪的刚性施政，都在回应广大台胞在二二八事件中的诉求，尽量满足他们的愿望，缓和民怨，使台湾社会尽快稳定下来。

南京国民政府制定《中华民国宪法》，表示要还政于民，本质上中华民国属于中央集权体制的国家，绝非类似西方的联邦制国家。中央政府通过派

① 《行政院训令内政部台湾省行政长官公署公布之各单行法规仍继续有效》,《台湾省政府档案史料汇编：台湾省行政长官公署时期（三）》，第 498 页。

驻地方官员，实行有效管治；派驻军队，来维护地方治安；颁布法令，使中央政府的意志得以贯彻。地方政府尚无权自己决定主要官员的选拔、军队的组建、政令的制定。台湾是中华民国的一个行省，而非特别行政区，自然要施用内地的省政府制度，但作为一块回归祖国的土地，台湾的实际情况有别于内地各省，推行不同于内地的省政府制度是明智之举。虽然台湾省改制，仍然维持一国两制的实质，但蒋介石没有在台湾推行台人治台、高度自治，这与台湾人民追求地方自治是有落差的。

6 月 20～30 日，台湾省参议会一届三次大会召开，30 名参议员中只有 18 人到会。参议员大都意志消沉，与前两次大会相比，恍如隔世。关于县市长民选，魏道明因无中央政府的授权，没有表明立场。省参议员韩石泉质询魏道明，强调“县市长民选，系全岛民之企望，陈长官声名在先，白部长布告于后，均可视为中央德意，未知省政府对此方针如何?”魏道明表示，他怀疑陈仪有准许县市长直选的权力，即使中央行政首长，亦只能表示个人的同情，不能做出具体的决定。① 民意代表提出《县市长提前民选办法案》。省参议员韩石泉、刘阔才、刘传来临时动议，拟具台湾省县市长选举办法系采“普通直选、无记名投票方式”，选举日期拟订于宪法施行前提早实施，经大会议决，送省政府转呈中央核准施行。

1948 年 3 至 5 月，行宪国民大会在南京召开。台湾省选出的第一届国民大会代表赴会期间，连震东提案，认为“只有速依宪法颁布省县自治通则，不必等待条件具备，即行实施省县地方自治，表示确实还政于民”。“若其自治条件具备，治安稳定之省份，如台湾等省，更应专案速准行宪自治，以示政府行宪之决心，而鼓励戡乱，完成建国。”办法是“由大会决定，请立法院于两个月内，依宪法第十章、第十一章，颁布自治通则。由大会决定，请六个月内全国依宪法所规定之自治通则，实施省县地方自治”。②

陈诚出任省政府主席后，反思台湾光复已三年，但一切基础还没有树立，地方对中央每多疑惧，人民视政府无非剥削。自二二八事件迄今，此种隔阂始终未除，白崇禧曾代表中央所允许台人的条件，如台人治台及县市长民选等，口惠而实不至。为了维护政府信用，他决定分期去做。为了争取广

① 《韩石泉的回忆》，张炎宪、李筱峰编《二二八事件回忆集》，稻乡出版社，1989，第 146～147 页。

② 《连震东提案》,《连故资政震东年谱初稿》，第 122 页。

大台胞的支持，稳固执政基础，蒋介石决定拼死一搏，在台湾推行地方自治，直选县市长。

1950 年 7 月 2 日，从花莲县开始投票选举第一届县议员，台湾终于推行有限的地方自治。县市议员部分从 7 月第一期至 1951 年 1 月第六期，全省 21 县市均按既定程序办理完成。县市长部分自 8 月第一期至 1951 年 7 月第八期为止，分别按进度，在各县市普选完成。台湾省首届民选的 21 位县市长及 814 名县市参议员，经一年整，数十场的竞选、投票等作业程序，顺利诞生。经过不断努力，台籍精英终于实现县市长直选的政治目标，台湾民主化运动在摸索发展中。

台湾相对单一，复杂程度远不及大陆，无强大的反对势力，稍有作为的台籍精英在二二八事件中被消灭，或逃离台岛，余下的噤若寒蝉。币制改革的成功和经济的恢复，使广大台胞解决了温饱问题，大规模动乱的社会基础不复存在。土改瓦解了二二八事件中遭到重创的地方士绅，国民党运用新兴的自耕农来厚植政权的群众基础，从上而下，连成一体，实现台湾真正意义上的社会变革。直选县市长，延揽潜在的或新兴的地方力量，广征社会资源，台籍精英可以循现有体制分享政治权力。国民党推行有计划的自由经济政策，扶植台籍资本成长，缓和与台籍精英的紧张关系，确保了国民党政权的合法性与稳固性。至此，台湾接收与重建才告初步完成。戒严体制使大陆来的自由主义者缺乏活动的舞台。通过威权政治，限制政党活动，大力发展经济，台湾终于走上与大陆不一样的道路。

综上所述，日据下成长起来的一代台籍精英，反对台湾总督府的独裁统治，要求直选地方领导人，遭到残酷镇压。台湾光复后，他们渴望分享政治权力，取日本人而代之，满足他们建设家乡的愿望。因台湾缺乏政治人才，陈仪建立台湾省行政长官公署，起用亲朋故交，闽浙籍官僚垄断了政府的主要权力，将大陆任人唯亲那一套带到台湾，行政低效，严重挫伤了台籍精英建设家乡的积极性。他们视长官公署为新总督府，不过是日本人换成了外省人而已。为了使台胞享受民主权利，陈仪加速台湾民主化进程，组建省县市参议会。台籍精英纷纷参选省县市参议员，在各级参议会畅抒己见，批评长官公署的劣政。大陆宪政运动高涨，《中华民国宪法》的颁布使台籍精英备受鼓舞。他们要求尽快实现台湾县市长直选，还政于民。陈仪认为，台湾条件尚不具备，民主政治应循序渐进，他无权决定台湾县市长直选，但制定宪政三年计划。台籍精英与大陆籍官僚的矛盾尖锐。二二七缉私血案爆发后，台籍精英组建二二八事件处理委员会，提出直选县市长等诉求，陈仪被迫答应，希望息事宁人，行缓兵之计。蒋介石视其为暴乱，要推翻南京国民政府在台湾的统治。国民党军增援部队登陆台岛，大开杀戒。为了缓和省籍矛盾，白崇禧被迫宣布择期直选县市长，却未能兑现。魏道明临危受命，建立台湾省政府，吸纳台籍精英，缓和省籍矛盾。台籍精英坚持台湾地方自治的诉求，继续要求直选县市长。在广大台胞的强烈呼吁下，蒋介石政权被迫顺应民意，1950 年 8 月，台湾开始直选县市长，实现有限的地方自治，自下而上夯实民主政治的根基，在中国民主政治史上写下开创性的一页。

从南京到台北

——1949 年“国府”迁台经过*

刘维开**

一　前言

中国历史上，因外患、战争或其他因素使王朝分为前后期者不在少数，西周、东周，西汉、东汉，西晋、东晋，北宋、南宋等，若干年后的历史研究者或许会对中华民国也作如是处理。1949 年“中华民国政府”迁移无疑是中华民国发展史上的一件大事，在此之前，中华民国的国都已有多次迁移的记录，开国之初国都定于南京，袁世凯任临时大总统后迁移北京；1928 年国民革命军北伐，全国统一，国民政府定都南京；1932 年 1 月，“一·二八”事变发生后，上海进入战争状态，为避免南京受影响，紧急迁都洛阳，迨战事结束，于是年 12 月还都南京；1937 年 7 月，卢沟桥事变发生，中日全面战争开始，11 月上海沦陷后，国民政府发表宣言，移驻重庆，继续对日抗战，1945 年 8 月抗战胜利后，1946 年 5 月 5 日还都南京。1948 年底当徐蚌会战（淮海战役），国民党军陷入苦战之际，政府内部对迁都问题展开讨论，此时对于是否应该迁都有不同意见，迨局势日益恶化，是否迁都已经不是问题，而是政府要迁到那里？1949 年 4 月，中共占领南京，政府迁移广州；10 月中共占领广州，政府迁重庆；11 月中共占领重庆，政府迁成都，一路转徙，广州停留了半年，重庆一个半月，成都仅有 10 天。1949 年 12 月 7 日，“总统”发布命令：“政府迁设台北”，9 日，“行政院”在台北举行迁台后首

* “国府”一词依学者解释：“行宪以后，国民政府改为中华民国政府，因仍由国民党执政，简称‘国府’。”见张玉法《中华民国史稿》，联经出版公司，1998，第 468 页。编者注：此处引号为编者所加。相类情况下同，不一一注明。

** 台北政治大学历史学系教授。

次政务会议。“国府”迁台至今已经超过六十年。

关于1949年“国府”迁台经过，学者已有相当研究成果，台湾方面陈锦昌的《蒋中正迁台记》，以“迁台”为主轴，参阅相关史料及研究论文，建构“中华民国政府”播迁台湾的过程；[①] 林桶法的《1949大撤退》，以“大撤退”为主轴，探讨蒋中正暨“政府”机关与人民于1949年迁台的经过及相关问题，其中第六章“行政院迁台经过”，作者引用行政院档案及相关当事人资料，详细陈述“政府”迁移的规划与过程。[②] 大陆方面蒋顺兴、孙宅巍主编《民国大迁都》一书，第七章“覆亡前夕　南京政府搬迁广州”中，亦曾经提及迁台经过，标题为“在大陆最后的日子”；[③] 杨天石之《国民党为何选择台湾》一文，以蒋中正为中心，探讨蒋氏决定将国民党及政府机构迁移台湾的经过。[④] 然而笔者对于“国府”迁台过程中，想要了解的问题是国府在什么样的情况下决定迁移到台北？谁决定迁到台北？本文拟透过相关当事人留存的档案、日记及报章杂志报道等，对于上述问题进行探讨。

二　行政院南迁广州

1948年11月中，黄百韬所部第七兵团在碾庄一带遭中共军队围攻，邱清泉所部第二兵团、李弥所部第十三兵团奉命驰援，但沿途遭受阻击，进展困难，至18日，中共军队逼近碾庄，而第七兵团官兵伤亡逾半，已难继续支撑。碾庄位于徐州东面，相距数十公里，碾庄失守，徐州亦难确保；徐州为南京门户，国民党军在徐蚌会战之战略构想，系以“固守徐州，保卫南京门户”为目的，[⑤] 徐州一旦失守，南京亦不乐观。当碾庄战况不利消息传抵南京后，政府内部对于南京安危自然议论纷纷，其中有主张迁都者。11月19日，蒋中正约见中国国民党中央常务委员与党政干部，商讨时局与今后应付方针。席间谈及政府迁移一事，与会者有人认为此举将使人心涣散，等于崩溃，日后再难树立重心。蒋氏对于迁都一事未置可否，但认为此种“迁都即

① 陈锦昌：《蒋中正迁台记》，向阳文化，2005。

② 林桶法：《1949大撤退》，联经出版事业公司，2009。

③ 蒋顺兴、孙宅巍主编《民国大迁都》，江苏人民出版社，1997，第286～297页。

④ 杨天石：《国民党为何选择台湾》，《同舟共济》2009年第10期，第57～60页。

⑤ 三军大学编《国民革命军战役史第五部——戡乱》第五册《戡乱前期》（下），“国防部史政编译局”，1989，第143页。

散”之心理，正是中共所乐于见到，必须加以排除，使干部知所警惕，乃表示所谓重心，不是首都位在哪里，而是“系于余之一人也，如余在世一日，反共到底，则余何地，即其重心所在，不以迁都与否为虑，更不必以南京之得失为意也”。并谓：“万一南京将来不守，我亦必于其它地区继续剿共，须知今日共匪所欲得者，非南京也，而为我一人也。”① 与会者之一的居正对蒋氏谈话，记道：“听其辞气，似有一意孤行之概，但态度坚决，亦至可感”。②

11月22日，第七兵团全军覆灭，黄百韬自戕；此时，黄维所部第十二兵团在安徽宿县南部的双堆集一带陷入苦战，情势亦不乐观，蒋氏开始做迁都广州或重庆的准备。29日，蒋召见国防部长何应钦及中国国国民党中央政治委员会秘书长张群等，会商迁都相关事宜；次日，召见张群、总统府及五院秘书长等，指示政府人员疏散及迁地办公之方针，决定总统府及军事机关暂时不离开南京，其他政府机关可先行迁往重庆或广州。③ 是时，行政院已于29日通令所属各部会拟具首都公务员疏散办法，预做准备，其中因政府机关迁移而产生之裁员等问题，尤待妥善解决，一时间谣言纷传，社会秩序混乱。为稳定人心，加上部分政务委员坚决反对，行政院方面复于12月1日举行政务会议，决定暂时不提迁都问题，先以疏散公务人员眷属为考虑，每人得照11月标准借支薪水两个月，并要求重要人员不许请假，普通人员请假即以辞职论。④ 会后由新闻局长董显光发表声明如下：

> 最近谣言盛传政府有迁都之可能，本人兹代表政府郑重声明：此项谣言毫无根据，政府始终未曾讨论迁都问题……于此更欲郑重声明者，中央既无迁都之考虑，中央各机关亦未作迁移之准备，政府正需一般公务人员各在其岗位，发挥其最大工作效率，以达成戡乱建国之任务，绝无大规模裁员之计议；惟为撙节首都粮食物资之消费及安定政府工作人员情绪起见，公务人员如有遣送眷属回乡者，政府则正考虑予以协助。⑤

---

① 《蒋中正日记》，1948年11月20日，蒋方智怡女士提供；《事略稿本》，1948年11月19日，《蒋中正总统档案》，“国史馆”藏。

② 谢幼田整理《居正日记书信未刊稿》第3册，1948年11月19日，广西师范大学出版社，2004，第342页。居正曾任国民政府司法院院长，行宪后获选为监察院监察委员。

③ 《蒋中正日记》1948年11月29、30日。

④ 艾飞：《南京疏散曲》，《新闻天地》第57期，1949年2月1日，第7页。

⑤ 上海《大公报》1948年12月3日，赵振绩编《中华民国史事纪要——中华民国37年（1948）7－12月》，“国史馆”，1995；《申报》1948年12月2日，第1张。

蒋氏亦记道："近日为蚌埠吃紧，关于迁都问题与政府疏散裁员问题，谣诼纷纭，人心动荡，公务员与社会皆呈杂乱不安状态，乃由行政院决议，声明决不迁都，以辟谣言，一面准备疏散公务员眷属，及议定非作战机构，分地（重庆、广州）办公计划。"① 而在是日举行由蒋氏主持之宣传会报中，与会者对于迁都一事，多不以为然，并有质疑蒋氏将放弃首都，丧失革命精神者；及至蒋氏宣示将以总统身份率领陆海空军驻在首都指导作战，方才平息与会者之争议。② 此后至蒋氏下野，迁都之议，虽不再提，但中央各机关的疏散准备工作持续进行。③

1949 年 1 月 7 日，行政院邀集相关部会首长会商政府机关疏散事宜，决定将各机关核心移至广州，将大部分人员疏散于各地或南京以外各附属机关。④ 12 日，行政院政务会议通过《疏散中央公务员办法》，规定各机关除必要留京人员外，其余应分别疏散到后方工作；愿辞职者准予保留资历，除给薪 3 个月外，并酌给旅费若干，供疏散之用；⑤ 15 日，行政院疏运会议通过疏散要点 10 条，明确规定疏运重要公物以档案为主，到达地点为福州、汕头、广州，到达后再转运至指定地点，并订定疏运原则 3 项，各机关按原有人数保留 5% ~10% 的人员在原机关工作，其余遣散或参加战时工作。⑥ 外交部亦于 19 日正式照会各国驻华使节，以长江以北前线南移，南京已接近战区，为使团安全计，请准备迁至广州驻节，政府亦将派员前往设立机构，与各国使馆接洽公务。⑦ 21 日，蒋中正宣布下野，副总统李宗仁代行总统职权，于次日视事，发表文告，声明政府愿意与中共立即开始进行和谈。

李宗仁代行总统职权后，政府并未随之改组，行政院院长仍由孙科担

① 《蒋中正日记》1948 年 12 月 1 日。

② 《蒋中正日记》1948 年 12 月 1 日。

③ 吴忠信于 1 月 18 日向蒋氏报告总统府及五院疏散事，曰："行政院各部会拟迁衡阳以南、曲江以北、柳州以东三角地区；立法院迁肇庆；考试院迁梧州；司法、监察二院迁中山县；总统府迁何处，请示。总统答曰：迁广州。"见《吴忠信日记》，1949 年 1 月 18 日。

④ 姚崧龄编著《张公权先生年谱初稿》下册，传记文学出版社，1982，第 1021 页。是日参加会议者包括国防部长徐永昌、财政部长徐堪、主计长庞松舟、秘书长端木恺、交通部次长凌鸿勋等，见韩信夫、姜克夫主编《中华民国大事记》第 5 册，中国文史出版社，1997，第 832 页。

⑤ 天津《大公报》1949 年 1 月 13 日，梁惠锦编《中华民国史事纪要（中华民国 38 年 1 ~6 月）》，"国史馆"，1996，第 154 ~155 页。

⑥ 参见林桶法《1949 年大撤退》，第 166 ~168 页。

⑦ 《申报》1949 年 1 月 20 日，第 1 张。

任。两人因副总统选举时的纠葛，关系不睦，[①] 李氏原先计划代行总统职权后，以西北军政长官张治中代孙为行政院院长，嗣因张氏不愿就，且为维持政局稳定，同意由孙科续任。而孙科在李氏代行总统职权后，立即决定行政院迁往广州，李氏认为此举为报复副总统选举的怨气，而与中国国民党内CC 系联手，共同陷害他。[②] 不过参照相关当事人的记载，行政院迁广州一事，应为集体决议，李、孙所争者，主要是迁移的时间问题。[③]

1 月 23 日下午，孙科在官邸邀集吴铁城、张治中、邵力子、吴忠信等，会商和谈相关问题，决定三项：（1）等待中共方面对李宗仁 22 日文告的回应；（2）拟定和谈代表内部组织；（3）国民党军已自安徽合肥、明光撤退，滁县火车已不通，中共军队将可迅速进迫浦口，政府准备迁移。[④] 滁县为长江北岸、南京外围重要战略据点，一旦失守，南京立即受到威胁，孙科表示根据参谋总长顾祝同之报告，南京在一个礼拜内就会可以听到炮声，为了免除军事正面威胁，非即日南迁不可。[⑤] 24 日上午，行政院举行次长会报，讨论加紧疏散问题，各机关仅留少数人员工作，如外交部自即日起将 80% 以上人员，分批搭车赴上海，或转往台北、厦门。[⑥] 是日，孙科与李宗仁等会商时局，拟议政府于 2 月 10 日迁广州办公，并通知各国使节，预订次日下午 5 时做最后决定。[⑦] 25 日下午，孙科邀集李宗仁、吴铁城、吴忠信及监察院院长于右任、国防部部长徐永昌等在官邸会谈，对迁都问题做最后决定。与会者认为政府诚意和平，而中共反应距离太远，且军事已逼近长江沿岸，南京

---

① 李宗仁口述、唐德刚撰写《李宗仁回忆录》下册，南粤出版社，1986，第 610 ~ 611 页。李宗仁表示他原本与孙科的私人关系颇好，竞选副总统时因支持者攻击孙科的私生活，使两人关系发生变化，说："多年来，我和孙科博士的私人关系颇好，但在副总统竞选活动中，我的支持者，特别是黄绍竑做得过分，竟至揭露孙博士作为一个政治家的隐私，黄氏用假名发表了几篇文章，重提旧日的桃色事件——《敝眷兰妮》……一九四八年四月，孙科作为蒋先生的'黑马'，参加副总统竞选活动。黄绍竑很有文学天才，便在这时改了一下前次的题目，发表了另一篇儿女风情记事的文章。这使孙博士尴尬万分，并认为我手段恶劣。选举失败，他或许可以忘掉了，而黄氏重提兰妮之事，则恐怕是不能忘怀的。"

② 李宗仁口述、唐德刚撰写《李宗仁回忆录》下册，第 611 页。

③ 姚崧龄编著《张公权先生年谱初稿》下册，书中称此事，系由"李代总统、孙院长科、吴副院长铁城、顾参谋长祝同、吴秘书长忠信等五人在京集议"，其中"顾参谋长"为"顾参谋总长"之误，第 1022 页。

④ 《吴忠信日记》1949 年 1 月 23 日。

⑤ 曹聚仁：《采访二记》，创垦出版社，1955，第 223 页。

⑥ 《申报》1949 年 1 月 25 日，第 1 张。

⑦ 《吴忠信日记》，1949 年 1 月 24 日。

面临战争威胁，决定将原定时间提前至 2 月 5 日迁移广州办公，并通告外交使节团。[①] 次（26）日，行政院政务会议通过迁都案，决议将政府南迁广州，所有机关定于 2 月 5 日起在广州开始办公。与会者大多认为中共并无和谈意念，孙科表示："为不受共方威胁，决即迁广州，此即表示非投降，而是准备和者，今早已通告外交团二月五日在穗办公。"[②] 李宗仁虽然同意政府迁广州办公，但认为情势没有恶化到如孙科所称非迁不可的地步，建议暂缓进行，并可借此向中共方面表达和平之诚意。李于 31 日自南京飞抵上海，与在上海的行政院各部会首长会商议迁都事宜，但各方意见纷纭，最后仍维持原议，2 月 5 日在广州办公，与会者并请李氏是日飞往广州，主持一切。[③] 惟李氏态度颇为坚持，加以监察院院长于右任、立法院院长童冠贤等亦支持李氏之主张，致电孙科，称："在此和谈进行之际，各重要首长似应宜集中首都，共策大计，而利和谈"，[④] 使总统府与行政院因迁移广州之纠纷日趋尖锐，形成府院之争，外界并有行政院即将改组之传言，人心浮动，颇感不安。[⑤] 2 月 4 日，孙科夫妇、吴铁城、郑彦棻、锺天心及行政院职员等一行自上海飞抵广州，各部会首长及驻华外国使节亦陆续抵达。行前，孙科曾向李氏重要幕僚甘介侯表示："不能不去广州一次，一则因已通知外交团迁广州，各国使馆南迁，且有大使或公使已抵广州者，在礼貌上当去穗一行。同时在广州有几件事，非亲往办理不可，惟日内即将返京。"[⑥] 李氏则拟请于右任、童冠贤即日飞广州，以便约孙一同返回南京。[⑦] 6 日，孙科在广州举行记者招待会，说明政府迁穗之决定经过，谓：

> 此次政府迁穗，系为避免战火威胁，因政府所求者为和平，绝不能作城下之盟，自蒋总统引退后，经与各方磋商迁穗办法，并请示李代总统，于一月二十五日始作最后决定，当时李代总统及各院部首长多人在坐，一致同意，遂于二十六日通知各使团，故此次实由李代总统指示下决定，并

① 《吴忠信日记》，1949 年 1 月 25 日；《徐永昌日记》第 9 册，1949 年 1 月 25 日，中研院近代史研究所，1991，第 217 页。

② 《徐永昌日记》第 9 册，1949 年 1 月 26 日，第 218 ~ 219 页。

③ 《吴忠信日记》1949 年 1 月 31 日。

④ 《申报》1949 年 2 月 2 日，第 1 张。

⑤ 《吴忠信日记》，1949 年 2 月 3 日。

⑥ 《申报》1949 年 2 月 6 日，第 1 张。

⑦ 《吴忠信日记》，1949 年 2 月 4 日。

非政院独行。政府仅系迁地办公，而并非迁都。政院迁后，政府在不受战火威胁下，仍将为和平努力。①

府院之争至此表面上似告结束，然李氏对孙科不满之情绪升高，以“现在行政院不能应付当前局面”为由，决定改组行政院，撤换孙科。② 另一方面，行政院向立法院负责，立法院决定于2月28日在南京举行第一届第三会第一次会议，孙科不得不由广州返回南京，莅会报告施政方针。立法委员扬言将对南迁问题提出质询，孙科以身体健康经不起立法委员的质问为由，决定辞职。③ 3月12日，孙科辞职获准，李宗仁提名何应钦继任，经立法院通过，由总统明令发布。

何应钦任行政院院长后，本人虽常居南京，但行政院仍在广州办公。是时情势益加恶化，4月20日，政府不同意中共方面提出《国内和平协议》，和谈破裂；21日上午，行政、立法、监察三院正副院长及秘书长举行联席会议，李宗仁亦参加。与会者一致认为和谈破裂，南京将受炮火威胁，政府势须继续迁往广州，决定即日起紧急疏散，行政院除国防部暂迁上海外，其余各部会均迁往广州，立、监两院亦决定迁往广州集会。④ 同日，毛泽东与朱德联名向中共军队发出向全国进军的命令：“奋勇前进，坚决、彻底、干净、全部地歼灭中国境内一切敢于抵抗的国民党反动派，解放全国人民，保卫中国领土及主权的独立和完整。”⑤ 22日上午起，政府各部门在中央航空公司及中国航空公司的飞机支持下，进行紧急疏散，6小时内所有官员几乎撤退一空。⑥ 是日中午，李宗仁、何应钦等应蒋中正之邀，至杭州会商和谈破裂后之时局问题，而在会谈之前，中共军队已在镇江以东各渡口过江，此事颇出乎党政高层意料之外，张群见何应钦于上午6时接电话时，表示惊异态度，“知必有事，旋悉共军已于昨夜由江阴渡江，扬中亦同时进占几个沙洲，

① 《申报》1949年2月6日，第1张。

② 《吴忠信日记》，1949年2月4日。

③ 曹聚仁：《采访二记》，据曹聚仁报道，是时部分立法委员迫于在广州的生活压力，反对南迁，有谓：“宁愿到京沪上当俘虏，也不在广州做难民。”要求立法院在南京复会；李宗仁亦答应南京方面发给经费，立法院长童冠贤乃决定在京复会。不过根据《申报》报道，在南京复会，如期报到之委员计211人，留广州之立法委员虽然集会反对在南京复会，但仅有80余人，显然难与南京抗衡。见《申报》1949年3月1日，第1张。

④ 《申报》1949年4月22日，第1张。

⑤ 《毛泽东军事文集》第5卷，军事科学出版社、中央文献出版社，1993，第548~549页。

⑥ 《申报》1949年4月23日，第1张。

恐我海军予以方便，乃能如此”。[①] 杭州会谈前后约三小时，结束后，李宗仁、何应钦等立即返回南京，是时，中共军队已逼近常州以北地区。何应钦顾虑国民党军被中共节节截断，再迟延行动，恐遭包围，则京沪沿线全军有被歼灭可能，乃于当晚下令做战略之总退却，放弃南京。23 日，国民党军自西起九江东至长江口长达 450 哩的江面地区全面撤退，政府留京各机关一律结束，紧急撤离南京。李宗仁则于是日上午乘专机离开南京，中午抵达广西桂林；[②] 何应钦于杭州会谈后兼任国防部部长，由南京先赴上海，召集军政首长，指示保卫上海各项部署，并邀集党政首长及地方士绅座谈，说明政府保卫上海计划与决心，于 24 日中午搭机前往广州。29 日，行政院发布通告，称：“前据行政院议决，自本年二月五日起，以广州为政府所在地，兹因时局之需要，中央各院部会除有关治安及防卫者外，其尚未迁往者，应即日迁移。”[③] 5 月 2 日，监察院在广州举行第 50 次例会，为迁移后首次院会；6 日，立法院在广州复会，通过咨请行政院采取紧急措施，加强广东军事、财政力量。[④]

三　广州—重庆—成都

总统府、立法院、监察院于 5 月初陆续迁移广州办公，连同早已于 2 月初迁来的行政院及其所属各部会，中央政府各机关已大致迁至广州。5 月 8 日，李宗仁由桂林飞抵广州，发表书面谈话及文告，通令全国人民明辨是非，协助政府，并明确宣示：

> 政府以和谈无法继续进行，畿辅又突遭侵袭，遂不得不于四月二十一日，令饬尚在南京之各中央机关，迅即全部迁至广州……在此期间，广州即为中华民国政府所在地，除前已由外交部照会各国驻京使节外，特此通令昭告全国。[⑤]

---

① 《张群日记》，1949 年 4 月 22 日。

② 李宗仁自述未直接飞往广州之原因，是要与蒋中正公开摊牌。见李宗仁口述、唐德刚撰写《李宗仁回忆录》下册，第 633 页。

③ 《申报》1949 年 4 月 30 日，第 1 张。按：此项通告与李宗仁于 21 日所发布中央各部会即日迁移广州命令之内容完全相同，曰：“前据行政院议决自本年二月五日起以广州为政府所在地，兹因时局之需要，中央各院部会除有关治安及防卫者外，其尚未迁往者，应即日迁移，合行令仰遵照。”见梁惠锦编《中华民国史事纪要——中华民国 38 年（1949）1－6 月》，第 505 页。

④ 梁惠锦编《中华民国史事纪要（中华民国 38 年 1～6 月）》，第 565～566 页。

⑤ 梁惠锦编《中华民国史事纪要（中华民国 38 年 1～6 月）》，第 569～570 页。

但是随着战事的发展，广州是否安全，再度受到关注。12 日，京沪杭警备司令部以战争情势紧迫，要求中央留沪机关，限期在两周内撤离；15 日，华中军政长官公署副长官兼河南省政府主席张轸投共，武汉失守。中国国民党中央执行委员会秘书长郑彦棻于 16 日致电蒋经国报告广州近情时表示："中央同志均认革命策源地之广东必须坚守，惟一般干部对此尚缺信心"。① 事实上，广州是和谈未破裂前所决定的迁移地点，和谈破裂，中共军队渡江，深入浙、赣等省，广州是否适宜作为中央政府所在地，或广州一旦失守，政府将迁往何处，实为党政人士思考的问题之一，各方意见虽然纷歧，但以迁往西南省份为主。5 月 12 日，顾祝同致电蒋中正陈述相关问题时表示："政府位置，综合各方主张，不外广州湾、柳州、贵阳、重庆、泸州数处，现尚未作最后决定，似有在泸州之趋向。"② 与顾共同参与讨论的吴忠信则称："关于行都迁移问题，议论纷纷，有主在海南岛或广州湾，或柳州，或贵州，或四川，我素来主张万一广州不守，政府必须在大陆，万不能到台湾或海南岛等海上。经向各方游说，决定在大陆选择地方，大概在四川。"③ 次（13）日，顾祝同致电蒋氏报告中央政治委员会会议情形，谓："政府位置，多数意见在渝，但尚未最后决定。"④ 16 日，郑彦棻致电蒋经国亦谓："行政院对疏散事迄未作决定，有人主张必要时先迁贵阳再迁川，但未正式讨论，亦未作任何决定，最高军事指挥部将来是否与中央政府同在一地，亦未决定。"⑤ 此时外界亦有种种揣测，行政院新闻处长鲍静安 12 日在广州举行记者会，有记者提问："外传如政府被迫迁出广州，或将迁往台湾，亦有谓迁往重庆者，可否请加说明。"鲍答称："政府并无迁移计划，当然更说不

---

① 《郑彦棻致蒋经国电》（1949 年 5 月 16 日），《京沪撤守前后之戡乱局势》（上），"总统府"编《革命文献》第 31 册，《蒋中正总统档案》，"国史馆"藏。下略

② 《顾祝同致蒋中正电》（1949 年 5 月 12 日），《京沪撤守前后之戡乱局势》（上），《革命文献》第 31 册。按：电文中"广州湾"据全案前之"内容摘要"书为"广州、台湾"，似顾电中漏一"台"字，但据后引吴忠信所记，各方所提意见中并无"台湾"，而有"广州湾"，因此顾电中之"广州湾"应非"广州、台湾"之误。广州湾原为法国租借地，抗战胜利后，政府收回，定名为"湛江市"，为广东省之省辖市。

③ 《吴忠信日记》，1949 年 5 月 12 日。

④ 《顾祝同致蒋中正电》（1949 年 5 月 13 日），《京沪撤守前后之戡乱局势》（上），《革命文献》第 31 册。

⑤ 《郑彦棻致蒋经国电》（1949 年 5 月 16 日），《京沪撤守前后之戡乱局势》（上），《革命文献》第 31 册。

到迁往何地。"[①] 20 日，再度针对记者询问政府将分地办公一事，鲍回答说："政府并无迁移计划，外传政府事务部分将迁重庆，政务部分留广州说，全属无稽。"[②]《中央日报》亦引用"国民党某负责人士"谈话，指称外界传言"政府正考虑自广州撤退，迁都西南某地，一时满城风雨，人心惶惶"，实为谣言，强调政府"绝无中途妥协或放弃后方根据地之意"。[③] 实际上，党政高层已于 19 日决定政府迁移重庆计划，是日上午举行之中国国民党中央常务委员会议，讨论保卫华南计划时，决定"必要时政府迁四川"；[④] 行政院随即于同日集会，通过政府迁移重庆计划，限两星期内完成准备工作。[⑤] 为避免影响人心，造成恐慌，行政院之迁移计划采分地办公方式进行。

行政院于 5 月 30 日提出《中央机关分地办公疏运办法》，决定中央各机关为分地办公得于重庆及附近县份设置办事处，员工 7/10 先赴办事处办公，3/10 随同机关首长行动，但职员总数不得超过各该机关原订编制 1/4 至 1/3。公物档案图书之笨重而有价值且非经常需用者，运送台湾或其他安全地点保存；重要而经常办公需用者，尽先运送办事处；最重要或机密之件则随机关首长携带。随即于 6 月 5 日成立中央各机关分地办公疏运委员会，由行政院长担任主任委员，负责分地办公疏运工作；同时为使各机关能顺利进驻重庆，行政院复订定《中央机关在重庆设置办事处布置办法》及《中央府院部会及其直属机关资遣或自动请辞员工资遣办法》，分别施行，以 6 月 20 日为疏运截止期限。[⑥] 在此之前，国防部迁渝办公的首批 30 人，已于 6 月 2 日抵达重庆，展开工作。[⑦] 6 日，行政院各部次长会报，讨论中央各机关疏运问题，决定各单位按原编制遣散 2/3，留用人员则按 7 与 3 的比例，分在重庆及广州办公。[⑧] 9 日，中央机关所属各单位筹备迁渝事宜人员 68 人搭乘专机抵达重庆，除行政院各部会外，并有立法院、司法院、中国国民党中央党部等单位人员，主要任务系为各单位筹备迁渝解决办公地点等问题。[⑨] 惟此时

① 梁惠锦编《中华民国史事纪要——中华民国三十八年 1 ~ 6 月》，第 582 ~ 583 页。
② 《中央日报》1949 年 5 月 21 日，第 1 版。
③ 《中央日报》1949 年 5 月 20 日，第 1 版。
④ 《吴忠信日记》，1949 年 5 月 19 日。
⑤ 《徐永昌日记》1949 年 5 月 19 日第 9 册，第 330 页。
⑥ 林桶法：《1949 大撤退》，第 179 ~ 184 页。
⑦ 《中央日报》1949 年 6 月 3 日，第 1 版。
⑧ 《中央日报》1949 年 6 月 7 日，第 1 版。
⑨ 《中央日报》1949 年 6 月 7 日，第 1 版。

正处于行政院改组，新、旧交接时刻，原任院长何应钦请辞获准，由阎锡山继任。新任院长阎锡山虽然尚在筹组内阁，但对于迁都一事则持不同意见，《中央日报》于10日刊出一则广州电讯，称：

> 关于政府迁移重庆问题，前曾一度传称即将实施，今据可靠人士透露，阎锡山将军组阁以前，中枢确曾有此项决策，至阎氏出任行政院长后，渠力加反对，为稳定民心，表示政府决心抵抗到底，此时轻谈迁都，实系言之过早。政府现虽载运若干公物赴渝，惟自一般情况而言，政府各机构仍未有迁移准备，至最后之决定如何，须视阎氏组阁成功后之局势如何而定。①

这显示出迁都重庆一事出现变化。6月13日，阎锡山率副院长朱家骅及各部会首长宣誓就职；就职前曾对记者一再表示“政府决不迁都重庆，以免动摇人心”，并称“战斗内阁，已抱定寸土必守之决心”。行政院发言人鲍静安亦说明分地办公之原则，强调中央政府仍在广州，谓：

> 政府所在地仍在广州，但为加强战时体制，发挥作战精神起见，行政院曾呈报代总统并与各院部会处会商决定中央政府采取分地办公之措施，其目的端在疏散人员及公物，便利作战，使广州成为真正的战时行都，并以表示保卫华南之最大决心。现中央各机关正进行在陪都重庆设置办事处，将大部分公物档案移往办事处，并指派一部分人员至办事处。至中央各机关重心以全体官长仍驻中央政府所在地之广州，外传中央政府迁往重庆之说系为误会。②

此后行政院迁移重庆工作仍继续进行，但较为缓和。10月7日，广东北部重镇曲江失守；8日，湖南南部战略要地衡阳亦告失守，广州门户洞开。当时中央各机关尚有800多名工作人员留在广州，遂立即进行紧急疏散。依早先拟定的方案，疏散分三路进行：（1）凡档案账册簿籍和印铸机件器材，派经管人员乘华联轮督运赴台；（2）部分事务人员及工友、妇孺等，连同家具箱笼杂物，先期乘小轮溯珠江抵广西，登陆后分由公路、铁路接运重庆；（3）主管及负责工作人员，随带必要案卷，紧急时，空运重庆。三路工作因各单位上下一

① 《中央日报》1949年6月10日，第1版。
② 《中央日报》1949年6月13日，第1版。

体，同仁合作，一一达成任务，至12日全部疏运完毕。[①] 12日零时，李宗仁发布命令，自15日“中央政府”在重庆开始办公，曰：

> 中央政府定于本月十五日起在陪都重庆开始办公，所有保卫广州之军政事宜，着由华南军政长官余汉谋负责统一指挥。[②]

13日晨，李宗仁搭机离广州飞抵桂林，是日，国民党军撤离广州，广州失守。14日下午，李宗仁自桂林飞抵重庆；15日，“总统府”“行政院”及所属各部会正式在重庆办公。

11月1日，中共第二野战军主力和第四野战军一部向四川、贵州发起进攻；“政府”再度面临迁移问题。李宗仁于3日由重庆赴昆明后，转往桂林，未返回重庆，中枢无主，各方要求蒋中正早日莅重庆主持一切呼声日高。蒋氏原本坚持需李氏先返回重庆，他随后就到，但李氏迟迟不返，而中共军队已于13日占领贵州贵阳郊外的图云关，贵阳失守不过是时间问题，在此同时，四川彭水旧城亦已撤守，川东门户洞开，重庆危急。蒋氏决定改变想法，不管李氏之心理或行动如何，于14日自台北飞赴重庆稳定大局。他曾于事后说明赴重庆的原因，谓：

> 川、黔、滇三省，可以说是一个单位，三省之中任何一省的军事政治如发生变化，则其它二省亦必受到连带的影响……因此，我觉得在危急的关头，我个人应该去到西南和当地一般忠贞不贰，反共到底的军政干部，同生死、共患难，以期竭我心力而图补救。所以我虽然没有担负任何实际的责任，仍旧毅然决然去到重庆。[③]

蒋氏此行系明知其不可为而为，原本希望能促请李宗仁负起“代总统”的责任，未料李氏于20日以治疗胃疾为由，自广西南宁飞抵香港，预备转往美国就医，使蒋氏必须以中国国民党中央非常委员会主席的身份，坐镇指挥西南“剿共”军事，自然也包括“政府”迁移地点的选择。

---

① 齐宪为：《枢府春秋》，台湾商务印书馆，1969，第118页；《中央日报》1949年10月13日，第1版。

② 《中央日报》1949年10月13日，第1版。

③ 《西南战局演变之经过》（1949年12月12日在革命实践研究院总理纪念周讲），秦孝仪主编《先总统蒋公思想言论总集》卷23演讲，第75~76页。

由于重庆的情势危急，一旦不守，“政府”将迁往何处成为外界关注的问题。《中央日报》于11月22日刊出一则标题为《政府将移蓉》的报道，内容称：“中央政府决定迁往成都，在渝各院部职员除一部随同前往外，其余人员的出路决定为两途：（一）参加军队；（二）给资遣散。”① 次（23）日又刊出题为《加强陪都军事部署，政府将迁蓉办公》的报道，称：“政府为加强重庆军事部署，俾成为西南反共军军事中心，决定将行政机构迁蓉办公，除由非战斗人员随行外，余均留渝，接受担任策划西南反攻军事的何应钦、顾祝同两将军指挥。此一措施俟政院会议通过后，即将实施。”②《中央日报》为中国国民党机关报，这两则报道自然有其消息来源，亦即“政府”将由重庆迁往成都，但报道中所称“俟政院会议通过”，未见有后续消息。就相关人士记述来看，迁成都一事，实为蒋氏主持，阎锡山负责执行，“行政院”会议仓促通过。据随同阎氏抵蓉的一位高级官员告诉记者，“行政院”迁成都为“总统府”与“行政院”于27日夜举行重要会商后决定。③“总统府”秘书长邱昌渭亦称：“阎老西（按：指阎锡山）故示镇定，不肯说搬家，同时又要裁员……二十六綦江失守，他才着急。他又要我召集五院秘书长会议，我于是日下午三时即召集会议，决定疏散办法。”④ 而阎氏所以于27日决定迁成都，据徐永昌表示系遵照蒋之指示而行，曰：

> （27日）午饭时，阎先生电话约明日同走成都，并规定午后二时半晤谈。至时，悉午前蒋先生告其战事很坏，请渠偕张岳军诸人先走成都，渠约余同行……并言蒋先生拟迁西昌，张岳军不可。⑤

对照蒋氏所记：“上午，约见伯川、岳军，商谈政府迁移地点，照既定方针，决迁西昌，但先移成都办公，以西昌并未有准备耳。”⑥ 及张群所记：“十时半赴林园，谈迁蓉办公事，百川亦在座，决明日陪百川赴蓉。”⑦

---

① 《中央日报》1949年11月22日，第1版。

② 《中央日报》1949年11月23日，第1版。

③ 《中央日报》1949年11月29日，第1版。

④ 《邱昌渭致其夫人周淑清函》（1949年11月30日），邱凯云选编《邱昌渭往来函电选》，《近代史资料》总117号，第248~249页。

⑤ 《徐永昌日记》，1949年11月27日，第9册，第467页。

⑥ 《蒋中正日记》，1949年11月27日。

⑦ 《张群日记》，1949年11月27日。

颇为一致，且该项决定似乎并未提交当日举行之中常会临时会议讨论；[①]“行政院”则于下午6时举行临时紧急会议，决定“政府”即日迁往成都办公，然行动突然，何人搭飞机、何人乘汽车、资遣者如何发给遣散费等，皆未有妥善规划，显得十分混乱。[②] 至于一般的公务人员，携家带眷，行动更为不便，有谓：“这样的疏散，和逃难是没有什么分别！”[③]

阎锡山于11月28日自重庆飞抵成都，于答复记者询问“到蓉系长住抑短住”时，称：“府院决定，总统府、行政院迁蓉办公，其余各院一部到蓉办公，大部分地办公，我来蓉系督导部署政府迁蓉办公，迅速上路，住的日期现尚不定，政府迁蓉办公布置好后，往返渝、蓉两地。”又问：“中枢是否迁都？”答：“决定迁蓉办公，并要加强保卫重庆的战斗力量。”[④] 29日，“行政院”在成都正式办公；30日，蒋中正自重庆飞抵成都。

四　从成都到台北

“国民政府”从重庆迁至成都，就当时情势而言，只是权宜措施，能撑多久，并没有把握，诚如邱昌渭对其夫人周淑清所说：“成都又有多久的命运，天晓得。”[⑤] 12月4日，泸县失守，5日，内江、自流井亦告失守，中共军队向成都、乐山一带进攻，川西即将进入战局，为因应情势变化，蒋中正一面部署成都防御力量，一面思考“政府”迁移地点。“政府”之驻地问题，原有计划重庆如果不守，即迁往西昌。如前所述，在重庆撤退前，蒋氏以西昌尚未准备，决定先移至成都办公。[⑥] 但是成都一旦失守，是否立即迁往西昌，还是再暂时先移其他地点，未有进一步讨论。西昌当

---

① 据《事略稿本》1949年11月27日载：“上午，召开中央常务委员会会议，研讨中央政府迁移地点问题，议决与既定之方针，迁往西昌，但可暂先移至成都办公。”但据同日中央常务委员会临时会议记录，并无此项决议案。（见《中国国民党第六届中央执行委员会常务委员会会议纪录汇编》，第870～873页）《事略稿本》之记事应系编纂者将蒋氏约晤张群、阎锡山事，误为会议决议。

② 《徐永昌日记》第9册，1949年11月27日，第467～468页。

③ 齐宪为：《枢府春秋》，第122页。

④ 《中央日报》，1949年11月29日，第1版。

⑤ 《邱昌渭致其夫人周淑清函》（1949年11月30日），邱凯云选编《邱昌渭往来函电选》,《近代史资料》总117号，第249页。

⑥ 《蒋中正日记》，1949年11月27日。

时是西康省的政治中心，论者称："这地方所以重要，是因为他凭依万山险阻中的一片肥沃，既可养兵，又可坚守，而且介于四川、云南两省中心点的位置，使他远比遥远的台湾为更能发挥作用。"① 迁往西昌应该是蒋氏的主张，该地于抗战期间设有国民政府军事委员会委员长西昌行辕，蒋氏曾在1945年9月底偕夫人亲莅巡视，停留9天，对该地地方行政与风土民情等，有相当程度的了解。1949年11月初，"川陕甘边区绥靖公署"主任胡宗南奉召至台北谒蒋时，蒋氏曾表示如重庆危急，"政府"再迁，以至西昌为宜，指示速运一师兵力至西昌，以作准备。胡氏返回汉中后，衡诸形势，决定以第一军第一师空运至西昌，嗣因飞机数量不足及西昌气候不佳等因素影响，仅有一团左右到达西昌，其余则停留新津待命或朝广元集中，所谓"西昌尚未准备"，应系指此事而言。另一方面，张群对于蒋氏主张"政府"迁往西昌一事，持反对意见，认为："西昌可为对外抗战根据地之一，而决非剿匪之最后据点，以匪用渗透战术，无孔不入，故西昌亦不能久安也。"张群为蒋氏重要幕僚，时任西南军政长官，对西南情势自然有较深的理解，因此蒋氏对其意见十分重视，并私下提出一个新方案，征询张氏意见，即"政府"直迁台湾，而在大陆设立大本营，专为军事机构，自己亲自在大陆指挥；对此，张群十分同意。② 28日，蒋氏再度召见张群，商讨"政府"驻地及今后大计，③ 并于当日日记后页的"本星期预定工作课目"中记道："政府迁移地点之研讨，台湾？西昌？"④ 可以看出他对这个问题，在现阶段仍难以做出最后的决定。

蒋中正抵成都后，阎锡山于12月1日访晤，曾面询"政府"驻地及疏散事宜，显然"政府"迁往何处，为首要处理的问题。而由蒋氏于日记所记"政府驻地以选迁西昌为宜"一语来看，是决定按既定方针，迁"都"西昌。⑤ 他于4日分别与张群、阎锡山商讨迁"都"西昌问题及相关事宜；6日上午，张群等举行会报，商讨"政府"迁移事宜及蒋氏启程时间；⑥ 是日，蒋氏约见已递出辞呈并准备赴台湾的邱昌渭及"总统府"参军长刘

---

① 易周瑞：《中国西南的悲剧》，《新闻天地》第96期，1949年12月17日，第11页。

② 《蒋中正日记》，1949年11月27日。

③ 《蒋中正日记》，1949年11月28日。

④ 《蒋中正日记》，1949年11月28日，"本星期预定工作课目"。

⑤ 《蒋中正日记》1949年12月4日。

⑥ 《张群日记》1949年12月6日。

士毅，要求两人随“政府”行动，先赴西昌。[①] 至6日晚，蒋氏接获报告，谓西昌以南之宁南县已受云南巧家县之中共势力威胁，情势甚为危急，深感不安，之后虽然再得确切讯息，知为误传，但他认为：“西昌决不能作政府驻在地，乃可断言。”[②] 遂指示张群前往昆明，与云南省主席卢汉商议昆明可否作为“中央政府”驻地或设置大本营；并于7日上午指示阎锡山筹划一切，做好当晚离开成都之准备。[③] 张群于7日下午1时许抵达昆明，随即与卢汉商议“中央政府”驻地及设置大本营问题。张氏提出三个方案：第一，“行政院”迁台湾，大本营设昆明；第二，“行政院”设西昌，大本营设昆明；第三，“行政院”迁昆明办公。[④] 但卢氏谓保卫云南所必需之各项请求，皆未获解决，云南即无法保卫，只有做向西撤退打算，“政府”迁昆实为徒劳。张氏明白卢汉拒绝“中央政府”迁昆明之提议后，除允诺就其所提问题，商请主管单位设法予以解决，鼓励其积极努力，共赴艰巨外，并将谈话情形电报蒋氏，建议政府迁台，曰：

> 与永衡洽商结果，因昆明情形复杂，政府迁台，大本营设西昌，在昆不设机关，仍可给予各种便利。[⑤]

蒋氏得报后，立即决定“政府”迁移指示“行政院”召开紧急会议。[⑥] 7日晚8时，“行政院”举行会议，通过“政府”迁设在西昌设大本营案，随即发布“总统”令：“政府迁设并在西昌设大本营，统率陆海空军在大陆指挥作战。此令”；[⑦] 对于在成都各机关工作人员，阎锡山电呈蒋氏设法全数运台，曰：“如昆明不可飞时，请将府、五院部会之输运机先飞西昌

---

① 《邱昌渭致白崇禧电》（1949年12月6日），邱凯云选编《邱昌渭往来函电选》，《近代史资料》总117号，第224～225页。按：邱昌渭于4日向蒋氏递出辞呈，请辞“总统府秘书长职”，并准备交代职务后，即赴台湾与其夫人会合。

② 《蒋中正日记》，1949年12月6日；《事略稿本》，1949年12月6日。

③ 《蒋中正日记》，1949年12月7日；《事略稿本》，1949年12月7日。

④ 陶希圣：《危难中之奋斗》，周开庆编著《川康沦陷经过》，四川文献月刊社，1972，第56页。

⑤ 《张群呈蒋中正虞电》（1949年12月7日），《京沪撤守前后之戡乱局势》（下），《革命文献》第32册。

⑥ 周宏涛：《蒋公与我——见证中华民国关键变局》，天下远见出版公司，2003，第160页。

⑦ 程玉凰编《中华民国史事纪要（初稿）——中华民国三十八年（1949）10～12月份》，“国史馆”，1997，第532～533页。

再转，盖此乃仅留之人员，再不可抛弃也。”① 但是当时民航已经停止，只有军机可以载运，人多机少，莫不争先恐后，希望能早日搭机。遂由各机关各派代表一人在机场接洽机位，工作人员则住宿机场，或寄宿机场附近的旅店，以便一有消息，随时搭机。即在此纷扰的状况下，至成都失守前，各机关工作人员陆续将撤至台湾。② 阎锡山则于8日上午10时，偕副院长朱家骅、政务委员、各部会首长及“总统府”秘书长、参军长等14人乘“美龄”号专机离成都，于下午6时抵台北松山机场；9日，“行政院”举行迁台后首次院会，正式在台北办公。

“中央政府”由南京至广州，由广州至重庆，台湾一直是政府机关疏散的地点之一，但是不在迁“都”的选择名单中，其可能原因之一应是迁“都”地点以大陆为原则，台湾为海岛，距离太远，且有漂流海上感觉，如前引吴忠信所说：“我素来主张万一广州不守，政府必须在大陆，万不能到台湾或海南岛等海上。”③ 论者亦称：“正当重庆危急时，政府考虑到以后都城设在何处……想来想去只有西昌好……因为西昌是大陆，政府不在大陆就不像政府了。”④ 其次则为顾虑美国方面的态度，邵力子曾对黄炎培谈道：“美国人表示，台湾不得为军事根据地，因对日和约未定，仅据开罗会议非正式”，而黄则认为“实则美恐今日允归国民党，明日将为中共取得也”；⑤ 蒋中正对此亦持谨慎态度，曾告诫台湾省主席陈诚：“须知此时何时，台湾何地，尚能任吾人如往日放肆无忌大言不惭乎。台湾法律地位与主权在对日和会未成以前，不过为我国一托管地之性质，何能明言作剿共最后之堡垒与民族复兴之根据也，岂不令中外稍有常识者之轻笑其

① 《阎锡山呈蒋中正函》（1949年12月7日），《京沪撤守前后之戡乱局势》（下），《革命文献》第32册。

② 齐宪为：《枢府春秋》，第122～123页。

③ 《吴忠信日记》，1949年5月12日。

④ 易周瑞：《中国西南的悲剧》，《新闻天地》第96期，1949年12月17日，第11页。

⑤ 《黄炎培日记》第10卷（1947.9～1949.12），华文出版社，2008，第176页。黄炎培称此语为邵力子于24日对其所说。按1949年1月19日，路透社南京电：“对于南京政府一部分迁往台湾，美国已向国民党警告，在对日和约签订之前，美国根据开罗协议，盟总对台仍负有任务，故南京可迁都广州，不能迁都台湾。”1月22日，合众社台北电：“如蒋介石真来前来台湾，逃避中共报复或在台设立流亡政府，那么他将在一个非正式属于中国的领土上进行活动。根据一九四三年的《开罗宣言》，中国对于台湾仅有实际管辖权，而真正合法的统治权，有待对日和约签订之后。”（参见陈锦昌《蒋中正迁台记》，第57页）邵力子之言，有可能系根据外电报道而来。

太狂呓乎。”[①] 迁“都”台北是最后不得已的选择，阎锡山曾明白表示：“卢汉态度不好，原拟将行政院迁昆明，因此不能不改迁台湾。”[②] 而从整个决策过程来看，“政府迁都”台北一事应该没有事先规划，而是蒋中正在极短时间内的决定。[③] 蒋氏曾于是年 12 月日记之“上月反省录”中称迁移台北是他“毅然独断”做的决定，记道：

> 在川、滇、康、黔叛离混乱之下，毅然独断，迁移中央政府于设立大本营于西昌，对于成都临时设置防卫司令部，使成都能保守至二十七日之久……当时对于迁都台北问题，多主慎重，不即迁台。盖恐美国干涉或反对，不承认台北为我国领土，及至最近年杪尚有人顾虑美将以武力占台者，此则自卑自弃不明事理之谈。余始终认余在台，政府迁台，美、英决不敢有异议。如其果用武力干涉或来侵台，则余必以武力抵抗，宁为玉碎不为瓦全。以其背盟违理，曲在彼而直在我也。最近美国杜鲁门且声明台湾为我国民政府所属领土之一部，而其对我政府继续承认，并明言台湾非独立国家，此语使台湾倡议独立自治或托管之邪说者，可以熄灭矣。[④]

对于这项决定，《中央日报》于 9 日发表社论《政府迁设台北与大陆持久抵抗》，给予正面的评价，谓：“国家在战争期间，首都应设于安定而巩固的地区，这是一个当然的原则。当前的情势，由于军事的变化，台湾无疑已成了最为强固的基地，在台湾设立战时政府，才不致受到军事变化的影响，使政府工作屡屡停顿而至于无法进行。所以从全国行政方面讲，政府迁移实是一件绝对有利的行动。”《新闻天地》亦发表一篇署名颜伯声的专文《台湾关系世界安危》，认为台湾具有防卫者的天然优势及技术优势，可以争取防守岛屿的时间，而在毛、苏谈判中，台湾的问题，中共一定要取得俄国的军事援助，如此一来，将刺激在台湾附近设有空军基地的美国军方，“那时候，倘若中国残余力量，抗得住苏援下中共的压力，固可震惊远东及世界，抗不

---

① 《蒋中正致陈诚电》（1949 年 1 月 12 日），《总统手令录底》（三十八年一月一日至八月十六日）》，《忠勤档案 3》，《蒋经国总统档案》，“国史馆”藏。

② 雷震：《第一个十年》（一），桂冠图书公司，1989，第 381 页。

③ 徐永昌于 7 日在香港机场遇见甫自成都抵港的“国民大会秘书长”洪兰友，洪谓：“蒋先生及战斗内阁不离大陆”。见《徐永昌日记》第 9 册，1949 年 12 月 8 日，第 471 页。

④ 《蒋中正日记》，1949 年 12 月 31 日，“上月反省录”。

住的话，美国也似乎到了与苏军在又一场合碰头的结局”。[①]

当时除了云南、西康等地，海南、台湾、舟山等岛屿仍在“政府”的有效控制下，蒋中正为何选择“政府”迁移台湾，而没有选择海南或舟山？台湾的地理条件，与海南、舟山相较，距离大陆较远，有台湾海峡相隔，固然是主要原因，但是从蒋氏个人的角度观察，应与蒋氏对台湾的认识有关。蒋氏在下野寓居溪口期间，即曾思考“台湾迁驻中央政府之手续”，[②] 但是未见有进一步的规划。他于1949年5月25日自马公飞抵高雄，6月21日抵桃园，24日转往7月1日成立总裁办公室，此后即将活动重心由中国大陆转移至台湾，以台北为主要驻地，规划各项改革措施，推动党务、训练、政治、军事及外交等方面工作。但蒋氏对于台湾，应在他早年追随孙中山护法、任职粤军时即已有所认识。他与同在粤军任职的雾峰林家后人林祖密往来密切，曾寓居林氏在鼓浪屿之别墅多日，游览郑成功练兵地，对郑氏事迹亦有所理解，此为蒋氏对于台湾最早的接触。[③] 1921年10月，蒋由香港搭船返上海，途经基隆，在港口停留近7小时，虽未能登岸，但留有相当印象；1946年10月24日，蒋氏莅台参加台湾光复一周年活动，26日巡视基隆，游览港口，记道：“游览内港码头，此乃二十五年余由粤经此，欲登岸游览而不可得之所也，感想千万。”[④] 而蒋氏在参加光复一周年活动，沿途见民众热情欢迎，深有所感，记道：“民众与学子……狂呼欢跃之情绪，使此心受到无限之激荡。四十年来之革命奋斗，八年之枉屈恶战，至此方知上帝必不负苦心矣。”[⑤] 此行最重要观察与心得，则为“台湾尚无共匪之细胞，可称一片干净土，应珍重建设，使之成为全国之模范省也”。[⑥] 参照其原已决定迁往西昌而临时改变之原因，“台湾尚无共匪之细胞”之印象，恐有相当影响。而从海南与舟山的情形来看，亦可以有所理解。海南有冯白驹领导的中国人民解放军琼崖纵队，对国民党军进行反“清剿”作战；舟山群岛自金塘岛失守后，定海、岱山、登步等岛亦处于中共军队攻击的威胁下，均不如台湾稳定、

① 颜伯声：《台湾关系世界安危》,《新闻天地》第99期，1950年1月7日，第15页。

② 《蒋中正日记》，1949年3月18日。

③ 关于蒋中正与林祖密的关系，邵铭煌于其著作《探索林祖密：新印象、新风貌》（海峡学术出版社，2009），引用《蒋中正日记》，并参考林氏后人忆述，有相当清楚的说明。参见该书，第27~47页。

④ 《蒋中正日记》，1946年10月26日。

⑤ 《蒋中正日记》，1946年10月25日。

⑥ 《蒋中正日记》，1946年10月26日，“上星期反省录”。

安全。

其次，蒋氏习惯与幕僚商议重大决策，当时在蒋氏身边的相关人士，包括张群、蒋经国等，对他决定迁“都”台北亦有一定影响。论者尝谓蒋中正决定将党政军中心迁到台湾，系采纳当时任职总裁办公室的历史地理学者张其昀之建议。张氏认为台湾海峡海阔浪高，能暂时阻挡缺乏海军、空军的中共军队之追击；以及台湾作为反共“复国”的复兴基地，有着大陆其他地区无法比拟的优势等原因，主张“政府”东撤台湾。① 张氏意见或对蒋氏有一定影响，但是如前所述，原先规划的迁移地点是西昌，因张群反对，蒋氏乃另提直接迁至台北方案，探询张氏意见，张氏认为可行。张群担任行政院院长期间（1947.4～1948.5），曾于1947年10月莅台巡视，对台湾并不陌生，因此对蒋氏提出“政府”直接迁台，表达赞同的态度。但是蒋氏至成都后，对于下一个迁移地点，仍遵循原规划，将转往西昌，于4日约见张群，告知决定迁移西昌，但在昆明办公，请其先赴昆明一趟。② 张氏奉命于7日赴昆明，与卢汉谈话后，知迁昆明不可能，立即致电蒋氏，建议“政府”迁台，当日日记记道：“一时三刻抵昆，住其寓所，与商政府及大本营驻地，终以昆地情形复杂，保持不久，决建议政府迁台，大本营设西昌，昆明给尽各种便利，当日电报总裁采纳。”③ 当晚，“行政院”通过迁“都”台北案。蒋氏原本预定“政府”迁个人则至西昌，于7日致电陈诚，曰：“中定明日飞西昌坐镇，政府决迁台湾，须特别欢迎。望台省各民意机关，多有精诚拥护之表示。”④ 张氏则自昆明致电婉阻西昌之行，直飞台湾，曰：“卢就目前匪势观察，昆明至多亦止能保持一月，现滇省地方秩序亦远不如前……百川院长此时似可不来大本营，设西昌条件尚未具备，钧座似宜缓往，离蓉以后经昆明、海口，先返台湾一行，俟西昌部署完竣，机构成立时再往，较为周妥。”⑤ 次（8）日，张氏返成都报告与卢汉会面情形，建议蒋氏立即返回台

① 陈锦昌：《蒋中正迁台记》，第50～52页。

② 《张群日记》，1949年12月4日。

③ 《张群日记》，1949年12月7日；《张委员群对云南局势演变情形之报告》，刘维开编《中国国民党党务发展史料——非常委员会及总裁办公室资料汇编》，中国国民党中央党史委员会，1999，第74页。

④ 《蒋中正致陈诚电》（1949年12月7日），《京沪撤守前后之戡乱局势》（下），《革命文献》第32册。

⑤ 《张群呈蒋中正阳电》（1949年12月7日），《京沪撤守前后之戡乱局势》（下），《革命文献》第32册。

北；9日，再劝蒋氏即日离开成都，不必赴西昌、昆明，直接飞返台北。① 蒋接受张氏建议，记道："与岳决定不经滇而先回指导政府之安顿也"，② 于10日返抵台北。

另一位影响蒋氏决定迁"都"台北的人士，应为蒋经国。蒋经国曾于1947年3月，随国防部长白崇禧来台处理二二八事件，停留时间虽然很短，但留有深刻印象。他于1948年6月以其与沪、杭等地官员商谈国事与私访民间之感想函陈蒋氏，表示政府有崩溃之可能，建议以台湾作为后退之准备，谓：

> 我政府确已面临空前之危机，且有崩溃之可能，除设法挽回危局之外，似不可不作后退之准备。儿决非因消极或悲观而出此言，即所谓退者，亦即以退为进之意也。有广东方有北伐之成功，有四川才有抗日之胜利，而今后万一遭受失败，则非台湾似不得以立足，望大人能在无形中从速密筹有关南迁之计划与准备。儿对此考虑或有过分之处，但以目前局势之演变而论，军事与经济并非无崩溃之可能，实不可不作必要之防备也。③

由函中"有广东方有北伐之成功，有四川才有抗日之胜利，今后万一遭受失败，则非台湾似不得以立足"一语，可以得知蒋经国对于台湾在未来时局变化中的地位的重视程度。自蒋氏下野后，蒋经国即随侍身边，虽然无法得知蒋经国在蒋氏最后决定迁"都"台北过程中的角色，据周宏涛回忆，张群在昆明得知卢汉态度后，立即以电话告诉蒋经国，再由蒋经国转呈蒋氏，而张的建议是"政府"迁台，此与蒋经国先前对台湾地位的看法相符，有理由相信他会在此事中对蒋氏表达个人的意见，促使蒋氏立即决定迁"都"台北。④

---

① 《张群日记》，1949年12月8日、9日。

② 《蒋中正日记》，1949年12月9日。

③ 《蒋经国呈蒋中正函》（1948年6月26日），《蒋经国先生家书》第4卷，《蒋中正总统档案》，"国史馆"藏。

④ "12月7日，张群奉命赴昆明与卢汉会商政府迁移问题，卢汉牢骚满腹地说，保卫云南所需的各项请求皆未获得解决，云南就无法保卫，只要做向西撤的打算，政府即使迁到昆明也实属徒劳。张群心知有异，当天傍晚就以电话把卢汉不稳的消息告诉经国先生，经国先生马上向蒋公报告，蒋公这才做了决定。他指示行政院召开院会，把中央政府迁到并在西昌设大本营。"

第三，金门古宁头战役的胜利，增强了蒋氏对防卫台湾的信心，使蒋氏在迁“都”地点的选择上，得以有新的思考。1949 年 10 月 25 日，中共军队渡海攻击金门，国民党军在古宁头附近地区，经三昼夜的战斗，击退中共部队，史称“古宁头战役”。这场战役在国共战争中，是个规模不大的战役，但却是国民党军从东北、华北、华中、华南一路败退下，难得的一次胜仗，蒋经国称：“金门登陆匪军之歼灭，为年来之第一次大胜利，此其转败为胜，反攻复国之‘转折点’也。”① 徐永昌得知此一讯息后，在日记中记道：“此百年来，第一次真正胜利，亦见共敌非绝不可胜者。”此役中共军队检讨失败的原因，除了“轻敌、急躁所致”外，未能注意渡海作战与其过去所有作战的经验完全不相同，亦是主要原因之一。中共缺乏海、空军，不利渡海作战，但是在此之前，中共军队曾相继攻陷舟山群岛之六横、虾岐、金塘等岛，亦是渡海作战，因此中共军队在缺乏海、空军的情形下，对于渡海作战并非完全没有把握，所谓“渡海作战与其过去所有作战的经验完全不相同”，应该是指渡海作战需要考虑船只、潮汐等问题，但如此一来，则使中共军队在短期间不敢再贸然进攻国民党军所控制闽浙沿海诸岛屿及海南岛，台湾的安全度自然提高。徐永昌曾记友人询问复职对蒋氏之利害如何，徐谓：“如能守得住台湾，复职与否皆利，否则皆不利。”② 国民党军在古宁头战役的胜利，则确保了台湾的安全，蒋氏于 26 日得知国民党军获胜的消息后，立即致电在美国政府洽商对华援助的蒋夫人，谓：“本日在厦门附近之金门岛上已完全消灭共匪一个军，其军师团长皆已被俘，此种澈底之胜利，实为两年来之第一次也，而且对于台湾防务更可坚固无虑，军民皆可增加信心也。”③

综合几方面的因素，蒋中正在“政府”迁移问题上，最后决定直接迁至台北。这项关键时刻的关键决定，不仅决定了“中华民国”的命运，随着国际局势的变化，“政府”不再转徙，“中华民国”在台湾生存发展，同时也为其后半生的事业写下新的一页。

---

① 蒋经国：《危急存亡之秋》,《风雨中的宁静》，黎明文化公司，1982，第 252 页。

② 《徐永昌日记》第 9 册，1949 年 10 月 27 日，第 448 页。

③ 《蒋中正致夫人电》（1949 年 12 月 7 日），《蒋总统引退与后方布置》（下），《革命文献》第 29 册。

五 结语

“国府”由南京迁移到台北是一个随着局势发展而移动的过程，在国共战争的颓势中，台湾一开始就是政府规划的疏散地点之一，政府机关、人员、军队自1948年底起陆续抵台，但是台湾并不是政府原先设定的迁移地点。政府中人普遍的想法，只要在大陆还有一息生存的空间，政府就应该留在大陆，一旦离开了大陆，情势的发展就很难想象。从广州、重庆、成都、西昌等地点的选择，可以看出政府的迁移地点是一路往西，向内陆地区发展，如果继续下去，可能会陷入无地点可以迁移或困居内地的窘境。当时蒋中正虽然是下野，但是在代总统李宗仁以就医为名出国、中枢无主的情形下，以中国国民党总裁、非常委员会主席的身份主持一切。在成都之后的迁移地点西昌，遭到内部不同意见时，蒋氏试探性提出直接迁移台湾的方案，获得幕僚的支持，使迁“都”地点在整体布局上多了一个考虑。蒋中正抵成都后，曾经试图采取“政府”按原定计划迁往西昌，但实际上机关移驻昆明办公的方式，但是当他知道移驻昆明为不可能时，当机立断，立即决定“政府”迁设改在西昌设置大本营，继续在大陆指挥作战。设置大本营一事，在国民党军于1950年3月撤出西昌，大陆完全失守的情况下，成为泡影；而“政府”迁设则随着国际情势的变化，逐渐走出风雨飘摇的困境，开创出新的局面；对蒋中正而言，亦使他在“失去大陆”之后，再造个人的新事业。

控诉美国侵台背景下的台湾地位问题再探

——以国民党当局的应对为中心

侯中军*

1949年前后，关于台湾的法律地位问题，成为中美间一个重要的外交议题。随着日本的战败，台湾归还中国本是一个顺理成章的事实问题，不应存有任何法律上的歧见，然随着国民党败退台湾以及朝鲜战争的爆发，台湾地位在当时的外交关系中成为一法律问题，这一问题因新中国控告美国侵台而引起一系列外交纠纷。

美国对台政策的几经转变都与中国内战和远东国际形势息息相关，美国虽然并不看好蒋介石及国民党政权，但不希望台湾落入中共之手，并为此设想过多种方案。“联合国托管”就是其中之一。朝鲜战争的爆发改变了美国不干预海峡两岸事务的政策，开始策划台湾的“中立”。① 现有研究表明，英国同美国在台湾问题上既有共同点，也存在分歧，英国虽然坚持一些自身的主张，但总体上采取向美国妥协的方针。② 学界现有英美对台政策研究成果，是建立在充分利用英美两国档案基础上的，可以认为，已经将英美在此问题中的态度及政策大体说清。为了将该问题的研究进一步深入，本文拟将台湾当局的主动应对措施做一探讨。我们一方面承认美英在台湾问题上的重大影响，但国民党自身对所谓台湾地位问题所做出的应对同样不可忽视，唯有如

* 中国社会科学院近代史研究所副研究员。

① 关于美国对台政策的演变已有较多论述。代表著作有资中筠：《美国对华政策的缘起和发展（1945～1950）》，重庆出版社，1988；陶文钊：《中美关系史》，中国社会科学出版社，2007；汪小平：《战后台湾的法律地位与美国对台政策（1945～1949）》，《中国社会科学院近代史研究所青年学术论坛（2002年卷）》，及《美国对台政策的起源与演变（1945～1949）》，中国社会科学院研究生院硕士学位论文，2001年。

② 关于英美之间在台湾地位问题的分歧可见王建朗《台湾法律地位的扭曲——英国有关政策的演变及与美国的分歧（1949～1951）》，《近代史研究》2000年第1期。

此，才可能更全面地反映事情的真相。

一

朝鲜战争爆发前，国民党以开罗宣言和波茨坦公告为依据，强调台湾是中国领土的一部分，其地位问题不存在任何疑点，并以之驳斥各种谣言。美国总统杜鲁门1月5日的声明只是一种外交姿态，目的是探测国际关系的发展趋势，而这一切都是基于台湾即将被中共占领的预期。朝鲜战争的爆发，改变了这一切。①

1950年6月25日，朝鲜战争爆发。6月27日，杜鲁门发表宣言，并迅速派遣第七舰队进入台湾海峡。宣言发表后，台湾国民党当局对此宣言的意义及其背后所隐含的美国外交政策的真实意图，并不清楚，但深信“杜总统本日宣言对我在台地位不无影响或另有深意”。② 朝鲜战争爆发当日，蒋介石召见沈昌焕、蒋经国，表示朝鲜战争爆发“我预料也”。③ 蒋介石当日致电李承晚，表示支持韩国。26日晚，蒋召集陈诚、周至柔、叶公超、王世杰、黄少谷、张群、张其昀、沈昌焕、孙立人、桂永清、黄镇球及美籍顾问柯克，商讨“应否提案控诉苏联及出兵援韩”。④

杜鲁门6月27日宣言引起国民党内部的议论与猜测，由于事起突然，各方一时还无法确定应对策略。当晚，美国驻台湾代办师枢安（Robert C. Strong）将杜鲁门的函件转交蒋，蒋自记“八时接杜鲁门电称已派其海军阻止共党对台湾任何之企图，但要求我方亦停止对大陆与沿海领水内之军事行动”。⑤

第二天早上，蒋介石通过报纸得悉杜鲁门声明的全文，自感美国无视台湾地位，“视我一如殖民地之不若，痛辱盍极”。上午11时，蒋召集军政首长会议，研讨答复杜鲁门备忘录内容及如何执行暂停攻击大陆问题，并决定

---

① 1950年1月5日，美国总统杜鲁门发表声明，特别强调“美国在此时际无意在台湾获取特殊权益或建立军事基地，美国亦无利用其武力干涉中国目前局势之意向”，美国“将亦不拟予以军事援助，或提供军事咨询”。《总统蒋公大事长编初稿》卷9，第9页。

② 《顾维钧致台北外交部》（1950年6月27日电），中研院近史所档案馆藏“外交部”档案，600/89019（下文所用“外交部”档案均属此卷内容，故不再重复）

③ 《总统蒋公大事长编初稿》卷9，第181页。

④ 《总统蒋公大事长编初稿》卷9，第182页。

⑤ 《总统蒋公大事长编初稿》卷9，第184页。

“台湾地位以及我反共抗俄与中国领土完整之立场，不能因任何情势而动摇之意，为覆文之基点”。①

当日晚，台湾原则上接受美国建议，并同时发表声明：“台湾系中国领土之一部分，乃为各国所公认，美国政府在其备忘录中，向中国所为之上项建议，当不影响开罗会议关于台湾未来地位之决定，亦不影响中国对台湾之主权”。②

经历最初的猜测与试探后，国民党开始逐渐认清杜鲁门6月27日宣言的意义。顾维钧分析认为，美国援助南韩与保护台湾虽出现在同一宣言中，但明显“效力不同”，援助南韩“有安理会决议为凭借，业经各国响应，并有调遣海空军前往参加协助者”，保护台湾则“似美军单独声明，各国未有响应，反有英国向美声明不愿参予”。③ 不过，台湾仍然意识到出兵保护台湾虽系美军单独行动，但美国言辞肯定、行动迅速。顾维钧不赞成力请美国同意（台湾）“反攻”大陆，在顾看来，如果台湾坚持让美同意“反攻”大陆，“在彼将视为不信任美之担保或将疑我欲扩大事态，加其困难”，如果此种情形出现，可能导致“当初热心者转渐冷淡，而反对者以我既不重视担保主张改变政策，伺机脱卸责任而迎合一部分舆论亦不能不防”，主张应静观待变。④ 顾维钧认为中共出兵朝鲜参战或许是一个转机，“一旦中共出兵朝鲜，美不特将允我出师南韩，或且同意我进攻大陆，促成中美联合阵线”。⑤ 但在其向台北的报告中，顾维钧出言谨慎。台湾北驻华盛顿“大使馆”则认为“美对台地位态度近经巨变，大致已有成竹在胸，即以所谓台湾中立化，将问题引入联合国来解决，并以之来限制台湾作战权”。⑥

8 月 17 日，台湾驻美“大使馆”致电“外交部”，其建议仍是基于对开罗宣言的分析。“查开罗会议宣言决定日本由中国窃取之领土如满蒙、台湾、琉球等地应归还中国，并决定在相当时期，应使韩国自由独立”。⑦ 电报建

① 《总统蒋公大事长编初稿》卷 9，第 185 页。

② 《总统蒋公大事长编初稿》卷 9，第 185 页。该项声明同《顾维钧回忆录中》所记大体一致，回忆录中全文如下：“台湾属于中国领土之一部分，此乃有关各国所公认。美国政府之建议应不改变开罗宣言中预期的台湾地位，亦不应在任何方面影响中国对台湾拥有之权力”。见《顾维钧回忆录》第 8 分册，第 11 页。

③ 《顾维钧致台北外交部》，1950 年 7 月 15 日电。

④ 《顾维钧致台北外交部》，1950 年 7 月 15 日电。

⑤ 《顾维钧致台北外交部》，1950 年 7 月 15 日电。

⑥ 《华盛顿大使馆致台北外交部》，1950 年 8 月 9 日电。

⑦ 电报原文如此。

议，既然各国已经在韩国政府成立后加以承认，而且联合国成立对韩委员会以及出兵韩国均在日本和约未订立前，则“若谓台湾在未订立和约前不属我国，不应该支援，则对韩国今日地位又将作何解释”，“且该宣言尚有满洲等地区，其地位又将如何处置”，建议在联合国大会召开之时派人专门说明此事，以便澄清所谓“台湾地位未定论”。①

英美在台湾问题上态度并不一致，因此尽力弄清两国的涉台交涉情形是台湾关注的重点。王建朗研究员对此问题曾有深入研究，认为从英国文件来看，英国确曾有让联合国托管台湾的意向，在支持美国台湾政策的同时，希望美国承诺其对台方针朝着某种托管形式努力，“英国对美国介入朝鲜战争给予了积极支持，但它对美国此时扯上台湾的政策有一定程度的保留”。英国不希望美国背离开罗宣言的精神而在台湾问题上走得太远，英国可以配合美国参加朝鲜战争，但希望杜鲁门总统在以后的讲话中澄清台湾问题仍可以讨论。②

顾维钧在 8 月 24 日电报中进一步分析英美政策的异同，认为英国实际上仍在反对美国的保台政策，甚至建议更换麦克阿瑟的驻韩美军统帅地位，但被美国以麦克阿瑟系联合国军统帅为由而婉拒。美国议院及舆论希望英国派遣大量陆军赴台，而不是现有的两营兵力，英国借口香港、马来亚防卫紧张而拒绝派兵，此一借口被顾维钧认为是要挟美国变更现有的军事保护台湾的政策。顾维钧认为，英国在派兵及军事保台问题上不支持美国，其根源在于“仍恐亚洲军事局势扩大引美深入漩涡，致西欧一旦有事，美无力兼顾”。由于美国国务院一向坚持重欧轻亚的态度，所以二者正可互相利用，并联合制衡美国国防部及麦克阿瑟的对台政策。③

虽然英国在出兵问题上多有保留，而台湾却对出兵参战持积极态度。台湾希望出兵朝鲜其目的到底何在，目前尚未看到具体材料。朝鲜战争刚刚爆发，蒋介石就开始认真考虑派兵到朝鲜的问题。据顾维钧回忆，6 月 29 日早上，叶公超电话顾维钧，要求顾维钧通知美国国务院，传达台湾决定派遣一支 3.3 万的陆军部队赴朝鲜的消息。下午，顾维钧在美国助理国务卿腊斯克的办公室晤见美国外交部官员麦钱特（Merchant），面交备忘录，表示台湾为

---

① 《华盛顿大使馆致台北外交部》，1950 年 8 月 17 日电。

② 参见王建朗《台湾法律地位的扭曲》，《近代史研究》2001 年第 1 期。

③ 《顾维钧致台北外交部》，1950 年 8 月 24 日电。

支持联合国决议，愿意派遣军队去朝鲜。因此，在6月29日，美国已经得到蒋介石愿意出兵朝鲜的建议。杜鲁门希望接受台湾的出兵请求，但国务卿艾奇逊认为，国民党中国的情况与联合国其他成员国的情况略有不同，台湾是最容易遭受攻击的地方之一，因此美国才派出了第七舰队，“一方面花美国的钱去保卫那个岛屿；另一方面这个岛屿的理所当然的保卫者却跑到别的地方去，这多少有些矛盾”。①

在第二天的国防部长和三军参谋长会议上，杜鲁门仍然倾向于接受台湾关于出兵的请求。艾奇逊这次以中共可能参战为由，不支持蒋介石派兵。三军参谋长认为，蒋介石准备提供的3.3万人装备太差，恐无济于事。麦克阿瑟也不赞成蒋介石派兵至朝鲜。在麦克阿瑟看来，蒋介石的部队在朝鲜起不了作用，因为都是步兵，没有大炮或其他辅助武器，这些部队需要美国的给养，事实上在好几个月内会像吊桶一样拴在我们的脖子上。7月份，杜鲁门认识到其在接受国民党出兵问题上处于一种孤立状态。为了向国民党说明利害关系，麦克阿瑟自告奋勇去台湾亲自向蒋介石说明。②

7月31日，麦克阿瑟飞往台湾。8月1日，蒋介石会见来访的麦克阿瑟。麦克阿瑟向蒋介石提出了五项合作目的，蒋均表同意。虽然未曾谈及台湾出兵问题，但显然蒋认为此次会谈较杜鲁门6月27日声明有所进步，“麦帅称我军对大陆之活动，其美国不久当有明确之表示，其意变更杜鲁门六月二十七日之声明，不限制我对大陆之攻击也”。离台前，麦克阿瑟在机场发表声明，此离别声明多少有些令蒋不满，“其对于亚洲问题未能彻底认识，而且对于日本民族性更为隔阂，根本问题之处置恐多怪张”。③

此次麦克阿瑟的台湾之行，引来众多猜测。8月10日，麦克阿瑟发表有关访台声明，反驳外界的批评。蒋介石在阅读麦克阿瑟声明后，认识到麦克阿瑟与美国国务院及相关势力之间存在着尖锐矛盾，“可见其苦心与国务院反动派压力之大”。蒋甚至主张台湾应该配合麦克阿瑟，并专门致电驻日代表团团长何世礼，“商麦帅是否要我政府证明其本日所发之声明为事实，以响应之”。令蒋失望的是，“惟麦帅主张变更杜鲁门阻止国军对大陆军事行动

① 《杜鲁门回忆录》下卷，东方出版社，2007，第429页。

② The Acting Political Adviser in Japan (Sebald) to the Seceratary of State, July 10, *FRUS*, Vol. 6, p. 370；《杜鲁门回忆录》下卷，第430～436页。顾维钧在其回忆录中记述的情形是，麦克阿瑟访台事前并未通知美国政府。

③ 《总统蒋公大事长编初稿》卷9，第218～219、220页。

之声明，未为杜所允准”。①

麦克阿瑟访台及其声明，显然令杜鲁门感到不安，报界的相关报道显示了两人在政策上的分歧。“蒋介石的侍从武官们放出消息说，远东司令和他们的领袖对于将要采取的行动步骤完全一致。言外之意是——我们颇有些报纸就是这样报道的——麦克阿瑟拒绝接受我的使福摩萨中立化的政策，并倾向于采取更激进的办法”。② 为了确保麦克阿瑟不干预台湾政治，杜鲁门专门派哈里曼去东京，与其讨论远东局势。麦克阿瑟向哈里曼表示，在台期间，他和蒋介石只讨论了军事方面的事务，每当蒋企图讨论任何政治议题时，他都加以拒绝。师枢安的报告同哈里曼内容类似。③ 不过，哈里曼也充分认识到，麦克阿瑟并不满意政府现有的对台政策，“他虽然表示尊重总统并依令行事，但显然并没有完全被说服”。令哈里曼奇怪的是，麦克阿瑟竟然认为“应该支持任何同共产主义战斗的人，尽管他不能说出蒋介石本人在同中国共产党的斗争中取得了什么成绩”。④ 后来事实证明，哈里曼并没有完成任务，麦克阿瑟与杜鲁门在台湾问题上意见相左，在没有授权的情况下，麦克阿瑟向报界披露了其对台湾问题的政见，这令杜鲁门感到尴尬。⑤

8 月 25 日，麦克阿瑟发表致国外战争退伍军人全国野营会主席文告，论述台湾在美国战略上的重要性，批评某些人在太平洋采取的绥靖政策及失败主义论调，要求以台湾为军事基地采取积极政策。当杜鲁门得知消息后要求麦克阿瑟撤回所发文告，但为时已晚。杜鲁门认为，麦克阿瑟的声明与他的 6 月 27 日声明相对抗，也与其在国会发表的政策相抵触，为此杜鲁门训令国防部长约翰逊以他个人名义致电麦克阿瑟，要求其收回声明。⑥ 26 日，艾奇逊致电美国各驻外机构，强调如下：美国对台政策并无变化，杜鲁门 6 月 27 日及 7 月 19 日宣言和奥斯汀 8 月 25 日致联合国的信函才是美国政府的政策。⑦

---

① 《总统蒋公大事长编初稿》卷 9，第 224 页。

② 《杜鲁门回忆录》下卷，445 页。

③ The Charge in China to the Secretary of State，August 8，*FRUS*，Vol. 6，pp. 417.

④ Extracts of a Memorandum of Conversations，by Mr. W. Averell Harriman，Special Assistant to the President，With General MacArthur in Tokyo on August 6 and 8，1950，*RRUS*，Vol. 6，pp. 427 –428.

⑤ 参见《杜鲁门回忆录》下卷，第 445 ~447 页。

⑥ 《杜鲁门回忆录》下卷，第 447 页。

⑦ The seceratry of State to Certain Dipolomatic Office，August 26，1950，*FRUS* Vol. 6，pp. 451.

朝鲜战争的爆发，促成了美国对台政策的转变，国民党当局一时还未完全弄清美国对台外交的真实走向，但并不满意美国限制台湾“反攻”大陆禁令。此一时期，国民党台湾当局坚持台湾为中国固有领土的立场，反对美国试图将台湾问题引入联合国解决，并做出过诸多外交努力，但未显成效。总体上，台北与美国的外交政策保持了一致。台湾当局的出兵建议不仅暴露了杜鲁门与艾奇逊之间的分歧，也最终促成了麦克阿瑟的台湾之行。

二

麦克阿瑟声明发表的前一天，即 8 月 24 日，中华人民共和国政务院总理周恩来致电联合国安理会主席马立克及秘书长赖伊，控告美国公然入侵中华人民共和国的领土，周恩来正告联合国：“台湾是中国领土不可分割的一部分，这不仅是历史事实，又为日本投降后的现状所肯定，而且也是在一九四三年的开罗宣言和一九四五年的波茨坦公告中作为一种国际约束规定下来，并为美国政府所曾经承诺和遵守的”，要求联合国制裁美国的侵略行径。[①] 虽然杜鲁门要求麦克阿瑟收回其发表的声明，并力图澄清麦克阿瑟的声明只是其个人观点，并不代表美国政府，但影响显然已经扩散。面对中国义正词严的控诉，杜鲁门不得不做出回应。

杜鲁门致函美国驻联合国代表奥斯汀，让其向联合国秘书长赖伊说明美国对台湾所持的政策，并将其归结为七个方面。声明试图为美国出兵台湾海峡开脱，并表示支持联合国调查此事。在声明中第四点，杜鲁门再次强调台湾的法律地位问题，“这个岛的实际地位是一块由于盟国部队在太平洋地区的胜利，取自日本的领土。像其他同类的领土一样，在国际行动未决定它的命运以前，它的法律地位是不能够确定的”。[②] 英国并不赞成急于将此问题提交安理会并公开讨论，希望英美之间应该先行沟通，并在取得共识后再将其提交联合国。[③] 顾维钧得知杜鲁门关于台湾的七点声明后，急电汇报声明的具体内容。

由于杜鲁门表示欢迎联合国调查台湾问题，台湾“驻联合国代表”蒋廷

---

① 《建国以来周恩来文稿》第 3 册，中央文献出版社，2008，第 195～196 页。

② 《杜鲁门回忆录》下卷，第 449 页。

③ Proposed U. S Action in the UN Regarding Chou En – Lai' sLetter to the Secretary Genaral, August 25, 1950, *FRUS* Vol. 6, pp. 450.

黻认为联合国此举可能对台湾产生两个不利结果，一是“法律地位将受影响，国府地位亦将因而受影响”；二是“讨论势难拒绝中共参加”。蒋廷黻认为，美国驻联合国代表团对国务院之方针不尽同情，英国代表团也不愿联合国此时讨论此事，因此目前“应尽力阻止此问题列入任何联合国机构之议程”，“绝不可轻易放过”。①

台北接到蒋廷黻电报后，即刻转告顾维钧相关情形，并嘱其密切关注此事。台北要求顾维钧“密洽国务院，探寻其真实意图”，“其倘向联合国采取有关台湾之步骤前，先与我方洽商”，指出“最好能够避免联合国提出此项问题”，并希望顾维钧预做研究应对方案，以防万一。②

顾维钧原定8月30日去美国国务院洽商此事，但有事耽搁，因此推迟一天。由于事情紧急，顾维钧将已经了解到的情形当天即转告台北，称：“美国表示欢迎联合国讨论台湾问题，原为应付苏联政府及中共借口侵略台湾而施其宣传攻势”，虽然安全理事会已经决定将其列入议事日程，但其讨论范围“似应以美国是否对台有侵略行为为限”，其他一切政治法律问题“应置勿议”。③

在会议上，蒋廷黻发言反对列入议程，称台湾事实上既有“国民政府”统治，因此只有台湾有发言资格，并提出“台湾地位与韩政府在南韩相同”。④ 虽然台湾竭力避免安理会将其列入议程，但最后结果是在8月29日的会议上，以7票赞成、2票反对（台湾、古巴）、1票弃权（埃及）而正式通过。

8月31日下午，顾维钧往访美国国务卿艾奇逊。顾维钧告诉艾奇逊，既然台湾问题已经列入安理会议程，因此英美法三外长9月份将在纽约举行的会议上定当议及此事，但讨论范围应该“以美有无武装侵略为限”，不应涉及政治及台湾地位等问题，否则“恐将更滋纠纷”。为了避免此种情形，美国“宜设法团结民主国家一致阵线，免为人利用，乘机分化”。⑤ 顾维钧设法将台湾问题绕开联合国，希望美国能努力做成此事。谈话中，艾奇逊虽然同

---

① 《蒋廷黻致台北外交部》，1950年8月28日电。

② 《台北外交部致顾维钧》，去电第426号，未见具体日期，但收蒋电是29日，顾维钧回电是30日，具体日期应在这两天之内。

③ 《顾维钧致台北外交部》，1950年8月30日电。

④ 《蒋廷黻致台北外交部》，外交部收电第4313号，1950年8月30日电。

⑤ 《顾维钧致台北外交部》，外交部收电第4341号，1950年8月31日电。

意顾维钧的分析，但表示即使美国不愿扩大讨论范围，别国的动向则很难把握。不能得到艾奇逊肯定答复后，顾维钧退而求其次，希望在安理会通过议决案时，应以以下两点为限：一是美无侵略行为，二是杜总统6月27日宣言保台为保护和平；至于政治问题，可以留待将来解决。艾奇逊同样表示赞同，但却暗示国际问题易于演变，难以获得理想解决。顾维钧则进一步建议“美如先在三外长会议明确主张，使英法与美一致，谅可在安理会中收效”。①

会晤艾奇逊后，顾维钧随即去见助理国务卿腊斯克，所谈内容基本相同，但更为详细。腊斯克明确表示，要做到完全不提台湾的政治问题是有困难的，“讨论一开，颇难限制”。各国对台湾问题意见歧异，“不特安理会内常任会员国中，及就非常任会员国中，均不一致”，并指出“如谓台湾系属中国，则何者为中国是一难题”。② 已经承认中共的国家认为中共就是中国，“故谓台湾应归中共”，腊斯克建议“姑言台湾问题待将来以和平方法解决，不及其他”。③

在顾维钧与美国国务院交涉联合国讨论内容的同时，蒋廷黻则忙于与美国驻联合国代表商讨程序问题。8月30日，蒋廷黻告知奥斯汀，如果美国提议由安理会组织委员会处理美国侵台案，务请接纳下列建议：（1）委员会职务应限于实地调查，在报告前，安理会不必仔细讨论；（2）委员会委员仅限于非常任理事国。奥斯汀表示国务院尚未决定最后办法，但倾向于11国委员会即全体委员会，“以为此举或能避免中共派员列席”。④

苏联以安理会轮值主席资格提出将台湾问题列入议程，由安理会来处理美国侵台案，此事已成定局。台湾在不可能更改此项决议的情形下，希望通过种种努力，将讨论议题限于美国侵台，避免讨论台湾的政治地位，努力取得了一定的效果。蒋介石虽然对安理会最终将讨论台湾问题不满，但认为尚不算最坏，“其议题为‘美国对台是否侵略’而并非台湾地位问题，此于我国体虽无大伤，但俄、英皆以为台湾问题由联合国解决之张本，而美国艾其

---

① 《顾维钧致台北外交部》，外交部收电第4341号，1950年8月31日电。顾维钧与艾奇逊的此次谈话在其回忆录中有更为详细的记述，内容基本一致。见《顾维钧回忆录》第8分册，第103～108页。

② 在《顾维钧回忆录》中并无4345号电报所记录的此项内容。

③ 《顾维钧致台北外交部》，外交部收电第4345号，1950年9月1日电。

④ 《蒋廷黻致台北外交部》，外交部收电第4334号，1950年9月1日电；The United States Representatives at the United Nations （Austin） to the Secretary of State，August 30，1950，*FRUS*，Vol. 6，pp. 470。

生亦将乐观其成也。可痛！可愤！又增多一国耻矣。”①

在9月2日的外交会议上，为了拒绝派遣调查团赴台调查所谓美国侵略台湾问题，蒋介石甚至要求台湾在联合国使用否决权。蒋在日记中记道：“召开外交会谈，对联合国派调查团来台调查美国侵略台湾问题，余主使用否决权也”。② “行政院”长陈诚当场表示对此持不同意见，反对使用否决权。为了进一步了解此事中美交涉的过程，蒋介石于9月4日再次召集会议，听取“外交部”长叶公超汇报其与美“驻华公使兼代办”蓝钦的会晤经过。蒋对叶公超的汇报大为不满，认为叶简直就是“无脑筋已极，此等人何能再任外长耶”。③ 得知蒋的态度后，叶公超同日约见蓝钦，转达台湾的意见，“台湾理解联合国处理美国侵台一案，但反对组团调查此一问题时让苏联及其卫星国参加，因为这不但会助长共产主义的宣传，而且会在台湾引起骚乱”。④

台湾岛内对是否使用否决权问题意见不一，难以达成一致，在此情形下，蒋介石决定再次向联合国提出控诉苏联案，“令决重提控俄案以打销美国调查台湾之提议”，如果不能达到目的，则再应用否决权。蒋认为，叶公超等不主张使用否决权，主要是怕得罪美国以及得不到国际社会谅解，而台湾使用否决权当然与苏联使用否决权不同，台湾系为“自卫”性质。蒋介石决定，令叶公超停止出席联合国大会。⑤

台北“外交部”将岛内意见急电蒋廷黻，告知岛内对联合国将组织调查美国侵略台湾案一事舆情愤慨，“立法”“监察”两院及“外交委员会”委员多不赞成。“总统公开会议，决定反对安理会组织委员会来台调查，遇必要时，不惜使用否决权”。⑥ “外交部”指出，出现这种情况的原因之一就是，台湾控诉苏联案虽有数年，但一直未能通过，而中共在未得到大多数会员国承认的情况下，竟能控诉且获得通过，这将严重影响台湾的威信。电报建议蒋廷黻设法取得美方合作或至少获其谅解，分别向安理会各会员国展开活动，如果表决时不能得到7票，再行否决权，并强调这是“基本方针”。

---

① 《总统蒋公大事长编初稿》卷9，第235页。

② 《总统蒋公大事长编初稿》卷9，第238页。

③ 《总统蒋公大事长编初稿》卷9，第239页。

④ The charge in China (Rankin) to the Secretary of State, September 4, 1950, *FRUS*, Vol. 6, pp. 484.

⑤ 《总统蒋公大事长编初稿》卷9，第242页。

⑥ 《台北外交部电纽约代表办事处》，外交部机要室发电第4810号，1950年9月5日电。

同样的意见也传达到了蓝钦处。叶公超告诉蓝钦，虽然他和顾维钧、蒋廷黻都不愿意行使否决权，但面对种种压力，除非找到别的解决办法，否则他们将被迫举手否决。①

至于策略方面，“外交部”建议可将控苏案移交安理会，并要求在讨论美国侵台案前先行讨论。“外交部”考虑提出“组织委员会赴苏联及中共区调查”议题，如此案获得通过，台湾可以不行使否决权；如果不能获得通过，即使台湾行使否决权也易于取得世界各国的同情与谅解。台北“外交部”认为，此策略可为台湾争取主动。从技术方面来讲，控诉苏联案可使中苏两国同为争议国，因而无法参加投票，余下的 9 个会员国中，英、挪已承认中共，南斯拉夫、印度袒护苏联，因此台湾提案很难获得 7 票支持，不过，也不必为此过分顾虑。②

虽然台湾为反对联合国组团调查美国侵台案决定使用否决权，并以控苏案来实施其策略，但显然没有得到更多的支持。非独台湾岛内存在反对使用否决权的声音，身在联合国的蒋廷黻和美国华盛顿的顾维钧也建议慎用否决权。蒋廷黻为此专门致电说明美国准备派遣调查团赴台的目的有二：一是避免中共派代表至成功湖；二是为美国名誉洗刷。③ 奥斯汀在 8 月 31 日给国务院的报告中要求拒绝接受中共参加安理会的讨论，理由是，接纳中共参加安理会的讨论不会对问题有任何帮助，因为如果组团进行实地调查显然只有台湾当局能帮上忙。④ 电文进一步分析此议案对台湾最有利的结果，认为“查此案原不应列入议程，既已列入，似应集中力量以期中共不参加成功湖；并宜设法使调查团专门调查美军是否侵台”，如果能达到这两项目的，蒋廷黻建议不要使用否决权，“此两项目的能达，则我不宜否决”。⑤

至于前面所提到的以控苏案为行动策略，在蒋廷黻看来，不但“控苏案移安全理事会绝无希望”，而且所希望的提前讨论“更无希望”。由于控诉美国侵台案已经列入大会议程，“我须先请大会取消，始能请安全理事会受理”，虽然台湾可以使用否决权，但“恐因此而促进中共派遣代表团列席安

① The charge in China (Rankin) to the Secretary of State, September 7, 1950, *FRUS*, Vol. 6, pp. 488.

② 《台北外交部电纽约代表办事处》，外交部机要室发电第 4810 号，1950 年 9 月 5 日电。

③ 《蒋廷黻致台北外交部》，外交部收电第 4405 号，1950 年 9 月 5 日电。

④ The United States Representatives at the United Nations (Austin) to the Secretary of State, August 31, 1950, *FRUS*, Vol. 6, pp. 473.

⑤ 《蒋廷黻致台北外交部》，外交部收电第 4405 号，1950 年 9 月 5 日电。

全理事会议”，蒋廷黻要求台北对此事再加考虑。[①]

顾维钧也不同意轻易使用否决权。在顾维钧看来，中共提出此案当为苏联指使，目的是为了取得对美外交战宣传的功效，而美国同意调查真相，实是不得已的应付之法，其他会员国应该都会同意建议调查的提案。“我若单独反对，势难见效，若使用否决权阻其通过，则不仅美方认为我不肯合作而产生反感，且苏联及其附庸国将有所借口诬我与美同谋，意欲掩蔽侵略事实”。历数否决提案的不利之处后，顾维钧指出即使调查团获得通过也无赴台之必要，因为“可就各有关方面之文件与说明做成报告”。如果中共要求参加代表团，“我宜预先声明为保障我防卫军事上之秘密，计凡属我军事区域，我不能容许调查团前往”。[②] 在顾看来，美国一再声明台湾地位留待将来决定，其原因可能有二：一是台湾地位复杂而重要，但已经在国民党统治之下，因此可以留待以后解决法律地位问题；二是在台湾法律地位未解决前，希望能让联合国承担保护台湾的责任，而不是美国一家承担。[③]

对于蒋廷黻、顾维钧等职业外交家的建议，蒋介石在内心深处不以为然，“蒋廷黻、顾维钧来电，皆不敢赞同余对调查台湾案投否决票，明明是理直气壮之事，而若彼偏解为不对”。蒋介石认为，顾维钧等担心的“一旦台湾行使否决权中共将会列席会议”之可能并不存在，“除非其（美国）此一政策已经决定，否则如其不愿中共列席，则我行否决权，彼亦不允中共列席也”。[④]

在台湾内部为是否行使否决权而争执不下时，苏联向联合国提出两项议案：一是“谴责美国侵略中国领土与主权，要求美国即刻撤退在台之海空军”；二是“主张中共派代表参加安理会之讨论”。[⑤] 台湾所担心的问题，似乎正逐步成为现实。

面对苏联的指控和台湾威胁使用否决权的局面，艾奇逊认为美国应该同多数国家保持一致，同意由 11 个安理会会员国出面组织调查团，或是蒋廷黻所建议的 8 人委员会。艾奇逊并不相信台湾最终将使用否决权，只是还难

① 《蒋廷黻致台北外交部》，外交部收电第 4423 号，1950 年 9 月 7 日电。

② 《顾维钧致台北外交部》，外交部收电第 4420、4421 号，1950 年 9 月 5 日电。

③ 《顾维钧致台北外交部》，外交部收电第 4420、4421 号，1950 年 9 月 5 日电。

④ 《总统蒋公大事长编初稿》卷 9，第 243 页。

⑤ 《蒋廷黻致外交部》，外交部收电第 4457 号，1950 年 9 月 8 日电。

以确定美国应采取的明确态度，因为美国和台湾属于当事者，而根据联合国宪章27条第3款，当事者不得参与投票。① 艾奇逊认为，或许此条款会使蒋廷黻出于政治的考虑而倾向于接受11国委员会。②

9月9日，蒋介石召集会议，商讨应对"联合国调查美国侵台案"之方针。在此次会议上，蒋介石所主张的行使否决权一事基本上无人赞同，"佥以使用否决权得罪于美，为大不可"，面对无人赞同的局面，蒋放弃了其坚持的行使否决权的提议，"余虽勉从众意，然于心甚不安也"。③ 为了给自己放弃行使否决权找一个适当的由口，蒋在9月10日的日记中写道："如俄国视台湾为其傀儡中共之物，则其不愿发生国际关系，或对调查台湾案亦投否决票之可能，果尔，则我不必使用否决权矣。"似乎这样的假设能让其内心安定一些了。④

蒋介石决定台湾的应对政策以后，叶公超即电蒋廷黻，确定其应在联合国采取的原则：一是"关于侵台案容许中共列席及组织委员会来台调查两事，对我极不利，应尽力予以打消"；二是"倘此两事不能均予打消，则在两害相权之时应以维持中美继续合作为总原则"。至于行使否决权之事，叶公超告诉蒋廷黻的是由其"斟酌办理"。⑤

蒋介石原已决定不让叶公超出席联合国大会，但由于台湾已经确定"调查美国侵略台湾案"的应对原则，于是将原先之议作罢，密电郑彦芬，决定仍然派遣叶公超出席。⑥ 至此，台湾围绕美国侵台案而展开的活动已大致落定。台湾所希望的避免联合国讨论"美国侵台问题"最终未能实现，究其根本，则在于美国的态度。

在国民党"外交部"档案中有一份未署名的报告，具体日期不详，据其内容推测应在1950年9月前后写成。该报告对比台湾与美国关于台湾法律地位的不同态度，指出双方意见对台湾的利害关系，可以为我们全面认识当时

---

① 27条第3款内容：安全理事会对于其他一切事项之决议，应以九理事国之可决票包括全体常任理事国之同意票表决之；但对于第6章及第52条第3项内各事项之决议，争端当事国不得投票。

② The Secretary of State to the United States Mission at the United Nations, Sep 8, 1950, *FRUS*, Vol. 6, pp. 492 – 493.

③ 《总统蒋公大事长编初稿》卷9，第244页。

④ 《总统蒋公大事长编初稿》卷9，第244页。

⑤ 《叶公超致蒋廷黻》，外交部机要室发电第3940号，1950年9月10日电。

⑥ 《总统蒋公大事长编初稿》卷9，第245页。

台湾国民党政府对所谓台湾法律地位问题提供重要参考。

报告首先指出台湾与美国对于台湾法律地位的分歧所在：台湾方面认为台湾原为中国领土，已经从战败的日本手中得以光复，“至于和约签订仅属程序问题”；美国认为台湾是盟国战胜日本后所取得之土地，“其法律地位须待未来国际形式（联合国之考虑或对日和约之签订）和平解决”，国民党政府之所以驻在该岛“系因为当时盟国决定中国政府在该岛受降之故”。台湾所坚持的立场不利之处是“无法调和美国与英国及其他若干已承认中共政权国家间之歧见”，这可能会导致“反苏阵线发生裂痕”，甚至“中美间之公开争辩”。美国立场有利的方面是可以免致其与已经承认中共政权国家之间的分歧，而且“纵全世界多数国家均不承认中国国民政府，美方仍有协防台湾之法律根据”，其不利的是“对我士气打击太大，且足予‘台湾托管运动’及‘台湾独立运动’者以莫大鼓励”。报告建议对“控美案”所采取的方针应是“朝野上下尤其政府负责当局，严格避免论及所谓台湾法律地位问题”，“既不放弃我原有主张，亦不反驳美国之主张”，如果联合国安理会讨论该案时涉及此问题，应该坚持“台湾法律地位不在控美案范围之内，不应予以讨论”，“美国并无侵台行为，其协防台湾系出于我政府之同意”。①

美国不仅希望在安理会范围内讨论台湾问题，而且希望在联合国大会上加以讨论。9 月 20 日，美国驻台湾代办师枢安正式通知叶公超：“美国将致函联合国大会要求将台湾问题列入议程”。9 月 21 日美国向联合国大会提交关于台湾问题的备忘录，该备忘录“仅提台湾和平解决之愿望，而未及台湾永久地位问题”，蒋介石对美国提交联合国大会的备忘录没有公开反对，甚至认为“同意我代表对此案之延搁，则其对我态度并不如过去之恶劣也”。②

由于联合国内的形势并不利于台湾当局，此时的蒋介石已经有了退出联合国的打算，“此时惟有准备随时脱退联合国，独立自强”。③

三

杜鲁门曾声明，台湾地位需要对日和约来确定，而此点也为英国所确

---

① 《中美两国关于台湾法律地位问题之歧见》，中研院近史所藏外交部档案，日期不详。

② 《总统蒋公大事长编初稿》卷 9，第 256 页。

③ 《总统蒋公大事长编初稿》卷 9，第 259 页。

认。1950 年 9 月 15 日，杜鲁门要求美国国务院以及参加对日作战各国商讨对日和约程序问题，由于杜鲁门并未提出台湾归属与中共是否参加等问题，蒋介石要求相关部门详加研讨。在蒋介石看来，对日和约的唯一问题就是日本必须遵照波茨坦公告将台湾交还中国，而此点也为日本投降书所载明。美国主张由联合国解决台湾问题与日本将台湾交还中国并不矛盾，“如美国主张台湾交由联合国解决，则彼尽可照此声明，但日本则已交还中国，事实上已归我统治。一面我另作声明，不反对联合国协助我台湾”。①

在保持台湾地位与联合国代表权之间，蒋介石开始认真考虑退出联合国。此时，台湾面临两种情形：一是要确保台湾作为不可动摇的“复兴基地”；二是如何使中共不能参加联合国，以保持台湾的代表权地位。如果两者不能兼顾，蒋介石倾向于确保台湾基地为第一，“与其为保持联合国会员名义而使台湾被攻不能安定，则宁可放弃会员国之虚名，暂时退出国际社会”，这样主动权就不再操控于英美，对台湾而言是利多害少。②

随着五届联大的逐步进行，台湾当局的应对方针也渐次明朗。针对美国所提交联大的关于台湾问题的备忘录，蒋介石要求台湾代表团应该采取主动态度，向大会提出建议：一是在对日和约未订立以前，“中国有权要求联合国或与其台湾有密切共同关系之会员国协助防卫台湾”；二是“国民政府”将依据合法权利及联合国宪章收复台湾主权，如果违反宪章而损害了台湾的主权完整，“则我政府当保留其自主之行动，不能受任何非法之干涉”。③

11 月 1 日，蒋介石明确指示王世杰、陈诚关于台湾代表团在联合国大会上所应采取的方针：关于对日和约部分，同意美国提议的“台湾问题与千岛、库页南半岛皆列为悬案，以待和约成立后一年内由四国共同解决”，至于台湾问题案“坚决反对联大派代表团来台调查也”。④

蒋介石确定台湾的对外方针以后，叶公超即将具体意见告知蒋廷黻，并同时转告顾维钧和李惟国。“外交部”汇总后的意见大致如下：坚持台湾是中国领土的一部分，希望美国能够理解此点；如果安理会在辩论侵略台湾问题时打算派出调查团，应表示反对，直至行使否决权；如果全体大会准备派遣调查团到台湾，应投票反对，如果无法阻止，可以表示台湾无法提供调查

① 《总统蒋公大事长编初稿》卷 9，第 254 页。

② 《总统蒋公大事长编初稿》卷 9，第 274 页。

③ 《总统蒋公大事长编初稿》卷 9，第 286 页。

④ 《总统蒋公大事长编初稿》卷 9，第 288 页。

上的便利；如果全体大会讨论台湾地位问题，则要求大会维持台湾现状，并禁止任何武力。①

“外交部”同时有一份详细的备忘录，其中提到可以避免派遣调查团到台湾调查。理由有二：一是没有台湾的合作，调查团很难顺利地执行任务；二是全体大会与安理会不同，一年只开一次会，如果在会议闭幕前调查团不能完成任务，问题就将拖下去。美国急于为自身开脱侵略台湾的嫌疑，如果认识到这一点，就会意识到提出派遣调查团是不明智的。而且该案是苏联提出的，主要是一个法律问题，没有必要进行现场调查；再者该案实际上是周恩来代表中共提出，美国却迅予立案，而台湾的控苏案一直未能通过，两相比较，必然引起台湾民众对联合国失望。备忘录提及台湾的法律地位问题时强调：“台湾不论在法律上或事实上都是我国领土的一部分，无需全体大会讨论这个问题”，这一立场“必须作为我们的根本立场坚持到底”，即使不能得到他国支持，也应坚持。②

当台湾当局集中全力设法打消联合国派团赴台调查之际，联合国的主要注意力已经不是集中在台湾问题或中国代表权问题上，而是朝鲜战争和中国人民志愿军的参战。至于筹议中的对日和约问题，英美之间正加紧准备。关于和约内的台湾问题，英国外交部最初倾向于这样的解决方案，即由日本宣布“放弃”台湾主权并交给中国，但在和约正文外的附款中载明，签字国还未明确由哪一方代表中国。在应该邀请海峡两岸哪一方参加对日和约签字问题上，英美意见相左。英国主张应该邀请中华人民共和国参加对日和约，而美国则主张应该邀请台湾国民党政府，最后妥协的结果是海鲜两岸都未获邀参会。③ 6月14日英美达成妥协，“双方同意既不邀请北京政府也不邀请台湾政府，而由日本在多边条约签署生效后，自行决定与哪一个政府签订双边条约。台湾主权由日本宣布放弃，但不明确交还中国”。④

国民党政府重视台湾地位问题，并始终坚持台湾是中国领土的一部分。在混乱的1950年代初期的国际关系中，台湾当局以自己的方式向国际社会宣布了中国主权和领土完整不容侵犯的决心。由控诉美国侵略台湾案而在联合

---

① 参见《顾维钧回忆录》第8分册，第152页。

② 《关于外交部就有关台湾的一些问题致联合国大会备忘录的报告》，《顾维钧回忆录》第8分册，“附录三”，第664、665页。

③ 参见王建朗《台湾法律地位的扭曲》，《近代史研究》2000年第1期，第20~26页。

④ 王建朗：《台湾法律地位的扭曲》，《近代史研究》2000年第1期，第27页。

国引起的相关交涉，向我们展现了蒋介石及国民党台湾当局应对所谓台湾地位问题所采取的措施。面对美国对台政策的屡次转变，台湾当局都是以被动的地位来接受的，其中虽不乏外交人员的种种努力，但收效甚微。面对新中国在联合国内的控辩，理屈词穷的美国最终操纵联合国，通过了无限期休会的决定，这也使得“控美案”无限期搁置。

在此期间，台湾曾力图反对美国将此案提交联合国讨论，但在苏美等操纵联合国的情形下，这个愿望很快落空，在此种状况下，台湾后退一步，希望联合国安理会只讨论美国侵台问题，而不要涉及台湾地位，更不希望联合国组团到台湾实地调查，并一度表示不惜使用否决权。为了寻求最终的平衡，台湾最终选择了一条中间道路，既不反对美国的建议，也不允许联合国讨论台湾法律地位问题。

另起炉灶：国民党退台初期向下扎根的尝试

冯　琳*

抗战胜利后，中国国民党为光环笼罩。而后短短四年间，其政权江河日下，顷刻坍塌，似乎出人意表，实则意料之中。国民党丢失大陆，根本原因在于民心的失去。一度，蒋介石在日记中发出这样的疑问："本党各级党部何以不能掌握教育保甲与生产合作机关?""本党党员为何不肯深入民众作基层工作，刻苦耐劳?""为何党委变成官僚?""为何民众不信仰本党与党员?"[1]蒋为此困惑，却苦于无法解决。有学者指出，国民党在大陆曾有放弃民众的政策，认为与其跟在共产党之后搞工农运动，不如不搞。[2](pp. 105 - 106)

台湾地处东南一角，与大陆有海峡相隔，不但以前为国民党所忽视，就连共产党在此地的影响力亦薄弱。退台后，国民党于绝望中看到一些希望，欲另起炉灶，从头来做。为克服以往弊病，获得新生，以蒋介石为首的国民党人在失败前后进行了深刻反思。在反省热潮中，国民党展现出一些争取民众的姿态，并在1950年7、8月间发起一场党务改造运动。此次改造被赋予重要意义，是继1924年改组后的又一次党内重大变革，确立了国民党后来在台统治的基调。改造运动中有多项举措是为笼络民众而定，为保住最后一块反共反攻基地，国民党可谓用心良苦。自然，一切苦心的背后是为对抗共产党的需要。为削弱和清除共产党在民众中的影响，国民党在台湾开始向下扩充社会基础，争取民众。

一　"群众路线"的提出与实践

大陆时期，国民党给人的观感有如空中楼阁，头重脚轻，摇摇欲坠。党

*　中国社会科学院近代史研究所副研究员。

与民众脱节，只是政治意义上的组织，在社会中影响甚微。遭遇失败后，他们反省得失，认为："党员应与群众接近——主义思想是党的灵魂，民众乃是党的基础，本党过去所犯的错误，就是党与群众脱离了"。[3](p.23)因而，国民党要在台湾立足，就要走"群众路线"。

大失败前后，国民党应向下发展群众路线成为该党内相当一部分人的共识，并逐渐成为中央的主流声音。为获得群众同情和信任，国民党着手采取一系列措施，缓和党群关系，笼络民心。在其现阶段政治主张中，保障劳工利益、扶植自耕农等内容被列入其中。如规定："要积极扶植劳工组织，保障劳工权益，维护劳工择业转业的自由，并举办社会保险，以安定劳工的生活"[4](p.374)；"规定合理工资或配发工人实物，并对收入特低，生活最苦之工人尽先予以调整"；"废除包工剥削制度，切实保护女工童工"；[5](p.164)"实行限田政策"，"切实扶植自耕农，以达到耕者有其田的目的"[6](p.163)等。一些措施在改造运动之前就已实行，如对农民采取减租等土地改革措施，改善其处境。

迁台前后，国民党对台湾分步骤进行土改。第一步，自 1949 年 4 月实施三七五减租。限定耕地租金不得超过土地主要产物年产量的 37.5%；租用耕地一律订立书面租约，租期至少六年。第二步，公地放领。1951 年 6 月，其办法出台。按照耕地主要产物年收获总量的 2.5 倍的地价，将"国有"和"省有"耕地所有权转移给农民。受领农户，每年交 25% 的年收成，连续交纳十年，可获得耕地所有权。第三步，"耕者有其田"。1953 年 4 月，"省政府"颁布了相应条例。地主保留中等水田三甲或旱田六甲，超出部分由"政府"征收后转放现耕农民受领；"政府"按被征耕地主要产物年收获量 2.5 倍的地价、以 7 成实物土地债券、3 成公营事业股票搭配补偿地主；受领农民以征收地价相同的价格，另付 4% 年息，于 10 年内分 20 期付清。

台湾土改收到较好的效果，实现了农村经济的重新分配，促进社会结构的调整。随着自耕农比例提高，"政府"通过农会渗入农户，加强了对农村的控制。"外来"的国民党政权因与当地封建经济没有千丝万缕的联系，没有来自强大政治势力的阻力，所以在台土改取得了在大陆时从未取得的成就。这些改善农民处境的举措可被视为国民党走"群众路线"较为成功的部分。

台湾渔民和盐工的生活及其组织被国民党所关注。蒋介石认为在台湾除农民外，渔民和盐工最苦，而他们对巩固台湾、反攻大陆有着密切关系，因此要对他们加强组训、改善生活、提高福利。[7](p.37)国民党内也有人提出，在当前条件下，共产党在台湾须作“更紧缩更隐伏的‘退却’”。“在台湾占全省人口不太小数字的盐民渔民，无论从意识方面，生活状况方面，都是共匪‘退却’路线时期的最好目标。”[8](p.26)为使渔民等生活贫苦的人群不成为中共的突破口，蒋介石指示“行政院”督饬实施关于改善渔民矿工生活的建议办法，“行政院”做出回应，采取了诸如废除鱼市场手续费、使用费和佣金，提供低息贷款，改进渔会组织，简化出入港手续等措施。[9](p.116)

国民党中央策动改善渔民、盐工、劳工生活，号召党员深入渔村、盐场、工厂扩大调查，运用党政关系推动“政府”采取改善其从业与生活的措施，产生一定效果。据称，通过采取整顿渔市场、废除中间盘剥的措施，一年中减轻渔民负担847万元。[10](p.11)国民党对渔民中失业及儿童孕妇等弱势群体，进行了特别照顾，如协助就业，捐赠营养品。在重要渔村成立牛奶站，供应奶粉。1951年度，成立的此类牛奶站共计32个，后来还有增加。[11](p.148)自1951年5月至1952年4月，受接济儿童孕妇5159人。[12](p.112)自1952年2月起，盐工工资由每生产一公吨25元6角增加到36元6角。盐工生活设施得到改善，一些盐工新村付诸兴建，[13](p.149)举办盐工副业，构筑盐场土方工程，设置盐场卫生所。[14](p.11)对劳工设立保险，改善劳保措施，改善私营工厂劳工待遇，加强民营矿场设备及保安检查，调整码头工人工资等。到1952年11月15日，参加劳工保险的单位有1197个，投保人数189127人。[15](p.152)

总之，国民党到台湾后，尽量摆出体恤民间疾苦的姿态，倡导“群众路线”，试图向下发展民众，争取民众拥戴，以保住最后的反共基地。国民党通过这些措施加强对下层民众的吸引力，争取其中的优秀分子入党。对下层农工的组织和笼络，使这些人中的一部分成为国民党党员。

二 改造委员会——对民众的争取

1950年8月至1952年10月国民党进行了大规模改造运动，这场运动奠定了国民党在台统治的基础，是其退台初期最重要的举动之一。改造措施较多体现了向下扎根的意图，反映出此时国民党的政策倾向。

在此期间，国民党各级改造委员会多次发布关于向下走、向下看、扩大社会基础的指示。中央改造委员会建立青年、工人、农人、妇女、社会和工商各运动委员会。为加强党政联系，推进民运工作，中央主管民运工作有关党政机关，还经常举行工作汇报。

中央改造委员会将国民党的构成成分和社会基础定位为："以青年、知识分子及农、工、生产者等广大劳动民众为社会基础，结合其爱国的革命分子，为党的构成分子"。[16](p.16、15)为实现这一目标，改委会在各项改造措施中给予相应配合。如为提高农工等类党员的比例，将改造期间征求新党员比例定为：农工约占百分之五十，青年及知识分子约占百分之三十，生产者约占百分之十，其他约占百分之十。[17](p.449)经各级党部努力，国民党社会基础有所扩充，党员结构有了向下发展和本土化趋势。根据1951年底的统计，农工成分占到了37.7%，知识分子占61%，30岁以下的青年占49%。① 台湾省籍党员人数也有较明显增加。

以蒋介石为首的国民党领导集团意识到为民众服务和除害是以赢得民众为主旨的许多工作的前提和入手方法，比如有效推行民众运动，就要先做到为民众利益着想。在为民服务方面，改委会规定，推行民众服务工作，应以小组为重心。每个党员要"斟酌客观环境需要，和主观本身力量所及，随时随地，利用各个同志的职业，和种种方式"来进行服务工作。例如公教人员和知识分子，要因时因地向民众讲解各种与日常生活有关的法令；学校职员，利用寒暑假举办民众补习班或国语台语讲习；医生利用职业或业余时间，为贫民义诊施药，等等。

改造委员会大力提倡服务民众意识，甚至将此项工作强化为"目前最重要的中心工作"，[18](pp.368－373)并打出"以服务代替宣传，用工作争取同情"[19](p.6)的口号，显示出国民党为与地广人多的大陆对抗，而竭力向下生根，试图全民动员的意向。他们将为民服务阐述为"自我牺牲"的革命精神，将这样的精神作为让党起死回生的关键。

> 我们党的工作，就是服务工作，服务的最高原则，就是自我牺牲，我们要贡献个人的智力财力，贡献个人的自由和生命，党员与党部，是生死存亡血肉的关系。今后本党是否能够起死回生，悉视每个同志能否有热心，有决心，来发扬这牺牲自我为民服务的革命精神。[20](p.2)

---

① 中改会确定的各类新党员征求比例目标为：农工50%，青年及知识分子30%，生产者10%，其他10%。见《怎样去征求新党员》，《中国国民党党务发展史料——中央改造委员会资料汇编》（上），近代中国出版社，1990，第449页。

服务精神被定为入党考核的主要内容之一。考核方法是：一方面问他过去对群众服务的事实，同时向他的同事、同学或邻居调查对他的评价，着重在过去有没有劣迹？对人有没有热忱？[21](p.6)

为民除害方面，改造委员会指出，当下一般民众最痛苦的，是地方上不肖分子，仗势欺人、贪赃枉法、侵害民众权益，使老百姓无法安居乐业，这足以成为“政府”执政的阻碍和党在民众中不能树立坚强信仰的原因。因此，为加强基层组织，争取民心，使民众与党打成一片，特鼓励党员检举社会各种弊害。检举案件一经通过，即由小组负责。此外为使检举案件不致延误，重要案件可越级检举。[22](p.205)小组为检举社会弊害的基本单位，县级党部为主要处理单位。重大案件应提由同级政治（综合）小组商决。如同一地区党政军有关同志或政治（综合）小组或同级委员会意见不一致时，报由上级处理。以不发动舆论制裁为原则，被检举人如为党员，发动舆论制裁时，不宜强调其党员身份。[23](pp.24-25)

为取信于民众，取得其支持，建立党的社会调查机制是改造开始后的重要措施之一。要将社会调查作为结合民众的主要活动，针对反共抗俄斗争各个阶段和不同地区的特殊情况，确定工作的方式和重点，密切配合党的战略，以增进党与人民的关系。[24](pp.51-52)“党必须从社会调查中正确了解民意之趋向、施政之利病、社会之问题，由各方调查资料而得之结论，以为今后改进党的工作方法与重心之依据，如为执政党时，并依此而检讨政策，重行厘定更为适切之办法，以便改善政治，争取民心。”[25](pp.35-36)要使社会调查成为每个党员必须履行的义务和经常性工作，通过社会调查了解舆情、民情和下情，并使调查结果成为制定政策的依据，从而打破党的作风官僚化、衙门化的不良现象，赢得民众，巩固党的社会基础。

改委会指示社会调查人员应“随时视察社会动态，人物派系，各社团动向等为党提供参考”，应“尽量接近群众，以便易于发现问题”，而“不应处以超然神秘地位”。[26](p.5)党员放下架子和面子，主动接近民众，“明了群众之好恶向背，体察群众之利害趋势”，[27](p.1)以资参考。这与蒋介石以前主张“神秘”的办党理念是不同的。①

国民党中央认为社会调查工作“历时愈久，收效愈宏”，[28](p.121)于是，

① 1939年，蒋介石在日记中写道：“党员办党应有神秘技能”。（《蒋介石日记》，1939年7月6日，斯坦福大学胡佛研究所藏。）

将其定为党的长期工作，而不仅仅是过渡时期的权宜之计。根据第166次会议上蒋介石对社会调查工作指示，他们拟订出《党的社会调查工作分层负责办法》，并在1952年7月8日中改会第78次工作会议上通过。10月，“七全大会”召开，改造运动结束，而社会调查工作仍作为党员一项基本工作保持了下去。

三　“群众路线”走了多远——兼论国民党的调和性

中国国民党退台后的“群众路线”并未取得显著成效，一个重要原因就是他们对自身定位模糊。关于国民党代表的阶级，历史上没有一以贯之的结论。不但外界对其定位说法不一，国民党本身也说不清。虽有争论，但在相当长的时间内国民党代表全民说是其主流意识。退台前后，具有调和色彩的代表全民说仍为相当多的党员和党部所持有，如海南特别党部第一直属区党部第一区分部就提出，国民党是“以全民族的有觉悟的分子组织代表全民利益的政党”。[29]

1950年8月14日，改造运动开始后不久，陶希圣在《中央日报》曾有一文《将革命事业从头做起》，阐述了自己某些反思。他指出国民党在思想上始终没有摆脱共产主义的影响，往往站在社会主义立场指责资本家，又转至资本主义立场贬低劳工。[30]国民党对于自己代表何者的困惑正是产生问题的所在。

事实上，国民党尽管在阶级属性上尽量模糊化，在形式上追求农工党员的数量，却难以回避它的阶级性。一个政党与民众距离的亲疏远近归根结底是由该党的阶级属性决定的，而不是一些形式化的口号和措施。这亦决定了其“群众路线”所行无法致远。

以国民党最有力的宣传资料——三七五减租为例。正如陈诚所言：“三七五减租，一方面固然为佃农解除痛苦，减轻负担，实际上实为保护地主，帮助地主……三七五减租的实行，便可避免共产党的渗入，而自能调和地主与佃农间的关系，逐渐达到民生主义的目的”。[31](p.155)虽然陈诚此番话是为说服和动员地主配合减租政策，不能以此得出减租的受惠者实为地主而非农民的结论，但土改目的显而易见是调和地主与佃农关系，而非解放生产关系、解放“被压迫者”。既得到全省农民的拥护，地主亦不觉得吃多大的亏；名为帮助农民，实为保护地主；以有限的让步来调和地主与佃农关系，防止共产党的渗透。这是改造前后国民党对农民政策的要义，这对工人的政策有异曲同工之处。三七五减租实行的结果，仍然是农民为地主压迫，农民终日劳作而仅能达到温饱，不可能拿出多余的粮食，[32](p.49)能拿出多余谷物的仍是坐享其成的地主。因而虽有部分因土改而受益的农民对国民党些许感激，但持有漠然或不满情绪者仍大有人在。

与之一致的是国民党对劳资关系的态度。改造运动中，国民党宣称，出劳力工作的工人、出资设厂的资本家、贡献学识技能的管理人员和工程师之间是一种互助合作的关系。基于这种关系，付出就可得到报酬。他们认为，公营企业的资本是国家的，也可以说是全体国民共有的。民营企业的资本，由国民个人或集合许多人共同投资。以现有规模看，均称不上为资本家。民营企业的厂主靠吃苦、努力、积蓄得来的本钱办厂，追溯其源，厂主本身也是工人。外国所称的“资本家”，中国还没有。尤其是共产主义者所说的“资本家”，中国更不存在。劳方和资方的关系如手与脚，同是身体的一部分，形式不同，工作不同，但任务却相同，利害更相同。“要想身体好，手脚都要健康，要想更健康，手和脚更须充分合作努力，才能办得到，没有所谓‘矛盾’和‘冲突’的。”[33](p.4)

改造委员们不但认为当时中国没有资本家，还有委员指出“资方应该是政府”的论点。有这样的解释：因为此时生产事业尚极脆弱，正待积极建设，“并没有所谓资本家”，尤其在台湾比较大的厂矿都是“政府”经营，所以，“资方应该是政府”，厂主是代表“政府”管理厂矿。[34](p.10)既然资方是“政府”，工人就更不该与“政府”对抗了。

基于以上认识，国民党在改造工作中，主张劳资合作，均衡发展。他们指出“争取国家民族独立，为中国劳工当前历史任务和最高利益”。出于培养劳工生产的责任观念、促进劳资协作等目的，党应大力发展劳工组织，依法组织工会。[35](p.48)但组织工会，搞工人运动，要在劳资合作的基础上。[36](p.16)他们称，“工会”的职能固然以维护工人权益为要义，但需以“合理合法”为前提。工会力量若发挥得当，就能既维护工人权益，又协助了经济政策，达到劳资两利的目的；若运用不善，“其为害之烈在大陆上的情形可为殷鉴”。为避免后者情形发生，在策动时，就要对工人确立正确观念，注意解释工会的权责与意义，不可将其对工人的片面利益过分夸张以为诱引，不可使工人认为工会是用来与厂方对立的工具。[37](p.16)

台湾省工矿党部改造委员朱谦指示该党部应这样协调工会与厂矿关系：

“工会有合理的要求，我们要促使厂方接受，不合理的或是过分的要求，我们要劝其让步，或取消。假使工会对厂方有所要挟，我们要劝止他，更要设法不使有妨害生产的举动发生”。[38](p. 10)也就是说党组织对工运的领导方式就是要做劳资之间的润滑剂，将劳工组织的活动限制在“合理合法”范围，不能越过一定界限，不能有对抗情况的发生。

国民党对劳与资的态度是有渊源的。“国父”孙中山就持有这种观点：人类社会之所以有进化，是由于大多数人利益的调和，而不是冲突。1946 年国民党炮制的“宪法”154 条规定：“劳资双方应本协调合作原则，发展生产事业。劳资纠纷之调解与仲裁，以法律定之。”[39](p. 25)改造时期基本承袭了这种论调，未有改变。

然而资本家和工人的利益是统一不起来的，超阶级的“全民”利益实际上并不存在。各个阶级的利益是不一致的，有些甚至是对立的，照顾了甲，就必然损害到乙，无法全部兼顾。所谓的兼顾，只能是对双方一定程度上的保全和另一种程度上的损害。想要代表全民，事事折中，没有鲜明立场，实际是导致“‘全民’中没有哪一个阶级，真正认同或感觉到国民党确实代表了他们的利益。”[40](p. 148)如萨孟武所说，“模棱两可的政策，终究必为他们所厌弃”。国民党的社会基础是薄弱的，薄弱的原因不是国民党不想博得全体人民的欢心，而是他们太想迎合全体，结果反而一无所获。[41]

代表各阶级的党是不存在的，国民党调和矛盾的背后隐藏的是它本身的阶级性。国民党两边讨好的试图，往往会两边都不讨好，尤其是弱势的劳工群体。国民党声称要保障劳工权益，而事实上，国民党执政的“政府”对工资问题仍任其处于冻结状态。各厂矿不得不“头痛医头，脚痛医脚”，自行作局部调整，导致全台湾厂矿工资高低不一，名目繁多，同一厂内工资也高低悬殊，厂与厂间无统一标准。经营不好的厂矿工资无法做合理提高，工人情绪不安。劳工工资低，生活异常困苦的境地无法得到根本改善。一些厂矿对无谓酬酢往往不惜经费，而对筹措员工福利基金却不能善尽努力，福利设施或因陋就简或全付缺如，福利有名无实。“行政院”对公教人员眷属单独制订津贴办法，亦引起劳工普遍反感，抗议劳工眷属应与公教人员眷属不能享受平等待遇。[42](pp. 33–34)

在国民党的宣传中，有种种对渔民的好处，但其实也有许多严厉控制的措施。国民党准备撤至台湾时，便开始在台湾实施宵禁与戒严。在沿海要地生活和作业的渔民受到更多限制。渔民领取“渔民证”，要经亲朋好友担保和所在村落警员出具证明。每次出海，都要提前一天去乡镇公所开具证明。出海时需随身携带渔民证及身份证，在每天早6时至晚5时规定的时间内进行海上作业，渔船须按统一编号在指定海域作业，并以当天规定的灯号、旗号进港，否则就不能通过。渔民出海捕鱼受宵禁和港口检查限制过多，深感苦恼。对渔民的严厉限制连蒋介石都认为不合理，因为渔民捕鱼最要紧的时间就是晚上，今天晚上不能捕鱼，明天就没饭吃。[43](p.451)由于“领袖”发了话，加之渔民的困难被作为社会调查要点反映到中央，并运用党政关系转至陈诚，“行政院”才做出减少出入港检查次数与宵禁时间可在沿海20英里以内捕鱼、乌鱼汛期不受宵禁限制的让步。[44](p.112)

国民党对山胞的关怀大多也流于形式化。派人访问山地，仅每季度访问一次。履行送慰劳品、询问意见等程序，每个村大约停留个把小时。在有的村也许会召集一次会议，做些反共宣传，就山地政策致辞，再花个把小时。也就是说，一年在一个村出现的时间大约为4到8小时。[45](p.14)在这么短的时间里，又能了解多少山胞疾苦？与村干部和接待人员客气一番，再传达几句“中央”精神，时间也就差不多了。哪个山胞能在这样形式化的短暂访问中向党敞开心扉呢？

至于民众服务站，虽然为国民党中央大力推动，但在民众中并未造成度良好的影响。在实行了八九年之后，仍有43%的民众不知道民众服务站是要为自己服务的，或者仅对它们印象模糊。[46](p.2)自由派言论更指出，县市民众服务处、乡镇民众服务站的经费其实完全由县预算支给①，每县每年开支至少三四十万。“表面上挂的招牌是为民众服务，而实际上是为国民党服务，兼司国民党耳目的任务。”[47](p.134)各县市区党部假借“民众服务站”名义，变成县市“政府”的附属单位，人事费、业务费都由其负担。这类民众服务站多达380个以上。当台中县省议员候选人杨秋泽主张裁除该县数百万元的民众服务站经费时，靠服务站吃党饭的人员就攻击杨是“共匪作风”。[48](p.150)

---

① 这与国民党内工作报告有不一致处。国民党自己的报告称服务经费为各主办党部自筹或以自由乐捐方式募集。（《中国国民党台湾省改造委员会工作报告》，台湾省改造委员会编印，1951年11月，第63页。）原因盖为国民党报告不实，或为此种服务处（站）在改造运动以后逐渐变为从地方预算中变相支取经费。《桃园党务》有文称，桃园县政府以肆壹辰冬桃府民社字第九三六三号代电，饬令该县各乡镇民众服务站经费由各乡镇公所拨助。可知，至少有些地方县“政府”饬令下级对服务站予以资助（《本县各乡镇民众服务站经费各镇乡民代表会通过拨助》，《桃园党务》创刊号，1952年4月30日，第20页），并非均为各主办党部自筹或以自由乐捐方式筹得。

而检举社会弊害的举措，因对检举人的保障问题和被检举者的处理问题得不到很好的解决，一般人反应冷淡。为民除害工作实际上也除不了多少害。地方上，常有党员为党务工作，而被人怀恨，致失却原来职务。[49](p.29)普通党员往往为保住饭碗，敢怒而不敢言。即便有人仗义执言，国民党及"行政部门"却还要顾虑被检举者的地方势力，或搁置不理或处理起来小心翼翼。在此情形下，尽管蒋介石等人一再召示鼓励检举贪污，检举者还是寥若晨星。到改造后期，一般团体机关，包括国民学校等应该为清高所在的教育机构，贪污等情事犹未泯灭。[50](p.27)人民所恨所苦所忧依然如故。

国民党阶级定位模糊，对对立阶级采取骑墙态度与调和政策，这并不能真正获得广大农工的拥护。给予渔民好处的背后，是对渔民的不合理限制；对山胞的关心流于形式，对民众的服务有"挂羊头卖狗肉"之嫌；检举弊害发挥不了多大作用。"群众路线"所行有限。

四　民众与国民党的距离

从退台后的种种改造措施不难推断，国民党深切感受到大陆时期没有获得民众信任而使根基不固之弊，从主观上想要有所改变。但其向民众的靠拢过程中，难题不断。

虽然新党员的征求整体数量往往超出计划，但国民党要加强的农工、知识青年、妇女等党员，却时常不能完成指标。对在地方控制力影响巨大的交通系统的党部，很多不能达到征求配额。不少重要地区，如台中、玉里、基隆、嘉义等都有党员与员工比例过低的情况。[51](p.53)农民、渔民占人口比例高，但党员数很少。宜兰县有渔民 7 万余人，而渔民党员不及百人。工厂中工人也得不到充分发动。桃园县民营雍兴、大秦两工厂工人 2000 人，党员亦不足百。[52](p.76) 1952 年度，职业党部、知识青年党部等均未能如期完成征求任务。[53]在 1951 年举办的小组长巡回训练中，受训 8605 人中，知识青年仅有 182 人。[54](p.64)宜兰县、台中市、苗栗县、南投县等地中等学校很多，但没有一个学生党员。[55](p.76)各地妇女党员更是凤毛麟角，1951 年参加受训的小组长中女性仅有 138 人[56](p.78)，占总受训人数的 1.6%。

提高台籍党员比例，是国民党退台后一项重要任务，是其向地方延伸触角必不可少的步骤。改委会提出要通过优先选拔台籍干部鼓励原有台籍党员发展台胞，内地来台党员要学习闽南语，党的宣传要深入农村，印发通俗读物连环图画并于字旁加注国音符号，将台籍党员比例提高到70%。[57](p.5)但实际的工作做得却不是那么细致，目标也难以达到。1952年度台籍党员仅占新征求党员的24%。[58]

作为社会基础的群众多数在农村，工作是否深入农村，是评判国民党是否真正走近群众的重要标准。历史经验与教训也证明，谁赢得了农村谁就将赢得最后胜利。尽管不少国民党人在失败后，认识到了这一点，但在工作习惯上，难以有大的扭转。改造时期，国民党的活动依然偏重于城市，大多还在城镇中打圈子。乡村工作形式多，口号多，做得不普遍，不深入，缺少积极性。[59](p.6)虽然在农村的工作有一些客观的困难，例如对闽南语的要求比在城市高，但这不能成为国民党主观努力不足的托辞。国民党县党部以下负责实际工作的人员少，很难办到对乡村区党分部有多大的助力。区党部、区分部、小组作为离民众较近的基层，均无专任干事，经费上也没有多少来源。在人力财力均不足的情况下，要奠定党在乡村的坚实基础，虽不能说完全不可能，至少是很难很慢的。[60](p.11)

国民党在乡村的干部，多半还是以乡里村邻长等行政人员为主体。这在组织的发展、党政的配合上，固然有不少方便之处。但以乡官为党在基层的代言人，最大弊端就是阻碍了国民党向基层土壤扎根。由于职权在握，遇到困难时，村官们先想到的是行政力量，而不是千方百计动员群众，克服困难。党的工作推行起来多少还倚仗着行政力量的强制性，这无疑加深了百姓认为党部是衙门的看法。以乡里村邻长为党在基层负责人的习惯，使人们忽略了他们的个人能力是否适合于组织工作的问题和其本人在纷繁政务之余是否有时间来处理党务的问题。许多区乡村里长，虽负责党的工作，事实上有些只是挂名，实际工作由下属来办。党的领导人不身先士卒去深入群众，不急百姓之所急，想百姓之所想，如何能走进百姓的心呢?

国民党对农村的宣传也很不够，不能引起农村民众的支持。[61](p.41)不惟不能号召起民众的信仰和支持，连起码的了解都很欠缺。台籍农民对政党的观念还停留在日据时代所了解的日本政党，对国民党敬而远之。[62](p.9)甚至到1959年，台湾农民对国民党的认识还极为有限，甚至无知。1959年，国民党举办了一次对农民征询意见的调查和访问。将51道选择题和15个问答题做成调查表，印制两千份，分发给具有高小程度以上、实际从事农耕者。采取不记名方式，不通过地方党部分发和组织。花莲县、高雄县、台中县、台北县各分发500份，后来收到花莲县150份、高雄县219份、台中县236份、台北县116份。可以说大体能反映出农民的某些认识状况。虽然受调查的农民还是具有一些文化知识的、有较高素质的农民，但调查结果还是令国民党高层大跌眼镜。农民对国民党印象好的，只占49%弱；印象不好的占5%强；印象不大好的占11%弱，印象模糊的占35%强。对“一般农民可曾知道本党努力的目的，是在为他们谋福利”的问题，回答不知道的占49%弱，知道不多的占12%弱，知道的仅占40%弱。对国民党的领导人就是蒋中正一题，也有38%弱的人不知道或知道不多。[63](pp. 1-2)而自改造以后，国民党在农村实行过三七五减租、公地放领、耕者有其田、改进农会、改进水利会等种种措施，依常理该会获得农民一些良好反应和好感，但结果仍未得到过半农民的认可。在又经历了仍以农民为争取目标的七年时间之后，国民党在农民中的影响尚且如此，那改造时期与农民的亲近度更难被高估。

国民党的民运机构虽然都奉命令成立，但细看一下，又是像衙门机构的多，像民众组织的少。民运机构却有容纳多少真正的“民众”，这是普遍现象。以工矿党部改造委员会工人运动委员会委员为例（如表1）。

表1　工矿党部改造委员会工人运动委员会委员名单

姓　名	年　龄	籍　贯	毕业院校	现　职
朱　谦	48	浙江吴兴	德国柏林工业大学	资源委员会主任委员
李荃荪	45	江苏常熟	交通大学	糖业公司人事室主任
张泽仁	40	河北乐城	清华大学	工矿公司人事室主任
陈静观	36	福建	高级商业会计训练班广西西南商业专门学校	电力公司人事室主任
李实熙	34	浙江	上海复旦大学、中央警校	林产管理局供应组组长
竺墨林		河北东鹿	中央政治学校、中训团党政班	财政部盐务总局专门委员
葛连祥	46	江西武宁	清华大学	农林公司专员
李希白	31	湖南长沙	湖南大学	烟酒公卖局专员
齐德俊	34	营口	高等师范日本京都帝国大学	工矿党部改造委员会

资料来源：中国国民党台湾省工矿党部改造委员会编《工矿党务》第8期，1951年7月16日，第22～23页。

工运机构中清一色领导干部，而无一基层工人，这令人不禁产生疑问：民运机构是发动民众需要，还是为国民党中的党官又多设了一个兼职？工矿业员工多且大多是台湾人，工运委员会却无一人是台湾人。其中会讲闽南语的恐怕也只有来自福建的陈静观，能与满身油污的车间工人打成一片的又有几人？加上台湾劳工没有过惯组织生活，工作展开困难，[64](p.6)领导们往往缺乏知难而进的耐心与坚持，更令所谓工运机构没有多少实际作用。

其他民运机构亦如此。国民党与地方势力勾结，农运机构为地方土劣把持，真正的农民无法发挥作用，来维护农民利益、推动农运。1952年初，中央改造委员会工作报告承认，“各业人民团体组织及其领导干部分子，尚欠健全，甚至为若干不良分子掺杂其间，操纵把持，致造成干部与群众脱节现象。”[65](p.12) 1953年张其昀呈签亦指出，真正农民代表在各级农会中并未发生作用，理事长为当地土劣，致农会沦为其囤积工具。[66](p.182)

国民党在走近民众的过程中，缺乏从头做起、彻底克服形式化的勇气与魄力，以致一般民众对改造仍持怀疑态度。[67](p.41)如果说改造运动赢得了一些人的同情与支持的话，可能也只是部分中上层人士，下层民众对国民党的疏离现象没有得到根本改变，或者可以说没有什么实质改观。当策动某项运动时国民党只能让部分机关、团体、学校动起来，而发动不了普通大众，农、工、青年知识分子的基础均显得十分脆弱。[68](p.9)

五 结论

中国国民党在大陆丧失民心而致失败，退居台湾后想要另起炉灶，建立新的社会根基。故而倡导向下看，走“群众路线”，到群众中调查民意，以为政策依据；改善贫苦人群生活，争取渔民盐工的同情；提出以“广大劳动民众”为社会基础，制定以农工为首要对象的新党员征求标准；开展为民服务、为民除害，发动社会调查……一系列措施显示出国民党笼络民心的主观愿望和努力。但这时国民党阶级属性未有实质改变，尽管它模糊自身定位，对对立阶级采取骑墙、调和态度，仍然无法将“群众路线”推行彻底。实施中，中央改造委员会所采取措施时常受挫，征求一定比例的农工党员等目标时而落空；民众运动机构经常无法代表民众，难以发挥应有作用。中国国民党退台后另起炉灶的尝试没有获得良好开端。

参考文献

[1]《蒋介石日记》，1939年3月2日，斯坦福大学胡佛研究所藏。

[2][40] 王奇生：《党员、党权与党争》，上海书店出版社，2003。

[3] 王烈民意见，《本党改造意见反映总结》，国民党中央改造委员会设计委员会编印，1952 年 5 月 5 日。

[4]《本党现阶段政治主张》（1950 年 9 月 1 日核定发表），秦孝仪主编《先总统蒋公思想言论总集》卷 23，中国国民党中央委员会党史委员会，1984 年 10 月。

[5][6] 中央委员会秘书处编印《中国国民党中央改造委员会会议决议案汇编》，1952 年 12 月，中秘议字第 000739 号。

[7] 秦孝仪总编纂《总统蒋公大事长编初稿》卷 10，中正文教基金会 2003。

[8][21][23][25][57] 哲人：《共匪在台的组织与活动》，国民党中央改造委员会编《改造》第 33 期；《入党考核问答》,《改造》第 29 期；《检举社会弊害推行民众服务实施办法要点》,《改造》第 30 期；中改会第六组：《社会调查的政治意义及工作效用——本组唐主任在海员党部全国代表大会讲》,《改造》第 32 期；《政治通报（征求新党员问答）》,《改造》第 36 期。

[9] 邵明煌、薛化元主编《蒋中正总裁批签档案目录》，政治大学历史系、中国国民党党史馆，2005。

[10][14][65]《中国国民党中央改造委员会历次工作报告及检讨合订本》，编者及出版年不详。

[11][13]《台湾省政府施政报告》，1952 年 6 月。

[12][44] 国民党中央委员会第六组编印《党的社会调查问题之发现与解决》，1952 年 9 月。

[15]《台湾省政府施政报告》，1952 年 12 月。

[16][17][18]《本党改造纲要》；《怎样去征求新党员》；《党员推行民众服务工作实施纲要》,《中国国民党党务发展史料——中央改造委员会资料汇编》（上），近代中国出版社，1990。

[19]《改造工作在新竹》,《新竹党务》第 4 期，1951 年 8 月 25 日。

[20]《上官主任委员业佑莅临本区五月份扩大总理纪念周暨成立两周年纪念大会讲辞》，中国国民党阳明山党部委员会编印《党工通讯》第 6 期，1952 年 6 月 1 日。

[22]《党员检举社会弊害工作实施纲要》，中央委员会秘书处编印《中国国民党中央改造委员会会议决议案汇编》，1952 年 12 月。

[24][28]《中国国民党反共抗俄时期工作纲领案》；《党务报告要略》，中国国民党中央委员会党史委员会编《革命文献》第 77 辑，1978。

[26]《现阶段台湾省党务指导方案——社会调查工作部门检讨意见》，国民党台湾省新竹县改造委员会编《新竹党务》第 9 期，1952 年 4 月 1 日。

[27] 巡回训练教材：《社会调查、自清运动讲述大纲》，国民党中央改造委员会干部训练委员会，1952 年 7 月。

[29]《海南特别党部呈报文昌县党部及直属第一区党部研讨本党改造案之结果》，1949 年 10 月 18 日，“党史馆”藏中央改造委员会档案“会议类”，档号：6.41/15.1。

[30] 陶希圣：《将革命事业从头做起》,《中央日报》1950 年 8 月 14 日。

[31] 沈宗瀚：《陈故副总统与农业》，朱传誉主编《陈诚传记资料》(2)，天一出版社，1979。

[32] 陈诚口述、吴锡泽笔记《陈诚主台政一年的回忆》,《传记文学》63 卷 6 期。

[33] [34] [36] [37] [38] [42] 第二组：《对劳资关系的认识》，国民党台湾省工矿党部改造委员会编《工矿党务》第 5 期；朱委员谦讲《党厂关系》,《工矿党务》第 2 期；第四组：《巡回训练小组题材》,《工矿党务》第 7 期；基层干部分区座谈会综合意见，杜葆光辑录《检讨与改进》,《工矿党务》创刊号；朱委员谦讲《党厂关系》,《工矿党务》第 2 期；文章名不详，《工矿党务》第 11 期。

[35] 蒋永敬：《航业海员党员如何领导工会》，国民党中华航业海员党部改造委员会编《航业党务》第 2 期，1951 年 5 月 16 日。

[39]《中华民国行宪政府职名录——自行宪至民国六十七年五月》，台北“国史馆”，1988。

[41] 萨孟武：《如何增厚党的力量》,《时代公论》第 4 号，1932 年 4 月。

[43] 蒋介石：《说明革命实践研究院教育的精神和方法以及造成革命新精神新风气的起点》，秦孝仪主编《先总统蒋公思想言论总集》卷 23，中国国民党中央委员会党史委员会，1984。

[45] [49] [50] 程汝岐：《乌来区党部山地访问队记详》，国民党台湾省台北县委员会编印《北县党务》第 3 期；第二一区党部意见，《北县党务》第 1 期；第十三区党部意见，《北县党务》第 1 期。

[46]《当前本党争取农民的途径》，国民党中央委员会设计考核委员会，1959 年 10 月。

[47] [48] 社论《“地方党治”必须立即停止》；傅正主笔社论《国库不是国民党的私囊》，潘光哲等编选《自由中国》选编，选集 6，党国体制的批判，稻乡出版社，2003。

[51]《四十一年度铁路、公路、海员党部巡回训练工作总报告》，国民党中央改造委员会干部训练委员会，1952 年 9 月。

[52] [54] [55] [56] 中央改造委员会干部训练委员会编印《中国国民党实验巡回训练工作总报告》，印刷时间不详。

[53][58]《中央委员会四十一年度工作成绩检讨报告》，1952，党史馆藏中央改造委员会档案“会议类”，档号：6.41/165。

[59][60][61][67] 小康：《党在乡村的工作》，国民党台湾省改造委员会编《台湾党务》第13期；同上；《台湾省改造委员会所属小组建议事项汇覆表（一）》，《台湾党务》第12期；同上。

[62][68][64]《中国国民党台中市委员会党务改造一周年市委员会检讨会纪录》，国民党台湾省台中市委员会印行《复兴》第7、8期；同上；《检讨会纪录（续三）——中国国民党台中市委员会党务改造一周年全体工作同志检讨会纪录》，《复兴》第10期。

[63]《当前本党争取农民的途径》，国民党中央委员会设计考核委员会，1959年10月。

[66] 邵明煌、薛化元主编《蒋中正总裁批签档案目录》，政治大学历史系、中国国民党党史馆，2005。

差异何其大*

——台湾时代蒋介石与胡适对彼此间交往的记录

陈红民　段智峰**

蒋介石与胡适是中国近代两个著名的人物，他们是不同领域的佼佼者，蒋介石是国民党的领袖、政治威权者与军事强人，胡适是学者、自由主义知识分子的旗手，他们的关系为人所乐道，也被赋予诸多的历史意蕴。国民党政权退台后，蒋介石胡适的关系进入新阶段。1980 年代中期，台湾出版了由胡适秘书胡颂平编著的两部书《胡适之先生年谱长编初稿》（联经出版事业公司 1984 年版）、《胡适之先生晚年谈话录》（联经出版事业公司 1985 年版），提供了较多蒋胡关系的细节。2004 年，联经出版事业公司又出版了 10 册一套的《胡适日记全集》（曹伯言整理），在某些方面提供了新史料。① 目前相关的学术论著在论及台湾时期蒋胡关系时，大多依据胡颂平著述，偏重于如下几个论题：胡适对蒋介石的支持与蒋对胡的礼遇；胡适对蒋介石连任“总统”的批评；两人因“雷震案”而起冲突；胡适过世后蒋的悼念等。这些论著给人的总体印象是，尽管有观念上的冲突，胡对蒋始终尊重与支持，蒋也对胡维持着礼遇。② 因此，当笔者阅读《蒋介石日记》，看到蒋 1950 年

---

* 本文初稿曾在第三届近代中国与世界国际学术研讨会（中国社会科学院近代史研究所主办，2010 年 5 月，北京）上宣读，承评论人杨奎松教授提供意见。

** 陈红民，浙江大学历史系、蒋介石与近代中国研究中心教授；段智峰，浙江大学历史系博士研究生。

① 《胡适日记全集》第 8 册（1940 ~ 1952 年）、第 9 册（1953 ~ 1962 年）的内容与本文相关。该书虽称“全集”，却并非胡适逐日所记，时断时续，其完整性不如《胡适之先生年谱长编初稿》。

② 代表性的著作包括耿云志《胡适研究论稿》，四川人民出版社，1985，该著正文主要讨论 1950 年前大陆时期的胡适，所附“年谱”则包括胡适一生；曹言伯、季维龙《胡适年谱》（安徽教育出版社，无出版时间，编辑说明写于 1986 年 1 月，则该书肯定出于此后），对于胡适在 1950 年后的言行记述相当翔实；易竹贤《胡适传》，湖北 （转下页注）

代起在日记中提到胡适便深恶痛绝、私下痛骂时，深感“震惊”。①

有趣的是，蒋介石、胡适在日记或回忆中对他们的交往都有记录，可资“对质”。他们的表述与感觉却迥异。因蒋胡记载之差异不辨自明，本文在写作上拟采用“留白”的方式，将彼此交往的记述以时间先后为序逐一对比罗列，更多的评论与思考留给读者。笔者的思考并非仅限于文章结尾所提的若干问题，也蕴含于对材料的选择与对照之中。不足之处，请专家教正。②

一

1949 年 4 月 6 日，胡适从上海乘“威尔逊总统轮”赴美国。在中国大陆政权易手，蒋介石与国民党政权逃至台湾的过程中，他一直住在美国，与蒋介石保持着联系。1950 年 3 月初，胡适联名曾琦致电蒋介石，贺其“复任总统”。③ 1951 年 5 月，胡适给蒋介石写一长信，托杭立武转交。信中劝蒋要“知己知彼”，“多读中共出版的书，如《斯大林论中国》之类”，最后劝蒋想想“国民党自由分化，分成几个独立的新政党”，而最重要的是“蒋先生先辞去国民党总裁”。④ 1952 年，英国牛津大学邀胡适出任东方哲学与宗教讲座教授，胡有意应聘，但鉴于英国已承认中华人民共和国，遂向“外交部长”叶公超请求，让叶征询蒋介石的意见，结果因蒋不赞成而作罢。⑤ 1952 年 9 月 14 日，胡给蒋写 8 页的长信，对即将召开的国民党“七全大会”提

(接上页注②)人民出版社，1987；沈卫威《胡适传》，河南大学出版社，1988；白吉庵《胡适传》，人民出版社，1993；胡明《胡适论传》，人民文学出版社，1996 等，均论及台湾时期胡适与蒋介石的关系；代表性论文有沈卫威的《胡适与蒋介石三任总统》，《河南大学学报》1995 年第 3 期，该文对 1948、1954 及 1960 年三次“总统”选举前后，蒋介石与胡适之间微妙的关系进行了阐释。最新的成果是余英时的《重寻胡适历程——胡适生平与思想再认识》，广西师范大学出版社，2004，该著以胡适日记为基本材料，探讨胡适在各个阶段与中国现代史进程的关联，其中对于雷震案、蒋介石“违宪”连任等深刻影响台湾时期蒋胡关系走向的历史事件，给予了较为深刻的诠释。

① 论文初稿审读者曾善意提醒笔者注意蒋介石是否在日记中对胡适有“较好的评论”，如有，也要写入，以保证立论的“全面和平衡”。这也是笔者注意到的问题，正因为蒋日记中对胡几乎无一正面评价，才感到“震惊”。

② 此种写作方式，很容易被批评为“材料堆砌”。杨奎松教授即建议笔者增加评论的内容。笔者认为对于本文内容而言，这是最合适的写作方式。

③ 曹言伯、季维龙：《胡适年谱》，第 717 页。

④ 曹伯言整理《胡适日记全集》第 8 册，联经出版事业公司，2004，第 588 ~ 589 页。

⑤ 曹伯言整理《胡适日记全集》第 8 册，第 796 页。

出建议，希望蒋及国民党要表明“民主政治必须建立在多个政党并立的基础”、“国民党应废止总裁制”、“国民党可以自由分化，成为独立的几个党”、“国民党诚心培植言论自由”。他甚至要求国民党、蒋介石公开“罪己”，“罪己的话不可单说给党员听，要说给全台人民听，给大陆上人民听”。① 蒋介石对此置之不理，国民党“七全大会”根本没有讨论此类建议。

1952年11月至1953年初，胡适应台湾大学与台湾师范大学邀请，赴台湾讲学。他一下飞机，就受到热烈的欢迎，胡适为新朋故友及记者们的热情所感染，笑称“我今天好像是做新娘子”。② 对于蒋介石给予很高规格的接待，胡适方面的记载为：

> （1952年11月19日）上午八时三十分，先生（胡适——引者）坐西北航空公司的飞机，从东京飞抵台北松山机场。在历久不绝的掌声中，先生含笑挥帽，缓步下机，精神极为旺健。先生穿的西服和大衣，都是藏青色，绿色花领带，黑皮鞋。蒋总统的代表蒋经国，以及教育学术各界的人士约千余人，上前欢迎。
>
> 下午，七时三十分，晋谒蒋总统，并与总统共进晚餐。③

> （12月12日）上午，蒋总统邀先生陪同检阅军队，在新竹“参加检阅的军队六万多人，由于天气关系，没有见到空军配合参加。受检阅的部队装备都是新的，体格强健，精神很好，使我看了很高兴”。④

> （1953年1月16日）蒋公约我吃饭，……谈了共两点钟，我说一点逆耳的话，他居然容受了。我说，台湾今日实无言论自由。第一，无一人敢批评彭孟缉。第二，无一语批评蒋经国。第三，无一语批评蒋总统。所谓无言论自由，是“尽在不言中”也。我说，宪法止许总统有减刑与特赦之权，绝无加刑之权。而总统屡次加刑，是违宪甚明。然整个政府无一人敢向总统如此说！总统必须有诤臣一百人，最好一千人。开

① 曹伯言整理《胡适日记全集》第8册，第799页。

② 曹言伯、季维龙：《胡适年谱》，第737页。

③ 胡颂平：《胡适之先生年谱长编初稿》第6册，联经出版事业公司，1984，第2227～2230页。

④ 胡颂平：《胡适之先生年谱长编初稿》第6册，第2283页。

放言论自由，即是自己树立诤臣千百人也。①

(1月17日) 蒋总统特派蒋经国代表送行（胡适返回美国——引者）。先生和他握手时说：蒋总统对我太好了。昨天我们谈得很多，请你替我谢谢他。②

蒋介石与胡适数次接触、谈话，但他日记中只记载了1952年12月邀胡参加阅兵时谈话的情形与感触：

(1952年12月12日) 胡适来此游览，招待及听取其报告，约谈十五分时，乃寝。不料寝后竟未能安睡，直至今晨二时，服药后亦不奏效，苦痛极矣。此乃为胡之言行或为美国近情所致乎?③

(12月13日) 十时，胡适之来谈，先谈台湾政治与议会感想，彼对民主自由高调，又言我国必须与民主国家制度一致，方能并肩作战，感情融洽，以国家生命全在于自由阵线之中。余特斥之。彼不想第二次大战民主阵线胜利，而我在民主阵线中牺牲最大，但最后仍要被卖亡国矣。此等书生之思想言行，安得不为共匪所侮辱残杀。彼之今日犹得在台高唱无意识之自由，不自知其最难得之幸运，而竟忘其所以然也。同进午膳后别去。④

对两人首次在台湾聚首与所受到的高规格接待，胡适感觉甚好，而与蒋谈话时所说“逆耳的话”，蒋介石也“居然容受了”，故临行时发出“蒋总统对我太好了”的感叹。蒋介石的感受大不相同，在与胡谈话后竟然彻夜难眠，“苦痛极矣。”蒋对胡适大谈“自由”“民主”的高调甚不以为然，认为是“书生之思想言行”，故“特斥之”。事后，蒋又记道：“与胡适之谈话二小时，不知彼果有动于中否?”⑤ 胡适这段时间向蒋建言的内容，两人所记大致相同，胡认为蒋“容受了”，蒋却说对胡“特斥之”。两人都期许对方能回心转意。

---

① 曹伯言整理《胡适日记全集》第9册，第3页。彭孟缉（1908～1997），国民党军高级将领，曾任“台湾情报工作委员会”主任，时任“台湾保安司令部”副司令兼“台北市卫戍司令部”司令，负责协调指挥全台各谍报、治安部门。

② 胡颂平：《胡适之先生年谱长编初稿》第6册，第2334页。

③ 《蒋介石日记》（手稿），1952年12月12日，原件藏斯坦福大学胡佛研究所，下同。

④ 《蒋介石日记》（手稿），1952年12月13日。

⑤ 《蒋介石日记》（手稿），1952年12月13日后之“上星期反省录”。

二

1954 年，蒋介石的“总统”任期将届满，“第二届总统”该如何产生成为让蒋犯难的大问题。利用“第一届国民大会代表”选举“第二届总统”，似乎是胡适为蒋介石想出的招数。据胡适日记，1953 年 1 月胡在向蒋介石辞行时，两人间曾有一段问计与献计的对话：

> 最奇怪的，是他（蒋介石——引者）问我，召开国民大会有什么事可做？我说：当然是选举总统与副总统。他说，这一届国大可以两次选总统吗？我说，当然可以。此届国大，召集是民三十七年三月二十九日。总统任期到明年（民四三年）五月二十日满任，二月二十日必须选出总统与副总统，故正在此第一届国大任期中。他说，请你早点回来，我是最怕开会的！这最后一段话颇使我惊异，难道他们真估计可以不要宪法了吗?①

蒋介石最后用的就是这个办法。执意要参选的他对外界的反应非常敏感，胡适竟然成为防范对象。他在 1954 年 1 月记道：“对蔡斯来函及左舜生等政客要提胡适为副总统无理取闹，皆有深切研究与合理之腹案，但暂置不答，以静观其变化如何也。”② 蔡斯（Williams C. Chase），美军少将，时任美国驻台湾军事技术援助团团长。左舜生，中国青年党党魁，1949 年后移驻香港，对台湾时政常有批评。胡适这时虽是被别人提出，蒋介石还是相当反感。

由于胡适的特殊地位与影响力，2 月 9 日《中央日报》记者在纽约采访了他。胡适表示，身为“国大代表”，他决定到台湾参加会议与选举，坚定地支持蒋介石。胡适回到台北后发表谈话：“国家处境艰难，除蒋总统以外，没有人比蒋总统领导政府更为适当，更能有效完成反攻复国建国的历史使命。”③ 当有人告诉胡适，传说蒋介石曾在国民党临全会中推荐胡适为总统候选人时，胡回答，他认为这是蒋介石的谦让，非常感谢。但他心脏病史已达

---

① 曹伯言整理《胡适日记全集》第 9 册，第 3 页。

② 《蒋介石日记》（手稿），1954 年 1 月 16 日后之“上星期反省录”。

③ 胡颂平：《胡适之先生年谱长编初稿》第 7 册，第 2363 页。

15 年，连人寿保险公司都不愿保他的寿险，怎能挑得起“总统”这副担子？有人问，假如有代表不得其同意而签署提名甚至当选，又将如何？胡适幽默地回答：“如有人提名，我一定否认；如果当选，我宣布无效。我是个自由主义者，我当然有不当总统的自由。”①

胡适此次在台湾逗留一个半月，与蒋介石见面 7 次，其中有长谈，有宴会，有便饭，蒋再一次邀胡参加阅兵式。

蒋介石当选“总统”后，胡适对记者说：“今后六年，是国家民族最艰难困苦的阶段，只有蒋先生才能克服一切困难，蒋先生肯负此项重大的责任，表示万分的钦佩和感谢。”② 对于在台湾实施民主问题，胡适甚至为蒋“解围”。他在 3 月 28 日答复记者问题时说：“蒋总统于三月九日招待国民大会的宴会上，曾保证今后政府将实施更多的民主措施，人民将获享更多的自由……蒋总统曾说：‘这几年来，由于军事上的理由，使民主自由的措施，受到若干限制，很是遗憾。’”③

胡适的诚恳态度，似乎并未解除蒋介石对其的疑心。1955 年蒋介石考虑“孙立人事件”的善后时，将胡适与苏联、中共、吴国桢等敌对势力并列，他写道：“孙立人自写悔罪与求赦书，则对其第一步处置之办法，当可告一段落。今后惟对明令免职之方式与时机应加研究，总使俄、共与吴逆等在美反动宣传不致过于扩大为要，但对于胡适等自由分子之反感亦不可忽视耳。”④

三

1957 年 11 月 4 日，蒋介石发表命令，准许“中央研究院”代理院长朱家骅辞职，任命胡适为院长。任命发布后，蒋介石即电胡适，促其尽早回台就任，谓中研院为最高学术研究机构，“关系国家民族前途至深且钜，端赖硕彦领导，敦促早日回台就任”。⑤

胡适起初并无意接任，他先是请人代向蒋介石婉辞，11 月 6 日又直接致

① 胡颂平：《胡适之先生年谱长编初稿》第 7 册，第 2363 页。
② 胡颂平：《胡适之先生年谱长编初稿》第 7 册，第 2405 页。
③ 胡颂平：《胡适之先生年谱长编初稿》第 7 册，第 2415 页。
④ 《蒋介石日记》（手稿），1955 年 8 月 6 日后之“上星期反省录”。
⑤ 胡颂平：《胡适之先生年谱长编初稿》第 7 册，第 2612 页。

电蒋介石表达辞意："前日曾托骝先（朱家骅字——引者）、思亮（钱思亮——引者）两兄代恳总统许我辞谢中研院长之职，因适今年二月施外科手术以来，体力迄未恢复，八、九、十三个月中五次发高烧，检查不出病因，惟最后一次是肺炎，亦由抵抗力弱之故，尚须请专家检验。最近期中，恐不能回国。故不敢接受中研院长的重任。李济之兄始终主持安阳发掘研究工作，负国际学界重望，顷年继任历史语言所长，百废具举，最可佩服。鄙意深盼总统遴选济之兄继任院长，实胜适百倍。迫切恳辞，千万请总统鉴察矜许。"①

蒋介石再致电胡适，对其身体不适"深为系念"，但坚持"中央研究院仍赖出而领导"，希望胡能"早日康复回国就任"。② 在各方敦促劝请之下，胡适的立场动摇，12 月 6 日，他复电蒋介石，请任命李济暂代院长，③ 等于同意未来将回台任职。蒋介石允其所请。

1958 年初，"中央研究院"开始为胡适建造住宅。几年前蒋介石知道胡有回台久居之意，"曾表示愿将他的《苏俄在中国》一书的版税内拨款兴建房子一座，送给先生居住"，胡适允就中研院院长之后，"中央研究院与行政院研究商洽的结果，由中研院追加预算二十万，在院里建筑一栋平式小洋房，占地五十坪，里面有大客厅，连着小客厅各一间，书房一间，卧室两间，客房一间"。④ 4 月 8 日，胡适回到台湾，"副总统"陈诚等到机场欢迎。次日，"总统府秘书长"张群到其暂住处，"陪同前往士林官邸。总统以茶点款待，谈了一点钟……先生（胡适——引者）对记者说：总统气色很好，很健康。对我的病况很关心，使我很感谢。总统对于学术研究，和发展自然科学，很关切，也很感兴趣，所以，今天所谈的都是关于学术问题。"⑤

4 月 10 日，胡适就任"中央研究院"院长，蒋介石到会祝贺并演讲。12 日晚，蒋介石在官邸宴请中研院全体院士，胡适方面的记录只有简捷的一句"蒋总统在官邸宴请全体院士，至八时半始毕"。⑥

胡适归来，蒋介石很高兴，9 日初次与胡适见面时，"对其研究学术与办

① 胡颂平：《胡适之先生年谱长编初稿》第 7 册，第 2613 页。
② 胡颂平：《胡适之先生年谱长编初稿》第 7 册，第 2613 页。
③ 胡颂平：《胡适之先生年谱长编初稿》第 7 册，第 2613 页。
④ 胡颂平：《胡适之先生年谱长编初稿》第 7 册，第 2637 页。
⑤ 胡颂平：《胡适之先生年谱长编初稿》第 7 册，第 2658 页。
⑥ 胡颂平：《胡适之先生年谱长编初稿》第 7 册，第 2671 页。

理大学意见颇多可取”。[1] 第二天蒋亲自出席胡就职典礼，当他发表精心准备的祝贺演讲词时，却被胡适当场“纠正”，蒋视此为奇耻大辱，竟至夜不成寐。他记道：

> 今天实为我平生所遭遇的第二次最大的横逆之来。第一次乃是民国十五年冬、十六年初在武汉受鲍尔廷宴会中之侮辱。而今天在中央研究院听胡适就职典礼中之答拜的侮辱，亦可说是求全之毁，我不知其人之狂妄荒谬至此，真是一狂人。今后又增我一次交友不易之经验。而我轻交过誉，待人过厚，反为人所轻侮，应切戒之。惟仍恐其心理病态已深，不久于人世为虑也。
>
> 十时，到南港中央研究院参加院长就职典礼，致辞约半小时，闻胡答辞为憾，但对其仍礼遇不予计较……因胡事终日抑郁，服药后方可安眠。[2]

蒋将所受胡适之辱形容为平生“最大的横逆”，甚至与1926年在武汉受到鲍罗廷的“侮辱”相类比，显然是言过其实，但亦可见被胡适刺激之深；到第二天仍需服用安眠药才能入睡，“知此一刺激太深，仍不能彻底消除，甚恐驱入意识之中”。[3] 12日晚，蒋介石在官邸招待“中央研究院”全体院士，或许已经对胡适反感在先，他怎么看胡都不顺眼了：

> 晚宴中央研究院院士及梅贻琦等，胡适首座，余起立敬酒，先欢迎胡、梅同回国服务之语一出，胡颜色目光突变，测其意或以为不能将梅与彼并提也，可知其人之狭小妒忌。[4]

---

① 《蒋介石日记》（手稿），1958年4月9日。

② 《蒋介石日记》（手稿），1958年4月10日。当天的情形是：蒋介石在胡适就职典礼致词中，借大陆当时批判胡适一事称赞胡的能力与品德，并提出“中央研究院不但为全国学术之最高研究机构，且应担负起复兴民族文化之艰巨任务”，要配合当局“早日完成反共抗俄使命”。胡适在答词中并未领蒋的情，当场指正：“刚才总统对我个人的看法不免有点错误，至少，总统夸奖我的话是错误的。我被共产党清算，并不是清算个人的所谓道德。”对于中研院未来的工作重点，胡也不赞同蒋的提法，他说：“我们学术界和中央研究院挑起反共复国的任务，我们所做的工作还是在学术上，我们要提倡学术。”胡适还强调，“我的话并不是驳总统。”胡颂平：《胡适之先生年谱长编初稿》第7册，第2662～2668页。

③ 《蒋介石日记》（手稿），1958年4月11日。

④ 《蒋介石日记》（手稿），1958年4月12日。

在周末写的“上星期反省录”中，蒋介石用较长的篇幅详细记录了胡适对其“不恭”的表现：

胡适就职典礼中，余在无意中提起其民国八、九年间，彼所参加领导之新文化运动，特别提及其“打倒孔家店”一点，又将民国卅八、九年以后共匪清算胡适之相比较，余实有尊重之意，而乃反触其怒，殊为可叹。甚至在典礼中，特提余为错误者二次，余并不介意。但事后回忆，甚觉奇怪。又是，在星六招宴席中，以胡与梅贻琦此次由美国返回，余乃提起卅八年初将下野之前，特以专派飞机往北平接学者，惟有胡、梅二人同机来京，脱离北平围困，今日他二人又同机来台，皆主持学术要务为欣幸之意。梅即答谢当时余救他脱险之感情，否则亦如其他学者陷在北平被共匪奴役，而无复有今日其人之辞，殊出至诚。胡则毫不在乎，并无表情。惟彼亦闻梅之所言耳，其心中是否醒悟一点，则不得而知矣。余总希望其能领悟，而能为国效忠，合力反共也。①

蒋介石对胡适的不满无可掩饰，他不仅用梅贻琦的谦恭来反衬胡适的“狂妄”，而且还想到了逝去多年的前中央研究院院长蔡元培：“胡适的言行，更使我想起蔡孑民先生道德学问，特别是他安详雅逸不与人争的品行之可敬可慕也。”② 蒋介石此处也道出了其“尊重”胡适的重要原因，是希望他能“为国效忠，合力反共”。

四

胡适 1958 年回台与蒋介石初次见面后，曾表示“希望有两三年的安静生活，当可将未完成的著作《中国思想史》写完，然后再写一部英文本《中国思想史》，接着就要写《中国白话文学史》下册”。③ 实际上他并未专注于学术写作，未兑现其完成几部大书写作的计划，反而乐此不疲地参加各种活动，自我感觉良好。伊朗国王巴列维与约旦国王侯赛因先后访问蒋介石均邀胡适参加接待。胡出任“光复大陆设计委员会副主任委员”，四处讲话，公

---

① 《蒋介石日记》（手稿），1958 年 4 月 12 日后之“上星期反省录”。

② 《蒋介石日记》（手稿），1958 年 4 月 12 日后之“上星期反省录”。

③ 曹言伯、季维龙：《胡适年谱》，第 815 页。

开支持蒋介石。他曾对胡颂平说："我对总统是很恭维的。现在有些人想恢复'五五宪法'，无论如何，这部宪法比'五五宪法'高明得多。当初在胡汉民、孙科时代的立法院，立法委员只有四十九人，像王雪艇、傅秉常等都是。那时是个法制局的性质，并不是国会，现在要想回到'五五宪法'时代是不可能的了。"①

蒋介石欢迎胡适回台，意在将老虎收笼，免得其在美国乱发言，不便控制。不料胡返台后，却非常"不识相"，这使蒋如芒刺在背。4 月底蒋在"上月反省录"中将胡专列一条："忍受胡适之侮辱，不予计较，此或修养之进步欤?"② 从 5 月起，蒋在日记中只要提到胡适，都是负面的：

> 对于政客以学者身份向政府投机要胁，而以官位与钱财为其目的。伍宪子等于骗钱，左舜生要求钱唱中立，不送钱就反腔，而胡适今日之所为，亦几乎等于此矣，殊所不料也。总之，政客既要做官，又要讨钱，而特别要以"独立学者"身份标榜其清廉不苟之态度。甚叹士风堕落，人心卑污……今日更感蔡先生之不可得矣。③

> 以今日一般政客如胡适等无道义，无人格，只卖其"自由""民主"的假名，以提高其地位，期达其私欲，对国家前途与事实概置不顾，令人悲叹……经儿（蒋经国——引者）婉报胡适与其谈话经过，乃知其不仅狂妄，而且是愚劣成性，竟劝我要"毁党救国"，此与共匪之目的如出一辙，不知其对我党之仇恨甚于共匪之对我也。可耻。④

> 朝课后，与经儿谈反动派抬胡适组党，及其勾结美国之情形，此时美未必为其供应什么也。惟胡有跃跃欲试之意，但为过去关系，余对胡适应有一次最后规诫之义务。⑤

> 午课后，手拟去年反省录，开始感想千万：胡适态度最近更为猖狂，无法理喻，只有不加理会，但亦不必予之作对，因为小人自有小人

① 胡颂平：《胡适之先生晚年谈话录》，联经出版事业公司，1985，第 5 页。

② 《蒋介石日记》（手稿），1958 年 4 月 30 日后之"上月反省录"。

③ 《蒋介石日记》（手稿），1958 年 5 月 10 日。伍宪子（1881～1959），时任中国民主社会党中央主席，常居香港著书讲学。

④ 《蒋介石日记》（手稿），1958 年 5 月 30 日。

⑤ 《蒋介石日记》（手稿），1958 年 5 月 31 日。

对头也。对于其所言反对修宪与连任总统之谣诼，乃是一般投机政客有意诬蔑之毁蒋运动，不仅余本人，即本党亦从未有此意向，希其审慎，勿受愚弄。至于“毁党救国”之说，闻之不胜骇异。中华民国本由国民党创造，今迁台湾，亦由国民党负责保全，如果毁了国民党，只有拯救共匪的中华人民共和伪国，如何还能拯救中华民国乎？何况国民党人以党为其第一生命，而且视党为国家民族以及祖宗历史所寄托者，如要我毁党，亦即要我毁我自己祖宗与民族国家无异。如他认其自己为人，而当我亦是一个人，那不应出此谬论，以降低其人格也。以上各言，应由辞修（陈诚字——引者）或岳军（张群字——引者）转告予其切诫。①

胡适狂妄言行，决不予理睬。与辞修谈胡适问题，认其“毁党救国“之说，是要其现在领袖自毁其党基，无异强其自毁祖基，此其惩治比之共匪在大陆要其知识分子自骂起三代为更惨乎。②

今后最不愿见的无赖胡适政客及悔改之党员程沧波，勉强而行，是乃品性修养之进步之效也。③

随着胡适表示反对“修宪”、反对蒋“连任总统”与要求蒋把国民党一分为二以增加竞争活力，蒋介石对胡的不满逐步升级，所用词语从“狭小妒忌”，“甚觉奇怪”到“猖狂”、“狂妄”，最后是骂其“无赖”、“可耻”、“政客”，讨厌到不愿再见胡适的地步。这段时间，如何对付胡适，也是蒋日记中的重要内容。④ 1959 年初，蒋介石接见赵元任后，颇有感想，胡适再次被拉出来反衬：“见赵元任夫妇，甚和洽。余近对学者心理，以为如胡适一样，殊不然也。毕竟真正学者，其言行风度多可敬爱者也。”⑤ 言下之意，蒋认定胡不是“真正学者”。

---

① 《蒋介石日记》（手稿），1958 年 6 月 3 日。

② 《蒋介石日记》（手稿），1958 年 6 月 6 日。

③ 《蒋介石日记》（手稿），1958 年 11 月 22 日后之“上星期反省录”。程沧波（1901 ~ 1990），著名报人，《中央日报》首任社长。大陆时期曾任国民党中央宣传部副部长，到台湾后历任国民党中央评议委员、“立法委员”等职。

④ 如蒋介石在“工作预定”中列入要考虑“胡适趋向与利害”、“胡适狂妄言论决不予理睬”（1958 年 6 月 6 日），“对胡适方针与处理”（1958 年 6 月 7 日后之“上星期反省录”），“对胡适之趋向如何”（1959 年 6 月 20 日“本星期预定工作课目”）。

⑤ 《蒋介石日记》（手稿），1959 年 3 月 5 日。

五

1959年3月底，胡适在台大医院接受割除背部粉瘤手术，蒋介石曾派蒋经国前往“慰问”。[①] 5月28日，胡适晋谒蒋介石，蒋对胡住院手术“表示关切”，胡则邀请蒋参加7月1日的院士会议：“先生（胡适——引者）因将出国，向总统请假三月。接着说七月一日举行院士会议，可能有十四位院士出席。这天上午举行开幕典礼，请总统能在开幕典礼中训词。总统说：‘那时除非我不在我一定来的。’”[②]

蒋介石也记了这次见面：“召见胡适，约我七月一日中央研究院院士会议致训，其客辞特表亲善为怪。凡政客爱好面子而不重品性者，皆如此耳。”[③]“胡适无聊，面约我七月一日到其研究院院士会致训，可矣。”[④]

蒋介石耍了手腕，他先未如约参加7月1日的院士会议，冷落胡适，再于次日在官邸设宴款待胡与全体院士，由陈诚、张群、梅贻琦等作陪。[⑤] 蒋对此举不无得意地写道：

> 中央研究院院士会议未应邀参加，而仍约宴其院士，此乃对胡适作不接不离之态度又一表示也。对此无聊政客，惟有消极作不抵抗之方针，乃是最佳办法耳。[⑥]

因厌恶胡适，与胡关系亲疏的程度竟成为蒋介石用人的取舍标准。1959年3月，蒋介石记道：“召见谷风翔同志，提及陈雪屏为反动分子包围，并借胡适来胁制本党，此人积恶已深，其卑劣言行再不可恕谅，但余仍能抑制情感，出之以忍也。”[⑦] 然而，蒋不久之后就为陈雪屏与胡适的亲密关系而惩罚了陈：“三中全会准备闭幕讲词……正午，选举常委。陈雪屏、胡建中、王（黄）朝琴三人同票，本应抽签。余乃决定除去陈而取胡、王，以陈籍党

---

① 胡颂平：《胡适之先生年谱长编初稿》第8册，第2870页。

② 胡颂平：《胡适之先生年谱长编初稿》第8册，第2907页。

③ 《蒋介石日记》（手稿），1959年5月28日。

④ 《蒋介石日记》（手稿），1959年5月30日后之“上星期反省录”。

⑤ 胡颂平：《胡适之先生年谱长编初稿》第8册，第2952页。

⑥ 《蒋介石日记》（手稿），1959年7月4日后之“上星期反省录”。

⑦ 《蒋介石日记》（手稿），1959年3月4日。

外势力以自重，并招摇挑拨也。”①

六

已有的论著对于胡适一度公开反对蒋介石“修宪”与参选“第三届总统”一事的研究已经相当细致。胡适日记中记载，他曾试图当面向蒋介石进言，未获机会，便通过张群、王云五、黄少谷等党政要人向蒋转达意见。1959 年 11 月 15 日，他再次托“总统府秘书长”张群向蒋系统地转达如下四点（反对蒋参选的四点理由）：

（1）明年二三月里，国民大会期中，是中华民国宪法受考验的时期，不可轻易错过。

（2）为国家的长久打算，我盼望蒋总统给国家树立一个“合法的、和平的转移政权”的风范。不违反宪法，一切依据宪法，是“合法的”。人人视为当然，鸡犬不惊，是“和平的”。

（3）为蒋先生的千秋万世盛名打算，我盼望蒋先生能在这一两个月里，作一个公开的表示，明白宣布他不要作第三任总统，并且宣布他郑重考虑后盼望某人可以继他的后任；如果国民大会能选出他所期望的人作他的继任者，他本人一定用他的全力支持他，帮助他。如果他作此表示，我相信全国人与全世界人都会对他表示尊敬与佩服。

（4）如果国民党另有别的主张，他们应该用正大光明的手段明白宣布出来，决不可用现在报纸上登的“劝进电报”方式。这种方式，对蒋先生是一种侮辱；对国民党是一种侮辱，对我们老百姓是一种侮辱。②

蒋介石对胡适避而不见，双方没有形成正面交锋，但蒋在日记中对胡充斥着敌视与谩骂，对胡适的建议也逐条“批驳”：

（蒋介石认为，美国未公开反对他连任，这）对目前国内反动派胡适等反蒋之心理无异予以打击，以彼等假想美国不赞成连任，为其反蒋之惟

---

① 《蒋介石日记》（手稿），1959 年 5 月 19 日。陈雪屏（1901～1999），曾任教于北京大学等处，后转至政界，1948 年任教育部次长，主持部务。到台湾后任台湾省教育厅长，参与“国民党改造运动”，时任“考选部长”、“行政院秘书长”等职。与胡适关系密切。

② 曹伯言整理《胡适日记全集》第 9 册，第 458 页。

一基础也。可耻。①

与辞修谈话。彼以胡适要我即作不连任声明。余谓，其以何资格言此？若无我党与政府在台行使职权，则不知彼将在何处流亡矣。②

胡适反对总统连任事，各处运用其关系，间接施用其威胁技（伎）俩，余皆置若罔闻。昨其来与岳军相谈其意，要求与余个人关门密谈，并托岳军转达其告辞修等相同之意。乃余对岳军曰：余此时之脑筋，惟有如何消灭共匪，收复大陆，以解救同胞，之外再无其他问题留存于心。至于国代大会与选举总统等问题，皆在我心中，亦无暇与人讨论，否则我即不能计划反攻复国要务矣。如胡再来询问时，即以此意答之可也。此种无耻政客，自抬身份，莫名其妙，不知他人对之如何讨厌也，可怜实甚。③

胡适无耻，要求与我二人密谈选举总统问题，殊为可笑。此人最不自知，故亦最不自量，必欲以其不知政治而又反对革命之学者身分，满心想来操纵革命政治，危险极矣。彼之所以欲我不再任总统之用意，完全在此，更非真有爱于辞修也。因之，余乃不能不下决心，而更不能辞也。以若辈用心不正，国事如果操纵在其手，则必断送国脉矣。④

胡适无耻言行，暗中反对连任，与张君劢亡国言论皆狂妄背谬已极。惟有置之不理而已。⑤

其后，胡适虽未改变基本立场，但也在他人劝说下“识相地”不再公开发表反对蒋“连任”的言论，并在 1960 年 2 月出席“国民大会”，任主席团主席，参与主持选举蒋任“第三届总统”。⑥ 蒋介石并未因胡适的“让步”而感到宽慰，反而转成对胡的讥讽与蔑视：

近闻胡适受梦麟（蒋梦麟——引者）之劝，其对国大代会选举与连任问题不再反对，并愿担任此次国代联谊会年会主席。此乃其观望美国政府

① 《蒋介石日记》（手稿），1959 年 11 月 4 日。
② 《蒋介石日记》（手稿），1959 年 11 月 7 日。
③ 《蒋介石日记》（手稿），1959 年 11 月 20 日。
④ 《蒋介石日记》（手稿），1959 年 11 月 28 日后之“上星期反省录”。
⑤ 《蒋介石日记》（手稿），1959 年 11 月 30 日后之“上月反省录”。
⑥ 蒋介石当选“总统”后，中央日报记者询问胡适的意见。胡回答：“我站在老百姓的立场上，跟老百姓一样的高兴。”曹言伯、季维龙：《胡适年谱》，第 894 页。

之态度而转变者，可耻之至。余昔认其为比张君劢等人格界高，其实彼此皆为政客，其只有个人，而绝无国家与民族观念，其对革命自必始终主张敌对与破坏之地位，无足奇哉。①

入府见胡适，其态度神气似已大有改变。为怪。②

七

1960年的“雷震案”，是蒋介石与胡适关系中的重要事件。关于胡适与雷震、《自由中国》杂志及组建反对党的关系，其在“雷震案”发生后的态度方面，已公开的资料与研究相当充分。③ 本文只披露蒋介石在处置“雷震案”时对胡适言行的反应。

蒋介石对《自由中国》怀恨在心，对胡适与《自由中国》的关系也相当清楚：“所谓反对党之活动与进行，乃以美国与胡适为其招摇号召之标帜。”④就是因为投鼠忌器，怕处置《自由中国》与雷震，引起胡适、美国的反对，蒋才迟迟未下决心。1960年，雷震等人加快了组织反对党的步伐，而蒋在完成“修改宪法”及“连任总统”后，终于决定要对雷震下手，台湾警方在胡适离台湾赴美国访问期间（胡适7月9日飞西雅图参加“中美学术合作会议”，行前，蒋介石曾设宴招待），⑤ 于9月4日逮捕雷震。蒋介石在下最后决心之前，对“雷震逮捕之考虑，不厌其详”。⑥ 蒋考虑的中心点是事后如何应对胡适与美国，他在8月31日确定了详细的应对计划：“一、雷逆逮捕后，胡适如出而干涉，或其在美公开反对政府时，应有所准备：甲、置之不理；乙、间接警告其不宜返国。二、对美间接通知其逮雷原因，以免误会；三、谈话公告应先译英文；四、何时谈话为宜，以何种方式亦应考虑：甲、纪念周训词方式；乙、对中央社记者谈话方式。”⑦

---

① 《蒋介石日记》（手稿），1959年12月19日。蒋梦麟（1886~1964），教育家，曾任北京大学校长，时任“中国农村复兴联合委员会主任委员”，系胡适挚友。

② 《蒋介石日记》（手稿），1960年1月15日。

③ 胡适在1960年11月18日的日记中，极其详细地记载了为雷震案与蒋介石交涉的情形。

④ 《蒋介石日记》（手稿），1960年9月2日。

⑤ 曹言伯、季维龙：《胡适年谱》，第909页。

⑥ 《蒋介石日记》（手稿），1960年8月31日后之“上月反省录”。

⑦ 《蒋介石日记》（手稿），1960年8月31日。

果不出蒋所预料，雷震被捕后胡适便在美国发表了声明。蒋深不以为然，他在日记中除对胡本人破口大骂外，也点明了所以容忍胡的关键，是胡的言行恰能用来粉饰台湾的“民主体制”。他记道：

胡适对雷案发表其应交司法机关审判，且称雷为反共人士，而决不叛乱之声。此种真正的“胡说”，本不足道。但有“胡说”对政府民主体制亦有其补益，否则，不能表明其政治为民主矣，故乃予以容忍。但此人徒有个人而无国家，徒恃外势而无国法，只有自私而无道义，其人格等于野犬之狂吠。余昔认为可友者，今后对察人择交更不知其将如何审慎矣。①

在审判雷震那段时间，蒋十分注意国外的反应，而将一切不利反响与批评意见全归之于胡适：

胡适挟外力以凌政府为荣，其与匪共挟俄寇以颠覆国家的心理并无二致，故其形式虽有不同，而重外轻内，忘本逐末，徒使民族遭受如此空前洗劫与无穷耻辱。②

本月工作以雷震案为重点，自四日逮捕至廿六日起诉作为第一阶段，除国内外少数反动言论外，一般反响并不如所预想之激烈，惟一纽约《时代》杂志乃受胡适之影响，亦作不良之评论，殊出意外。③

10 月，蒋闻胡适将从美国返回台湾，颇感紧张与头痛：

闻胡适定于十六日回来，是其想在雷案未覆判以前要求减刑或释放之用意甚明。此人实为一个最无品格之文化买办，无以名之，只可名曰“狐仙”，乃为害国家，为害民族文化之蟊贼，彼尚不知其已为他人所鄙弃，而仍以“民主”“自由”来号召，反对革命，破坏反共基地也。④

闻胡适已于昨由美起飞回国，其存心捣乱为难可知，而且若辈所谓自由主义之文化买办们从中纵容无疑，应加防范，但以忍耐为重。⑤

---

① 《蒋介石日记》（手稿），1960 年 9 月 8 日。

② 《蒋介石日记》（手稿），1960 年 9 月 20 日。

③ 《蒋介石日记》（手稿），1960 年 9 月 30 日后之“上月反省录”。

④ 《蒋介石日记》（手稿），1960 年 10 月 13 日。

⑤ 《蒋介石日记》（手稿），1960 年 10 月 18 日。

今日闻胡适回来后对雷案各种“胡说”，不以为意，听之。我行我事可也。①

本日为胡适无赖卑鄙之言行考虑，痛苦不置。其实对此等小肖（宵小）不值较量，更不宜痛苦，惟有我行我事，置之一笑，则彼自无奈我何矣。②

胡适回台不断向“总统府秘书长”张群表达见蒋的要求。蒋认为，“胡适为雷震张目，回国后似并未变更，故其对国内外反动之鼓励不少也”，③ 再次采用避而不见的策略。在“冷落”胡近一个月后，蒋介石在11月18日才准与胡见面。对这次见面经过与所谈内容，胡适方面的资料有详细记载。与蒋介石的记载大致相同：

召见胡适约谈三刻时，彼最后提到雷震案与美国对雷案舆论。余简答其雷系关匪谍案，凡破坏反共复国者，无论其人为谁，皆必须依本国法律处理，不能例外，此为国家关系，不能受任何内外舆论之影响。否则政府无法反共，即使存在亦无意义。余只知有国家，而不知其他，如为忌国际舆论则不能再言救国矣。此大陆沦陷之教训，不能不做前车之鉴也。最后，略提过去个人与胡之情感关键，彼或有所感也。④

这段描述比较平实，可见蒋事先经过精心准备，特别是最后用“个人感情”诘难胡，使其无语，顿时只能自辩，转而强调自己对蒋与“政府”的一贯支持。⑤

---

① 《蒋介石日记》（手稿），1960年10月24日。

② 《蒋介石日记》（手稿），1960年10月29日。

③ 《蒋介石日记》（手稿），1960年10月31日后之“上月反省录”。

④ 《蒋介石日记》（手稿），1960年11月18日。

⑤ 胡适日记中对此细节的记述如下：当他还在对蒋介石强调雷震案处置不当时，蒋突然转移话题：“总统忽然讲一件旧事。他说，去年□□回来，我对他谈起，‘胡先生同我向来是感情很好的。但是这一两年来，胡先生好像只相信雷儆寰，不相信我们政府。’□□对你说过没有？我说，□□从来没有对我说过这句话。现在总统说了，这话太重了，我当不起。我是常常劝告雷儆寰的。我对他说过：那年（民国三十八年四月）总统要我去美国。我坐的轮船四月二十一日到旧金山。四月二十一日在中国已是四月二十二日了。船还没进港口，美国新闻记者多人已坐小汽轮到大船上来了。他们手里拿著早报，头条大字新闻是‘中国和谈破裂了，红军过江了！’这些访员要我发表意见，我说了一些话，其中有一句话，‘我愿意用我道义力量来支持蒋介石先生的政府。’我在十一年前说的这句话，我至今没有改变。当时我也说过，我的道义的支持也许不值得什么，但我说的话是诚心的。因为我们若不支持这个政府，还有什么政府可以支持？如果这个政府垮了，我们到那儿去！——这番话，我屡次对雷儆寰说过。今天总统说的话太重，我受不了，我要向总统重述我在民国三十八年四月二十一日很郑重的说过的那句话。”曹伯言整理《胡适日记全集》第9册，第667~668页。

在该周的“反省录”中，蒋对自己的策略颇为自得：“胡适之‘胡说’，凡其自夸与妄语皆置之不理，只明答其雷为匪谍案，应依本国法律处治，不能例外示之，使之无话可说。即认其为卑劣之政客，何必多予辩论矣。”①

在对雷震等人进行宣判、押入监狱执行徒刑后，蒋介石感觉对胡适的斗争取得重大胜利，他总结到，此为退台后“十一年来对内对外的反动投机分子的最激烈之斗争，至此或可告一段落”。②“胡适投机政客卖空与胁制政策未能达其目的，只可以‘很失望’三字了之。”③

八

蒋介石对胡有打有拉。在“雷震案”宣判结束后，他听说胡适、成舍我等人发起要求特赦雷震运动，断定“此与美国、共产党同路人内外相应之行动”。④ 但一星期后，蒋就张罗着给为胡适做七十大寿。他先是派人给胡宅送去亲笔所写的“寿匾”，后又在官邸设宴为胡祝寿。胡适很是感激，12 月 19 日给蒋写信：

> 介公总统赐鉴：
>
> 十五日晨，黄伯度先生来南港，带来总统亲笔写的大“寿”字赐贺我的七十生日，伯度并说，这幅字装了框，总统看了不很满意，还指示重装新框。总统的厚意，真使我十分感谢！
>
> 回忆三十七年十二月十四日夜，北平已在围城中，十五日，蒙总统派飞机接内人和我和几家学人眷属南下，十六日下午，从南苑飞到京。次日就蒙总统邀内人和我到官邸晚餐，给我们作生日。十二年过去了，总统的厚意，至今不能忘记。
>
> 今天本想到府致谢，因张岳军先生面告总统有会议，故写短信敬致最诚恳的谢意。并祝总统健康百福。
>
> 胡适敬上 四十九、十二、十九⑤

---

① 《蒋介石日记》（手稿），1960 年 11 月 19 日后之“上星期反省录”。

② 《蒋介石日记》（手稿），1960 年 11 月 30 日后之“上月反省录”。

③ 《蒋介石日记》（手稿），1960 年 11 月 24 日。

④ 《蒋介石日记》（手稿），1960 年 12 月 9 日。

⑤ 胡颂平：《胡适之先生年谱长编初稿》第 9 册，第 3419 页。

对蒋介石12月21日在官邸所设寿宴情形与众人的表现，胡适方面的资料记述相当详尽：

中午，蒋总统在官邸为先生祝寿，约了陈诚副总统、张群、谢冠生、王云五、黄伯度、陈雪屏、罗家伦、毛子水、沈刚伯、钱思亮、唐纵等十一人作陪。总统和夫人是主人，共四十人。中菜西吃，有寿桃、寿面，吃的是寿酒。吃饭时，总统和夫人站起来给先生祝寿，干了一杯。先生也站起来，干了一杯。这时大家都站起来了。先生说："祝总统、夫人健康。我也干了一杯。"先生又祝在座的老朋友健康，再干了一杯。接着就随便谈谈。最后，先生对总统说："我今年是满六十九岁，今天总统祝我七十岁，我就当作七十岁了，我声明明年不作七十了。"①

胡适的感激溢于言表，且真的在一年后以蒋已为其过生日为由，婉拒他人为其过七十大寿。② 1962年2月6日，蒋经国到胡宅拜农历新年，并代表其父邀胡适夫妇到士林官邸吃饭。两天后，胡适夫妇如约与蒋介石夫妇共进午餐。"饭后，蒋夫人送给胡夫人一些年糕、卤肉，也带回来了。"③

16天之后的1962年2月24日晚7时10分，胡适在演讲中因心脏病发突然跌倒，不治逝世。蒋介石在当天日记中写道：

晚，闻胡适心脏病暴卒。④

"暴卒"二字，强烈地表明了蒋对胡适压抑已久的负面情绪，也与其对胡长期的"礼遇"形成鲜明对比。胡之死，蒋介石顿时感觉除却心头大患，长舒一口气：

胡适之死，在革命事业与民族复兴的建国思想言，乃除了障碍也。⑤

胡适过世次日，蒋与张群商谈胡适丧事，并确定挽胡适的联句："新文化中旧道德的楷模；旧伦理中新思想的师表"。此联句是他在与宋美龄在后

① 胡颂平：《胡适之先生年谱长编初稿》第9册，第3420页。
② 曹言伯、季维龙：《胡适年谱》，第957页。
③ 胡颂平：《胡适之先生晚年谈话录》，第297页。
④ 《蒋介石日记》（手稿），1962年2月24日。
⑤ 《蒋介石日记》（手稿），1962年3月3日后之"上星期反省录"。

公园浏览时，“途中得挽适之联语，自认公平无私也”。从这个表述，不能确定这个后来流传甚广的联句是蒋介石自己想出来的，还是他人代拟的，但蒋甚为得意，“自认为对胡氏并未过奖，更无深贬之意也”。① 3月1日，蒋介石携张群去殡仪馆，瞻胡适遗容。次日，蒋对胡适有个“盖棺”之论：

> 盖棺论定胡适实不失为自由评论者，其个人生活亦无缺点，有时亦有正义感与爱国心，惟其太褊狭自私，且崇拜西风，而自卑其固有文化，故仍不能脱出中国书生与政客之旧习也。②

这段评论有褒有贬，算是台湾时代的蒋介石在日记中对胡适“最客观”的评论了。

1962年6月27日蒋介石以“总统”名义颁布“褒扬令”赞颂胡适一生的贡献，③ 算是“盖棺定论”。但蒋介石对胡适的不满，并未因其过世而消除，日后偶有提到胡适都是抱怨批评之语。在处理完胡适丧事的当月，蒋在日记中提到：“昨齐如山先生丧期，以事忙遗忘未能视祭为憾。以齐先生之有功于文化与社会之供［贡］献，以及其品格高超，胡适远不能及耳。”④ 齐如山是戏曲理论家、作家，早年游历各国，回国后投入中国戏曲的改造工作，为梅兰芳编写剧本40余种，协助梅出国演出。蒋说齐在文化与社会的贡献远在胡适之上，显然是过于情绪化的评价。

1968年为蔡元培百年诞辰，蒋到台北南港“中央研究院”参加纪念活动后记道：“该院之环境污秽，设备零乱，毫无近代管理知识，殊为心痛。此乃自胡适以至今日院长王世杰，所谓新文化之成绩也。最高学府如此现状，

---

① 《蒋介石日记》（手稿），1962年2月25日。

② 《蒋介石日记》（手稿），1962年3月2日。

③ 蒋介石的“褒扬令”全文如下：“中央研究院院长胡适，沉潜道义，濬沦新知。学识宏通，令闻卓著。首倡国语文学，对于普及教育，发扬民智，收效甚宏。嗣讲学于寇深患急之地，团结学人，危身明志，正气凛然。抗战军兴，特膺驻美大使之命，竭虑殚精，折冲坛坫，勋猷懋著，诚信孔昭。胜利还都以后，仍以治学育才为职志，并膺选国民大会代表，弼成宪政，献替良多。近年受命出掌中央研究院，鞠躬尽瘁，罔自顾惜。遽然溘逝，震悼殊深！综其平生，忠于谋国，孝以事亲，恕以待人，严以律己，诚以治学，恺悌劳谦，贞坚不拔，洵为新文化中旧道德之楷模，旧伦理中新思想之师表。应予明令褒扬，用示政府笃念耆硕之至意。此令。总统蒋中正。”胡颂平：《胡适之先生年谱长编初稿》第10册，第3902～3903页。

④ 《蒋介石日记》（手稿），1962年3月23日。

何以立国与兴学耶？应该设法改革为要。回寓心绪沉闷。”① 此时胡适已经过世近六年，蒋介石仍不忘将眼前过错归咎于他。

九

以上罗列的史料，分别出自蒋介石日记与胡适日记及《胡适之先生年谱长编初稿》等，蒋、胡二人的观感是基本可信的，而两个当事人对同一事情的叙述却差异如此之大，真所谓“一个事实，各自表述”。这就引发出一系列的疑问。

本文标题“差异何其大”，也恰如其分地表现出蒋介石对胡适的两面态度。在公开场合，蒋对胡做十分诚恳的“尊崇状”，高规格地迎送、接见慰问、请教问计、祝寿邀宴，但在私下里（日记中）对胡适几乎是“深恶痛绝”，破口大骂。两者的反差实在太大，以至真难说蒋介石的哪一种态度更真实。胡适有个著名的命题“容忍比自由更重要”，蒋对胡适采取“容忍”态度，似乎是这个命题的践行者。如果说蒋介石在公开场合“尊崇”胡适是姿态，是要利用胡适，而在日记中大骂胡适，多是他的“心理活动”，是“私下泄愤”。那蒋对“公”与“私”、感情与理智的把握真是到位，能够十多年掩饰个人感情不外露，在公开场合“压抑”与“伪装”，把戏演得如此逼真，让胡适长期产生错觉，“演技”到了炉火纯青的地步。真可用“成熟”、“冷静”与“理智”来形容蒋介石，这与以往论著对他的描绘大不相同。②

在胡适一边，他虽有些书生气，却也有着丰富的经历、阅历与成熟的处世之道。他对于蒋长时期的厌恶感，难道真的毫无察觉，还是感觉到后却装成浑然不知，而刻意维持与蒋的关系？③ 连蒋介石都感叹胡：“不知他人对之

① 《蒋介石日记》（手稿），1968 年 1 月 11 日。

② 蒋介石的日记中，相同的例子不少，他对一些国民党军政要员一面责骂，一面重用。如陈诚为蒋在台湾所倚重，但蒋日记中多处对陈诚表示不满，用词尖刻，包括“气量狭小”“心理病态”“不智与懦弱”等。

③ 1957 年 1 月，台湾军方曾发出“极机密”的特种指示《向毒素思想总攻击》，不点名地攻击身在美国的胡适为“毒素思想”的总代表，展开了一场批判运动。胡适对此有所知，他在 1957 年 7 月致赵元任的信中说：“这半年来所谓‘围剿《自由中国》半月刊’的事件，其中受‘围剿’的一个人，就是我。”（胡颂平：《胡适之先生年谱长编初稿》第 7 册，第 2594 页。）然而，胡适此后不久还是选择了回台湾。

如何讨厌也，可怜实甚。”笔者认为，胡适1930年代就将自传《四十自述》、日记《藏晖室札记》（即《胡适留学日记》）公开出版，晚年的他更自知日记等文字必被人所关注，故在下笔时可能会“有选择地”记载。

在20世纪50～60年代，蒋介石是台湾的威权统治者，是“强者”；胡适是自由主义知识分子的代表，是“智者”。他们两人的关系，常被当成具有代表性的两个群体的个案加以探讨。笔者认为，两者到台湾后的关系既是大陆时代的延续，又有在台湾环境下的新发展。如前文所显示，蒋介石何故内心里极度讨厌胡适而又要长期对其“礼遇”？胡适何以对蒋多所不满与批评，却又与蒋保持着密切关系，不断地“恭维”蒋？更深一层，威权主义者如何看待“自由”、“民主”，自由主义者如何面对威权所给予的权利、实惠？“强者”与“智者”的分歧点在哪里，交集点又在哪里，在何种条件下可以“携手共进”？是“强者”单方面地利用“智者”维持其统治，抑或双方互相利用，“智者”也在利用“强者”谋取个人（团体）利益与空间？他们是如何处理理想与现实，主义与环境、感情与理智、“公”与“私”等诸多剪不断理还乱的矛盾与纠结的？这些都是值得深究的问题。① 证诸史实，蒋介石、胡适间这种“强者”与“智者”的微妙关系，在近代历史上似乎不是特例。

① 目前有两种解释较典型，均对蒋介石与胡适双方给予“同情之理解”。智效民的解释是：“就胡适而言，他既然不像革命家似的与当局有一种不共戴天的敌意，更不像投机者那样给人以曲意逢迎、依阿取容的嫌疑；从蒋介石来看，他能够结交胡适这样的诤友，接受对方批评与讽谏，也不大容易。”（智效民：《胡适和他的朋友们》（增补本），世界知识出版社，2010，第174页）游宇明认为，“蒋介石对傅斯年和胡适能够忍耐和宽容的原因是多方面的”：如“胡适、傅斯年多年与蒋介石有很好的私交，他们提意见是以‘改良政治’为目的，不会动摇老蒋的统治”、蒋有自我反省习惯，可以帮助他听取某些不同的意见等，“最根本的还是蒋介石希望通过这些举动‘感动’知识分子。”（游宇明《蒋介石的忍耐心》，《中国经济时报》2008年11月14日，“芥子园”）。不过，持此二种议论者，都只采用胡适日记等资料，而未利用蒋介石日记。

蒋介石与1971年联合国中国代表权问题*

王正华**

一 前言

“中华民国”① 1971年退出联合国，外交上面临空前冲击。其将1961年联合国中国代表权案以重要问题的方式处理，就是联合美国共拒中共进入联合国，政策的目标仅在于维持现状，而非根本解决。事实上，“中华民国”和中华人民共和国都坚持代表中国唯一的合法政府，这个问题就是零和竞赛，没有根本解决的方案。当国际上大多数国家承认中共政权对大陆的控制，而“中华民国”也不可能反攻大陆时，联合国中国代表权易位，就只是时间的问题。蒋介石如何因应1971年联合国中国代表权的变局，是探讨联合国中国代表权问题成败的关键。

关于1971年联合国中国代表权问题的研究，已有相当成果。② 有谓中国代表权从“缓议”（Moratorium）、“重要问题”（Important Issue Question）、“双重代表权”（Dual Representation），到最后的“变相重要问题”（Important

---

* 本文系“国科会”补助专题研究计划“蒋介石与民国政治——蒋介石与联合国中国代表权问题”第二年期论文，计划编号：NSC 96－2411－H－292－002－MY2。本文承蒙两位匿名审查人提供宝贵意见，并感谢政治大学历史研究所蔡睿恂和美国斯坦福大学东亚研究所严飞协助资料搜集。

** 台北“国史馆”纂修。

① 引号为编者所加，类似情况下同，不再一一注明。

② 探讨1971年联合国中国代表权研究成果如下：涂成吉：《一九七一年美国设计联合国中国双重代表权之研究》（硕士学位论文，淡江大学美国研究所，2003），后以专书出版，易名《中华民国在联合国的最后日子——1971年台北接受双重代表权之始末》（秀威信息科技公司，2008）；蔡秉修：《中华民国退出联合国历程之研究（1949～1971）》（中央大学历史研究所，2008）。

Question Variation）（即排除“中华民国”为重要问题，关于中共入会则不在案中），和“复合双重代表”（Dual Representation Complex）（包括中共取得安全理事会席位），都是被逼到最后才考虑改变，因太迟以致失败。① 有批评蒋介石坚守“汉贼不两立”，最后变成“贼立汉不立”，蒋介石要负最大的责任。蒋永敬教授根据《王世杰日记》，对当年重要幕僚单位——“总统”府宣传外交综合研究组（简称宣外组）——处理联合国席位问题，有精要的分析，认为退出联合国不是“汉贼不两立”所造成的。② 张绍铎的研究，主要论点是蒋介石“外交”的处理，表面强硬，实际运作时还是面对现实因应，对双重代表权案默认，所以“中华民国”被联合国排除是必然的结局。③ 至于蒋介石的“外交”手腕是否具有弹性，学界也有不同的看法，有人认为 1961 年放弃否决外蒙，蒋就是迁就现实而妥协。然而从美国官员的印象来看，蒋介石是不够弹性的。美国前国务卿鲁斯克（David Dean Rusk）对蒋介石的看法是，认为他常对自己在国际上的影响力、台湾的角色和中国大陆的动态，抱存不切实际的幻想。蒋是一个活在过去的人，不了解外在世界，有如幽灵（Ghostly Figure）。④

虽然外界对蒋介石有何不同的看法，但蒋介石自己究竟是如何看待 1971 年联合国中国代表权问题的，他如何决策？本文除了运用“国史馆”《蒋中正总统档案》和《蒋经国总统档案》过去未公开的《党政军文卷》外，还辅以“外交部”档案。其中最重要的依据，是以典藏于美国斯坦福大学胡佛研究所《蒋介石日记》1970 年 10 月至 1971 年 12 月部分。至于“总统府”宣外组档案阙如，目前可查阅到《蒋经国总统档案》和《外交部秘书处档案》有限的案件，最后关键决策的联合国问题小组未有。相关的记述，散见于《王世杰日记》。至于中国国民党文化传播委员会党史馆典藏《蒋中正总裁批签档案》，1971 年有相关的讨论，至今仍未对外开放。

---

① 高朗：《中华民国外交关系之演变（1950～1972）》，五南图书出版公司，1993，第 220～221 页。

② 蒋永敬：《“从王世杰日记”看当年多方努力全盘皆输奈何贼立汉不立》，《联合报》2002 年 2 月 26 日，第 15 版。

③ 张绍铎：《美国与联合国中国代表权问题（1970 年 11 月至 1971 年 10 月）》，《当代中国史研究》，第 14 卷第 6 期（2007 年 11 月），第 74 页；《20 世纪 70 年代初台湾当局对美“外交”与联合国中国代表权问题》，《当代中国史研究》，第 16 卷第 1 期（2009 年 1 月），第 100 页。张绍铎：《国连中国代表権问题をめぐる国际关系，1961～1971》，东京都国际书院，2007，第 265 页。

④ 林博文：《鲁斯克与海峡两岸》，《石破天惊的一年》，时报出版社，2009，第 207～208 页。

本文试图以《蒋介石日记》、《王世杰日记》、中研院近代史研究所典藏《王叔铭日记档》、外交官钱复与沈锜的回忆录为史料，探索以下问题：蒋介石决策退出联合国的心路历程，他如何思维？对中国代表权的基本看法？面对困境如何因应？决定退出联合国的时机？针对美国总统肯尼迪（John. F. Kennedy）1961 年对蒋介石的私下保证，必要时在安全理事会用以否决权阻止中共入会，蒋介石在 1971 年的关键时刻，是如何要求尼克松（Richard Nixon）总统实践美国政府的承诺的？

二 退出联合国的准备

尼克松总统上任后急于自越战的泥沼脱身，而中国与苏联的失和，标示共产集团的分裂，1969 年 7 月 25 日尼克松在关岛宣布新亚洲政策，提出“谈判代替对抗”，展开与中国的和解。[①] 蒋介石看到“外交”上的危机，认识到美国在联共制俄的政策下，势必牺牲“中华民国”，因此，他在“外交”上已有采取“独立自主之精神”的打算。[②] 1970 年 4 月 15 日，蒋介石针对“外交”问题，在“国家安全会议”第 24 次会议上强调：不要奢望美国的支持，二十年前对蒋廷黻分析代表权问题时，告以“优先考虑的是我们自身，其次才是联合国，可不退出就不退出，如果中共进去，我们就毅然退出”。蒋介石的想法是，“只要我们自己能加强光复大陆的准备，参加联合国与否，并无重大关系”。[③] 1950 年 10 月，台湾地位问题正式列入联大议事日程，蒋介石认为这是美国和英国联手引诱中共加入联合国，深感“刺激痛愤”，谓：“与其保持联合国会员名义而使台湾被攻不能安，则宁放弃会员国之虚名，暂时退出国际社会。虽在国际上失去地位，而力求自立自主，确保台湾主权，未始非计之得也。”[④] 这是中国代表权发生争议的开始，蒋介石主张只要

① 关于尼克松主义，详见包宗和《美国对华政策之转折：尼克松时期之决策过程与背景》，五南出版社，2002，第 82～87 页。

② 《蒋介石日记》，1969 年 12 月，“全年大事记”，box 75，folder 10，美国斯坦福大学胡佛研究所藏。

③ 《国家安全会议秘书长黄少谷致外交部长魏道明转总统对外交问题补充指示要旨》（1970 年 5 月 2 日），《总统手令及指示》，《外交部秘书处档案》，档案号：814/0010，中研院近代史研究所档案馆藏。

④ 黄清龙：《蒋介石日记秘闻系列 16：联合国席次保卫战》，《中国时报》2008 年 8 月 16 日，A23 版。

中共进入联合国，就不惜退出国际组织，以保台湾基地自立自强。

美国是“中华民国”保有联合国席位最重要的支持者，自尼克松上台以后，美国采取新的外交政策，蒋介石对美国的不信任感加深。“副总统”严家淦参加联合国成立25周年大会时，曾和尼克松晤谈。蒋介石听严家淦报告谈话内容后，认为尼克松言行“虚伪欺诈，不诚无信”，对尼克松可谓“早已绝望”，联合国问题“应作一中一台之恶劣打算，不可不预为之计也”。①

1970年10月13日加拿大与中国建交，建交公报首次提到“台湾问题”，加拿大对“台湾为中华人民共和国政府领土不可分割的一部分”表示“注意到”(Take Note of)。② 11月6日意大利继之断交，实为25届联大投下的震撼弹。美国曾想延缓或改变中共和加拿大的建交声明，也劝蒋介石即使意大利承认中共，亦不要主动立即绝交，试图制造“两个中国”的模式。蒋介石以当年抗战“最后关头”的精神因应，直至意大利逼迫政府主动绝交，③“中华民国”最后被迫撤退。从此说明“中华民国”在外交上弹性的试探。

蒋介石一直以精神或道德力量支持他的信念，10月20日自记：“但我心泰然，毫不忧虑，以深信本国基地稳固，国际变化不能动摇我在联合国地位与决心。”④ 他观察世局混乱，希望尽绝之际，“信心毫不为所动摇”。⑤ 当众人皆为“中华民国”代表权深忧时，蒋介石基于对“公义与正理”的信心，不为所动，惟必须“力求自立”。⑥ 他认为“成败在虚实而不在众寡，存亡在是非而不在强弱”。⑦“驻日大使”彭孟缉来函表示对国际形势的忧虑，蒋介石并不引以为虑，自记：“区区联合国代表权之得失与我国之成败无关也。”⑧这反映了蒋内在的自我强化。

1970年加、意两国和中共建交成定局时，蒋介石认知到国际形势的险峻，他判断翌年代表权运用重要问题案的方式已不可能，必须退出联合国。⑨

---

① 《蒋介石日记》，1970年10月30日，box 76，folder 3。

② 加拿大与北京的建交谈判，长达20个月，钱复：《钱复回忆录》卷一《外交风云动》，天下远见出版社，2005，第130、133页。

③ 《蒋介石日记》，1970年11月4日，box 76，folder 4。

④ 《蒋介石日记》，1970年10月20日，box 76，folder 3。

⑤ 《蒋介石日记》，1970年10月21日，box 76，folder 3。

⑥ 《蒋介石日记》，1970年10月29日，box 76，folder 3。

⑦ 《蒋介石日记》，1970年11月2日，box 76，folder 4。

⑧ 《蒋介石日记》，1970年11月14日，box 76，folder 4。

⑨ 《蒋介石日记》，1970年11月3日，box 76，folder 4。

联合国大会第25届常会阿尔巴尼亚等国提案（简称阿案）以两票逆差,① 幸有重要问题案保障在前。然而整个大局对“中华民国”代表权不利，11月24日蒋介石对外交部长魏道明指示，“汉贼不两立之政策决难改变”，美国果欲保持“中华民国”席位，只有续提重要问题案。但他又要魏道明“此时不必预告其不惜退出联合国之语，使彼认为威胁之误解”。② 然在23日的日记中言此政策正是“使美误认我有对其恫吓之意也”。③ 即蒋以退出联合国为对美国的策略运用，迫使美国让步，最后达到目的。

蒋介石究意如何思考国际环境的改变和翌年的联合国问题？针对联合国会籍普遍化的呼声，蒋介石的看法是：“联合国之精神乃是正义与纯洁性的，并不是邪正不分、善恶莫辨的。”他12月5日自记：“对于联合国代表权明年一关人人为忧，余则以道义与人格为准，得失成败泰然置之。”④ 当国际大环境不利时，蒋介石无力扭转大局，只有凭靠道德力量支持。

“国家安全会议”第27次会议于12月16日举行，由“外交部长”魏道明报告联大第25届常会经过及今后拟采之因应方策。最后，蒋介石以半小时的讲话，剖析利害得失，除指示“外交部”要深入研究有关联合国大会及安理会的各种规定，注意“议会战术”的技巧运用外，还强调“立国之道操之在我则存，操之在人则亡”，要尽最大的努力维护在联合国的合法地位，也要做退出联合国的最坏打算。⑤ 不同于1949年的危局，经过二十年的努力，军事上、政治上与经济上不可同日而语，蒋对“中华民国”的立国条件是有信心的。

蒋介石会后记道：“联合国席次并无忧虑之可言，但应最后荣誉退出之

① 阿尔巴尼亚案，亦即“中华民国”所称“排我纳匪案”，系指阿尔巴尼亚等国提案“恢复中华人民共和国在联合国之合法权利”，全文重点为：确认中华人民共和国政府代表为中国出席联合国之唯一合法代表。决议恢复中华人民共和国之所有权利，并承认其政府代表为中国出席联合国组织之唯一合法代表，并立即驱逐在联合国及所有与联合国有关组织内非法占据席位之蒋介石代表。（《中华民国出席联合国大会第二十五届常会代表团报告书》“外交部国际组织司”，1971年6月）

② 《总统蒋中正致外交部长魏道明敬电》（1970年11月24日），《筹笔/戡乱时期》，《蒋中正总统档案》，“国史馆”藏。见王正华编《中华民国与联合国史料汇编——中国代表权》，“国史馆”，2001，第496页。

③ 《蒋介石日记》，1970年11月23日，box 76，folder 4。

④ 《蒋介石日记》，1970年12月5日，box 76，folder 5。

⑤ 《总统蒋中正主持国家安全会议对维护我在联合国代表权问题训示内容参考稿》，《党政军文卷/05 国际情势与外交 06 国家安全与秩序/06 国家安全会议开会日期及议程案（2）》，《蒋经国总统档案》。

打算。”[①] 退出不可能荣誉，在万般无奈之下，这是自我说服之词。他决定与美、日商讨代表权，原则是先提重要问题案。他心中自有定见：“我国已定有最后之打算，与决不放弃汉贼不两立之原则，宁为玉碎不为瓦全之精神。”[②]

12月22日至28日，蒋介石再三考虑联合国代表权的去留，决定“以不放弃安全理事会常任理事国为解决之原则”，[③] 24日具体成形的决策要点：保留安全理事会席次为原则，拒绝“两个中国”的安排。[④] 但以安全理事会席次让予中共而仅保留联合国席位的决定，从开始就被蒋否决。蒋介石拟定对美国提出的条件，必须保证安全理事会席次为最低条件，否则退出联合国。[⑤] 蒋念兹在兹的是美国对安理会席次的保证，两度记上“勿忘”。[⑥]

12月31日，蒋介石在“国防部”兵棋室主持“外交”会谈，[⑦] 是否退出联合国这一重大决定，必将影响“中华民国”未来的“国家地位”，蒋介石引抗战的经验表示：今日所需作之决定与对日抗战相同，回忆当时大家对抗日心存畏惧，但一旦决定抗战后，全国军民一致忍耐危险痛苦，因而获致最后胜利。当前政府所面临的问题，其性质亦同，为国家命运之所系，不能轻言放弃联合国席位，而应审慎考虑，再为决定。蒋介石不反对就重要问题案及阿尔巴尼亚案外再对第三案予以研究，但他强调必须注意确保安理会席位。如安理会席位不能保全，则《联合国宪章》所规定的“中华民国”地位即遭一笔勾销，亦即自取灭亡，届时别无其他选择，必须退出。[⑧]

蒋介石根据数日以来对代表权问题进行思考，提出心得要点如下：（1）过去肯尼迪总统曾有书面保证，倘有必要并有效时，将在安理会使用否决

---

① 《蒋介石日记》，1970年12月16日，box 76，folder 5。

② 《蒋介石日记》，1970年12月18日，box 76，folder 5。

③ 《蒋介石日记》，1970年12月23日，box 76，folder 5。

④ 《蒋介石日记》，1970年12月24日，box 76，folder 5。

⑤ 《蒋介石日记》，1970年12月27日、28日，box 76，folder 5。

⑥ 《蒋介石日记》，1970年12月28日、31日，box 76，folder 5。

⑦ 参加会谈者有“副总统”严家淦、“总统府”秘书长张群、“国家安全会议”秘书长黄少谷、“行政院”副院长蒋经国、“总统府”副秘书长郑彦棻、“中央委员会”秘书长张宝树、“外交部”部长魏道明、“行政院”秘书长蒋彦士、“外交部”次长杨西昆、次长沈剑虹、次长蔡维屏、常驻联合国代表刘锴、“大使”许绍昌、“大使”陈质平、“大使”郑宝南、“大使”薛毓麒及中国国民党中央委员会第四组主任陈裕清。

⑧ 《蒋中正总统主持外交会谈纪录》（1970年12月31日）《外交会谈密卷（代表权案）》，《外交部秘书处档案》，档案号：818.3/0005。

权，以保障“中华民国”合法地位，美国应履行其过去的诺言；此外，美国在大会中应再度提出重要问题案，此为保障政府合法地位的最有效方式。（2）美国如欲提出“两个中国”方案，以保重要问题案通过，政府在不得已的情况下，可不予反对，但美方必须保证“中华民国”在安理会席位不受任何影响。（3）应有必要时退出联合国的决心。（4）接受“两个中国”方案，由中共替代“中华民国”在安理会席位，此为绝对不能采取之途径。“外交”方面的运用，必须以全力维护安理会席位为前提，作策略上的运用。（5）退出联合国只是时间迟早问题，本届联大已决议于1972年讨论修改宪章问题，届时对“中华民国”安理会常任理事国席位必将会发生不利影响。（6）目前国际间罔顾道义，不重法律，但我们必须保持民族正气，国家荣誉，宁为玉碎，勿为瓦全。（7）至于退出联合国的后果，台澎金马基地稳定安宁，即使退出联合国亦必可保全。中共内部则夺权混乱，朝不保夕。“中华民国”退出联合国后，联合国安危亦将受其影响，世界各地亦将不断发生问题，故最后的王牌为毅然决然退出联合国。①

蒋介石对退出联合国后果的分析，1970年中共内部“文化大革命”正如火如荼地进行，毛泽东和林彪的决裂，外界并不得其详，在当时的情况下，他是期待大陆发生变化。蒋介石分析判断中，认为中共一旦进入联合国后，会天下大乱，实出于个人臆测。至于最后必要时退出联合国，是蒋退守台湾后就有的定见。

蒋介石最后在《全年反省录》中指出，美国尼克松总统在关岛发表的新亚洲政策，其害更甚于1949年的“对华政策白皮书”，众人多为联合国席次不保而忧，但他不以为虑，相信宪章与公理所在，“中华民国”的席次足有保障。② 又检讨1970年国际大势及“中华民国”扮演的角色，他直言尼克松对华政策，以牺牲“中华民国”而讨好中共，面对如此的困难，他抱持一片希望，“惟无论其近程或远程，只要我们在此反共基地上屹立不摇、日新又新，必为太平洋上之中流砥柱，则皆有我方运用之机缘”。③

“驻联合国大使”刘锴回“国”述职后返美，他告诉驻联合国军事代表

① 《蒋中正总统主持外交会谈纪录》（1970年12月31日）《外交会谈密卷（代表权案）》，《外交部秘书处档案》，档案号：818.3/0005。

② 《全年反省录》，《蒋介石日记》，1970年12月，box 76，folder 5。

③ 《我国与国际关系59年之总论》，《蒋介石日记》，1970年12月“杂录”，box 76，folder 5。

团团长王叔铭，“蒋总统”对联合国代表权问题无新的明确指示，仍是立“国”之道操之在我，宁为玉碎不求瓦全，仍照过去以重要问题阻中共入会。[①] 蒋介石11月到12月间无论是会议指示或日记所陈述者，坚守一贯的主张，并无突破性的见解，但为维护安理会席位，可进行策略上的运用。

参加12月31日“外交”会谈的驻墨西哥“大使”陈质平，带给驻澳洲“大使”沈锜的消息是：今年应付中国代表权的方案，“政府”可能请美日等友邦提出设立研究委员会案，时机上已嫌稍晚，但可表示在政策上已有重大修改，主张退出联合国的“死硬派”，似已无法坚持。[②] 这反映高层内部对是否退出联合国有不同的主张，职业外交家应都倾向力保联合国席位。

三　双重代表权的妥协

1971年是“中华民国”第二个辛亥年，蒋介石了解到前途是艰险的，虽然代表权将是一场明知不可为的一仗，他一再告诉自己要处之泰然，但内心的愤懑实在难免，1月23日记有：

> 两年来，脑中始终不能忘怀，至今更为痛愤者，惟有所谓尼克〔生〕主义也。美国此一政策较之杜鲁门以来媚匪卖华之阴谋的凶险毒辣所未曾有者，但其政客狡猾之手段，对我假仁假义之作为，而又不能不予以应付，殊为痛苦。[③]

刘锴1月12日和美国联合国代理常任代表菲立蒲（Christopher H. Philips）大使研商代表权事，他说明“政府”认为继续使用重要问题案，为维护权益最有效的途径。菲立蒲提出，如有使“中华民国”继续留在联合国而同时邀请中共入会的建议，可能获得大多数国家支持而通过，这将有助于“中华民国”地位的确保。刘锴告以：第三案因“政府”与中共均反对，在策略上亦务须使其不获通过，因此仍须以维持重要问题案为前提。[④] 这是

---

① 《王叔铭日记》，1971年1月17日，《民间资料文件》，档案号：063－01－01－040，中研院近代史研究所档案馆藏。

② 沈锜：《我的一生：沈锜回忆录》第6册，联经出版公司，2000，第431页。

③ 《蒋介石日记》，1971年1月23日，box 76，folder 7。

④ 《驻联合国常任代表刘锴致外交部电》（纽约，1971年1月12日），《中日美会商我代表权问题（第1册）》，《外交部国组司档案》，档案号：640/90072。

美方明确表达支持中共入会的立场。

蒋介石2月15日电告刘锴，如美国提第三案，必须以安理会席次为交涉重点，依照宪章不得变更“中华民国”席位，为最主要条件。[①] 蒋介石并非不知国际已有多数国家支持中共加入联合国，美国对“中华民国”关系可能生变，美国将会和中共建交而废除“中美共同防御条约”，但他更坚定“自立自主”的决心。[②]

然坚决反对任何涉及“两个中国”的建议，即使想帮助“中华民国”的国家，也感犹豫，刘锴曾向“外交部”报告“国外”人士的看法，暗示如果“政府”能默许，并声明在任何情形下绝不自行退出联合国，则尚有可图，否则恐时不我与。[③] 刘锴亦对王叔铭透露，在“国务院”商议代表权问题，毫无进展，因美方认为“政府”坚持原则不变，故不愿再拟研方案。刘锴曾向“外交部”建议“政府”暗中同意会员普遍化原则，“外交部”认为这会造成有让步的示意，未予接纳。[④]

针对美国同意中共进入联合国而对常任理事国席位避而不提，蒋介石感到“可痛”，认为尔后交涉常任理事国这个问题，必要由美国先提出为重要问题，而且不能以违反宪章为优先解决方案，而后再谈其他。[⑤] 他也了然“联合国代表权重要问题之解决全在美国的决策如何，吾人唯有听其自然。”在这场战争中，他已失主动地位，这也难怪内心有“心意萧然”之感。[⑥]

尼克松总统2月提出外交咨文，第一次正式称中共为“中华人民共和国”，蒋介石对这出自共和党的尼克松之口，“殊所不料”，[⑦] 更添对尼克松的反感。

美国3月研议中国代表权的新方案为“双重代表权案”，派国务院主管东亚暨太平洋事务助理国务卿布朗（Winthrop G. Brown）来台北相商，征询“中华民国政府”接受的程度，由“外交部”次长杨西昆接洽。布朗说明此

---

① 《蒋介石日记》，1971年2月15日，box 76，folder 8。

② 《蒋介石日记》，1971年2月16日，box 76，folder 8。

③ 《刘锴致外交部第418号电》（1971年2月19日），《忠勤档案/73中美关系（19）》，《蒋经国总统档案》，“国史馆”藏。见王正华编《中华民国与联合国史料汇编——中国代表权》，第496~497页。

④ 《王叔铭日记》，1971年4月18日，《民间资料文件》，档案号：063-01-01-040。

⑤ 《蒋介石日记》，1971年2月22日，box 76，folder 8。

⑥ 《蒋介石日记》，1971年2月24日，box 76，folder 8。

⑦ 《蒋介石日记》，1971年2月28日。“上月反省录”，box 76，folder 8。

案无意造成“两个中国”，杨西昆除声明“政府”一贯坚决反对“两个中国”的立场外，如果仅作为策略的运用，目的使重要问题案能通过，并击败阿尔巴尼亚案，则愿考虑新方案和美国相商。[①] 这透露了“政府”留有商量余地。此案随即上呈到蒋介石，3 月 18 日他自记：“双重代表权案，美、日似皆以为本年联合国代表权为第一方案，应注意。”[②]

美国初提“双重代表案”，不涉及中国大陆与台湾谁属问题，安全理事会代表与“中华民国”代表权应作为重要问题，而以中共加入联合国为例，如多数国家决将安理会席位给予中共，美国听其自然。蒋思考的因应对策：（1）反对中共加入联合国；（2）万不得已时将阿尔巴尼亚案分为前后二段：“排我”一段作为重要问题，“纳匪”一段作为普通问题，保有安理会代表，此为最后腹案。如果中共取代“中华民国”安理会席次，等于取消了联合国普通席次的实质，那么应分为二段处理：①当大会决议时，立即声明“中华民国”为联合国创始国之一，乃为永久会员国，任何大会决议如损害其在联合国的权益，即为违宪，决不接受，自作无效。②如中共代表进入联合国，则即声明“中华民国政府”仍然存在，中共不能替代“中华民国”，“中华民国”决定退席，但必须保留席次，决不退出联合国，以保卫宪章精神，并与中共在会内会外奋斗到底。[③] 蒋介石曾考虑以退席方式，保留席次。

3 月以来，因钓鱼岛问题，反日舆论甚烈，甚至挑起反美和反“政府”的示威活动，而联合国代表权正需要美国和日本的支持，增加“政府”应付的困难。4 月上旬，蒋介石反复思考联合国进退问题，认为最好的状况是美国提重要问题案，安全理事会席次保存为原则，使中共入会案通过后仍不能出席联合国。[④] 又研究安理会常任理事席位是否应力争，蒋介石认为“以退出联合国席次而保我宪章权利为上上策”，若联合国失去正义，与其在联合国受辱，“以此时宁为玉碎之时也”。[⑤] 蒋介石对联合国代表权思考一周下来，大方针已定，即以保持安理会席次为原则，否则应做退出准备。[⑥]

“外交部”长魏道明于 25 届联大结束后坚辞，继任人选一直虚悬，直到

---

① 蔡秉修：《中华民国退出联合国历程之研究（1949 ~ 1971）》，第 111 ~ 113 页。

② 《蒋介石日记》，1971 年 3 月 18 日，box 76，folder 9。

③ 《蒋介石日记》，1971 年 3 月，“上月反省录”，实记于 4 月 6 日，box 76，folder 9。

④ 《蒋介石日记》，1971 年 4 月 1 日，box 76，folder 10。

⑤ 《蒋介石日记》，1971 年 4 月 4 日，box 76，folder 10。

⑥ 《蒋介石日记》，1971 年 4 月 8 日、18 日，box 76，folder 10。

3 月底决定由驻美“大使”周书楷任“外交部”长，驻美“大使”则由沈剑虹继任。在沈锜看来，国际情势固然紧急，驻美“使节”需要一个近年与美国政界多有往还的人，在对美“外交”方面，蒋介石尤其尊重夫人宋美龄的意见，而沈剑虹则是宋美龄历来官邸英文秘书中较受青睐者，宋美龄对外交的影响力，仍不可忽视。①

蒋介石苦思联大代表权问题，4 月 3 日他赴日月潭，筹谋对策。北美司长钱复奉召前往，于 7 日晋见蒋介石。蒋对代表权问题明白指示无须过度介意，万一北京被接受加入联合国，则宜停止出席，并声明北京为联合国宣布的侵略者，依《联合国宪章》，“中华民国”的地位不容更动。② 蒋介石内心实有很大的焦虑，4 月上旬以来，伊朗公主访问大陆，亦牵动土耳其与北京的关系，奥国则已经和北京进行建交谈判，国际形势对于“中华民国”如雪上加霜，更为不利。愈处此艰困的环境，愈使蒋介石坚定“力求孤立奋斗”的决心。③

周书楷返台接事，4 月 14 日晋见蒋介石，谈其在美向尼克松辞行语辞之情形，并谓尼克松将派其私人代表来台与蒋商谈联合国代表权问题，蒋认为“表示人情而已”，谈话后“心神疲倦不堪”。④

4 月 23 日，蒋介石与尼克松特使墨菲（Robert D. Murphy）会商前，上午先召集最高干部严家淦、蒋经国等七人，⑤ 商讨如何肆应有 2 小时之久。下午，蒋介石接见墨菲，“外交部长”周书楷和尚未上任的驻美“大使”沈剑虹在座，蒋询新方案的内容，墨菲提出以“双重代表”方式替代重要问题案，依会籍普遍化原则，建议双重代表方式代表中国，而不明确规定争端双方之何方为中国唯一代表。关于安理会的席位，墨菲答新案将完全避免触及此点，“中华民国”得以维持其在安理会席位。最后，蒋介石综合说明他的观点：以“中华民国”立场言，仍希望今年能用重要问题案。如美国认为有困难，将不阻止美建议一项新方案，但此一方案应不致对“政府”造成严重

---

① 沈锜：《我的一生：沈锜回忆录》第 6 册，联经出版公司，2000，第 463 页。

② 钱复：《钱复回忆录》卷一《外交风云动》，第 146 ~ 147 页。

③ 《蒋介石日记》，1971 年 4 月 17 日，“上星期反省录”，box 76，folder 10。

④ 《蒋介石日记》，1971 年 4 月 14 日，box 76，folder 10。

⑤ 据为蒋介石翻译的钱复回忆，遇有重大涉外问题，常是“蒋总统”邀集“副总统”兼“行政院长”严家淦、“行政院”副院长蒋经国、“总统府”秘书长张群、“国家安全会议”秘书长黄少谷和“外交部”长会商。钱复：《钱复回忆录》卷一《外交风云动》，第 125 页。

损害，也希望美国不要参与联署。新方案必须竭尽一切方法保障“中华民国”在安理会的席位，以维护其基本立场及宪章的完整。倘任何其他国家企图修正新决议案使其涉及“中华民国”在安理会席位问题，美国必须全力阻止此一企图。墨菲向蒋介石保证，美国将坚持接受其所提议案的全文，不得做任何修正。蒋介石再度强调“中华民国”在大会及安理会的席位不容分割。倘失去在安理会的席位，唯有依古谚所谓“宁为玉碎，不为瓦全”，而别无他途。最后，他请墨菲转告尼克松，不要再对北京让步，否则北京终将进入联合国和安理会。有一天“中华民国”被迫离开联合国，世界将会知道，迫使“中华民国”退出的不是北京而是美国。①

蒋墨会谈的中文纪录是周书楷记的，经墨菲审阅，蒋介石、周书楷和沈剑虹都认为墨菲能够代表尼克松保证“中华民国”安理会席位，但墨菲对安理会席位的承诺超越了他的权限，而且墨菲并没有传达修改后的重要问题案（仅限于排除台北）。据基辛格（Henry A. Kissinger）向尼克松报告的解读，蒋仍希望以重要问题案保持现状，但不会坚持这点。季辛吉的原意，是希望暂时避免对安理会席位问题的明确表态，直到形势上让蒋介石认识到，保留安理会席位将损害“中华民国”在联合国的地位。② 然墨菲误导台湾当局关于美国对安理会席位的承诺，种下以后的争议。

蒋介石和墨菲谈话后，蒋准备考虑双重代表权的策略，目的是要保住安理会席位，否则只有退出联合国。蒋在会谈后的日记中记下：“尼氏派员来谈话，其用意诚伪如何不可预测，但余应说之话表示诚意，对之聊尽心意而已。”③

然国际局势愈趋不利，近7个月内有8国承认北京，超过以往7年的总和，5月间伊朗、土耳其外交亦告急，美国希望能遏止这种颓势，否则第26届联大投票，代表权一仗必将失败。美国驻华大使马康卫（W. P. McConaughy）代表国务院传达训令，希望“中华民国”能采取较具弹性的政策，纵使伊、土与北京建交，其仍能维持“外交”关系，不要主动与之“断交”，美国愿在背

① 《总统蒋中正接见美国总统私人代表墨菲大使谈话纪录》（1971年4月23日），《党政军文卷/05 国际情势与外交/128 外交——蒋中正接见美方外交大使谈话纪录》，《蒋经国总统档案》，“国史馆”藏。

② 陶文钊主编《美国对华政策档集（1949～1972）》第3卷，世界知识出版社，2005，第1080～1081页。

③ 《蒋介石日记》，1971年4月23日，box 76，folder 10。

后支持，以此方案作一双重代表的先例，这事关对联合国代表权问题的策略运用。①

周书楷将美方意见向“行政院长”严家淦和蒋介石“外交顾问”报告，咸认为在任何声明及公报中将北京政权视为“中国唯一之合法政府”，实等于将“中华民国”的地位根本拔除，“断交”之举“绝非固执或情感用事，仍系基于现实之考虑”，即政府尊严必须维持。故当他国与中共谈判建交时，周书楷曾报请总统核准的基本立场声明：

> 一、建交公报如承认“匪伪政权”乃中国唯一合法之政府，则中华民国绝无任何撰择余地。
>
> 二、绝无法容忍变更吾人自身地位之做法或安排，即不能视吾人为一新政治体（Political Entity），例如不视之为中华民国政府而以之为“台湾政府”。
>
> 三、绝不容许在任何情况下台湾主权问题涉及于建交公报内——无论以“鉴及 ”或“承认”方式。②

美国希望“中华民国”能持较有弹性的做法，但上项原则在维护“尊严”的前提下，很难突破既定的框架而有所作为。蒋介石为保住与伊朗的“外交”关系，曾试图向伊朗商议买原油2百万吨，但为伊朗所拒。③ 当周书楷将土耳其与北京建交谈判情况向蒋介石报告时，蒋内心想的是：“现时外交形势不利，国际绝无道义可言，吾人惟有力图自保并不采取主动，以观其变。”④ 他复认为：

> 革命总是孤军奋斗出来，并不能依赖外人援助成事的。依赖只有被人奴视与出卖，最后受到耻辱失败而已。此乃我国民革命七十年来历史之明证也。⑤

---

① 《外交部长周书楷接见美国驻华大使马康卫谈话纪录》（1971年5月10日）《外交会谈密卷（代表权案）》，《外交部秘书处档案》，档案号：818.3/0005。

② 《外交部长周书楷接见美国驻华大使马康卫谈话纪录》（1971年5月11日）《外交会谈密卷（代表权案）》，《外交部秘书处档案》，档案号：818.3/0005。

③ 《蒋介石日记》，1971年5月5日、6月9日，box 76，folder 11、12。

④ 《蒋介石日记》，1971年5月10日，box 76，folder 11。

⑤ 《蒋介石日记》，1971年5月13日，box 76，folder 11。

从日记可知，蒋的心态上力求自保，静观待变，宁孤立而不愿屈辱求存。蒋经国 5 月 18 日来和蒋介石谈对美“外交”情势，蒋介石认为：“弱国外交不能不有内方外圆之作为，心中应有坚定决策，而外形则未到实行时间，应随环境而予相机应变也。……为对联合国方针，最后必须名正言顺，惟有光荣退出之一途耳。”① 他有意以弹性做法力保代表权，针对美国态度不宜过于强硬，但必须坚守底线。

蒋介石几乎每日都在思考代表权问题，传来的消息都是悲观的，“近日每天外交电报各十余通，皆漆黑一团，莫非各国与匪共谈判建交，使我不能不与之绝交之消息。”② 面对此困境，更坚定他的决心：“我不能不决定退出联合国，只要我能独立固守据点，则不必顾虑其后果，只要留得青山在，何患冬尽春不来。以对此再予忍受，实无益而反失人格也。”③ “国际混乱非法至此，实再无留恋之必要，应乘机退出以保我国格也。”④ 国有国格，人有人格，蒋介石对个人荣辱和“国家”前途进行考虑，道德诉求与现实利害在他的内心交战。

5 月 27 日，蒋介石被诊断出心脏扩大，医生嘱咐要休息三个星期，不能劳动与思虑。⑤ 对年事已高的蒋介石，不得不考虑身后事，他在 31 日的日记上表示：“为身后计，对联合国似应不完全退出而以不出席方式较为得计也。”如果身体康泰，能待至大陆“光复”以后，“则完全退出自可表示正义不屈也”。这充分显示蒋介石个人的意志力，对“光复”大陆的强烈心绪。蒋介石内心的煎熬，为时局的忧虑，终在 6 月 19 日病倒，至 7 月底才渐恢复。⑥

代表权问题关键在于安全理事会席次，得不到蒋介石的点头前，美国将按兵不动。“总统府”宣外组 7 月 9 日开会，由王云五主持，周书楷报告称蒋介石和中国国民党中央常务委员会都认为安理会席位不可动摇。周书楷随后出席亚太理事会第六届部长会议，7 月 13 日和 16 日两次密访日前外相爱知揆一，请日方对代表权事尽力相助。周书楷强调由于“国家”的基本立

---

① 《蒋介石日记》，1971 年 5 月 18 日，box 76，folder 11。
② 《蒋介石日记》，1971 年 5 月 20 日，box 76，folder 11。
③ 《蒋介石日记》，1971 年 5 月 20 日，box 76，folder 11。
④ 《蒋介石日记》，1971 年 5 月 25 日，box 76，folder 11。
⑤ 《蒋介石日记》，1971 年 5 月 27 日，box 76，folder 11。
⑥ 《蒋介石日记》，1971 年 6 月 18 日、19 日，7 月 29 日，box 76，folder 12、13。

场，在任何情况下，均不能考虑放弃安理会席位，故将来任何新方案，均不容损及“中华民国”在安理会的席位，这是最后底线所在。爱知特别问道：接受“复合的双重代表权案”是否已获蒋介石及高层的谅解？周书楷回复：为求有效击败阿尔巴尼亚等国提案，在不影响安理会席位的原则下，可考虑双重代表权案或复合双重代表案。周部长重申此点是朝野一致的立场，7月1日“总统府”秘书长张群与佐藤首相在汉城会谈时如此立场，行前晋谒“蒋总统”时，彼亦如此指示。① 7月16日，周书楷和爱知揆一二度会谈，双方决定先就变相重要问题案进行讨论，爱知表达日方对安理会席位的态度与“中华民国”极端坚决的立场有所不同。最后爱知恳切劝告绝不能退出联合国，周书楷响应道：“任何个人或国家，非至万不得已时，决无轻采自杀行为者。”②

7月间“外交次长”杨西昆赴非洲访问，途经澳大利亚时，曾与驻澳大利亚“大使”沈锜对谈，透露对时局的悲观。在杨西昆的观察中，蒋介石和宋美龄对联大的态度不同，蒋主张务实，宋美龄则受孔令侃的影响，主张强硬。去年联大结束后，杨表示曾向蒋介石、严家淦、张群和黄少谷及蒋经国等报告，主张务实，严、张及黄都同意他的看法。③

美国迟迟不决定中国代表权问题的方案，7月投下震撼弹，基辛格密访北京，尼克松总统15日宣布将访问大陆，严重冲击中国代表权的选情。国务卿罗杰斯（William P. Rogers）7月19日约见沈剑虹“大使”，表明如果“中华民国”坚持保全安理会席位，本届联大必将失败；如愿放弃该席位，美国或可助一臂之力。④ 美方正式要求“政府”默认放弃安理会席位。

“中华民国”在联合国代表权的命运实则已在北京基辛格和周恩来的会谈中决定。基辛格7月10日对周恩来解释美国对中国代表权案的处理，坦白

---

① 《外交部长周书楷在马尼拉与日本前外相爱知揆一第一次会谈记录》（1971年7月13日），《周部长就联大中国代表权问题与美、日政要使节谈话》，《外交部国组司档案》，档案号：640/90054。周书楷谓行前晋谒“蒋总统”时，得此指示。很可惜，日记6月23日至7月14日均缺，时蒋介石重病，无法印证。

② 《外交部长周书楷在马尼拉与日本前外相爱知揆一第二次会谈记录》（1971年7月16日），《周部长就联大中国代表权问题与美、日政要使节谈话》，《外交部国组司档案》，档案号：640/90054。

③ 沈锜：《我的一生：沈锜回忆录》第6册，联经出版公司，2000，第495页。

④ 《驻美大使沈剑虹报告美匪关系发展所作因应措施复印件》，《忠勤档案/匪伪外交》，《蒋经国总统档案》，“国史馆”典藏。见王正华编《中华民国与联合国史料汇编——中国代表权》，第512~514页。

地说："你们将会得到分配给中国的安理会席位，而当你们得到驱除台湾的三分之二票数时，你们将会是联合国的唯一中国代表。实际上，你们现在就会取得中国的席位。"① 周恩来虽然对基辛格来访提出四点要求：（1）承认中华人民共和国是中国的唯一合法政府；（2）承认台湾属于中国；（3）不支持"两个中国"或"一中一台"；（4）不支持"台独"运动。周恩来当基辛格问周恩来"承认中华人民共和国是中国的唯一合法政府"是否为尼克松访问的先决条件时，他表示"这不是绝对的"。② 充分显示出周恩来灵活的外交手腕。王世杰当时称：尼克松与中共对中国问题如有商谈，其成功与失败，"或将操之我总统蒋的态度"。③ 在国际变局中，蒋介石如何因应美国和北京的和解，对于周恩来的出招，的确决定于蒋介石如何接招。

蒋介石7月20日前后病体渐愈，他在日记中云："此乃尼克〔生〕宣布访问匪区消息之后心神渐振，由痛愤而至奋发所致也。"④ 尼克松曾专函致蒋介石，对未事前告知将访问大陆表示抱歉，但称保证维持协防台湾的协议。蒋决定"置之不理"。⑤ 21日闻美国参议院外交委员会通过废止授权总统援助台湾案，虽说不影响协防条约，实际的副作用亦不可小觑，蒋即指示严家淦等高层因应变局。22日"总统府"宣外组联合国项目小组会商，坚持蒋介石与墨菲会谈的内容，反对将安理会席位让予北京。⑥

"行政院"副院长蒋经国7月23日约见美国驻华大使马康卫，研商代表权案的最新发展，实际还代表蒋介石和美方直接沟通双方的看法。美国希望征得"中华民国"默认放弃安理会席位，尼克松总统宣布对联合国中国代表权的政策，有待"中华民国政府"态度的决定。马康卫表达个人看法，劝"政府"不要退出联合国，保有席位，否则正给予北京进入的机会；再者，近年来安全理事会的重要性已不若以往重要，宪章中虽有规定其地位，但多

① 《基辛吉与周恩来会谈记录》（1971年7月10日），张曙光、周建明编译《中美解冻与台湾问题——尼克松外交文献选编》，中文大学出版社，2008，第249页。

② 《基辛吉与周恩来会谈记录》（1971年7月10日），张曙光、周建明编译，《中美解冻与台湾问题——尼克松外交文献选编》，第246~247页。

③ 王世杰：《王世杰日记》第8册，中研院近代史研究所，1990，第296页。

④ 《蒋介石日记》，1971年7月29日，box 76，folder 13。

⑤ 《蒋介石日记》，1971年7月16日，8月27日补记，box 76，folder 13。

⑥ 《行政院长严家淦上总统蒋中正呈》（1971年7月23日），附件《外交部长周书楷致驻美大使沈剑虹第797号电》（1971年7月23日），《党政军文卷/05国际情势与外交/10联合国案（1）》，《蒋经国总统档案》，"国史馆"藏。见王正华编《中华民国与联合国史料汇编——中国代表权》，第539~541页。

数国家并不重视，反而是联合国会籍是独立自主国家的象征。蒋经国重申蒋介石和墨菲谈话的立场，认为《联合国宪章》明确规定“中华民国”为安全理事会常任理事国，如果放弃安理会席次，是属自我否定，此为政治问题，也是法统问题。蒋介石与墨菲大使谈话中曾指明安全理事会与联合国会籍应分别讨论。即使联合国大会通过“纳匪”一案，对安全理事会仍不受拘束，此为实质问题；并建议将联合国大会会籍与安全理事会席次分开来谈，先处理联合国代表权，以后再谈安理会问题。最后，马康卫说明目前形势“重要问题”已不受欢迎，即使修正案亦无法提出，如能放弃安理会席次，可用双重代表权案提会。蒋经国表示无法同意，必须回到蒋介石和墨菲谈话的基本立场，即不涉及安理会席位。①

决策高层经数日研商，态度稍有松动，采取较和缓的立场。7 月 27 日再电沈剑虹正式答复罗杰斯：（1）政府同意放弃使用以往的重要问题案。（2）同意美国与日本以“变相的重要问题案”，即任何排除一个创始会员国的提案是《联合国宪章》的重要问题。（3）期望美、日联合其他友邦以全力击败阿尔巴尼亚案。另有三点告美方而要绝对保密并勿列入记录：

> （1）倘各友邦如美国、日本确认为有提出双重代表案以击败阿案之必要，我国可予以了解，惟切勿在案中提及我国在安理会之常任理事席位。
>
> （2）倘其他国家拟对以修正案方式或单独提案方式剥夺我国在安理会之合法席位，务期美、日两国切勿参加联署及勿投票支持。
>
> （3）我国对任何方式之双重代表案，均必须发言反对。②

“政府”不再坚持采重要问题案，并默认双重代表案，但仍不同意涉及

① 《行政院副院长蒋经国与马康卫大使谈话纪录》（1971 年 7 月 23 日），《忠勤档案/67 中美关系（13）》，《蒋经国总统档案》，“国史馆”藏。见王正华编《中华民国与联合国史料汇编——中国代表权》，第 535～539 页。

② 《外交部长周书楷致驻美大使沈剑虹第 798 号电》（1971 年 7 月 27 日），《党政军文卷/05 国际情势与外交/10 联合国案（1）》，《蒋经国总统档案》。见王正华编《中华民国与联合国史料汇编——中国代表权》，第 542～543 页。钱复承办电稿，据其回忆，此电 7 月 25 日由“蒋总统”亲自核定，文字和发电有出入，“供沈大使个人密参”三点，原电是要告诉“沈大使”告诉美方的；又蒋在第三点“我方对任何形式的双重代表案，必须发言并投票反对”。核定时将原文有“并投票”三字删除。钱复：《钱复回忆录》卷一《外交风云动》，第 150～151 页。

安理会席位。美国务卿罗杰斯 7 月 30 日约见沈剑虹和刘锴，说明即将宣布的确保“中华民国”代表权方案，就是先通过变相重要问题案（排除会员需三分之二多数），次设法争取优先通过双重代表案，希望“政府”至少能默认安理会常理事席位让予北京，才有胜算。①

针对安理会问题，张群 8 月 1 日与日本首相佐藤荣作会谈，再向日方寻求奥援。由于日本有退出国际联盟的深刻教训，佐藤首相亦劝告：“贵国处此逆境，为徐图规复计，总要留点火种。”张群回答：“我国非不懂忍辱负重之理，但中共如进入联合国，且并得安理会席次，则我即使忍辱不去，最多亦不过维持一两年。莫若毅然离去，尚可维系我国内人心，否则立场不明，我内政上困难，将相继发生，不堪设想。”②“政府”顾虑“外交”失利将衍生“内政”上的挑战。

8 月 2 日，罗杰斯国务卿正式宣布美国对“中华民国”代表权的立场：（1）提“变相重要问题案”，即排除“中华民国”为重要问题，关于北京入会则不在案中；（2）另提双重代表案，使北京得以入会；（3）至于安理会席位由何方担任，由大会多数意见决定。美国以“双重代表权”解决中国代表权长年以来的争议，构想是：“在一个国际组织中的代表权，不需要损害两个政府中任何一个政府的主权要求或看法。”③ 第三点是响应“政府”立场，并未明确指明安理会席位由北京取得。

8 月 6 日上午，“外交部”召集驻亚太地区的使节会议，周书楷报告联大代表权所遭遇的新情势，驻日“大使”彭孟缉引日本朋友的话说：我们应在“面子”与“实利”之间，作一选择。最后讨论向各友邦洽助的节略内容，双重代表权一节既要友邦支持，自己又不能赞成，实在很难自圆其说。据与会的驻澳大利亚“大使”沈锜观察，“与会诸人的意见，大多趋于妥协，甚至于安理会的常任理事给中共拿去后，我们也不退出”，但周书楷未响应，“可能是蒋公尚未点头”。④ 下午，蒋介石和宋美龄在阳明山举行茶会款待各“使节”，听取大家对代表权的意见，勉励大家努力奋斗捍卫“国家”权益。

---

① 《驻美大使沈剑虹联合国常任代表刘锴致外交部次长第 044 号电》（1971 年 7 月 30 日），《党政军文卷/05 国际情势与外交/10 联合国案（1）》，《蒋经国总统档案》。见王正华编《中华民国与联合国史料汇编——中国代表权》，第 543 ~ 545 页。

② 《总统府秘书长张群与日本总理佐藤谈话记录》（1971 年 8 月 1 日），《联大中国代表权因应策略》，《外交部国组司档案》，档案号：640/90046。

③ 七十年代月刊编《中美关系档汇编（1940 ~ 1976）》，七十年代月刊，1977，第 290 页。

④ 沈锜：《我的一生：沈锜回忆录》第 6 册，第 501 ~ 502 页。

在茶会即将结束时，宋美龄突然发言，表示处理“外交”事务，立场不能过于软弱，“国有国格，人有人格”，钱复当即感到日后工作上似乎不易有弹性。① 沈锜日记亦记有：“他（指蒋）是勉励大家努力自强，夫人则比较强硬，她说人有人格，国有国格，不能太迁就。”②

宋美龄的讲话，主张坚守“国格”，立场强硬，钱复和沈锜都有同感。宋美龄在“外交”上是否影响蒋介石的决策，从蒋介石12月日记中可见一斑：“此等政客成事不足败事有余，此乃吾妻专听令侃一面之词所致，今国运至此令侃之罪不小也。”③ 这是承认受到宋美龄的影响，当初接待竞选失利的尼克松是孔令侃牵线。

四 安全理事会席位与肯尼迪总统保证的破灭

自基辛格打开通往大陆的管道，美国对北京立场丕变，国际上趋之若鹜，北京也摆出高姿态，示意不急于进入联合国，这反而使各国更急于表态支持。“中华民国”的处境更是艰难，美国的提案无法获得多数的签署国，甚至日本也不参加。当时安全理事会的成员有8国已承认北京，另有2国认为在北京应拥有席位的情况下，“中华民国”要保有安理会席位是很困难的。④ 8月间，基辛格向尼克松分析：除非双重代表权案能包括安理会席位，否则不可能保住“中华民国”的联合国席位。⑤

8月21日下午，蒋介石召见“国家安全会议”秘书长黄少谷，研讨对代表权案的策略，⑥ 其对安理会的坚持似有松动。25日，蒋指示：联合国代表权案除罗杰斯所发表三原则之外再不能迁就，尤以安全理事会席次不能提及在内。如为战术运用起见，则在全会内修正，以安理会席次暂给北

① 钱复：《钱复回忆录》卷一《外交风云动》，第152页。

② 沈锜：《我的一生：沈锜回忆录》第6册，第502页。沈锜对大病后复出的蒋介石描述如下：“一年不见，蒋公略显老态，眼皮下坠，但头脑清楚，口齿便捷，精神也不错。”

③ 《蒋介石日记》，1971年7月，“上月反省录”，12月14日补记，box 76，folder 13。

④ 赵璐：《尼克松政府与联合国中国代表权问题1969～1971》，硕士学位论文，郑州大学，2007，第45页。

⑤ Memorandum From the President's Assistant for National Security Affairs（Kissinger）to President Nixon，*Foreign Relations of United States*（以下简称*FRUS*），1969－1976，Nixon－Ford Administration vol. 5，United Nations，1969－1972（Washington：United States Government Printing Office，2005），pp. 799－802.

⑥ 《蒋介石日记》，1971年8月21日，box 76，folder 14。

京，则较提案中主动让给北京为佳也。[①] 安理会席位可由修正案中提出，但不能出现在美国提案内，这点是蒋介石最大的让步。26日，蒋介石召集最高干部会议讨论联合国代表权提案问题，蒋仍坚持主张提案中不能提安理会席次给北京的字样，否则无异逼“中华民国”退出联合国，并嘱日本警告美国。[②]

美国驻联合国常任代表8月27日正式致函联合国秘书长，提出“中国在联合国之代表权”，主张中华人民共和国应有代表权，同时应规定不剥夺中华民国的代表权。[③] 然至8月31日，马康卫向周书楷报告，由于蒋介石及其主要顾问均认为美国应尽早将单纯双重代表权案（Simple Dual Representation）（即不涉及安理会席位）及变相重要问题案提出，同时亦要求美国及日本切勿联署任何复合双重代表权案（包括北京取得安理会席位）。美方依照此方式进行，结果各国反应冷淡，过半数以上国家认为应在一开始时即将安理会席位作明确规定。连日本政府的态度都已动摇，美国希望能得到“中华民国”政府对于安理会问题的最后立场。[④] 马康卫以推行不利为借口，称美国联署复合双重代表权案将不可避免，对“政府”施压，强迫其接受现实，使之自动放弃安理会席位。

情势随大会时间的接近更加严峻，蒋介石坚持不主动放弃安理会席位，而美国使出了撒手锏。9月8日，罗杰斯径自将双重代表权案包括北京拥有安理会席次在内的新决定通知“外交部”，并要求“政府”默许放弃安理会席位并密劝友邦支持。[⑤] 蒋介石9日晨见罗杰斯致周书楷电，借口以时间关系，事先未征得同意，并要求勿与美国争辩，蒋介石气得在日记骂美国“出此下流阴谋”。[⑥]“政府”高层经慎重考虑后，答复美方无法接受，故复合双重代表权案提出“中华民国政府”必须发表强烈反对声明，今后在各阶段均

① 《蒋介石日记》，1971年8月25日，box 76，folder 14。

② 《蒋介石日记》，1971年8月26日，box 76，folder 14。

③ 《中华民国出席联合国大会第二十六届常会代表团报告书》，“外交部国务组织司”编印，第6～7页。

④ 《外交部长周书楷接见美国大使马康卫谈话记录》（1971年8月31日），《周部长就联大中国代表权问题与美、日政要使节谈话》，《外交部国组司档案》，档案号：640/90054。

⑤ Telegram From the Department of State to the Embassy in the Republic of China, September 8, 1971, *FRUS*, 1969－1976, Nixon－Ford Administration vol. 5, United Nations, 1969－1972, pp. 802－804.

⑥ 《蒋介石日记》，1971年9月9日，box 76，folder 15。

发言反对。①

“总统府”宣外组于9月10日举行会议，周书楷报告外交情势，委员黄少谷、谷正纲、陈裕清、徐晴岚、曹圣芬等发言，主要意见是：如果复合双重代表权案通过，“中华民国”安理会席位确定不保，惟在北京未表明态度前，“政府”绝不可揭露底牌，必须坚持最后五分钟，奋斗到底；“外交首长”则主张应力持坚定。② 决策高层开始为最坏的结果预作准备，如改变对苏联报道意味着“政府”对俄关系的调整。

9月11日，蒋经国召见钱复谈代表权案，指示三点：（1）应探明美方是否有助“中华民国”诚意；（2）对苏联动向要密切注意；（3）“政府”的立场是，如美方提案通过，北京因“中华民国”在联合国而拒绝前来，应坚守阵地；但倘阿尔巴尼亚提案有通过迹象时，应先主动退会。蒋“副院长”明确指示，应尽量争取留在联合国内，因国际情势多变，一年之内中苏共关系可能有剧烈变化，必须充分利用留在联合国内的机会。③ 阿案通过前要主动退会的原则已确定。

中国国民党中央常会9月13日对如何维护联合国代表权问题，举行谈话会，与会委员严家淦、张其昀、郑彦棻、谷正纲、黄少谷、倪文亚等人各抒己见。谷正纲的看法，认为如果北京加入安理会，事实上“中华民国”即无法继续存在，故须毅然退出，除非北京观望不前，否则仍应在联合国内继续斗争。倪文亚发言：（1）应否退出联合国，不应在理论上研究，而应从事实上能不能留下来一问题上研究；（2）虽然国家不比个人，不能宁为玉碎，但至少我虽为瓦全而不可得全时，则委曲尚复何用。黄少谷认为如台湾自动退出，则等于阿尔巴尼亚案通过，已无选择，故在阿案通过未成定局之前，自不能自动退出，而应奋斗到底。会中对美国提出包括中共取得安理会席次的复合双重代表权案，必须坚决声明反对，并投反对票，以表明严正态度。主席袁守谦总结如何维护联合国代表权为当前“党国”重大决策问题，究应如何决策，要审慎研究，毕竟国民党的决定要对历史负责。④ 是否应该退出联

---

① 《外交部北美司长钱复致驻联合国代表刘锴第267号电》（1971年9月10日），《联大中国代表权因应策略》，《外交部国组司档案》，档案号：640/90046。

② 《宣传外交综合研究组第265次会议报告》（1971年9月11日），《党政军文卷/05国际情势与外交/09宣传外交综合研究组会议报告》，《蒋经国总统档案》。

③ 钱复：《钱复回忆录》卷一《外交风云动》，第152~153页。

④ 《台北（60）中秘字第116号张宝树呈》（1971年9月16日），《蒋中正总裁批签档案》，1971年分第2册，中国国民党文化宣传委员会党史馆藏。

合国？什么时间点退出？主政的国民党如何决策是要对历史负责，国民党决策高层意见倾向退出者居多数，关键仍在于蒋介石如何定夺。

“中华民国”代表团团长周书楷9月15日飞美，在会见美国务卿罗杰斯前，蒋介石特别电话指示，如果罗杰斯迫“中华民国”放弃安理会席位，应予“坚决反对”，并重申美国的保证。蒋介石气愤美国非但不兑现其保证，反要“中华民国”同意将安理会席位让出，“此种不守信义之行动吾人坚决反对，乃为其迫我退出联合国之所为，美国应负其一切责任”。①

蒋介石最后的“王牌”，就是1961年10月美国为阻止他否决外蒙入会案，肯尼迪总统曾对他所做的私下保证：“在任何时间，如为阻止中共进入联合国而有必要并能有效使用否决时，美国将使用该项否决。”② 蒋介石原先是要求美国政府公开保证，必要时在安理会动用否决权以保障“中华民国”席位。③ 由于美国不愿也不能公开作此承诺，几经交涉，最后同意以个人私下口信和秘密的方式进行。当年蒋介石为表示对肯尼迪的信任和友谊，同意由美国驻华大使庄莱德（E. F. Drumright）以口头方式传递这项保证。④ 然肯尼迪指示是以“朋友的方式”交付蒋这个承诺，当是“私下交换政策意见而非机密谅解”。⑤ 肯尼迪的用意就是要安抚蒋介石放弃对外蒙案的否决，并没有诚意实践承诺；然对蒋介石而言，这是牺牲对外蒙入会否决换取的保证。

当1970年联合国情势不利，蒋介石思考因应联合国地位恶化的对策，认为握

---

① 《蒋介石日记》，书于1971年8月2-3日条，9月16日补记，box 76，folder 14。

② Message from the Chief of the Central Intelligence Agency Station in Taipei (Cline) to the President's Special Assistant for National Security Affairs (Bundy), October 14, 1961, *FRUS*, 1961-1963, Vol. 22: Northeast Asia (Washington: United States Government Printing Office, 1966), pp. 156-157. 中方讨论译稿，见《蒋介石和肯尼迪相互信任协议草案》（1961年10月14日），《特交档案分类数据—外交：对联合国外交》第20卷，《蒋中正总统档案》，“国史馆”藏。《许绍昌致沈昌焕电》（1961年10月17日），《许次长交下“外蒙古”卷》，《外交部秘书处档案》，档案号：805/0117。关于肯尼迪的保证，详见王正华《蒋介石与1961年“蒙古人民共和国”入会案》，《国史馆馆刊》第19期，2009年3月。

③ 《总统蒋中正致驻美大使叶公超西微电》（1961年10月5日14时20分，台北），《特交文电——领袖事功之部：柒、领导革命外交—我与联合国》，《蒋中正总统档案》，“国史馆”藏。

④ “Message from the Chief of the Central Intelligence Agency Station in Taipei (Cline) to the President's Special Assistant for National Security Affairs (Bundy),” October 14, 1961, *FRUS*, 1961-1963, Vol. 22, p. 157.

⑤ “Message from the Chief of the Central Intelligence Agency Station in Taipei (Cline) to the President's Special Assistant for National Security Affairs (Bundy),” October 16, 1961, *FRUS*, 1961-1963, Vol. 22, p. 158, footnote 2.

有两个基本保障，一是台澎金马基地一千四百万人口，只要政府不自弃，无人能否认“中华民国”在联合国的地位；二是美国对安理会席位曾有条约保证，除非其毁约或为普通程序案，“中华民国”常任理事无人能变动。蒋介石虽也知后者不可靠，但确信公理必可获胜。[①] 蒋介石是将肯尼迪的保证视为“条约保证”。

1970 年 12 月 31 日蒋介石主持“外交”会谈时，提出此项保证，并认为是“书面保证”。刘锴曾提出质疑：“关于肯尼迪故总统的书面保证，尼克松总统对此项承诺的态度似不甚坚定。”并建议与美国会商时，请最高层作一重新保证。美国如果决心维护“中华民国”安理会席位，即使安理会中意图以程序方式排挤台湾，美方亦可认定此程序问题为实质问题，而进行双重否决。蒋介石最后指示：“至于甘总统之书面保证，在约翰逊（Lyndon B. Johnson）总统执政时，鲁斯克国务卿曾亲自告余：政府虽有变更，国家承诺仍然存在。外交部应迅即洽促美方，承诺此一书面保证。”[②]

刘锴当年于 1 月约晤美国驻联合国代理常任代表菲立蒲，表示维护联合国席位，“政府”特别重视在安理会席次，务求其能确保，并转述蒋介石的指示，希望现任政府对肯尼迪总统的承诺能续予尊重，菲立蒲同意转告国务院。[③] 但未见下文。5 月间，驻美“大使”沈剑虹赴任前经东京和日本政界相商代表权事，奉命对日本外相爱知揆一和贺屋兴宣议员透露 1961 年 10 月美国的秘密保证，并仅可报知首相佐藤荣作。[④]

周书楷、刘锴和沈剑虹纽约时间 9 月 16 日上午前往国务院与罗杰斯国务卿会谈，罗杰斯分析了情势的艰险，称变相重要问题案及复合双重代表权案均可能招致失败。周书楷表示，如美国不愿见“中华民国”被联合国排出，则希望美国政府“遵守昔日肯尼迪总统的承诺，必要时在安理会行使否决权。”罗杰斯回答：“此点在程序上能否办到殊多疑问，除非美国从联合国撤退，使此一组织瓦解，别无其他有效办法，但此为事实上所不能办到者。”[⑤]

---

① 《蒋介石日记》，1970 年 10 月 17 日，box 76，folder 16。

② 《蒋中正总统主持外交会谈纪录》（1970 年 12 月 31 日）《外交会谈密卷（代表权案）》，《外交部秘书处档案》，档案号：818.3/0005。

③ 《驻联合国常任代表刘锴致外交部电》（纽约，1971 年 1 月 12 日），《中日美会商我代表权问题（第 1 册）》，《外交部国组司档案》，档案号：640/90072。

④ 《关于联合国中国代表权问题中日东京会谈纪录》，《忠勤档案/45 联合国》，《蒋经国总统档案》。见王正华编《中华民国与联合国史料汇编——中国代表权》，第 499 页。

⑤ 《外交部长周书楷致外交部常务次长陈雄飞政务次长蔡维屏电》（纽约，1971 年 9 月 16 日 19 时发，9 月 17 日 15 时收），《我在联合国代表权》，《外交部秘书处档案》，档案号：818.4/0003。

罗杰斯拒绝了“中华民国”的最后希望，肯尼迪的承诺化为泡影。

美国决定将“中华民国”在联合国安理会席次让给北京，对蒋介石而言，“乃为最重大的打击”。[①] 9月18日，蒋介石透过黄少谷电示周书楷，美国维护“政府”的立场和诚意愈来愈难捉摸，除依预定步骤继续坚忍苦斗外，必须提高警觉，判明变相重要问题案和双重代表权案两案无望通过，而当阿尔巴尼亚案通过成定局时，断然主动退会，以免完全陷于受辱地位；再者，退会时要发表正大声明，以明历史是非，此声明政治性重于外交性，必须呈核。[②] 蒋介石确定美国对安理会支持无望，变相重要问题案无法通过而阿尔巴尼亚案成定局时，决定主动退出联合国。作此重大决定后，当晚，蒋介石犯晕眩症，医生诊断后认为是用药不当造成。他自己认为与“外交用脑太过刺激”有关。[③] 翌日，蒋介石感到腰部伤痛，甚为不适，但仍苦思联合国进退问题，他认为：“决定大计与政治必须先论是非而后再计利害。此次联合国之进退必以是非为重，故决退出以保全国家之尊严不为世人所奴视。”依蒋所见，“退出之举，在道义与法理”，是“利多而害少”。[④]

蒋介石对联合国去留问题，再三考虑，反复思索，到此地步，只有两条路：一是退出联合国；二是严正声明北京进入安理会是违宪非法之案，如此案不取消，则“中华民国”代表决不出席，但合法的代表权不容剥夺。[⑤] 退出与不出席二者之间，不出席于事无补，没有作用。

9月24日，“总统府”宣外组讨论对联合国最后态度，王世杰认为如能保留大会席位，北京政权被选入联合国及其安全理事会常任理事，“中华民国”不宜退出或完全缺席，仍应出席联大会议，可以严厉抗议其决定之违宪。王言其主张得到谷正纲、黄少谷等支持，至于最后决定自需最高当局为之。[⑥] 王世杰是主张坚不退出联合国，然面对历史性的抉择，只有蒋介石能下最后决定。

第26届联合国大会“中华民国”代表权保卫战，对蒋介石而言，是“置死

① 《蒋介石日记》，1971年9月17日，box 76，folder 15。

② 《国家安全会议秘书长黄少谷致外交部长周书楷电》（1971年9月18日），《党政军文卷/05国际情势与外交/10联合国案（1）》，《蒋经国总统档案》。见王正华编《中华民国与联合国史料汇编——中国代表权》，第580页。

③ 《蒋介石日记》，1971年9月18日，box 76，folder 15。

④ 《蒋介石日记》，1971年9月19日，box 76，folder 15。

⑤ 《蒋介石日记》，1971年9月22日，box 76，folder 15。

⑥ 王世杰：《王世杰日记》第8册，第323～324页。

生于度外最后一战”，他感叹“今后年老地狭，民族危殆，再无退后余地，只有与强权决一战而已。”[①] 面对当前的困境，他引《荒漠甘泉》语：“可爱的生命来自痛苦和悲伤，受了打击的灵魂心上带着荆刺而歌唱”自况。[②] 但联合国传来的消息一直难以乐观，他一贯主张“与其落选，不如自动退出”，时正逢林彪事件发生，他对中共内部的动乱，是否能为光复大陆的机会，存一线希望，“成败之数听之于上帝”。[③] 蒋介石此刻以信仰支持自己的信念，“平生所遭遇者不知凡几，只要坚持真理到底，信赖上帝保佑，必能转危为安，逢凶化吉。”[④]

10 月初，蒋介石开始审修退出联合国声明及双十节文稿，感到“颇为费心”。2 日记下：“决心以汉贼势不两立与勿为瓦全之精神，实行退出联合国也。”[⑤] 接连数日，再三考虑退出联合国声明，强调北京政权不可替代“中华民国”席次的要点，劳神费心，竟至影响睡眠，“近夜熟睡之时间皆不足五小时，白天假眠又不能成睡为苦”。[⑥]

当联合国开始辩论中国代表权时，基辛格正在北京访问，这对“中华民国”不啻致命一击。“总统府”宣外组 10 月 8 日开会，“外交部”次长陈雄飞报告联合国情势甚属不利，委员王世杰、王云五、黄少谷、郑彦棻、曹圣芬等发言，主张运用《联合国宪章》第 6 条，排除会员国为会籍问题，须经安理会通过，美国必要时应行使否决权，虽美国表示不可能办到，但“政府”仍应据理力争，以表明立场。至于退出联合国的时机，一是如双重代表权案通过，北京接受入联合国，则“中华民国”席位欲再拖一年亦不可能；一是美案失败，“中华民国”被排斥，应根据宪章发表声明，且不待阿案通过被迫走出会场时再行说话，而应判断阿案将通过时即做充分准备。[⑦] 最后退出联合国时机的选择，即依此原则。

10 月 14 日，周书楷电话向黄少谷请示可否不在重要问题案失败后便声明退会，而延至阿案表决后。蒋介石当日下午召集严家淦、张群、蒋经国、

① 《蒋介石日记》，1971 年 9 月 20 日，box 76，folder 15。

② 《蒋介石日记》，1971 年 9 月 26 日，box 76，folder 15。

③ 《蒋介石日记》，1971 年 9 月 25 日、27 日，box 76，folder 15。

④ 《蒋介石日记》，1971 年 9 月 29 日，box 76，folder 15。

⑤ 《蒋介石日记》，1971 年 10 月 2 日，box 76，folder 16。

⑥ 《蒋介石日记》，1971 年 10 月 4 日、5 日，box 76，folder 16。

⑦ 《宣传外交综合研究组第 267 次会议报告》（1971 年 10 月 9 日），《党政军文卷/05 国际情势与外交/09 宣传外交综合研究组会议报告》，《蒋经国总统档案》。王世杰：《王世杰日记》第 8 册，第 328 页。

黄少谷、郑彦棻、陈雄飞会商，裁示如下：

> 如重要问题案未能获得先议权或该案本身表决失败，我应声明退会。但美、日等友邦如决采补救措施，如对阿案提修正案或要求分段表决等，则稍后以观补救措施有无效果，如无效则我必须在阿案表决前声明退会。①

周书楷在未接到上述裁示前，曾与刘锴、杨西昆、薛毓麒诸代表再审慎研议，共同条陈五点理由，请求于阿案表决后再声明退会。第一线作战的外交人员，希望参加阿案表决，投下反对一票，以示奋斗到底的精神；阿案如终获通过，应争取解释投票权，当场宣读退会声明，重申严正立场。②

16日，蒋介石对退出联合国声明稿再加指示，并和蒋经国讨论。③ 17日，蒋介石开始起草退出联合国后告全国军民书的要点。④ 18日下午黄少谷报告周书楷等意见，蒋批示："周部长意见不可。"⑤ 蒋自书："决定自动退出联合国，保存光荣历史。"⑥ 蒋介石19日上午与黄少谷商谈，令黄转告周书楷等退出联合国的决心，切勿动摇犹豫。⑦ 至此，蒋介石心意已决，退出联合国势成定局。

当美国不可信赖时，蒋介石曾进行联俄的试探。周书楷部长5月12日对美联社记者发表谈话称："在某种时机下，我国将与苏联来往。"这句话不是空穴来风，事实上双方是在进行秘密商谈，只是时机尚未成熟。因美国为北京进入联合国铺路，企图联北京以制苏联；苏联和北京既不能共存，而美国又是大敌，蒋介石利用北京和苏联的矛盾，透过驻墨西哥大使陈质平秘密和

---

① 《国家安全会议秘书长黄少谷上总统蒋中正呈》（1971年10月18日），《党政军文卷/6 国家安全与秩序/9 国家安全会议签呈（3）》，《蒋经国总统档案》。《蒋介石日记》，1971年10月14日。

② 《周书楷致黄少谷电》（1971年10月14日），黄少谷于台北时间10月15日傍晚收到，因对其中文字有疑问，于16日电询周书楷，17日得周部长电话说明，于18日送呈。《党政军文卷/6 国家安全与秩序/9 国家安全会议签呈（3）》，《蒋经国总统档案》。

③ 《蒋介石日记》，1971年10月16日，box 76，folder 16。

④ 《蒋介石日记》，1971年10月17日，box 76，folder 16。

⑤ 《国家安全会议秘书长黄少谷上总统蒋中正呈》（1971年10月18日），《党政军文卷/6 国家安全与秩序/9 国家安全会议签呈（3）》，《蒋经国总统档案》。

⑥ 《蒋介石日记》，1971年10月18日，box 76，folder 16。

⑦ 《蒋介石日记》，1971年10月19日，box 76，folder 16。

苏联代表柯君联络。①

陈质平10月19日电蒋介石："我已忍痛让出安理会席次，退至最后限度，但尼克松对我似无诚意支持。"在此最严重关头，他数度与苏联代表柯君洽商，请其设法劝其友邦弃权，减北京票数。然柯君回报上级，认为在投票前夕，基辛格又往大陆，增加对"中华民国"不利气氛，此不啻尼克松为北京拉票，使彼方不得不慎重行事。② 寻求苏联在背后运作，亦无所作为。墨西哥则于11月17日和"中华民国"断交，这条线随陈质平返台而戛然终止。③ 周书楷亦证实在此次联大代表权案投票前夕，曾与苏联代表密洽。④

所有坏消息纷至沓来，蒋谓："平生苦痛刺激，此时又其一也。"10月21日上午，蒋介石接见黄少谷，据驻纽约联合国代表团来电，黄劝蒋电尼克松发言助"中华民国"，蒋表示"此不能为力"而拒绝。下午再修退出联合国声明文稿。⑤ 直到联合国表决前二日，黄少谷还请蒋介石电三国家元首支持"中华民国"代表权，得蒋同意。黄少谷为联合国代表权设法奔走而尽力，蒋介石亦觉"其心甚苦也"。⑥ 蒋最后可以有求于其他各国，而拒绝向尼克松低头，亦可谓最后用尽所有的办法。

"总统府"宣外组22日开会，王世杰坚持主张即便联大决议通过阿尔巴尼亚案，"中华民国"也绝不宣告退出，不承认联大决议，排除会员国未先经依联大宪章第6条规定，由安理会决议，不能生效，"中华民国"在联合国地位仍存在。王谓该组多数委员同意其意见。⑦ 王世杰的主张，蒋介石并非没有考虑过，但现实上是做不到的。

联合国总辩论中国代表权自10月18日开始，而再访北京的基辛格10月20日、21日和周恩来密集会谈。基辛格对周恩来申明，美国绝不会鼓励

---

① 《驻墨西哥大使陈质平致王正谊密呈总统蒋中正电》（1971年5月24日），《党政军文卷/05国际情势与外交/51外交——台湾在联合国席次关键于美国》，《蒋经国总统档案》。

② 《驻墨西哥大使陈质平致王正谊密呈总统蒋中正电》（1971年10月19日），《党政军文卷/05国际情势与外交/51外交——台湾在联合国席次关键于美国》，《蒋经国总统档案》。

③ 《驻墨西哥大使陈质平致王正谊密呈总统蒋中正电》（1971年11月16日、17日），《党政军文卷/05国际情势与外交/51外交——台湾在联合国席次关键于美国》，《蒋经国总统档案》。

④ 《宣传外交综合研究组第270次会议报告》（1971年11月20日），《党政军文卷/05国际情势与外交/9宣传外交综合研究组会议报告》，《蒋经国总统档案》。

⑤ 《蒋介石日记》，1971年10月21日，box 76，folder 16。

⑥ 《蒋介石日记》，1971年10月23日，box 76，folder 16。

⑦ 王世杰：《王世杰日记》第8册，第332～333页。

“两个中国”或“一中一台”的谋划，不管这些谋划以何种形式出现，美国将致力在“一个中国”的框架内以和平手段解决问题。周恩来对基辛格表明反对美国在联大提出的中国代表权案，基辛格解释“双重代表权”是避免明确表明“两个中国”政策的方案。周恩来强调，对中国人而言，台湾地位比中国在联合国的席位重要，如果美国的立场占优势的话，北京将会拒绝加入联合国。① 基辛格在关键时刻访问大陆，对北京在联合国叩关成功，绝对发挥临门一脚的助力。

中国代表权案经过冗长的辩论，10月25日下午投票，变相重要问题案表决失利，美国常任代表布什要求将阿尔巴尼亚案分段表决，即删除有关排除“中华民国”之一段，但仍遭打消。至此“中华民国”代表团一切抵制阿案方法用尽，只有按照原定计划，在阿案表决前提出程序问题要求发言，周书楷宣布，大会否决“认定排除中华民国为重要问题的决议草案”，是公然违反宪章关于排除会员国的规定，决定不再参加本届大会任何进一步的议事程序。“中华民国”代表团退出全体会议会场后，转至邻室举行记者招待会，发表退出联合国的公开声明，其后以联合国的正式档经联合国新闻处以第NV/272号新闻发布。② 双重代表案根本没有表决的机会，诚如前国务卿鲁斯克所言：“在外交上，1971年尼克松政府在联大提出之双重代表的策略是行不通的双面外交。”蒋介石在1964年未接纳鲁斯克双重代表的建议，以致拖延至1971年，双重代表的安排也已失去其时效及机会了。③ 蒋介石后于11月29日召见钱复，表示大家都已尽力，在全团未出发前，已预做退会的心理准备。④

10月25日下午，蒋介石为联合国案召开了“国家安全会议”；翌日，蒋介石集合高级干部商讨对联合国代表团的善后。⑤ 蒋介石自10月底即赴高雄西子湾避寿，11月6日，蒋经国来谈一般情况，尚称平定。⑥ 10日，蒋介石主持中央常会指示“外交方针”，认为此时对美国与北京，“只有静之看，不

① 《基辛吉10月份访问中国时的情况简介备忘录》（1971年11月），张曙光、周建明编译《中美解冻与台湾问题——尼克松外交文献选编》，第547~548、549页。

② 《中华民国出席联合国大会第二十六届常会代表团报告书》，第105~110页。

③ 王国璋：《中共如何取代我国在联合国之席位》，《问题与研究》第32卷第5期，1993年5月，第23页。

④ 钱复：《钱复回忆录》卷一《外交风云动》，第166页。

⑤ 《蒋介石日记》，1971年10月25日、26日，box 76，folder 16。

⑥ 《蒋介石日记》，1971年11月6日，置于“上星期反省录”，box 76，folder 17。

可操之过急，自乱步调”；又召见俞国华，研究金融与经济趋势并无恶化情形，物价亦甚稳定。① 各方显示台湾局面在控制之中。退出联合国后引发对外交路线的讨论，有主张联络苏联者，宣外组11月19日开会，委员王云五、胡建中公开建议联俄，甚至“不计成功与否可以进行”。② 中央常会邀请经济部长孙运璇就退出联合国后，“针对国际新情势我经济部门应采之措施”提出报告，蒋介石指示：“最坏之打算，尽最大之努力，以谋肆应。”③

退出联合国，对蒋介石的晚年而言，不啻是一重大打击，他以“雪耻图强、孤军奋斗”自勉，并记：“本周退出联合国，在外表上虽为予我一个莫大的打击，但在内心上实为数年来最大之心愿。今日决心断行，乃心安理得，又一雪耻图强之开始也。”④ 值此“最黑暗之时期”，对“对光复大陆之信心毫不动摇，且有增无已”。⑤ 内心要真的不在乎也难，蒋介石为联合国去留“心神煎熬可谓极矣。”⑥ 他不断地告诉自己：“古语云：生死置之度外，存亡听之天命，只要心安理得，正大光明而已。目前与未来之区区荣辱艰险，何足为计。”⑦

对政局的最大影响，就是蒋介石决定参选1972年的“总统大选”。11月8日，他想到明年为“总统大选年”，“为个人进退为国家安危关键最大，公私利害、生死存亡，应皆为公为国也。”⑧ 先是他考虑年老体衰实难再应候选，如推荐严家淦必不能得国民党全会及“国民大会”同意，大家一定推举蒋经国出任，蒋介石不同意以子继父。⑨ 经十日的思考，蒋认为今后救国唯一之道，“只有不顾本身之健康与生命如何，继任下一任之总统职位而已。”⑩ 再思对北京和尼克松“最大之一击且予其最足致命之一击”，“惟有明春当选

① 《蒋介石日记》，1971年11月10日、11日，box 76，folder 17。

② 《宣传外交综合研究组第270次会议报告》（1971年11月20日），《党政军文卷/05 国际情势与外交/9 宣传外交综合研究组会议报告》，《蒋经国总统档案》。

③ 《台北（60）中秘字第137号张宝树呈》（1971年12月2日），《蒋中正总裁批签档案》，1971年分第2册，中国国民党文化宣传委员会党史馆藏。

④ 《蒋介石日记》，1971年10月30日，“上星期反省录”，box 76，folder 16。

⑤ 《蒋介石日记》，1971年11月2日、3日，box 76，folder 17。

⑥ 《蒋介石日记》，1971年11月3日，box 76，folder 17。

⑦ 《蒋介石日记》，1971年11月20日、23日、23日“杂录”、24日，box 76，folder 17。

⑧ 《蒋介石日记》，1971年11月8日，box 76，folder 17。

⑨ 《蒋介石日记》，1971年11月13日，box 76，folder 17。

⑩ 《蒋介石日记》，1971年11月25日，box 76，folder 17。

第五任之总统”，故决心不辞。① 蒋介石认为，此次“国难”的严重为历来所未有，“自有其独立自强，有志竟成之道也。”② 他决定接受连任下届“总统”，团结内部，加强军事与国防科学，力求独立自保。③ 当时以蒋介石的年龄体力皆应该退休，“当此国难严重、敌势重压，如告退休，国脉民命无法保存”。④ 强烈使命感的驱使，蒋介石无法放下重担，至死方休。

蒋介石在处理1971年中国代表权时，就看到了蒋经国预备接班的态势。他不仅参与机要，还当蒋介石身体出状况，甚少外出时，作为其掌握对外情况的渠道。

蒋经国曾于11月5日召钱复来寓所长谈一百分钟，要钱复详细报告联合国大会的情形及我们的努力。结束时，蒋经国指示三点：（1）“中华民国”退出联合国后，在国际的处境将更不乐观；（2）今后对美国的关系必须设法加强，对国会议员要多做联系；（3）由代表权保卫战的奋斗过程，可知外交人事必须彻底检讨，全面加强。⑤ 蒋经国将在“外交”上涉入更深，更受倚重。蒋介石12月23日规划今后“政府”组织，将来严家淦继任“总统”，以蒋经国任“行政院长”兼三军总指挥，党务集体领导。⑥ 蒋介石原有意第五届“总统”由严家淦出任，但退出联合国打乱他的布局，他本人不得不再连任第五届“总统”。

五　结论

当1949年国共内战失利时，美国采取“尘埃落定”政策，“中华民国”陷于孤立无援的困境。1950年3月，面对国际社会的袖手旁观，北京的武力威胁，蒋介石“总统”在台北复行视事，倡导独立自主，自力更生的“外交”政策。对联合国中国代表权的一贯看法，也本此原则，如果在联合国得不到应有的尊重，不如放弃席位，虽在国际上失去地位，而力求自立自主，确保台湾主权，至终没有改变。

---

① 《蒋介石日记》，1971年11月26日，box 76，folder 17。
② 《蒋介石日记》，1971年11月30日，“上月反省”，box 76，folder 17。
③ 《蒋介石日记》，1971年12月1日，box 76，folder 18。
④ 《蒋介石日记》，1971年12月20日，box 76，folder 18。
⑤ 钱复：《钱复回忆录》卷一《外交风云动》，第166页。
⑥ 《蒋介石日记》，1971年12月23日，box 76，folder 18。

中国代表权问题前后拖延长达22年，可以说这是国共内战的延长。蒋介石长年以来秉持坚拒北京于联合国之外的立场，只要北京进，“中华民国”就退，两者不可能并立于联合国内。美国曾认为“两个中国”是最好的解决之道，但这不在蒋介石思维的选项中，蒋介石抗拒“两个中国”固然是涉及“立国”的根本原则，不容屈就；中共也坚决反对“两个中国”，没有妥协的余地。“中华民国”能拥有联合国代表权，有两个条件，一是北京敌视美国的外交路线，二是美国支持“中华民国”。一旦北京对美国政策改弦更张，美国亦改变北京进入联合国的立场，“中华民国”代表权必不可保。[①] 1971年造成“中华民国”退出联合国的关键因素在于美国，美国急于和北京关系正常化，这是促成北京进入联合国的契机。

即便美国、日本和诸多国家都判断1971年重要问题案一定会失败，就如1961年中国代表权由缓议案改为重要问题案交涉的翻版，美国提出重要问题案时，蒋介石力守缓议案；1971年美国提双重代表案，蒋介石又坚持重要问题案。事实上，1961年外交人员内部研商时，就知重要问题案对“中华民国”代表权的维护不是永久性的保障，最多就是维持现状。即“中华民国”保有联合国席位，而国际将北京拒之在外，前提是北京也不愿进入。一旦国际环境改变，欢迎北京加入联合国，北京也愿意加入，“中华民国”的席位就要发生问题。其实美国提案双重代表权，不是“中华民国”同意就一定行得通，因为北京反对的立场坚决，即便美国也认为此案必定会失败。

虽然蒋介石予人的印象是不顾现实，“外交”信念过于重视信义和道德的重要，执行的是具有使命性的“革命外交”。坚持原则与坚守信念，是否会阻碍他正确的决断？陶涵近著有言：“蒋在战术上是个悲观主义者，不过从来不放弃。他义无反顾地坚持目标，因此在关键时刻是个天真的乐观主义者。”[②] 透过日记内容和他的重要指示，体认国际是现实的，不可信赖，无信义、道德可言。他非常关切世界大势的发展，1970年12月自书“我国与国际关系五十九年之总论”，论析天下大势和因应方针，但无法忘怀“反攻大

---

① 沈锜认为自尼克松宣布访问北京，台湾在联合国的地位就完了。沈锜：《我的一生：沈锜回忆录》第6册，第541～542页。钱复亦认为即使双重代表权案通过，退出也是迟早的事。钱复：《钱复回忆录》卷一《外交风云动》，第166～167页。薛毓麒也有相同的看法。赖树明著《走过联合国的日子——薛毓麒传》，希代书版公司，1994，第185～186页。

② 陶涵：《蒋介石与现代中国的奋斗》下卷，林添贵译，时报出版社，2010，第686页。

陆”的“复国”使命。蒋介石对过去国际局势的掌握是相当正确的，尤其是对日抗战的评估，又1949最困顿时访菲律宾和韩国，筹组“东方反共同盟”，都有其先见之明。当尼克松提出“和解外交”时，蒋介石并非不清楚大势所趋，但他坚信共产党政权必将失败，尤其当时大陆正在进行“文革”，他对世局的变化存有一丝期待。

“中华民国”在联合国的代表权，实与各国邦交有密切关系，北京利用建交要求对方承认其为代表中国的唯一合法政府，只要建交成功，“中华民国”不得不与之“断交”，结果不待联合国大会，“中华民国”命运已定。北京突破联合国会内的长期杯葛，从会外切断“中华民国”的邦交国，成功从双边外交的开展瓦解“中华民国”在联合国的地位。坚守“代表中国的唯一合法政府”的原则下，敌我实力悬殊，随中共政权统治的巩固，反攻大陆无望，“中华民国”手上的筹码日渐流失，最后势必被逼迫出局。

“中华民国”退出联合国常年来被视为蒋介石实行“汉贼不两立”政策所造成的失败结果。诚如高朗的分析，“汉贼不两立”是已经生不利的结果，透过一套意识形态，来平抚外交顿挫的沮丧情绪。蒋介石面对“外交”的困境，不得不强调意志的力量，突破难关。①“宁为玉碎，不为瓦全”，不是先决条件，而是在万不得已的情况下，不得不的说辞。当得不到基本的尊重，“政府”是欲留而不可留。当年劝说“中华民国”不要退出联合国的，甚至包括敌对阵营的苏联代表，然从张群和佐藤荣作、周书楷和马康卫的对话来看，道尽处境的艰辛，“外交”上事实已被逼到绝路，委曲而无法求全，只有向民众诉诸精神与道德的力量。

然究竟“中华民国”当年有无更好的办法？从日记显示，蒋介石再三思考的方案，不是如何坚守代表权，而是退出的方式、退出的时间。虽有考虑过退席、不出席而不退会等方案，但都无济于事。面对北京的外交攻势，美国的背信，因应之道完全是守势。认为宪章可以保障联合国席位，是宪法学者如王世杰等人的主张，实亦徒托空言。

蒋介石的历史经验影响他的判断，他将退出联合国的重大决策，视同当年思考是否要对日抗战，同样困难而重要，这都是要对历史负责的关键抉择。联合国的去留问题，他自有定见，还是反复的再三思考。1970年代的台湾，较之1949年的危殆，历二十年苦心经营打下的基础，他有信心可以走自

① 高朗:《中华民国外交关系之演变（1950~1972)》，第39~40页。

立自主的道路。更重要的是，虽然自己垂垂老矣，但蒋经国可以交付重任，后继有人。1971 年退出联合国对政局的重要影响，正是激发了蒋介石的斗志，决定连任第五届“总统”。

从蒋介石的日记可见他决策 1971 年中国代表权心路历程的转折。初期是乐观自信而无怀忧丧志，面对险恶的情势，他处之泰然；现实发展不利后，在道义与利害的权衡、维护尊严和屈就现实的关键抉择间备受煎熬；最后是英雄末路，壮志未酬的悲愤。毕竟年事已高，身体健康状况不佳，再有雄心壮志，时不我予，徒呼负负。日记反映蒋介石内心的痛苦决定，但面对如此重大的困境与压力，他能愈挫愈勇，在心理上自我建设，同时也赖宗教信仰的支持，永不放弃希望，也展现了他坚强的意志。